CAMPAGNE

DE

L'ARMÉE D'ITALIE

1796-1797

PAR

le Capitaine G. FABRY
DU 101ᵉ RÉGIMENT D'INFANTERIE

TOME QUATRIÈME

PARIS
LIBRAIRIE LUCIEN DORBON
6, RUE DE SEINE
1914

CAMPAGNE
DE
L'ARMÉE D'ITALIE
1796-1797

CAMPAGNE

DE

L'ARMÉE D'ITALIE

1796-1797

PAR

le Capitaine G. FABRY
DU 101ᵉ RÉGIMENT D'INFANTERIE

TOME QUATRIÈME

PARIS
LIBRAIRIE LUCIEN DORBON
6, RUE DE SEINE

1914

CHAPITRE PREMIER

Inquiétudes causées à Turin par la défaite de Loano. — Dispositions de la cour de Vienne en l'apprenant. — Mécontentement du Piémont à la suite des dispositions prises par Wallis. — Négociations avec la France. — Discussions entre les deux cours au sujet d'un armistice en Italie. — Rupture des négociations avec la France. — Le roi décide de se rapprocher de l'Autriche.

Après la perte de la bataille de Loano, le général de Wallis prend le commandement de l'armée autrichienne en remplacement du général de Wins tombé malade et il en ramène les débris vers Acqui ; de là il informe le général Colli que son intention est d'occuper les mêmes positions que l'année précédente en laissant quelques bataillons vers Dego. Cette retraite a le grave inconvénient de le séparer de l'armée sarde ; elle livre le Piémont à ses seules forces alors que tout fait prévoir une invasion subite des Français.

Les conséquences de la défaite sont connues tardivement à Turin ; le 28 novembre, la Cour s'y berce encore d'étranges illusions ; elle espère que l'armée autrichienne, après avoir abandonné Loano et la Pietra, aura pu conserver les positions de Copra Zoppa et Gora qui dominent La Pietra d'un côté et Finale de l'autre, et elle considère ce mouvement comme une opération avantageuse. De Wins, écrit Gherardini, « a resserré et fortifié sa ligne, car elle appuie toujours sa gauche à la mer et établit sa droite à Settepani, poste de la plus grande importance et principal objet de l'ennemi qu'on y a habilement et heureusement prévenu. S'il s'était emparé de Settepani, il n'avait plus que deux heures de marche pour se porter à Saint-Jacques, position décidante, d'où il pouvait en quatre heures de temps descendre facilement à Vado. L'avantage de cette nouvelle ligne défensive est donc bien sensible, mais il ne se borne point à parer le coup médité par l'ennemi, il remplit encore l'objet très essentiel de se lier par sa droite avec les positions du général Colli qui ne peuvent plus être tournées et qui mettront le Piémont à l'abri d'une invasion. Il est donc à présumer, à moins de quelque événement ou désordre imprévu, qu'on n'aura plus rien à appréhender et que, même, l'ennemi sera contraint de se retirer faute de résistance et crainte d'être coupé dans une pointe qui peut lui devenir funeste, s'il ne prend ses précautions et ses mesures avec une sagesse et une habileté extraordinaire ».

Tandis que l'ambassadeur compose son rapport, le bruit se répand dans la capitale que l'armée autrichienne est en pleine retraite sur Dego et Acqui et que toute la rivière de Gênes est abandonnée (1).

Le 29, l'immensité du désastre apparaît dans toute son étendue, la consternation est « générale » : les rumeurs qui circulent dans la foule disent que l'armée française, forte de 70.000 hommes, se dispose à envahir le Piémont ; elle est déjà maîtresse du poste de Mindin, ce qui lui donne toute facilité pour cerner Ceva, « unique et faible barrière qui pût de ce côté le retenir de ses entreprises ». M. de Gherardini envisage la situation plus froidement ; il ne prête pas de si vastes projets au général Schérer ; à son avis, le seul objectif de l'armée française est de réoccuper les postes qu'elle tenait avant le 26 juin pour assurer ses cantonnements d'hiver.

Néanmoins il juge que cette défaite expose le Piémont aux plus grands dangers. « On ne peut se dissimuler, mande-t-il, que, si l'ennemi avait réellement les forces supérieures qu'on lui suppose et qu'il voulût profiter de ses avantages, la situation du Piémont et de l'Italie ne soit extrêmement critique ; l'armée sarde est presque fondue ; la retraite précipitée de nos troupes ne laisse pas de les avoir diminuées, le découragement est général et les mal intentionnés lèvent la tête ».

La cour de Turin aurait-elle le courage de résister à la mauvaise fortune, de persister dans son alliance avec l'Autriche? Des négociations ont été engagées avec des agents français, même avant la bataille, et tout un parti puissant désire la paix avec la France et pousse à la conclure. Les événements du 23 et du 24 augmentent son influence, et ils mettent tout en œuvre pour brouiller les deux cours. Tandis que l'on vante le courage des Piémontais, l'on accuse la tenue des troupes autrichiennes ; « elles s'étaient sauvées à la débandade, dit-on, et les colonels n'étaient pas à leur poste le jour de l'attaque » (2). Actuellement elles sont réduites à 12.000 hommes. Ces propos et d'autres analogues sont répétés à la cour et même à la table publique du roi ; M. d'Ulloa, ministre d'Espagne, a été

---

(1) Gherardini à Thugut, 28 novembre (H. A. V.).
(2) La proclamation du roi à ses troupes se fait l'écho de ces plaintes. Voir Documents.

jusqu'à dire à haute voix : « Puisque cette cour doit porter le joug, celui des Français vaut encore mieux que l'autrichien ». L'ambassadeur lui-même redoute que le Piémont ne cède. « Les événements actuels, mande-t-il à Vienne, paraissent donc mettre de nouveau cette puissance dans le cas de se laisser donner la loi par le plus fort, et je ne doute pas que les Français ne mettent tout en œuvre pour lui persuader que, dans ce moment, ils ont de la prépondérance sur nous en Italie » (1).

L'armée elle-même demande la paix, s'il convient d'ajouter foi aux informations que Gherardini réussit à se procurer. Le 3o, Revel apporte au roi des dépêches expédiées du camp de Ceva ; leur contenu révèle un grand affaiblissement dans le moral des troupes : « Les généraux piémontais, écrit-il, après avoir tenu un conseil, ont induit le prince de Carignan a écrire une lettre à Sa Majesté à la date du 3o novembre dans laquelle ce prince représente la position désespérée où son armée se trouve et l'impossibilité de résister à l'ennemi puisque les Autrichiens ne sont pas en état de le soutenir. Il dit que les troupes diminuées et fatiguées ne sont plus en état de résister, et il conclut en exhortant le roi à mettre l'épée dans le fourreau et à faire la paix avec les Français ».

Plusieurs lettres expédiées par des officiers de l'armée rapportent des conversations tenues avec des officiers français aux avant-postes ; ces derniers se sont montrés très bienveillants en parole envers le Piémont. Ils ont répété qu'ils demandaient seulement le passage pour aller attaquer l'armée autrichienne en Lombardie, et que la France en céderait au roi la partie à sa convenance pour le dédommager de la perte du comté de Nice et de la Savoie (2).

L'histoire de la maison de Savoie témoignait de la rapidité avec laquelle cette cour changeait d'alliance suivant l'intérêt du moment, et les inquiétudes de l'ambassadeur n'étaient que trop justifiées.

D'un autre côté, de Wallis préoccupé de couvrir le Milanais et n'ayant plus que des débris d'armée, après avoir atteint Acqui, avertit qu'il ne sait « s'il pourrait s'y tenir ». L'évacuation de cette place aurait eu des suites fatales pour le Piémont, elle séparait complètement les deux armées, elle livrait le Piémont à lui-même, et surtout elle avait le grave inconvénient de prouver à tous que cet Etat était réduit à ses propres forces pour surmonter cette crise.

Le 29 novembre, Colli expose à M. d'Hauteville les conséquences

---

(1) Gherardini à Thugut, 3o novembre (H. A. V.).
(2) Gherardini à Thugut, 1ᵉʳ décembre (H. A. V.).

qu'aurait pour l'armée sarde l'abandon d'Acqui par les Autrichiens. « Il se trouvait dans la nécessité de prolonger sa ligne de défense sur la gauche pour ne pas laisser ouverte à l'ennemi une route facile sur Cève et dans l'interne du pays, sachant surtout que l'intention des Français était d'y pénétrer ; qu'en conséquence il avait dû prendre le parti d'abandonner la partie avancée de sa position du côté de Garessio pour porter des troupes sur la prolongation de ladite ligne jusqu'au château de Cosseria et de resserrer ses postes en même temps pour couvrir plus sûrement les places de Cève et de Mondovi. M. le général de Colli, ajoutait M. d'Hauteville, mande en outre que l'ennemi était en effet venu dès hier occuper quelques-uns des postes abandonnés, en avait forcé quelques autres et menaçait sérieusement de s'avancer vers la dernière surtout de ces places si les avenues n'en étaient pas fortement garnies et défendues, ce qui lui était très difficile de faire après l'emploi qu'il avait dû faire de partie de ses troupes pour étendre sa ligne jusqu'à Cosseria ».

Par ordre du roi, M. d'Hauteville s'adresse le même jour à de Wallis ; il lui demande non seulement de se maintenir à Acqui, mais encore d'occuper les postes de Dego, Cosseria et Millessimo de manière à appuyer la gauche de Colli, ce qui lui procurera la possibilité d'en retirer ses troupes et de renforcer les garnisons de Cève et de Mondovi.

Cette proposition ne présentait que des avantages au point de vue militaire sarde, mais il était douteux que Wallis risquât pour un allié peu sûr les restes de l'armée autrichienne. Aussi, pour vaincre par avance les objections auxquelles il s'attend, d'Hauteville insinue que, si on l'abandonne, le Piémont sera contraint à la paix. Les termes employés sont très modérés, le sens en est clair et menaçant.

« Votre Excellence est aussi trop éclairée pour ne pas reconnaître tout le préjudice qu'il résulterait même pour les vrais intérêts de Sa Majesté l'Empereur, si, faute d'adopter cette mesure, l'ennemi pénétrait dans le cœur du Piémont et forçait Sa Majesté, malgré tous ses efforts, à en recevoir la loi » (1).

En réalité d'Hauteville compte peu sur un appui effectif ; le maximum de ce que l'on peut attendre de Wallis, sera qu'il se maintienne au poste d'Acqui, mais, comme il l'avoue à Castel Alfer. « on ne doit pas espérer qu'il voulut s'affaiblir en portant des secours sur les autres points de défense qui sont menacés », d'autant

(1) D'Hauteville à Wallis, 29 septembre. *Registre della Corte* (A. E. T.).

plus que « cette armée est dans un état fort délabré de toute manière ». Aussi prévoit-il les pires extrémités, on a bien tiré des vallées d'Aoste et de Suse que les neiges protègent contre l'armée de Kellermann, quelques renforts pour l'armée de Colli, mais ils sont incapables de rétablir l'équilibre et de repousser les Français ; l'unique moyen de salut réside dans l'appui de l'Autriche.

Le 1er décembre, Castel Alfer reçoit pour instruction de représenter la triste situation du Piémont sans rien cacher. « A la fin on devra succomber si l'on n'est secouru, selon le besoin, par l'armée autrichienne, et le roi sera obligé de subir alors la loi du plus fort et de se soumettre à accepter une capitulation qui sera le fruit de son attachement pour la cause commune. »

Il réclamera le soutien de l'armée autrichienne et, si la cour de Vienne s'y refuse, il s'efforcera d'obtenir au moins que Wallis ait ordre de s'entendre avec Colli, au lieu de faire agir les deux armées « séparées », ce qui est « la manière de les faire toujours battre par l'ennemi ». A la fin de sa dépêche, considérant l'hypothèse de l'enlèvement de Ceva par l'armée française, il lui répète qu'il ne restera d'autres moyens de se « sauver d'une ruine entière que celui de capituler » (1).

Les nouvelles du 2 portent que Ceva va être attaqué dans la journée, et l'on n'a pas encore de renseignements précis sur la conduite que compte tenir Wallis (2).

Le moral de ces mêmes troupes qui s'étaient si vaillamment comportées le 23, commence à s'affaiblir et quelque pénible que doive être un pareil aveu, d'Hauteville est contraint d'en convenir. « Les troupes du roi, mande-t-il à M. de Front, sont dans un état de lassitude et de dépérissement qui ne laisse guère espérer qu'elles puissent résister longtemps aux efforts de l'ennemi, et ce qui est pire encore, c'est qu'il s'est répandu parmi elles le plus grand découragement occasionné par l'abandon qu'on leur a fait faire des postes qu'elles avaient si courageusement défendus le 23, et par la retraite de l'armée autrichienne qui les a rendues isolées et privées de son appui. En effet, délabrée comme cette armée se trouve, soit par défaut des recrues nécessaires, soit par les pertes en hommes et autres genres qu'elle a faites, surtout dans les derniers événements, il n'est guère à espérer que le général de Wallis semble se prêter, tant par système que par une suite d'une impuissance réelle, à écarter une partie de ses forces de la position qu'il occupe pour porter des

(1) Hauteville à Castel Alfer, 1er décembre (A. E. T.).
(2) Hauteville à Castel Alfer, 2 décembre (A. E. T.).

troupes au besoin dans celles que les troupes du roi défendent ».

Wallis que le roi a appelé à son secours réclamera des ordres de Vienne. « En attendant, les Français forceront nos postes et feront des progrès vers le centre du Piémont, et le roi se trouvera par là immanquablement dans la dure nécessité de subir la loi du plus fort et de traiter avec l'ennemi aux conditions qu'il dictera pour prévenir la ruine totale de ses Etats, ce qui ne serait jamais arrivé si Sa Majesté avait été soutenue par ses alliés et sans la politique perverse du cabinet de Vienne qui est la cause de tous les malheurs...... — »

M. de Front demandera une entrevue à lord Grenville dès la réception de cette dépêche. « Vous l'assurerez, écrit d'Hauteville, que, jusqu'à ce moment, le roi n'a encore fait faire aucune démarche pour traiter la paix et prévenir par là les malheurs dont on est menacé, mais que vous ne pouvez répondre qu'on ne se trouve dans ce cas d'un moment à l'autre, si l'ennemi vient à forcer les postes importants que l'on défend encore. On ne pourra point l'imputer à la mauvaise foi du roi, ni à son manque d'attachement pour la cause commune ; la conduite qu'il a tenue jusqu'ici le justifiera aux yeux de l'Europe d'une telle imputation si l'on était assez injuste que de la lui faire ».

Ces instructions peuvent être considérées comme représentant les véritables intentions du cabinet de Turin dans ces journées ; elles ne sont pas destinées, comme celles adressées à Castel Alfer, à exercer une pression puisque « le sort des Etats du roi serait probablement décidé » avant qu'elles parviennent à Londres (1). Il en résulte qu'au moindre progrès des Français, le roi se tient prêt à traiter quoique désirant rester dans la coalition. Cette constatation jette une vive lueur sur la facilité avec laquelle le Piémont se soumit aux vainqueurs après les premières victoires de Bonaparte. Le traité de Cherasco réalisa une hypothèse dont il avait depuis longtemps pesé les avantages et les inconvénients.

La position de M. d'Hauteville est d'autant plus difficile qu'il a toujours été un partisan convaincu et résolu de l'alliance avec la cour de Vienne ; or, dès l'instant où Wallis abandonne le Piémont, son système politique est ruiné.

Le roi tient, le 2, un conseil où l'on délibère sur le parti à prendre ; le prince de Piémont opine avec force pour la guerre ; on décide de gagner du temps en envoyant un agent en Suisse avec mission d'ouvrir des pourparlers avec M. Durand. Le même jour

(1) D'Hauteville à Front, 2 décembre (A. E. T.).

d'Hauteville a une conférence avec Gherardini où il lui expose nettement ses inquiétudes. Ce dernier est d'autant mieux disposé à l'écouter qu'il les partage (1). Le 8 décembre, il rend compte à Thugut de son entretien. « J'ai trouvé ce ministre extrêmement troublé par les circonstances du moment et alarmé sur les entreprises possibles de l'ennemi contre le fort de Cève et la province de Mondovi. Il m'a dit que l'inquiétude et les craintes du roi étaient augmentées depuis qu'on lui avait supposé que le général Wallis, ayant fait brûler les magasins de Dego et s'étant replié sur Acqui, sans que les Français eussent menacé ces contrées, allait se retirer avec toute notre armée en Lombardie et vers la Boccheta. Que si réellement telle était l'intention du dit général, on n'aurait pas pu détruire l'impression fâcheuse que l'inaction de M. de Vins dans la rivière et cette inconcevable retraite, avait occasionnée, et que les malintentionnés auraient par là réussi à faire envisager cette conduite sous l'aspect le plus sinistre, que je savais bien tout ce qu'on avait répandu ici sur les instructions secrètes que l'on prétendait avoir été données au baron de Vins, et qu'il m'avouait franchement que la fermentation qu'il venait de remarquer dans le pays à la suite des événements, lui faisait autant de peine que les progrès mêmes de l'ennemi ».

Pour faire taire ces soupçons, d'Hauteville attache la plus grande importance à ce que Wallis entreprenne une diversion contre Cève, mouvement qui menacera le flanc droit de l'armée française, si elle se dirige sur Alba, et il le prie d'inviter Wallis à exécuter cette opération. L'ambassadeur répond qu'il ne sait « pas si cette démonstration était militairement possible, qu'il ne doutait pas que le général ne se prêtât à tout ce qui pouvait contribuer au bien de la chose commune », et il propose de se rendre à Acqui au quartier général autrichien. Cette offre est acceptée avec joie par d'Hauteville, et comme ce dernier insiste sur l'importance d'obtenir la lettre demandée, Gherardini écrit à Wallis pour lui faire connaître les inquiétudes du roi « de voir envahie et dévastée la plaine du Piémont, la persuasion dans laquelle Sa Majesté était qu'un mouvement d'un petit corps de nos troupes pourrait l'empêcher, et son désir de le voir exécuté le plus tôt possible ».

(1) Gherardini à Thugut, 2 décembre (H. A. V.).
« J'ai l'honneur d'informer V. E. que l'ennemi avance rapidement vers le Piémont et que son avant garde a paru vers Ceva. Le prince de Carignan avec quelques bataillons de grenadiers l'a repoussé à la vérité jusqu'à Batifollo à trois milles de là, mais on craint avec raison qu'il ne revienne en force, d'autant plus qu'étant sans inquiétude sur la rivière, il peut porter toute son impulsion sur le Piémont ».

Dans un second entretien où Gherardini remet cette lettre à d'Hauteville, celui-ci le prie de ne pas retarder son voyage auquel il attache une grande importance.

« Il m'a instamment prié de donner cette preuve d'intérêt au roi et à lui cette marque d'amitié... Il a ajouté que cette démarche de ma part rassurerait infiniment Sa Majesté et produirait le bon effet de convaincre le public de l'intérêt que nous prenions à la cause de son maître et ferait taire les malintentionnés qui ne cessent de répandre des calomnies dirigées à rompre la bonne intelligence entre les deux cours ». En outre le roi s'adresse directement à Wallis pour le prier « de ne pas tarder à entreprendre la démonstration désirée ».

Puis afin de donner plus de poids à ses démarches et d'user de son influence personnelle sur Wallis, Gherardini part pour Acqui.

L'ambassadeur trouve, à ce qu'il prétend, Wallis tout disposé à satisfaire aux désirs du roi. Les considérations qu'il présente, relativement à la nécessité de ne pas perdre de temps, sont confirmées par une dépêche de Colli reçue entre temps où il représente à Wallis sa situation sous un jour désespéré. « Après quelques combats assez vifs, écrit-il, il se trouvait dans le camp de Ceva, mais si l'ennemi avec toutes ses forces marche sur deux colonnes dont l'une file sur Mombarcaro et l'autre sur Monesiglio, il court le risque imminent d'être enfermé à Ceva ou dans la dure nécessité d'abandonner cette position importante. L'armée est très affaiblie et ruinée par les bivouacs; dans cette rude saison, il ne croit point devoir hasarder une action qu'il convient à l'ennemi d'engager et qui, si elle avait un mauvais succès, entraînerait pour les alliés les plus funestes conséquences. Il invite le général Wallis à porter quelques bataillons vers Cortemiglia et Mombarcaro ; il importe d'opposer un obstacle à l'impétuosité de l'ennemi au moins jusqu'aux neiges »(1).

L'appui que Wallis consent à prêter à l'armée sarde est bien faible, il consiste seulement à faire avancer deux bataillons de Reiski aux postes de Mombarcaro et de Monesiglio où ils entrent le 5 (2). C'est pourtant à ce mouvement de si peu d'importance qu'il attribue l'arrêt du général Schérer (3).

Dès le 5, les rapports de Colli annoncent que l'armée française a suspendu ses progrès (4). Ils montrent la plus entière confiance

---
(1) Colli à Wallis, Analyse, 30 novembre (Papiers X.).
(2) Colli à M. de San Marsan, 3 décembre (Papiers X.).
(3) Gherardini à Thugut, 8 décembre (H. A. E.).
(4) Le roi à Castel Alfer, 5 décembre (Instructions A. E. T.). « Le rapport que nous avons reçu hier matin du général Colli, a dissipé les alarmes que

dans les troupes qui se sont réorganisées, ont repris leur moral et sont en état de résister à une attaque au moyen des retranchements qu'elles ont élevés. » L'ensemble des renseignements reçus du 2 au 5 produit un revirement absolu dans la manière dont on envisage les dangers immédiats de la situation ; alors qu'elle paraissait désespérée le 2, d'Hauteville est complètement rassuré le 5 ; il estime que les Français ne sont pas en force « suffisante » pour attaquer vers Mondovi ; à l'est les dispositions de Wallis permettent de faire « une vigoureuse défense » ; et les Français ont « ralenti » leur mouvement vers Cairo.

Néanmoins on ne doit pas présumer qu'ils resteront tranquilles après avoir si facilement chassé l'armée autrichienne de la rivière, et le Piémont peut être exposé à de nouveaux dangers qui forceront le roi « à songer aux moyens de prévenir la ruine totale de ses états » (1). En d'autres termes, consentir à traiter.

Le peu d'énergie de Schérer épargne à l'armée sarde si durement éprouvée à Loano le danger de se mesurer encore une fois avec l'armée française.

Il ordonne, le 30 novembre, à Masséna de préparer un projet de cantonnement d'hiver (2), indice certain qu'il ne songe pas à poursuivre son offensive ; il se serait arrêté même au cas où Serrurier et Laharpe auraient réussi à enlever Cèva « sans beaucoup compromettre », car il considère la prise de cette place comme un point d'appui qui protègera sa ligne contre les incursions des partis ennemis et lui procurera de bons quartiers d'hiver. D'ailleurs les bruits habilement répandus par Colli sur les renforts dirigés dans la région de Cèva l'ont induit en erreur sur l'effectif réel du corps de troupes qui y est rassemblé (3), et qu'il évalue à

---

nous avions conçues à cet égard. Non seulement l'ennemi n'est pas revenu sur ses pas pour tourner tous ses efforts de ce côté-là où son corps d'armée ne se monte guère de plus qu'à 5.000 hommes, mais nos troupes se trouvent maintenant en état d'y faire une vigoureuse résistance au moyen de retranchements qu'elles ont eu le temps de faire dans les postes avantageux qu'elles occupent et des renforts qui y arrivent successivement. Le général Wallis s'étant prêté à faire avancer quelques corps de ses troupes pour soutenir en cas de besoin la gauche de notre armée, il est à espérer que l'ennemi ne pénétrera pas plus avant de si tôt en Piémont, à moins qu'il ne reçoive des renforts considérables ».

(1) D'Hauteville à Front. 5 décembre (A. E. T.).
(2) Schérer à Masséna, 30 novembre. Fabry, tome Ier, p. 27.
(3) La répartition des troupes est la suivante :
Au fort : le 1er bataillon d'Acqui, les débris du 2e bataillon de Piémont et du bataillon Leotardi des troupes légères ; une compagnie d'artillerie. En tout 750.

20.000 hommes (1). Il croit « que les ennemis ont replié la totalité de leurs forces dans cette partie et qu'un coup de main devient par conséquent impossible » (2). Le 2 décembre il donnait ordre d'établir les troupes dans leurs cantonnements d'hiver (3).

Le petit mouvement offensif des Autrichiens n'a donc eu aucune influence sur ses déterminations.

Le 6, les avant-postes de Guilay rapportent à Colli que, d'après les paysans, les Français se préparent à abandonner Saint-Jean de Murialdo après en avoir brûlé le baracon (4) ; à l'est, ils évacuent les magasins de Carcare sur Cadibone (5).

Le 7, on signale que la troupe française a quitté Batifollo à midi (6) ; des paysans arrivant de Bagnasco assurent que tout ce qu'il y avait de Français à Bagnasco, Priola et Nucetto s'est retiré à Garessio (7).

Le 8, le colonel Millesimo rend compte que Saint-Jean de Murialdo, Priola et Malpotremo sont libres de Français (8).

Le 9, le colonel Sallugia avertit qu'ils ont détruit la redoute de Rossuin ainsi que Sainte-Juliette, poste qui a été de suite occupé par les Croates ; une avant-garde française a été maintenue à Priola (9).

Tous ces rapports indiquent un mouvement rétrograde de la part de l'armée française ; ils témoignent que la campagne est finie pour cette année. Ces nouvelles rassurantes ramènent la confiance dans Turin.

Le 9, d'Hauteville en informe Castel Alfer.

« D'après les mouvements rétrogrades que les Français ont faits ces derniers jours, on a tout lieu d'espérer qu'ils ont renoncé, du

A Faya : Belgioso, Schmiedefeld, grenadiers Strasoldo, un bataillon d'Asti, un obusier.
A Bayon : grenadiers de Sion ; un obusier, une pièce de 4.
A Testa Nera : grenadiers du Tour, deux pièces de 8.
A Belvedère : un demi-bataillon d'Acqui ; deux pièces de 4.
A la redoute d'Acqui : deux pièces de 4.
A Roascia · bataillon Balegno de la légion légère ; quatre pièces de 4.
En réserve : le régiment des gardes et les grenadiers royaux.
Lieutenant-colonel de Costa à Colli, 30 novembre (Papiers X.).
(1) Schérer au ministre, 2 décembre. Fabry, tome I*, p. 43.
(2) Schérer à Claussade, 1er décembre Fabry, tome I*, p. 35.
(3) Schérer à Masséna, 2 décembre ; Schérer à Serrurier, 3 décembre. Fabry, t. I*, p. 55.
(4) Colonel de Stettler à Colli, 6 décembre (Papiers X.).
(5) Colonel Millesimo à Colli, 6 décembre (Papiers X.).
(6) Capitaine Baruado à Colli, 7 décembre (Papiers X.).
(7) Colonel Sallugia à Colli, 7 décembre (Papiers X.).
(8) Colonel Millesimo à Colli, 8 décembre (Papiers X.).
(9) Colonel Sallugia à Colli, 9 décembre (Papiers X.).

moins jusqu'à ce qu'ils aient eu des renforts, qu'il n'est pas certain qu'ils reçoivent, de vouloir pénétrer en Piémont du côté de Ceva et du Mondovi, ayant abandonné les différents postes où ils s'étaient avancés aux environs de Bagnasco pour se replier en arrière. Il semble aussi qu'ils ne sont point intentionnés de pousser leur pointe contre l'armée impériale au-dessus de Cairo. D'autant plus qu'ils font transporter vers la mer les magasins qu'ils ont pris aux Autrichiens. On ne saurait néanmoins être entièrement tranquille à cet égard que lorsqu'on aura bien constaté s'ils sont dans le cas ou non de recevoir des renforts suffisants » (1).

Le 12, il lui écrit : « Vous verrez dans la *Gazette de Turin* ci-jointe que les Français continuent à évacuer les postes qu'ils avaient occupés du côté de Garessio, et qu'ils font redescendre une bonne partie de leurs troupes dans la rivière où ils paraissent vouloir concentrer leurs plus grandes forces. Malgré ces mouvements rétrogrades, nos troupes sont toujours rassemblées vers les points importants pour tout ce qui peut arriver et en imposer à l'ennemi par leur bonne contenance comme elles l'ont fait jusqu'à présent » (2).

L'inaction de Schérer procure aux troupes sardes le temps de se ressaisir, elle relève leur moral en leur prouvant que le vainqueur n'est pas certain d'avoir remporté une victoire décisive, puisqu'il n'ose poursuivre son succès ; la chute des neiges rend chaque jour une invasion plus difficile, aussi le calme est-il revenu à Turin ; on y envisage plus froidement les projets des Français et on calcule que leurs moyens sont insuffisants pour entreprendre une campagne d'hiver, mais de grands efforts seront nécessaires pour leur tenir tête au printemps. En conséquence d'Hauteville recommande, le 9, à Castel Alfer « d'employer tous ses soins » pour être exactement informé si l'on se propose (à Vienne) d'envoyer des renforts considérables en Italie ; d'où l'on compte de les tirer, et enfin quelles sont réellement les vues du cabinet de Vienne dans le cas que les Français vinssent à tourner leurs plus grands efforts contre l'armée autrichienne » (3).

Gherardini constate lui-même à son retour d'Acqui que l'on a repris son sang-froid à Turin ; il trouve M. d'Hauteville « plus calme et plus rassuré », et un grand revirement en faveur de la résistance s'est opéré dans les esprits.

---

(1) Hauteville à Castel Afer, 5 décembre (A. E. T.) et Hauteville à de Front, 5 décembre (A. E. T.).
(2) Hauteville à Castel Afer, 12 décembre (A. E. T.).
(3) D'Hauteville à Castel Afer et à de Front, 9 décembre (A. E. T.).

« La retraite du général Colli avec les troupes sardes sur le Piémont, écrit-il, n'ayant pu se faire qu'à la hâte et en présence de l'ennemi, a été fort désastreuse et a coûté beaucoup de monde. L'armée piémontaise arrivée à Céva ne comptait tout au plus que 6 000 hommes et le découragement était au point que, si l'ennemi avait pu pousser ses entreprises, il serait pénétré sans résistance dans la province du Mondovi. On doit attribuer à l'état presque désespéré où se trouvait cette armée les cris de paix que plusieurs de ses officiers et même de ses généraux ont fait retentir jusqu'à Turin.

Il semble que l'inaction inattendue des Français qui pourrait tenir au manque de moyens et de forces de leur côté, ait donné le temps à ces messieurs de se reconnaître et de revenir de leur frayeur. Les lettres qu'on reçoit de Ceva sont plus tranquilles et le baron de Latour mande que dans peu on sera en état de faire bonne contenance et de s'opposer aux vues ultérieures de l'ennemi. Toutes les forces du roi sont effectivement rassemblées dans ce moment vers Céve sous les ordres des généraux Colli et Latour, le général Wallis soutient leur position, la saison devient tous les jours plus rigoureuse. On remarque de l'indécision dans les projets des Français, il paraît en conséquence qu'on puisse se flatter de jouir paisiblement des quartiers d'hiver. On répand à la vérité que le général Schérer est parti pour Nice pour solliciter les renforts qu'on lui envoie de l'intérieur et qu'il a reçu les ordres du Directoire d'entreprendre une campagne d'hiver en Italie, mais il paraît que ces bruits sont dénués de fondement, puisque M. de Wallis m'a assuré que l'ennemi établit ses magasins dans la rivière et ne les porte pas vers le Piémont, comme il devrait faire s'il voulait réellement l'attaquer.

L'ambassadeur attribue « la fermeté presque surnaturelle » montrée par le roi durant toute la crise au prince de Piémont qui a parlé « hautement » dans le conseil contre les partisans de la paix, et a éloigné « les personnes suspectes » de l'entourage de son père. Ses efforts ont été couronnés de succès; le roi a témoigné ouvertement son mécontentement à tous ceux qui lui parlent de paix. « Sa Majesté a répondu à la lettre du prince de Carignan fort obligeamment et en louant son zèle et ses bonnes intentions, mais il l'a exhorté dans le même temps à se tenir en garde contre les conseils qu'on lui donne, puisqu'ils ne sont pas toujours adaptés aux circonstances. Le marquis général de la Chiusa qui est venu exprès pour conseiller la paix à Sa Majesté et pour le déterminer à écouter les propositions des Français qui, selon lui, avaient été discrètes et fort acceptables, a été fort mal accueilli par le roi qui l'a ensuite tourné en ridicule et a dit : voyez ce petit général de la Chiusa qui vient ici, rempli d'un noble esprit guerrier, me prêcher la paix, je l'ai arrangé comme il le mérite ».

Il s'impatiente même fort contre le cardinal de Turin qui, comme ministre de paix, est venu la lui prêcher et le renvoie « brusquement, mais ensuite il le rappelle pour lui demander pardon ». Gherardini conclut de tous ces faits : « que cette cour est raffermie dans ses résolutions et ne manquera pas à ses engagements ». Pourtant M. Drake lui assure qu'un courrier sarde est arrivé le 4 à Gênes adressé au consul Mantini ; aussitôt après sa réception, une conférence a eu lieu pendant la nuit entre lui, M. d'Espagnac et M. de Cossila ; et le lendemain l'envoyé français répandait « que le roi de Sardaigne avait envoyé demander miséricorde aux républicains à la façon de son neveu le roi d'Espagne » (1). Comme on le verra un peu plus loin, des pourparlers sont en effet engagés entre les agents français et piémontais ; quel qu'en soit le résultat, l'Autriche n'a pas à redouter pour le moment que la Sardaigne renonce brusquement à son alliance.

L'annonce de la défaite de Loano provoque également à Vienne la plus grande consternation, on y craint même pendant quelques jours que la retraite ne soit coupée à Wallis et l'on redoute que le Piémont, changeant de camp, saisisse cette occasion de s'entendre avec la République. Tous les moyens sont mis en usage pour le retenir dans l'alliance de l'empire. Alors que l'on raillait auparavant le courage des troupes piémontaises, M. de Castel Afer ne cesse actuellement de recevoir des compliments sur leur conduite. L'archiduc Charles le félicite « sur la bravoure et la fermeté avec laquelle les troupes piémontaises avaient su défendre les postes qui leur avaient été confiés, et dit ensuite devant un cercle nombreux que c'était à elles que l'armée impériale devait d'avoir pu se retirer, puisque, sans la victoire de Garessio, le chemin d'Acqui aurait certainement été coupé par l'ennemi ».

Thugut se montre également fort accommodant ; il promet que Wallis a reçu pour instruction de « tenir ferme coûte que coûte » : il trouve toute naturelle la demande de remplacer les régiments de Belgioso et de Caprara qui ont lâché pied par deux autres, et il invite même de Castel Afer à lui faire passer par le moyen de quelque officier « un détail exact, fidèle et circonstancié des

(1) Gherardini à Thugut, rapport 103 (H. A. V.).

évènements qui avaient précédé ou contribué en manière quelconque à ce désastre » (1).

Le 10, lorsque l'ambassadeur vient s'acquitter auprès de lui des ordres contenus dans la dépêche du 1er, il lui réitère l'assurance que les instructions les plus précises ont été expédiées à Wallis de combiner ses dispositions avec celles de Colli : « les opérations séparées des deux armées ne pouvant que donner un avantage décidé à l'ennemi qui parviendrait à les battre l'une après l'autre » (2). Ces déclarations sont positives et si elles étaient suivies d'effet la défaite de Loano aurait eu ce résultat heureux pour les alliés de sceller un accord plus intime entre les deux cours. Toutefois l'ambassadeur doute de leur exécution, des bruits parvenus jusqu'à ses oreilles racontent que Wallis est bien éloigné de ces dispositions ; d'accord avec l'archiduc Ferdinand il a eu le projet d'abandonner même Acqui et de se replier sur la Lombardie ; néanmoins il n'a pu se dispenser de transmettre à Vienne la lettre où le roi réclamait son concours.

A en croire M. de Castel Alfer elle fait « une grande sensation ». « Le prince de Rosemberg a dit : qu'on ne peut voir rien de plus sage ni de mieux raisonné. Le maréchal de Lasci s'est exprimé à peu près de même, mais en ajoutant que, si l'on n'en fait très promptement son profit en s'entendant même avec Votre Majesté, elle n'aura qu'un seul parti à prendre et le prendra sans doute, celui de pourvoir à ses propres intérêts en faisant la paix », et comme un ministre autrichien a proposé de jeter des garnisons autrichiennes dans Tortone et Alexandrie, le maréchal fait repousser bien loin cet avis en observant que « c'était une véritable folie » ; qu'il fallait à tout prix éviter « d'aigrir » les Piémontais « puisqu'on courrait le risque enfin en les poussant à bout de les faire devenir des ennemis ». L'empereur, assure-t-on a paru être « tout à fait » de cet avis (3).

Le projet de constituer la garnison de ces forteresses moitié d'Autrichiens et moitié de Piémontais n'était pas uniquement d'origine autrichienne, M. de Trevor en était également partisan. Connaissant l'influence de l'Angleterre à la cour de Turin, il semble que Castel Alfer redoute qu'elle n'y accède. Il déconseille vivement d'y consentir et détaille les inconvénients qui résulteraient de l'en-

---

(1) Castel Alfer au roi, 10 décembre (A. E. T.).
(2) Castel Alfer au roi, 10 décembre (A. E. T.).
(3) Castel Afer au roi, 14 décembre (A. E. T.).

trée des Autrichiens dans ces villes. Envisageant l'hypothèse où le roi adopterait le parti de conclure la paix, il représente que c'est perdre ces places que de les y introduire, surtout avec les vues qu'on leur suppose depuis longtemps, et il ajoute : « j'ose même vous dire, monsieur, qu'on connaissant le terroir d'ici, ce serait là le vrai moyen de faire naître une idée que peut-être l'on n'a pas. D'ailleurs, lors même que le général serait piémontais, le général autrichien ne manquerait pas de moyens d'y dominer ; il n'y aurait jamais d'accord entre les troupes des deux nations, parce qu'on les travaillerait à dessein » (1).

Certaines lettres de l'archiduc Ferdinand dont il s'est procuré lecture confirment ses appréhensions. L'archiduc y regrette les pertes qu'on a éprouvées à Loano en hommes et en matériel ; au contraire l'évacuation de cette ligne procure l'avantage de ramener l'armée au système défensif, seul capable de sauver la Lombardie, et dans ce cas la ligne de défense ne doit pas dépasser Alexandrie et Tortone qu'il regarde comme « les boulevards de l'Italie ». De là à s'en rendre maître, il n'y a qu'un pas facile à franchir dès que les Autrichiens y auront pris pied. Afin de prévenir ce danger, l'ambassadeur conseille, le 17, à sa cour d'ôter à l'Autriche tout espoir de réussir à y faire entrer un corps de troupes et, quoique convenant de l'importance d'assurer une action commune et l'accord entre les armées, il juge utile de ne pas les mélanger, vu « qu'au moindre malheur arrivé, on s'accuse des deux côtés » (2) alors que séparées l'émulation les fera bien agir les unes et les autres et elles s'en estimeront réciproquement.

Pour le moment l'Autriche évite soigneusement tout prétexte de mécontenter le Piémont. Dès qu'il est informé de la défaite de Loano, Thugut charge M. de Gherardini de promettre à Victor Amédée le concours le plus absolu.

Thugut à Gherardini,   6 décembre (H. A. V.).

Au moment même où les armées de l'Empereur continuent du côté du Rhin de remporter sur les ennemis les avantages les plus signalés, Sa Majesté n'a pu qu'être vivement affectée des revers que ses troupes viennent d'éprouver dans la rivière de Gênes. Mais loin que sa constance fût ébranlée par ce fâcheux événement, Sa Majesté ne s'occupe que des mesures et dispositions propres à le réparer. Elle a en conséquence donné les ordres les plus précis à

(1) Castel Alfer au roi, 10 décembre, 2e rapport (A. E. T.).
(2) Castel Alfer à d'Hauteville, 17 décembre (A. E. T.).

M. le comte de Wallis d'opposer à l'ennemi la résistance la plus vigoureuse et d'aller attaquer et combattre partout où il tenterait de pénétrer dans les plaines d'Italie. L'on va faire passer sans délai à ce général des renforts et quatre bataillons ainsi que les recrues destinées au complètement des différents corps qui se trouvent déjà actuellement en marche.

L'Empereur persistant invariablement dans la résolution de remplir toujours avec fidélité tous ses engagements envers ses alliés, Sa Majesté met trop de confiance dans la loyauté connue de Sa Majesté sarde pour ne pas être certaine que ce dernier revers ne portera aucune atteinte à la fermeté du roi, et qu'on ne songera à Turin qu'au moyen d'en prévenir les suites, en s'occupant d'approvisionner au plus tôt et mettre en bon état les places de Tortone et d'Alexandrie que M. le comte de Wallis a l'ordre exprès de Sa Majesté de défendre à tout prix en cas d'événement imprévu, et en opposant en général à l'ennemi cette contenance assurée et cette persévérance qui ne peuvent manquer d'amener une paix honorable.

Vous voudrez bien, monsieur le marquis, remettre les deux lettres ci-jointes à M. de Stackelberg et de Trevor et concerter avec eux les démarches à faire auprès du ministère du roi relativement à un objet qui, comme tous ceux qui regardent la guerre de France, est d'un intérêt commun pour les trois puissances intimement unies par la triple alliance et par tous les liens les plus étroits ».

La cour de Vienne ne se contente pas comme auparavant de simples promesses, 9.200 hommes de renfort partent pour l'armée et, comme on juge Wallis inférieur à son rôle, on lui adjoint le général de Beaulieu « militaire actif et très entreprenant » ; il doit suivre ses conseils jusqu'à l'arrivée de son successeur dont le choix n'est pas encore définitif, mais que l'on prévoit devoir être le prince de Hohenlohe (1).

Un renfort de 9.000 hommes n'était pas suffisant pour donner aux alliés une supériorité marquée en Italie, c'était toutefois un appui sérieux, et il était difficile à l'Autriche de diriger plus de troupes sur ce théâtre de guerre, puisqu'abandonnée sur le Rhin par la Prusse, elle n'était pas en état de conduire la guerre offensivement sur ses deux frontières.

D'Hauteville n'a à envisager la question qu'au seul point de vue piémontais. Après que l'ambassadeur lui a donné connaissance de la note du 6, il s'efforce de lui démontrer combien les secours

---

(1) Castel-Alfer à d'Hauteville, 17 décembre (A. E. T.).

promis sont insuffisants. Le 16 décembre il fait connaître à Castel-Alfer sa réponse à Gherardini.

Il lui a assuré « que si les forces pouvaient répondre au courage de Sa Majesté, elle aurait sans doute répondu également aux désirs de l'Empereur et des cours alliées avec la même énergie et bonne foi qu'elle l'avait fait jusqu'à présent malgré toutes ses pertes. Mais, ajoute-t-il, je n'ai pas omis dans le même temps de lui observer en raisonnant sur le contenu de cette lettre que tout ce qu'elle annonçait ne pouvait guère nous rassurer sur les dangers auxquels nous étions exposés si l'ennemi voulait pousser ses avantages contre le Piémont.

Que les renforts qui pouvaient être en marche ou en mouvement pour l'armée impériale en Italie, étaient peu conséquents et arriveraient difficilement assez tôt pour opposer une résistance efficace aux entreprises ultérieures de l'ennemi, s'il les continue dans ce moment et avant le retour de la belle saison avec la vigueur qu'il vient de montrer. Que les ordres donnés à M. de Wallis pour attaquer les ennemis dans les plaines du Piémont ne pourraient nous sauver des plus grands malheurs, quand même ces ordres seraient vigoureusement exécutés, puisqu'il est notoire que, quand les ennemis auront pénétré dans les dites plaines, ils seront déjà les maîtres d'une bonne partie des meilleures provinces de même Piémont, qu'ils en auront enlevé les richesses et que les moyens du roi pour soutenir la guerre diminueront à un point de les mettre hors d'état de la continuer. Que c'est, en concourant à défendre ces provinces qui entourent les dites plaines, que les troupes impériales peuvent véritablement concourir à sauver le Piémont et non en attendant que les ennemis soient descendus dans la plaine pour les y attaquer. Que le roi n'avait pas omis de faire mettre dans le meilleur état de défense possible ses places d'Alexandrie et de Tortone et d'y faire même compléter les garnisons nécessaires aussitôt qu'il avait appris la déroute dans la rivière de Gênes de l'armée impériale et sa retraite vers Acqui ; mais que les ordres donnés au général Wallis de soutenir la défense en cas de besoin de ces deux places jusqu'à la dernière extrémité ne pouvaient être d'aucune utilité pour sauver ni le Piémont, ni la Lombardie, si les places de Cèva et du Mondovi venaient à être forcées et que l'ennemi entrât par là dans le cœur du Piémont. Qu'en effet tout ce qu'on ferait pour garder Alexandrie et Tortone ne garantirait pas Turin et la perte totale en conséquence du Piémont, d'où les ennemis pourraient aisément, sans s'embarrasser d'Alexandrie ni de Tortone, se porter par Casal ou Verceil et

Novare directement sur le Milanais et tourner l'armée impériale qui serait autour des places susdites.

Que conséquemment le grand but de garantir la Lombardie et les autres états d'Italie ainsi que le Piémont ne peut jamais être rempli tandis qu'on s'obstinera dans le système de borner les opérations de l'armée à défendre la Bormida et la Scrivia avec les deux places qui en couvrent le débouché dans la plaine. L'ennemi pouvant occuper tout le Piémont, sans se porter de ce côté-là, en y descendant par le Mondovi et pousser ses entreprises contre le Milanais en prenant les autres routes vers le Nord derrière et loin des dites places qui l'y conduiront ainsi directement sans le moindre obstacle. Que c'est donc de défendre à l'ennemi l'entrée du Piémont vers le Midi et dans ce moment par les deux Bormida et le Tanaro où il menace, qu'il est important d'employer l'armée impériale tout comme celle du roi si l'on veut sauver véritablement le Piémont et garantir la Lombardie avec le reste de l'Italie d'une invasion nuisible.

Et qu'enfin ce système qu'on a cherché en vain depuis trois ans de faire adopter aux généraux de l'empereur, est le seul qu'on puisse efficacement et qu'on doive suivre et l'on ne saurait voir comment le général Wallis pourra répondre de rien pas même de sauver la seule Lombardie, s'il ne reçoit pas d'autres ordres plus adaptés aux circonstances mêmes locales et à la simple topographie du pays que ceux qu'il est annoncé dans la lettre du ministre impérial qu'on vient de lui donner » (1).

Castel-Alfer doit tenir le même langage à Thugut, mais en mettant « la plus grande douceur dans ses expressions » afin de ne pas l'aigrir, car bien que le Piémont ait toujours plus de motifs d'être mécontent de l'Autriche il est d'une bonne politique de dissimuler et d'éviter de l'indisposer.

Les observations de d'Hauteville étaient certainement très justes, si l'Autriche se borne à défendre à outrance la ligne marquée par Tortone et Alexandrie, elle livre le Piémont à ses propres forces ; l'armée française a alors toute facilité pour imposer la paix sous les murs de Turin ; ce premier résultat acquis, après avoir établi sa ligne de communication avec l'armée des Alpes par le mont Genèvre et le Petit-Saint-Bernard, elle est libre d'exécuter la manœuvre dont parle M. d'Hauteville ; manœuvre que le succès couronnera en 1859.

L'énergie avec laquelle l'Autriche prétend défendre Alexandrie et Tortone, confirme les soupçons de la cour de Turin sur les vues

(1) Hauteville à Castel-Alfer, 16 décembre (A. E. T.).

secrètes de l'Empereur ; elle redoute qu'après y avoir introduit une garnison, il ne veuille les conserver, et sur ce point le roi partage l'opinion de son ambassadeur sur la nécessité d'un refus absolu.

D'Hauteville reste parfaitement maître de lui durant cet entretien, il ne livre rien de ses sentiments intimes et il réussit à tromper complètement Gherardini ; après avoir communiqué au roi le contenu de la note du 6, il lui assure « que Sa Majesté en avait ressenti la plus grande satisfaction. Elle y a remarqué, m'a-t-il dit, la noble constance et les mesures vigoureuses que Sa Majesté l'Empereur est déterminée de prendre pour réparer le malheur imprévu qui vient d'arriver et elle fera tout son possible pour y contribuer.

Si l'ennemi, ajouta-t-il, réussissait à faire des progrès en Italie, il pourrait se vanter de contrebalancer les brillants avantages que les armées autrichiennes ne cessent de remporter au Rhin, et il est de la plus haute importance de s'y opposer pour parvenir à une paix prompte et solide. Mon maître ne s'éloignera jamais des maximes de loyauté et de fermeté qu'il a suivies jusqu'à présent, fort de l'appui de Sa Majesté Impériale qui le soutiendra au milieu des circonstances critiques dans lesquelles son pays se trouve.

Nous avons craint, je vous l'avoue, que l'ennemi avec des forces supérieures n'eût voulu nous dicter la loi après s'être emparé de Céva et du Mondovi. Dans ce cas-là, le temps nous aurait manqué de faire connaître notre situation à Sa Majesté l'Empereur, et l'ennemi qui n'aurait trouvé d'armée capable à tenir la campagne et à soutenir les places, aurait été le maître de la Lombardie avant qu'un courrier eût pu se rendre à Vienne, mais heureusement il ne paraît pas qu'il ait les moyens de tenter cette entreprise. Vous pouvez donc assurer, en attendant, votre cour que les places d'Alexandrie et de Tortone seront dans peu mises en état de défense, que toutes nos troupes ont reçu ordre de se rassembler du côté menacé, et que nous espérons d'être bientôt à même de contenir l'ennemi et de donner le temps aux renforts que Sa Majesté Impériale a destinés d'arriver en Italie. Le roi remercie Sa Majesté l'Empereur des ordres qu'il a bien voulu donner à M. de Wallis et désire que ce général en reçoive de positifs pour retenir l'ennemi dans les montagnes et empêcher qu'il ne pénètre en Italie, car s'il pouvait se répandre dans la plaine, outre la désolation et le saccagement du pays, toute la foule des malintentionnés est prête à se joindre à lui pour l'aider dans ses opérations et lui frayer le chemin (1) ».

Le 19, l'ambassadeur mande encore à Thugut que sa dépêche

(1) Gherardini à Thugut, 16 décembre (H. A. V.).

ayant été connue de plusieurs personnes de la cour, « et son contenu ayant percé dans le public, il a causé une joie générale, ranimé les esprits et imposé à la malveillance ». Il est impossible de douter de la sincérité de l'ambassadeur, car à la même date il expose avec la plus entière franchise les causes qui ont occasionné les revers des armées autrichiennes en Italie (1), sujet particulièrement difficile à traiter ; ses dépêches respirent la bonne foi, jamais il n'hésite à dire des choses désagréables à sa cour ; jamais il ne lui cache la vérité. L'impression qu'il a emportée de son entrevue avec

---

(1) Je me crois en devoir de faire connaître à Votre Excellence différentes lettres du général d'Argenteau au sujet des dernières affaires arrivées dans la rivière de Gênes. Ces événements sinistres amènent des plaintes et des récriminations et ouvrent le champ aux divulgations les plus indécentes. Je m'abstiendrai bien volontiers d'entrer en aucun détail à ce sujet, mais les circonstances me semblent importantes et délicates au point de ne pas permettre un silence absolu, même sur des bruits vagues et des propos vulgaires. On dit que les malheurs qui sont arrivés, ont tiré leur origine de la mésintelligence qui a régné pendant tout le temps de la campagne entre MM. les généraux de Wins et de Colli qui a été entretenue et augmentée par les manœuvres du colonel Marchetti. On a interprété sinistrement le peu de cas qu'on a fait des lettres et des ordres originaux de M. de Kellerman trouvées dans les deux malles interceptées à l'ennemi qui annonçaient clairement sa résolution de se retirer à Vintimille et M. le général de Wins poussait ses opérations. L'on rappelle la vigoureuse opposition faite par le dit Marchetti aux mémoires présentés par M. de Colli et d'Argenteau à M. le baron de Wins dirigés de lui montrer la facilité de s'emparer de toute la rivière jusqu'à la Roya. On lui impute d'avoir inspiré une imprudente sécurité au général commandant sur les forces et sur les projets offensifs de l'ennemi et l'apathie et la nonchalance qui a dirigé toutes les affaires et amené un dénouement si désastreux. La retraite exécutée par M. le comte de Wallis prête aussi matière aux raisonnements. On prétend que ce général aurait pu facilement soutenir le poste important de Saint-Jacques qui assurait la possession de Vado et le quartier d'hiver dans l'état de Gênes et, comme on est persuadé que le colonel Simbschen a eu la plus grande influence sur les déterminations de M. de Wallis, et qu'on sait qu'il s'est toujours opposé à la descente dans la rivière, on ose lui imputer d'avoir précipité la dite retraite et d'avoir causé la perte des magasins de l'artillerie qu'il aurait pu empêcher s'il n'avait été guidé par des vues personnelles et par l'esprit de parti. On cite l'incendie des grands dépôts de Vado comme ayant été ordonné par lui sans aucune nécessité avec l'intention de forcer notre armée à reculer dans le cœur du Piémont.

Il est vraiment douloureux que les deux officiers Marchetti et Simbschen n'aient jamais cessé d'être en butte à la médisance, car je suis intimement persuadé que, si même leurs opérations n'ont pas été couronnées par les succès heureux, elles ont pourtant été guidées par les meilleures vues possibles et par les raisons les plus pures.

Les mêmes sentiments d'honneur et de zèle ont sans doute animé nos généraux, mais je ne pourrai me dispenser d'observer confidentiellement à Votre Excellence que, d'après ma correspondance non interrompue, j'ai toujours remarqué parmi eux une fâcheuse diversité de principes et d'opinion qui doit nécessairement avoir produit des conséquences nuisibles au service de Sa Majesté. — Gherardini à Thugut, 19 décembre (H. A. V.).

M. d'Hauteville est fausse, et il est mal renseigné sur la manière dont on interprète sa note.

Le roi prête en effet à l'Autriche les projets les plus désastreux pour son royaume, il redoute qu'il ne serve de compensation en cas de paix et qu'une partie du Piémont contribue à payer la cession des Pays-Bas à la France. Dans ce cas, il ne croit pas pouvoir compter sur un appui efficace de la part de l'Angleterre, puisque l'intérêt de cette puissance exige qu'elle préfère l'alliance d'une grande puissance continentale comme l'Autriche à celle d'un Etat secondaire.

Une dépêche de d'Hauteville en date du 12 adressée à de Front montre qu'il ne se fait pas d'illusion sur le rôle qu'on réserve à son pays lors de la paix générale.

« Je ne puis à moins d'applaudir à la justesse des observations que vous avez faites à Milord Grenville sur les vues de la cour de Vienne de chercher à faire des acquisitions qui servent à compenser les pertes qu'elle a faites en abandonnant aux Français les pays conquis sur elle qu'elle désespère de recouvrir ». Or sauf sur la question des Pays-Bas que l'Angleterre s'obstinera à faire restituer, son intérêt, observe-t-il, « ne serait point de s'arrêter aux faibles réclamations des Etats secondaires sur qui la maison d'Autriche viserait à prendre une compensation soit des dédommagements à sa convenance. Cet intérêt politique de l'Angleterre pouvant aussi être d'avoir à opposer au besoin à la France le concours et la diversion d'une seule grande puissance au lieu de celui de plusieurs autres Etats subordonnés recevant d'elle l'impulsion, elle ne saurait concevoir aucune inquiétude de son agrandissement, ni conséquemment vouloir faire aucun effort pour y mettre obstacle... Il me suffit pour l'objet que nous ne devons pas perdre de vue, de vous faire remarquer que nous ne devons pas aveuglément compter sur les grandes et belles protestations du ministère britannique de n'aspirer à retenir ses alliés, et entre autre notre cour, dans la coalition que dans la bonne et salutaire intention de lui obtenir de meilleures conditions et une plus sûre garantie, en se reposant entièrement sur elle de ce soin-là, lorsqu'elle jugera à propos d'entrer en négociation pour la conclusion d'une paix générale. Le but principal des ministres anglais pourrait bien être en cela de ne détourner le roi à se détacher de cette coalition déjà si affaiblie que dans la crainte que son accommodement particulier ne porte un contre-coup sensible à celui de leur cour et de celle de Vienne, vu les facilités qu'il donnerait à l'ennemi de la rendre plus onéreux pour elles, à quoi sont et doivent être tournées les vues politiques de la France, plutôt qu'à ruiner ou à réduire un Etat intermédiaire à la conservation duquel elle est plus directement intéressée que l'Angleterre. De tout ceci, il résulte, monsieur, que, quoiqu'il convienne au roi de tenir à la coalition des cours de Vienne et de Londres jusqu'à ce que des circonstances irréparables en ordonnent autrement, il serait dans sa position aussi imprudent qu'impolitique de faire aucune démarche éclatante pour prouver que l'intention de Sa Majesté n'a point été et ne saurait être de profiter de la médiation de l'Espagne, tel que serait celle de mettre par écrit de sa part entre les mains du ministère britannique un désaveu plus authentique que celui que vous avez déjà été chargé de donner pour le produire au Parlement britannique » (1).

Quatre jours plus tard, revenant sur le même sujet, il est encore plus précis. « J'ai cependant toujours plus lieu de croire que si on ne peut parvenir à faire rendre les Pays-Bas à la maison d'Autriche et qu'il soit question de la laisser s'indemniser de quelques autres côtés, le dit ministère qui a un intérêt majeur à ne pas laisser diminuer de puissance la cour de Vienne, ne favorise à la fin ou du moins ne s'oppose pas efficacement aux prétentions que celle-ci pourrait mettre en avant à notre détriment. Vous savez, monsieur, que c'est l'Angleterre qui l'a en quelque façon forcé à nous faire les cessions territoriales portées par le traité de Worms pour prix des secours que le roi s'engageait de lui fournir pour sa défense au moment où elle se trouvait menacée d'une ruine totale de la part de l'Espagne et de la France, et que le comte de Kaunitz, son plénipotentiaire à Aix-la-Chapelle, protesta lors de la conclusion de la paix, sous prétexte que le roi n'avait point rempli de son côté le but pour lequel ces cessions leur avaient été faites. Cela étant, si la cour de Vienne est obligée d'avoir recours à des compensations pour la perte des Pays-Bas et si elle est réellement dans l'idée, comme on n'a que trop lieu de le soupçonner, de la faire en partie à notre charge, on doit s'attendre qu'elle ne manquera pas dans l'occasion de faire valoir cette protestation et de prétendre que, nous ayant fourni des secours pour notre défense, il est juste que le roi lui rétrocède les pays qui lui ont été cédés lorsque la maison d'Autriche a eu besoin de son intervention...

Je veux croire que l'Angleterre s'opposerait, autant qu'elle pourrait, à une telle prétention de la part de la cour de Vienne, mais je suis persuadé qu'elle céderait à la fin pour ne pas retarder un arrangement général dans lequel il est de son intérêt de conserver le

(1) D'Hauteville à de Front, 16 décembre (A. E. T.).

même degré de puissance à la maison d'Autriche préférablement à ses alliés ».

Le roi refuse l'intervention de l'Espagne au cas où il engagerait des négociations de paix sérieuses avec la France par suite de l'intérêt que la cour de Madrid doit porter à l'agrandissement du duc de Parme. Sa Majesté, continue d'Hauteville, « préfère de traiter elle-même sans le concours des bons offices d'aucune puissance, et même en ce cas elle ferait tous ses efforts pour se borner à convenir de certaines bases avec une cession d'hostilité et une stricte neutralité pour renvoyer à la pacification générale l'accord formel des conditions de sa paix particulière. Mais cela dépendra du danger dont ses états pourront être menacés soit encore pendant cet hiver soit à l'ouverture de la campagne et du défaut des moyens de pouvoir les défendre, le roi n'étant que trop convaincu, surtout d'après les derniers événements, que l'on ne peut guère compter sur une coopération efficace et sincère de la part des Autrichiens ».

Tout en limitant le plus possible les secours fournis par l'empereur, Thugut a assuré à Castel Alfer que l'Angleterre « ne négligerait rien » pour maintenir le roi dans la coalition « quand même elle devrait doubler ses subsides », promesse qui ne l'engageait à rien. L'occasion est favorable pour reconnaître si le ministre autrichien est véritablement autorisé à tenir ce langage ou s'il n'a prononcé que de vaines paroles. Les instructions expédiées à M. de Front disent assez clairement qu'à moins d'une aide très énergique de la part des alliés, le roi est disposé à signer la paix, escomptant l'effet de cette insinuation d'Hauteville réclame que l'Angleterre élève ses subsides à la somme de quinze millions de livres piémontaises (1).

La manière dont le général Wallis exécute les instructions reçues de Vienne creuse plus profondément le fossé qui sépare les deux cours.

Le 19, le roi fait connaître à Castel Alfer « que déjà trompé tant de fois par de pareilles assurances », il doute de la bonne volonté de l'Autriche à secourir le Piémont; la conduite de Wallis ne lui inspire nulle confiance, elle lui semble dictée par des instructions secrètes contraires aux paroles officielles. Wallis, considérant toute invasion des Français comme invraisemblable, a replié les bataillons dirigés sur Cosseria, il a décidé de maintenir onze bataillons en Piémont et de ramener le reste de l'armée en Lombardie.

Or le même jour, 19 décembre, on signale des rassemblements

(1) D'Hauteville à de Front, 16 décembre (A. E. T.).

français à Calissano et Bardinetto, Colli a toujours redouté qu'une offensive française débouche par la vallée de Calissano (1); il estime qu'il dépend de Wallis « de faire entièrement avorter ce projet de l'ennemi en gardant les positions qu'il avait occupées vers la province d'Albe », et à son avis quelques jours de persévérance pouvaient assurer les quartiers d'hiver de l'armée alliée.

Les nouvelles concernant les mouvements français étaient inexactes, rien n'indique dans les documents que l'on eût même l'intention d'inquiéter les avant-postes piémontais, néanmoins ces rapports dont on ignore la source, confirment les appréhensions de Colli; il prête à Schérer le projet de déboucher vers Millesimo et Montezemolo pour tourner Cèva. M. d'Hauteville craignant que, si Wallis « a reçu seulement les ordres de combattre l'ennemi dans la plaine », il ne s'attache « strictement au mot et qu'il se refuse à lui empêcher d'envahir le plat pays » insiste de nouveau auprès de l'ambassadeur pour qu'on expédie de Vienne à Wallis des ordres précis et positifs afin qu'il « s'oppose vigoureusement à la descente des Français dans le Piémont, et fît son possible pour le retenir dans les montagnes » (2).

En attendant, d'Hauteville, s'en rapportant aux ordres précis adressés à Wallis de concourir de tout son pouvoir avec l'armée impériale qu'il commande à la défense de Cèva et du Piémont contre les nouvelles attaques des ennemis, invite à 9 heures du soir le général autrichien à faire revenir à Monbarcaro et à Monesiglio les troupes qu'il en a retirées (3), et il demande à l'ambassadeur d'appuyer cette démarche auprès de Wallis « en lui inculquant ce

---

(1) Gherardini à Thugut, 16 décembre (H. A. V.). « Le général Colli n'est à la vérité pas tout à fait rassuré, parce qu'il craint les surprises d'un ennemi actif et entreprenant. Il me mande qu'il ne serait pas étonné s'il voulait faire une pointe par la vallée de Calissano pour se porter sur le Mondovi, province qu'il convoite avidement, et qui pourrait lui fournir des subsistances abondantes pour l'hiver ».
(2) Gherardini à Thugut, 19 décembre (H. A. V.).
(3) D'Hauteville à Wallis, 19 décembre (A.E.T).
Par les rapports de M. le lieutenant général baron Colli en date du 17 et du 18 au soir, Sa Majesté vient d'être informée que l'ennemi rassemble ses forces dans le bassin de Bardinetto et dans la vallée de Calissano, menace une irruption par Millessimo entre les deux Bormida, et paraît être bien éloigné d'avoir abandonné le projet d'attaquer Cèva et de l'attaquer de tous côtés.
Sa Majesté m'ordonne d'en informer d'abord Votre Excellence persuadée que, renonçant au projet de retirer à présent son armée dans des quartiers plus en arrière, elle donnera au contraire de bien promptes dispositions pour soutenir et renforcer le corps qu'elle a déjà fait marcher en avant de Cortemiglia et que, par une liaison bien entendue de postes avec l'armée de M. le général baron de Colli, elle concourra au grand objet d'en imposer à l'ennemi

qu'il savait des ordres et des intentions de l'empereur » (1).

Malgré l'intervention de Gherardini, Wallis refuse de retarder la prise des quartiers d'hiver et de maintenir aucune troupe dans ces postes très pénibles pendant l'hiver en prévision d'une attaque qu'il considère comme invraisemblable par suite du repliement successif des avant-postes français. Il fait connaître sa décision irrévocable le 20.

Wallis à d'Hauteville.   20 décembre (H.A.V.)

En réponse à la lettre que vous voulûtes bien m'adresser le 15 de ce mois, je ne tarde pas à vous assurer que ce fut par plusieurs lettres officielles adressées au général Colli que Sa Majesté le roi de Sardaigne aura sans doute été informé que l'armée impériale et royale occuperait cet hiver le même cordon de l'année passée, et que même on laissait trois bataillons de plus dans les états du roi de Sardaigne. Les postes de ce cordon sont occupés, et il ne dépendra que de M. de Colli de placer des troupes de l'armée du roi comme l'année passée pour entretenir la communication. Le reste de l'armée impériale et royale est placé de façon à pouvoir se porter et tenir tête à l'ennemi s'il venait à faire quelque opération dans la plaine d'Alexandrie ou Tortone. Pour Cèva, l'ennemi ayant abandonné avant une huitaine les postes de Batifollo, Bagnasco et s'étant replié jusqu'à Garessio dans les mêmes positions qu'il avait occupées l'hiver de l'année passée, de plus nous trouvant à la fin de novembre, on ne saurait trouver de la probabilité que cette place puisse être assiégée avant le printemps ; en cas pourtant que cette place venait à être assiégée, l'armée impériale et royale ne tardera pas à faire son possible à faire lever le siège par une vigoureuse attaque. Je me flatte que cette assurance pourra calmer les alarmes

et de faire la plus vigoureuse résistance en cas qu'il se déterminât à entreprendre quelques opérations.

La communication officielle que M. le baron de Thugut a faite à Vienne à M. le comte de Castel Alfer, envoyé extraordinaire de Sa Majesté, et celle que M. le marquis de Gherardini m'a faite des ordres positifs que Sa Majesté Impériale a fait passer à Votre Excellence pour qu'elle concourût de toutes ses forces à la défense des postes importants que défendent l'entrée du Piémont et qu'elle prît pour cela tous les moyens possibles avec M. le lieutenant général baron de Colli, ne laissent aucun doute à Sa Majesté de l'empressement que Votre Excellence mettra dans l'exécution de ses ordres, d'autant plus que son zèle, ses talents et son activité lui sont parfaitement connus.

Il est inutile que je représente à Votre Excellence de quelle importance pour toute l'Italie est la défense des points qui sont menacés en ce moment, et combien la circonstance est décisive ; elle sent tout cela mieux que moi.

(1) D'Hauteville à Gherardini, 19 décembre, 9 heures du soir (H.A.V).

de Sa Majesté le Roi et que vous voudrez rendre justice aux sentiments... »

Le 24, M. de Gherardini remet officiellement un mémoire où sont exposées les intentions de Wallis; 11 bataillons demeurent dans le Piémont, le restant des troupes autrichiennes cantonnera entre Pavie et Crémone. « Ces mesures étant invariablement fixées par le dit général, il pense que l'armée impériale occupera aussi les mêmes positions de l'année passée, et puisque les neiges garantissent l'aile droite de l'armée du roi, on la placera de manière à pouvoir couvrir Céva et les Langhes. Elle sera ainsi à portée de celle de Sa Majesté l'empereur, et que M. de Wallis ne pouvait pas morceler dans des détachements vers Céva. » Au cas où la forteresse de Céva viendrait à souffrir un siège, « ce qui n'est pas croyable », Wallis « s'engage par une attaque vigoureuse à opérer de son mieux pour le faire lever ». Il rappelle que, dès la fin de novembre, il a insisté sur la nécessité « de faire renforcer et mettre en état de défense les places de Céva, Alexandrie et Tortone ; il demande que les troupes autrichiennes reçoivent de bons cantonnements au lieu d'églises et de mauvaises maisons ; or, bien qu'il se soit adressé à plusieurs reprises au gouverneur d'Alexandrie, il n'a obtenu aucune réponse sur ce sujet. En terminant, il avertit qu'il a quitté Acqui le 20 et s'est rendu à Pavie, convaincu que les nouvelles relatives à une offensive des Français sont peu fondées.

La résolution de Wallis, au point de vue militaire, était certainement très sage ; il aurait commis une faute « en morcelant » son faible corps dans des postes vers Céva ; mieux valait rétablir l'armée impériale dans le Milanais que de l'user au milieu des neiges, mais dans une guerre de coalition il importait de tenir compte de l'effet que ce mémoire produirait sur l'esprit des alliés. Il était désastreux.

Le 26, d'Hauteville répond à la lettre de Wallis du 20 : « Comme j'ai dû remarquer une différence bien grande entre les dispositions que Votre Excellence m'y annonce d'avoir données pour la distribution et l'emploi de l'armée impériale soit à présent, soit dans les différents cas qui peuvent arriver, et les notifications ministérielles qui avaient été faites tant à Vienne qu'ici des ordres et des intentions de Sa Majesté l'Empereur, je ne puis que m'abstenir de toute réplique et observation sur le contenu de cette pièce, le roi s'étant réservé d'ailleurs, lorsque je lui en aurai rendu compte, de faire

(1) Gherardini à d'Hauteville, 24 décembre (H.A.V..)

directement auprès de Sa Majesté Impériale toute démarche ultérieure que les circonstances pourraient exiger relativement à l'objet de la dite lettre du 19 » (1).

Le 29, en effet, par ordre du roi, d'Hauteville réfute dans un mémoire celui de M. de Gherardini et expose le point de vue piémontais.

« ... En réponse à cette note et remerciant M. l'envoyé impérial de la communication qu'elle contient, le comte d'Hauteville s'empresse de lui faire savoir que le roi n'a pu y remarquer sans peine que le langage et les déclarations de M. le général Wallis qui y sont rapportés, n'offrent rien de plus satisfaisant de ce que le même général a annoncé dans sa réponse à la lettre que le comte d'Hauteville s'est trouvé dans le cas de lui écrire de la part de Sa Majesté le 19 du courant pour l'informer des nouveaux mouvements de rassemblement de l'ennemi du côté des deux Bormida, et le requérir de concourir et concerter avec M. le général baron de Colli les mesures capables de prévenir les dangers dont la place de Céva et le Piémont étaient de nouveau fortement menacés. Dans le même temps Sa Majesté a dû aussi observer combien ce langage du dit général et ses dispositions sont peu conformes aux communications officielles qui ont été faites par les ministres de l'Empereur à ceux du roi tant à Vienne qu'ici touchant les intentions de Sa Majesté Impériale et les ordres qu'elle avait fait passer à son armée d'Italie après la malheureuse retraite de la rivière de Gênes, dont le but paraissait être que cette armée fut employée à concourir efficacement à la défense du Piémont, non moins que de la Lombardie, puisqu'on ne peut en effet s'empêcher de reconnaître que le Piémont est le vrai boulevard de celle-ci. Sans s'arrêter néanmoins à rechercher la raison de la dissonance que présentent les écrits et les faits de M. le général de Wallis avec les offices ministériels sus-énoncés, le comte d'Hauteville se bornera à présenter à M. le marquis Gherardini quelques réflexions sur le simple résumé de ces mêmes écrits et faits du dit général, laissant après cela à M. le marquis et à sa cour de juger si l'on peut en déduire des motifs de sécurité suffisants à calmer les inquiétudes de Sa Majesté sur les événements appréhendés pour cet hiver.

M. le général Wallis a dit, en premier lieu, pour raison des déterminations prises et à prendre relativement au placement actuel et à la distribution de l'armée Impériale, que l'ennemi s'étant retiré en ce moment dans les mêmes positions de l'année passée à cette

---

(1) Hauteville à Wallis, 26 décembre, *Registre della Corte*, 52 (A. E. T.).

saison, il croit faire suffisamment pour la sûreté du pays de faire occuper par ses troupes pendant cet hiver le même cordon qu'elles occupaient l'hiver dernier, laissant le soin à M. de Colli de placer également les troupes de l'armée du roi comme l'année passée pour entretenir de la même façon la communication entre les deux armées.

Si l'on réfléchit cependant que l'ennemi a cette année dans la rivière de Gênes le double au moins de forces qu'il en avait l'an passé, que ses dispositions sont très différentes soit par les faits notoires, n'ayant pris encore aucune mesure pour y établir ses quartiers d'hiver, ni pris même des postes et des cantonnements fixes, soit par les avis qu'on a très assurés de ses mouvements rapprochés de nos postes et de plusieurs mesures menaçantes qui indiquent encore des projets offensifs de sa part, l'on comprend aisément que les dispositions à donner pour les armées impériales et sardes ne peuvent être réglées entièrement cette année sur ce qui s'est pratiqué dans l'hiver dernier, puisque l'ennemi paraît jusqu'à présent en avoir adopté de toute autre nature.

M. le général de Wallis annonce en second lieu qu'après avoir distribué la partie des troupes qu'il a laissée dans les Etats du roi pour former le même cordon que l'année passée depuis Acqui jusqu'aux débouchés des passages de la Bocchetta, le reste de l'armée impériale est placé de façon entre Pavie et Crémone à pouvoir se porter et tenir tête à l'ennemi s'il tenait à faire quelque opération dans les plaines d'Alexandrie et de Tortone. Il assure aussi que, si la place de Coni venait à être assiégée avant le printemps, l'armée impériale et royale ne tarderait pas de faire son possible pour en faire lever le siège par une vigoureuse attaque.

Sur ce point, il suffit de faire remarquer que, si l'armée impériale n'a dans les Etats du roi d'autre destination que celle de défendre aux ennemis l'entrée dans les plaines d'Alexandrie et de Tortone par les débouchés de la Bocchetta ou autres plus à portée, et de les venir attaquer s'ils faisaient tant que de pénétrer dans ces plaines, il serait assez évident que l'unique objet de cette armée serait de venir prendre les positions dans les états du roi pour empêcher le passage direct des Français en Lombardie sans concourir en aucune manière à la défense du Piémont.

Un tel plan, s'il subsistait ainsi restreint, serait si contraire aux intentions manifestées par Sa Majesté l'Empereur qu'on ne saurait y croire, ni le supposer. Mais dans le même temps on pourrait l'envisager comme aussi peu conforme à la vraie défense de la Lombardie, puisque si les efforts de la seule armée du roi du côté de

Mondovi, Cèva et la province des Langhes ne pouvaient empêcher à l'ennemi de pénétrer dans les plaines supérieures du Piémont entre le Pô et le Tanaro, il pourrait aisément laisser sur sa droite les places d'Alexandrie et de Tortone et se frayer une route sur sa gauche, après avoir envahi le Piémont, pour se porter par Casal, Verceil, Novare plus facilement dans le Milanais.

L'on peut encore ajouter que le cas de voir l'ennemi déboucher de la rivière de Gênes par les Bocchetta pour venir dans la plaine entre les deux places fortes d'Alexandrie et de Tortone, est le moins probable de tous par les difficultés et les dangers que la position de ces deux places munies de bonne garnison et dont en hiver il ne pourrait guère tenter le siège, peut seule lui opposer.

Quant à ce qui regarde après cela le secours que M. le général Wallis se propose de porter à la place de Cèva, en cas qu'elle fût assiégée, si l'on réfléchit un instant que cette petite place peut être aisément bloquée et tournée par l'ennemi et même enlevée en peu de jours, sans pouvoir soutenir un siège assez long pour attendre une armée qui devrait venir de Pavie et de Crémone pour la secourir, l'on n'aura pas de peine à se persuader combien peu Sa Majesté peut faire fonds sur l'espérance d'un tel secours pour être tranquille sur le sort de Cèva et sur les conséquences qui en peuvent dériver. La perte absolue du Piémont, en pouvant être une si les troupes de son armée qu'elle y a rassemblées ne sont pas suffisantes pour se garantir de ce malheur, et ce malheur est d'une nature à ne pouvoir faire cesser ses inquiétudes sur les dangers qui sont capables de le produire, tandis que les moyens de le prévenir seront aussi incertains qu'éloignés. Pour ce qui regarde enfin la persuasion où se montre M. le général Wallis que la mauvaise saison ne permettra à l'ennemi de rien entreprendre de sérieux contre ce pays et le peu de probabilité que ce général trouve à la vérification des avis contraires, il suffira aussi d'observer qu'une telle confiance n'étant qu'une sûreté négative, l'on ne saurait prudemment y compter pour omettre les précautions que les projets présumés d'attaques ultérieures de la part de l'ennemi peuvent mériter. L'on croyait bien avant le 23 que les Français n'auraient plus attaqué, l'événement cependant a cruellement démenti cette croyance. La même chose pourrait arriver encore à présent, et il convient de ne rien négliger de tout ce qui peut en garantir. Passant aux représentations qu'a faites, après tout ce que dessus, M. le général Wallis pour faire renforcer et mettre en état de défense les places de Cèva, d'Alexandrie et Tortone, comme elles ont été prévenues par les ordres que Sa Majesté s'empressa de donner pour cet effet dès le premier moment qu'elle apprît la retraite de l'armée impériale de la rivière de Gênes et avant même que cette armée fût rassemblée à Acqui, il ne reste là-dessus qu'à assurer ici M. l'envoyé impérial de l'attention portée depuis par le roi pour que ses ordres à ce sujet fussent et soient exactement exécutés. Sa Majesté connaissait trop l'importance de la conservation de ces places pour négliger de les tenir pourvues du nombre nécessaire de ses meilleures troupes qui puissent l'assurer à tout événement. Sa Majesté n'est pas moins disposée encore, comme elle l'a toujours été, de faire donner aussi les ordres nécessaires pour faire fournir dans ses Etats aux troupes impériales des logements aussi bons que les circonstances du pays et des habitants le pourront permettre, excluant les églises, ainsi que M. le général Wallis vient d'en répéter l'instance, pour le cas où les dites troupes fussent obligées par les opérations offensives de l'ennemi de rentrer dans le Piémont pendant l'hiver.

En considérant cependant sur ce point que le cas de cette rentrée des troupes impériales du Milanais dans le Piémont est limitée dans l'instance de M. le général Wallis à celui où l'ennemi entreprendrait de déboucher par la Bocchetta dans la plaine, l'on ne saurait se dispenser d'ajouter à tout ce qui a été remarqué ci-dessus, relativement aux dispositions énoncées par le dit général, une autre observation non moins sensible que cette limitation fait naître, c'est l'incertitude qui en résulte de plus en plus à Sa Majesté sur l'espoir des concours qu'elle peut réellement attendre et espérer de l'armée impériale pour la défense qui devrait être commune du Piémont en général et de la Lombardie.

Sa Majesté en conséquence ne peut que désirer particulièrement qu'il lui soit donné de la part de la cour impériale une explication franche et précise des résolutions que Sa Majesté Impériale peut avoir prise ou est disposée de prendre et de faire exécuter par ses généraux de l'armée d'Italie sur un point aussi important, afin que, toute incertitude à cet égard puisse cesser, et qu'en même temps Sa Majesté soit mise en état de régler en conformité de son côté les dispositions que la sûreté de ses Etats les circonstances et l'intérêt de la cause commune peuvent exiger et lui permettre.

Au reste le comte d'Hauteville, s'en rapportant au zèle de M. le marquis de Gherardini pour l'usage qu'il voudra bien faire auprès de sa cour des observations contenues dans la présente réponse à sa note, est persuadé qu'elle produira l'effet que Sa Majesté a lieu d'en espérer et dans cette attente il le prie... »

Le mécontentement de la cour de Turin perce déjà dans ce document, il s'étale au grand jour dans la correspondance avec les ambassadeurs.

Le 19, M. d'Hauteville informe M. de Front des mesures prises par l'Autriche pour renforcer son armée d'Italie.

« Toutes les mesures sont très à propos, écrit-il, mais elles ne sont pas suffisantes à tranquilliser le roi sur le danger dont ses états sont menacés, surtout si le général de Wallis persévère à vouloir faire retirer une bonne partie des troupes sous ses ordres en quartiers d'hiver dans le Milanais. Il est à craindre que l'ennemi ne profite de cette diminution des forces pour pénétrer du côté d'Acqui (1) ».

Le 23, il le prévient des dispositions adoptées par le général de Wallis et de son refus de les modifier. « On ne sait en vérité, ajoute-t-il, quelle interprétation donner à la conduite du cabinet de Vienne dans un moment où les états du roi sont le plus menacés... Je vous avoue, Monsieur, qu'il semble que la cour de Vienne prend à tâche de mettre le roi dans la nécessité de devoir traiter avec l'ennemi (2) ».

Au premier avis qu'on parle de constituer les garnisons de Tortone et d'Alexandrie, moitié d'Autrichiens et moitié de Piémontais le roi repousse avec la plus grande énergie cette proposition, « ces deux places étant plutôt une barrière contre les Autrichiens que contre les Français (3) ». La retraite du corps autrichien, et surtout le passage où M. de Wallis avance qu'il obéit aux ordres de Vienne, met le comble à cette irritation ; on y voit une contradiction absolue avec les assurances solennelles contenues dans la note de Thugut. D'Hauteville, en mettant Castel Alfer au courant de ce qui s'est passé, et en lui transmettant les différentes pièces échangées entre lui et Gherardini, le déclare expressément.

Dans les circonstances actuelles, le maintien de onze bataillons « pour occuper les mêmes positions qu'en 1794 tandis que les situations sont bien différentes, et que l'ennemi n'attend peut-être que cette diminution de forces dans le Piémont pour diriger ses attaques du côté où il croira plus facile de pénétrer », ne répond pas aux dangers que court le Piémont.

A la vérité le général de Wallis ne cesse de répéter que les Français sont dans « l'impossibilité de se porter plus loin et d'entreprendre aucune attaque », mais ne s'est-il pas déjà trompé à plusieurs reprises et particulièrement le 23. Pour M. d'Hauteville toutes ces

---

(1) D'Hauteville à de Front, 19 décembre (A. E. T.).
(2) D'Hauteville à de Front, 23 décembre (A. E. T.).
(3) Le roi à Castel-Alfer, 19 décembre (A. E. T.).

assurances, toutes ces promesses n'auront aucun effet ; à la suite de la remise du mémoire de M. Gherardini, il expose en ces termes à M. de Castel-Alfer, l'idée qu'il se fait des projets du général de Wallis. « L'on voit clairement, dans tout ce qu'il fait et qu'il écrit que son seul but dans l'emploi de son armée est de garder les débouchés de la Bocchetta dans les plaines d'Alexandrie et de Tortone qui conduisent dans la Lombardie, et qu'il ne veut prendre aucun intérêt ni mesure pour tout ce qui peut garantir le reste des états du roi d'une invasion » (1).

Dès le 19, le roi prescrit à son ambassadeur de ne plus réclamer de renforts de troupes. « C'est nous obliger inutilement vis-à-vis de la cour de Vienne qui doit comprendre qu'en défendant nos Etats, elle défend les siens et peser s'il est de son intérêt de nous mettre dans la nécessité de songer aux moyens de traiter notre paix particulière » (2). L'expression de son mécontentement s'accroît après la prise des quartiers d'hiver, répondant à la dépêche de Castel Alfer en date du 10, le roi s'étonne que les faits ne répondent pas mieux aux bonnes paroles de Thugut. « On ne cherche qu'à nous berner, ajoute-t-il, pour nous retenir dans la coalition et nous sommes maintenant bien convaincus que la cour de Vienne n'a pour objet essentiel la défense du Milanais en paraissant coopérer à celle du Piémont. C'est là un faux calcul de la part du ministre autrichien et l'expérience ne pourra peut-être que trop le lui faire connaître. Il serait inutile de faire de nouvelles représentations à cet égard. Elles n'auraient pas plus d'effet que les précédentes. La cour de Vienne sent l'impuissance de nous retenir dans la coalition et elle n'en veut pas les moyens. Elle devra donc s'imputer à elle-même notre défection si nous venons à prendre le parti de traiter avec le gouvernement français, et notre conduite dans ce cas ne pourra qu'être pleinement justifiée aux yeux de l'Europe » (3).

Ainsi donc, même après que tout danger immédiat a disparu, comme le reconnaît lui-même M. d'Hauteville (4), on considère à Turin sans répugnance le projet d'un accommodement avec la

(1) D'Hauteville à Castel-Alfer, 23 décembre (A. E. T.).
(2) Le roi à Castel Alfer, 19 décembre (A. E. T.).
(3) Le roi à Castel Alfer, 26 décembre (A. E. T.).
(4) « Les Français n'ayant reçu jusqu'à présent aucun renfort et ne paraissant pas être assez en forces pour pénétrer en Piémont, on s'est déterminé de faire prendre des quartiers d'hiver à nos troupes qui ne pouvaient plus résister dans les positions qu'elles occupent sur les montagnes Elles formeront un cordon avec ce qui est resté d'Autrichiens, mais si l'ennemi reçoit des renforts et qu'il attaque de quelque côté, je ne sais comment l'on pourra se défendre ». D'Hauteville à de Front, 26 décembre.

France. En fait les négociations datent d'avant la victoire de Loano.

Ces pourparlers n'ont pas échappé aux agents de l'Autriche et de l'Angleterre, mais ils n'en soupçonnent pas l'importance. Comme on s'en souvient, dès le commencement de décembre, Dracke en a averti Gherardini. Il a paru persuadé : « que l'ennemi puisse recevoir des renforts incessamment et forcer le roi de Sardaigne à accepter les conditions qu'il voudra lui imposer et passer rapidement en Lombardie sans rencontrer aucun obstacle » (1).

Le 19, ce dernier mande à sa cour qu'au moment de la crise, on a peut-être envoyé à Gênes quelque agent subalterne et que le cabinet de Turin a peut-être adopté « quelques mesures tendant à se sauver du risque plus éminent ». Lui-même avoue que la fin de novembre et le commencement de décembre ont été pour lui une « époque d'inquiétude cruelle, ne pouvant pas calculer à quelle extrémité les choses auraient pu être réduites si l'ennemi avait été dans le cas de profiter de ses avantages », mais pour le moment le cabinet a eu le temps « de réparer ces faux pas ». L'ambassadeur ne fait aucun fonds, malgré les protestations officielles de M. d'Hauteville, sur la constance du Piémont, État trop faible pour se passer de l'appui de l'Autriche, et craignant la puissance qui le soutient. Sa fidélité durera autant « que la prépondérance autrichienne en Italie ».

Le désir de s'accommoder avec la France est plus prononcé chez le roi que ne le suppose Gherardini.

A en croire les documents français, les premières propositions de paix seraient venues du Piémont. Après la défaite de Loano, M. de Cossila aurait prévenu Villars qu'il était muni de tous les pouvoirs pour traiter. Cette ouverture semble mériter considération à Ritter et, après en avoir délibéré avec Schérer, il remet à Villars une note où sont précisées les conditions qui doivent servir de base à la paix future.

Le Piémont cédera à la France le comté de Nice, la principauté d'Oneille et de Loano et la Sardaigne, il s'unira avec la France pour chasser la maison d'Autriche du Milanais : à cet effet, tandis que 50.000 Français déboucheront d'Alexandrie, 20.000 Piémontais marcheront sur Pavie.

Il remettra à l'armée française, comme gage de sa bonne foi, les places de Côni et d'Alexandrie pour toute la durée de la guerre. Le roi fournira en outre les moyens de transport et les vivres nécessaires à une armée de 50.000 hommes, moyennant quoi

(1) Gherardini à Thugut, entre le 8 et le 16 décembre. Rapport 103 (H.A.V.).

aucune contribution ne sera levée sur le Piémont. Par contre, la France s'engagera à conquérir le Milanais et à le remettre au roi qui prendra le titre de roi de Lombardie.

On espère avoir un moyen sûr de faire céder le roi, sans parler de l'ascendant que nous a procuré la victoire de Loano, en utilisant les services des révolutionnaires sardes et on le menace d'une insurrection (1).

Le 26 décembre, le Directoire autorise de continuer les pourparlers ; il charge Villars, Ritter et Schérer de les mener de concert. Les conditions qu'il propose sont moins rigoureuses que celles contenues dans la note de Ritter ; le Piémont conserve la Sardaigne ainsi que la principauté d'Oneille et de Loano. Il fait même preuve d'une certaine modération, en recommandant aux plénipotentiaires chargés de fixer le tracé de la frontière entre les deux Etats « de ne pas mettre le roi sarde dans une position tellement pénible qu'elle puisse altérer la durée de la paix qu'il est question d'établir entre les deux Etats » (2).

La version piémontaise est tout autre. Un agent secret français s'étant ménagé, avant la bataille, quelques pourparlers avec M. de Cossila par le moyen d'un intermédiaire, le roi l'a autorisé à les suivre dans le seul objet « de mieux apprécier » les idées des gouvernants de France « relativement à sa paix particulière », mais sans avoir aucune intention « de la traiter sérieusement et conclure ».

Sur ces entrefaites la crise du 23 se produit ; elle modifie les intentions du roi et les négociations sont reprises sérieusement ; il n'est pas possible de les tenir cachées, d'autant plus que M. de Trevor provoque les explications de M. d'Hauteville. Inquiété par la critique position du Piémont, il lui remet un mémoire « tendant à exhorter le roi à ne point se séparer de la coalition ». Il y représente « l'état de détresse où se trouve la France, le vœu général de la nation pour la paix, la proximité d'une paix générale qui sera l'heureux effet des efforts que les puissances vont déployer, l'appui efficace que Sa Majesté doit être sûre de trouver en elle, les dangers auxquels elle s'exposerait en faisant une paix particulière, le peu de solidité qu'elle aurait et les avantages au contraire non moins que la gloire qui lui résulteraient d'attendre l'heureuse époque où elle pourra la faire avec les autres cours alliées ».

En réponse, d'Hauteville l'assure, par ordre du roi « que son

---

(1) Schérer au Directoire, 15 décembre. Fabry, I, p. 238-246.
(2) Le Directoire à Schérer, 28 décembre. Fabry, I, p. 368-373.

intention est d'être fidèle à ses engagements et de ne se prêter à aucun accommodement particulier avec l'ennemi commun tant que le restant de ses Etats ne sera pas menacé d'une invasion inévitable et qu'elle pourra réellement compter de la part de ses alliés une valide coopération dans les mesures capables d'y opposer une résistance assurée non moins que les secours prompts et efficaces que les circonstances pourront exiger ».

Il réclame les secours pécuniaires de l'Angleterre et il insiste sur le peu de fond que l'on peut faire « sur une coopération sincère de la part de la cour de Vienne pour la défense du Piémont », ainsi que le prouve la récente retraite du général de Wallis.

Le 31 décembre, le roi prescrit à M. de Front de mettre lord Grenville au courant de la négociation. Le roi a consenti à écouter les propositions des agents français, n'ayant eu « principalement en vue que de ralentir les efforts de l'ennemi et d'avoir le temps de connaître quelle était l'assistance que nous pouvions espérer de la part de nos alliés pour nous mettre à l'abri des malheurs qui seraient inévitables si nous ne trouvions pas en eux des secours plus efficaces que par le passé ».

Il a rejeté toute offre de s'agrandir dans le Milanais aux dépens d'un de ses alliés, « quoiqu'il n'eût guère lieu d'en être satisfait », et proposé « pour bases principales le *statu quo* avant la guerre et la neutralité de l'Italie ou du moins celle du Piémont dans toute la rigueur du terme, au moyen de laquelle les Français seraient privés du passage sur nos Etats pour aller attaquer le Milanais ». On attend la réponse du gouvernement français; d'après la manière dont s'est exprimé son agent, il est à croire qu'il s'y prêtera difficilement; de son côté, le roi ne se départira pas de ces conditions.

Après avoir insisté sur les points traités dans la réponse de d'Hauteville au mémoire de Trevor, particulièrement sur la nécessité des secours pécuniaires, de Front ajoutera « qu'indépendamment de ces secours, il est aussi indispensable que la cour de Vienne, en se départant du système qu'elle a constamment suivi vis-à-vis de nous, s'oblige d'une manière qui ne soit plus illusoire, à faire mouvoir ses forces autant pour la défense du Piémont en général que pour celle du Milanais ; que, sans cela, il en naîtra toujours les mêmes inconvénients que pour le passé, lesquels nous exposeraient un jour ou l'autre à voir l'ennemi pénétrer dans le centre de nos Etats ou à devoir souscrire aux dures conditions qu'il nous imposerait alors ».

Il certifiera : « que notre intention est de prolonger, autant que possible, la négociation dont il s'agit et de ne point nous engager plus avant, jusqu'à ce qu'il ne nous reste plus d'espoir d'obtenir les secours que les circonstances critiques où nous nous trouvons, exigent de la part de nos alliés ».

Le roi espère, qu'après cette explication, le roi d'Angleterre et ses ministres « seront assez justes pour ne point taxer notre conduite à cet égard d'inconstance et de refroidissement pour la cause commune, mais que plutôt ils conviendraient eux-mêmes que nous méritons toujours de leur part la même estime et le même intérêt, puisque notre ruine totale qui pourrait s'ensuivre, si nous agissions différemment, ne peut leur être indifférente. Nous leur avons fait connaître notre détresse et nos besoins, c'est à eux à calculer s'il leur convient de nous y tenir attachés et à en prendre les moyens en intéressant surtout la cour de Vienne à la défense de ce qui reste de nos Etats aussi efficacement qu'à celle du Milanais ».

Si les puissances l'abandonnent, il ne lui restera d'autre ressource que de conclure une paix particulière « justifiée aux yeux de l'Europe qui dira, qu'étant abandonné par nos alliés, nous ne pouvions faire autrement, et qui sera assez équitable pour ne pas nous mettre de niveau avec les autres puissances qui l'ont déjà faite ». Le roi remplissait ainsi la promesse qu'il avait faite à l'Angleterre de ne pas ouvrir de négociations sans l'en avertir (1).

Le 9 janvier, d'Hauteville prévient de Front qu'un agent français en Valais lui a proposé une suspension d'armes ; le roi n'a pas cru devoir s'y refuser afin d'éviter de la fatigue aux troupes et de leur épargner les attaques continuelles auxquelles elles peuvent être exposées. Il suppose, d'après l'exemple de l'armée du Rhin, que la cour de Vienne n'y soulèvera pas d'objections ; et, pour s'en assurer, il lui a expédié un courrier afin de connaître ses intentions relativement à son armée du Piémont (2).

Le 10 janvier, Castel Alfer est également chargé de faire part à Thugut des négociations entamées avec les Français et de les justifier en présentant les mêmes arguments ; en outre le roi le met au courant de ses intentions futures sur la manière dont il se propose de conduire ces pourparlers.

L'instruction qui lui est expédiée s'exprime en ces termes : « Cet événement (la bataille de Loano) qui avait laissé nos troupes comme isolées, qui les avait mises dans le plus grand découragement, après avoir si vaillamment combattu et repoussé l'ennemi de

---

(1) D'Hauteville à de Front, 31 décembre (A. E. T.).
(2) D'Hauteville à de Front, 9 janvier (A. E. T.).

leur côté et qui exposait le centre de nos Etats à une invasion inévitable, vu que tous les efforts des Français paraissaient s'être tournés contre la place de Cêva et le Mondovi, nous ayant plongé dans une espèce de consternation, nous crûmes ne devoir pas négliger des ouvertures au moyen desquelles nous pouvions prévenir ou rendre moins imminent le danger dont nous étions menacé. Nous nous déterminâmes d'autant plus sérieusement à ne plus les éluder et à adopter ce parti, bien contraire à nos principes d'attachement pour la cause commune, mais nécessité par la loi impérieuse des circonstances et du salut de nos Etats que, dans ce moment critique, l'agent français fut lui-même le premier à revenir à la charge en assurant le chevalier de Cossila que le général Schérer et le commissaire du Directoire exécutif Ritter étaient munis de tous les pleins pouvoirs nécessaires pour traiter et conclure si nous y étions sérieusement disposé. Nous fûmes d'ailleurs animé encore de plus en plus de cette détermination par la circonstance qu'ayant immédiatement écrit au général de Wallis après sa retraite aux environs d'Acqui pour lui représenter le danger de notre position et le porter à faire quelques mouvements du côté de nos troupes au moyen desquels elles fussent moins isolées, nous en reçûmes une réponse peu satisfaisante, bien propre à nous convaincre, comme vous l'aurez aussi remarqué dans la copie de celles que le comte d'Hauteville vous a transmises ces courriers derniers, que nous ne pouvons compter sur un concours efficace des troupes sous ses ordres dans le cas d'une attaque de la part de l'ennemi pour pénétrer dans le centre du Piémont, et surtout très contradictoires avec les assurances et les belles promesses tendant à nous rassurer que le baron de Thugut nous avait faites ainsi qu'au chevalier Eden au moment que l'on apprit à Vienne les revers essuyés dans la rivière de Genes ».

Le roi a alors autorisé M. de Cossila à s'engager formellement et à déclarer à l'intermédiaire français qu'il est disposé de son côté à « entrer réellement en négociations pour cet effet, et que conséquemment il devait articuler franchement les propositions auxquelles le gouvernement français prétendait le faire comme ayant été le premier à nous les faire parvenir ».

Nous connaissons ces propositions et contre-propositions ; on a ainsi atteint la fin de décembre. A cette date le danger « avait cessé d'être aussi imminent ». Le Piémont a dès lors tout intérêt à ne plus paraître prendre au sérieux une négociation où il est question pour lui de se dédommager de ses pertes aux dépens des Etats de ses alliés, aussi n'est-il « pas fort diligent à faire connaître la manière dont il envisage des conditions de cette nature, d'autant plus qu'il comprend combien il serait plus avantageux pour lui de ne conclure la paix « que de concert avec ses alliés ». Villars ayant insisté pour obtenir des explications, le roi a ordonné à M de Cossila de lui transmettre verbalement la déclaration suivante faite en son nom : « que, content de rentrer en possession de cette partie de nos Etats qui nous avait été injustement enlevée par une guerre que nous n'avions point provoquée, nous étions bien éloigné de penser à être indemnisé et moins encore à nous agrandir aux dépens d'un allié, et que les seules conditions auxquelles nous pourrions faire la paix honorablement et avec sûreté, étaient le *statu quo* avant la guerre et la neutralité de l'Italie sans laquelle nous ne serions point assuré de voir régner la tranquillité dans nos Etats qui est le seul but de nos vœux ».

Villars répliquait qu'il était impossible de rendre la Savoie et le comté de Nice, vu les décrets qui en avaient décidé la réunion à la France, il trouvait trop favorables les conditions concernant l'empereur ; bien loin de consentir à la neutralité de l'Italie, ce qui aurait procuré à l'Autriche la faculté d'en retirer ses troupes pour les diriger sur le Rhin, il voulait au contraire pousser la guerre avec la dernière vigueur dans le nord de la péninsule.

Le roi était convaincu que le Directoire présenterait les mêmes objections à ses propositions ; mais il s'écoulerait un certain temps avant que l'on connût sa réponse et ainsi serait rempli le seul objet qu'il s'était proposé en consentant à ouvrir ces négociations, « qui était de gagner du temps pour mieux juger de la tournure que prendraient les affaires avant de rien conclure ou de rompre toute conférence ultérieure ».

En portant à la connaissance de Thugut l'ouverture de ces pourparlers, Castel Alfer recevait pour instruction de s'efforcer de lui faire accepter le point de vue piémontais ; il lui représenterait qu'on avait eu pour unique objet de ralentir les opérations des Français et de provoquer une longue discussion, ce qui ferait gagner du temps, et il lui détaillerait les motifs qui justifiaient cette résolution. L'espèce de consternation « provoquée par la retraite de l'armée autrichienne », le désaccord entre les paroles de Thugut et la conduite du général de Wallis, désaccord qu'on était bien éloigné de faire retomber sur ce général, mais qu'on croyait provoqué par les ordres venus de Vienne ; il profiterait de l'occasion pour faire sentir que l'on était bien persuadé que ce n'était pas « par le défaut de force, mais de volonté que la campagne dernière avait terminé d'une manière si désastreuse », alors qu'on aurait pu, sinon reprendre le Comté de Nice, du moins chasser les Français de la rivière. Après avoir exposé ses causes de mécontentement le roi explique les motifs qui l'ont fait agir. « En considérant le manque de bonne volonté qui a eu lieu par le passé, il était tout naturel que, ne pouvant compter sur rien, nous dussions chercher à nous précautionner contre les malheurs qui pouvaient en être une nouvelle suite ».

Cette communication a un but plus important que celui de défendre la politique piémontaise ; le roi prétend se servir des pourparlers engagés avec la France pour obliger son allié à lui fournir « des secours réels et efficaces », sinon il traiterait avec la France et toute la responsabilité de cet acte retombera sur l'Autriche.

« Vous ferez connaître au baron de Thugut, écrit-il, que le sort de notre négociation dépend de la conduite que l'on adoptera à Vienne. Vous déclarerez à ce ministre que, pénétré de la sainteté de nos engagements envers nos alliés, ce ne sera jamais qu'avec la plus grande répugnance que nous ferons une paix séparée avec la France si nous y sommes forcés, que cet événement n'aura certainement pas lieu si nous trouvons nos alliés sincèrement disposés à nous fournir tous les secours qui peuvent coopérer à mettre nos États à l'abri du danger d'invasion dont ils sont menacés, que c'est à la cour de Vienne à peser ses propres intérêts et à nous faire connaître ses véritables dispositions, que nous sommes persuadés qu'en ne consultant qu'eux-mêmes l'empereur sentira l'importance et la nécessité d'un accord et de l'unité d'action qui malheureusement n'ont pas existé jusqu'à présent, que bien convaincu qu'une coopération sincère et efficace, telle qu'elle n'a pas eu lieu jusqu'ici, est une sûreté suffisante pour nous, s'il nous est démontré que la cour de Vienne agira pour la défense et le salut du Piémont en général avec l'accord et les moyens nécessaires, pour lors, bien loin de souscrire, nous éluderons toute paix séparée, mais que dans le cas contraire, nous ne pourrons à moins que de la conclure, et Sa Majesté Impériale est trop juste pour ne pas sentir elle-même que, si cette mesure était la seule qui pût sauver nos États d'une ruine totale, il est de notre devoir d'embrasser cette fâcheuse extrémité » (1).

Il existe un autre point qui tient fort au cœur du roi, c'est d'être nommé généralissime des deux armées alliées. Il déclare à Gherardini dans une audience « que, s'il avait pu régler la chose on n'aurait pas fait tant de sottises ». Les inconvénients qui ont résulté

---

(1) Le roi à Castel Alfer, 10 janvier (A. E. T.).

d'un commandement unique pendant la campagne de 1795 le déterminent à ne plus le confier « à tout autre quelconque ». M. de Castel Alfer reçoit la difficile mission d'en informer la cour impériale.

« Sa Majesté, lui écrit d'Hauteville, est persuadée que cette réunion du commandement dans la même personne n'est point indispensable pour l'unité d'action qui est nécessaire dans les opérations, dès qu'on aura concerté et arrêté de commun accord préalablement le plan de celles qu'on se sera déterminé de faire soit défensivement, soit offensivement dans la prochaine campagne. » En remplacement de cette autorité unique, des conseils de guerre décideront des opérations à adopter. Si l'on refuse d'y consentir à Vienne, Castel Alfer reviendra sur la proposition faite à plusieurs reprises de nommer le roi généralissime qui aurait toute autorité « pour aplanir » les difficultés entre les différents généraux et à qui du reste cette marque était bien due comme « au souverain du territoire » (1).

Le jour même où il expédie ces instructions à Castel Alfer, d'Hauteville fait part à Gherardini des pourparlers engagés avec les négociateurs français. Tout en confiant la véritable négociation à Villars ainsi qu'à Schérer et à Ritter, le Directoire a envoyé en Suisse un agent secret, M. Durand, pour s'aboucher avec le bailli de Saint-Maurice, agent piémontais. Or s'il faut ajouter foi aux renseignements piémontais, Durand fait proposer un armistice à Turin, bien qu'il n'en soit nullement question dans ses instructions (2) et qu'il n'y soit pas autorisé. D'Hauteville dans ses entrevues avec l'ambassadeur impérial a grand soin de passer sous silence les négociations entamées à Gênes, il ne lui parle que de celles qui ont eu lieu en Suisse.

Gherardini rend compte de sa conversation avec M. d'Hauteville par deux rapports en date du 9 et du 13. « Il est nécessaire, m'a-t-il dit, que votre cour soit informée de la conduite que nous avons tenue au milieu des circonstances difficiles qui nous environnent, qui est une suite de la loyauté reconnue de Sa Majesté le roi. Vous n'ignorez pas tous les bruits qui se sont répandus dans le pays et qui ont été accrédités par des lettres de Gênes et de Suisse sur des négociations de paix que nous aurions entamées avec les Français. On a débité bien des fables à ce sujet, et je m'en vais vous exposer la pure vérité et vous faire connaître notre état présent.

« Après la malheureuse affaire du 23 novembre et pendant que l'ennemi avançait sur Cèva, jetait l'alarme dans tout le pays, et

---

(1) D'Hauteville à Castel Alfer, 10 janvier (A. E. T.).
(2) Fabry, tome II°, p. 305.

notre armée débandée n'était pas en cas de s'opposer à ses entreprises, le général Schérer nous fit dire que la République française ne voulait pas conquérir le Piémont, qu'elle aurait accordé la paix au roi et qu'il demandait seulement le libre passage pour entrer en Lombardie. Vous sentez bien que dans le moment le pays était à la merci de l'ennemi. Je fus forcé de prêter l'oreille à ces ouvertures qui nous donnaient le temps de nous reconnaître. Je fis répondre que Sa Majesté n'avait pas provoqué la guerre contre la France et qu'elle ne refuserait pas d'écouter des propositions raisonnables tendant à une pacification, se réservant de les faire connaître à ses alliés.

« Presque à la même époque, un individu qui se disait agent de la France à Berne, me fit parvenir par le moyen d'un de ses correspondants ici des informations pacifiques de la part des Français, en m'invitant à proposer de mon côté ce qui aurait pu convenir aux intérêts de ma cour.

« Prévoyant que ma réponse n'aurait pas été goûtée, j'ai fait sentir que, si jamais Sa Majesté devait se décider à traiter une paix séparée, ce ne serait jamais qu'à condition que la France lui rendît toutes ses provinces et qu'elle reconnût la neutralité de l'Italie.

« A la suite de cela, le général Schérer et ce prétendu agent de la France en Suisse avaient gardé le silence, mais mardi passé, il me fut communiqué une lettre écrite par le dernier dans laquelle il faisait sentir qu'il était surpris que le roi ne sollicitât pas un armistice comme le maréchal de Clerfayt venait de conclure avec les armées françaises au Rhin.

« Le roi m'a en conséquence ordonné de faire connaître ces faits à Sa Majesté Impériale ; elle ne veut rien décider sans obtenir son consentement ; je ne vous cache pas que cet armistice nous serait extrêmement favorable, puisqu'il donnerait le temps de reposer notre armée et aux secours d'Allemagne d'arriver, il est de la plus grande importance d'avoir le temps de nous préparer à la campagne prochaine, car l'ennemi regarde comme sa dernière ressource le pillage de l'Italie et qu'il est décidé à le tenter.

« En attendant la réponse de Vienne, je compte déclarer nettement que Sa Majesté est bien contente d'accepter la trêve proposée, mais qu'en attendant que l'agent français informera le directeur de ses bonnes dispositions, le roi va se concerter avec sa Majesté impériale à l'effet sus-mentionné.... » (1).

(1) Gherardini à Thugut, 9 janvier (H. A. V.).

Gherardini à Thugut,   13 avril (H. A. V.).

A la suite de mon très humble rapport du numéro précédent, j'ai l'honneur de présenter à Votre Excellence les détails ultérieurs de mon dernier entretien avec le comte d'Hauteville. J'ai toujours été persuadé, ajouta ce ministre, que le but de la France ne fut jamais celui de nous conquérir, mais de nous forcer à la paix. J'ai vu dans le temps le plan du Comité de salut public qui développait ces vues. Mais jugez de ma situation pénible, voyant d'un côté l'extrême danger du pays, de l'autre les inconvénients de signer le couteau à la gorge. Pendant que je conseillais les mesures de fermeté, j'avais le cœur navré de douleur. Vous n'ignorez pas tout ce qu'on débitait contre moi dans ce moment, comme si l'envie de conserver la Savoie, ma patrie, me fit mettre des obstacles à cette paix et entraîner le Piémont dans la ruine. Enfin lorsque tout annonçait que les Français allaient se rendre maîtres du Mondovi pour nous dicter la loi, les ouvertures du général Schérer arrivèrent à propos pour me permettre de jouer le rôle de Fabius, heureux si je pourrais le soutenir et nous tirer avec succès de la crise actuelle.

J'ai pourtant suivi les maximes de la franchise avec l'ennemi à qui je n'ai jamais laissé l'espoir de nous séparer de nos alliés. Je me flatte que Sa Majesté l'Empereur voudra bien empêcher que nous soyons réduits à la dernière extrémité, puisque, si cela arrive, on sera forcé de sauver ce qu'on pourra du naufrage, et le roi ne pourra pas être responsable des désastres qui tomberont sur l'Italie. Si on pouvait se flatter de faire adopter aux meneurs actuels des maximes raisonnables pour notre pacification, je ne sais s'il ne conviendrait d'insister sur la restitution de nos provinces et sur la neutralité de l'Italie. J'ai bien fait sentir en Suisse que ce serait le meilleur moyen d'acheminer une paix générale. Victor Amédée achemina celle de Reyswick en signant sa paix particulière en 1696 sur des bases pareilles. J'ai demandé à M. de Trevor s'il ne serait pas d'avis d'accepter les conditions susdites, en cas que l'on pût les obtenir, et il m'a répondu affirmativement. En effet, l'Empereur y trouverait sa convenance, assurant par là le repos de la Lombardie et pouvant disposer en Allemagne les troupes qu'il emploie avec de doubles frais à sa défense. Quelle est votre opinion là-dessus ? J'ai jugé à propos de répondre, qu'avant de rien préjuger, il faudrait que je fusse instruit des plans de ma cour pour la campagne prochaine, car si elle avait par exemple le projet d'attaquer la Franche-Comté, une diversion en Savoie et dans le Lyonnais pourrait être nécessaire et que d'ailleurs il n'était pas bien facile à calculer dans l'état présent des choses si les avantages que notre cour retirerait de la neutralité de l'Italie fussent préférables à l'utilité qui dérive de la nécessité dans laquelle se trouve à présent l'ennemi de diviser ses forces ».

Gherardini reçoit en apparence ces explications avec la plus grande satisfaction ; il assure à d'Hauteville « que personne n'était plus assuré que lui de ses bonnes intentions et de la candeur avec laquelle il réglait les démarches du cabinet sarde ». Mais, en écrivant à sa cour, il lui conseille de se défier du Piémont. « Quoique les circonstances actuelles ne permettent pas à la maison de Savoie de joindre, comme dans les derniers siècles, ses troupes à l'armée française, il semble, d'après le langage de ce ministre, qu'elle se ménage un échappatoire même au milieu des preuves de franchise et de bonne foi qu'elle s'efforce de donner. Je ne doute donc pas que ce cabinet ne continue à entretenir des relations avec les agents français et à se tenir en mesure pour être prêt à tout événement ».

Tandis que l'armée sarde et les onze bataillons autrichiens laissés dans le Piémont restent exposés aux rigueurs de l'hiver, les généraux autrichiens ont conclu sur le Rhin un armistice. A en croire d'Hauteville, il en a eu le premier avis par les entretiens de Durand avec un magistrat qu'il avait autrefois connu en Sardaigne ; il lui a envoyé un agent secret, afin d'éviter toute publicité, et comme ses propositions ne diffèrent pas de celles de Villars, il a ajouté foi à sa mission. Or cet agent se dit autorisé à conclure une armistice ; il se montre très disposé à engager des pourparlers relatifs à une suspension d'armes. Les documents français ne permettent pas d'apprécier si le fait est vrai ou s'il a été inventé par d'Hauteville pour justifier sa propre conduite auprès de la cour de Vienne ; Castel Alfer aura bien soin de faire remarquer à Thugut que sa cour n'a songé à adhérer à ces propositions qu'après avoir été informée de l'armistice sur le Rhin consenti par Clerfayt (1), bien qu'un armistice en Italie n'offrît que des avantages pour le Piémont. Le roi espère que l'Empereur n'y fera aucune opposition et que de son côté il y comprendra les troupes autrichiennes ; dans le cas contraire, « il était persuadé que les troupes autrichiennes s'abstiendraient, pendant qu'il durerait, de donner lieu à des hostilités qui en troubleraient l'objet et que, par le fait, il en serait de même que si la cour de Vienne eût adhéré à cette suspension d'armes » (2).

Il semble que l'on croit alors à Turin à un heureux résultat des

(1) Le Roi à Castel Alfer, 10 janvier (A. E. T.).
(2) D'Hauteville à Castel Alfer, 10 janvier (A. E. T).

négociations avec la France, car le ton général des instructions expédiées à M. de Castel Alfer est très énergique. Le 13, d'Hauteville lui écrit. « Il nous est cependant impossible de songer à pouvoir continuer la guerre si le cabinet de Vienne ne change pas de système et si nous ne voyons pas franchement s'il est déterminé à coopérer à la défense du Piémont aussi efficacement qu'à celle du Milanais(1) ». Mis en demeure de s'expliquer clairement, Thugut cherchera probablement à esquiver toute réponse précise par des promesses et de belles paroles, « mais vous sentez bien, explique le ministre, que nous ne romprons point notre négociation de paix avec la France qu'après nous être assuré de leur solidité et sincérité ».

Les dépêches de l'ambassadeur piémontais, bien loin de calmer la défiance qui existe entre les deux cours, étaient de nature à l'augmenter.

Au commencement de janvier, il profite de ce que le chevalier Eden est venu passer la soirée chez lui pour lui donner connaissance, ainsi qu'il en a l'ordre, de la correspondance échangée entre d'Hauteville, Wallis et Gherardini au sujet du repliement de l'armée autrichienne en Lombardie. « Il n'a pas pu, mande-t-il, s'empêcher de me marquer d'abord quelque surprise sur la constante résolution du maréchal Wallis de faire rentrer la plus grande partie de ses troupes en Lombardie, mais il m'ajouta aussitôt après, qu'il fallait pourtant que nos craintes fussent chimériques, ou bien, pour le moins, exagérées, ainsi qu'elles avaient été fort déplacées, surtout depuis quelques semaines d'après les rapports de ce même général. J'ai répondu à cela qu'il voyait par les lettres que nous venions de lire que nos alarmes avaient été excitées par le général Colli, lequel avait donné tout récemment des preuves d'entendre son métier, que si l'attaque de Cèva qu'on avait redoutée, n'a pas été effectuée encore, il me paraissait devoir l'attribuer aux mesures sages et énergiques, prises par le commandant des troupes du roi, plutôt qu'à la tranquillité apathique du général de l'armée impériale dont les projets de retraite, parfaitement connus de l'ennemi, étaient propres à l'encourager et à le provoquer, ainsi qu'on a pu en juger par des attaques qu'il a tentées tout récemment sur des postes qu'il avait abandonnés, avant qu'il eût connaissance de l'établissement qui allait avoir lieu dans la ligne de défense de ce côté-là ».

Ces arguments « paraissent faire de l'impression » sur M. Eden ; il lui conseille d'en parler « franchement » à Thugut et il lui promet de l'appuyer auprès de ce ministre.

(1) D'Hauteville à Castel Alfer, 13 janvier (A. E. T.).

En conséquence, le 7 janvier, Castel Alfer représente à Thugut que sa cour est parfaitement satisfaite des assurances qu'elle a reçues touchant la coopération des Autrichiens, mais « elle ne pouvait voir sans surprise que les effets n'y répondaient nullement puisque ce général tenait avec raideur aux plans qu'il avait une fois formés, sans se soucier de se concerter avec nous pour la défense réciproque, ainsi qu'on avait supposé qu'il aurait dû le faire ». Thugut lui affirme que les ordres adressés à Wallis vont lui être renouvelés et par quelques mots qu'il ajoute, l'ambassadeur comprend qu'on est mécontent à Vienne de ce général et qu'on a l'intention de le remplacer par Beaulieu. Néanmoins Castel Alfer emporte une mauvaise impression de cette entrevue; comme le bruit court depuis plusieurs jours de la conclusion d'un armistice sur le Rhin, il interroge Thugut sur la véracité de ces nouvelles ; le ministre les déclare vraies. Il répond que Marceau a fait proposer aux feld-maréchaux Wurmser et Kray un armistice pour un temps défini ; « que la proposition avait été trouvée très convenable, puisque, dans l'état actuel des choses, la continuation de la petite guerre pendant l'hiver aurait harassé l'armée sans le moindre avantage, en m'alléguant pour preuves que les escarmouches journalières qui ont eu lieu aux deux armées, ont coûté à l'Empereur en trois semaines de temps près de 4.000 hommes ; que l'on a perdu un jour le poste que l'on avait pris la veille, qu'on l'aurait repris peut-être le surlendemain sans pouvoir ensuite s'y soutenir. Que les troupes étaient extrêmement fatiguées, dans le plus grand besoin de quelque temps de repos, que sur ces réflexions les commandants suprêmes des armées impériales avaient été autorisés à adhérer à la proposition des Français, mais à la condition que chacune des deux parties pourraient rompre l'armistice toutes les fois qu'elles le voudraient après une prévention de dix jours, que l'on attendait les déterminations décisives des Français. Ayant demandé là-dessus à M. le baron si l'armée d'Italie n'y serait pas comprise, Son Excellence m'a répondu que l'on pourrait y songer après aussi, si l'on croyait que ce relâche y fût également à désirer ».

Les mêmes arguments existent en faveur d'une suspension d'armes en Italie. Aussi Castel Alfer conseille-t-il hardiment d'agir de même, de mettre l'Autriche en présence du fait accompli sans s'inquiéter de son mécontentement.

« Vous verrez, monsieur, mande-t-il à d'Hauteville, que le résultat véritable est que, si nous ne pensons pas à faire de notre côté ce que les Autrichiens ont fait du leur en Allemagne, ils ne s'empresseront pas d'y pourvoir; puisque leurs troupes se retireront en quartier d'hiver, peu leur importe que les nôtres se ruinent en se chamaillant journellement par des affaires de postes qui nous feront perdre beaucoup de monde sans profit » (1).

Le 11, il apprend « d'une très bonne source » qu'un courrier vient d'arriver dans la nuit du 10, porteur de dépêches de Clerfayt; celui-ci rend compte que Jourdan et Moreau ont fait proposer une trêve générale sur toute la ligne pendant trois mois, et dix jours de prévention lorsqu'un des deux partis voudrait la dénoncer. S'il faut ajouter foi aux renseignements de l'ambassadeur, on a été assez surpris à Vienne que cet arrangement ne comprît pas les armées d'Italie. Cette omission, la retraite des troupes autrichiennes loin des frontières du Piémont ont fait naître en lui « un soupçon outré peut-être » dont il croit de son devoir de faire part au roi.

« La continuation de la petite guerre en Italie deviendra pour le moins aussi ruineuse pour les troupes de Votre Majesté qu'elle l'était pour celles de l'Empereur aux bords du Rhin, tandis que les premières seront harassées, diminuées en nombre, désorganisées même, les Autrichiens se reposeront et se rétabliront dans leurs quartiers d'hiver, en attendant leur force sera augmentée par l'arrivée des corps qui sont en marche de l'Allemagne pour la joindre. A l'ouverture de la nouvelle campagne, il s'ensuivra donc que l'armée impériale aura acquis de grands avantages sur la piémontaise qui aura dû continuer à se battre pendant que l'autre reposait et, en ce cas, le grand point aura été gagné par cette cour-ci de forcer Votre Majesté à ne pas abandonner la coalition sans lui assurer aucun des avantages propre à l'y retenir ».

Il conseille, pour remédier à ce danger, de conclure un armistice indépendant de celui signé par Clerfayt, de manière à ne pas dépendre de la volonté des Autrichiens et d'agir selon ses propres intérêts. « Par là, explique-t-il, nous ne pourrons pas être forcés à le rompre lorsque cela conviendrait sur le Rhin, mais bien lorsque nos propres circonstances l'exigeraient et les troupes impériales d'Italie seraient forcées d'accéder aux dispositions que ferait Votre Majesté si elles veulent continuer à compter sur sa coopération. Nous cesserions par là d'être dans leur dépendance, comme il arriverait si c'était par leur moyen que l'armistice serait négocié. Il serait d'ailleurs plus conforme, à ce qu'il me paraît, à la dignité de Votre Majesté qu'on vît que, de ce côté-là, c'est elle qui fait les arrangements ». L'adoption de ce parti produirait un bon effet, elle rendrait la cour impériale plus traitable. « J'ai déjà eu occasion bien des

(1) Castel-Alfer à d'Hauteville, 7 janvier (A. E. T.).

fois de remarquer, continue-t-il, que les égards qu'on nous témoigne ici, sont constamment en proportion de la crainte que l'on a de notre défection.

« Sitôt qu'on croit à la possibilité de nous voir abandonner la coalition, on parle avec chaleur de la grande utilité de l'alliance de Votre Majesté et de la nécessité dont elle est pour le salut de l'Italie; mais à peine est-on un peu rassuré à cet égard que l'oubli total d'intérêt s'ensuit immanquablement ».

L'Autriche agit peu amicalement avec son allié en signant un armistice sur le Rhin sans l'en avertir, sans se préoccuper de lui en assurer les avantages. En réalité le Piémont reste seul en armes pendant trois mois, puisque l'armée autrichienne a toute facilité pour continuer sa retraite en Lombardie; Thugut n'essaie pas d'adoucir le mécontentement du roi en faisant miroiter à ses yeux l'espoir d'y être compris dans la suite. La dépêche où il invite l'ambassadeur à en faire la communication officielle à Turin est très brève; elle détaille simplement les avantages qui en résulteront pour l'armée autrichienne du Rhin sans faire aucune allusion à celle d'Italie. Après la question si nette posée par Castel Alfer, c'est avouer qu'on n'a aucune intention de l'étendre à toute la péninsule.

Thugut à Gherardini,   14 janvier (H. A. V.).

Vous êtes peut-être déjà informé par les lettres directes d'Allemagne à Turin que les généraux français ayant fait des ouvertures pour la conclusion d'un armistice, les généraux commandant les armées de Sa Majesté Impériale sur le Haut et le Bas-Rhin ont cru devoir consentir une suspension d'hostilité sur la base qu'on resterait réciproquement en possession des parties qu'on occupait, et qu'on serait libre de part et d'autre de reprendre les opérations, après s'en être préalablement averti dix jours d'avance. Ces arrangements que des revers suivis avaient rendu désirables pour les Français, ne pouvaient que convenir également aux armées de Sa Majesté qui, malgré leurs succès, n'en avaient pas moins le plus grand besoin d'un peu de repos pour recommencer leur carrière avec une nouvelle vigueur, d'autant plus que, quels qu'eussent été les avantages qu'on eût pu remporter encore sur l'ennemi, la saison n'aurait jamais pu permettre d'en tirer aucun parti décisif, et que la nature du terrain et des positions respectives était telle qu'il ne nous aurait été guère possible de nous soutenir pendant l'hiver dans le pays repris sur la rive gauche du Rhin sans fatiguer et détruire les troupes dans des combats journaliers aussi meurtriers qu'infructueux et qui, dans aucun cas, ne pouvaient conduire à des résultats d'une certaine importance.

J'ai à observer que cette suspension d'armes est un arrangement pris par les généraux dans lequel la cour n'est nullement intervenue par des instructions, qui n'a eu non plus et n'a besoin d'aucune formalité de ratification de la part de Sa Majesté, et auquel les généraux avec raison se sont cru autorisés de se prêter d'eux-mêmes, en conséquence de la situation des choses et des armées respectives en vue de quelques exemples précédents, même dans la guerre actuelle, et surtout d'après la considération que, sous la seule condition d'un avertissement préalable de dix jours, l'on conserverait l'entière liberté de recommencer ».

Castel Alfer a donc vu juste en avertissant le roi qu'il ne doit pas compter sur l'appui de l'Autriche pour obtenir la neutralité de l'Italie et qu'il convient de s'entendre directement avec la France. Sur la question du commandement, objet qui tient particulièrement à cœur au roi, il est également d'avis de se montrer intraitable. Différentes personnes bien informées affirment que l'archiduc Ferdinand intrigue pour se le faire attribuer ; il aurait même promis au président du conseil de guerre aulique, le maréchal de Wallis, que « si une fois il reprend le commandement, il ne permettra pas que le général, son frère, s'éloignât de sa personne ». Cette lutte d'intérêt consume un temps précieux, rien ne se décide et l'on agit comme si la saison d'hiver devait durer encore six mois, tandis que la douceur de la saison fait prévoir l'instant où la guerre recommencera avec vigueur en Italie. « Dans cet état de choses, écrit-il, si nous voulons éviter le risque de nous trouver forcé enfin à plier sous le commandement du chef que la cabale aura donné à l'armée de l'Empereur en Italie, il me paraît qu'il nous conviendrait de faire sentir qu'après une longue expérience de la dissonance continuelle qu'il y a entre les ordres et l'exécution que les généraux trouvent bon de leur donner, en ce qui nous regarde, le roi ne peut s'engager à persister dans les principes qu'il a religieusement suivis jusqu'ici, qu'autant qu'il aura lui-même le commandement des armées en Italie, en acquiesçant en pareil cas à accorder le commandement total en second au général que l'Empereur aurait choisi d'accord avec lui, lequel commanderait sous les ordres de Sa Majesté les troupes des deux nations, en agissant d'après le plan qui serait adopté d'accord par les deux cours ; mais comme on pourrait s'attendre à des réponses aussi peu favorables qu'on nous a données ci-devant à pareilles propositions, il serait peut-être essentiel de faire sentir, qu'en cas de refus, le roi ne voulant pas continuer de voir la sûreté et la défense de ses États abandonnés dans le fait au bon plaisir du général qui commande l'armée de l'Empereur, Sa Majesté se trouvera dans le cas d'y pourvoir elle-même en suivant l'exemple que d'autres puissances ci-devant coalisées lui ont donné, déclaration d'autant plus méritée de ce côté-ci, après le peu de compte qu'on a marqué pour ce qui nous regarde, en ne faisant pas étendre en Italie l'armistice conclu pour l'Allemagne et ce, parce qu'il n'y a guère que des troupes du roi qui, par leur position, soient à même de souffrir de la continuation de la guerre. La crainte de perdre l'appui du roi dans la coalition ainsi fondée qui résulterait d'une pareille déclaration, serait bien propre, à ce que je crois, à fléchir l'obstination du ministère autrichien et à faire accorder à Sa Majesté ce qu'elle a tant de droit à prétendre et, dans le cas enfin où l'on persisterait à s'y refuser, il me paraît qu'il y aurait pour lors moins de danger à courir dans une négociation de paix que dans la continuation de la guerre avec si peu de bonnes dispositions d'accord et d'ensemble qu'il me paraît pouvoir en espérer en jugeant, non pas sur les paroles toujours assez satisfaisantes, mais sur les justes exemples du passé et sur les maximes du bureau d'état qui en cela ne sont guère variables » (1).

Castel Alfer est donc mal disposé envers la cour impériale et il se défie des intentions de Thugut; les instructions du 10 correspondent trop bien à sa manière de voir pour qu'il songe à en adoucir la portée. A leur réception, il en compose un extrait qu'il lit au ministre; celui-ci l'écoute « avec la plus grande attention et après, sans laisser percer sur sa physionomie austère le moindre signe d'approbation ou d'improbation », il le prie de lui remettre ce document. Cette demande prend Castel Alfer à l'improviste; il essaie bien de l'esquiver en objectant qu'un ministre « n'osait pas de confier des dépêches ou des extraits de dépêches sans y être spécialement autorisé, ce à quoi je n'étais pas »; mais Thugut lui répond : « que c'était mal répondre à des déclarations de loyauté et de franchise que de s'esquiver de mettre par écrit ce que je me dis chargé de lui faire savoir ». La demande de Thugut met Castel Alfer « dans un très grand embarras »; elle cache peut-être un piège; car cette note peut devenir très favorable aux intérêts de l'Autriche; cette puissance est à même de s'en servir comme d'une arme contre le Piémont, il lui est facile de la faire parvenir adroitement aux Français pour leur prouver que la cour de Turin n'a eu d'autre but dans sa

(1) Castel Alfer à d'Hauteville, 14 janvier (A. E. T.).

négociation « que de les jouer et de mieux s'attacher à la cour impériale ».

Castel Alfer afin de se donner le temps d'y réfléchir et de peser les termes de sa note, prétexte à Thugut qu'il n'a qu'un brouillon qu'il doit mettre au net. Il essaie vainement de connaître l'appréciation du ministre sur l'objet de sa commission. Thugut esquive toute réponse, il lui déclare que « c'était une affaire qui exigeait d'être profondément méditée et qu'avant cela il n'oserait point d'avoir une opinion ». Sur la question de l'armistice, « sa réponse fut encore évasive et propre uniquement à me faire sentir que dans son particulier il ne l'approuvait point ».

La veille, en causant avec M. Eden, ce dernier a prétendu attribuer les désastres de la campagne de 1795 « principalement » au défaut de concert dans les opérations, « défaut, ajoutait-il, qui ne cessera jamais tant qu'il y aura plus d'un chef suprême qui dispose de toutes les forces des deux souverains en Italie », et comme l'ambassadeur lui objecte la quantité de troupes piémontaises mises à la disposition du général de Wins, M. Eden lui répète « que tant que toutes absolument les forces des deux cours ne seront pas soumises à un seul chef, on ne ferait rien de bon ; qu'en s'y refusant, l'on prouverait que l'on ne soucie pas de s'entendre ». Or son instruction le prévient que le roi ne consentira plus à mettre ses troupes sous les ordres d'un général autrichien et qu'il convient plutôt qu'il ait le commandement suprême sur les forces alliées. Le propos de M. Eden l'engage à inscrire dans sa note, outre les articles contenus dans ses instructions, une clause relative à la nécessité de conférer le commandement général des deux armées au roi persuadé que, s'il l'omet et s'en tient simplement à la proposition d'assurer l'unité d'action au moyen de conseils militaires, il fera crier autant.

Thugut diffère de répondre immédiatement. Castel Alfer suppose même qu'il adressera directement sa réponse à Turin, puisque c'était ainsi qu'il faisait souvent avec les ministres étrangers. En attendant, il s'efforce de se procurer quelques renseignements sur l'effet qu'a produit sa communication.

D'après une personne à qui l'Empereur « témoigne beaucoup de bonté », il a paru très content de la réponse donnée par le roi aux ouvertures des Français, et il aurait « vivement » désiré que l'on pût neutraliser l'Italie ; pourtant il avait fait sentir que, « pour ce qui avait rapport à des objets de cette mesure, il était obligé d'avoir beaucoup d'égards pour l'opinion des Anglais qui n'était pas la même ».

Or l'ambassadeur d'Angleterre, M. Eden, s'est montré au grand étonnement de Castel Alfer (1) très opposé à l'idée d'un armistice en Italie, dès qu'il en a été averti (2) et, à en croire les renseignements qu'il s'est procurés, M. Eden « est si contraire à l'armistice qu'il a exigé la promesse que la cour de Vienne n'y adhérera pas », promesse qu'on a hésité d'autant moins à lui accorder, observe l'ambassadeur, qu'on a vu que l'effet en sera le même pour les troupes autrichiennes, parce qu'elles sont placées derrière celles du roi ; en attendant les nouvelles troupes arriveront en Italie, et on se décidera alors à agir d'après le plus ou moins de supériorité qu'on croira avoir pas seulement sur l'ennemi, mais même sur nous pour proportionner là-dessus le plus ou moins d'égards qu'on devra avoir pour la neutralité de notre pays durant l'armistice » (3).

Quelques jours plus tard, l'Empereur s'entretenant avec la même personne lui dit « d'abord : qu'il savait de pouvoir compter sur la loyauté de Votre Majesté, mais que, comme il n'ignorait point, que de tout côté l'on travaillait à l'ébranler, il ne pouvait pas être libre de toute inquiétude, que par une suite très sincère de l'estime qu'il a pour elle, il n'aurait pas hésité à lui déférer le commandement suprême de son armée, s'il était possible qu'elle l'exerçât en personne et d'elle seule, mais que cela n'étant pas on pourrait difficilement se convenir à cet égard. Qu'au reste l'expérience lui ayant prouvé soit en Allemagne soit en Italie que les armées combinées ne font jamais rien de bon, il augmenterait ses propres forces en Italie et les mettrait en état d'agir seules, puisqu'il était décidé à vouloir pousser la guerre avec vigueur. Que l'année dernière, il n'y a jamais eu moyen de faire agir les troupes piémontaises d'accord avec les siennes, malgré qu'elles fussent commandées par un de ses généraux payé par lui, que le baron Colli aurait à la vérité dû subir une punition sévère, mais qu'il avait su

---

(1) Castel Alfer à d'Hauteville, 26 janvier (A. E. T.).

(2) Le 18, Castel Alfer en avertit sa cour. « A ma grande surprise, écrit-il, je l'ai entendu improuver l'idée d'adhérer à la proposition qui lui a été faite par les Français. Je ne lui ai point dissimulé qu'après l'avoir entendu moi-même louer la sagesse de cette mesure lorsqu'elle a été adoptée par l'Empereur pour ses armées du Rhin sans nous en prévenir, je ne pouvais sans étonnement l'entendre parler d'une façon toute différente, quand nous annoncions notre désir d'en faire autant, mais de parfait accord avec nos alliés. Le chevalier a prétendu me soutenir par sa réponse que le cas était tout à fait différent, sans cependant l'expliquer ; il n'a pas voulu me dire qu'il eût déjà vu le baron de Thugut avant la réception du paquet que je lui avais envoyé, mais j'ai eu assez lieu de m'en apercevoir et comme malheureusement le ministre anglais ne voit en affaire que par les yeux du baron de Thugut..... »

(3) Castel Alfer à d'Hauteville, 28 janvier (A. E. T.).

s'y soustraire moyennant les appuis qu'il s'est ménagés. Que cette année-ci, il n'en sera plus de même, puisque les Piémontais demeureront à la garde de leurs gorges, de leurs montagnes et des glaces, tandis que les Allemands avanceront sur l'ennemi, que l'on aura même soin de se charger de la défense de deux postes essentiels.

En parlant après sur l'armistice, l'Empereur a dit que le même motif qui l'avait empêché de ratifier celui conclu sur le Rhin, existait pour l'Italie, que le premier ne paraissait qu'un arrangement d'avant-postes arrêté par les généraux respectifs et qu'il comptait que le général Wallis n'aurait pas manqué de suivre le même système. Le monarque parla enfin des forces qu'il allait faire marcher vers l'Italie et dit : qu'il venait d'y destiner cinq nouveaux bataillons et quatre divisions de cavalerie ainsi que deux nouveaux généraux, le baron Salis connu par sa belle défense d'Ypres et un marquis Roselmini... ».

Tous ces discours paraissent à Castel Alfer « peu propres à faire espérer la combinaison sincère et loyale de forces et de mesures entre les deux cours ». L'allusion relative aux deux postes dont l'Empereur veut se charger lui semble désigner Tortone et Alexandrie.

L'ambassadeur considère ces renseignements « comme le véritable texte de la réponse » de l'Empereur aux ouvertures du Piémont. En outre Castel Alfer s'adresse au prince Colloredo à qui il communique toute la correspondance échangée entre M. d'Hauteville et Wallis. Quelques jours plus tard le prince, après en avoir parlé à l'Empereur, lui expose ses idées sur la négociation en cours. A son avis elle se résume en quatre points :

1° Paix de l'Italie : « Le prince croit que les engagements contractés par l'Empereur avec l'Angleterre sont de nature à exclure toute paix partielle quelconque. Je n'ai pas eu de peine à lui faire sentir que la neutralité de l'Italie ne pouvait qu'être utile à la maison d'Autriche, laquelle, sûre de ses possessions de ce côté-là, aurait pu déployer une plus grande vigueur sur les autres points. Le prince me combattit faiblement puisqu'il était, je crois, du même avis que moi ».

2° Armistice proposé par les Français. Le prince avoue « d'abord que, quant à lui, il était persuadé que l'armistice était aussi utile aux Piémontais qu'aux impériaux et pas moins à désirer pour eux en Italie qu'en Allemagne ». Toutefois, comme M. Eden s'y oppose, on ne répondra qu'après s'être entendu avec l'Angleterre. « Qu'en attendant, observe-t-il, si nous avions eu le soin de nommer dans notre armistice pas seulement les troupes mais les États du roi, comme les Français ne pouvaient venir attaquer les Autrichiens qu'en passant sur ceux-ci, l'armistice existerait de fait, ne doutant nullement que le général Wallis n'eût adhéré à prendre les arrangements qui pourraient en assurer l'effet ».

3° Les forces qu'il est essentiel d'avoir pour la continuation de la guerre. On est décidé à porter à la guerre d'Italie l'attention la plus sérieuse ; cinq bataillons et huit escadrons vont partir pour renforcer l'armée.

4° Le concert d'opération et de mesures à établir entre les deux cours alliées. Le prince déclare qu'il regarde « comme nécessaire » la proposition de conférer le commandement au roi. C'est là « le grand objet que l'on discute actuellement dans les conférences militaires, et il était persuadé qu'on s'en expliquerait directement à Turin ».

M. de Castel Alfer conclut de ces renseignements qui semblent assez bien concorder ensemble, qu'il ne recevra pas de réponse directe de si tôt et que d'ailleurs elle ne sera pas donnée à Vienne (1).

La note de Castel Alfer manque, il est donc impossible d'apprécier jusqu'à quel point elle autorisait Thugut à considérer l'armistice « comme décidé et conclu », alors que les dépêches de Gherardini lui affirment au contraire que le roi n'adoptera de parti qu'avec l'assentiment de l'Empereur. Il prend motif de cette soi-disante contradiction pour faire réclamer des éclaircissements à Turin par l'ambassadeur impérial, ce qui lui procure un nouveau moyen de différer sa réponse. A cet effet il adresse à Gherardini deux dépêches ; la première, ostensible, doit être communiquée au gouvernement piémontais, elle relève les différences qui existent entre les rapports de Gherardini et les déclarations de Castel Alfer. Après avoir rappelé les circonstances qui ont provoqué la remise de la note piémontaise, il continue en ces termes :

« L'Empereur a dû d'abord éprouver quelque peine à voir que le ton général de la note de M. le comte de Castel Alfer s'éloignait visiblement du ton d'amitié et d'égard usité jusqu'ici entre les deux cours. Sa Majesté aurait été particulièrement sensible aux reproches inattendus du peu d'efficacité des secours fournis dans la présente guerre, si elle n'était pas dans le cas de s'en remettre avec confiance au jugement de l'Europe sur l'utilité dont peut avoir été l'assistance de l'Autriche pour le salut du Piémont et pour la conservation des États de Sa Majesté sarde.

« Mais ce qui surtout a frappé Sa Majesté, c'est la divergence totale

---

(1) Castel Alfer à d'Hauteville, 26 janvier (A. E. T.).

entre le mémoire de M. le comte de Castel Alfer et votre dépêche du 9, en ce qui concerne l'armistice, puisque la note du ministre de Turin annonce d'une manière non équivoque que Sa Majesté sarde avait déjà accepté la suspension d'armes proposée par l'ennemi et qu'elle était résolue de la maintenir, soit que l'Empereur y accède ou non, pendant que, d'après votre dépêche, M. le comte d'Hauteville doit vous avoir déclaré expressément que le roi ne prendrait aucun parti avant qu'il ne fût informé des sentiments de l'Empereur.

« Une contradiction aussi manifeste entre les assertions respectives jette la plus grande obscurité sur l'objet de l'armistice; il est évident que l'Empereur ne saurait prendre aucune détermination positive jusqu'à ce que les faits qui doivent servir de base aux résolutions de Sa Majesté ne soient suffisamment éclaircis. Les notions précises que vous obtiendrez sans doute à Turin, répandront plus de jour sur la véritable position des choses et mettront par conséquent l'Empereur à même de se décider en connaissance de cause sur les propositions de trêve qui doivent avoir été faites et sur lesquelles les Français, si leurs intentions sont sincères, s'expliqueront préalablement aussi envers les généraux autrichiens. En attendant, l'Empereur ne balance point de renouveler au roi l'assurance solennelle qu'attaché religieusement à l'observation ponctuelle de toutes ses promesses, Sa Majesté remplira dans tous les temps avec la plus scrupuleuse exactitude tous ses engagements envers ses alliés et nommément envers Sa Majesté sarde, mais que, forte de la conscience de sa propre loyauté et satisfaisant généreusement à tous ses devoirs, Sa Majesté ne cessera jamais de réclamer de ses alliés une égale fidélité dans l'accomplissement des obligations contractées.

« Vous êtes autorisé M. le marquis à communiquer amicalement copie de cette dépêche à M. le comte d'Hauteville, afin d'écarter toute équivoque des sentiments de Sa Majesté que vous êtes chargé d'exposer au ministère de Sa Majesté sarde » (1).

Par la seconde, Thugut prescrit à son ambassadeur de s'opposer à toute suspension d'armes conclue directement par le roi et il refuse d'y accéder.

        Thugut à M. de Gherardini,   26 janvier (H. A. V.).

La cour de Turin ne ferait que de vains efforts en voulant justifier sa conduite par l'exemple de l'armistice sur le Rhin. Ma dépêche du 14 doit vous avoir prouvé, M. le marquis, que la suspension

---

(1) Thugut à Gherardini, 26 janvier (H. A. V.).

d'armes consentie du côté de l'Allemagne par les généraux de Sa Majesté est d'une nature totalement différente. La liberté qu'on s'est réservée de reprendre les hostilités après un avertissement préalable de dix jours, met les Français dans l'impossibilité absolue de faire de leur armée des détachements et écarte de l'arrangement pris toute conséquence préjudiciable aux autres alliés. D'ailleurs l'Empereur faisant seule la guerre sur le Rhin sans le concours d'une autre armée avec laquelle l'on eût pu être dans le cas de se concerter, c'était sans doute aux seuls généraux de Sa Majesté qu'il convenait à juger sur les lieux du besoin momentané des circonstances ; mais en Italie où jusqu'ici deux armées ont agi sur la même ligne à peu de distance, un armistice séparé pour l'armée piémontaise ne saurait être regardé que comme une invitation faite à l'ennemi de réunir tous ses efforts contre l'armée autrichienne.

Au total la marche tortueuse du cabinet de Turin dans cette occasion ne peut que rendre ses intentions infiniment suspectes, le développement ultérieur de ses vues secrètes réglera les déterminations à adopter, mais il ne convient ni à la dignité ni à la politique de Sa Majesté que la cour de Turin s'arroge le droit de décider à son gré des affaires de l'Italie ou de stipuler pour les intérêts de l'Autriche, et si les Français désirent sincèrement un armistice avec notre armée, c'est aux généraux de Sa Majesté qu'ils doivent s'adresser. Au surplus votre zèle pour le bien du service est trop connu pour que Sa Majesté ne croit superflu de vous exhorter à employer dans cette conjoncture importante toute votre dextérité pour vous procurer des notions exactes sur le véritable état des choses et pour pénétrer le mystère des manigances piémontaises ; il s'agit de constater avant tout si le roi a effectivement déjà conclu son armistice avec les Français. Le ministère de Turin ne saurait se refuser de répondre catégoriquement à votre demande à cet égard et vous aurez soin d'en informer sans retard M. le général de Wallis pour le mettre à même de prendre les mesures de précaution que la sûreté de l'armée de Sa Majesté peut exiger. Vous pouvez sans inconvénient donner lecture à M. de Stackelberg et de Trevor de la note de M. de Castel Alfer aussi bien que de ma dépêche ostensible d'aujourd'hui, en leur faisant remarquer le ton indécent qui règne dans le mémoire du ministre de Turin, ainsi que l'arrogance de l'étrange prétention avancée comme une condition *sine qua non*, celle de soumettre désormais à la seule disposition du roi la totalité des forces des alliés en Italie. Demande qui certainement n'est justifiée ni par la proportion de la puissance et des moyens des deux cours, ni par la confiance que doivent inspirer les talents et l'expérience militaire des généraux de Sa Majesté sarde, ou la droiture des principes de la politique piémontaise ».

En attendant l'arrivée des éclaircissements réclamés à Gherardini, Thugut essaie de faire parler Castel Alfer ; il l'invite à lui préciser le véritable sens de sa note. Ce dernier lui explique que la conduite de sa cour est une conséquence de celle tenue par l'Autriche. Le roi a été à même de juger des intentions de l'Empereur par l'armistice conclu sur le Rhin et n'a pu douter d'obtenir « son agrément » en suivant son exemple ; d'ailleurs il a posé comme condition absolue à son adhésion que les troupes impériales y seraient comprises, « et ce jusqu'à ce que l'on pourrait savoir si cela serait agréable ou non à Sa Majesté Impériale ». Thugut lui répond sans s'expliquer que de Wallis a des ordres. Parlant ensuite de l'inaction des Français, il traite de « constamment chimériques » les craintes des Piémontais. Castel Alfer lui observe : « que cette inaction n'ayant eu lieu qu'après les pourparlers relatifs à l'armistice, il croyait devoir l'attribuer plutôt à ceux-ci qu'à autre chose », ce qui était inexact, et comme le ministre avance que les Français « n'auraient jamais proposé pareille mesure si toute l'utilité n'avait été de leur côté », il lui répète « mot à mot » les arguments dont le ministre s'est servi pour justifier l'armistice du Rhin, puis il lui demande « si, en voulant être de bonne foi, toutes ces raisons n'étaient pas applicables » à l'armée piémontaise. Thugut prétend soutenir que la différence tient aux positions. « Comme je m'étais bien préparé là-dessus, explique Castel Alfer, je l'ai prié de m'expliquer en quoi consistait cette différence de position, puisque le hasard faisant que je connaissais par mes voyages ces pays-là aussi bien que ma patrie, je ne demandais pas mieux que de me persuader ».

Le ministre détourne la conversation sur d'autres sujets, du reste elle reste fort amicale.

Quelques jours plus tard, l'ambassadeur obtient une audience de l'Empereur pour lui remettre une lettre où Victor-Amédée le félicite de la naissance d'une archiduchesse.

L'Empereur lui ayant exprimé sa ferme confiance dans les sentiments du roi, l'ambassadeur saisit aussitôt cette occasion d'attirer son attention sur les questions qui ont fait l'objet de sa note. Son souverain a donné « la preuve la plus irréfragable » de son attachement à la coalition par les ouvertures qu'il l'a chargé de faire, ses principes sont « invariables », et il ne s'en séparerait que « forcé par les circonstances les plus impérieuses ».

Puis il ajoute : « que les malheurs des campagnes précédentes avaient assez prouvé l'insuffisance des moyens employés, que l'augmentation de ceux-ci serait encore infructueuse si le plus parfait accord et le concert le plus constant dans les opérations des deux armées n'étaient assurés de la manière la moins équivoque, que j'avais pris la liberté d'indiquer quelques-uns des moyens reconnus par l'expérience comme de nécessité, que rien n'étant plus essentiel que l'établissement de ce concert, nous étions également persuadés que sans lui la défense des Etats de Votre Majesté ne saurait jamais être assurée, qu'elle se croyait cependant dans le devoir le plus absolu d'y pourvoir en quelque façon ».

L'Empereur répond : « qu'il ne pouvait que se louer de la conduite tenue à son égard par le roi, qu'il s'occupait de la manière la plus sérieuse de tout ce qui tenait aux dispositions nécessaires pour assurer la défense de l'Italie, que touchant l'armistice, ses ordres avaient été expédiés au général comte de Wallis, et qu'il espérait que le roi aurait lieu d'être content de lui, ce qu'il me répéta deux ou trois fois ».

Les paroles sont aimables, pourtant Castel Alfer ne croit pas qu'elles auront d'effet, tout dépend des résolutions de Thugut qui dirige uniquement les affaires, et l'Empereur « a eu soin de rendre à peu près nulles » ses réponses, « pour ne pas risquer de contrecarrer le plan du ministre (1) qui dirige en ce moment exclusivement à peu près toutes les affaires ».

Or à Vienne on n'est pas pressé de s'expliquer ; il est impossible d'admettre qu'après leurs succès, les Français consentiront à traiter sur le pied du *statu quo ante bellum*, à rendre au Piémont le comté de Nice et la Savoie ; le Piémont sera donc forcé d'en passer par les volontés de l'Autriche.

Dès le 1ᵉʳ février, le bruit se répand à Vienne que les négociations avec la France ont échoué ainsi que les tentatives pour conclure un armistice. Castel Alfer y voit une simple manœuvre contre son pays « imaginée ici pour nous nuire, écrit-il, peut-être pour persuader à l'Empereur qu'il n'avait pas besoin d'user de beaucoup de ménagements et d'égards envers nous, puisqu'il ne nous présente pas d'autre parti à prendre que de souscrire à tout ce qu'il lui plaira de disposer » (1).

Le fait n'est que trop réel, les négociations ont complètement

---

(1) Castel Alfer au roi, 1ᵉʳ février (A. E. T.).

échoué. Du reste le Piémont n'a jamais eu l'intention de conclure la paix (1).

Le 16 janvier, Villars remet à M. de Cossila, sans s'être entendu avec Ritter et Schérer, une note contenant les conditions de la France ; elles diffèrent sur deux points importants des instructions du Directoire. Il n'y est question, ni de la cession des places, ni de l'appui que l'armée piémontaise doit prêter à l'armée française pour conquérir le Milanais. En consentant à ne pas insister sur ces deux conditions, Villars a cédé aux observations du ministre piémontais qui a cru ne pouvoir expédier à sa cour « un mémoire aussi fort de prétentions et dont l'exagération pouvait, suivant lui, rompre brusquement la négociation entamée ». Mais en lui-même il s'est réservé de donner à l'alliance offensive et défensive qu'il a proposée « tous les développements nécessaires » dès que le principe en sera admis (2).

Schérer et Ritter, aussitôt après avoir été avertis de la tournure donnée à la négociation, en expriment vivement leur mécontentement à Villars ; ils lui rappellent en outre qu'elle doit être menée de concert avec eux et ils lui prescrivent formellement d'exiger les conditions fixées par le Directoire (3).

En conséquence, Villars modifie ses premières propositions ; le 24 janvier, une seconde note formule l'obligation de concourir à la conquête du Milanais ainsi que la cession de Côni, Céva, Alexandrie et Suse, et pour le cas où la cour de Turin refusera de céder, ou la menace d'une insurrection populaire.

Ce mémoire, écrit Villars à Delacroix, a « semblé très fort » à M. de Cossila, mais enfin il « l'avait pris ». L'entretien entre les deux diplomates a été assez vif, et lorsque Villars a parlé d'une

---

(1) Quant aux négociations entamées ici pour une paix séparée, elles sont toujours au même point et vous sentez bien qu'on tâche de louvoyer pour gagner du temps dans l'attente des réponses aux communications qui ont été faites aux cours de Vienne et de Londres à ce sujet.
Hauteville à de Front, 16 janvier (A. E. T.).
J'espère que la communication que vous aurez faite à milord Grenville de notre négociation avec le gouvernement français, que le roi ne tient en activité qu'avec la plus grande répugnance.
Hauteville à de Front, 20 janvier (A. E. T.).
Je ne vous dis rien de plus au sujet de notre négociation de paix particulière, vous sentez bien que nous avons étudié de lui faire prendre plus de consistance dans l'attente des réponses à la participation qui en a été faite aux cours de Vienne et de Londres d'après lesquelles on pourra juger du parti que l'on devra prendre.
Hauteville à de Front, 23 janvier (A. E. T.).
(2) Villars à Delacroix. Fabry, t. II, p. 319.
(3) Schérer et Ritter à Villars. Fabry, t. II, p. 398.

alliance avec le Piémont, M. de Cossila a rejeté bien loin cette nouvelle clause. « Pensez-vous, monsieur, a-t-il dit, et croyez-vous que le roi puisse souscrire à une telle proposition ? D'ailleurs quel est ce nouveau langage que vous me tenez. M. Chiappe, ici présent, vous dira s'il avait d'autres instructions que celles de nous offrir la paix. Les agents français et Durand même n'ont pas parlé différemment. Moi je ne vous ai jamais parlé que de paix et point d'alliance, surtout contre un allié fidèle dont le roi ne voudrait jamais sacrifier les intérêts au point de se réunir avec ses ennemis pour le dépouiller de ses États ».

Villars essaie vainement de le convaincre. Dès l'instant où le Piémont consent à accorder sa neutralité à la France, ne se sépare-t-il pas de la coalition, ne s'expose-t-il pas au ressentiment de l'Empereur avec cette unique différence que, si nous sommes battus, le roi restera seul exposé à l'inimitié de l'Autriche, tandis qu'en cas d'alliance avec la France, il aura toujours cette puissance pour le soutenir, et il le prie d'appuyer son mémoire auprès de sa cour. M. de Cossila l'assure qu'il connaît son devoir, qu'il s'en acquittera, mais qu'en attendant il ne peut lui répéter autre chose : « sinon que son étonnement et sa surprise étaient extrêmes en entendant son discours auquel assurément sa cour ne devait pas s'attendre »

La conversation continue ensuite entre Chiappe et Cossila, Chiappe s'efforce de justifier la remise des places fortes en observant que les généraux français ont exigé cette mesure sans laquelle ils n'oseraient s'avancer en Lombardie et, si l'alliance avec la France ne réussit pas, le Piémont en sera la première victime (1).

Cossila, en transmettant la note de Villars à Turin, n'admet pas qu'elle puisse servir de base à un accord avec la France et il avertit son gouvernement de se préparer à la résistance : les opérations vont reprendre sous peu, car il est impossible aux Français « de tenir longtemps dans la rivière sans chercher à pénétrer dans le cœur du Piémont pour y chercher des subsistances ». Une invasion française est d'autant plus à redouter que les ressources manqueraient à leur armée. « C'est le désespoir du soldat français que je crains, ajoute-t-il, c'est celui de la faction dominante qui me fait trembler plus que le reste » (2).

En outre, à en croire Villars, Cossila aurait fait les plus grands efforts pour obtenir un armistice, mais ses pouvoirs ne l'autorisant pas à y consentir, il en réfère au Directoire.

(1) Cossila à M. d'Hauteville, 25 janvier (A. E. T.), première dépêche.
(2) Cossila à M. d'Hauteville, 25 janvier (A. E. T.), deuxième dépêche.

Le 27 janvier, le roi réunit un congrès où assistent : le prince de Piémont, le duc d'Aoste, le duc de Montferrat, le duc de Chablais, le comte Adamy, le comte Grasseri, le chevalier de Salmour, le marquis de Cravanzana, le comte d'Hauteville.

Ce dernier résume dans une note conservée aux archives de Turin les résolutions qui y furent adoptées.

« 1° Il y a été déterminé de faire une réponse ferme aux notes remises par l'envoyé Villars par laquelle on rejettera nettement les propositions qui y sont exposées et l'on se montrera toujours disposé de traiter sur des propositions raisonnables. On y ajoutera l'observation de ne savoir d'ailleurs avec qui traiter des différents agents employés à Gênes et en Valais, d'autant plus que Durand à Saint-Maurice a déclaré qu'il est le seul autorisé par le Directoire de Paris à traiter avec nous pour la paix.

2° D'envoyer un courrier à Londres pour informer les ministres anglais des propositions des agents français pour une alliance offensive contre l'Empereur, et le solliciter que l'on fasse des instances à Vienne pour déterminer cette cour-là à nous secourir efficacement dans la défense du Piémont.

3° Ecrire à Vienne par courrier et sans délai pour y donner la même information et faire les mêmes sollicitations ».

La cour de Turin rejette donc absolument de discuter sur ces bases, mais elle ne se presse pas d'en informer immédiatement Villars. En retardant sa réponse, elle gagne du temps et surtout, tant qu'elle conserve l'apparence de maintenir une négociation, elle n'est pas livrée à la merci de l'Autriche, elle lui inspire la crainte d'un accommodement immédiat avec la France.

Conformément aux décisions du congrès, M. d'Hauteville prescrit le 27 à M. de Cossila de faire traîner les négociations en prétextant que son gouvernement a reçu des propositions de M. Durand dans le Valais en même temps que celles de Villars; or ces deux agents se disent tous deux autorisés à traiter à l'exclusion de tout autre envoyé ; dans l'intérêt même des deux pays, le roi attend de connaître auquel de ces deux agents le Directoire a réellement accordé ses pleins pouvoirs. Si l'occasion s'en présente, il est autorisé à conclure un armistice avec Schérer.

« Si le contenu de la note, écrit d'Hauteville, m'a déjà causé beaucoup de surprise en la lisant, vous jugerez aisément de celle bien plus grande qui a été l'effet de la simple lecture du supplément, il me serait bien difficile de vous l'expliquer ainsi que la grave sensation qu'un pareil écrit a fait sur Sa Majesté lorsque je lui en ai rendu compte. Si le général Schérer avec une armée formidable se trouvait aux portes de Turin prêt à la bombarder, il serait difficile d'imaginer qu'il eût proposé une capitulation aussi jugulatoire et extravagante que le sont en soi, pour les conséquences du présent et de l'avenir, les propositions et conditions avancées dans ce supplément. Je pourrais même dire qu'elles sont à bien des égards absurdes et contradictoires entre elles, et il faut supposer que ceux qui les ont rédigées, ont plus eu pour but d'augmenter la crainte qu'ils croient nous avoir inspirée que de nous persuader qu'elles sont admissibles en aucune manière. D'après ce peu de réflexions préliminaires sur la manière dont il me paraît qu'on doit envisager ce second écrit des agents français, je vous laisse à penser s'il a pu nous disposer à nous soumettre sans discussion ni réplique à la loi qu'on prétend nous y dicter et si nous pouvons même y répondre avec autant de promptitude qu'on vous a montré de le prétendre. Comme il convient cependant au service du roi dans l'état des choses en ce moment de ne pas irriter les dits agents par un refus absolu et précipité, et d'ailleurs nous ne voulons pas non plus qu'ils puissent supposer que nous voulons les amuser par des réponses vagues et dilatoires tendant simplement à gagner du temps, je ne diffère pas de vous mettre dès aujourd'hui en état de donner connaissance à M. de Villars d'un motif bien raisonnable qui, indépendamment de toute autre cause tenant au fonds de l'affaire et au contenu des écrits communiqués, nous retient nécessairement et empêche pour le moment d'y donner aucune réponse, et ce motif est le suivant :

Je vous avais informé par ma dernière, écrite samedi, que M. Durand de Saint-Maurice du Valais m'avait fait parvenir une note par laquelle il nous faisait savoir officiellement que, par un courrier extraordinaire reçu de Paris, le Directoire exécutif le prévenait d'avoir retiré tout pouvoir aux agents de Gênes et que lui seul Durand était autorisé de traiter et négocier la paix avec le roi de Sardaigne. Vous trouverez dans une feuille ci-jointe la copie de cette note, telle qu'elle a été prise en dictature du sieur Durand par l'agent du roi chargé de conférer de notre part avec lui. En suite d'une telle note qui a été remise au dit agent du roi à Saint-Maurice le 19 de ce mois et m'est parvenue ici le 22, vous reconnaîtrez sans doute que, bien loin de m'attendre au résultat de votre dernière conférence avec M. Villars et à l'écrit qui en a été la suite, je croyais au contraire qu'il vous avait annoncé la cessation de ses pouvoirs pour traiter ultérieurement avec vous sur l'affaire entamée et le renvoi de toute négociation là-dessus au sieur Durand à Saint-Maurice. Voyant cependant à mon grand étonnement par son écrit que Villars s'y déclare chargé lui-même avec Ritter et Schérer par le Directoire exécutif de cette même négociation, sans nous avoir fait aucune mention de la commission de Durand ; il est trop difficile d'expliquer cette contradiction pour que je veuille l'entreprendre et, ne sachant auquel des deux agents du Directoire nous devons ajouter foi, il serait tout au moins embarrassant, sinon fort imprudent, de répondre à l'un ou à l'autre sur leurs propositions avant d'être éclairci sur ce double emploi de commissaires en pays différents pour la même négociation et de savoir précisément lequel est véritablement autorisé à la suivre. Cela étant, vous sentez bien, monsieur, qu'il nous faut avant tout une explication sur ce point qui ne nous laisse plus ni doute ni embarras. En attendant, suspendant, comme de raison, toute réponse aux deux écrits de M. l'envoyé Villars, l'intention du roi est que vous lui en fassiez notifier tout franchement le motif par le canal du sieur Chiappe, auquel vous pourrez lire la note même du sieur Durand pour le convaincre de la vérité et le prier de vous faire savoir ce que Villars en pensera et dira, et quelle explication il donnera à ces différents ordres contemporains du Directoire pour m'en informer et attendre les nouveaux ordres qui vous seront donnés en conséquence touchant les réponses que Villars attend de notre part à ses écrits. Je pense que cet envoyé est trop raisonnable pour trouver notre conduite à cet égard aussi juste que loyale et plausible ; il ne saurait en effet, sans augmenter nos soupçons sur la mauvaise foi de tous ces agents français et même du Directoire, regarder comme un prétexte de notre part le délai que cet incident apporte donc nécessairement nos réponses, quelle que soit l'importance qu'il a montrée à les recevoir. Vous devrez même, pour en détourner toute idée, bien faire remarquer que l'incident ne vient aucunement de notre part et que ce serait aussi inusité que nuisible si nous continuions de négocier avec deux plénipotentiaires différents en pays éloignés l'un de l'autre pour un même objet. En même temps que vous ferez cette communication à Chiappe pour qu'il en fasse rapport à ses commettants, tâchant d'y mettre toute la franchise que notre bonne foi et la singularité de la chose exigent, vous pourrez lui faire entendre encore qu'outre notre juste surprise de l'incident en question, la tournure que l'on paraît vouloir faire prendre à la négociation dans tous les sens ne peut à moins de faire naître bien des doutes sur la bonne volonté du Directoire à faire la paix avec nous. Ces doutes sont encore confirmés par la réticence observée dans les notes de M. Villars relativement à la suspension d'armes proposée et qui aurait pu, en l'adoptant, fournir le temps et les moyens de traiter plus facilement et s'entendre sur la conclusion de cette paix. Nous observons en effet là-dessus qu'aucune réponse n'a été faite qui nous puisse faire connaître les intentions réelles du général ou du Directoire. Sans avoir rejeté absolument cette proposition, on n'a cependant rien de positif sur son acceptation et nous ne savons précisément à quoi nous en tenir à cet égard, quoique nous ayons encore trop bonne opinion du caractère personnel de Villars et du général Schérer pour nous abandonner à croire qu'ils laissent ce point de l'armistice indécis pour mieux nous surprendre dans quelque entreprise méditée et préparée contre nous pendant cette indécision.

Il serait cependant assez important d'obtenir à ce sujet quelque éclaircissement qui dissipât tout doute et soupçon, d'autant plus que la marche tenue par Villars, tant dans ses conférences avec nous que dans ses notes, semble indiquer que son but dans la négociation entamée est de nous gagner la main, tout en nous endormant sur la suspension d'armes, pour nous forcer ensuite plus facilement à toutes les conditions ignominieuses et ruineuses que le Directoire s'est cru en droit de nous proposer et se croira en mesure de nous prescrire. Vous devez cependant vous conduire avec beaucoup de circonspection et de dextérité en parlant à Chiappe sur cet article, pour qu'il ne puisse croire et faire connaître à ses commettants que la peur et la nécessité soient les motifs seuls qui nous ont fait incliner à la proposition de l'armistice. C'est une idée au contraire qu'il faut tâcher autant que possible d'écarter en faisant envisager cette mesure comme tendant simplement au bien de l'humanité et laquelle pourrait aussi faire naître dans l'intervalle des sentiments assez modérés et équitables pour pouvoir jeter les bases d'une pacification honorable et solide, la seule que le roi puisse désirer. Vous ferez sentir du reste à Chiappe que si vous lui parlez de l'armistice, en attendant que l'incident qui fait suspendre la réponse sur l'objet principal, soit résolu, c'est parce que vous regardez cet article comme toujours dépendant de l'autorité ordinaire du général en chef Schérer qui peut s'entendre là-dessus quand il voudra avec les nôtres, et que rien ne paraît impliquer qu'on ne s'arrange, indépendamment de toute autre négociation, mais que vous n'avez point d'ordre d'y insister, si on ne la veut pas, vous suffisant d'être éclairé, sans rien dire dans votre conférence avec Chiappe qui puisse choquer ou irriter ses commettants ni entrer en aucune discussion particulière sur les propositions inadmissibles contenues dans la note de Villars » (1).

(1) Hauteville à Cossila, 27 janvier (H.A.V.).

Le 31 janvier, M. d'Hauteville expédie à M. de Cossila un projet de note à remettre à Chiappe; dans l'instruction qui l'accompagne, il lui trace en ces termes le rôle assez difficile qu'il aura à remplir.

« ... Vous tâcherez, monsieur, de bien faire comprendre aux agents français :

1° Que le roi veut une paix finale et non changer de parti, ce qui serait prolonger et aggraver les malheurs de la guerre et répugne absolument à ses principes ;

2° Que Sa Majesté veut une paix qui soit honorable en même temps que sûre ;

3° Que Sa Majesté rejette avec indignation les propositions qu'on lui a faites, parce qu'elles blessent son honneur et ses intérêts ;

4° Qu'elle est cependant toujours disposée à traiter à des conditions sûres et équitables.

Le ton de hauteur que les agents français ont pris et la marche singulière qu'ils suivent en rehaussant graduellement leurs prétentions, au lieu de se rapprocher des nôtres, et cela, après avoir manifesté auparavant des vues qui permettaient l'espoir de traiter avec nous, si elles eussent été sincères, ce ton de hauteur, dis-je, prouve que les Français s'imaginent que le roi a un besoin si absolu de la paix qu'il l'achètera à tout prix.

Sans doute vous aurez eu soin dans toutes les occasions d'éloigner cette idée et de faire connaître à MM. Chiappe et Villars que l'intention du roi de traiter de la paix particulière est uniquement l'effet de sa sollicitude pour le bien de ses sujets et non l'effet de la crainte ou de l'impuissance de résister. Ce point étant de la plus grande importance, vous emploierez dans vos entretiens les expressions et les arguments qui écartent une présomption si désavantageuse pour nous et dont les négociateurs français cherchent à profiter pour gagner de l'ascendant, et nous dicter des conditions intolérables.

Vous ferez connaître à M. Chiappe que le roi n'a pas voulu que l'on exprimât dans la note responsive ci-jointe toute l'indignation qu'il a ressentie en lisant celle de M. Villars, pour ne point exaspérer les esprits, dans l'espoir encore que le gouvernement français revienne à des sentiments plus modérés et raisonnables.

Les négociateurs français cherchent à nous épouvanter en nous parlant d'une insurrection dans le Piémont, vous devez repousser ces insinuations avec la plus grande fermeté et faire sentir que les troubles et le mécontentement général de la France, la guerre de Vendée, la pénurie, sont des circonstances qui ne sont pas inconnues et plus réelles que les illusions que tâchent de leur faire nos transfuges ; la fidélité et la constance de nos troupes démentent assez leurs assertions, que d'ailleurs les conditions qu'on voudrait nous imposer, sont de nature à faire connaître à tous les sujets du roi que les désastres que peut produire la continuation de la guerre avec la France, sont moins extrêmes que les conséquences certaines d'une pareille paix, à part même les événements de la guerre nouvelle dans laquelle on devrait nous faire entrer.

Vous devez bien faire attention que M. Villars ne prenne avec vous un air et un ton de supériorité qui influerait d'une manière très désavantageuse pour le roi dans le cours d'une négociation ; une fermeté modeste et imperturbable doit être votre contenance. Vous montrerez toujours l'intention sincère de traiter à des termes raisonnables et la résolution inébranlable du roi de succomber avec honneur plutôt que de se trahir lui-même. Il faut repousser avec force et modération les entreprises de Villars, opposer à la peinture de notre faiblesse le tableau de la position et des embarras de la France. Le ton de la conviction et de la dignité doivent accompagner ces arguments.

Les négociateurs français ont beaucoup insisté sur la non-coopération de nos alliés. Il est aisé de leur montrer que, s'ils ne nous ont pas aidé à reconquérir nos provinces occupées par les Français, on ne saurait raisonnablement les supposer indifférents à l'envahissement du Piémont qui les menacerait directement. Les événements arrivés, l'automne dernier dans la rivière de Gênes, sont des accidents de la guerre occasionnés par de funestes mesures. Les Français n'en peuvent rien conclure contre la ferme volonté des Autrichiens à notre égard. Vous ferez sentir sans affectation que ces événements mêmes ont montré à la cour de Vienne la nécessité de négociations plus efficaces, la destination de généraux de la plus grande réputation à l'armée d'Italie, les renforts considérables déjà arrivés et en route sont des preuves non équivoques que les Français s'abusent en croyant que la cour de Vienne soit indifférente au sort du Piémont. Vous laisserez entendre, comme sans en avoir le dessein, que nous avons reçu à cet égard les assurances les plus satisfaisantes, ce qui est effectivement vrai, que comme ce n'est pas la crainte qui a porté le roi à écouter des ouvertures de paix, de même la certitude de la puissante coopération de ses alliés n'a pas altéré ses intentions pacifiques invariablement fondées sur le désir de rendre le calme et le repos à ses États par une paix finale sûre et honorable. Cet article doit être ménagé de manière que les Français ne puissent croire que l'inclination du roi à la paix a varié ensuite de ces nouvelles assurances de nos alliés, mais que c'est uniquement les propositions extravagantes de Villars qui arrêtent la négociation.

Vous pouvez dire comme une notion que vous avez privément, que les dispositions pour une levée considérable d'hommes étaient faites, que l'exécution suspendue quelque temps a été ordonnée tout de suite, que cette mesure différée sans doute par l'espoir de conclure la paix a été résolue et mise à exécution d'abord après la réception de la première note de Villars qui a fait connaître que les Français ne veulent pas la paix sincèrement avec nous. Enfin vous ajouterez que les quatre articles que vous avez remis il y a quelque temps, contiennent les bases sur lesquelles Sa Majesté veut traiter ; que c'est donc au gouvernement français à se conduire comme il le jugera d'après cette connaissance ».

Toutefois d'Hauteville évite soigneusement toute démarche réelle capable de donner de l'ombrage à l'Autriche et qu'il ne puisse désavouer. Schérer ayant proposé d'envoyer à Turin un officier avec un secrétaire pour y traiter d'un échange de prisonniers, il en accepte le principe, mais à Savone en dehors du territoire piémontais.

Le même jour d'Hauteville informe de Front que le roi n'a pas accepté la condition *sine qua non* posée par la France d'une alliance offensive et défensive, et que, tout en désirant la paix, il ne l'acceptera pas à ce prix « qui d'ailleurs romprait les liens qui l'unissent à l'Angleterre ». Et malgré les objections si convaincantes présentées par l'ambassadeur sur le peu d'espoir d'un secours extraordinaire de 7 à 800.000 livres sterling, qu'il lui est « impossible d'y rien répliquer », il lui maintient l'ordre déjà expédié le 30 (1) d'en présenter la demande (2).

Le Piémont n'est pas en droit d'espérer que la France lui rendra ses Etats sans compensation après trois années de guerre victorieuse; les instructions données à M. Monis ne peuvent être considérées que comme un moyen d'obtenir des agents français des propositions fermes destinées à augmenter les bonnes dispositions de

---

(1) Le roi est « très persuadé des ménagements que le ministère anglais doit avoir pour la nation surtout dans les affaires pécuniaires ; toutes ces objections ne changent rien à l'impossibilité où l'on est ici de pouvoir continuer la guerre sans les secours extraordinaires réclamés et la nécessité où Sa Majesté se trouve par défaut de moyens de faire sa paix particulière ; conséquemment si l'Angleterre attache quelque prix à nous retenir dans la coalition, elle doit faire tous les sacrifices nécessaires pour cet effet. Si elle pense différemment elle doit s'expliquer franchement ». D'Hauteville à de Front, 30 janvier (A. E. T.).

(2) Hauteville à de Front, 30 janvier (A. E. T.).

l'Autriche. Cacault ne cesse d'avertir le Directoire de ne pas tomber dans ce piège. Il écrit le 7 février : « La politique de la maison de Savoie ayant toujours été de s'agrandir aux dépens de la France et de l'Autriche et de jouer un rôle en se soudant alternativement à l'une et à l'autre, elle ne veut pas concourir à chasser d'Italie l'Empereur pour être ensuite à la discrétion de la France sans aucun contrepoids » (1).

Le 11 février, il blâme la facilité avec laquelle on a livré des propositions écrites à Monis, sans qu'il se soit engagé à rien, « sinon que son maître désirait la paix et de savoir à quelles conditions », et il détaille les inconvénients qui en résulte. « Cette pièce écrite sert maintenant au roi de Sardaigne pour exciter l'Empereur à lui donner de grands secours, et la cour de Vienne, frappée du danger de cette vue, fera par soi-même tous les efforts possibles pour soutenir le Piémont et se servir encore des notes pour soulever contre nous le reste de l'Italie qui veut le *statu quo* et la balance entre l'Autriche et la France, qui donne de l'importance au roi de Sardaigne et préserve tout le reste de la domination exclusive de l'un ou de l'autre. Le roi de Sardaigne, en tirant de nos mains ces notes circonstanciées qui lui offrent un grand avantage, s'est muni d'une preuve de sa bonne foi et constance dans l'alliance des coalisés qui seront ainsi plus animés à le secourir, et vous verrez qu'on en fera usage pour servir de preuve d'une ambition outrée de notre part, quoiqu'en effet ce soit un acte modération ; car il vaut mieux courir sus au roi de Sardaigne et l'expulser sans ménagement que de lui faire un royaume... » (2).

Cette lettre de Cacault apprécie très exactement les projets du gouvernement sarde, comme on peut en juger par les résolutions du congrès ainsi que par les instructions données à Monis.

Jusqu'au 13 février, jour où M. de Monis remettra à Villars la réponse à sa note on ne trouve plus trace de pourparlers entre lui et les agents français. D'Hauteville a vraisemblablement voulu attendre l'effet que produirait la communication des propositions françaises sur les cabinets de Vienne et de Londres ; dès ce moment le roi est décidé à ne pas signer. Aussi le ton des nouvelles instructions adressées à Castel Alfer se ressent-il du changement qui vient de se produire dans l'orientation de la politique piémontaise. L'aide de l'Autriche est indispensable pour mener la guerre contre la France et, de nouveau, le roi s'adresse à cette puissance ; alors qu'il

---

(1) Cacault à Delacroix, 7 février ; Fabry, t. III, p. 181.
(2) Cacault à Delacroix, 11 février ; Fabry, t. III, p. 190.

a prescrit le 19 décembre de ne plus réclamer de renforts de troupes autrichiennes afin de ne pas se lier d'avantage avec la cour impériale. D'Hauteville, alléguant de prétendus mouvements des Français, réclame le 3 février (1) l'envoi de quatre ou cinq bataillons entre les deux Bormida où le roi juge leur présence de la plus grande nécessité car, d'après tous les renseignements, les Français se renforcent considérablement et cette opération, observe le mémoire remis à Gherardini, a d'autant plus de vraisemblance « que l'ennemi n'ignore point que la plus grande partie de l'armée impériale se trouve dans le Milanais ».

En résumé, on prétend mettre en mouvement l'armée autrichienne sur de simples rumeurs et cela en plein hiver, aussi, pour prévenir toute objection du général de Wallis au cas ou il n'atta-

---

(1) D'Hauteville à Wallis, 3 février (H. A V.).

Les renforts considérables que reçoit journellement l'ennemi et toutes les démonstrations qu'il fait, ne permettent plus de douter qu'il ne se dispose d'agir bientôt offensivement. Son intérêt manifeste d'accord avec ces mêmes démonstrations annonce évidemment qu'il n'attendra pas l'époque ordinaire de l'ouverture de la campagne pour tenter un coup décisif sur le Piémont méridional. Il est maître du haut Tanaro jusqu'à Priola, et il occupe la tête des deux vallées de Bormida jusqu'à Bardinetto et jusqu'à Carcare. Les points avancés sont soutenus en arrière par des rassemblements considérables aux environs de Savone, de Finale, d'Albenga et d'Oneille, enfin sa force totale dans cette partie est tout au moins double de celle que nous pouvons lui opposer avant l'arrivée de nos recrues et le retour de nos semestriers. Il faut ajouter à toutes ces considérations que le vent de la mer qui fond les neiges dans les pentes méridionales des Alpes et de l'Apennin quinze jours plus tôt que dans les aspects au nord, favorise infiniment les Français, puisqu'il aide à nous prévenir partout sur les hauteurs dominantes, ainsi qu'il l'a fait au commencement de la campagne dernière. Il résulte de cet aperçu que l'armée piémontaise, couvrant le front de Coni, de Mondovi et de Cèva qui sont éminemment menacés, ne saurait absolument défendre seule l'avenue de la Bormida, qu'en s'étendant plus qu'elle ne l'est, elle n'aurait plus aucune force que la faible avant-garde qu'elle a poussée sur les Bormida et le Belbo qui n'a pour objet que d'éclairer de ce côté les mouvements de l'ennemi et ne saurait résister dans le cas d'une attaque sérieuse.

Il serait donc nécessaire que l'armée impériale, dans la vue de concourir à la défense commune, portât au plus tôt un corps considérable entre les deux Bormida sur les hauteurs qui séparent Dego de Monbarcaro au niveau de Sta Julia et ayant pour points avancés, Censio, Millessimo, Cosseria et Cairo. Ces hauteurs doivent présenter des points d'appui et de résistance bien avantageux, et il est à croire qu'une force imposante ainsi placée ôterait à l'ennemi la tentation de s'avancer brusquement sur le Belbo, soit pour former le siège de Cèva, soit pour se porter sur Alba et sur Cherasco en laissant Cèva à gauche. Bref ce moyen parerait au danger d'un coup de main fort à redouter et qui pourrait avoir des conséquences infinies à ce début de campagne, mais il serait indispensable aussi que le corps dont il est question, mis en ligne, comme on vient de le dire, entre les deux Bormida, fut soutenu en arrière par le reste de l'armée impériale, laquelle ne saurait être de trop bonne heure rassemblée sous Acqui.

cherait pas à ces bruits la même importance, d'Hauteville affirme que le roi est fondé « de plus en plus par d'autres notions secrètes et des motifs particuliers à croire que l'ennemi médite de tenter très prochainement quelques opérations importantes contre le Piémont ». En prévision de ce danger, il n'a donc pas cru devoir hésiter plus longtemps à se prévaloir des assurances de l'Empereur « qu'en cas d'urgence, avant l'ouverture de la campagne, ses généraux avaient les ordres pour faire marcher telle quantité de ses troupes qui serait nécessaire pour s'opposer à toute invasion, menaces de la part de l'ennemi dans le Piémont ». La réponse de M. de Wallis est telle qu'on devait attendre de tout général, il refuse avec juste raison de concentrer son armée vers Acqui sur de simples rumeurs, et pour adoucir les mécontentements que provoquera sa décision, il promet d'établir quatre bataillons (1) au sud d'Acqui et d'Alexandrie dans le courant du mois sans préciser la date, ce qui lui permet de différer autant qu'il le voudra l'exécution de sa parole.

Gherardini suit avec une grande attention les négociations de d'Hauteville avec la France mais, à ce qu'il semble, sans réussir à se procurer la connaissance des conditions imposées.

Il mande le 20 à Thugut que Durand n'a pas offert la rétrocession du comté de Nice et de la Savoie, mais qu'il a insisté sur les avantages que le roi retirera de la possession du Milanais, et il rapporte a ce sujet un propos du roi. Il aurait dit en famille :

---

(1) Wallis à d'Hauteville, 6 février (H. A. V.).

J'ai eu l'honneur de recevoir votre lettre du 3 courant avec la note y jointe de monsieur le comte d'Hauteville. On a pu s'apercevoir par toutes nos déclarations précédentes que jamais je n'aurai rien de plus à cœur que de contribuer au bien de la chose commune et à la satisfaction des deux cours alliées. C'est en conséquence de ce devoir sacré autant que des suppositions raisonnables du métier que jusqu'à présent j'ai hésité de fatiguer les troupes sur des bruits et rapports qui dans la saison d'alors ne purent aucunement paraître fondés. Mais n'étant pas l'homme à persister dans mes opinions, quand les circonstances changées ou à changer vraisemblablement viennent exiger d'en adopter d'autres, je donnerai mes ordres à ce qu'encore dans le courant de ce mois ces quatre bataillons puissent être distribués dans les environs d'Alexandrie et vers Acqui, notamment: un bataillon à Nizza della Paglia, un à Cassine, un à Castelnuovo de Bormida et à Rivalta de Bormida, et un à Bosco de Frugarolo et à portée alors autant de renforcer le cordon occupé qu'à faire filer des troupes rassemblées à droite, en cas que les ennemis entreprendraient quelque opération vers Ceva ou le Mondovi. Il me paraît que ces troupes pourront alors suffir pour aider à défendre le Piémont jusqu'à l'ouverture de la campagne, et je vous prie seulement, monsieur, de vouloir bien entamer les mesures nécessaires, afin qu'il soit pourvu à temps et tellement que M. le comte d'Hauteville en a donné l'assurance dans sa lettre du 19 décembre aux longements convenables de ces troupes augmentées.....

« Que les conditions faites par les Français n'étaient pas acceptables, mais qu'on pouvait les améliorer et qu'il y en avait particulièrement une qui offre une belle revanche sur les Allemands s'ils se refusent de défendre sérieusement le Piémont ».

Le 28, il croit qu'un mémoire où les Français offrent 30.000 hommes au roi pour l'aider à conquérir le Milanais lui a été remis par l'intermédiaire d'un secrétaire de cabinet. En fait ce devait être le mémoire de Villars ; M. d'Hauteville a peut-être fait naître ce bruit de lui-même, afin de ne pas être soupçonné et d'avoir une occasion d'affirmer bien haut « que les Français s'imaginaient de pouvoir se moquer de tout le monde ou qu'ils avaient perdu tout à fait l'esprit, car s'ils croyaient réellement à faire la paix avec son maître, ils auraient dû avancer des propositions raisonnables ». Du reste la résolution de ne pas traiter avec la France adoptée le même jour le rend très conciliant ; on se souvient du mécontentement qu'a produit l'armistice conclu sur le Rhin, néanmoins lorsque Gherardini en fait part officiellement le 28 et remet la note du 14 janvier, non seulement d'Hauteville ne laisse rien paraître, mais il affecte de trouver très naturelle la conclusion d'une suspension d'armes sur le Rhin. Il lui dit « qu'il a toujours envisagé l'armistice accordé aux Français sous le même point de vue et comme un arrangement particulier pris par les généraux de Sa Majesté impériale eu égard aux circonstances ». Il répète : « qu'il désirait qu'on put en conclure un pareil ici, et qu'il attendait avec impatience le retour du courrier expédié à Vienne pour y donner la main, si pourtant les Français voulaient encore s'y prêter, ce dont il avait lieu de douter d'après leur silence et leur menace d'attaquer ». En terminant il renouvelle l'assurance de la loyauté avec laquelle le roi est décidé « à remplir ses engagements et de ne jamais se détacher de ses alliés » et de son entière confiance dans l'appui de l'Empereur (1).

Les dépêches de Thugut du 26 parviennent le 3 février à Gherardini ; son appréciation sur la gravité de la crise où se débat la cour de Turin n'a pas changé « Si les Français, écrit-il, exécutent réellement les attaques qu'ils menacent, et s'il leur réussit de s'emparer du Mondovi, il me paraît hors de doute qu'ils seront à même de forcer cette cour à accepter la paix qu'ils voudront ».

Actuellement les neiges couvrent le Piémont contre une invasion immédiate, mais puisque le roi a décidé de ne pas traiter avec la France aux conditions proposées par cette puissance, l'appui de

(1) Gherardini à Thugut, 28 janvier (H. A. V.).

l'Autriche est indispensable et comme il vient justement de faire appel à Wallis la situation est tout autre qu'au 10 janvier, époque à laquelle les instructions qui ont provoqué la réponse de Thugut ont été rédigées. A la date du 6 février ce n'est plus le moment de se brouiller avec l'Autriche. D'Hauteville pour calmer le mécontentement de l'Empereur désavoue Castel Alfer ; il avance que l'ambassadeur n'a pas compris ses instructions. « Il a paru, mande Gherardini, désapprouver le ton de l'écrit présenté par M. de Castel Alfer qu'il soutient avoir été rédigé à Vienne d'après des dépêches purement confidentielles et il s'est montré extrêmement peiné pour la sensation désagréable qu'il a produite. Quant à l'armistice, j'ai reçu de lui les assurances les plus positives que, toute négociation ayant à présent cessé, on n'en reprendrait point d'autre sans le consentement de notre cour et sans me communiquer ce qui pourrait y avoir trait.

Le désir du roi, a-t-il ajouté, est de connaître les intentions de Sa Majesté pour la campagne prochaine et de pouvoir concerter un plan qui soit exécuté de bonne foi par les généraux, et cela au plus vite, puisque le silence que les Français gardent sur la trève susdite et sur l'échange des prisonniers, est un symptôme de leurs attaques précoces ». D'Hauteville ne s'est pas exprimé clairement sur le désir du roi d'être nommé généralissime, pourtant Gherardini croit qu'on n'insistera pas sur ce point et qu'en lui-même le ministre n'approuve pas cette prétention. D'Hauteville remet à un second entretien de faire connaître la réponse définitive de son souverain (1).

Plusieurs jours s'écoulent avant que cette seconde audience ait lieu ; d'un côté on veut que les nouvelles instructions adressées à Castel Alfer aient le temps de lui parvenir, d'adoucir le mécontentement de la cour de Vienne, d'un autre côté on n'est peut-être pas encore complètement fixé sur la ligne de conduite à adopter, puisque du 4 au 8 il n'y aurait pas eu moins de cinq conseils s'il faut ajouter foi aux renseignements de Gherardini. A cette date il apprécie en ces termes la situation :

« Pour ce qui concerne l'armistice, j'ai l'honneur d'assurer de nouveau à Votre Excellence qu'il n'en est plus question dans ce moment-ci. Il paraît même que les Français ont un peu ralenti leurs tentatives pour détacher cette cour de la coalition. Ce n'est peut-être pas manque de volonté de sa part si elle ne fait point une paix particulière.

(1) Gherardini à Thugut, 6 février.

D'après tout ce que j'ai fait observer à Votre Excellence, il paraît qu'on peut hasarder les propositions suivantes :

1º Cette cour n'a pas fixé l'armistice parce que l'ennemi même n'a plus insisté pour l'obtenir.

2º Par la même raison, elle n'a pas négocié jusqu'à présent l'échange des prisonniers ; ni envoyé sous ce prétexte M. de Revel comme son commissaire politique à Savone.

3º Elle n'a pas refusé d'accepter les ouvertures pacifiques des Français, parce qu'ils offraient des conditions inadmissibles et ne proposaient pas la restitution de la Savoie et de Nice.

4º Si jamais ces conditions seront offertes, elle sera fort tentée de les accepter ; même si les Français ne voudraient pas accepter la neutralité de l'Italie appuyés peut-être sur le faux principe qu'il convient à la France d'agrandir le roi de Sardaigne.

5º Jusqu'à ce que l'ennemi se tient à quelque distance de la plaine du Piémont, elle montrera une médiocre contenance et restera fidèle à ses engagements.

6º Si l'ennemi menace d'assiéger sérieusement le fort de Cèva et d'envahir la province de Mondovi et que nos troupes ne se montrent point pour empêcher son entrée dans la plaine, elle n'attendra pas qu'il exécute son plan et lui dicte une capitulation forcée, mais elle tâchera de le prévenir, négociera et arrêtera la meilleure paix qu'elle pourra obtenir en lui ouvrant les portes de la Lombardie.

Si tel est son plan de conduite, on ne peut s'empêcher d'observer qu'il est subordonné aux mesures que notre cour voudra prescrire à ses généraux en Italie. Notre armée, pendant qu'elle défend le Piémont, peut donner la loi au roi de Sardaigne et ce pays ne saurait être regardé à présent que comme une province de la maison d'Autriche ».

Ce langage de l'ambassadeur autrichien prouve combien les appréhensions du ministère sarde sur le sort réservé à leur pays étaient justifiées : quel que fût le vainqueur, le Piémont était destiné à payer les frais de la guerre.

En ce qui concerne la note même de Castel Alfer, Gherardini est d'avis qu'il convient uniquement d'y voir un effet du désir exprimé par le roi d'être généralissime ; cette idée « extravagante » a donné lieu à cette note « indécente » ; les plaintes élevées contre les généraux autrichiens n'ont d'autre objet que de la justifier. On a voulu donner à entendre que si l'on accordait la suprématie au roi, les affaires prendraient une tournure favorable et l'on s'est flatté de l'espoir de réussir d'autant plus facilement à obtenir cet avantage que l'on avait supposé chez les Français la volonté de faire la paix en offrant des conditions raisonnables, c'est-à-dire la restitution de la Savoie (1).

Le 11 février, par ordre de son souverain, d'Hauteville désavoue complètement son ambassadeur ; il charge de Gherardini de transmettre à sa cour les excuses du roi ; si l'ambassadeur autrichien n'a pas forcé la note et s'il a rapporté exactement les paroles du ministre sarde, l'humiliation est complète. « Ce ministre m'a dit, qu'ayant mis sous les yeux du roi la copie de la dépêche dont Votre Excellence m'a honoré en date du 26 janvier, il avait été douloureusement affecté par rapport à la mauvaise impression que la note du comte de Castel Alfer avait produit sur l'esprit de notre auguste maître, qu'il en ressentait le chagrin le plus profond et, nourrissant les sentiments du respect et de l'amitié la plus sincère pour Sa Majesté Impériale, il n'aurait jamais pu manquer aux égards qui lui sont dus et lui parler un langage aussi peu convenable qu'il ne se permettrait pas même avec des cours inférieures à la sienne.

Le comte de Castel Alfer, ajouta ce ministre, a reçu en conséquence les ordres les plus pressants pour s'expliquer à ce sujet avec Son Excellence M. le baron de Thugut et pour lui présenter les regrets les plus vifs du roi pour tout ce qui est arrivé et qui ne peut être regardé que comme un véritable mésentendu.

Cet envoyé n'a pas bien saisi l'esprit de mes dépêches et il a embroché différents articles qu'il a embrochés à la hâte par-ci, par-là, de façon que dans la note ils présentent un ensemble tout à fait contraire à l'esprit général de ma correspondance et on voit clairement qu'il a pris le change ». On n'avait jamais eu l'intention de conclure un armistice avant de s'être entendu au préalable avec Vienne, ce qui était exact, mais il était moins vrai de prétendre que les négociations n'avaient eu « d'autre but que celui de gagner du temps et non de frayer le chemin à une négociation partielle. Sa Majesté étant résolue de ne se détacher de ses alliés que lorsqu'elle se verrait réduite à la dernière extrémité ».

Il dépend donc uniquement de l'Empereur de maintenir le roi dans la coalition en ordonnant « à ses généraux de concourir efficacement à la défense du Piémont qui est le rempart de l'Italie ».

A cet effet le roi envoie M. de la Tour à Vienne afin de s'entendre avec le ministre autrichien sur les mesures à adopter pour la

---

(1) Gherardini à Thugut, 8 février (H. A. V.).

campagne prochaine et il espère « que cette nouvelle marque de respect et de confiance de sa part sera un nouveau gage de la loyauté et de la pureté de ses intentions » (1).

Le jour où d'Hauteville donne ces assurances à M. de Gherardini, le roi a enfin pris le parti de rompre les négociations avec la France. Le 13 février, il rejette les propositions françaises avec beaucoup de fermeté par un mémoire non signé que M. de Cossila remet à Villars. En ouvrant des pourparlers, dit-il, son unique but a été « de faire jouir ses sujets des douceurs de la paix » et on veut lui faire entreprendre une nouvelle guerre contre ses alliés actuels ; « on prétend des fournitures qui dans une seule campagne épuiseraient le Piémont plus que la continuation de la guerre actuelle pendant plusieurs années », on le traite en pays conquis. Le roi repousse également toute crainte d'un mouvement révolutionnaire ou d'un abandon de l'Autriche. « Sa confiance dans la fidélité et l'assistance de ses sujets est certaine, l'intérêt évident, les engagements solennels de ses alliés lui garantissent une coopération certaine ». Les seules bases sur lesquelles il consentira à traiter seront celles du *statu quo ante bellum* (2).

Le Piémont n'a plus d'autres ressources, après des déclarations aussi nettes, que de se rapprocher de l'Empereur, de s'efforcer de lui faire oublier les velléités qu'il avait montrées de se séparer de lui. Le 8 février, des instructions en ce sens sont expédiées à Castel Alfer, mais elles sont bien loin de contenir un désaveu aussi énergique que celui que M. de Gherardini prétend avoir reçu. Au contraire le roi exprime son étonnement de n'avoir pas obtenu de réponse à la note de son ambassadeur. « Nous nous attendions, dit-il, qu'il [Gherardini] avait été mis en état de nous donner cette réponse, mais étant venu le lendemain chez le comte d'Hauteville, il s'est borné à lui faire lecture et à lui donner copie d'une dépêche ostensible qu'il venait de recevoir du baron Thugut ». En outre d'Hauteville n'impute pas à Castel Alfer d'avoir mal exposé le véritable état de la question en ce qui touche l'armistice. En affectant de croire qu'il « était définitivement conclu », le ministre autrichien a cherché à mettre le Piémont « dans son tort », et il a peut-être cru « qu'il avait été le précurseur et un indice certain » de la conclusion de la paix ; mais dans ce moment critique, il convient de « dissimuler ».

(1) Gherardini à Thugut, 12 février (H. A. V.).
(2) Fabry *Campagne d'Italie*, tome II, p. 350-353.

Après avoir transmis à Castel Alfer la lettre de Thugut, les instructions du roi s'expriment en ces termes :

« C'est avec le plus grand regret que nous y avons remarqué le mécontentement que l'Empereur avait témoigné du ton général de la note que vous avez remise d'après votre dépêche, comme s'éloignant visiblement du ton d'amitié et d'égards usité entre les deux cours. Ce monarque et ses ministres ont certainement mal interprété nos intentions ; si nous avons allégué plusieurs faits qui ne nous laissaient pas espérer une assistance dans le moment critique où nous nous trouvions, ce n'a point été pour en porter des plaintes formelles, mais uniquement pour justifier en quelque façon le parti que la consternation où nous étions après les malheureux événements arrivés dans la rivière de Gênes nous avait fait prendre de ne plus nous refuser à prêter l'oreille aux ouvertures de paix que le gouvernement français nous faisait faire depuis longtemps ».

Quant à la proposition d'armistice, jamais il n'a été question d'y adhérer sans connaître l'opinion de l'Empereur.

Tout en rendant justice au zèle de son ambassadeur, le roi lui reproche d'en avoir fait l'objet d'une note. « C'est avec raison que ce prince n'a pu qu'être surpris de la divergence qui se trouvait entre cette note et le rapport que le ministre Gherardini avait fait des termes dans lesquels le comte d'Hauteville lui avait parlé sur cet objet. Cet équivoque que nous ne vous imputons point, n'a été occasionné que par le soin scrupuleux que vous avez eu de rappeler trop en détail dans votre note ce que nous vous avions mandé au sujet de cet armistice. Il y a des choses que l'on peut dire en parlant par matière d'observation, mais que l'on ne doit point mettre par écrit sans risquer qu'on y donne une mauvaise tournure ». Comme il importe « essentiellement de détruire radicalement l'impression défavorable que votre note, dont nous espérions tout autre résultat, et l'équivoque que l'on a pris touchant l'armistice, ont fait sur l'esprit de l'Empereur », M. de Castel Alfer assurera le plus tôt possible à Thugut « que le roi avait été vivement affecté du reproche d'avoir voulu conclure une suspension d'armes « sans connaître préalablement l'opinion de l'Empereur » (1). Ceci doit être dit avec légèreté « en évitant d'y mettre un air d'importance », car on ne veut pas avoir l'air « qu'on a fort à cœur de se disculper », ni d'être intimidé « par l'aigreur avec laquelle le baron Thugut s'est exprimé dans sa dépêche » (2).

(1) Le Roi à Castel Alfer, 8 février (A. E. T.) et Hauteville à Castel Alfer, 8 février (A. E. T.).
(2) Le Roi à Castel Alfer et d'Hauteville à Castel Alfer, 8 février (A. E. T.).

Le 9 mars, de Front est chargé de fournir à Londres des explications sur toute cette affaire. Il est surprenant, après la dépêche plutôt modérée adressée à Castel Alfer, que d'Hauteville reprouve aussi durement toute sa conduite, auprès d'un collègue, et qu'il lui reproche particulièrement d'avoir parlé du commandement général à donner au roi, alors qu'il n'y a pas même fait allusion dans sa lettre directe à Castel Alfer (1).

Le 13, le roi charge son ambassadeur de mettre la cour de Vienne au courant de la négociation avec la France ainsi que de la rupture des pourparlers. Son but a été d'obtenir la paix sur la base du *statu quo ante bellum* et de la neutralité de l'Italie. Il en a ralenti autant que possible la marche « pour ne pas s'engager trop loin » avant d'avoir reçu la réponse aux communications qu'il en a faites à Vienne et à Londres. Ces deux puissances n'ont aucun motif d'être mécontentes, puisque la paix était également un avantage pour elles. « Nous aimons à nous persuader, disent les instructions, qu'en traitant et concluant la paix à de telles conditions, nos alliés ne pourraient se plaindre de notre défection, puisque d'un côté nous les libérons de l'engagement qu'ils ont pris de nous procurer l'intégrité de nos états à la paix générale et que, de l'autre, nous mettions à couvert le Milanais d'une invasion dont il n'est pas moins menacé que le Piémont malgré les renforts qu'il y fait passer ».

Mais, au lieu de présenter des propositions raisonnables, les agents français ont augmenté leurs premières prétentions, ils « n'ont point eu honte de blesser notre délicatesse et nos prin-

(1) « Nous avons vu avec bien du regret que le ministre autrichien avait fait usage pour nous desservir auprès de celui d'Angleterre de la note que M. le comte de Castel Alfer a remise mal à propos au baron de Thugut, sans que nous lui en eussions donné l'ordre, outre qu'il y a inséré bien des choses tirées de la dépêche que nous lui avions faite à ce sujet lesquelles ne devaient pas être mises par écrit. Le comte de Castel Alfer s'y est très mal expliqué au sujet de l'armistice. Il est vrai que nous avons adhéré préalablement à la proposition qui nous en avait été faite, mais il n'avait point été conclu comme vous aurez en lieu de le reconnaître.

S. M. n'avait pas non plus autorisé M. de Castel Alfer à en remettre une note, comme il l'a fait. Il est vrai que c'est le baron Thugut qui la lui a demandée pour aider sa mémoire, mais il aurait dû se borner à lui donner un extrait de l'essentiel de la dépêche qu'il venait de recevoir, au lieu d'y donner la forme d'un mémoire officiel, et d'y insérer plusieurs choses qui n'étaient que pour son instruction personnelle, et qui ont servi à donner prise sur nous. Par exemple il ne devait point y parler du commandement général à donner au roi. Je l'avais chargé dans ma lettre d'en renouveler l'instance et d'en démontrer la convenance ; je ne m'attendais pas certainement qu'il l'eût fait par écrit et encore moins dans les termes dont il s'est expliqué. Il est surprenant au reste que la cour de Vienne ait donné une si mauvaise interprétation à cette demande et à notre acquiescement à la proposition d'un armistice. D'Hauteville à de Front, 9 mars [A. E. T.]

alpes d'honneur »; ils ont proposé comme condition *sine qua non* une alliance offensive et défensive ayant pour objet la conquête du Milanais ; le roi a refusé avec indignation de souscrire à de telles conditions.

« Ce qui ne nous a pas moins indigné, continuent-elles, c'est que des conditions aussi inattendues étaient accompagnées de menaces les plus outrées et d'une perspective effrayante de malheurs auxquels nous nous exposions en les rejetant. »

Néanmoins le roi ne s'est pas laissé émouvoir par les propos des agents français, il n'a jamais eu d'autre but que de recouvrer ses Etats perdus et il donne l'assurance positive qu'en aucun cas il ne consentira à tourner ses armes contre ses alliés.

« En témoignant notre surprise non moins que notre indignation sur des propositions de cette nature, nous avons fait répondre, qu'en acquiesçant aux ouvertures de paix qui nous ont été faites par les généraux français, notre unique but avait été d'écarter le fléau de la guerre de nos Etats et d'y faire renaître la tranquillité désirée, ce qui aurait pu amener plus facilement peut-être une paix générale, que ce but ne serait pas rempli si nous achetions la paix au prix qui nous est offert, puisque nous ne ferions que changer d'ennemis, avec le pénible engagement encore de devenir l'agresseur sans cause d'un allié fidèle et puissant qui concourt à notre défense et qui ne nous abandonnera point pendant que nous resterons attachés à la coalition, que nous n'avons jamais eu en vue que de réoccuper cette partie de nos Etats qui a été injustement envahie et non de l'échanger et de nous agrandir aux dépens de nos voisins, qu'au reste nous étions toujours dans les mêmes dispositions de faire la paix avec la France, lorsque nous pourrions la faire avec honneur et sûreté et à des conditions justes et raisonnables qui seulement peuvent nous en promettre la durée, mais que nous ne voulons ni ne pourrons jamais consentir à nous engager, en faisant cette paix, de nous unir avec la France pour faire la guerre à l'Empereur, notre allié, quels que soient les avantages que le gouvernement français puisse nous faire espérer, ou les malheurs ni les dangers qu'on nous fait craindre en nous y refusant ».

L'importance que le Directoire a mise à obtenir l'alliance du Piémont, prouve que sans son appui il considère la conquête du Milanais comme « fort difficile et même fort incertaine ». Irrité de ce refus, il va chercher à en faire repentir le Piémont en redoublant d'efforts contre lui. « Cela étant, écrit le roi, nous ne nous occupons plus que des moyens de pouvoir continuer la guerre avec cette vigueur que l'épuisement où nous nous trouvons, pourra nous permettre. Notre unique espoir est dans une assistance efficace de nos alliés et principalement dans les secours de la cour de Vienne qui doit nous tenir compte de la loyauté de nos procédés dans toute cette affaire, et de la fermeté que nous avons mise en rejetant avec une espèce d'indignation les propositions du gouvernement français qui auraient peut-être été attrayantes pour tout autre qui n'aurait pas eu les mêmes principes de bonne foi. L'expérience du passé ne nous a que trop prouvé que le cabinet autrichien n'a regardé jusqu'ici la défense du Piémont que comme un objet secondaire, mais nous aimons à nous persuader qu'il pèsera mieux ses intérêts, et qu'il changera probablement de système quand il connaîtra l'étendue des projets des Français et le refus que nous avons fait d'y coopérer, et que l'empereur, sensible à notre générosité et à la droiture de nos principes, reconnaîtra la nécessité de défendre d'un commun accord ce qui nous reste de nos Etats pour nous sauver du naufrage dont nous sommes menacés en haine de notre résistance aux vues des Français, et pour ne pas nous laisser trouver dans le malheureux cas de devoir subir le sort d'une capitulation comme celle de la Hollande ».

Le roi reconnaît que l'assistance de l'Empereur est « seule » capable de le mettre à l'abri des maux qui le menace ; et il va envoyer à Vienne le général de Latour avec mission de s'aboucher avec les généraux autrichiens.

Une lettre particulière de M. d'Hauteville complète cette instruction, comme il est possible que le baron de Thugut s'informe des intentions du roi et désire savoir s'il conclurait la paix dans le cas où la France restituerait les pays au delà des Alpes, Castel Alfer prétextera le manque d'ordre et fournira cette réponse évasive : « que le roi ne s'est point expliqué avec lui là-dessus, mais que sachant qu'il n'a jamais eu une intention bien déterminée de faire la paix, et que la négociation pour cet effet n'avait été entamée que pour ralentir principalement les efforts de l'ennemi et gagner du temps, vous étiez persuadé qu'on ne conclurait rien contre le gré de nos alliés s'ils se montrent réellement disposés à coopérer à notre défense » (1).

Les mêmes communications sont faites à l'Angleterre, toutefois d'Hauteville a bien soin de faire remarquer : « Qu'en terminant la réponse donnée au gouvernement français, on a eu soin de laisser une porte ouverte à la négociation en se montrant toujours disposé à faire la paix, pourvu que ce fût à des conditions justes et raison-

(1) Le Roi à Castel Alfer et d'Hauteville à Castel Alfer, 13 février (A.E.T).

nables ». En outre de ses secours pécuniaires, le roi réclame d'elle ses bons offices auprès de la cour de Vienne pour que cette dernière puissance s'intéresse, plus qu'elle ne l'avait fait jusqu'alors, à la défense du Piémont dont dépend le salut de l'Italie, et il espère que l'Angleterre usera de son influence sur le cabinet de Vienne « pour lui faire adopter des mesures de coopération » qui seules peuvent sauver son royaume du sort de la Hollande et l'Italie des maux qui en seraient la suite.

Cet appui est d'autant plus nécessaire que l'empereur a conçu de l'humeur de cette négociation. « Sans entrer dans le fait, il a commencé par se plaindre des termes dans lesquels la communication en avait été faite comme tendant à s'éloigner du ton d'amitié et d'égards entre les deux cours. Il s'est surtout effarouché de notre acquiescement à la proposition d'un armistice, feignant de le croire conclu péremptoirement, tandis que tout démontrait que notre intention n'était pas d'en venir à ce point sans connaître préalablement les intentions de l'Empereur à cet égard et moins encore contre son gré » (1).

Le même jour d'Hauteville met Gherardini au courant de toute la négociation dans un entretien où le vrai côtoie le faux et dont le principal objet est de justifier la politique piémontaise ainsi que la fermeté de ses principes.

« Je vous ai franchement informé, lui disait-il, des propositions que les Français nous ont fait parvenir et du parti que nous avons pris de leur prêter l'oreille pour gagner du temps ; le *statu quo ante bellum* et la neutralité de l'Italie ont été les conditions sur lesquelles j'ai toujours insisté ». Ceci était exact, mais il ne l'était pas d'avancer, du moins d'après les documents français conservés, que les agents français « paraissaient portés dans le commencement à traiter sur cette base et n'opposaient que la difficulté de revenir sur les décrets qui réunissaient la Savoie et Nice à la France et d'en obtenir le consentement des assemblées primaires qu'on aurait dû assembler ». A en croire le ministre, après le refus de recevoir à Turin le citoyen d'Espagnac pour traiter de l'échange des prisonniers, on n'a plus entendu parler de rien, puis dans le courant de la semaine on a reçu « une espèce d'ultimatum de la part des Français. Cette pièce extravagante et écrite dans le ton de la faufaronnade la plus révoltante même propose une alliance offensive et défensive avec la République française et de réunir nos armes contre l'Empereur pour conquérir le Milanais » qui serait cédé au Piémont à l'excep-

(1) D'Hauteville à de Front, 11 février (A. E. T.).

tion d'une petite partie réservée au duc de Parme. En cas de refus, Schérer a parlé de détrôner un second roi.

« Sa Majesté au comble de l'indignation, continue d'Hauteville, m'a ordonné de répondre, comme je l'ai fait mercredi, qu'elle s'ensevelirait plutôt sous les ruines de son pays que d'écouter des propositions contraires à son honneur et à sa religion et qui offraient la perspective de nouvelles guerres et de nouveaux malheurs, et que, si elles étaient connues du public, jusqu'au dernier de ses sujets, prendrait les armes pour venger un tel outrage et pour défendre son pays ».

La fermeté de cette réponse fait supposer que l'ennemi attaquera dès qu'il aura reçu une réponse de Paris. Aussi Castel Alfer a-t-il reçu pour instruction de prévenir la cour de Vienne de l'extrémité où se trouve le Piémont. « Si l'ennemi se rend maître de Cèva et de Mondovi, il peut faire des réquisitions jusqu'aux portes de Turin et il trouvera dans le Piémont argent, grains, blé et fourrage, bétail, armes et hommes pour soutenir deux campagnes encore et donner la loi à toute l'Italie » (1).

Le 14, d'Hauteville lui assure encore que Latour et Saint-Marsan « n'ont d'autres instructions que de se conformer entièrement aux maximes qui seront arrêtées par notre ministère, de savoir quelle est notre tâche et nous la remplirons avec tout le zèle et l'exactitude possible. Le roi désire seulement que les généraux autrichiens en Italie reçoivent les ordres les plus positifs de se concerter avec les nôtres et de regarder l'armée piémontaise comme dépendante de celle de Sa Majesté, puisque ce n'est qu'avec un accord réciproque et fraternel qu'on peut compter sur des succès heureux » (2).

L'ambassadeur a-t-il mal compris ou le ministre l'a-t-il trompé, les instructions de M. de Latour disent exactement le contraire.

Le 21, M. de Castel s'acquitte des ordres expédiés le 13 ; il assure à Thugut que l'on a été très fâché de l'équivoque sur l'armistice à laquelle quelques expressions de sa note du 18 ont pu donner lieu ; qu'il se trouve actuellement « qu'il était autorisé et même chargé de lui déclarer » que le roi n'a jamais voulu conclure d'armistice sans l'assentiment de l'Empereur, ni s'écarter du plus parfait accord avec lui, que ses principes sont « invariables » et qu'il en donne une nouvelle preuve par son exactitude à informer l'Empereur de la suite donnée à la négociation entamée avec les agents français.

(1) Gherardini à Thugut, 13 février (H. A. V.).
(2) Gherardini à Thugut, 14 février (H. A. V.).

et plus encore « dans l'horreur et l'indignation » avec laquelle il a rejeté leurs propositions. En terminant, il l'avertit de la mission confiée à M. de Latour. Le ministre autrichien paraît parfaitement satisfait de cette communication, et il se montre dans sa réponse « beaucoup plus gracieux » qu'à l'ordinaire, mais en réalité l'ambassadeur fait peu de fonds sur la bonne volonté de l'Autriche (1).

Le 25, il mande à sa cour : « En attendant il me paraît déjà qu'il y a moins d'activité dans les dispositions qu'exige la nouvelle campagne et, tandis que du côté de l'ennemi tout annonce les mesures les plus énergiques et les plus vigoureuses, on ne voit ici que de l'indécision, de la mollesse et des intrigues. A la veille de l'ouverture de la campagne, non seulement tous les commandements ne sont pas donnés encore, mais il n'est pas même décidé qui sera à la tête du département de la guerre » (2).

En outre, le choix de M. de Latour a indisposé M. de Bellegarde dont l'influence est capitale à Vienne ; il aurait souhaité que cette mission fût réservée à son frère demeuré en Sardaigne (3). Le désir tout naturel de garder le plus grand effectif possible pour l'armée du Rhin dont il est chef d'état major, se joint chez lui à cette première cause de mécontentement pour le rendre défavorable aux demandes du roi. Il ne cache nullement son opinion et il exprime hautement dans une conversation entre lui, l'ambassadeur et M. de Trevor, que l'on s'exagère le danger du côté du Piémont.

« Il nous assura en riant, rapporte Castel Alfer, que toutes ces craintes étaient absolument chimériques, que ces grandes forces des Français rassemblées de ce côté-là n'existaient que dans l'imagination de ceux qui forgeaient de ces nouvelles pour en imposer aux pays limitrophes, que cet expédient leur avait fort souvent réussi soit en Lombardie qu'en Piémont, en jugeant d'après ce que son frère lui écrivait, que celui-ci voyait comme l'on ne peut pas plus en noir et sans raison.

En cela, j'ai répondu que ce qui faisait voir en noir de ce côté-ci, était peut-être une juste cause que l'on ne vit trop en couleur rose ailleurs, et je lui ai cité à l'appui de mon idée la sécurité dans laquelle le général de Wins a été jusqu'au moment de la malheureuse affaire du 23 de novembre échu. J'ai conclu que s'il y avait un inconvénient à voir le mal plus grand qu'il n'était, je croyais qu'il

(1) Castel Alfer à d'Hauteville, 22 février (A. E. T.).
(2) Castel Alfer à d'Hauteville, 25 février (A. E. T.).
(3) Castel Alfer à d'Hauteville, 22 février (A. E. T.).

était plus à craindre encore celui de le trop mépriser. M. de Bellegarde voulut bien convenir alors que j'avais raison, mais en ajoutant que ce n'était pas là le cas, puisqu'il était incontestable que l'armée de Votre Majesté et celle de l'Empereur était à même d'opposer à l'ennemi des forces infiniment plus formidables que celles avec lesquelles il pourra jamais les attaquer » (1).

(1) Castel Alfer à d'Hauteville, 25 février (A. E. T.).

CHAPITRE II

Mission de M. de Latour.

Le 17 février, le roi désigne officiellement le général de Latour, accompagné par M. de San Marsan (1), pour aller discuter à Vienne les bases du plan d'opérations que l'on compte adopter pour la future campagne ; cet officier est en outre chargé de remettre cette lettre autographe du roi à l'Empereur.

Le roi à l'Empereur,   17 février (A. E. T.).

Après avoir fait porter à la connaissance de Votre Majesté Impériale les motifs qui ont dû me disposer en décembre dernier à prêter l'oreille aux ouvertures de paix que le gouvernement français me faisaient faire depuis longtemps et que la fermeté de mes principes dans cette guerre m'avait toujours fait un devoir d'éluder, je n'ai pas différé non plus de la faire informer des dernières propositions que les agents français avaient mises en avant pour base de la négociation et de la juste indignation avec laquelle je les avais rejetées péremptoirement.

La position critique où je vais me trouver après un tel refus et les dangers auxquels mes Etats vont être incontestablement exposés plus encore que par le passé, ne sauraient échapper à la pénétration de Votre Majesté Impériale. Elle est trop clairvoyante pour ne pas juger, dès le premier abord, tout ce que le ressentiment des Français irrités de mon refus peut leur faire tenter contre moi pour me for-

---

(1) Cette désignation est plutôt agréable à Gherardini « M. le comte de la Tour Savoyard de naissance..... aura l'honneur de présenter à votre Excellence ce très humble rapport. Ses qualités personnelles peuvent lui procurer l'accueil le plus favorable et il l'espère sous les auspices de votre Excellence.
Le marquis de San Marsan qui est des premières familles de ce pays et accompagne ce général, est un gentilhomme qui réunit à la modestie les talents les plus distingués. Il a fait les campagnes précédentes comme aide de camp du général de Wins et il a su gagner l'estime de notre armée par sa bravoure, ses connaissances, son amour pour le travail et par son caractère honnête » Gherardini à Thugut, 14 février (H. A. V.)

cer à souscrire aux projets qu'ils ont formés de m'unir avec eux contre mes propres alliés. Elle connaît ma situation et l'impuissance où je serai réduit de défendre efficacement avec mes seules forces les Etats qui me restent au delà des monts, si leurs efforts redoublés se dirigent à en effectuer à tout prix l'invasion, comme ils ne cessent de le menacer; les suites et les conséquences de cette invasion, tant pour moi en particulier que pour les Etats de Votre Majesté en Lombardie et pour tout le reste de l'Italie, sont trop aisées à concevoir pour qu'il soit nécessaire que je m'étende ici à les lui représenter.

Dans cette circonstance qui est la plus périlleuse où je puisse me trouver et qui menace moi et mes Etats des plus grands malheurs, si je suis forcé de recevoir la loi d'un ennemi injuste, rien ne pouvait sans doute m'arriver plus à propos, pour calmer mes justes inquiétudes, que les assurances nouvelles qui viennent de m'être données de la part de Votre Majesté Impériale par son ministre touchant la ferme résolution d'observer ponctuellement tous ses engagements et ses promesses envers moi et de coopérer en conséquence puissamment par ses moyens à la défense de mes Etats comme des siens.

C'est avec la plus grande satisfaction et confiance que je me livre en entier à la certitude de voir réaliser ses promesses et d'être assisté efficacement par les troupes de Sa Majesté Impériale pour soutenir cette défense à laquelle les miennes seules, malgré leur bonne volonté et la mienne, ne pourraient suffire.

(1) Le roi à de Latour, 17 février (*Rey della corte*, A. E. T.).
Persuadé comme nous le sommes que ce n'est qu'au moyen de l'ensemble et du plus parfait accord qui devait régner dans les opérations de cette armée et dans celle de l'Empereur que l'on pourra rendre inutiles les efforts que les Français se préparent de faire pour pénétrer en Piémont et de là dans le Milanais, nous n'avons pas omis de faire faire auprès de la cour de Vienne, même avant la fin de la dernière campagne, les démarches et les sollicitations qui nous ont paru convenables pour cet effet. En vue cependant de les rendre plus efficaces et de nous assurer des intentions de l'Empereur sur ses moyens de coopération à notre défense, nous avons cru nécessaire d'envoyer à Vienne un de nos généraux pour y exposer la situation actuelle des affaires de la guerre de ce côté, y communiquer toutes les notions de fait dont on pourrait avoir besoin pour la combinaison des plans que l'on formera et qui devront être suivis par les deux armées alliées durant la campagne prochaine et y proposer enfin nos idées sur le mode de défense qui nous paraît le plus adapté à la position et aux circonstances de notre pays.
D'après une telle détermination de notre part, nous n'avons point hésité de vous choisir pour aller remplir cette importante tâche. Le comte de Castel Afer, en conformité des ordres que nous lui en donnons, vous présentera à votre arrivée au baron Thugut. Il exposera à ce ministre l'objet de votre mission et le priera en même temps de vous procurer une audience de l'Em-

Pour rendre cependant l'assistance dont Votre Majesté Impériale veut bien m'assurer la continuation et la coopération de ses forces à la défense dont il s'agit aussi efficaces et utiles à la cause commune que les circonstances l'exigent, il est à mon avis de la dernière importance qu'un concert bien entendu soit établi entre nos deux armées pour la campagne prochaine, et de manière à donner aux opérations de ces deux armées, soit ensemble ou séparées, toute l'activité et la vigueur si nécessaire pour obtenir le grand but de sauver les deux pays en empêchant surtout les ennemis de pénétrer en Piémont. Sans entrer dans aucun des motifs qui ont pu influer plus ou moins sur les événements fâcheux arrivés les campagnes passées par défaut de cet accord intime entre les deux armées, j'ai cru que, pour tâcher d'obvier à ce défaut et en éviter les conséquences dans la campagne prochaine, il peut convenir et être agréable à Votre Majesté Impériale que j'envoyasse directement à Vienne un de mes officiers généraux chargé de lui exposer sincèrement l'état actuel des choses dans ce pays avec les dangers dont on y est menacé, et de combiner ensuite avec les personnes qu'elle voudra bien destiner à conférer avec lui les mesures qu'on pourrait adopter pour écarter les dangers ou prévenir les maux qui en peuvent résulter.

Cet officier général que j'envoie auprès de Votre Majesté Impériale pour remplir cet objet, est le lieutenant général de ma cavalerie, baron de Latour, qui, soit par ses qualités personnelles, soit par la connaissance qu'il a des pays à défendre et du métier de la guerre, pourra, j'espère, se mériter quelque confiance de la part de Votre Majesté Impériale et d'être honoré de ses bontés. C'est ce dont je prie Votre Majesté Impériale ainsi que de vouloir bien écouter favorablement ce qu'il aura l'honneur de lui représenter de

pereur pour lui présenter la lettre ci-jointe que nous lui envoyons. Nous espérerons qu'en suite de cette audience, le baron de Thugut vous fera connaître si c'est avec lui que vous devez conférer ou qu'il vous désignera les personnes qu'on aura destinées à discuter avec vous les points détaillés dans le mémoire d'instruction que le comte d'Hauteville vous remettra.

Pour vous seconder dans votre travail et l'exécution de cette commission, nous avons cru à propos de vous donner pour adjoint le marquis de Saint-Marsan. L'expérience et les connaissances locales qu'il a acquises pendant les différentes campagnes qu'il a faites et surtout dans celles du côté de la rivière de Gênes, en qualité d'officier de notre état-major près l'armée impériale, le mettant à même de donner plusieurs éclaircissements sur les objets en discussion. Connaissant au reste votre dextérité et votre zèle pour notre service, nous nous promettons que vous en donnerez une nouvelle preuve. Dans cette assurance et en vous assurant que vous mériterez par là la continuation de nos dispositions favorables... ».

ma part sur les objets de sa mission et d'accueillir également avec faveur le marquis de San Marsan, officier supérieur dans mon état-major, que j'ai adjoint pour les conséquences de détail qui pourraient être désirées, s'il plaît ensuite à Votre Majesté Impériale, comme je l'en prie encore, de faire connaître à ce général les vues et les intentions qu'elle peut avoir touchant la conduite à tenir dans la campagne prochaine, et ce qu'elle désirerait de la part de mon armée pour les seconder en concourant avec la sienne au même objet de la défense et cause commune. Le baron de la Tour est chargé de donner la plus franche explication des idées que j'ai pu concevoir ici moi-même relativement au dit objet, non moins que des moyens que je puis avoir pour concourir à celles de Votre Majesté Impériale ; d'après quoi je ne doute pas qu'il ne soit facile de s'entendre sur la combinaison des mesures dont il s'agit et de former un résultat d'utilité et de convenance réciproque qui est le but principal de tous mes désirs. La confiance que je mets dans les sentiments affectueux d'intérêt et d'amitié que Votre Majesté Impériale m'a toujours témoignés, me fait espérer qu'elle voudra bien m'en donner une nouvelle preuve dans cette circonstance qui est aussi critique qu'importante pour moi par les événements qu'elle peut produire. Je tâcherai de mon côté d'y répondre de mon mieux en employant loyalement tous mes moyens et tous mes soins pour prouver aussi à Votre Majesté combien je suis attaché cordialement à son auguste personne et à sa famille et combien je désire de conserver cette parfaite union qui subsiste entre nous et dans laquelle je mets le plus grand espoir pour déjouer tous les projets de l'ennemi.

En assurant Votre Majesté Impériale de la sincérité de mes protestations à cet égard, je la prie d'agréer que j'y ajoute encore celle de la tendre amitié et du parfait dévouement avec lequel je suis invariablement. »

La mission de M. de Latour est des plus difficile à remplir puisque, outre la difficulté d'obtenir le concours de l'Autriche, il s'agit également pour lui de découvrir jusqu'à quel point il est possible de se reposer sur ses promesses. Ses instructions résument en cinq points les objets qui doivent faire l'objet de ses conférences :

« 1° Exposer de la part de Sa Majesté à Sa Majesté l'Empereur l'état actuel des affaires relatives à la poursuite de la guerre dans ce pays avec les dangers dont on y est menacé et les conséquences funestes qui peuvent en résulter tant pour le Piémont que pour la Lombardie et les autres Etats de l'Italie si on ne s'accorde pas très promptement entre les deux cours sur les moyens et les mesures capables de les prévenir.

2° De démontrer, avec la nécessité de cet accord, combien il est important et urgent de s'entendre clairement sur les bases à poser pour l'établir et sur le mode à suivre pour son exécution.

3° De concerter ces bases et fixer ce mode d'exécution en réglant d'avance le plan général des opérations à faire par les deux armées et l'emploi des forces respectives qui y doivent concourir pour la défense commune, mais surtout pour celle du Piémont qui est la principale et la plus pressante.

4° De pénétrer les vues et s'assurer des intentions de l'Empereur sur ce qui regarde la prochaine campagne en Italie, de même que l'accord et le plan d'opérations mentionné dans les deux articles précédents.

5° De présenter les idées et les souhaits de Sa Majesté à cet égard avec des sollicitations convenables pour en faire adopter le principe et obtenir l'assurance d'une coopération telle de la part de l'armée impériale qui soit capable d'aider efficacement Sa Majesté à sauver son pays. »

En discutant le premier point, M. de Latour aura soin de bien exposer à Vienne « où peut-être on ne la connaît pas assez, la position géographique et militaire des états du roi » non encore occupés par les Français; les avantages et les inconvénients qu'ils offrent à une invasion, les facilités que les Français trouveront à l'exécuter par suite du peu de résistance qu'on leur opposera et des intelligences qu'ils ont nouées dans l'intérieur du pays. Il mettra la cour impériale au courant de ce que l'on sait de leurs projets, de l'augmentation de leurs forces déjà rassemblées autour des frontières et des renforts qu'ils attendent.

Puis il passera à l'étude de la force et de la position actuelle des deux armées alliées; il montrera « les difficultés qui en résultent pour les réunir et les faire agir, aussitôt qu'il faudrait, sur les points menacés, si l'on n'y pourvoit pas le plus promptement possible par des ordres positifs et pressants aux généraux autrichiens ». Après avoir présenté un état des forces militaires du Piémont, il insistera sur « l'impossibilité » pour lui « de défendre avec ses seules forces et ses seuls moyens toute l'étendue de ses frontières contre un ennemi de beaucoup supérieur qui les entoure et qui à tout prix est décidé de tenter l'invasion du Piémont pour se frayer une route sûre à celle de la Lombardie ».

Un pareil aveu cache en lui-même un danger sérieux, il offre à l'Empereur une occasion favorable de tirer avantage de cette faiblesse et de se faire acheter son concours par des concessions d'autant plus onéreuses qu'on a plus besoin de son appui. Aussi l'instruction prévient-elle M. de Latour contre ce péril. « Il ne faut ni exagérer trop notre bon et notre mal, ni montrer de vouloir faire croire ce qui n'est pas exact, ni tout dire de ce qui l'est, mais qui peut nuire à nos vues ».

On ne prévoit pas que la cour de Vienne soulèvera des objections à admettre le principe même de l'accord, la difficulté sera de l'amener « à convenir des bases sur lesquelles il doit être établi et à se prêter sincèrement à adopter celles qui nous paraissent les plus justes et d'une utilité commune ou à s'expliquer précisément sur ses intentions et ses dispositions à cet égard ».

En fait le débat entre les deux cours porte sur cette question depuis le début de la guerre. M. de Latour s'efforcera de la résoudre et de faire comprendre à Thugut que, si l'on ne « détermine pas d'avance positivement entre les deux cours comment les deux armées alliées doivent agir ensemble ou séparées dans la campagne prochaine pour se soutenir et se secourir mutuellement dans la vue d'assurer la défense commune, il est impossible de faire de la bonne besogne ».

Tous ses efforts tendront à amener le ministre autrichien à accepter le point de vue piémontais : « Que c'est absolument en défendant le Piémont qu'on est sûr de défendre la Lombardie et que cette défense du Piémont est la plus importante pour la cause commune sous tous les rapports, comme elle est la plus pressante ».

C'est là « la première et principale base d'un accord quelconque » et toutes les opérations de la future campagne doivent être combinées de manière à « assurer premièrement ce grand objet ».

Ce premier résultat acquis, il reste à découvrir « les vues et les idées que le conseil de guerre de Vienne peut avoir déjà adoptées et fixées à cet égard, soit pour faire agir les deux armées séparément, assignant à chacune sa besogne, ou ensemble en se prêtant mutuellement la main et les secours nécessaires à mesure du besoin ».

En cas où on les discutera, il évitera que tout le poids de la guerre ne retombe sur le Piémont et s'assurera : « que véritablement l'armée impériale exécutera de bonne foi ce dont on serait convenu et concourra efficacement à sauver le Piémont par tous les moyens possibles ».

Le roi attache la plus grande importance « à avoir des éclaircissements justes et précis des intentions positives de l'Empereur » sur tous les points que mentionnaient les instructions. En effet il soupçonne fort la cour de Vienne de nourrir à son égard « des vues entièrement dirigées à notre préjudice, plus qu'à nous sauver dans le péril que nous courrons » et, dans ce cas, il se réserve « de chercher à en éluder ou écarter l'accomplissement ou d'aviser aux moyens de prendre quelque autre parti conséquent à mesure des circonstances et du mal qui pourrait nous arriver en les secondant ».

En d'autres termes, si les craintes du roi se réalisaient, et l'on se souvient, d'après le rapport de Gherardini du 8 février, qu'il n'a pas tort de redouter les projets de l'Autriche, Victor Amédée se déclare prêt à abandonner la coalition.

Pourtant M. de Latour fera toutes les représentations possibles afin « de détruire les fausses impressions et les vues erronées » qui auraient déterminé l'Empereur à adopter ces projets désastreux pour l'intérêt commun.

Lorsqu'on en viendra à discuter le plan de campagne, M. de Latour représentera « que le point essentiel, surtout à l'ouverture de la campagne, est d'assurer la position de Cèva et du Mondovi contre toute attaque menacée par l'ennemi, et d'empêcher absolument les Français de pénétrer dans les trois provinces du Mondovi des Langhes et d'Acqui par les vallées du Tanaro, de Belbo et de Bormida pour s'y établir, ce qui mettrait tout le reste du Piémont dans le plus grand danger, sans qu'on ait peut-être ensuite assez de moyens pour l'en préserver ».

Le but principal de tout plan doit être de protéger le Piémont de toute invasion tant que les Français seront dans la rivière de Gênes ; or les troupes du roi sont insuffisantes pour garder la longue ligne qui commence au petit Saint Bernard pour finir à la Bocchetta. M. de Latour demandera qu'elle soit divisée en deux parties et que les troupes autrichiennes se chargent de la partie comprise entre la rive droite du Tanaro et la Bocchetta « pour couvrir la position de Cèva et les provinces susmentionnées ».

La proximité de la grande route de Nice offre aux Français une grande facilité pour déboucher par le col de Tende et assiéger Coni ; elle leur crée une seconde ligne d'invasion. Le plan de campagne devra tenir compte de cette éventualité, de manière à être en état « d'assurer la défense de Coni ainsi que celle de Cèva ».

Enfin en prévision d'une attaque brusquée que rend possible la réunion de forces ennemies considérables à proximité des frontières, M. de Latour insistera sur « l'urgence de faire avancer à proximité de ces vallées un corps de troupes impériales stationnées dans le Milanais qui soit suffisant pour en imposer à l'ennemi » ou pour soutenir les troupes piémontaises cantonnées sur les limites de l'Etat de Gênes, et il tâchera d'obtenir que les généraux autrichiens aient ordre de déférer aux réquisitions du général commandant l'armée du roi en cas d'attaque prématurée et de s'entendre avec lui.

En terminant, l'instruction prescrit à Latour de se concerter avec M. de Castel Alfer que son long séjour à Vienne met au courant des habitudes de cette cour et qui est habitué à traiter avec Thugut afin d'éviter toute démarche imprudente ou mal calculée. Tous les mémoires que l'on aura à remettre seront présentés en son nom, sauf ceux remis à des généraux et n'ayant pour objet que de donner des éclaircissements sur des objets purement militaires, et encore Latour devra-t-il se concerter avec l'ambassadeur sur la forme à leur donner.

On ne s'attend pas à ce que l'Empereur consente à faire « une convention formelle » ; au cas où il en serait pourtant question, les envoyés piémontais en discuteront le projet d'après les bases qui leur sont connues et l'enverront signer à Turin.

En passant par Milan, M. de Latour doit en outre demander audience à l'archiduc et réclamer de lui qu'il détermine de Wallis à accorder immédiatement au Piémont les secours promis le 6.

Ce prince, comme on s'en doute à Turin, est très mal disposé pour le Piémont. Le 28 janvier, il écrit à l'Empereur : « J'ai envoyé à Votre Majesté les articles qu'on disait offerts par la France ; autant que je suis persuadé qu'on accepterait et verrait volontiers à Turin l'exécution de l'article 7 et une paix particulière pour toute l'Italie, autant je suis moralement sûr que l'article 8, d'accorder en revanche le passage aux Français, ne sera jamais accepté à Turin pour mille raisons et une de plus que Votre Majesté a 40.000 hommes de troupes en Italie.

Ce sont des fanfaronnades piémontaises qui se bercent de l'idée de pouvoir donner le contrepoids dans la balance de l'Europe et s'en vante pour tâcher d'obtenir quelque chose ou parvenir à quelque but...

Si à mon faible avis Votre Majesté retiendrait les cinq nouveaux bataillons dans le Tyrol, elle pourrait plus tard en disposer à telle armée qu'elle jugerait plus à propos. Nous avons considéré avec le général Wallis l'impossibilité, sans donner les apparences et lieu à mille soupçons, de mouvoir à cette heure les troupes auxiliaires de leurs quartiers d'hiver où elles sont et comme en revanche nous avons aussi de la troupe et en plus grand nombre que les Piémontais dans les villes d'Alexandrie, Tortone et environs, aucun affront aux troupes auxiliaires il est impossible à supposer qu'ils voulussent entreprendre... En attendant, j'espère de ne me tromper et le répète de nouveau à Votre Majesté, le désir de la cour de Turin est d'avoir la paix en donnant le passage aux Français ; au lieu de la paix ils auraient le théâtre de la guerre chez eux. Ergo point de coalition avec les Français, mais bien, s'il fut possible, une paix séparée, mais avec la condition de la neutralisation de toute l'Italie en même temps, voilà je crois le vrai fonds des sentiments de Turin » (1).

L'archiduc est donc très bien renseigné sur les dispositions secrètes du cabinet de Turin et ce dernier, bien loin de trouver en lui un appui auprès de l'Empereur, a en sa personne un ennemi caché.

Latour vient à peine de quitter Turin que les nouvelles de Gênes concernant l'armée française deviennent plus menaçantes. D'Hauteville l'en informe par une lettre qui nous manque et lui renouvelle très vraisemblablement l'ordre d'insister pour obtenir l'envoi d'un corps autrichien en Piémont. Après s'être entendu avec Dracke, Latour demande une audience à l'archiduc. Ce prince se montre très bienveillant en paroles ; il lui dit qu'après avoir pris connaissance de la lettre du ministre et des renseignements venus de la rivière et « ne pouvant donner aucun ordre, mais voulant très sincèrement obliger le roi, il espérait y réussir en envoyant les deux écrits au général Wallis et lui suggérant de faire marcher le plus promptement possible jusqu'à Cèva ou environs les quatre bataillons dernièrement venus dans les États du roi ou tout autre plus à portée encore du camp de Cèva, ce qui serait le moyen le plus prompt et le plus efficace pour déjouer les projets que l'ennemi paraît avoir formés sur cette place. Ce dont cependant il doutait fort, vu la saison encore trop rigoureuse et leur peu de moyens tant en subsistances qu'en voitures ».

Cette attitude de l'archiduc trompe Latour sur ses sentiments réels, il le croit de bonne foi « il n'aurait pas, écrit-il, témoigné tant d'intérêt et moins encore pris sur lui de proposer au général Wallis l'envoi des quatre bataillons à Cèva, s'il n'avait l'espoir de commander l'armée de l'empereur ». Dans une seconde audience, il lui a répété « mainte fois que la maxime de défendre l'Italie dans le

(1) Archiduc à l'Empereur, 28 janvier (H. A. V.).

Piémont n'a point changé à Vienne et qu'il était très fort de cet avis, mais il a toujours éludé de répondre un peu catégoriquement aux légères observations que j'avais l'honneur de lui faire sur l'urgence que les deux armées agissent de concert ainsi que sur l'impossibilité où nous étions de défendre efficacement les Alpes et l'Apennens. J'ai eu beau revenir adroitement à mon objet, il a toujours éludé d'y répondre » (1).

En réalité, l'archiduc est d'avis de maintenir l'armée autrichienne dans le Milanais et il en prévient l'Empereur. « Le jour que le général Latour a été à Milan, il lui a été envoyé de Turin un courrier pour qu'il demande d'abord au général Wallis que de nouvelles troupes autrichiennes passassent dans les Etats du roi sous prétexte d'une prochaine attaque des Français auxquels il paraît n'avoir pas même pensé. Mais au fond, je crois pour revenir à leur projet favori d'engager l'armée autrichienne de se porter vers Cèva et Mondovi, ce qui, au lieu de tenir rassemblée l'armée pour tous les cas et surtout celui d'une tentative de l'ennemi vers la Bocchetta, étendrait infiniment sa ligne de défense » (2).

Latour arrive à Vienne le 1er mars ; il fixe à cinq les points essentiels à discuter avec le cabinet autrichien et il estime que sa mission sera parfaitement remplie s'il réussit à obtenir :

« 1° Que l'armée impériale soit portée au moins à 36.000 hommes d'infanterie, non compris le corps auxiliaire. La cavalerie n'étant pas une arme propre au local que nous avons à défendre, ni même à celui que l'on pourrait attaquer, je m'abstiens pour le moment de demander, d'autant que celle de l'Empereur déjà en Lombardie, la napolitaine et celle du roi excédera toujours celle que l'ennemi pourrait amener.

2° Que l'armée impériale se chargeât seule de la défense des Apennins, c'est-à-dire qu'elle place sa droite au sommet en avant de Cèva sans la gêner sur le choix de ses autres postes qu'elle devra occuper avec son centre et sa gauche pour empêcher que l'ennemi ne puisse pénétrer par les Bormida et par la Bocchetta dans les Etats du roi et de là dans la Lombardie.

3° Obtenir que Sa Majesté Impériale daigne me faire connaître ses vues en grand, savoir : si elle préfère l'offensive à la défensive, si dans le premier cas elle souhaite que son armée agisse séparément de celle du roi ou si, pour obtenir des succès plus assurés, les deux armées doivent s'entraider et concentrer leurs opérations,

---

(1) Latour à d'Hauteville, 20 février (A. E. T.).
(2) Archiduc à l'Empereur, février (H. A. V.).

Que Sa Majesté Impériale, dans le cas qu'elle préfère l'offensive, décide le théâtre où elle voudra porter des forces afin que le roi de son côté puisse, non seulement aplanir les difficultés de l'exécution, mais ordonner à ses troupes de coopérer, autant que possible, à sa complète réussite. Décider encore, dans le cas que des circonstances heureuses se présentent, si une défensive adoptée, Sa Majesté Impériale est cependant dans l'intention que son armée prenne l'offensive et, dans cette circonstance, qu'elle me fasse connaître ce qu'elle exigera des troupes du roi.

4° Que malgré la fâcheuse réussite de la convention passée à Valenciennes, je crois cependant urgent d'en passer une où tous les articles soient détaillés de manière à ne laisser nulle omission ni arbitraire.

5° Finalement, m'abstenant de proposer qu'un général de l'Empereur ait le commandement des deux armées, vu que cet objet a déjà été discuté verbalement, je crois cependant de l'intérêt du roi d'obtenir que l'Empereur nomme le plus tôt possible le général auquel il veut confier son armée et du plus grand intérêt du roi que ce général soit bien intentionné » (1).

Latour est présenté le jour même à Thugut, le ministre autrichien s'efforce de gagner sa confiance dans cette première audience.

Castel en rend compte le 3 mars. « Son Excellence nous reçut de la manière du monde la plus honnête ; il parla d'abord à M. le général de sa réputation militaire qui depuis longtemps l'avait devancé ici, du plaisir avec lequel il faisait sa connaissance personnelle, de l'empressement qu'il mettrait dans le travail relatif à l'objet de sa mission, de l'accueil gracieux enfin auquel il pouvait s'attendre de la part de Sa Majesté l'Empereur ; après ces expressions obligeantes personnelles à lui, il passa à dire quelques mots sur les affaires. Son début fut d'une nature très consolante pour nous, puisqu'il commença par répéter les assurances qu'il avait tant de fois données sur la droiture et la loyauté certainement incontestables des intentions de l'Empereur, sur le parti-pris d'agir pendant la campagne prochaine en Italie avec la plus grande énergie, sur l'importance d'établir un parfait accord entre les deux cours, le manque de celui-là devant être regardé comme une des principales causes d'insuccès des campagnes précédentes. Il parla enfin du grand tort de ceux qui avaient pu supposer à ce cabinet ci d'autres intentions et des vues bien opposées à ses principes ». Après que les envoyés lui ont donné les mêmes assurances, il s'étend sur dif-

(1) Latour (A. E. T.).

férents sujets relatifs aux opérations militaires. A en croire Castel Alfer ce sont là de vaines paroles, l'unique but de Thugut a été de gagner M. de Latour. Il y a pleinement réussi ; celui-ci lui déclare à l'issue de l'audience que le ministre ne se servirait pas de pareilles expressions s'il ne voulait mener « rondement » cette affaire, « que rien ne serait moins impossible que de l'amener à tous les termes que l'on voudrait », et que sous peu il espérait conclure une « convention très avantageuse pour le service du roi, toutes les difficultés présentées ne provenant que de malentendus ».

L'instruction, prévoyant cette mainmise de Thugut sur l'envoyé, lui a prescrit de ne rien faire sans se concerter avec l'ambassadeur. Latour s'y refuse ; il prévient M. de Castel Alfer que désormais il désire voir seul le ministre. Cette confiance en Thugut cause une profonde inquiétude à l'ambassadeur, il avertit d'avance d'Hauteville de ne pas se bercer de l'espoir d'un heureux résultat. « L'esprit naturel de M. de Latour, sa connaissance des hommes et son tact sont certainement des arguments bien rassurants pour moi, et quand il voit si peu de difficulté à la chose, j'ai peut-être grand tort d'en juger autrement, mais accoutumé depuis longtemps aux expressions que nous fit le ministre qui en emploie avec une facilité égale des très obligeantes, quand il veut captiver une personne, que de brusques et sévères ensuite quand il veut trancher et fixer à sa fantaisie une affaire, accoutumé à le voir aussi ouvert et facile quand il désire de connaître à fonds les intentions de ceux, avec lesquels il doit traiter, que circonspect et réservé, lorsqu'il s'agit de communiquer les siennes ; accoutumé enfin à voir trop rarement d'accord ses paroles et les faits, je vous avoue franchement, monsieur, que je n'ai pu partager l'assurance de M. le baron » (2).

L'attitude de l'Empereur lors de l'audience où Latour lui remet la lettre du roi est également fort bienveillante ; il lui promet que beaucoup de troupes autrichiennes sont déjà en marche vers l'Italie et qu'il en enverra d'autres si elles ne suffisent pas ; son intention étant de pousser la guerre avec vigueur sur ce théâtre de guerre (3).

Latour, contrairement aux conseils de l'ambassadeur, place la plus grande confiance dans l'appui que lui prête Bellegarde ; et, c'est à la suite d'une insinuation faite par ce dernier une heure après son arrivée, qu'il se résout à conduire seul la négociation, bien qu'il dût se défier de ce général, créature du ministre.

(1) Castel Alfer à d'Hauteville, 3 mars (A. E. T.).
(2) Castel Alfer à d'Hauteville, 3 mars (A. E. T.).
(3) Castel Alfer à d'Hauteville, 7 mars (A. E. T.).

Thugut demande à la suite d'une première conférence qu'on lui remette un mémoire sur les sujets à débattre. Latour n'y voit pas d'objection ; il se dispose à lui présenter dans une note de très longs détails sur l'objet de sa mission, lorsque l'ambassadeur et San Marsan lui en démontrent les inconvénients. « J'ai craint avec raison, écrit Castel Alfer, que le ministre pourrait tirer seul de l'avantage sans qu'on pût compter qu'il voulût y répondre de même » et, pour vaincre la résistance du général, il lui fait valoir comme dernier argument que leur instruction s'y oppose.

A la suite de ces observations, Latour et Castel Afer remettent le 5 mars la note suivante.

Note présentée par le comte de Castel Alfer à Son Excellence le baron Thugut, 5 mars (A. E. T.).

D'après la demande que Son Excellence M. le baron de Thugut a faite d'une note qui contînt tous les articles que M. le comte de Castel Alfer et le baron de Latour avaient à proposer de la part du roi, se faisant un devoir de satisfaire à cette demande, on a l'honneur d'exposer à Son Excellence :

I. Que Sa Majesté Impériale et Royale veuille bien, ainsi que ses augustes prédécesseurs l'ont toujours fait, accorder le commandement suprême de son armée d'Italie à Sa Majesté.

II. Que Sa Majesté s'engage à défendre efficacement les états du roi en Piémont avec une armée au moins de 45.000 hommes.

III. Que, pour assurer cette défense, l'armée impériale se charge d'occuper successivement tous les postes menacés par l'ennemi depuis les Bormida, les hauteurs de Céva et jusqu'à la rive droite du Tanaro inclusivement. Sa Majesté le roi se chargeant de défendre le reste de ses états en Piémont depuis la rive gauche du dit fleuve jusqu'aux frontières du Valais.

IV. Que Sa Majesté, toujours fidèle à ses engagements, daigne ordonner que le corps auxiliaire soit successivement complété par les troupes de ligne et porté au nombre convenu.

V. L'établissement d'un concert entre les armées impériales et celle de Sa Majesté sarde étant indispensable, non seulement pour déjouer les projets de l'ennemi, mais pour prendre l'offensive sur lui dès le moment que les circonstances le permettront, afin qu'un chacun des augustes coalisés puisse connaître ses obligations à ce relative, on demande qu'on veuille poser ici les bases générales d'un plan de campagne dont tous les détails devront être irrévocablement réglés ensuite entre Son Excellence le général baron de Beaulieu et M. le lieutenant-général baron de Latour.

Le parti adopté par Latour de tenir M. de San Marsan et l'ambassadeur à l'écart des négociations les met, et surtout ce dernier, dans une position très délicate. Thugut dont il a contrecarré les projets à plusieurs reprises, lui est très hostile, et cette manière de procéder est évidemment une manœuvre destinée à ruiner son crédit à Vienne. M. de San Marsan l'apprécie en ces termes : « elle n'était beaucoup dirigée qu'à rendre ce ministre, par une méfiance ouverte, hors du cas de pouvoir jamais plus réussir dans aucune affaire auprès de cette cour et à nous interdire par là tous les moyens proprement à nous pour se jeter aveuglément dans les bras du ministre impérial » (1).

Thugut a réussi à obtenir la confiance entière de l'envoyé en le flattant « personnellement » ; elle est poussée au point de dire à San Marsan « que M. de Thugut est beaucoup l'homme le plus franc et le plus loyal du monde, et qu'il l'a pris tellement en amitié qu'il ne désespère pas de tout obtenir, quoiqu'il n'en ait encore aucune donnée tant soit peu sûre, quand ce ne serait qu'en sa seule considération personnelle ».

Aussi San Marsan redoute-t-il que Latour ne se soit laissé aller à parler à cœur ouvert avec le ministre autrichien comme il aurait pu le faire « entre eux fidèles sujets du roi et qu'il lui a même avancé tout plein de confidences et idées propres à lui, dont je ne serais pas à même de donner le détail, parce qu'il ne lui en a parlé qu'en général, tandis qu'il n'était pas ministre, et qu'il pouvait dire, sans conséquence, tout ce qui se présentait à son imagination » (2).

Au contraire il observe une grande réserve avec Castel Alfer, c'est ainsi que ce dernier apprend seulement par une tierce personne que le 6, dans la première conférence, il a été question d'une offensive exécutée par les troupes piémontaises en Savoie, tandis que les Autrichiens garderaient le Piémont Justement alarmé, l'ambassadeur obtient de Latour qu'il refuse de répondre à une telle proposition sans que l'ambassadeur et M. de San Marsan soient présents.

L'ambassadeur impute ce manque de défiance au « caractère franc et loyal de ce brave militaire » à qui il répugne de prêter d'autres sentiments que les siens à ceux avec qui il traite (3). Toutefois, tout en rendant pleine justice à la conduite tenue par l'envoyé et à son zèle, il croit devoir avertir d'Hauteville par une lettre privée de l'influence que Thugut a su gagner sur son esprit

(1) San Marsan à d'Hauteville, 7 mars (A. E. T.).
(2) San Marsan à d'Hauteville, 7 mars (A. E. T.).
(3) Castel Alfer au roi, 7 mars (A. E. T.).

ainsi que de la situation pénible que cette méthode de négocier seul lui a créée.

« On était prévenu ici sur le caractère franc ouvert et facile du baron de Latour, et l'on a senti tous les avantages qu'on se ménageait en traitant avec lui seul. Il a donné dans le piège, il a si fortement fait sentir au marquis de San Marsan et à moi qu'il ne voulait point de nous dans les conférences, qu'à moins de vouloir hasarder de faire un plus grand tort au service du roi, il a fallu céder. Le baron Thugut, à force d'attentions personnelles, l'a tellement gagné que le général le regarde comme l'homme le plus loyal et son meilleur ami. Je crois qu'il est tout autant l'un que l'autre, mais en attendant, comme il se plaint sans cesse avec le ministre de mon extrême réserve et de mon attachement à des formes, il me dessert, sans y penser, à un tel point que ma meilleure volonté et mon zèle pour le service de Votre Majesté pourront devenir inutiles. Tout ce qui peut m'être personnel en cela, ne mérite aucune considération, mais comme le baron est dans le fond de son cœur bien loin de vouloir me nuire, qu'il me témoigne même toutes sortes d'amitiés, il en résulte qu'il rejette sur les maximes du cabinet ma manière d'agir trop circonspecte et s'expliquant là-dessus, d'après l'idée qu'il parle à son meilleur ami, avec le baron de Thugut, il peut en résulter des conséquences très fâcheuses » (1).

Dans une lettre privée où il parle à cœur ouvert au ministre, Castel Alfer se plaint que l'envoyé n'ait pas suivi ses instructions. « Si M. de Latour avait voulu s'y conformer, dit-il, j'ose me flatter que le service du roi y aurait gagné, non pas que j'aie la fatuité de croire que j'aurais pu faire rien d'essentiel par mon opinion et mes avis, mais bien parce qu'en ma présence l'on n'aurait pas mis en avant des propositions que l'on était bien sûr que j'aurais d'abord rejetées, telles que celles qui tendaient à faire revivre la malheureuse alternative de la convention de Valenciennes, l'admission de troupes autrichiennes dans les places du roi. M. le baron a cru d'abord de gagner beaucoup en ne faisant pas le difficile sur ces articles, mais prévenu par le marquis de San Marsan et par moi sur le piège qu'on lui tendait, il devint plus réservé dans ses conférences subséquentes et eut lieu de s'apercevoir alors que nos soupçons n'étaient pas destitués de fondement. Au reste, M. le baron, pour s'excuser près du ministre, rejeta la faute sur moi, sur mon attachement minutieux à des formes, à des bagatelles. Vous jugez aisément combien cela doit me nuire pour les affaires

(1) Castel Alfer à d'Hauteville, 7 mars (A. E. T.).

dans l'esprit du ministre lequel est déjà très persuadé que ma cour fait très peu de compte de moi et de mes talents ; m'ayant exclu tout à fait dans une négociation de l'importance de celle-ci. Cette opinion, je dois vous le dire, monsieur, est partagée par mes collègues et par bien d'autres encore qui ne peuvent pas se figurer que cette exclusion soit contraire aux ordres de ma cour, mais il n'en résulte pas moins que, m'ôtant la considération nécessaire à ma place, je n'en doive rencontrer les plus grandes difficultés à bien en remplir les devoirs ».

Il indique deux solutions afin de rehausser son prestige, soit de le nommer ailleurs ou de faire sentir à Gherardini « pour qu'il le portât à la connaissance du baron de Thugut, qu'il n'était point de l'intention du roi que je fusse exclu de cette négociation » (1).

Dès le 7, Latour et Thugut tombent d'accord sur les articles 2, 3 et 5 de la note. « Le quatrième à la vérité, ajoute-t-il, d'après ce que le ministre m'a dit, paraît l'être de fait et sur le premier qui, sans contredit, aplanirait toute difficulté, je n'ai encore, vous dis-je, que des espérances. Se réaliseront-elles ? C'est ce que je saurai bientôt » (2).

Latour prétend se donner le plus grand mal. « Je vois tout avec quatre yeux, j'écoute avec mes deux oreilles, enfin je travaille sans relâche à réussir ». Ce témoignage qu'il porte sur sa conduite, est justifié par celui de l'ambassadeur, mais il est certain qu'il se laisse amuser par Thugut. M. de San Marsan plus perspicace avertit le 10 le ministre de ne pas ajouter trop de foi aux paroles de l'envoyé. Il redoute que les réponses de Thugut ne soient « vagues » et ne décident fort peu de chose ; quant à obtenir le commandement général pour le roi, il semble qu'il y compte peu. « Ce serait déjà une excellente affaire, dit-il, quand elle ne ferait qu'influer sur l'opinion des amis et ennemis » (3).

Dans la seconde conférence, Thugut demande qu'on lui remette « des bases générales sur deux plans de campagne défensif et offensif dont les détails cependant doivent être fixés de volonté (ainsi que pour l'article 5 de la note officielle) entre le général de Beaulieu » et un officier désigné par Victor Amédée.

En conséquence, le 10 mars, Latour lui soumet un plan dont les grandes lignes ont été tracées d'après un mémoire composé par M. de San Marsan (2).

---

(1) De Castel Alfer à d'Hauteville, 10 mars (A. E. T.).
(2) Latour à Hauteville, 7 mars (A. E. T.).
(3) De San Marsan à Hauteville, 10 mars (A. E. T.).

Ce dernier, partage les idées de Castel Alfer, il ne croit pas aux bonnes intentions de l'Empereur, il lui prête au contraire l'intention de se rendre maître du Piémont, aussi tout son mémoire a-t-il bien plus pour objet de se prémunir contre les projets qu'il suppose au ministre autrichien que de préparer une vigoureuse guerre offensive contre la France.

« Deux sont les objets sur lesquels le baron de Thugut a demandé des plans annonçant verbalement et généralement un désir très vif de les remplir, quoique je ne sache cependant pas qu'il se soit expliqué d'une manière un peu positive à leur égard.

Le premier : c'est de chasser l'ennemi de la rivière de Gênes au moins jusqu'au delà de la Roya pour rétrécir notre ligne de défense.

Le deuxième : c'est d'entreprendre offensivement sur l'ennemi par la Savoie. Avant que d'engager en rien la parole de Sa Majesté relativement à ces deux projets, il me paraît important de les considérer sous trois aspects différents :

1° Relativement à eux-mêmes pour pouvoir préjuger sur le succès dans leur exécution.

2° Relativement à l'intérêt qu'y peut trouver le service du roi pour calculer s'il lui convient d'en courir les risques.

3° Relativement à l'intérêt qu'y peut y prendre Sa Majesté Impériale pour pouvoir juger du but de son ministère en les mettant en avant. Car il est, je crois inutile, chimérique et même dangereux de supposer que Sa Majesté Impériale veuille employer ses troupes et dépenser son argent pour l'avantage seul et direct de la maison de Savoie, puisque, bien loin d'avoir quelque intérêt politique ni à la splendeur, ni à l'accroissement de la puissance de cette maison, elle est plutôt par sa position son ennemi naturel, et la conduite tenue par ses généraux pendant trois campagnes en est une preuve bien évidente. L'on peut donc raisonnablement supposer que, lorsque le ministère impérial propose des démarches avantageuses à la cour du Roi et qui n'annoncent point en même temps un intérêt direct de la part de Sa Majesté Impériale, c'est probablement pour éluder d'une manière très honnête les justes demandes que nous présentons avec une ferme résolution de se refuser par le fait aux unes et aux autres.

Revenons maintenant à l'exécution des deux projets.

Le premier, savoir : de chasser l'ennemi de la rivière de Gênes jusqu'au delà de la Roya, considéré relativement à lui-même, présente la plus grande apparence de succès et très peu de difficultés dans l'exécution, car l'ennemi qui occupe dans la rivière une position très étendue et qui prête partout son flanc, venant à y être attaqué par une force de 5o.ooo à 6o.ooo hommes et sur les points principaux de Vado, Finale, Albenga, et Oneille, sera forcé à se retirer précipitamment et même jusqu'au delà de la Roya si on parvient à occuper le poste important de Carnin.

Le roi ne saurait que profiter d'une telle opération puisqu'elle raccourcit la ligne de défense de toute la longueur de la frontière du génois et qu'elle met à même Sa Majesté, dès que l'armée impériale aurait pris la position de Dolceaqua et qu'on serait assuré qu'elle la garderait, de rassembler assez de forces pour s'avancer dans le haut comté de Nice en descendant par la vallée de Stura, forcer l'ennemi à repasser le Var et assurer le port de Villefranche à la flotte anglaise, circonstance qui procurerait, je crois, à Sa Majesté de très grands avantages au moment de traiter la paix ».

Au contraire, observe San Marsan, l'Empereur n'y a qu'un intérêt « relatif » pour la défense de la Lombardie, celui de fermer le passage aux Français dans la rivière de Gênes, et il l'obtient avec moins de frais et de soldats eu occupant la position de Finale. Il en conclut, que le cabinet impérial ne pense pas plus que l'année passée, à pousser sérieusement sa pointe de ce côté-là ». En outre cette opération exigerait l'appui d'une flottile, or l'on n'a jamais proposé aucune « disposition efficace » pour se la procurer, nouveau motif de douter de la sincérité de cette proposition.

Le deuxième projet, c'est-à-dire une invasion en Savoie, ne présente que des inconvénients. Sans parler de la difficulté de tourner des positions aussi redoutables que le Mont-Cenis ou le petit Saint-Bernard, il faut amener l'armée de la rivière de Gênes, après en avoir chassé l'ennemi, jusqu'aux frontières de Savoie, ce qui nécessite la constitution de grands magasins et la réunion de nombreuses bêtes de somme. Une fois maître de la Savoie, si l'on veut agir en France avec vigueur, l'armée devra avoir au moins 8o.ooo hommes d'effectif dont 2o.ooo demeureront dans le comté de Nice, 1o.ooo garderont les places et, sur les 5o.ooo autres, il conviendrait de déduire les pertes subies au début de la campagne et les malades.

Ce chiffre de 8o.ooo hommes est donc un minimum, surtout lorsqu'il s'agit d'envahir un pays comme la France où l'apparition d'une armée ennemie provoquera « probablement » la réunion de toutes les factions qui la déchirent au lieu de favoriser l'éclosion d'un bon parti.

Si l'on se maintient en Savoie, les dépenses et les difficultés seront immenses dans un pays qui ne fournit aucune ressource ; en outre la forte place de Briançon gênera « infiniment l'établissement en Savoie si l'on jugeait à propos de la laisser derrière ».

Lors de la paix, le roi trouvera dans cette occupation une restitution de moins à exiger, mais on risque de perdre beaucoup plus que l'on ne gagnera en cas même de réussite complète ; par suite l'armée devra être composée au moins aux deux tiers de troupes impériales, « car il ne convient nullement à Sa Majesté, explique M. de Latour, de dégarnir ses places et d'en commettre la garde ainsi que celles du Piémont aux troupes impériales pour porter lui-même presque toutes ses forces en Savoie, ce serait tout risquer sur une carte et s'exposer à se voir réduit par un échec probable tout à fait sans armée et sans ressources. Il faudrait donc au contraire que toute l'armée impériale marche en Savoie et qu'il ne s'y réunit de troupes piémontaises que celles qui ne seraient pas nécessaires dans le comté de Nice à Dolceaqua, dans les places et dans les vallées de Stura, Maira et Vraita ».

Thugut, au contraire, a laissé entendre qu'il réserve aux troupes piémontaises « le soin de l'expédition de Savoie », M. de Latour juge toute naturelle la manière de voir du ministre impérial. « Il est chimérique de songer, écrit-il, que l'Empereur veuille dépenser hommes et argent pour recouvrer la Savoie au roi de Sardaigne, et la lui laisser conserver au moyen d'une armée qu'on devrait y nourrir de l'Italie pendant un hiver entier » ; il est donc clair qu'il n'est point de l'intérêt de l'Empereur de se charger de cette expédition, mais il n'est pas moins évident que la proposition d'engager le roi à l'entreprendre presque seul, annonce le but de ruiner l'armée et les ressources de la maison de Savoie, pour qu'elle soit forcée à se jeter dans les bras de l'Empereur et de se remettre à sa discrétion, « lui enlevant même tous les moyens de capitulation avec l'ennemi, puisque l'armée impériale aurait déjà à titre de garde la possession de tous les Etats de Sa Majesté ».

Latour propose de conserver d'abord « une défensive respectable pour se mettre à couvert du risque d'essuyer de nouvelles pertes ». Puis de seconder, autant que possible, une invasion dans le comté de Nice : les Autrichiens tiendront la position de Dolceaqua, tandis que l'armée piémontaise chassera l'ennemi au delà du Var en manœuvrant sur le haut Var.

Quant à l'expédition de Savoie, il conseille de ne pas en discuter la proposition, à moins que l'Empereur ne consente à y porter toutes ses forces et ne fixe préalablement l'effectif des troupes qu'il a l'intention d'y employer.

En terminant, il insiste sur l'urgente nécessité de se mettre d'accord sur la conduite à tenir. « Je me doute que le plan de M. Thugut soit de traîner en longueur les pourparlers, sans rien accorder de positif, jusqu'à ce que la campagne commencée par l'ennemi ferme toutes les voies à des arrangements dont l'objet serait de prévenir ces attaques ou de donner à la campagne la tournure qui ne conviendrait, nous réduisant par là à nous prêter à toutes ses vues ou à continuer la guerre dans le désordre et la confusion, moyens assurés d'ôter à la maison de Savoie tout espoir et possibilité de se soutenir assez pour conclure une paix honorable.

Je comprends bien que si tel est le plan du cabinet impérial, il trouvera aussi le moyen de ne jamais s'entendre parfaitement avec nous sur le plan défensif que nous lui proposons, et c'est ce qui m'a fait toujours douter d'un succès quelconque dans cette négociation. Mais enfin la demande d'un concert pour un plan définitif est si raisonnable, et le plan si aisé à combiner avec les forces qu'il y a en Italie que, peut-être, l'on pourrait réduire le cabinet impérial dans l'impossibilité de s'y refuser sans laisser voir évidemment une mauvaise foi et des vues directement contraires à toutes les protestations qu'on nous a prodiguées jusqu'à ce moment. L'on pourra alors se régler d'après la certitude de ces maximes que l'Angleterre même ne sera plus à même de révoquer en doute » (1).

Le plan soumis à l'examen de Thugut reproduit les grandes lignes du mémoire.

Idées générales d'un plan de campagne défensif
(A. E. T et K. K. A).

Empressé de satisfaire à la demande que Votre Excellence a bien voulu me faire j'ai l'honneur de lui présenter les idées générales sur les plans de campagne défensif et offensif pour l'armée austro-sarde qui doit être incessamment rassemblée en Piémont, lesquels plans sont combinés d'après les positions de l'ennemi, sa force actuelle, ses moyens, et dont tous les détails, ainsi qu'il a été dit dans la note officielle, devront être concertés entre Son Excellence M. le général baron de Beaulieu et le lieutenant-général baron de Latour ou tout autre officier à qui le Roi confiera cette tâche.

Etablissant pour base que le corps auxiliaire, réuni à l'armée du roi, suffit pour défendre efficacement toutes les positions des Alpes savoir depuis la rive gauche du Tanaro jusqu'au grand Saint-Bernard inclusivement, l'on propose :

(1) San Marsan, observations sur l'état de la négociation à Vienne, 10 mars (A. E. T.).

1° Pour défendre l'entrée de l'Italie à l'ennemi par les Langhes, les Bormida et la Bocchetta, que l'armée impériale, forte de 45.000 hommes d'infanterie, et chargée de la défense des Etats du roi depuis la rive droite du Tanaro jusqu'à la vallée de Bormida inclusivement, place un corps de 15.000 hommes militairement partagé entre le camp de Cèva et les positions avancées de Montezemolo et de Cosseria ;

2° Qu'un autre corps de l'armée impériale fort de 10.000 hommes occupe les hauteurs de Dego et conséquemment barre la vallée de Bormida ; cette position est par elle-même si avantageuse qu'avec quelques retranchements on la mettra aisément à l'abri de toute insulte ;

3° Que les autres 20.000 hommes prennent une position centrale entre la vallée de Bormida et la Bocchetta, comme d'appuyer leur droite à Ponzone ou Pian Castagna.

Au moyen de ces trois corps d'armée partagés comme il vient d'être dit, il est à croire que les provinces des Langhes, du Haut Montferrat et de Tortone ainsi que tous les passages qui, de l'Etat de Gênes, donnent accès dans les Etats du roi et conséquemment en Lombardie, seront efficacement gardés, car l'ennemi, tenta-t-il jamais de pénétrer par la Bocchetta, il ne le pourrait, vu qu'il prêterait le flanc pendant toute sa marche le long de la corniche, de Savone à Gênes, au corps de 20.000 hommes placés ci-devant entre Ponzone et Pian Castagna, lequel corps sans doute aura déjà occupé le poste des cabanes au-dessus de Campo Freddo, fief impérial, d'où, par Voltri, l'on plonge sur toute cette corniche que l'ennemi aurait à longer.

Il est évident que l'armée impériale placée ainsi qu'il vient d'être dit depuis la Bocchetta au Tanaro, conserverait de l'ensemble et toute sa force, puisqu'elle ne serait point morcelée mais réunie en trois fortes masses.

Le corps du Dego, fermant la vallée de Bormida, assurerait si efficacement la communication avec les deux autres armées sur sa droite et sur sa gauche et Cèva et Ponzone que l'attaque partielle d'un des trois deviendrait impossible à l'ennemi, vu qu'il ne pourrait en exécuter aucune sans prêter le flanc pendant un très long espace et par conséquent se mettre dans le cas d'être repoussé et battu.

Si l'ennemi tournait ses forces vers la Bocchetta, le corps central de Dego se réunissant incessamment à l'armée de Cèva, s'étendrait jusqu'au Dego et, si le cas l'exigeait, l'armée du roi, marchant par son flanc gauche, se mettra à portée de seconder les opérations de l'armée impériale, ou ce qui sera vraisemblablement plus utile encore, l'armée du roi marchant sur son front inquiétera et attaquera l'ennemi pour l'obliger de s'affaiblir en face de l'armée impériale.

Vice versa, si l'ennemi menaçait le Mondovi ou Coni, pour lors, partie et même toute l'armée impériale de Cèva, si le cas l'exigeait, marchant par son flanc droit, viendrait renforcer celle du roi ou à la défense de ces places. Le corps de Dego et même partie de l'armée de gauche s'avancerait vers Cèva, disposition nullement difficile qui nous assure la supériorité.

Mais si malgré toutes ces mesures l'ennemi venait à percer quelque part et à investir quelques places, dans ce cas il faudra réunir le plus de forces possibles pour fondre sur lui et l'attaquer vigoureusement.

Plan offensif.

Etablissant toujours pour base que l'armée impériale occupera la ligne de défense jusqu'à la droite du Tanaro, l'on propose qu'une partie de cette armée se charge d'attaquer les postes de Montenotte, Consevola, Saint-Jacques et Settepani pour tomber dans la rivière par Savone, Vado et Finale, tandis que le reste de l'armée impériale attaquerait la Spinarda et successivement le Saint-Bernard et Galé pour se porter sur Albenga.

En même temps l'armée du roi devra attaquer vigoureusement le Carnin et chercher à tourner le poste de Termini pour tomber sur la Brigue et dans la vallée d'Oneille, simultanément à l'occupation de Savone et Finale par l'armée impériale.

D'après les dispositions ci-dessus, il est à présumer que l'ennemi dont la position dans la rivière de Gênes est fort étendue, étant attaqué sur son front, sur ses flancs et sur ses derrières par environ 6o.ooo hommes, sera forcé de se retirer derrière la Roya et même au delà du Var si les attaques se font avec ensemble et célérité. Comme ces différentes attaques devront s'exécuter au premier moment que la saison le permettra, qu'elles n'exigeront pas beaucoup de troupes et qu'elles ne coûteront pas beaucoup de temps, il est à croire que l'ennemi, faute de moyens, n'aura jamais dans la rivière de Gênes des forces suffisantes pour les porter successivement sur tous les points menacés et résister à nos attaques. Je pense que l'armée austro-sarde, complètement victorieuse partout, aussitôt arrivée sur la Roya ou sur le Var devra sans doute se disposer à une offensive beaucoup plus importante comme de chercher à pénétrer en France par la Provence, par le Haut-Dauphiné et par la Savoie, mais comme j'ignore encore les intentions et les projets que Sa Majesté Impériale pourrait avoir sur pareille entreprise, j'attends qu'elle daigne me les faire connaître pour hasarder le peu de notions topographiques que je peux avoir sur ces différentes provinces ».

La négociation n'avance pas d'un pas dans les journées suivantes, Castel Alfer et Saint-Marsan voient dans ce retard la confirmation de leurs craintes. Thugut réalise le plan qu'il s'est proposé « de traîner en longueur les conférences jusqu'au moment où les Français commenceront leurs opérations, espérant que le roi deviendra alors plus facile sur les conditions ».

Latour insiste inutilement pour obtenir une prompte réponse ; on la lui promet successivement pour le 12, puis pour le 21 ; le 18, Thugut le prévient qu'il peut demander son audience de départ afin de ne pas éprouver de retard ; elle lui est accordée pour le 19.

Latour et l'ambassadeur quoique tous deux présents ne s'accordent pas sur le récit de cette entrevue. « Ce monarque nous renouvela à cette occasion, écrit de Castel Alfer, les assurances données précédemment de sa ferme résolution d'agir avec beaucoup d'énergie du côté de l'Italie. Il nous dit qu'il sentait l'importance de prendre l'offensive sur l'ennemi et de le chasser promptement de la rivière de Gênes et de Nice, puisqu'alors la ligne de défense se trouverait si considérablement raccourcie qu'un moindre nombre de troupes serait nécessaire. Que son armée devait être renforcée à l'heure qu'il était par tous les nouveaux corps qu'il y avait expédiés et par les recrues destinés au complément des anciens, que, si ceux-là ne suffisaient point, il en ferait marcher d'autres encore, ce qu'il n'aimait cependant pas de faire sans une nécessité absolue, vu les grandes dépenses que ces marches-là entraînaient. Qu'au reste il avait appris avec plaisir qu'en Piémont l'on s'occupait du recrutement de l'armée de Votre Majesté, laquelle avait été portée à son complet, que par de pareilles mesures on avait beaucoup à espérer, que le général Beaulieu aurait bientôt reçu les papiers qui avaient formé ici l'objet de la discussion avec son ministre. Que ce militaire connaissait également ses intentions d'agir de concert et avec vigueur et que lui, M. de Latour se rendant à son quartier général, ils auraient pu s'entendre ; que sur le désir qu'il savait que nous avions de garder le général Colli, il avait donné des ordres, que ce militaire en conséquence resterait, qu'il savait même qu'il était bien avec M. de Beaulieu, ce qui lui faisait espérer l'accord qui est si nécessaire et qui n'a pas toujours existé. L'Empereur ajouta enfin qu'il avait une lettre à lui donner pour Votre Majesté, mais que comme elle n'était pas achevée encore, ce ne serait que dans un jour ou deux qu'il la lui ferait rendre » (1).

Latour se prépare à aborder la question du commandement général, lorsque, brusquement, l'on frappe à la porte du cabinet. L'Empereur rompt alors la conversation en disant qu'on l'appelle.

D'après l'ambassadeur, cet incident n'est peut être pas l'effet du hasard, Latour ayant remarqué dans les conférences précédentes « la réserve constante et pour ainsi dire affectée » de Thugut, dès que l'on touchait à ce point, avait résolu d'en parler au souverain « pour ne laisser aucun moyen intenté ». Mais afin de ne pas aigrir davantage le ministre, il a préféré l'en prévenir, « et lui demander même amicalement s'il l'approuvait ». Ce dernier n'y a fait aucune objection, il a répondu « qu'il pouvait le faire librement si l'Empereur lui en donnait l'occasion, que quant à lui il n'était que l'organe des intentions de l'Empereur et qu'il serait charmé qu'il pût obtenir directement de Sa Majesté ce qu'il désirait ». Or, d'après ce que Castel Alfer connaît des idées du ministre, il a craint que l'Empereur ne se laisse entraîner à accorder au roi le commandement général et il a pris sur lui de frapper à la porte.

Au contraire, Latour ne parle pas d'une intervention étrangère. L'Empereur a refusé de lui même d'y consentir, il s'est exprimé en ces termes : « Voilà ma réponse pour mon oncle, j'espère, qu'il en sera content ; il verra par ma lettre mes véritables intentions sur notre commun intérêt. J'espère que ma franchise et tout ce que j'écris au roi le détrompera sur mes projets. Je n'en aurai jamais qui n'aillent à sa gloire et à son avantage qui dans le fond sont les miens propres. J'espère qu'il croira plutôt ce que je lui dis de mon intention que tout ce qui pourrait lui venir d'ailleurs, mais c'est le malheureux destin des princes, il y a toujours des gens qui ont intérêt de faire suspecter leur conduite en persuadant qu'ils ont des projets cachés. Pour moi, dans toute cette guerre, je n'en ai jamais eu d'autres que de la terminer le plus honorablement possible toujours à l'avantage de mes alliés et particulièrement que mon oncle y trouve les siens ; quoique je m'explique très clairement dans la lettre que je lui ai écrite, je vous charge très expressément de le lui répéter de ma part. L'Empereur cessant de parler, pénétré de tout ce que je venais d'entendre, j'ai saisi ce moment de silence pour lui représenter combien je m'estimerais heureux et combien il serait utile aux intérêts des deux cours que Sa Majesté Impériale donnât au roi un témoignage de sa confiance et lui accordât le comman-

(1) Castel Alfer au roi, Vienne, 21 mars (A. E. T.).

dement de ses troupes. J'ajoutai que cet acte authentique aurait le double effet de populariser la guerre dans les sujets du roi mon maître, et de convaincre l'ennemi qu'il travaillerait en vain à désunir les augustes coalisés. Aussitôt il m'arrête et dit : Oui je sens parfaitement toute la vérité du tableau que vous venez de me faire, mais je ne saurai pour le moment acquiescer à votre demande, j'ai des raisons qui ne le permettent pas, mais qu'à cela ne tienne ajouta-t-il, cette circonstance de moins ne saurais nuire à nos armes. Je dis dans ma lettre à mon oncle, je vous le répète, général, tout ce qui doit le rassurer sur mes vues et sur mes projets, et je n'en ai jamais eus et n'en aurai jamais de contraires à ma gloire ni à ses intérêts; je lui suis attaché par tant de titres que, bien loin de chercher à nuire à mon oncle, j'irai toujours au-devant de tout ce qui sera de ses avantages; je vous charge de le lui répéter et j'aime à croire qu'il s'en tiendra de préférence à tout ce que je lui écris là-dessus.

Ce propos fini, l'Empereur m'a fait les éloges du général de Beaulieu, et dites au roi que je me suis fait un plaisir de laisser le général Colli. J'espère qu'étant bien avec Beaulieu, cette campagne sera plus active et plus heureuse que la dernière où l'on ne s'entendait pas. Ensuite, poursuivant, il a ajouté, mais il faut absolument que l'on aille jusqu'à Nice; une fois là notre ligne de défense sera plus courte, et il nous restera de l'étoffe pour entreprendre quelque chose de mieux, car ce sont là mes vœux et mes espérances.

Sa Majesté m'a ensuite parlé de la santé du roi avec le plus vif intérêt, de l'état des troupes, du caractère du peuple et, sur tous ces objets, j'ai tâché de répondre le mieux possible et il a fini l'audience par ces mots : je suis fâché, général, de n'avoir pu adhérer à votre demande, j'aurais souhaité pouvoir l'accorder, mais dans le moment j'ai des ménagements à prendre et des raisons qui ne me permettent pas de faire tout ce que vous m'avez demandé, et il a ajouté à cette assertion réitérée quelques propos obligeants pour moi et il m'a congédié » (1).

Latour toujours rempli de confiance en Thugut espère qu'il lui tiendra parole; que sous peu il recevra réponse à sa note et qu'il pourra partir le 28, afin de s'entendre avec le général de Beaulieu sur le plan de campagne future.

Au contraire de Castel Alfer observe :

I. que la question du commandement à accorder au roi est restée « jusqu'à présent sans réponse définitive ».

(1) Latour à d'Hauteville, Vienne, 21 mars (A. E. T.).

II. que celle de l'effectif à donner à l'armée, 45.000 hommes, a été accordée, ce nombre doit s'y trouver à ce que l'on assure.

III. que la réponse de M. de Thugut à la troisième question, occupation de tous les postes menacés par l'ennemi depuis les Bormida, les hauteurs de Cèva et jusqu'à la rive droite du Tanaro, « était propre à laisser espérer qu'on ne ferait point de difficultés à y acquiescer ».

IV. que sur la quatrième, complément du corps auxiliaire, « rien de définitif n'avait été répondu encore sur cet objet ».

V. que la cinquième, nécessité d'établir un plan combiné soit pour l'offensive ou pour la défensive, a été jugée utile, mais « on avait conclu que rien ne pouvait à cet égard être arrêté qu'au quartier général de M. de Beaulieu » (1).

En résumé la mission piémontaise n'a rien obtenu de précis, d'autant plus que tout s'est passé verbalement ; malgré ses demandes formelles et réitérées, M. de Latour n'a reçu de réponse écrite sur aucun point de sa note. La lettre de l'Empereur à Victor Amédée contient la confirmation écrite des paroles qu'il a prononcées pendant l'audience, nous la reproduisons en entier et sa comparaison avec les instructions adressées à Beaulieu permettra d'en apprécier la sincérité.

L'Empereur d'Autriche au Roi. 22 mars (A. E. T. et H. A. V.).

La lettre qu'il a plu à Votre Majesté de m'adresser par le lieutenant général baron de Latour, m'a causée un vif plaisir en dissipant les doutes que la note remise ici par le comte de Castel Alfer avait pu faire naître à plusieurs égards et en confirmant tout ce que le comte d'Hauteville avait déclaré au marquis de Gherardini sur les véritables résolutions de Votre Majesté. Ces résolutions sont sous tous les rapports bien dignes de la loyauté et de l'âme élevée de Votre Majesté, opposant avec fermeté la justice de sa cause aux contrariétés de la fortune, et je n'attendais pas moins, j'ose le dire, d'un prince auquel je me félicite d'être uni par les liens du sang également et par ceux d'une tendre et cordiale amitié. J'adopte entièrement les principes de Votre Majesté sur la nécessité d'une poursuite énergique de la guerre par l'accord constant et intime de nos efforts communs, pour la défense respective de nos Etats et afin de réduire l'ennemi par une noble persévérance à des conditions de paix justes et honorables pour les alliés. Aussi le général baron

(1) Castel Afer au roi, 21 mars (A. E. T.).

de Latour pourra-t-il certifier à Votre Majesté que toutes les propositions relatives à ce point, de tous le plus essentiel, celui du concert parfait et de l'appui mutuel de nos forces pendant la campagne prochaine, ont été accueillis ici avec une prévenance amicale et la meilleure volonté possible ; mais comme l'on ne saurait guère former ni arrêter en définitif un plan solide d'opérations autrement qu'avec l'intervention de ceux à qui l'exécution en doit être commise et, d'après un examen approfondi des circonstances de toute espèce, qu'il est difficile d'éclaircir avec exactitude que sur les lieux mêmes, j'ai pensé que Votre Majesté ne désapprouvera pas que le baron de Latour se rendît au quartier général de mon armée d'Italie, dont je viens de confier le commandement au baron de Beaulieu, à qui j'espère que ses talents et son activité mériteront le suffrage flatteur de Votre Majesté. Le baron de Beaulieu étant instruit de mes intentions apportera toutes les facilités possibles aux combinaisons à concerter entre lui et le lieutenant général de Latour pour accélérer l'ouverture de la campagne et pour en préparer d'avance le succès. J'ai dans l'intervalle déjà adressé au baron de Baulieu l'ordre précis de prendre les mesures nécessaires pour soutenir le côté de Céva et pour le mettre à couvert des tentatives de l'ennemi. Je me plais à renouveler ici à Votre Majesté l'assurance la plus positive que toutes mes vues sont pures, que j'ai toujours été et suis très éloigné de toute idée de m'approprier des avantages aux dépens des intérêts de Votre Majesté ; que loin de là, je défendrai constamment ses Etats avec le même zèle que les miens et que, tendrement attaché à la personne de Votre Majesté et à toute sa maison, je chérirai toujours les occasions de lui donner des preuves non équivoques de ma sincère amitié. J'espère que ces protestations solennelles banniront désormais toute inquiétude du cœur de Votre Majesté, et que la juste confiance qu'elle voudra bien placer dans les promesses et la bonne foi d'un souverain son parent et son allié, l'engageront à repousser toutes ces insinuations sinistres et ces doutes inquiétants que la malveillance avec un art perfide reproduit partout sous tant de formes différentes, et dont les efforts, quelle que puisse être leur source, sont nécessairement dans tous les cas très pernicieux et tendant à altérer l'union et la confiance réciproque entre les deux princes que la crise des circonstances aussi bien que leurs intérêts les plus essentiels invitent à l'accord le plus parfait.

Au surplus, je me suis fait un plaisir de rendre le baron de Latour témoin de tous mes sentiments pour Votre Majesté. La mission donnée auprès de moi à cet officier général et au marquis de

San Marsan n'a pu que m'être très agréable; j'ai eu surtout lieu d'estimer la conduite et les excellentes intentions du baron de Latour qui, à toute la chaleur du zèle d'un bon et fidèle serviteur de Votre Majesté, a paru réunir constamment la plus grande loyauté et franchise, ce qui, entre deux cours dont les vues sont également droites, est incontestablement le moyen le plus sûr pour avancer et faciliter les affaires.

Je suis et serai toute ma vie avec un tendre et inviolable attachement...

En réalité la cour de Vienne a un autre motif que celui très valable qu'elle donne, de faire arrêter le plan de campagne à Milan ou à Pavie. La personne de Castel Alfer lui est très désagréable. Thugut le soupçonne même de s'être mis dans la dépendance absolue de de Lucchesini « vu surtout l'ascendant et la grande supériorité de talents de ce dernier. Il est indubitable, écrit-il, qu'il n'est plus au pouvoir du ministre de Turin de soustraire désormais un secret quelconque à la connaissance de son ami intime, du véritable guide de ses actions ». A en croire Thugut, l'ambassadeur prussien est « le confident intime de toutes ses pensées » et n'a que le seul but « de semer la zizanie parmi les alliés et fomenter entre eux les soupçons, les jalousies et la discorde afin de réduire la coalition à une paix désastreuse ».

Les prétendues dispositions du comte de Castel Alfer l'excluent de toutes négociations ou discussions relatives à un plan de campagne. On redoute qu'il n'en informe Lucchesini et que ce dernier n'en fasse part au gouvernement français.

Il est impossible d'apprécier si les craintes du ministre impérial étaient justifiées ou non, mais il est certain que des rapports très étroits existent entre les deux ambassadeurs ; c'est ainsi que vers la fin de février Lucchesini communique à Castel Alfer une lettre de son collègue à Paris où il lui fait part d'une conversation avec un membre du Directoire. Celui-ci, très vraisemblablement dans l'espoir que sa communication sera répétée, a parlé des ouvertures pacifiques faites au Piémont « en ajoutant que le gouvernement français s'y était décidé, parce qu'il sentait que son intérêt était de ménager, s'il était possible, le roi de Sardaigne, que cependant, en cas de refus, on pousserait de ce côté-là la guerre avec une vigueur qui assurerait la conquête du Piémont et de la Lombardie, ce qui ne devait pas être difficile vu le peu d'union qui régnait entre les cours de Vienne et de Turin et les jalousies réciproques et le peu d'énergie et d'ensemble qu'on remarque dans leurs mesures défensives, que la France, malgré son désir de la paix, ne pouvait s'empêcher d'en venir à cette extrémité pour arracher à l'Angleterre les conquêtes qu'elles a faites, et la nullité de la marine française exigeant qu'on reconquît les Indes en Italie ».

Aussi Thugut prescrit-il à Gherardini de faire connaître à Turin que le désir de l'Empereur « était que rien de ce qui regardait les opérations et les entreprises militaires des alliés ne fût traité ailleurs qu'à l'armée même entre M. le baron de Beaulieu » et le représentant du Piémont. En cas de désaccord, ils en référeraient directement à leur souverain (1).

Castel Afer ne se doute pas du refus de Thugut de traiter avec lui aucune question militaire. En prévision des affaires de ce genre qui pourraient passer par son intermédiaire à la suite des conférences tenues au quartier général, il demande que le marquis de San Marsan demeure à Vienne afin de l'aider de ses conseils. Il veut ainsi prévenir tout retard. « Si l'on a envie de continuer à chercher des chicanes, dit-il, on pourra m'objecter qu'on ne peut rien faire à cet égard avec moi qui ne connaît point assez le local du théâtre de la guerre et moins encore le métier dont il est question » (2).

Or San Marsan est aussi antipathique à Thugut que Castel Alfer ; comme, on s'en souvient, d'après son mémoire, il partage les vues de l'ambassadeur sur les visées de l'Autriche envers son pays ; il n'a pas su cacher assez habilement ses opinions, car le ministre le tient pour un ennemi et un partisan de la Prusse. « Je remarque encore, écrit-il, que M. de Castel Alfer s'est absolument emparé du marquis de San Marsan dès le moment de son arrivée à Vienne, qu'il a réussi déjà à en faire un des disciples les plus dociles du marquis Lucchesini, ne voyant plus que par les yeux de ce ministre prussien, et n'osant penser que d'après lui et déclamant hautement tout le premier contre le prétendu asservissement de sa cour à celle de Vienne ».

Alors que M. de Castel Alfer désire son maintien à Vienne afin d'avoir auprès de lui un aide expérimenté dans les questions militaires, il suppose que son intention est de « lui fournir tout le loisir de se bien pénétrer des leçons de Lucchesini surtout relativement aux rapports et insinuations à faire à son retour à Turin auprès du prince de Piémont à la confiance et aux bontés duquel le marquis de San Marsan se vante ici d'avoir part ». Il invite donc

(1) Castel Alfer au roi, Vienne, 21 mars (A. E. T.).
(2) Thugut à Gherardini, Vienne, 31 mars (A. H. V.).

Gherardini à faire comprendre à Turin que sa présence est inutile, et comme le bruit court qu'il est destiné à remplacer Castel Alfer, il déclare par avance que sa présence « ne saurait assurément être agréable » à l'Empereur (1).

Le 28 mars, Thugut répond à la note piémontaise du 5 mars ; comme l'Empereur en a averti Latour, lors de son audience de départ, elle diffère de donner une réponse relativement à la question du commandement à accorder au roi.

Thugut, 24 mars (H. A. V.).

Le soussigné ministre des Affaires étrangères a rendu compte à Sa Majesté de la note en date du 5 de ce mois que M. le comte de Castel Alfer, envoyé extraordinaire et ministre plénipotentiaire de Sa Majesté sarde, lui a fait l'honneur de lui transmettre, ensemble avec une feuille non signée indiquant diverses demandes à faire de la part de sa Cour.

En déférant au désir qui lui a été témoigné, le soussigné n'hésite point de résumer ici succinctement les diverses explications verbales que, d'ordre de Sa Majesté, il a eu l'honneur de donner à M. le lieutenant-général baron de la Tour dans ses différents entretiens et conférences avec lui.

En suivant les articles tels qu'ils ont été proposés dans la note, il a été observé à M. le baron de la Tour :

1° Que l'Empereur se portera en toute occasion avec plaisir et empressement à tout ce qui peut être agréable à Sa Majesté sarde ; mais que, quant à l'objet particulier du commandement suprême de l'armée impériale, différents obstacles ne permettaient pas à Sa Majesté de prendre en ce moment de résolution à cet égard ; que la Cour de Naples avait fait annoncer officiellement la marche prochaine d'environ 10.000 hommes destinés à joindre l'armée autrichienne, et à en faire partie ; que par une suite des justes égards qu'imposait à l'Empereur cette nouvelle preuve de l'amitié du roi des deux Siciles et de son zèle pour la cause commune, Sa Majesté ne saurait faire de disposition relative au commandement suprême de son armée sans s'entendre d'avance et se concerter amicalement avec Sa Majesté sicilienne ; qu'en général, la décision définitive sur cet article devait être remise à un examen ultérieur des moyens d'aplanir les difficultés qui s'y opposaient ;

2° Qu'il était notoirement connu que les forces de Sa Majesté en Italie passent considérablement les 45.000 hommes demandés

(1) Thugut à Gherardini, Vienne, 31 mars (A. H. V.).

dans la note; qu'une proposition de faire de ce nombre l'objet d'un nouvel engagement surprendrait avec d'autant plus de raison, qu'on n'avait pas rempli une des lois les plus évidentes de la réciprocité, celle d'énoncer le nombre des troupes que Sa Majesté sarde elle-même s'obligeait à faire agir; que l'intention de Sa Majesté était que son armée déployât la plus grande vigueur dans toutes les opérations quelconques que les circonstances amèneraient, mais que l'on aurait de la difficulté à comprendre le passage de la note qui paraissait borner l'emploi de 45.000 hommes de troupes de Sa Majesté à la seule défense des Etats de Sa Majesté sarde; que si l'on était de part et d'autre fermement décidé, ainsi que Sa Majesté l'est de son côté, à faire loyalement usage contre l'ennemi, de tous les moyens qu'on a en son pouvoir, cette certitude était sans contredit beaucoup plus propre à tranquilliser que des stipulations particulières qui fourniraient peut-être occasion à de nouvelles discussions et à de nouvelles équivoques;

3° Que, d'après le désir bien cordial de l'Empereur de dissiper les inquiétudes de Sa Majesté sarde son alliée, relativement aux entreprises de l'ennemi, Sa Majesté admettait la proposition de charger dès à présent son armée de la défense du pays jusqu'à la droite du Tanaro, et qu'elle adressait des ordres en conséquence à M. le baron de Beaulieu, à moins que, ce qu'on ne présumait pas, ce général ne trouvât dans les localités ou dans d'autres circonstances inconnues ici des difficultés majeures et insurmontables;

4° Que dès qu'il était décidé et convenu qu'en général les forces des alliés en Italie concourront toutes au même but, celui de la défense efficace des Etats respectifs et de vigoureuses opérations offensives contre l'ennemi commun, il semblait assez indifférent que le corps des troupes de Sa Majesté, spécialement attaché sous la dénomination d'auxiliaire à l'armée sarde, soit plus ou moins complet; que cependant Sa Majesté allait sur cet objet également donner les instructions nécessaires à M. le baron de Beaulieu;

5° Que, dans notre première conférence, j'avais eu l'honneur de faire connaître à M. le baron de la Tour les motifs fondés qui engageaient Sa Majesté de charger le général commandant en chef son armée en Italie du soin de discuter et fixer plus particulièrement le plan d'opérations à exécuter dans la campagne prochaine, et dont la base principale et la plus solide qu'on pût poser ici, était l'assurance solennelle des deux cours alliées de réunir loyalement et de bonne foi tous leurs efforts pour le salut de leurs Etats et le soutien des intérêts de la cause commune.

Au surplus, le baron de Beaulieu, instruit des intentions de Sa

Majesté, apportera certainement dans ses conférences avec M. le baron de la Tour toutes les facilités que les circonstances, les localités, l'état de l'armée de Sa Majesté en Italie et les notions qu'on se sera procurées sur les forces de l'ennemi, admettront, de sorte qu'on peut concevoir à tous égards l'espérance fondée, qu'en parvenant dans un parfait accord à s'entendre promptement sur tous les objets relatifs à la reprise énergique des opérations, les événements de la campagne prochaine seront tels que la justice des alliés les réclame, pour arriver bientôt au but de leurs vœux communs, celui d'une paix juste et honorable ».

Castel Alfer, en la transmettant, la juge en ces termes : « Ce que cette réponse du baron de Thugut me paraît contenir de plus droit, est ce qui est dit sur l'article 3 de notre note : que l'Empereur admet la proposition de charger dès à présent son armée de la défense des Etats de Votre Majesté depuis les Bormida jusqu'à la rive droite du Tanaro ; si l'on agira en cela avec la bonne foi qu'on a tant promise, ce sera un point important qu'on aura obtenu ; quant à ce qu'on répond sur les quatre articles, Sa Majesté verra que tout est fort vague et susceptible de plus d'une interprétation » (1).

Thugut s'exprime de même en la communiquant à Gherardini. « Vous y remarquerez, monsieur le marquis, que sur l'article 3 de la note du comte de Castel Alfer, article sans contredit le plus important pour la circonstance, Sa Majesté s'est exprimée d'une manière extrêmement satisfaisante pour Sa Majesté sarde et, qu'en général, elle est bien décidée à ne laisser, autant que possible, rien à désirer des égards de son amitié pour le roi son allié ».

M. Eden à qui l'ambassadeur donne connaissance de cette note la trouve « parfaite » ; il juge qu'elle ne laisse rien à désirer. Castel Alfer ne partage pas cette opinion, pourtant il affecte d'être persuadé de la bonne volonté du gouvernement autrichien en parlant à ses collègues, mais, en réalité, il pense « que jamais il n'a été plus important qu'en ce moment présent de suivre avec l'attention la plus scrupuleuse toutes les démarches du ministère autrichien » (2).

La mission du général de Latour, si l'on s'en tient au résultat, a complètement échoué. La demande du commandement suprême, objet ardent des désirs du roi, a encore augmenté le mécontentement de la cour de Vienne contre le Piémont. Tandis que Castel

---

(1) Castel Alfer au roi, 28 mars (A. E. T.).
(2) Castel Alfer à d'Hauteville, 31 mars (A. E. T.).

Alfer accuse Thugut de soulever des chicanes afin de traîner les affaires en longueur, Thugut au contraire rejette sur lui ce reproche, et il ne voit dans la note du 5 mars qu'un prétexte à de vaines discussions. « L'Empereur, écrit-il à Gherardini, n'a pu voir qu'avec quelque surprise que, dans un moment où toute l'attention des alliés devait se concentrer dans le soin de hâter les préparatifs de l'ouverture de la campagne et de se mettre en état d'agir pour prévenir l'ennemi, l'on parût chercher à entamer des négociations n'ayant aucun rapport avec ce que Sa Majesté sarde, dans sa lettre à l'Empereur, avait elle-même annoncé du but de la mission de M. le baron de Latour, et qu'on voulût ainsi s'exposer à perdre dans des discussions, qui, pour la plus grande partie au moins, étaient évidemment hors de saison, un temps précieux appartenant désormais préférablement à l'activité des mesures militaires ».

CHAPITRE III

Rapports diplomatiques entre le Piémont et l'Autriche du commencement de mars jusqu'à la moitié d'avril.

Tandis que Latour s'efforce en vain d'aboutir à un résultat sérieux, on est réduit à Turin à laisser aller les négociations sans exercer la moindre influence sur leur issue. De même que Thugut accuse M. de Castel Alfer de répandre de faux bruits et d'exercer une impression fâcheuse sur d'Hauteville, « souvent gêné par l'influence de protection », et « qui n'est d'ailleurs, par lui-même, que trop disposé à se livrer à l'impulsion de certaine personne qui, ayant tout pouvoir sur son esprit, n'en fait usage que pour l'entretenir dans les préventions de la politique méfiante et soupçonneuse de sa cour contre nous » (1). de même d'Hauteville s'efforce de mettre son ambassadeur en garde contre les nouvelles que Gherardini fait parvenir à Vienne et il insiste avec force sur les dangers qui menacent le Piémont.

Le 20, il le prévient que les agents français ne cachent pas que l'intention du Directoire est de garder la défensive sur le Rhin et de faire agir le gros de leurs forces en Italie. Aussi repousse-t-il le projet que l'on prête aux Autrichiens d'engager une campagne offensive sur le Var : à son avis il convient de garder soi-même la défensive, « et l'on ne sera que trop heureux si l'on peut parvenir à se défendre, bien loin de songer à l'offensive » (2).

Le 2 mars, il lui confirme le bruit qui court à Vienne que toute négociation avec la France est rompue ; mais afin de diminuer l'importance de ce fait qui aurait pu rendre la cour d'Autriche plus exigeante, il lui insinue que l'on « en a proposé en même temps

---

(1) Thugut à Gherardini, 31 mars (H. A. V.).
(2) Hauteville à Castel Alfer, 20 février (A. E. T.).

d'autres qui doivent donner à penser à la cour de Vienne, et l'engager à tenir compte au roi du refus qu'il a fait d'y adhérer, bien loin de la porter à n'user plus de ménagements vis-à-vis de lui ». D'ailleurs tout conseille un accord. Malgré « toute la perversité de la politique de Thugut » ; son objet ne peut être de mettre le Piémont dans l'obligation de se lier avec la France, et l'Autriche n'a pas assez de présomption pour vouloir défendre le Milanais à elle seule (1).

La mission de Latour doit mettre à même de discerner les vues de l'Autriche ; « si l'on ne concerte avec lui aucun plan de mesures et si l'on s'en tient à des promesses générales de secours », c'est que cette puissance n'est pas sincère. Aussi le roi mande-t-il à son ambassadeur que la conversation d'un membre du Directoire avec M. Lucchesini à Paris est véritable, et que « l'invasion du Piémont, du Milanais est, de tous les projets, celui qui occupe le plus maintenant le Directoire » qui espère trouver en Italie des moyens de pousser la guerre avec plus de vigueur, et acquérir « dans cette conquête qu'il regarde comme assurée, un équivalent à offrir pour récupérer à la paix générale les possessions dans les Indes ». Heureusement que la neige tombée à gros flocons empêche pour le moment tout mouvement offensif aux Français, ce qui procurera le temps aux négociateurs d'aboutir et d'établir un plan assurant une vigoureuse défense (2).

Le rapport du 27 où M. de Castel Alfer a rendu compte des paroles de M. de Bellegarde relatives au peu de foi qu'il prête aux nouvelles concernant le renforcement des troupes françaises dans la rivière, cause une impression pénible à Turin ; comme ce général passe pour être le représentant des idées de Thugut, on prévoit déjà que la mission de Latour n'aura pas de résultats effectifs (3).

La manière dont l'envoyé piémontais a agi, déplaît fortement à Turin. Le 19 mars, M. d'Hauteville prévient Castel Alfer que sa conduite est contraire à ses instructions, toutefois il lui certifie que de Latour n'a jamais eu l'intention de le desservir (4), ce qui était vrai (5), et il lui répond : « que s'il l'avait écarté des conférences pure-

---

(1) Hauteville à Castel Alfer, 2 mars (A. E. T.).
(2) Le roi à Castel Alfer, 5 mars (A. E. T.).
(3) Le roi à Castel Alfer, 12 mars (A. E. T.).
(4) D'Hauteville à Castel Alfer, 19 mars (A. E. T.).
(5) Latour à d'Hauteville. « C'est à cette époque (9 avril) que je me réserve de vous détailler tous les soins que le comte de Castel Alfer s'est donnés pour la parfaite réussite de ma mission et les services de tous genres qu'il a bien voulu me rendre à ce sujet », 23 mars (A. E. T.).

ment militaires avec M. le baron, c'était peut-être pour complaire à ce ministre qui le lui avait fait insinuer » (1).

En même temps, le roi rejette absolument la proposition d'une campagne en Savoie exécutée par les troupes piémontaises tandis que les troupes autrichiennes garderaient le Piémont. « Ce projet, lui mande-t-il, aurait été bon si les Français avaient été chassés au delà du Var ou du moins jusqu'à Nice, mais maintenant qu'étant maîtres de la rivière de Gênes ils menacent le Piémont de tous côtés, il nous paraît que ce n'est pas le moment de songer à réoccuper la Savoie. D'ailleurs quand même on parviendrait à la reprendre sur l'ennemi, serait-on assuré de pouvoir s'y maintenir ? Le salut du Piémont et de l'Italie est le seul objet dont on doit s'occuper en ce moment-ci, et ce n'est que par un accord sincère dans l'emploi des forces réciproques que l'on fera échouer les efforts que les Français vont faire pour en réaliser la conquête » (2).

Les retards que Thugut apportent à répondre à la note du 5 mars semblent justifier les doutes que l'ambassadeur a exprimés dans ses rapports sur la sincérité de la cour de Vienne. Le 23 mars, d'Hauteville craint que de Latour ne se soit laissé « berner » (3).

Entre temps, la division Masséna opère son mouvement sur Voltri et Saint-Pierre d'Arena. Le moment approche donc où les Français vont exécuter leur projet contre l'Italie avant qu'aucun plan ne soit arrêté. Inquiet du danger que court son pays, le roi témoigne le 26 mars d'une grande impatience d'aboutir.

« Le temps s'écoule, écrit-il, et la fonte des neiges peut nous mettre dans le cas d'être attaqués d'un jour à l'autre par l'ennemi sans que nous puissions encore compter sur une coopération efficace de l'Empereur pour la défense du Piémont ». Cependant les procédés du général de Beaulieu, bien différents de ceux de ses prédécesseurs, tendent à prouver qu'il a reçu de nouvelles instructions (4).

Les déclarations de l'Empereur qui sont connues le 2 avril, ne rassurent pas le roi ; il attend avec impatience les délibérations futures avec le généralissime autrichien. « Nous avons été trompé tant de fois, dit-il, qu'il ne serait pas impossible que nous le fussions encore cette fois.

Il nous répugne cependant d'avoir une telle idée. Nous venons d'user de trop de franchise et de loyauté vis-à-vis de la cour de

(1) D'Hauteville à Castel Alfer, 23 mars (A. E. T.).
(2) Le roi à Castel Alfer, 19 mars (A. E. T.).
(3) D'Hauteville à Castel Alfer, 23 mars (A. E. T.).
(4) Le roi à Castel Alfer, 26 mars (A. E. T.).

Vienne pour qu'il ne se soit pas opéré quelques changements dans les principes qui l'ont dirigée jusqu'ici à notre égard. D'ailleurs nous sommes persuadé qu'elle connaît maintenant elle-même que ce n'est qu'en établissant un parfait accord dans les concerts de mesures que l'on pourra résister aux efforts de l'ennemi commun. Du moins nous savons que l'Angleterre n'a rien négligé pour lui en faire sentir l'urgence et la nécessité » (1).

Seul le plus ou moins de facilité que Beaulieu mettra à s'entendre avec le représentant du Piémont, éclairera sur les véritables intentions du cabinet autrichien. La réponse de Thugut parvient le 9 avril, le roi l'apprécie de la même manière que son ambassadeur ; or, on s'en souvient, celui-ci ne l'a pas trouvée satisfaisante ; il estime pourtant devoir s'en contenter.

« Nous avons effectivement remarqué que cette réponse est exactement conforme à ce que vous nous aviez déjà mandé touchant les promesses que le baron de Thugut avait faites verbalement au baron de Latour. Nous ne vous observerons rien sur son contenu, toute discussion à cet égard étant superflue dans l'état actuel des choses.

L'essentiel est qu'on soit fidèle à remplir ce qui a été promis, comme nous avons tout lieu de l'espérer d'après les assurances et tous les témoignages d'amitié et d'attachement à nos intérêts que l'Empereur nous a donnés dans la lettre qu'il a remise au baron de Latour en réponse à celle que nous lui avons écrite » (2).

Cette question de l'entente entre les deux gouvernements est capitale, car l'Angleterre a mis pour conditions *sine qua non* à toute concession de subsides qu'un accord parfait règne entre les deux cours. Celle de Turin affecte de se déclarer très satisfaite de la réponse de l'Empereur : le 13, M. d'Hauteville approuve Castel Alfer de « s'être montré persuadé de l'existence de ce parfait accord » en causant avec M. Eden. « Je n'en doute aucunement de mon côté, ajoute-t-il, d'après les termes dans lesquels l'Empereur s'est expliqué à cet égard dans la réponse à Sa Majesté et le soin qu'il a eu d'éloigner de son esprit tout sujet de défiance sur la pureté de ses intentions et de ses vues » (3).

Il importe surtout que le ministère britannique soit complètement convaincu de cette bonne intelligence ; d'Hauteville y emploie tous ses ses soins ; il charge de Front d'en faire part à lord Gren-

---

(1) Le roi à Castel Alfer, 2 avril (A. E. T.).
(2) Le roi à Castel Alfer, 9 avril (A.E.T.).
(3) D'Hauteville à Castel Alfer, 13 avril (A. E. T.).

ville. « La lettre de l'Empereur, lui écrit-il, ne laisse rien à désirer à tous égards ; outre les protestations de l'amitié la plus tendre et la plus cordiale et la justice qu'il rend à la loyauté des procédés du roi, l'empereur y déclare que, convaincu de la nécessité d'un parfait accord dans les efforts communs pour la défense respective des deux Etats et réduire l'ennemi par une noble persévérance à des conditions de paix justes et honorables pour les alliés, il s'était empressé d'accueillir toutes les propositions qui ont été faites par le baron de Latour tendant à ce but, que ce concert parfait et cet appui mutuel des forces respectives pendant la campagne prochaine ne pouvant être réglé qu'avec le général à qui l'exécution doit en être commise, il avait donné les ordres nécessaires au baron de Beaulieu de s'entendre avec le baron de Latour qui devait se rendre auprès de lui pour dresser ensemble un plan solide d'opérations, et de prendre en attendant toutes les mesures pour mettre à couvert le fort de Cèva des tentatives de l'ennemi. L'Empereur finit sa lettre par l'assurance la plus positive que toutes ses vues sont pures, qu'il a toujours été et est encore très éloigné de toute idée de vouloir s'approprier des avantages aux dépens des intérêts de Sa Majesté, que loin de là, il défendra constamment ses Etats avec le même zèle que les siens propres, qu'il espérait que ses protestations solennelles banniront désormais toute inquiétude de son cœur, et que la juste confiance que Sa Majesté voudra bien mettre dans ses promesses et la bonne foi d'un souverain qui est son parent et son allié, l'engagera à repousser toutes les insinuations sinistres et ces doutes inquiétants que la malveillance reproduit partout sous tant de formes différentes et dont les effets sont si pernicieux.

Telle est la substance de la réponse que l'Empereur a faite au roi. Elle est on ne peut plus satisfaisante, et Sa Majesté y attache plus de valeur qu'à un traité en forme. On aurait tort d'après cela de douter encore de la coopération et de l'appui de la cour de Vienne » (1).

Le 13, par une délicate flatterie, il attribue à l'Angleterre le soin avec lequel l'Empereur a dissipé tous les soupçons sur la pureté de ses intentions et de ses vues. « Ces protestations, dit-il, tendant à éloigner toute défiance de sa part, ont paru d'autant plus remarquables que la lettre du roi ne contenait rien qui put exiger une pareille explication ».

Cette assurance a « pleinement rassuré » le roi (2).

(1) D'Hauteville à de Front, 9 avril (A. E. T.). Voir au *Supplément* la note relative aux rapports du Piémont avec l'Angleterre.
(2) D'Hauteville à de Front, 13 avril (A. E. T.).

M. de Gherardini partage les inquiétudes du roi sur les menaces d'une invasion française, tous ses rapports ne cessent de répéter à son gouvernement qu'elle est à la veille de s'accomplir. Il écrit le 27 février : « la plus grande partie des lettres de Genève, de Suisse, de Savoie et de Provence s'accordent en effet à donner le même avis et assurent que les Français veulent au plus tôt forcer le roi à la paix, hollandiser le Piémont et saccager la Lombardie. Les banquiers genevois de cette ville et les négociants qui ont des correspondants en France parlent ouvertement de l'invasion du Piémont, et on ne peut pas se dissimuler que cette classe de personnes a été fort bien instruite des mesures de l'ennemi, et on a presque toujours remarqué dans le cours de la révolution que les Français n'ont pas manqué d'entreprendre ce qu'ils ont menacé d'avance » (1).

Le 6 mars, il avertit que la grande quantité de neige tombée interdira aux Français d'ouvrir la campagne aussitôt qu'ils se le proposent ; d'après les rapports du 5, ils auraient même été obligés d'évacuer les postes avancés qu'ils avaient pris vers Cèva, en outre, suivant des avis de Gênes, la mésintelligence règne entre les généraux français. Schérer à la suite de la réponse que le roi a donnée à ses propositions de paix aurait quitté l'Italie et Masséna aurait été appelé à Nice (2).

Ces nouvelles rassurantes ne se maintiennent pas. Le 12, Gherardini observe qu'il convient de se mettre en garde contre les fausses nouvelles que répandent les émigrés et les têtes exaltées des patriotes pour semer l'alarme, puis il ajoute : « L'uniformité des avis qui nous parviennent de leur détermination d'attaquer vigoureusement l'Italie pour forcer le roi de Sardaigne à la paix, pour opérer une diversion à la maison d'Autriche, et pour se procurer des ressources dans le pillage de cette contrée, semblent cependant mériter quelque attention ».

Cinq espions revenus de France préviennent que des troupes arrivent journellement à Aix et à Marseille destinées à l'envahissement de la Lombardie : un négociant arrivant de Lyon assure : « que c'est l'opinion commune dans tous les départements que l'envahissement de l'Italie va être tenté avec des forces considérables, et qu'il est regardé comme la dernière ressource du Directoire ; qu'à cet effet on fait descendre par le Rhône des munitions de guerre et des vivres et qu'il en a trouvé sur toute sa route aussi bien que des réquisitionnaires qui viennent particulièrement de la Bourgogne, et

(1) Gherardini à Thugut, 27 février (H. A. V.).
(2) Gherardini à Thugut, 6 mars (H. A. V.).

qu'il a lu dans les villages aux coins des rues des placards où l'on promet au peuple, pour l'exciter à marcher, le pillage de la belle Lombardie et de la madone de Lorette. Il ajoute que, vu la disette que les troupes éprouvent dans la rivière, l'armée qui se forme en Provence ne marchera pas dans le mois de mai, et que le projet est de porter un grand coup dans le commencement auquel, si l'on aura le bonheur de résister, il faudra qu'elle se débande faute de moyens de subsistance capables de suffire à une longue expédition et, puisque l'on a promis aux soldats que l'entreprise est bien facile, les Italiens étant tous portés pour la révolution, et que les Autrichiens n'agiront pas de concert avec les Piémontais, existant entre eux une mésintelligence ouverte ». En outre, d'après une conversation de Barthélemy transmise par M. de Précy, l'ambassadeur de France à Genève aurait dit à plusieurs de ses amis que le principal effort des forces françaises serait dirigé contre le Piémont (1).

Des rapports si précis ne laissent aucun doute sur les projets des Français, ils confirment les renseignements que la mission piémontaise a fournis à Thugut et justifient ses demandes. Pourtant le ministre autrichien refuse d'y croire, on est forcé de reconnaître qu'il agit en pleine connaissance de cause soit que les forces de l'Empereur soient insuffisantes pour renforcer son armée d'Italie ou qu'il espère, comme les Piémontais l'en soupçonnent, amener le Piémont à se jeter dans les bras de l'Autriche à la suite d'une défaite.

Les relations entre les autorités piémontaises et l'ambassadeur qui se sont améliorées dès l'instant où les négociations ont été rompues avec la France, continuent à rester cordiales et, au moins en paroles, le roi et le prince héritier affichent un grand désir de pousser la guerre. Le roi déclare à l'ambassadeur d'Angleterre, en parlant des Français, « qu'il ne fallait pas se laisser imposer par cette canaille » (2).

A une réception, le prince de Piémont tient à Gherardini le discours suivant :

« Ce n'a jamais été mon opinion de faire un mystère des propositions de paix que les Français nous ont faites. Ils ont l'adresse de donner à croire, et tous les coquins leurs partisans le débitent, que nous n'avons pas voulu écouter les ouvertures raisonnables et, par là, ils aigrissent le peuple contre le gouvernement auquel ils attribuent le malheur de la continuation de la guerre. Il me paraît donc

---
(1) Gherardini à Thugut, 13 mars (H. A. V.).
(2) Gherardini à Thugut, 24 février (H. A. V.).

que ce ne serait pas seulement utile, mais nécessaire, de publier hautement les dites propositions et de déjouer ainsi les impostures de l'ennemi et les vues des mal intentionnés. Pendant que les Français inondent l'Europe avec leurs écrits, nous n'avons jamais pu publier un manifeste qui ait eu le sens commun, et il est cependant nécessaire, avant de commencer la campagne, de faire connaître l'état des choses, d'éclairer les nations sur les véritables motifs qui rendent la guerre indispensable et qui tirent leur source de l'ambition et de la rage de la faction qui tyrannise la France. Votre cabinet est trop sage et trop prévoyant pour n'avoir pas examiné si cette dépêche conviendrait, et je vous avoue que, sans trop priser mon idée, je désirerais de tout mon cœur qu'elle fût approuvée » (1).

Le 16 mars, le bruit se répand que Durand est revenu à Lausanne chargé de nouvelles propositions du Directoire. Gherardini estime cette nouvelle assez fondée pour se consulter avec Trevor sur ce qu'il convient de faire ; ils jugent à propos d'en parler à M. d'Hauteville et reçoivent du ministre l'assurance « que depuis les dernières et définitives réponses données à Gênes au général Schérer et communiquées ensuite à Vienne, les Français n'avaient pas ajouté le mot ; et il a promis qu'il nous scrupuleusement participe tout ce qui pourrait parvenir de nouveau à sa connaissance » (2).

Il suffit de rappeler, pour apprécier la sincérité de cette déclaration, que, le 2 mars, d'Hauteville mande à Castel Alfer que le Directoire a fait parvenir de nouvelles propositions. On ignore en quoi elles consistaient, mais il est certain que des négociations secrètes ont continué entre les agents de la France et ceux du Piémont pendant tout le mois de mars.

M. d'Hauteville a-t-il laissé transpirer le contenu des dépêches de l'ambassadeur sarde à Vienne, afin de ruiner son crédit, ou Gherardini a-t-il réussi à se créer des intelligences dans l'entourage du ministre, toujours est-il qu'il est instruit du sens général des rapports de M. de Castel Alfer. Les instructions envoyées le 31 par Thugut confirment ce que Gerardini pense lui-même de M. de Castel Alfer.

« Le même esprit de malveillance contre nous, lui répond-il, qui dirige l'étrange conduite de M. de Castel Alfer à Vienne, dicte aussi les rapports qu'il envoie ici et, comme j'ai observé à Votre Excellence dans ma correspondance de l'année passée, il a toujours semé

(1) Gherardini à Thugut, 5 mars (H. A. V.).
(2) Gherardini à Thugut, 16 mars (H. A. V.).

des soupçons sur les vues magnanimes et loyales de l'Empereur vis-à-vis de la Sardaigne, et a soutenu pendant longtemps que l'Autriche était intentionnée de conclure une paix séparée et d'abandonner ses intérêts. Ces divulgations perfides ont été soutenues ici par le baron du Peron, ci-devant ministre des affaires étrangères et père de Mme de Castel Alfer, un des plus grands frondeurs du système actuel de cette cour et qui a toujours travaillé avec le parti qui voudrait la détacher de la coalition. Ces circonstances et bien plus les remarques que Votre Excellence daigne faire, me font sentir qu'il est de la plus grande importance que les vues des cours alliées soient ignorées de l'ami intime du marquis de Lucchesini, et je m'empresserai de faire sentir à M. le comte d'Hauteville le désir de Sa Majesté Impériale que rien de ce qui regarde les opérations et les entreprises militaires des alliés soit traité ailleurs qu'à l'armée même entre le baron de Beaulieu et tel officier que Sa Majesté sarde y désignera de son côté » (1).

Par suite d'une indisposition de d'Hauteville et de l'absence de M. de Trévor, il retarde sa communication jusqu'au 11.

Conformément au parti adopté par le roi de ne pas soulever de difficultés au sujet de la réponse du cabinet de Vienne, d'Hauteville consent à tout ce que le ministre d'Autriche lui propose et, lors de l'entrevue où ce dernier lui fait part du mécontentement que la conduite de Castel Alfer a provoqué à Vienne, il désavoue complètement son ambassadeur. S'il faut en croire Gherardini, M. Eden adresse les mêmes plaintes à son collègue M. de Trevor, aussi ce dernier promet d'appuyer les démarches et les représentations de l'ambassadeur impérial auprès de d'Hauteville.

Le 11, Gherardini rend compte de son entretien avec d'Hauteville. « Je me suis ensuite rendu chez le dit régent des affaires étrangères que j'ai excité à bien peser les marques de générosité et de confiance entière que notre auguste maître ne cesse de donner au roi, en prenant à cœur ses intérêts comme les siens propres, ce qui vient d'être de nouveau prouvé d'une manière si lumineuse par l'article III de la réponse qu'il lui a plu de faire donner à la note du comte de Castel Alfer et par les dispositions y relatives. Je lui ai observé qu'il serait fâcheux que des êtres subalternes et mal intentionnés pussent nuire à la bonne harmonie ou à l'intimité qui règne entre les deux cours et, après avoir fait un exact tableau de la conduite du comte de Castel Alfer à Vienne, je lui ai déclaré que les liaisons et dispositions manifestées par ce ministre excluent toute

---

(1) Gherardini à Thugut, 11 avril (H. A. V.).

possibilité de traiter et régler avec son intervention les objets inhérents au plan des opérations de la campagne et que, par conséquent, l'intention de l'Empereur est qu'ils soient concertés à l'armée du général Beaulieu. M. d'Hauteville m'a répondu qu'il était avant tout chargé par le roi de me témoigner sa satisfaction la plus intime et respectueuse pour les témoignages de cordialité et d'amitié que l'Empereur venait de lui donner, et qu'il sentait combien il devait à sa bonté et à l'efficacité de ses secours, et qu'elle pouvait compter sur la reconnaissance et la fidélité la plus religieuse et sur l'attachement inviolable à son auguste personne ; il a ensuite blâmé hautement la conduite du comte de Castel Alfer qu'il a assuré n'avoir pas été auparavant à sa connaissance. Il a dit que rien n'était plus impolitique de sa part que son intimité avec Lucchesini, qu'il lui ordonnerait de rompre cette liaison qui convenait si peu à son caractère et à ces circonstances, et qu'on devait attribuer cela au manque de tact de ce ministre qui avait la vue basse moralement et physiquement. Il a fort approuvé la détermination de Sa Majesté Impériale pour ce qui concerne les opérations qui devront être concertées à notre quartier général, et il a ajouté que les explications données par Votre Excellence, et particulièrement celles de l'article III de la note remise au baron de Latour, aplanissaient toutes les difficultés et faisaient même reconnaître l'utilité de pouvoir combiner promptement les mesures nécessaires à l'armée du baron de Beaulieu qui avait déjà avec ses dispositions fait connaître l'intérêt qu'il mettait à l'observation des ordres de l'Empereur et à la réussite des entreprises fondées sur un accord réciproque et sur la meilleure intelligence. J'ai jugé à propos de lui faire envisager les difficultés qu'il rencontrera à redresser les mauvais plis et à corriger les travaux de cet envoyé qui avait soumis son faible entendement aux chicanes de l'astucieux lucquois. Nous ne sommes pas riches en ministre, a-t-il repris, mais vous pouvez être assuré que je rendrai compte de la manière que je dois au roi de tout ceci, et je me réserve de vous parler de nouveau sur un tel argument ».

Il est étonnant qu'un ministre se soit laissé aller à discréditer à un tel point l'ambassadeur de son pays en parlant à un étranger, surtout après les nombreuses marques d'approbation qu'il lui donne dans ses instructions. M. de Gherardini en a été lui-même vraisemblablement surpris et, pour expliquer la conduite de d'Hauteville, il observe que Castel Alfer n'est pas une de ses « créatures », qu'il n'a jamais été tout à fait dans ses bonnes grâces et qu'il appartient au parti du baron du Perron dont il a épousé la fille.

Au contraire M. d'Hauteville paraît très peiné d'apprendre que de San Marsan est représenté comme un partisan de Lucchesini, car il lui est fort attaché étant un neveu de la marquise de Breme à qui il fait « assidûment sa cour » ; il lui promet de le rappeler (1). Du reste il n'a jamais été question pour lui d'une place d'ambassadeur ; il est destiné à servir d'aide de camp au général de Beaulieu durant la campagne de 1796 ainsi qu'il l'a été en 1795 auprès du général de Wins.

La conduite du roi confirme celle du ministre. « La lettre autographe remplie de bonté, d'amitié et d'intérêt que Sa Majesté Impériale a écrite au roi, mande Gherardini, a, en attendant, produit le plus grand effet et, après l'avoir lue aux princes de sa famille, il l'a gardée sur sa table et l'a montrée à tous ses confidents avec joie, sensibilité et reconnaissance » (2).

(1) Gherardini à Thugut, 11 avril, n° 33 (H. A. V.)
(2) Gherardini à Thugut, 11 avril, n° 32 (H. A. V.).

CHAPITRE IV

Désignation des généraux en chef. — Plans de campagne.

L'Empereur s'étant refusé de consentir à ce que le roi soit désigné comme généralissime, les généraux commandant les armées piémontaises et autrichiennes vont agir sans qu'une autorité supérieure leur impose ses volontés, puisque le roi ne veut pas placer ses troupes sous les ordres du commandant en chef de l'armée impériale.

Ces deux généraux disposant de pouvoirs égaux avaient à se mettre d'accord avant d'arrêter leurs dispositions. Il était nécessaire, pour qu'une pareille organisation pût fonctionner, qu'il n'y eût pas entre eux d'incompatibilité d'humeur, comme le fait s'était produit l'année précédente, où l'on attribuait en partie les insuccès de la campagne à la mésintelligence qui n'avait cessé de régner entre de Wins et Colli. Or plusieurs mois s'écoulent avant qu'une décision ferme soit prise à Turin et à Vienne.

Après le départ de de Wins, Wallis reçoit par intérim le commandement de l'armée impériale. Cet officier ne possède pas la confiance de la cour de Turin, on le trouve circonspect; aussi le 17 décembre, Castel Alfer d'accord avec Eden exprime-t-il le désir qu'on envoie en Italie un général « plus entreprenant et d'une plus grande réputation » (1) et il aurait vu avec satisfaction ce choix tomber sur le prince de Hohenlohe. D'après des bruits qui se sont répandus à Vienne, l'Empereur lui a proposé cette fonction en lui offrant le bâton de maréchal pour le décider. Quelle que soit le plus ou moins de vérité de cette nouvelle, comme on « est convaincu de la nullité du maréchal de Wallis pour le commandement

(1) Castel Alfer à d'Hauteville, 10 décembre (H. A. V.).

suprême », l'Empereur expédie en Italie le général de Beaulieu qui a rempli en 1795 les fonctions de chef d'état-major à l'armée du Rhin commandée par Clerfayt. Ce général est en réalité l'homme de Thugut, et avant son départ, le ministre lui a probablement assuré qu'il sera placé à la tête de l'armée pendant l'année 1796. Castel Alfer le tient pour « actif et très entreprenant ». D'après les renseignements qu'il a obtenus, les conseils du général de Beaulieu doivent être suivis jusqu'au moment où un chef suprême sera donné à l'armée.

Dès le 7 janvier, il est question de lui pour ce poste, Castel Alfer en informe sa cour : « Par quelques mots qu'il [Thugut] m'ajouta ensuite, j'ai cru comprendre qu'on était mécontent de lui [de Wallis] et qu'il ne garderait pas le commandement longtemps encore, lequel, sur le refus du prince de Hohenlohe, va être donné au lieutenant-général Beaulieu qui a déjà reçu sa destination pour cette armée » (1).

Un autre parti met en avant l'archiduc Ferdinand à qui l'on aurait accordé le commandement supérieur, « comme une réparation due à l'archiduc des déboires que le général de Wins lui avait fait essuyer l'année précédente ». Ses adversaires objectent que le prince est trop jeune pour exercer cette haute fonction. L'ambassadeur doute que l'Empereur qui « tout seul » a voulu confier cet emploi à Beaulieu, persiste dans son choix, d'autant plus que, le prince a promis au maréchal de Wallis, président du conseil de guerre, afin de se le rendre favorable que, s'il reprend le commandement « il ne permettrait que le général son frère s'éloignât de sa personne » (2).

Le 4 février, rien n'est encore décidé ; à en croire l'ambassadeur, il y aurait eu à Vienne trois partis. L'Empereur voudrait nommer Beaulieu, mais le conseil de guerre est pour le maréchal de Wallis qu'appuie l'archiduc Ferdinand. Ce prince « désire avoir l'apparence du commandement et le laisser ensuite exercer par le général qui lui est voué ainsi que la chose eût lieu pendant l'avant-dernière campagne. »

Enfin le troisième clan, appelé parti anglais, parce qu'on le croit soutenu par M. Eden, aurait désiré y porter l'archiduc Charles ayant pour conseil le général Mack. Ce choix paraît très raisonnable à l'ambassadeur et aurait eu son approbation, car « il n'y a pas de doute, écrit-il, que ce général, quoique jeune, ne soit celui qui

---

(1) Castel Alfer à d'Hauteville, 7 janvier (H. A. V.).
(2) Castel Alfer à d'Hauteville, 14 janvier (H. A. V.).

jouit de la plus grande réputation dans toute l'armée » (1).

En attendant, la situation du général de Beaulieu est mal définie, il commande les troupes militaires au nord du Pô avec le titre de quartier-maître général, mais en fait il ne possède aucune autorité. Il s'en plaint au ministre avec juste raison. Je me trouve ici sans la moindre autorité, car « le caractère du quartier-maître général, n'en donne aucune quand le général commandant ne veut pas ; à peine me laisserait-il disposer d'un officier du corps dont je suis actuellement encore le chef et que pourrais-je faire ? » En cas d'insuccès, le conseil de guerre le chargera de la responsabilité de faits qu'il n'aura pu empêcher et, sans l'appui du ministre, il se croirait malheureux d'être dans une telle position. Puis en des termes assez obscurs, après l'avoir remercié de sa nomination au grade de quartier-maître, il le prie de « faire le reste », c'est-à-dire vraisemblablement de lui faire accorder le titre de général en chef.

Fort de la confiance de Thugut, Beaulieu entretient avec lui une correspondance très secrète où il n'hésite pas à blâmer, peut-être avec justes motifs, les dispositions de son chef le général de Wallis. Il trouve le quartier général mal placé à Pavie ; à son avis, on aurait dû l'établir à Alexandrie. Il signale « le ton peu militaire et le peu de confiance mutuelle entre quelques supérieurs » qui règnent dans l'armée. Comme tout chef qui arrive, il se croit appelé à réformer l'armée qui va lui être confiée. « J'aurais désiré, écrit-il, de trouver ici un peu plus d'harmonie et, c'est avec peine pour moi que je n'ai presque pas trouvé des officiers qui aient servi avec moi aux Pays-Bas et, qu'à un seul près, dans ce qu'on appelle le corps de l'état-major du quartier-maître général, je n'en connais aucun, et c'est le général de Simbschen qui dirigeait leur esprit et leur genre que j'avoue être différent de ma manière de penser et de voir pour conduire le militaire à son vrai but. Le comte de Wallis naturellement n'ayant pu me voir arriver ici avec plaisir, j'ai senti que je devais me patienter et laisser arriver les choses à leur maturité et surtout, d'après la lettre de confiance que Votre Excellence m'a bien voulu écrire, sur laquelle je me repose entièrement ». La personnalité de Wallis ne lui inspire aucune confiance ; il avoue avoir des « moments pleins d'inquiétude, car je ne crois pas que M. de Wallis me permette jamais mon penchant de courir au plus pressé avec ce qu'on pourrait ramasser à la hâte ; je le crois si méthodique, que je me persuade que le temps se perdrait en raisonnements, peut-être contradictoires, écritures et calculs ». Dans

(1) Castel Alfer à d'Hauteville, 4 février (A. E. T.).

cet état de choses, il estime très heureux que l'ennemi, « sans doute par malaise ou d'autres motifs de difficultés locales ou de saison, ne se montre pas quelque part, car il ne savait comment on commanderait » (1).

Le général Colli est encore plus affirmatif ; à une époque où l'on ignore encore sur qui tombera le choix de l'Empereur, il déclare tout net à Gherardini que si Wallis « était destiné au commandement suprême de l'armée autrichienne, il devrait insister sur son rappel, vu l'impossibilité d'établir un rapport réciproque ».

La différence de leurs vues sur les méthodes de guerre à adopter explique cette antipathie. Colli est d'avis avec tous les généraux piémontais de s'opposer au débouché des Français en défendant à outrance la chaîne de montagnes des Apennins. Wallis veut au contraire leur laisser envahir le plat pays. Surtout il exprime son peu de confiance dans l'armée sarde, et cela, si ouvertement que l'ambassadeur autrichien croit de son devoir d'en avertir sa cour. « Il ne fait aucun cas de l'armée piémontaise, pendant que M. de Colli soutient que, quoiqu'il en connaisse la faiblesse et l'indiscipline, on pourrait tirer d'elle un bon parti si on voulait établir le concert nécessaire. ».

Les questions personnelles, les rivalités entre les militaires ont été constantes durant les campagnes précédentes et l'ambassadeur n'hésite pas à leur attribuer les échecs que l'on a éprouvés.

Les rapports entre Colli et Beaulieu sont bien différents, l'ambassadeur a lu une lettre de ce dernier adressée à Colli « où règne le ton de l'amitié la plus intime qui promet la meilleure intelligence entre ces généraux ». A son avis, il serait avantageux de forcer la main au roi qui se soumettrait devant le fait accompli. « Un commandant général autrichien qui réunirait les talents à l'importance, serait le seul juge compétent de ces différends, et pourrait par des dispositions savantes et impartiales assurer le sort de la campagne prochaine. Je crois que si Sa Majesté Impériale se déterminait à le destiner et qu'il n'y eût aucun changement dans l'état présent des affaires, le roi de Sardaigne, malgré son envie de commander et de faire briller ses enfants, soumettrait la plus grande partie de son armée à ses ordres à l'exemple de ce qu'il a pratiqué avec le général de Wins » (2).

Le 3 mars, l'Empereur se décide à confier le commandement de

---

(1) Beaulieu à Thugut, 10 mars (K. K. A.).
(2) Gherardini à Thugut, 8 février (H. A. V.).

son armée d'Italie au général de Beaulieu. Sa candidature a été vivement soutenue par Thugut.

Rempli de reconnaissance dans l'appui du ministre il l'en remercie en ces termes. « Je tâcherai de vous donner raison de m'avoir tant protégé par la bonne opinion qu'à mon insu Votre Excellence a donnée de moi au monarque » (1).

D'après certains témoignages, l'armée autrichienne aurait regretté le général de Wins, elle aurait eu « moins de confiance » dans Beaulieu que dans son prédécesseur (2), ceci est certainement inexact. Dès 1794, l'archiduc Ferdinand adresse à l'Empereur un acte d'accusation formel contre le général de Wins (3) et, dans ses lettres intimes, M. de Costa qui réflète l'opinion de l'armée sarde, s'exprime sur son compte en des termes tels qu'on ne peut les reproduire (4).

Au moment de son départ, le roi se borne à lui adresser une lettre banale (5).

Wallis en qui l'archiduc a mis toute sa confiance est appelé à la direction de l'artillerie à Vienne; dès que la nouvelle destination de ce général lui est connue, le prince lui écrit « pour lui témoigner ses sentiments de reconnaissance pour la façon loyale, droite et sincère » avec laquelle il a agi avec lui pendant tout le temps de son séjour en Italie (6); et le 23 mars, il le recommande chaleureusement à l'Empereur, insistant particulièrement sur ses qualités d'honneur et de dévouement (7).

---

(1) Beaulieu à Thugut, 17 mars (A. E. K.).
(2) *Mémoires sur la campagne de 1793*, p. 14.
(3) Archiduc à l'Empereur.
(4) Papiers X.
(5) Le roi à de Wins (*Reg. della corte.* A. E. T.). — Monsieur le général baron de Wins, le marquis de San Marsan m'a remis en son temps la lettre par laquelle vous m'annoncez que Sa Majesté l'Empereur vous a accordé votre jubilation en suite du mauvais état de votre santé qui ne vous permettait plus de servir en campagne. N'ayant jamais douté de votre zèle et de votre attachement pour moi, vous ne devez pas douter à votre tour de toute la part et intérêt que je prends à ce qui vous regarde. Connaissant parfaitement vos talents et votre habileté dans l'art militaire, j'ai vu avec la plus grande peine que votre santé vous ait mis dans l'impossibilité d'exercer le commandement aux dernières périodes de la campagne qui avait commencé si brillamment dans vos mains.

J'espère cependant que vous pourrez vous remettre, et je le désire bien sincèrement. Si la circonstance se présente, je profiterai volontiers de l'offre que vous me faites de vos services, et je saisirai d'ailleurs toujours avec plaisir les occasions de vous donner des preuves de l'estime particulière et de l'amitié que je conserve pour vous.

(6) Archiduc Ferdinand à l'Empereur, 15 mars (H. A. V.).
(7) Archiduc Ferdinand à l'Empereur, 23 mars (H. A. V.). — Je ne saurais laisser partir le général Wallis, sans le charger de cette lettre pour Votre Majesté, ne l'ayant appris à connaître qu'au moment que Votre Majesté l'avait

La question du commandement de l'armée piémontaise est plus difficile à trancher ; le roi éprouve naturellement un sentiment très pénible à placer ses troupes sous un général étranger et le parti des princes cherche à tirer parti de cette disposition pour desservir le général Colli. Gherardini accuse formellement cette faction de l'accabler de tracasseries ; cette mauvaise volonté aurait été poussée au point de proposer de dégarnir le front des Apennins où il commande, bien qu'il fût évidemment le plus menacé, et elle cache ses vues personnelles en prétextant que cette disposition aura l'avantage de forcer les Autrichiens à s'étendre sur leur droite.

Lors de l'échec du 23 novembre où Colli a couvert avec la plus grande habileté la retraite des troupes autrichiennes, des personnages très qualifiés à la Cour ont dit assez ouvertement pour que leurs propos parviennent à l'oreille de l'ambassadeur : « que M. de Colli trahissait les intérêts du roi de Sardaigne, sacrifiant son armée pour aider les Autrichiens qu'on aurait dû laisser détruire pour les punir de leur mauvaise foi et de leur inaction ».

Le roi lui-même semble lui marquer de la défiance en ne l'appelant pas à plusieurs congrès. Colli mécontent « à juste titre » de cette sourde inimitié, dégoûté de ce qu'il a eu à endurer pendant la campagne de 1795, demande à l'Empereur, par l'intermédiaire du général Ferrari, « d'être dispensé de commander les forces impériales en Italie ».

destiné auprès de moi au commandement de troupes. J'ai eu occasion, tant dans la campagne de l'année 1794 que pendant ces derniers mois qu'il a eu le commandement interimal, de trouver en lui-même un homme d'une intégrité et d'un vrai zèle et attachement au service de son maitre, sans aucune vue seconde ou passion secondaire, vraiment rare et qui mérite bien que je lui rende ce témoignage auprès de Votre Majesté. Sa façon de voir et d'opiner sur les questions militaires, s'il a eu le malheur de ne pas rencontrer avec les intentions et vues supérieures de Votre Majesté, la loyauté et franchise avec lesquelles il les a témoignées et représentées à Votre Majesté si d'un côté le rendaient moins propre à l'exécution contre sa propre conviction, de l'autre prouvaient à Votre Majesté le caractère droit de l'homme incapable par aucune vue secondaire à cacher à son souverain sa propre opinion. J'assure à Votre Majesté, et j'ai eu assez d'occasion de le connaître, qu'il est impossible d'être plus dévoué tout entier au bien de la monarchie, et sans aucune seconde vue comme monsieur de Wallis, autant que je puis répondre de sa droite et bonne intention, ne pouvant juger puis de ses connaissances et qualités militaires pour le commandement d'une armée qui, d'ailleurs à la fin seulement de la campagne de l'année 1794, a été portée à 17 bataillons, l'année 1795 était de 28 et actuellement le sera de 38 bataillons. J'ai cru devoir auprès de votre Majesté rendre cet hommage à la vérité et aux qualités que j'ai connues à M. de Wallis qui me fait vraiment estimer les qualités du caractère et de cœur de ce général et qui, par l'attachement sans bornes au bien du service de V. M. que je lui connais, pourra, j'espère, encore lui rendre d'utiles services dans d'autre situation...

Cette résolution cause une vive inquiétude à l'ambassadeur. « On ne serait pas mécontent ici, mande-t-il, de le voir éloigner, quoiqu'il n'existe pas un général piémontais capable de le remplacer et, à part les suites fâcheuses que cette circonstance pourrait amener, on devrait s'attendre à un redoublement de mésintelligence qui s'établirait entre les armées alliées ». Il admet, comme hors de doute, qu'au cas où Colli quitte le commandement, l'on sera assez « présomptueux » à Turin pour saisir avec joie cette occasion et ne pas demander un autre général à l'Empereur, « d'autant plus, que le petit orgueil piémontais souffre mal volontiers d'obéir à un chef étranger qui doit naturellement préférer les intérêts de son maître à toute autre considération » (1).

Cette supposition par laquelle Gherardini prétend appuyer son opinion est absolument inexacte. Il est indiscutable que Colli s'est montré en toute circonstance profondément dévoué aux intérêts du Piémont.

Dès l'instant où le Piémont négocie avec la France, son intérêt exige que son armée ne reste pas aux ordres d'un général attaché au service de la puissance dont il délaisse l'alliance. Pour des motifs opposés à ceux de Gherardini, de Castel Alfer croit de son devoir d'attirer l'attention de son gouvernement sur ce que cette situation a d'anormal ; il propose d'ailleurs de la faire cesser par un procédé fort commode qui consiste à prendre cet officier au service du Piémont.

« Le général Colli qui commande la très grande partie des forces de Votre Majesté, quoique son sujet par la naissance, se trouve au service direct de ce pays-ci et, lorsque les intérêts des deux souverains ne seront pas tout à fait les mêmes, il est à supposer que ce sera plutôt du côté de l'Empereur qu'il penchera ; d'autant plus qu'il ne peut ignorer qu'il a le plus grand besoin de regagner de la faveur, étant assez mal en cour, à tel point qu'on a trouvé le moyen de faire renoncer l'Empereur au parti qu'il avait pris de lui donner un régiment, à force de lui répéter que ce militaire n'avait fait constamment que montrer de la partialité pour les intérêts de Votre Majesté contre ceux du souverain qu'il sert. D'après ces dispositions, j'ose représenter à Votre Majesté que, si elle croit que ce général puisse convenir à son service, il ne devrait pas être difficile de l'y attacher exclusivement, vu que les avantages qu'il pourrait y retrouver, surpasseront de beaucoup tout ce à quoi il lui est permis d'espérer en ce pays-ci où on cherche à le desservir en toute manière. Il résul-

(1) Gherardini à Thugut, 1er février (A. E. T.).

terait d'un pareil arrangement plus d'un avantage, d'abord celui d'éviter que les détails les plus secrets sur les troupes de Votre Majesté ne soient expédiés au conseil de guerre de Vienne par un général qui doit obéir à tous les ordres qu'il en reçoit. D'ailleurs on fera cesser une accusation qu'on ne cesse de répéter ici pour déprimer notre militaire, et c'est que nous n'avons jamais pu nous dispenser de le faire commander par un général de l'armée alliée. Votre Majesté peut être bien assurée que je n'ai pas manqué de répondre, comme je le devais, à cette obligation, soit en faisant envisager cette condescendance comme une plus grande preuve de la loyauté de Votre Majesté et de son attachement à l'alliance, soit en observant que le général Colli doit être regardé comme piémontais par sa naissance, soit enfin par cent autres arguments plus forts que ceux-là. Mais à tout prendre dans la différente position où nous pouvons nous trouver à l'égard de cette Cour après qu'elle a eu connaissance de nos négociations avec la France, il me paraît qu'il peut être fort intéressant au bien du service de Votre Majesté que celui qui est à la tête de ses troupes, ne soit lié par aucun serment à aucun autre souverain » (1).

Le parti des princes désire fortement que le duc d'Aoste soit nommé au commandement en chef; à en croire Gherardini, c'est lui qui pousse le roi à réclamer le titre de généralissime; il aurait été bien aise « de voir le roi revêtu de la première influence, espérant de diriger ensuite les affaires à leur gré », et le roi qui ne se sent pas la force de commander, « nourrit l'arrière-pensée de se faire remplacer » par ce prince. Cette solution paraît avoir eu assez de chance d'être adoptée tant que les négociations durèrent avec la France, puisque M. de Cravanzana interrogé sur ce sujet par l'ambassadeur a eu « la bonhomie de lui dire que le duc d'Aoste, entouré des meilleurs officiers de l'armée piémontaise, serait en état de commander en chef aussi bien que M. de Colli ».

Gherardini conseille le 8 de refuser cette démission pour les motifs énoncés dans son rapport du 1er. Le désir de faire nommer le duc d'Aoste est la seule cause des mauvais traitements que l'on fait éprouver à Colli; on veut le dégoûter « pour laisser le champ libre à l'ambition de ce prince ». Il suffit à la cour de Vienne de faire preuve de fermeté; toutes ces cabales prendront rapidement fin. « Je suis d'ailleurs très persuadé, écrit-il, que, quoiqu'on serait ici bien aise de se défaire de lui, on n'aurait jamais le courage d'en venir à une rupture ouverte et que, s'il ne persiste pas dans sa

(1) Castel Alfer au roi, 8 février (A. E. T.).

détermination de quitter le commandement, il le gardera malgré toutes les cabales possibles » (1).

Quatre jours plus tard, au moment où l'envoi de M. de Latour à Vienne est décidé, Gherardini revient sur cet important sujet du commandement, et il l'envisage sous tous les points de vue dans une série de questions qu'il soumet à l'examen du ministre.

« Daignez prendre en considération à la suite de mes rapports les articles suivants : 1° N'est-il pas de l'intérêt de l'Empereur que les deux armées alliées continuent à être commandées par un général autrichien ? 2° N'est-il pas important au maintien de la bonne harmonie et, vu l'inexpérience et la présomption du duc d'Aoste, que ce prince ne commande pas les Sardes ? 3° N'est-il pas prouvé que Colli a réussi dans la guerre des Alpes qui demande une longue expérience ? 4° S'il a réussi, ce n'est donc que pour satisfaire l'ambition du duc et pour se défaire d'un général autrichien qu'on cabale ? 5° Et si le bien du service demande qu'il retienne le commandement exercé pendant trois ans avec succès, un seul mot de Votre Excellence au baron de Latour ne suffirait-il pas pour produire cet effet ? 6° Si M. de Beaulieu aura une influence majeure dans la campagne prochaine, son amitié avec Colli n'en assurera-t-elle pas le succès ? 7° Les prétentions du roi ne s'évanouiront-elles pas en raison que le duc aura perdu l'espoir de commander. M. de Latour n'est pas ami de Colli et voudrait commander en chef aussi. On le dit bavard et ignorant » (2).

De son côté l'ambassadeur d'Angleterre appuie les représentations de son collègue. Dans une audience que le roi lui accorde, il lui représente « que la recrue s'exécutait avec trop de lenteur, qu'on ne mettait pas assez d'énergie au recouvrement des impôts nécessaires, et il a particulièrement insisté pour que le commandement général de son armée principale vers la rivière de Gênes fût confié comme auparavant au général Colli. Il a fait observer au roi que cet officier jouissait de l'entière confiance des troupes, que jusqu'à présent il ne se montrait pas dans ce pays un sujet capable de le remplacer, et que les cours alliées n'auraient peut-être pas vu de bon œil que de si grands intérêts fussent confiés à des mains peu habiles, pendant qu'on voudrait écarter un homme qui avait établi sa réputation dans la campagne précédente (3) ».

Le roi prend son parti bien avant d'avoir entendu M. de Trevor

(1) Gherardini à Thugut, 8 février (H. A. V.).
(2) Gherardini à Thugut, 12 février (H. A. V.).
(3) Gherardini à Thugut, 20 février (H. A. V.).

et, comme Gherardini le prévoyait, il refuse de se séparer de Colli. Dès le 1er février, d'Hauteville, par ordre du roi, insiste à Vienne pour que la demande de Colli soit rejetée (1). D'un autre côté, tout en appréciant la justesse des observations de Castel Alfer, Victor Amédée refuse de les adopter de crainte de mécontenter la cour de Vienne (2). Il décide de laisser les commandements tels qu'ils étaient l'année précédente. Les ducs d'Aoste et de Montferrat commanderont dans la vallée de Suse, et Colli depuis les Langhes jusqu'à Tende ; le 20, M. de Cravanzana en avertit Gherardini (3).

Dans le courant de mars un nouvel incident remet tout en question ; il est impossible de préciser quelle est la cause du mécontentement de Colli ; très vraisemblablement on n'a pas consenti à lui accorder l'avancement qu'il réclame pour un officier ; il demande de nouveau au roi d'être relevé du commandement de son armée et de se limiter à celui du corps auxiliaire. Il prétexte, pour justifier cette résolution, l'épuisement de sa santé.

D'Hauteville l'en dissuade par une lettre fort aimable ; il lui répond qu'une dépêche du roi a dû lui expliquer les motifs de la décision dont il se plaint et que, par suite, il a suspendu de rendre compte de la lettre qu'il lui a adressée. Il refuse de croire au mauvais état de sa santé : « Je vous avoue, monsieur le général, que, connaissant votre zèle et la force d'âme qui vous a fait soutenir si longtemps tant de fatigues et de travaux pénibles, je ne puis me défendre d'attribuer aussi la résolution de faire cette demande dans les circonstances présentes à quelques mouvements de cette vivacité dont vous me faites l'avis » (4).

Ces explications donnent satisfaction à Colli ; l'empereur sur la demande du roi le laisse à sa disposition et il conserve le commandement de l'armée sarde pour la campagne de 1796.

Cette question du commandement, cause de si graves désagréments dans les années précédentes, semble donc résolue de la manière la plus favorable. Les généraux s'entendent à merveille et l'ambassadeur en informe Thugut dans les premiers jours d'avril : « J'ai la satisfaction d'assurer Votre Excellence que la meilleure harmonie cimentée par les liens d'une ancienne amitié règne entre les deux généraux Beaulieu et Colli. J'ai tout lieu de me flatter qu'elle ne sera pas troublée dans tout le cours de la campagne, et que le

---

(1) D'Hauteville à Castel Alfer, 1er février (A. E. T.).
(2) Le roi à Castel Alfer, 20 février (A. E. T.).
(3) Gherardini à Thugut, 20 février.
(4) Hauteville à Colli, mars *Reg. della corte*, 53 (A. E. T.).

bien du service et le plus heureux succès en seront le résultat » (1).

Cependant, s'il faut ajouter foi aux paroles de M. de Latour rapportées par M. de Gherardini, au dernier moment, le roi lui aurait proposé de le mettre à la tête de son armée, ce qui semble bien étonnant après les démarches de l'ambassadeur auprès de Thugut pour que le général Colli conserve ses fonctions. Latour s'y serait refusé « ne voulant remplir d'autres fonctions que celles de conciliateur en contribuant à la meilleure réussite des affaires avec ses soins et ses conseils », et il aurait représenté à son souverain « les inconvénients qui résulteraient du déplacement de M. de Colli qui lui avait rendu des services signalés ».

Dans la conversation où Latour donne connaissance de ce fait à Gherardini, il lui fournit les explications les plus positives sur sa volonté de persister dans cette manière d'agir, et lui assure « qu'il pouvait entièrement se fier et se reposer sur son honnêteté ». L'ambassadeur le félicite de cette résolution et de sa délicatesse ; il lui répond « que la meilleure intelligence était déjà établie entre les généraux Beaulieu et Colli. Que celui-ci dans sa dernière lettre à Sa Majesté faisait dépendre le bon succès de la campagne de son ancienne amitié avec le premier, que je savais que, depuis le mouvement précoce de l'ennemi sur Gênes, ils avaient concerté ensemble leurs opérations et que je ne lui cachais pas que l'intervention d'un troisième général qui ne fût pas animé comme lui du véritable bien des affaires et n'eût pas ses maximes nobles et justes, aurait pu avoir des suites désagréables ».

Le bruit de ce changement se répand néanmoins et paraît avoir une certaine consistance, aussi Gherardini juge-t-il à propos d'adresser à Colli « une lettre destinée à calmer la permière effervescence », d'autant plus qu'à la fin de la campagne précédente il s'était manifesté entre ces deux généraux « une espèce de jalousie et d'aigreur » (2).

Colli doit naturellement voir dans la personne du général de Latour l'officier destiné à le remplacer ; il est peu probable que les intentions vraies ou supposées du roi à son égard lui soient restées cachées ; ainsi même après les grands services rendus au Piémont, il n'a pu s'attirer la confiance du souverain, soutien qui lui est indispensable dans la situation difficile où il se débat. Il n'y a donc rien d'étonnant à ce que ses actes aient montré une certaine

---

(1) Gherardini à Thugut, avril (H. A. V.).
(2) Gherardini à Thugut, 11 avril (H. A. V.).

indécision dans la conduite des opérations, et qu'il n'ait rien osé risquer.

Le 3 mars, l'Empereur, en nommant le général Beaulieu chef de son armée d'Italie, lui adresse un mémoire où, sans entrer dans les détails, il lui expose les idées directrices que l'on doit adopter pour la conduite des opérations pendant la campagne de 1796.

L'Empereur exige avant tout que la guerre soit offensive. « Le roi de Sardaigne, écrit-il, n'est retenu dans la coalition que par l'assurance de recouvrer ses provinces envahies par les Français, et ce serait fournir un prétexte plausible à sa défection que d'éloigner la probabilité d'une pareille chance en se décidant pour des mesures défensives; d'ailleurs une funeste expérience n'a que trop prouvé depuis le commencement de cette guerre que, vis-à-vis d'une nation qui, comme la française, a toujours tiré sa force principale de son audace fondée sur son opinion de la faiblesse ou pusillanimité de l'ennemi, tous les plans défensifs ne sauraient aboutir qu'à des revers inévitables ».

Ce principe admis, le mémoire admet que la première opération à effectuer consiste à chasser les Français de la rivière de Gênes.

« Les neiges fondant de bonne heure sur les Apennins qui séparent la Lombardie de la rivière de Gênes, pendant qu'on ne saurait guère sans beaucoup de risque hasarder un passage des Alpes avant la fin de juin, il paraît donc qu'il serait à désirer qu'on pût ouvrir la campagne par l'expédition dans la rivière de Gênes en y joignant, s'il est possible, la délivrance du comté de Nice, d'autant que la périphérie des Alpes de Piémont vers le Nord et l'Ouest se trouvant encore défendue et gardée par les neiges, l'armée sarde serait par là à même de réunir de son côté plus de forces et de nous seconder plus efficacement.

C'est au général commandant l'armée de Sa Majesté qu'il appartient de fixer plus particulièrement le plan d'une pareille opération et la manière de l'exécuter avec le plus de probabilités de réussite en choisissant dans les vallées de Bormida ou de Tanaro les points les plus propres pour se porter sur la Rivière, et en dirigeant peut-être l'attaque principale par la vallée de Tanaro et par les Viosèmes où le succès, faisant craindre à l'ennemi pour ses derrières, hâterait sa retraite de peur d'être coupé; en combinant enfin ces opérations avec des tentatives par les cols de Tende et de Fenestres qui serviraient de diversion et inquiéteraient toujours l'ennemi, supposé même que la fonte des neiges, plus tardive dans ces parties-là, ne permit point d'en attendre des effets plus décisifs...

Lorsque l'armée autrichienne arrivée à la Roya, l'on sera par suite parvenu, moyennant des opérations combinées avec les Piémontais, à déloger l'ennemi du comté de Nice et supposé que, comme cela est probable, l'on trouvât que des tentatives en Provence et au delà du Var ne puissent pas être bien utiles, ni produire des résultats importants, il sera temps alors de procéder à l'exécution de ce qu'on aura jugé faisable du côté de la vallée de Barcelonnette vers Briançon ou dans et par la Savoie.

Peut-être croira-t-on pouvoir combiner les deux opérations de sorte que l'expédition de la vallée de Barcelonnette ou vers Briançon serve de diversion propre à faciliter le succès de l'expédition majeure en Savoie. Auquel cas, un détachement de notre armée, supposée portée sur le Var, serait employé à la première de ces expéditions pendant que la seconde serait exécutée par l'armée piémontaise ».

Ces opérations exigent pour réussir une entente parfaite entre les deux puissances alliées, or cette condition fondamentale de succès fait défaut. On peut dire que toutes les mesures proposées dans ce mémoire sont inspirées par une défiance absolue dans la bonne foi du Piémont.

L'empereur prescrit à Beaulieu « d'entremêler » ses troupes le moins possible, avec celles du Piémont, elles doivent toujours être réunies « ou à portée de se réunir sans obstacle intermédiaire ». Après la prise de la Rivière de Gênes, l'armée autrichienne y tiendra garnison et restera « en possession de ses points les plus importants, lors même qu'après l'expulsion de l'ennemi, le gros de l'armée de Sa Majesté se porterait ailleurs ». L'armée sarde ne laissera à Oncille et à Loano, localités appartenant au Piémont, qu'un petit corps de troupes nécessaire pour y maintenir l'ordre.

Durant l'opération, l'armée piémontaise constituera l'aile droite : « elle sera principalement chargée des attaques et diversions à tenter vers le comté de Nice »; le corps auxiliaire, placé en intermédiaire, liera les deux armées de manière à se trouver toujours à portée de joindre l'armée autrichienne.

Mais les forces du roi seront-elles en état de reconquérir la Savoie ? Le mémoire répond à cette question : que « cet arrangement est conforme au principe d'éviter, autant que possible, le mélange des deux armées, et c'est bien le moins qu'on peut demander au roi de Sardaigne que de s'évertuer de son côté à pourvoir, par sa propre armée, à la délivrance de son duché de Savoie ». Il admet en outre que, dès l'instant où l'armée autrichienne arrivée sur le Var « aura pris sur elle le soin de l'expédition vers la vallée de Barcelonnette et Briançon ou pour le moins celui de la garde et défense des diverses vallées et passages qui de la Provence et du Dauphiné débouchent dans le Piémont », l'armée sarde aura toute liberté de se réunir en masse et de venir augmenter celle destinée à l'invasion de la Savoie. Peut-être même l'empereur se décidera-t-il à y diriger le corps de Condé.

En principe cette concentration des forces sardes est peut-être juste au point de vue militaire. Mais engager toute son armée en Savoie, alors que l'Autriche garde ses forces disponibles dans la Rivière de Gênes et dans le comté de Nice, c'est se livrer entièrement à cette puissance. Dans son mémoire du 10 mars, M. de San Marsan dont les paroles de Thugut ont éveillé les soupçons, a averti sa cour de ne pas tomber dans ce piège ; du reste, dès que cette proposition a été connue à Turin, le roi a refusé absolument même de la discuter.

Au général en chef seul, l'empereur déclare qu'il y a « peu de fonds à faire sur la contenance et la bonne foi du cabinet de Turin ». Les négociations entamées avec la France ont jeté du doute dans son esprit sur la sincérité du Piémont. malgré les explications et les protestations qui lui ont été transmises. Aussi Beaulieu ne « doit-il jamais perdre de vue qu'il serait possible, non seulement que la cour de Turin fît inopinément une paix séparée, mais que même elle se joignît à l'ennemi, soit par faiblesse, soit par les motifs d'une politique perfide ». C'est en prévision d'un pareil événement que l'empereur recommande de ne jamais diviser ses troupes ; de plus il invite son général à tout préparer pour se rendre maître des places fortes du Piémont en cas de défection. « Il serait pour la même raison très essentiel, ajoute le mémoire, que l'on pût, sous quelque prétexte plausible et sans trop donner l'éveil à la jalousie soupçonneuse du cabinet de Turin, introduire et conserver dans quelques-unes des places fortes telles que Alexandrie, Tortone ou autres un nombre de troupes autrichiennes assez considérable pour faciliter ou assurer le moyen de s'en emparer par un coup de main, si une défection inattendue de la part du roi ou le besoin des circonstances l'exige, et qu'on totalité, en partageant les forces de Sa Majesté le moins que possible et en restant en mesure de les réunir, l'on pût se maintenir constamment dans une posture imposante, propre à obtenir, par les égards qu'inspire la crainte, les mêmes résultats qu'on attendrait peut-être vainement de la loyauté toujours bien suspecte de la cour de Turin ».

Enfin le général de Beaulieu a à examiner s'il ne conviendrait pas, après être entré dans la Rivière de Gênes, d'occuper Savone et

Gavi afin d'assurer la position de l'armée autrichienne et de « prévenir les dangers d'une nouvelle expulsion ». En vue de cette éventualité, on pourvoira l'armée d'un équipage de siège « dont selon les occasions et les événements elle put faire usage ».

En résumé, l'Empereur, tout en laissant pleine liberté à Beaulieu sur le détail des opérations, lui fixe comme but principal de chasser les Français de la Rivière de Gênes ; cette opération, déjà difficile par elle-même, est rendue encore plus dangereuse par la nécessité de distraire de son armée différents corps assez nombreux, puisqu'ils doivent être capables de se rendre maître de places aussi importantes que Tortone et Alexandrie. Enfin si l'on en vient à occuper la forteresse de Savone, la prise de cette place mécontenterait certainement la république de Gênes, et l'armée autrichienne subira un nouvel amoindrissement par l'obligation de maintenir un corps avec mission de surveiller cet Etat. Or, comme on le verra plus loin, le général de Beaulieu n'a pas plus de 25.000 hommes à sa disposition pour satisfaire à une mission aussi difficile.

Quelle confiance peut avoir ce général dans un succès final alors qu'à chaque instant il doit s'attendre à voir ses forces réduites de moitié par la défection de son allié et envisager l'hypothèse qu'il les tournera contre lui.

L'intérêt du Piémont n'est pas que l'armée autrichienne remporte une victoire décisive qui procure à l'empereur une prépondérance marquée et le livre à sa merci. En cas où l'armée alliée aurait eu des succès, le souci de sa conservation exige que le Piémont ralentisse ses progrès.

Il y a donc dans les conditions où Beaulieu engage la lutte, une cause d'infériorité dont il faut tenir compte, si l'on veut apprécier avec justice les motifs qui ont amené son échec primordial et qui, dans la seconde partie de la campagne, l'ont empêché d'agir avec vigueur, de marcher avec toutes ses forces réunies au secours de Colli.

Au point de vue piémontais, la menace relative aux places fortes montre que le cabinet de Turin a deviné justement les secrètes intentions de l'Autriche. Or même après la défaite de Loano, exposé aux dangers les plus critiques, il s'est refusé même à discuter cette proposition. Il semble donc résulter de ces considérations que, si Beaulieu avait voulu remplir cette partie de ses instructions, il y avait là le germe de nombreux conflits et peut-être même d'une rupture ouverte. A ce sujet qu'on nous permette une hypothèse ; la place de Savone avait bien peu d'importance et ne méritait pas la création d'un parc d'armée ; du moment où Beaulieu est invité à préparer un coup de main contre Turin et Coni, il semble que ce parc est plutôt dirigé contre ces deux places (1).

Le 29 mars, une seconde dépêche de l'Empereur, informe Beaulieu de la mission de M. de Latour et, comme le suppose Castel Alfer, l'envoyé n'a pas su agir avec assez de réserve pour dissimuler à Thugut l'objet de sa mission ; sans s'engager en rien, le ministre a tiré de lui ce qu'il désirait savoir.

Tous les efforts du général ont tendu à obtenir pour le roi de Sardaigne le commandement en chef, titre qui aurait été « purement honoraire ». Beaulieu continuant de commander l'armée autrichienne « sans aucune gêne ni intervention étrangère ». L'empereur s'y est refusé, convaincu que l'on conserve « toujours à Turin l'espérance de se servir d'une façon ou d'autre du généralat suprême du roi pour parvenir à donner aux opérations, soit dans leur généralité soit dans le détail, une direction uniquement calquée sur l'intérêt particulier du Piémont ». A la vérité, pour justifier cette prétention, la cour de Turin a cité quelques exemples des guerres précédentes où cette qualité a été accordée au roi par la maison d'Autriche. L'empereur, ne pouvant nier ce fait, se contente de remarquer « que bien peu d'exemples du passé sont applicables aux changements survenus depuis dans la position des choses » et que, s'il avait consenti à cette prétention, il en serait résulté « pour le moins une foule de discussions et de contestations aussi nuisibles que désagréables ».

Il ne se prononce pas sur le projet d'une convention écrite proposée par M. de Latour et semble y être défavorable. « J'ai de la peine à me figurer des conditions assez précises pour nous mettre solidement à couvert de tous les inconvénients et des pièges de toute espèce d'un cabinet aussi astucieux que celui de Turin l'est ordinairement ». Il invite pourtant Beaulieu à lui communiquer ses idées sur les stipulations à y insérer le cas échéant.

Rien n'a été réglé à Vienne quant aux opérations de guerre ; la mission de Latour n'a point produit « d'explications ni d'éclaircissements ». Invité à faire connaître les intentions de son gouvernement, le général a remis une note contenant deux projets l'un offensif, l'autre défensif. L'empereur la juge en elle-même « peu instructive » ; il a vu avec étonnement que ce général « semble s'y étendre avec une sorte de complaisance sur un plan défensif », alors que d'Hauteville ne cesse de se plaindre auprès de toutes les cours « sur la prétendue inactivité » des Autrichiens dans le passé et leurs

(1) L'Empereur à Beaulieu, 3 mars (K. K. A.).

« systèmes défensifs » pour l'avenir. Il laisse à son général le soin de s'entendre avec le baron de Latour sur les opérations à entreprendre, pourvu qu'il se conforme aux principes énoncés dans la note du 3 et de nouveau l'empereur rejette tout projet défensif. « Je pense donc toujours, écrit-il, qu'il conviendra d'ouvrir la campagne par une vigoureuse offensive dans la Rivière de Gênes ». Le premier objet des conférences avec Latour doit être d'arrêter les mesures capables d'assurer la coopération des deux armées lors de cette offensive que l'empereur prescrit d'exécuter aussi rapidement que possible. Son ordre positif concerne uniquement ce dernier point. Beaulieu a pleine liberté d'action pour tout le reste.

« Je ne doute donc pas que, dans la fixation particulière de ce plan, vous n'ayez soin de ne vous écarter que le moins possible des considérations et principes que, par ma dépêche du 3, j'ai recommandé à votre attention dans la supposition d'une expédition dans la Rivière de Gênes aussi bien que par rapport à la conduite générale de l'armée, principe que je souhaite que vous ne perdiez pas de vue, sans que toutefois mon intention soit d'exclure absolument toute exception ou toute déviation plus ou moins sensible que, selon le temps et les occasions, votre expérience pourra juger nécessaire.

Ce qui semble particulièrement important, c'est de commencer nos opérations au plus tôt et de profiter encore du moment actuel où toutes les nouvelles représentent l'ennemi comme très peu en forces, très gêné dans ses subsistances et dépourvu en général de la plus grande partie des moyens réunis pour la guerre. »

Comme on le verra dans la suite de cette étude, aucun des renseignements parvenu aux alliés ne permet de douter que les Français n'aient l'intention de frapper de grands coups en Italie avec des forces considérables.

La cour de Vienne se trompe donc volontairement dans l'appréciation des forces de l'ennemi, cet élément fondamental de toute opération de guerre.

Thugut s'est rendu compte dans ses entretiens avec M. de Latour que la cour de Sardaigne ne consentira pas à exécuter seule l'expédition de Savoie. Or l'empereur ne veut « ni morceler ses forces » « ni se charger préférablement du recouvrement d'une province qui lui est étrangère », alors que son propre souverain hésite à y risquer les siennes. Une fois maître de la Rivière, Beaulieu aura donc à examiner, au cas où l'expédition de Lyon soulèverait trop de difficultés, si une opération contre Besançon ou par la vallée de Barcelonnette, ne présenterait pas plus de convenances aux deux armées alliées. Afin de prévenir tout retard, il aura soin de présenter plusieurs projets entre lesquels les deux cours alliées choisiront le plus avantageux. Toutefois l'attente d'une décision sur ce point ne doit pas servir de prétexte pour différer la première expédition contre la Rivière de Gênes ; de nouveau l'empereur juge urgent d'y « procéder sans le moindre délai, aussitôt que le plan en aura été concerté vu, qu'au moins pour autant qu'on peut juger ici de l'état des choses par les lettres d'Italie, il semble constant que le retard de nos opérations, fournissant aux Français le temps de se renforcer, de compléter leurs préparatifs et de pourvoir à leurs derniers besoins, ne saurait que les rendre de jour en jour plus formidables ».

Enfin l'empereur prévient Beaulieu qu'il va demander à la cour de Naples une flottille capable d'intercepter les convois par mer des Français. Cette puissance a déjà envoyé un nouveau régiment de 600 chevaux à l'armée et les chevaux et les hommes de remplacement pour les régiments qui s'y trouvent déjà ; et elle promet 7.000 à 8.000 d'infanterie. L'empereur ne compte pas encore avec une certitude parfaite sur ce dernier renfort, mais « la cour de Naples fait au moins montre de bonne volonté dans toutes les occasions », aussi invite-t-il Beaulieu à traiter « favorablement » les troupes et les officiers de cette puissance à laquelle le lient les liens du sang et ceux de l'amitié.

L'empereur a certainement eu raison de repousser les deux projets présentés par M. de Latour (1), nous en rappelons ici les grandes lignes.

Le plan offensif suppose l'armée autrichienne forte de 45.000 hommes ; il lui confie la défense de la ligne qui s'étend de la rive droite du Tanaro à la Bocchetta. Elle formera trois corps un de 15.000 à Cèva et vers les positions avancées de Montenotte et de Cosseria ; un de 10.000 à Dego, un troisième de 20.000 entre la Bormida et la Bocchetta. Le mémoire n'admet pas que cette position de cordon offre des inconvénients. « Il est évident que l'armée impériale placée ainsi qu'il vient d'être dit depuis la Bocchetta jusqu'au Tanaro conservera de l'ensemble et toute sa force, puisqu'elle ne sera point morcelée mais réunie en trois fortes masses ». Il est inutile de discuter une pareille affirmation.

Le mémoire envisage trois hypothèses : l'armée française se dirige contre un des corps des ailes. Cette opération est impossible « puisque le corps de Dego fermant la vallée de la Bormida assu-

(1) Voir page 102-104.

rait si efficacement la communication avec les deux autres armées sur sa droite et sur sa gauche et Cèva et Ponzone, que l'attaque partielle d'une des trois deviendrait impossible » vu que l'assaillant présenterait le flanc pendant son mouvement.

Marche-t-elle contre la Bocchetta ? l'armée du roi viendra appuyer celle de l'empereur, ou encore, ce qui serait préférable, elle se portera en avant sur les communications de l'ennemi.

Le mouvement offensif a-t-il Coni pour objectif ? Tout ou partie du corps impérial de Cèva ira appuyer l'armée du roi, celui de Dego et même une partie de celui de gauche se rendront à Cèva.

Enfin si l'ennemi réussit par hasard à percer sur un point quelconque, on réunira le plus de forces possibles et on l'attaquera vigoureusement.

Comme l'empereur l'a remarqué, ce projet a certainement dans la pensée de M. de Latour, la préférence sur le plan offensif qui est traité bien plus légèrement.

Il propose à l'armée autrichienne d'attaquer en deux colonnes : l'une par Montenotte, Saint-Jacques, Settepani, sur Savone et Vado ; l'autre par M. Spinarda et San-Bernado sur Albenga, tandis que l'armée du roi se portera contre le col de Tende et tentera de forcer le poste de Termini. D'après ces dispositions, conclut le mémoire, « il est à présumer que l'ennemi dont la position dans la Rivière de Gênes est fort étendue, étant attaqué sur son front et ses flancs et sur ses derrières par environ 20.000 hommes sera forcé de se retirer derrière la Roya, et même au delà du Var ».

Une telle offensive dispersée sur plus de cent kilomètres de front, alors que les différentes colonnes sont séparées par des montagnes sans communications transversales, offre peu de chances de succès, elle donne toute facilité à l'armée française pour se concentrer et écraser successivement ses différentes parties. En outre on ne dispose pas de 60.000 hommes, mais à peine de 45.000.

Les idées générales de ce plan sont déjà énoncées dans un mémoire remis par M. de San Marsan le 2 février (1) ; recommandant également l'action simultanée mais distincte des deux armées, il propose que les Autrichiens gardent la droite, les Piémontais la gauche du Tanaro.

« Leur supposant 30.000 hommes, il en placerait un corps de 10.000, la droite à Cèva, la gauche à Cosseria, un de 5.000 en réserve sur les hauteurs de Dego, maintenant la communication avec le corps de 15.000 qui aurait sa droite à Ponzone ou Sassello et sa gauche à Compofreddo s'étendant vers la Bocchetta.

(1) *Mémoires* de Thaon de Revel, p. 305.

Les Piémontais se maintiendraient aussi sur la défensive, prêts à s'aider les uns les autres ».

Les bases admises dans ce mémoire s'accordent avec les propositions de M. de Saint-André. Celui-ci représente le 14 février qu'il faut résister sur les montagnes, « guerre plus convenable pour les troupes qui auraient plus de courage à les défendre qu'à les reprendre ; on tenait par là l'ennemi loin et on se ménageait les ressources dont on l'empêchait de jouir ».

Admettant une armée forte de 60.000 hommes, il place 25.000 à Garessio « pour défendre l'entrée du Piémont par le Tanaro et empêcher les progrès de l'ennemi par la Corniche » ; 10.000 hommes entre les deux Bormida, 10.000 entre Coni et Cèva, 15.000 pour défendre les Alpes et disposés à se porter là où le besoin l'oxigera. « Il faut agir par corps se soutenant au besoin, ajoute-t-il, et ne pas établir de cordons qui morcellent les troupes ». Certes ce principe est juste, mais, dans l'application, le fractionnement de ces 60.000 hommes dissémine l'armée et la dispose en cordon. En terminant, il réclame de nouveau la défense des montagnes où l'on est plus fort, « puis, au pis aller, on en viendra à la défense de la plaine ; surtout il faut « agir promptement et tenir une direction franche et décidée ». Ce projet soulève la même observation que celle faite plus haut, la division de l'armée empêche qu'elle ait la force nécessaire pour exécuter une offensive vigoureuse (1).

Une note remise le 28 janvier par Thaon de Revel est des plus remarquables et respire un esprit très offensif.

Il pose comme première condition d'éviter le système des cordons. « L'étendue de la ligne à défendre depuis le petit Saint-Bernard jusqu'à la Bochetta est telle pour les Piémontais et pour les Autrichiens que, si l'on voulait se réduire à se distribuer sur ces différents points, on peut considérer cette défensive comme insuffisante et craindre de se voir forcé par l'ennemi dans quelle partie qu'il se détermine à se porter ». La première opération consistera à diminuer cette ligne en réunissant les deux armées pour fondre sur l'ennemi et lui faire évacuer la Rivière de Gênes avant qu'il ait reçu des renforts, mais, pour obtenir un succès, cette attaque doit être « rapidement exécutée » et elle exige la coopération absolue des Autrichiens ; s'ils « veulent sauver l'Italie, estime Revel, il faut qu'ils n'agissent plus, séparément et comme simples spectateurs des événements ». Une fois rejetée derrière la Roya, les Français seront contraints de déboucher par les grandes Alpes, et « l'armée austro-

(1) *Mémoires* de Thaon de Revel, p. 306.

sarde bien distribuée sur cette partie de la frontière aurait la certitude d'arrêter les Français ». En cas de refus des Autrichiens ; on ne peut se dissimuler que si les Français, pensent à une invasion réelle, le péril est on ne peut plus imminent. « Quant au projet d'attaquer les Français dans la Rivière, les Piémontais seuls ne sauraient le proposer, car, outre la perte des troupes qui pourrait en résulter, il provoquerait une haine et un désir de vengeance qui n'existe point aujourd'hui, et il ne ferait qu'assurer et précipiter des événements qui sont à redouter (1).

Par une coïncidence remarquable, Revel envisage donc la situation sous le même point de vue que les instructions de l'empereur; comme lui, il estime que le premier objectif des armées alliées est de reconquérir la Rivière de Gênes.

Cette note est accompagnée le 29 janvier d'un plan de guerre défensif ; en fait il n'en a que le nom, car il réclame pour son exécution beaucoup d'activité, c'est de la défensive-offensive où l'on se propose non d'attendre les attaques de l'ennemi mais de les prévenir.

Le mémoire étudie trois hypothèses : les Français peuvent se porter contre Coni, Cèva, Tortone et Alexandrie ; une quatrième direction, celle d'Acqui, Asti, Alba, est peu vraisemblable ; et d'ailleurs ce mouvement exige comme condition primordiale l'enlèvement de Cèva ; on rentre ainsi dans un des trois premiers cas.

Une offensive contre Coni procure aux Français le grand avantage de ne pas les éloigner de Nice d'où ils tirent leurs approvisionnements, condition bien importante pour eux, puisqu'ils manquent de transports. « Si les Français n'étaient pas engagés dans la Rivière de Gênes, écrit-il, et dans la nécessité de s'y soutenir pour conserver une communication importante, il est à croire que tous leurs efforts se feraient par le col de Tende et peut-être par la vallée de Stura ». Le manque de mulets est en outre un motif de plus pour agir contre Coni, puisque le terrain permet partout l'emploi de charrettes alors que les transports s'effectuent dans la rivière à dos d'hommes.

Mais Revel distingue parfaitement que par suite de la situation des Français leur véritable objectif est Cèva, parce qu'une fois « maîtres des hauteurs vers les sources du Tanaro et du Carnin », ils ont tout facilité pour s'emparer de Mondovi et de là, agir contre Còni. M. de Revel, tout en pensant que tel est notre projet, entrevoit

---

(1) Note remise le 28 janvier au ministre des affaires étrangères (A. G.). Il semble que le plan et la note sont du même auteur.

une autre hypothèse bien plus dangereuse pour le Piémont. « Il pourrait se faire qu'au lieu de porter le gros de leurs forces du côté de Côni, ce fut du côté de Cèva dans le dessein de pénétrer vers Alba et de porter la terreur jusqu'à Turin. La vue des Français d'obliger le roi à la paix peut les engager à suivre ce plan ».

Revel affecte un rôle différent aux deux armées piémontaises et autrichiennes, en se basant sur leur caractère et leur méthode de guerre, éléments qui, à son avis, doivent influer autant que la nature du pays sur la disposition des armées et sur la nature du service auquel on les destine.

« Les troupes autrichiennes exercées à agir en masse ont pour cela tous les avantages de la discipline, de la tactique et de l'instruction.

Les troupes du roi, sans cesse morcelées dans les montagnes, ont perdu l'ensemble qu'elles avaient avant la guerre, toute leur instruction et leur expérience sont tournées du côté de la guerre de montagne. L'habitude a façonné les officiers et les soldats de notre armée à ce genre de guerre ; ces principes qui seront jugés incontestables doivent déterminer l'emploi à faire des troupes des deux nations...

Le principe général d'après lequel agiront de concert les troupes alliées sera celui-ci.

Les troupes autrichiennes agiront en corps d'armée : elles soutiendront les troupes du roi par de gros détachements ; suivant le besoin, elles donneront bataille aux Français s'ils forment le siège de quelques-unes de nos places ou s'ils font du progrès dans le pays.

Les troupes du roi n'opposeront point de résistance de front, à moins que ce ne soit dans quelque point essentiel et déterminé, mais elles se porteront sans cesse sur les flancs, les derrières et les lignes d'opérations des Français afin de les harceler, gêner et enlever leurs convois et leurs postes détachés. Si les Autrichiens donnent bataille, l'emploi des troupes du roi sera analogue à ce que l'on vient de dire et, quant à la cavalerie, elle se joindra à l'armée impériale pour agir avec elle. On ne doit pas s'attendre à trouver ici le détail des opérations puisque, dans une guerre défensive, on est obligé de régler ses mouvements d'après ceux de l'ennemi ».

Ces règles générales admises, Revel propose de concentrer l'armée autrichienne à Acqui, l'armée piémontaise entre Cèva et Mondovi. A cet effet il indique diverses positions à occuper, vers les sources du Tanaro et dans la vallée de Limon, le Carnin, le Viozène, le col de Termes, points essentiels « non seulement pour couvrir Cèva, mais encore pour tomber sur les derrières de l'ennemi assiégeant Coni »; Mindino « est le point principal du côté de Cèva », mais sa défense exige un corps fort important afin de ne pas risquer d'être débordé par sa droite et par sa gauche.

La mission des troupes piémontaises consistera moins à opposer une résistance opiniâtre, si les Français les attaquent avec une force « trop majeure, que d'y retarder leurs progrès ; elles ne devraient jamais s'exposer à être battues en détail en formant de longs et faibles cordons et moins encore à essuyer de grands échecs dans des actions générales ».

Si l'armée française se dirige contre Cèva, l'armée autrichienne marchera immédiatement à elle et lui livrera bataille, tandis que les troupes piémontaises agiront contre sa ligne d'opérations ; elles obligeront les Français à s'étendre pour couvrir leurs convois, ce qui les affaiblira et facilitera le mouvement des Autrichiens. Si au contraire les Français renforcent leur gros, l'armée piémontaise aura toute facilité pour agir sur leurs derrières.

L'offensive française se prononce-t-elle contre Coni, l'armée autrichienne s'y portera avec la cavalerie du roi, et les troupes piémontaises, « libres de leurs mouvements, tomberaient sur les flancs et les lignes d'opérations » des Français qui offriront certainement des points favorables.

Le plan est certainement fort remarquable. Revel, tout en renonçant à son projet d'offensive présenté le 28, ne recule pas devant l'hypothèse d'une bataille (1).

Une note de Colli admet que l'effectif total de l'armée piémontaise s'élèvera à 70.510 hommes ; elle affecte 8.350 hommes aux vallées du Pelice, du Clusone et à la garnison de Fenestrelles ; 7.260 à la vallée d'Aoste, 8.740 à la garnison de la Brunette, 25.000 à une armée destinée à agir en Ligurie. 21.160 restent disponibles soit pour renforcer cette dernière masse ou constituer la garnison des places. L'empereur fournira également un corps de 25.000 hommes à l'armée de Ligurie dont le roi sera généralissime. Les chefs des trois corps détachés correspondront avec le général en chef de la grande armée, mais seront « directement et exclusivement » sous ceux du généralissime.

Bien d'autres projets dont les traces ont été perdues ont dû être soumis au roi. Costa résume dans une conférence faite après la guerre les principales propositions qui furent alors émises :

(1) *Mémoires* de Thaon de Revel, 303-305.

« La plupart, sans s'être communiqué leurs idées, se trouvèrent d'accord entre eux sur les principes suivants :

1° Qu'il fallait au début demeurer sur la défensive, lasser et affamer l'ennemi en temporisant, mais rejeter absolument le funeste système des cordons ;

2° Que l'armée autrichienne et l'armée piémontaise en masses devraient agir de concert, mais toujours séparément et suivant leurs propriétés particulières ;

3° Que l'armée autrichienne ne saurait être de trop bonne heure rassemblée au-devant d'Acqui et l'armée piémontaise au-devant de Mondovi, afin de se mettre en rapport entre elles et à portée d'exécuter de concert toutes les opérations convenues ;

4° Que l'armée impériale devrait constamment être employée en plaine ou en colline, se présentant de front à l'ennemi et masquant successivement les débouchés de l'Apennin en marchant par sa droite ou par sa gauche. Que l'armée piémontaise devait être employée en montagne pour mettre à profit son expérience acquise dans ce genre de guerre. Que, pendant que les Impériaux se présenteraient de front à l'ennemi, les Piémontais devraient sans cesse menacer son flanc par des mouvements courts et directs vers la mer ;

5° Que tandis que les armées des deux puissances agiraient ainsi en masse, et de concert, mais séparément, leur cavalerie pourrait se réunir et leurs [troupes] légères faire la petite guerre au-devant d'elles, éclairant de près les mouvements de l'ennemi et protégeant les têtes des vallées ;

6° Que les alliés devaient soigneusement éviter toute action générale, mais que, s'ils se voyaient obligés de recevoir la bataille, ils devraient tâcher d'attirer l'ennemi dans la plaine afin de mettre à profit la supériorité de leur cavalerie ;

7° Enfin, que tant qu'on ne sortirait pas du système défensif, le Tanaro devrait servir de ligne de démarcation entre les deux armées alliées ; les Impériaux y appuyant leur droite et les Piémontais leur gauche. » (1)

Il semble, au contraire, par le peu que nous connaissons de ces différents projets, que tout un parti préconisait le système de cordon et que le rassemblement si judicieux de l'armée autrichienne en une seule masse à Acqui n'a été demandé que par Costa.

Il nous reste enfin à parler d'un dernier projet. Les archives de l'état-major à Vienne et celles de M. X... conservent un mémoire

(1) *Mémoires sur la campagne de 1796*, p. 167-168.

intitulé : « Projet d'une attaque générale ayant pour objet de percer
« la ligne française dans l'Apennin entre les sources de l'Erro et
« celles de la Bormida dressé par ordre du général commandant le
« 29 mars. »

Ce plan est extrêmement remarquable, il semble être de M. de Costa et a dû être écrit à la suite de la note remise le 23 mars par Colli à M. de Gherardini. Il considère les mouvements des Français dans la rivière de Gênes pendant les derniers jours de mars comme les préludes certains d'une offensive générale contre l'Italie et propose de profiter de ce moment où ils semblent encore indécis sur le point où ils vont se diriger, « pour les prendre sur le temps et leur porter à eux-mêmes un coup décisif ».

Cette manœuvre consiste à rompre leur ligne ; le moment est d'autant plus favorable qu'ils viennent de la prolonger en portant une division sur Gênes et qu'il convient de ne pas attendre pour effectuer ce mouvement qu'ils « se soient affermis dans les positions des montagnes ». En cas de réussite, elle sera décisive.

« Si nous parvenions, dit-il, à percer jusqu'à la mer, en renversant avec impétuosité les postes qui défendent les avenues de Savone et Finale, une partie de leur armée pourrait être prise à revers, poussée vivement, battue et détruite en détail pendant que l'autre serait tenue en échec par de fortes positions ».

La topographie du terrain est tout à l'avantage des Piémontais, la crête centrale de l'Apennin « s'y rapproche tout à coup de la mer au point de ne laisser qu'un talus de cinq milles de longueur entre ces hauteurs dominantes et le rivage. Ce talus est composé de fronts escarpés et de crêtes aiguës qui courent du nord au midi. Il ne verse à la mer que des eaux rares et chétives et il est généralement privé de végétation ; le talus opposé qui regarde le nord présente au contraire une pente longue et radoucie de plus de vingt milles de longueur formée de croupes boisées entre lesquelles s'ouvrent trois vallées principales très habitées, richement cultivées et arrosées par des eaux abondantes. Il résulte de cet aperçu que l'espace entre Albenga et Savone n'est qu'un long défilé étroit et dangereux où la nature même des sites oblige l'ennemi à s'étendre bien plus qu'il ne le faudrait pour sa sûreté, et où il ne peut rester sur la défensive qu'avec un extrême désavantage puisque nous pouvons nous approcher de lui à couvert par des avenues nombreuses et faciles, et l'attaquer par plusieurs points à la fois ».

La réussite de l'attaque tentée par M. de Wins le 24 juin 1795 témoigne de la justesse de ces considérations.

Quatre routes traversent la chaîne : 1° d'Acqui à Savone, par

Carcare, l'Altare et Cadibone, praticable pour la grosse artillerie;

2° De Cèva à Finale par Calissano, Bardinetto, Rocca Barbena et la vallée du Tanaro, praticable également pour la grosse artillerie;

3° Deux chemins intermédiaires de Millessimo à Finale, passant l'un au col de Saint-Jacques, l'autre à celui de la Madone des Neiges.

L'armée française a élevé toute une série d'ouvrages pour s'assurer la possession de cette crête; les neiges prodigieuses du mois de mars l'en ont chassée; elle les réoccupe actuellement, mais il est clair que c'est seulement « pour éviter d'être prévenue et pour se mettre en mesure d'agir offensivement ».

Au moyen de la multitude de renseignements qu'il centralise, l'état-major piémontais connaît parfaitement la situation des postes et des travaux exécutés par les Français.

« On comprend sous le nom des hauteurs de l'Altare ou poste de la droite, les retranchements de Montenotte et de Monte Negino, ceux de Cadibone et de la Concevola.

Comme tous ceux que construisent les Français, ils ne sont qu'ébauchés, mais armés de plusieurs canons et défendus par d'excellentes troupes. En arrière, sur les hauteurs de Savone et de la Madona du mont [se trouvent] le camp de Saint-Etienne et les fortins de Vado. On peut supposer que cette partie de la ligne ennemie comprend 5.000 à 6.000 hommes, sans compter ce qui a marché sur Voltri.

Le camp de Saint-Jacques de Mallare est susceptible de tenir huit à dix bataillons. Il doit avoir son front couvert par plusieurs lignes de retranchements; sur sa droite est une butte appelée Monte Alto couronnée d'une espèce de redoute, à sa gauche est une autre éminence appelée Frabosa garnie aussi de deux ou trois flèches et où l'on trouve en ce moment plusieurs canons. En arrière et à une lieue de distance se trouve au-dessus de Feglino un point retranché appelé la redoute espagnole garnie de trois canons; Orco est aussi un point défendu. Le poste de la Madone des Neiges est de la même nature que le précédent et fait tête aux sources de la Bormida occidentale, il est soutenu en arrière par quelques points retranchés à Saint-Pantaléon et Gora. Quant au col de Rocca Barbena situé entre le bassin de Bardinetto et le vallon du Tanaro, il ne paraît pas que les ennemis y aient fait aucune construction nouvelle, mais il peut faire servir pour sa défense quelques-uns des nombreux ouvrages formés l'année dernière pour couvrir le front de l'armée autrichienne à Loano. Sur la droite de Rocca Barbena est le poste de

Monte Calvo où passe un chemin tendant de Bardinetto à Loano par la tour de Melogno et les importantes hauteurs de Settepani. Monte Calvo et Melogno doivent être certainement gardés, mais on a lieu de croire que l'ennemi n'y est pas en grande force; leurs avant-postes sont à Bardinetto. Le camp de Saint-Jacques est le point central de toute cette ligne. Masséna qui doit y commander une forte réserve, sera là à portée de renforcer les points qui en auraient besoin. On évalue à 10.000 hommes les troupes restées pour la défense de ces hauteurs. Quant au reste de l'armée, il continue son mouvement de gauche à droite et tend à se concentrer sur Savone, soit que le général ennemi prétende entrer en Piémont par la Bormida ou la Bocchetta ».

Le plan d'attaque est le suivant : on attirera l'attention des Français sur leur droite, soit en leur faisant parvenir de faux avis, soit en montrant des troupes à la Bocchetta ; le gros se portera sur Loano « afin de prendre à revers le camp de Saint-Jacques et de couper entièrement aux Français leurs communications avec Nice ». Pendant ce temps, tout le reste des forces disponibles leur « tiendrait la pointe au corps » vers les sources de la Bormida et de l'Erro. Si cette opération réussit pleinement, on peut espérer faire capituler une partie de l'armée ou au moins la forcer à se replier en arrière d'Albenga. L'armée austro-sarde aura alors à choisir entre deux plans : continuer la poursuite vers l'ouest ou, tournant à gauche, marcher contre Gênes et forcer cette république à se déclarer pour ou contre les alliés. « Ce coup de vigueur frappé au début d'une campagne pourrait déconcerter entièrement le plan des Français et sauver l'Italie ; toujours aurait-il l'avantage d'électriser nos troupes et d'abattre la dangereuse confiance des soldats républicains ».

L'armée de Colli fournira au moins 15.000 hommes pour l'exécution de cette attaque et l'armée autrichienne un pareil nombre. Les premiers se concentreront à Cèva, les autres à Cairo. La veille de l'opération, 6.000 hommes de l'armée sarde iront camper à la Cianca, le reste dans les bassins de Calissano et de Bardinetto. Le corps impérial de Cairo, partie aux rochers de Biestro, partie à Montefreddo, partie à Ronchi et à Montenotte.

Au jour fixé, on entreprendra des fausses attaques à Voltri et à Ormea, en faisant paraître des paysans sur les hauteurs ; et toutes les colonnes se porteront en avant de leur position. L'élite des troupes de gauche s'efforcera d'enlever Montenotte, Monte Negino et la Concevola ; l'élite des troupes de droite « distribuée en colonnes d'attaques et s'élevant par les croupes boisées qui pendent sur Bardinetto et Caragna, assailleront de leur côté Monte Calvo et Settepani et après Pietro » ; assurées de ces points décisifs, elles descendront vers la mer par les rameaux qui s'en détachent. Cependant la troupe campée à la Cianca, mettant à profit cette diversion, marcherait à grands pas et vraisemblablement sans beaucoup d'obstacles par le Sambuco, Palestrino et Toirano et ne perdrait pas un moment pour arriver à Loano. Là, elle serait placée militairement sur une crête qui sépare ce bourg de celui de la Pietra. On suppose que les troupes venues de Bardinetto et qui auraient occupé les hauteurs, se déplaceront de même sur les rameaux qui descendent de Settepani et de Monte Calvo, ce qui présenterait à l'ennemi plusieurs lignes à enfoncer s'il prétendait s'ouvrir l'épée à la main un passage sur la gauche.

L'attaque de front contre les postes de Saint-Jacques et de la Madone des Neiges serait poussée plus ou moins suivant le succès ; mais si l'ennemi venait à abandonner ces postes éminents, comme il est à croire qu'il y serait forcé, on ne négligerait pas de les occuper afin de le resserrer toujours plus ».

On ne voit pas les moyens qui permettraient aux Français de se tirer de cette situation. « Quant aux risques, l'armée alliée, marchant toujours en ligne, agissant de concert et ayant ses derrières libres, paraît ne pouvoir en courir aucun ; peut-être même trouverait-elle l'ennemi plus faible qu'on ne le croit sur ces hauteurs où il n'a pas encore eu le temps de s'affermir ».

CHAPITRE V

Rapports des alliés avec Gênes

Les questions qui se débattent à Gênes n'ont pas moins d'importance pour le Piémont que celles traitées à Vienne.

Tous les rapports concernant l'armée française s'accordent à dépeindre sous les couleurs les plus vives la misère qui la ronge. Il est évident que si la république consent à un emprunt, le principal obstacle qui s'oppose à sa marche, disparaîtra ; avec quelques millions, elle se procurera les vivres et surtout les moyens de transport qui lui font défaut.

Le 2 février, on écrit de Gênes que Villars a demandé la remise de Savone à l'armée française (1) ; le 16, on est informé que le gouvernement génois s'est refusé à l'emprunt considérable que l'on veut obtenir de lui et surtout à la livraison de Savone (2) ; pourtant une information du 20 répète encore que les Français désirent forcer la république à un emprunt de 30 millions, en lui promettant de lui céder à la paix Loano et Oneille ; en attendant, l'état de Gênes leur remettra Savone et Gavi en nantissement. « Le double objet des Français dans les propositions de paix, dit-elle, est de se procurer du même coup 30 millions et deux places dont ils ont absolument besoin, bien sûrs, en temps et lieu de trouver quelque prétexte pour éluder leurs promesses. Deuxièmement de se ménager en cas de refus un autre prétexte pour démembrer l'état de Gênes ». En prévision d'un refus et comme dernier moyen, Schérer a proposé, pour sortir de l'embarras où se trouve l'armée, « de mettre la république de Gênes à sac où l'on

---

(1) 2 février, Nouvelles de Gênes (A. E. T.).
(2) 16 février, Nouvelles de Gênes, pap. X.

trouvera tous les vivres, l'argent et les bêtes de transport nécessaires » (1).

Un second rapport avertit que cette attaque aura lieu au premier jour ; une colonne marchera sur Ceva et le reste percera sur Mondovi et Alba (2).

Enfin, un troisième rapport répète, d'après des lettres de Nice, que Schérer est changé et que Bonaparte et Saliceti vont prendre le commandement. Le nom de ce général que l'on tient pour un ami de Robespierre et que l'on sait être très énergique, est une preuve que le temps des demi-mesures est passé et que le gouvernement se prépare aux plus grands efforts (3).

La correspondance de M. de Cossila, placé au centre de toutes les intrigues qui vont se dérouler pendant les mois de février et de mars pour amener la république de Gênes à céder, présente le plus grand intérêt ; elle reflète les diverses fluctuations de l'opinion et contrôle souvent les différents rapports venus d'ailleurs ; aussi en reproduira-t-on de larges extraits.

Le 13 février, il attire l'attention de son gouvernement sur les conséquences de la rupture des négociations.

M. de Girola l'a prévenu que les Français se porteront contre le fort de Cèva dès le retour d'un émissaire piémontais envoyé à Paris pour y combiner le plan d'attaque. « Quant à moi, ajoute-t-il, je suis de plus en plus persuadé que, ce qui a fait différer jusqu'à maintenant les opérations militaires contre Cèva et le Piémont, ce sont la mauvaise saison et le manque de ressources pour aller de l'avant. La saison est maintenant trop avancée pour qu'elle puisse nous rassurer encore ». A son avis, le directoire préférera de tenter le sort des armes plutôt que d'ouvrir de nouvelles propositions, car la guerre lui offre tous les avantages ; elle porte l'armée dans un pays où elle espère trouver les moyens de vivre ; en cas de succès, elle s'emparera des magasins de Cèva, et surtout le roi sera forcé de souscrire aux conditions de paix en voyant sa capitale menacée. Villars avoue franchement cette espérance. « Le roi de Sardaigne ne fait pas la paix par crainte de l'empereur, a-t-il dit, mais nous verrons ce que fera Sa Majesté l'empereur lui-même, lorsque l'armée française sera maîtresse du Piémont ».

Les Français, s'ils sont repoussés, ne risquent que la perte de quelques milliers d'hommes et l'on sait le cas qu'en font leurs généraux.

(1) 20 février, Nouvelles de Gênes, pap. X.
(2) 20 février, Nouvelles de Gênes, pap. X.
(3) Nouvelles de Gênes, 20 février, pap. X.

Il importe donc de ne pas tarder à prendre des mesures pour leur résister, car les premiers succès de la campagne sont de la plus grande importance. Jusqu'à un certain point c'est peut-être d'eux que dépend le sort du Piémont (1).

Le 16 février, Cossila avertit que l'armée française n'a pas encore pris de dispositions faisant prévoir l'ouverture de la campagne ; à la vérité elle a reçu quelques petits renforts, mais elle manque de magasins et surtout de bêtes de transport et de fourrages pour les faire vivre. « Deux officiers autrichiens arrivés depuis deux jours de Nice où ils étaient prisonniers, confirment ces nouvelles, et ce qu'ils racontent de la misère de cette armée et de l'insubordination qui y règne, paraît incroyable. Pour animer leurs soldats, les officiers leur montrent leurs canons et leur disent que bientôt ils seront à Cèva et de là dans le Piémont qu'ils font miroiter à leurs yeux comme une sorte de terre promise » (2).

Le lendemain, un rapport expédié de Gênes contient le même renseignement «. les troupes souffrantes demandent à grands cris qu'on les mène à l'attaque contre le Piémont..., les généraux annoncent que l'attaque aura lieu à la fin du mois; elle sera d'abord dirigée contre Cèva; ils craignent beaucoup de trouver de la résistance à ce premier choc, car, si on les arrête quelques jours, ils seront forcés de rétrograder... Les soldats français sont des loups dévorants auxquels on présente le Piémont comme une prise magnifique et facile à saisir » (3).

Le 20 janvier, le directoire a ordonné au ministre de porter l'armée d'Italie à 70.000 hommes au moyen des déserteurs et surtout des corps tirés de l'intérieur (4). En fait ces renforts n'existent pas, mais le bruit de leur arrivée à Nice se répand dès le 19. De Finale, on signale que, d'après des lettres vues entre les mains des généraux, 16 bataillons formant 16.000 hommes avec quatre régiments de cavalerie et 3.000 mulets sont destinés à l'armée d'Italie: deux régiments de cavalerie ont déjà rejoint l'armée (5). Le 20, cette dernière nouvelle est contredite ; quant aux recrues ils ont plutôt l'air de prisonniers que de soldats ; « ils arrivent par petites troupes escortés par des gens armés et on les renferme chaque nuit dans les églises de crainte qu'ils ne s'échappent ».

A la vérité on parle toujours de la formation d'une armée, mais

(1) Cossila à d'Hauteville, 13 février (A. E. T.).
(2) Cossila à d'Hauteville, 16 février (A. E. T.).
(3) Nouvelles de Gênes, 17 février, pap. X.
(4) Directoire au ministre, 28 janvier, tome II, p. 367.
(5) Nouvelles de Finale, 19 février, pap. X.

on ne voit aucun préparatif pour la faire subsister et, comme l'ambassadeur, la note insiste sur la nécessité de résister au premier choc. « Il paraît impossible, dit-elle, s'ils sont repoussés d'abord, qu'ils puissent aller en avant et que le premier échec n'influe sur tout le reste » (1).

Le même jour, un autre avis observe que la présence de l'ennemi est pour lui un excitant. « On se rassure au reste bien mal à propos sur l'indigence de l'armée française ; cette indigence même est ce qui la rend plus redoutable, à la vue d'un pays comblé de richesses des soldats affamés endurcis et exaltés sont bien plus dangereux » (2).

A cette date, le total de l'armée française dans la Rivière s'élève à 20.390 hommes (3). Ce faible effectif présent semble donc indiquer que les Français ne seront pas en état d'exécuter dans les premiers jours le projet qu'on leur prête d'opérer une fausse attaque sur Cèva et de percer vers Mondovi et Alba.

Néanmoins à Turin on ajoute foi à ces bruits auxquels l'occupation de la crête des Apennins par quelques bataillons donne une certaine vraisemblance, et on en est vivement inquiet.

Le 20, M. de Cossila démontre combien ces renseignements sont exagérés et l'impossibilité où se trouvent les Français de former une armée de 100.000 hommes. « Si les Français ont fait jusqu'ici des choses extraordinaires, il ne paraît pas croyable qu'ils puissent faire des choses impossibles, car je considère comme impossible de réunir dans la Provence et le comté de Nice une armée si nombreuse sans prévoir les moyens de la faire vivre ; certainement les Français ont réussi à épouvanter et à altérer non seulement les crédules Napolitains, mais les généraux autrichiens eux-mêmes et la néfaste et scandaleuse retraite de l'armée autrichienne en est une preuve palpable, attendu que les Français eux-mêmes, avant l'attaque, n'espéraient pas un si beau résultat. La politique française devrait pourtant être connue maintenant. Les Français veulent avec de telles menaces obtenir par la crainte ce qu'ils ne peuvent obtenir par des moyens honnêtes et justes et forcer les princes italiens à faire une paix à leur façon et répandre la peste de la révolution. Carnot, membre du directoire, disait dernièrement à Boccardi, chargé d'affaires de la République à Paris, pour le persuader de la nécessité dans laquelle se trouvait le gouvernement d'adhérer aux demandes de la France :

(1) Nouvelles de Gênes, 20 février, pap. X.
(2) Nouvelles de Gênes, 20 février, pap. X.
(3) Rapport de Viglietti 18 février, pap. X.

« J'ai la révolution de Gênes dans ma main en lui montrant le poing fermé ; je n'ai qu'à l'ouvrir et elle éclatera à l'instant. »

Votre Excellence verra dans ce langage la même politique employée par d'autres agents français vis-à-vis le Piémont. Quant à moi, ne pouvant prévoir jusqu'où le gouvernement actuel portera les mesures de terreur, et si les Français du xviiie siècle doivent renouveler en Italie les scènes tragiques des Gaulois antiques, je dirai que nous devons les redouter parce que nous sommes voisins et exposés à leurs incursions, mais leurs vastes projets ne sont que chimériques n'étant pas proportionnés à leurs moyens. »

Puis, après avoir répété les renseignements contenus dans la troisième note de Gênes, fournie par une personne à qui les projets des Français ne sont pas inconnus, il transmet un avis d'après lequel il n'y a jusqu'à ce moment « aucun rassemblement extraordinaire dans la rivière comme le faisaient supposer les vantardises françaises ».

De son côté, Villars avance que l'entrée en campagne est prochaine, « foi d'honnête homme qui ne trompe jamais », l'armée comptant déjà 60.000 hommes dans la Rivière. « Cette exagération, termine-t-il, est à mon avis un signe certain de leur imposture, quoiqu'il ne faille pas dédaigner les forces françaises qui vont actuellement en s'augmentant et qui peuvent tout tenter dans l'état de misère et d'abandon où elles se trouvent » (1).

Le 23, il annonce que les Français se disposent réellement à abandonner leurs quartiers d'hiver et à faire avancer l'armée dans le Piémont. D'après une lettre venue de Paris, elle ne serait pas inférieure à 140.000 hommes, dont 25.000 de cavalerie.

Le même jour, il apprend la « désagréable » nouvelle que « le célèbre terroriste » Saliceti est destiné comme commissaire à l'armée (2).

Le 24, une personne sûre et intime lui confirme qu'aucun renfort n'est arrivé à l'armée, « sauf quelques recrues de la nouvelle réquisition…. Cette même personne, ajoute-t-il, est persuadée que l'armée, tout compris, ne doit pas dépasser 30.000 hommes ; elle manque de tout et surtout d'animaux de transports. De sorte qu'elle pourrait bien nous inquiéter en tentant quelque coup de main, mais elle n'est pas en mesure de faire une opération importante, à moins qu'une vague terreur ne s'empare de nos troupes à son approche ».

(1) Cossila à d'Hauteville, 20 février (A. E. T.).
(2) Cossila à d'Hauteville, 23 février (A. E. T.).

Jusqu'à la fin du mois, le service des renseignements se procure quelques données très importantes.

Le 24, un émissaire évalue l'armée française dans la Rivière à 26.000 hommes (1) ; de Finale on rapporte une conversation d'Aubernon : il aurait dit : « que l'armée de la Rivière risque beaucoup au début de la campagne d'être sacrifiée ou faite prisonnière. » A en croire le même rapport, « les Français commencent à craindre d'être prévenus eux-mêmes et n'espèrent rien de bon », ils se fortifient à Loano, la Pietra, Spinardo, S. Bernard, Balestrino et surtout à Settepani où ils ont beaucoup de forces, ainsi qu'à Saint-Jacques (2).

Le 23, on écrit de Gênes : « Le poste de Saint-Jacques va être porté à 10.000 hommes sous le commandement de Masséna ; on regarde ce point comme décisif pour couvrir et assurer la communication entre Albenga et Savone ; l'armée espère pouvoir sortir des quartiers dans douze jours, c'est-à-dire le 10 ou le 12 de mars ; mais pour cela il faut un fonds de vivres et surtout des bêtes de transport ; les mulets des Génois dont on se sert aujourd'hui sont insuffisants » (3).

Le 27, on signale de Finale que les postes sur les montagnes ont été repliés par suite du grand froid (4).

Le 29, de Millésimo un capitaine de milice donne 18.300 hommes aux divisions Augereau et Masséna ; jusqu'à ce moment, l'armée de la Rivière n'a pas reçu de renforts considérables (5).

De tous côtés, les rapports mentionnent le mécontentement des troupes à la suite de la nouvelle organisation (6).

Les émissaires piémontais ont su se créer des intelligences dans tous les états-majors et s'informer du projet du général Schérer de porter les avant-postes de l'armée jusque sur la crête des Apennins. Ce mouvement en avant exécuté au moment où Saliceti rejoint l'armée, laisse supposer, malgré tous les renseignements cités plus haut, que l'armée française s'apprête à attaquer réellement. Le mauvais temps survenu à la fin de février fait heureusement disparaître toute crainte. « La neige tombée dans la montagne pendant ces derniers temps, écrit Cossila, doit nécessai-

---

(1) Rapport d'un émissaire, 24 février, papiers X.
(2) Nouvelles de Finale, 24 février, pap. X.
(3) Nouvelles de Gênes, 25 février, pap. X.
(4) Nouvelles de Finale, 27 février, pap. X.
(5) Rapport du capitaine Viglietti, 29 février, pap. X.
(6) Nouvelles de Chevillard, 24 février ; nouvelles d'un émissaire, 28 février, pap. X.

rement retarder les opérations de l'ennemi. Quant à moi, je ne puis me persuader dans l'état actuel où se trouve l'armée, malgré les exagérations des Français et des gens mal intentionnés, que le directoire ait un autre but que de s'emparer du fort de Cèva et de faire avancer l'ennemi vers Mondovi et Alba et, en se tenant toujours dans la montagne, il espère obtenir ce double objet : faire vivre l'armée plus facilement et menacer continuellement le Piémont et la Lombardie ».

Différents bruits courent sur la mission de Saliceti ; ce dernier ayant dit que sous peu il irait à Turin, M. de Girola en conclut qu'il veut rouvrir les négociations avec le Piémont, alors que M. de Cossila comprend tout naturellement qu'il a prétendu dire par là qu'il compte y mener l'armée (1). Le 2, en effet, il parie avec une dame de Finale que, pour le mois de mai, il sera à Turin avec la guerre ou la paix imposée à la Sardaigne. Sa présence a ranimé la confiance ; un avis signale chez les Français un ton d'arrogance et d'impertinence qui laisse supposer que les choses ne sont pas dans l'ordre accoutumé (2).

Sa suite s'exprime librement sur l'objet de sa mission.

« L'aide de camp de Cervoni, écrit-on de Finale le 3, a confié à une personne digne de foi que l'arrivée en Italie du commissaire général Saliceti doit apporter des faits dignes de considération qui décideront de la victoire ou de la ruine totale de l'armée française. Elle l'obligea à parler plus longuement et à développer ses idées ; après quelque résistance, il lui déclara que la venue de Saliceti devait faire prendre à la République une décision sur les propositions faites par le gouvernement français, c'est-à-dire de lui céder les conquêtes faites en Italie, Nice et son comté, Monaco, Menton, Dolceaqua, Perinaldo, Oneille, Loano, Balestrino, Bardinetto et leurs territoires, moyennant 40 millions, les présides de Savone, Gavi, le golfe de la Spezzia. Le gouvernement français s'obligeait à fournir 36.000 hommes à la République, si celle-ci était molestée par les puissances coalisées. Les Français s'engageaient à leur prêter toutes les forces nécessaires pour sa défense et à lui garantir toutes ses concessions » (3).

Pourtant on croit à Gênes que le Sénat n'accordera rien et laissera tout aller à la grâce de Dieu (4).

Saliceti entre à Gênes le 4 ; après avoir prévenu Villars qu'il est

(1) Cossila à d'Hauteville, 1ᵉʳ mars (A. E. T.).
(2) Nouvelles de Finale, 2 mars (A. E. T.).
(3) Nouvelles de Finale, 3 mars (A. E. T.).
(4) Nouvelles de Gênes, 3 mars (A. E. T.).

rappelé, il charge Cacault de négocier un emprunt de cinq à six millions. Celui-ci s'en acquitte le 7.

Saliceti ne cache pas le but de sa mission à l'armée. Une note envoyée de Gênes en date du 5 indique qu'il a été chargé par le directoire de hâter les opérations du côté de Cèva, et l'on attribue à la chute des neiges le retard apporté à cette opération ; toutefois, elle n'est que différée, l'armée française se prépare à attaquer en désespérée, supposant que la victoire lui procurera de quoi vivre. Elle veut remplacer par de l'artillerie volante la cavalerie qui lui manque, et elle se berce de l'espoir de prendre Mondovi et Cèva au moyen des intelligences qu'elle s'est procurées dans ces deux places.

Un certain vague règne sur les propositions qu'il se propose de faire au Sénat, on croit qu'il les a déjà adressées. D'après ce que l'on a pu deviner, ce sont les mêmes que celles dont il a été question dans la note du 16 : cession d'Oneille et de Loano à la République de Gênes, envoi de troupes au besoin, liberté de la navigation dans le Levant, liberté d'armer sur mer, intervention de la France pour obtenir la paix avec les puissances africaines ; et du côté de l'état de Gênes trente millions comptant, abandon de Vintimille, démantèlement de Savone, Gavi et la Spezzia (1). Un fait est certain, toutes les mesures des Français prouvent qu'ils songent réellement à renforcer leur armée. Les habitants de San-Remo avertissent que les troupes venant en Italie ne sont plus de nouvelles levées, mais des vétérans ; toutes les recrues vont à l'armée des Alpes où l'on croit devoir rester sur la défensive pour tenir le Piémont en échec. Saliceti a ordonné au commissaire ordonnateur de faire verser dans les magasins de l'armée tous les fourrages possibles pour 7.000 hommes que l'on attend, et Boccardi a prévenu son gouvernement que le directoire est « convenu avec Saliceti de prendre toutes les mesures et user de tous les moyens possibles pour mettre l'armée d'Italie sur le pied au moins de 80.000 hommes et de la pourvoir du nécessaire pour qu'elle puisse passer en Lombardie ». On est assez exactement informé de l'hésitation de Schérer à exécuter l'ordre qu'il a reçu de marcher sur Cèva, et l'on sait qu'il a expédié en réponse un courrier pour exposer l'impossibilité où il se trouve de prendre l'offensive, faute de beaucoup de moyens encore en retard. La présence de Saliceti ne lui permet plus de différer. « Schérer, mande M. de Cossila, avait bien promis de ne faire un pas de plus sans avoir auparavant tout ce qu'il faut à une armée en

(1) Nouvelles de Gênes, 5 mars (A. E. T.).

mouvement qui va attaquer un ennemi chez lui, mais Salicoti ne sera pas si prudent et donnera beaucoup au hasard qui l'a tant favorisé jusqu'à présent. Pourvu qu'il ait du pain et de l'eau-de-vie pour six jours, il ira chercher le reste partout où il y en aura ; ce sont ses propres termes. Il paraît, et le gouvernement n'en doute pas que les Français comptent faire passer la Bocchetta à une de leurs colonnes avec la grosse artillerie de siège, mais cela étant, il faut qu'on transporte cette grosse artillerie par mer et qu'on la débarque à Saint-Pierre-d'Arena » (1).

M. de Cossila ne fait aucun fonds sur la fermeté des Génois à maintenir leur neutralité. Tandis que Villars et Cacault prétendent qu'ils favorisent les alliés, lui au contraire soutient qu'ils sont favorables aux Français.

Vers la fin de février, des troupes impériales s'étant montré sur les hauteurs de Gavi, on a battu la générale dans la place et une patrouille a été la reconnaître ; les Autrichiens se sont retirés et à la suite de cet incident la garnison a été augmentée de 100 hommes.

L'affaire est de peu d'importance, néanmoins le gouvernement génois charge M. de Balbi de faire des représentations à Vienne au sujet de l'entrée des troupes impériales sur le territoire de la République et d'observer que cette « opération ne pouvait que pousser les Français à avancer vers la Bocchetta et porter le théâtre de la guerre de ce côté, conséquence qui aurait les plus fâcheux résultats pour le commerce de Milan ». Comme il invite M. de Girola à appuyer ces plaintes auprès de sa cour, celui-ci lui répond : « qu'il ne comprend pas que le gouvernement s'alarme de la marche vers Gavi de quelques Allemands, tandis qu'il supporte si patiemment les invasions et les violences commises journellement par l'armée française dans la Rivière ; que la démarche de M. de Balbi est inopportune et impolitique, et du reste que ses plaintes seront fort mal reçues ; quant à la cessation du commerce dont il parle, on peut l'accepter, vu que les troupes de l'Empereur prendraient les mesures nécessaires pour prévenir un inconvénient semblable ».

« Si le gouvernement se ressent si vivement des mesures de juste défense prises par les coalisés, écrit à ce propos M. de Cossila, il est certain qu'il souffre tout de la part des Français lesquels en différents endroits ont redoublé leurs postes. Le colonel Spinola qui

(1) Cossila à d'Hauteville, 3 mars (A. E. T.).

promettait avec tant de jactance de défendre le fort de Savone contre le général de Wins, se trouve actuellement à Gênes et dit, à qui veut l'entendre, que le fort ne peut se défendre, qu'il manque de munitions, de canonniers et que beaucoup de soldats émigrent chez les Français » (1). Le 5, il attire encore l'attention de son gouvernement sur les ordres que la République donne aux habitants de fournir leurs mulets aux Français ; certaines communes leur ont même procuré des secours en argent, d'autres ont eu à supporter des réquisitions de foin (2).

A en croire M. de Cossila, le gouvernement génois délibère sur les moyens de venir au secours de l'armée française même avant la demande de Saliceti.

« Je crois, écrit-il le 5, qu'il faut faire peu de cas des dissensions que l'on suppose régner dans l'armée française et, si ce n'était le mauvais temps, peut-être celle-ci nous aurait attaqués, ne fût-ce que dans l'espoir d'améliorer leur condition en saccageant et en pillant le Piémont. La misère à laquelle les Français ont réduit la rivière est telle que désormais ils ne peuvent plus y rester et que, si le mauvais temps continue pendant quelques jours encore, ce pays pourrait supporter les plus fâcheuses conséquences. Le gouvernement qui le sait, a ordonné des prières publiques dans tout l'Etat et il étudie les moyens pour tenir éloignés les périls dont il se voit menacé. Parmi ces moyens, on a proposé dans les collèges de donner secrètement à Saliceti la somme de quatre ou cinq millions espérant ainsi contenter le directoire sans se compromettre avec les alliés. La majorité fut pour l'affirmative, mais quelqu'un ayant fait remarquer qu'un tel acte, décisif par lui-même, mais qui se divulguerait bientôt, ne pourrait que déterminer une juste vengeance contre la République, et que l'armée française, comme le gouvernement le savait, ne dépassait pas 30.000 hommes pourrait être repoussée : aucune décision n'a été prise. »

Le gouvernement désire vivement contenter Saliceti, d'autre part il ne se dissimule pas qu'en accordant ces demandes, contraires à la neutralité, il lui sera très difficile de sortir de cette impasse. « En effet, continue Cossila, il paraîtra impossible de céder Savone et une grosse somme d'argent sans que cela ne se sache et que des troubles graves ne naissent de cet acte.

En ce qui concerne Savone, le gouvernement sait qu'elle n'est

---

(1) Cossila à d'Hauteville, 3 mars (A. E. T.).
(2) Nouvelles de Gênes, 20 février, pap. X. — Nouvelles de Loano, 6 mars, pap. X. — Nouvelles de l'ennemi, 13 mars, pap. X.

pourvue ni en troupes ni en provisions pour faire la moindre résistance. Le colonel Spinola, en plus de ce que je vous ai dit dans ma lettre du 3, certifie que la place ne peut résister un seul jour et il a réellement donné l'ordre de l'évacuer et de la faire sauter en l'air en même temps que Vado. On parle ouvertement de l'impossibilité de défendre cette place, aussi je pense qu'elle tombera dans les mains des Français qui la feront servir à leurs projets, si on ne prend pas des mesures à temps, et si le gouvernement génois n'est pas disposé à sacrifier quelques millions, mais je crois que ce sacrifice ne servirait qu'à en différer la perte jusqu'à de nouvelles occasions » (1).

Pour s'opposer aux intentions secrètes du gouvernement de Gênes qu'il suppose favorable aux Français, M. de Cossila conseille de faire appel à l'Empereur.

« Votre Excellence aura sans doute remarqué, écrit-il le 6, de quelle importance il serait que l'Empereur obligeât la République à ne pas précipiter par ses secours en argent la ruine du Piémont et de l'Italie, attendu que des premières victoires ou défaites des Français découlera le plan ultérieur de leurs opérations. Tout fait prévoir qu'ils ne manquent que d'argent, et la République de Gênes est la seule qui puisse leur en donner, peu à la fois, il est vrai, pourtant en assez grande quantité pour que nos ennemis puissent ouvrir la campagne avec la célérité la plus grande » (2).

Le 6, Cacault se présente au secrétaire d'Etat pour être reconnu en qualité de ministre de France. Bien que Villars n'ait pas remis ses lettres de créance, M. de Ruzza ne soulève aucune difficulté au grand mécontentement de M. de Cossila ; il observe que toutes les formes diplomatiques sont violées dès qu'il s'agit des Français. Son premier acte a été de remettre la note par laquelle Saliceti fait connaître qu'il a requis de la commune de Port-Maurice le logement et de la farine pour 8.000 hommes (3).

Cacault expose le 7 à M. de Ruzza les demandes de la France ; en le quittant il lui laisse sur sa demande une note où il résume leur entretien (4). Il réclame de Gênes un emprunt et il lui promet en échange la cession de Loano, et d'Oneille lors de la paix future. Dès le 6, le Sénat s'assemble pour délibérer, à ce qu'on croit, sur ces conditions dont on ignore le contenu exact. « Le public, mande Cossila, les réduit à deux : savoir la cession de la forteresse de Savone et les secours demandés. En ce qui concerne les secours, il

(1) Cossila à d'Hauteville, 5 mars (A. E. T.).
(2) Cossila à d'Hauteville, 6 mars (A. E. T.).
(3) Cossila à d'Hauteville, 10 mars (A. E. T.).
(4) Voir : Fabry, tome III, p. 276-278.

est certain que c'est la question, d'après Boccardi, qui intéresse le plus le directoire, puisqu'il aura la forteresse quand il le voudra. Il est probable que le gouvernement réfléchira sérieusement avant d'accorder ces secours, attendu que d'eux peut dépendre le salut de l'Italie. Il est à prévoir aussi que les coalisés ne seront pas indifférents aux déterminations publiques et secrètes qui se prendront à ce sujet. Il n'y a donc pas de temps à perdre, vu que sûrement Saliceti insistera dans ses demandes, étant donnés les besoins urgents de l'armée forcée à l'inaction par la neige et les froids rigoureux des jours derniers. Les Français craignent d'être attaqués les premiers et si, pour une fois, les généraux autrichiens pouvaient montrer de la vigueur, il est certain que l'armée française, dans l'état où elle se trouve, n'est pas capable de faire une forte résistance » (1).

Tandis que les négociations se traînent péniblement à Gênes, Saliceti, pressé d'obtenir rapidement les secours dont l'armée a besoin, demande le 8 à Schérer de diriger sur cette ville un corps de 6.000 hommes afin d'exercer une pression sur le Sénat et de briser son opposition (2). Très vraisemblablement, il ne s'en est pas caché, car M. de Girola en est informé, et il en fait part le 10 à M. de Cossila. « Il lui confie que, grâce à un courrier venant de Savone, il savait que les Français voulaient s'emparer du passage de la Bocchetta et peut être de Gavi. On attendait en effet à Voltri 3.000 à 4.000 Français, mais heureusement le mauvais temps avait troublé leurs projets. Quoi qu'il en soit, ajoute M. de Cossila, il est certain que tant à Voltri qu'à Saint-Pierre d'Arena, ils ont rassemblé beaucoup de farine. Le gouvernement n'est pas du tout rassuré, car il est à craindre que Saliceti, pour obliger les Génois à lui donner tout ou partie des subsides demandés, ne veuille se rendre maître du commerce entier de la Lombardie et du Piémont avec Gênes et nous dominer ainsi de plus en plus à notre grand désavantage. Si les Français ont de tels projets en tête, je ne vois pas comment les Autrichiens pourront les en empêcher, eux pour qui tout est impossible, tout ce qui n'est pas basé sur les règles de la vieille tactique militaire. Mais si un jour les Français se rendent maîtres de Gavi et de la Bocchetta, les conséquences graves qui peuvent en résulter sont trop évidentes pour qu'on ne montre la plus grande attention ».

Jusqu'à cette date, les renforts dont on a parlé, n'ont pas encore rejoint. Le 6, le capitaine Viglietti, généralement bien informé,

---

(1) Cossila à d'Hauteville, 8 mars (A. E. T.).
(2) Schérer à Saliceti, 11 mars, tome III, p. 291.

donne 18.000 hommes aux divisions Masséna et Augereau (1) ; un avis de Nice du 9 fixe à 1 500 hommes les troupes venues de Provence qui ont passé par cette ville ; et il évalue l'armée entière à 48.000 ou 50.000 hommes (2). A Gênes même on croit peu aux hâbleries de Saliceti qui parle d'une force de 150.000 hommes ; on réduit ce chiffre à 35.000 hommes (3). La rentrée des déserteurs et des jeunes gens de la réquisition, comme l'observe Cossila, l'a pourtant augmentée. « Il n'en est pas moins vrai que chaque jour arrivent quelques petits renforts, écrit-il, et qu'une fois les neiges fondues, l'armée française sera en mesure de tenter quelque coup dont l'issue heureuse ou malheureuse peut décider du sort de la campagne. Il est certain, en effet, que les Français nous attaquerons avec les provisions de trois ou quatre jours nécessaires pour ne pas mourir de faim, espérant sans doute pouvoir se rendre maître de nos magasins. Que Votre Excellence persuade de cela les personnes qui sont chargées de la garde du pays. Pour moi tout me porte à croire que cela est le plan de Saliceti et de Schérer. Le directoire sait que son existence dépend des nouveaux triomphes que remporteront les armées, et il ne peut faire vivre ces dernières que dans un pays ennemi » (4).

Le 10, M. Dracke arrive de Milan, il veut persuader à M. de Girola de présenter de concert une note rédigée par tous les ministres des puissances coalisées. A en croire Cossila, M. de Girola, quoique ministre de l'Empereur, pense en véritable Génois et de plus il croit que les intérêts de sa cour et ceux du Piémont sont tout à fait différents ; il se refuse d'abord à la démarche qu'on réclame de lui, prétextant qu'il n'a pas l'autorisation de remettre la moindre note sans un ordre de Vienne, mais il se propose d'en parler à M. de Ruzza. M. de Cossila est dans la même intention, sans vouloir donner pourtant à cet entretien une grande importance, car il croit savoir que le gouvernement génois a décidé de refuser absolument le secours demandé.

D'Hauteville aurait vivement désiré que le gouvernement de Gênes commit quelques excès qui lui aurait attiré le ressentiment de l'Empereur et aurait amené des représailles de sa part « mais je ne voudrais pas pour cela, lui répond Cossila, qu'un tel excès nous fut trop fatal, comme cela pourrait arriver, si on accordait quelques secours pécuniaires à la France ou si on laissait les Français s'em-

(1) Rapport de Viglietti, 6 mars.
(2) Nouvelles de Nice, 9 mars (A. E. T.).
(3) Nouvelles de Gênes, 5 mars (A. E. T.).
(4) Cossila à d'Hauteville, 10 mars (A. E. T.).

parer de la Bocchetta. Je juge peut-être mal en l'occurence, mais ne désire que me tromper.

M. Dracke se montre assez indifférent que les Français s'emparent du passage de la Bocchetta, car il espère ainsi que le gouvernement de Gênes serait forcé de se déclarer contre les Français. L'événement décidera de la question et je crois que bientôt on verra le plan des Français se développer, puisqu'à Voltri on prépare les fours pour le corps d'armée que l'on y attend. M. Dracke espère que Beaulieu restera à la tête de l'armée sous les ordres de l'archiduc. On craint cependant qu'à Vienne le parti de de Wins ne prévale.

Au sujet des demandes faites par Saliceti, je n'ai rien à dire à Votre Excellence en dehors de ce que je lui ai déjà dit dans les autres; quant aux tentatives faites pour s'emparer de Savone, elles nous sont complètement inconnues bien que, je vous le répète, Savone appartiendra aux Français quand ils le voudront; cependant ils doivent auparavant prendre des mesures préliminaires. Saliceti parle de nombreuses armées, d'attaques multiples, de victoires certaines.

En ce moment-ci, rien dans la Rivière ne fait supposer une pareille jactance, et il est probable que l'exécution de ce plan sera retardé encore de quelques semaines » (1).

Les renseignements venus de la Rivière signalent en effet que la situation de l'armée française s'empire de plus en plus. Le 10, on avertit de la Pietra que le blé manquant totalement, le commissaire des guerres a réquisitionné tout celui qui existe en ville avec promesse de le rendre en nature lorsqu'il en arrivera de Nice (2).

Le 11, on écrit du même endroit « Les soldats font vraiment pitié; ils vont demander l'aumône de maison en maison et la nuit infestent toute la contrée en mendiant. On ne comprend pas la raison pour laquelle cette armée, après avoir abandonné à la nation cinq mois de sa solde, n'en a pas reçu un sou aujourd'hui; elle manque de tout, de riz, de légumes, de viande; son état est misérable. Le soldat légèrement habillé par ces froids excessifs ne se lamente que lorsqu'il est seul...

Les généraux qui sont souvent dans les quartiers pour encourager les soldats à attendre patiemment leur paie, leur promettent de les conduire bientôt dans des pays fertiles et abondants où ils trouveront des compensations dans la prochaine campagne; ils se promet-

(1) Cossila à d'Hauteville, 12 mars (A. E. T.).
(2) Nouvelles de la Pietra, 10 mars (A, E. T.).

tent de n'accorder de quartiers à personne, parce que, fatigués de cette vie, ils ne voient pas de moyens plus rapides pour en sortir et pour en arriver à la paix et à la tranquillité, ajoutant que c'est ainsi qu'ils ont obtenu la paix avec l'Espagne » (1).

Un troisième avis du 11 mentionne qu'il reste à l'armée des vivres pour quelques jours à la demi-ration avec quelques châtaignes, mais qu'on espère recevoir sous peu des vivres par suite de la bonne harmonie avec Gênes.

En même temps des renseignements sûrs annoncent qu'un courrier a apporté à Schérer l'ordre « d'attaquer Céva et d'emporter ce point à tout prix dès que la saison le permettra. Aussitôt Mondovi pris, le général a ordre d'y faire tout de suite construire un fort ».

Le plan de cette attaque a été imaginé par Rusca et Campana. Le général Schérer a ordre de le suivre et de l'exécuter en tous ses points.

Dans ce plan Campana signale la nécessité d'avoir un parti dans les deux villes... « L'armée est en somme misérable ; les chefs souffrent autant que les soldats, donc l'attaque sur Céva et Mondovi sera désespérée » (2). Et, d'après les bruits qui se sont répandus dans la Rivière, le principe obstacle qui s'oppose à sa marche va bientôt disparaître ; car, si ce que l'on raconte est vrai, bien que les propositions de Saliceti aient été repoussées par le Sénat, il a obtenu 120.000 émines de blé des particuliers et le gouvernement génois les a garantis (3).

A ce qu'il semble, le gouvernement piémontais, pour prévenir toute complaisance des Génois à l'égard de la France et priver ainsi l'armée française des ressources qui lui sont indispensables pour prendre l'offensive, aurait été d'avis de mettre la main sur la ville. D'Hauteville a développé cette idée dans une lettre confidentielle qui nous manque. Le 12, Cossila lui répond qu'il ne faut pas espérer que le gouvernement impérial se décide à un parti vigoureux.

« Votre projet touchant les Génois serait assurément le plus avantageux pour nous dans le moment actuel, car il déciderait du sort de la campagne s'il pouvait se réaliser ; mais je ne vous dissimulerai pas que je ne m'en flatte guère dans l'état actuel des choses, vu surtout l'indécision de la cour de Vienne, laquelle n'a jamais pris à l'égard de cette République que des formes mesurées tou-

(1) Nouvelles de la Pietra, le 11 mars (A. E. T.).
(2) Lettre de Nice, 10 mars (A. E. T.).
(3) Nouvelles de la Rivière, 10 mars (A. E. T.).

jours équivoques et douteuses, de manière qu'on ne pourrait dire si elle a voulu la ménager ou l'entraîner malgré elle dans de fausses démarches Voilà les conséquences de l'insidieuse politique de la cour de Vienne à notre égard. Pesez dans votre sagesse les notes données par Girola, les manifestes de M. de Wins en entrant dans la Rivière, sa conduite postérieure, ses menaces, sa faiblesse, son indécision, ses propos indiscrets, et vous verrez, monsieur, ce qu'on peut attendre du cabinet de Vienne, à moins que le projet des Français de couper la communication de la Lombardie, en s'emparant de la Bocchetta, ne les réveille ».

En cas où les Français seraient repoussés, il conseille, bien loin d'offrir une alliance aux Génois, de les voir venir et de leur vendre bien cher une alliance dont ils ne pourront se passer (1).

M. de Girola revient, dans la journée du 12, sur sa première résolution de ne pas remettre de note à Gênes, soit qu'il faille l'attribuer à l'influence de Dracke ou à celle de Spinola (son oracle). Ce dernier s'est plaint à lui de l'abandon où l'empereur a toujours délaissé la République et lui a conseillé de parler ferme au secrétaire d'Etat au sujet des demandes de Cacault, « car la République voulait être menée rudement » (2).

En outre, les représentants des puissances alliées ont été prévenus par quelqu'un qui a des rapports avec la légation française de l'ultimatum remis le 10 mars par Cacault et de la lettre de Saliceti qui qui y était jointe. Ses informations sont des plus exactes (3).

« Il raconte que Cacault aurait de nouveau exposé à M. de Ruzza les ordres du directoire exécutif à savoir : la mission qu'il a d'exposer au gouvernement de Gênes le besoin extrême dans lequel se retrouve la France d'avoir à titre d'emprunt ces cinq millions pour secourir les troupes françaises, argent nécessaire pour entrer en campagne et avancer dans la Lombardie ; que du reste le gouvernement s'engageait à restituer ces cinq millions dans cette campagne ou au plus tard à la paix générale, comme la cession d'Oneille, Loano et autres Etats était la récompense de la garantie de ses Etats. Qu'il comprenait très bien du reste la difficulté que pouvait avoir le gouvernement à donner une si forte somme pour ne pas se heurter aux puissances coalisées, mais que cet emprunt pouvait se faire dans le plus grand secret afin d'éviter aux puissances coalisées tout prétexte de se plaindre de la République. Il concluait en disant

---

(1) Cossila à d'Hauteville, 12 mars (A. E. T.).
(2) Cossila à d'Hauteville, 12 mars, 2ᵉ lettre (A. E. T.).
(3) Saliceti à Cacault, note de Cacault, 10 mars, voir tome III, p. 287-288.

que la nécessité dans laquelle la France se trouve d'obtenir du gouvernement de Gênes un secours semblable, ne lui permettait plus d'attendre une réponse et que, comme toute longueur serait regardée comme une réponse négative, il prévenait le secrétaire d'État de lui donner une réponse décisive. La même personne supposait que cette note était accompagnée d'une lettre de Saliceti insistant auprès de Cacault au nom du directoire pour obtenir une réponse prompte et décisive (1). »

M. de Girola et M. Dracke jugent indispensable de répondre à cette mise en demeure française par une déclaration verbale dont les termes ont été soigneusement adoptés entre eux.

Projet de note,   11 mars (A. E. T.).

Les ministres des puissances coalisées ont l'honneur de prévenir M. le Secrétaire d'État qu'ils ont appris qu'un agent français était arrivé à Gênes pour insister auprès de la Sérénissime République au sujet des demandes faites par son gouvernement.

La réponse aussi ferme que juste que le gouvernement lui a donnée, tranquillisera les ministres, car le gouvernement continuera à remplir ses devoirs envers les puissances alliées. En effet un secours quelconque accordé aux Français soit publiquement, soit secrètement, soit comme don, soit comme prêt serait une violation manifeste et absolue des principes adoptés par la sérénissime République. Si elle accordait les secours demandés dans l'intention qu'on s'en servît contre les alliés, ce serait faire un pas dans la voie de la guerre que fait la France aux diverses puissances amies de la sérénissime République.

De plus cette conduite serait absolument impolitique et contraire aux intérêts mêmes de la République. Une telle demande étant basée sur l'extrême besoin du gouvernement français, besoin qui ne fait qu'augmenter avec le temps. Cette demande, dis-je, serait une source intarissable d'autres demandes de ce gouvernement et la cause de la ruine totale de la fortune publique et privée, de sorte que, loin de le sauver, ce premier sacrifice ne ferait qu'encourager le gouvernement français à continuer dans cette voie de demander. L'exemple de la Hollande qui, dans l'espace d'un an, a vu son gouvernement abattu, son commerce ruiné, les propriétés privées envahies, la prospérité publique anéantie pour avoir répondu à de telles demandes, montre bien le danger des insinuations du gouvernement français si on ne résiste au début.

(1) Cossila à d'Hauteville, 12 mars (A. E. T.).

La destinée déplorable de la Belgique encore plus malheureuse, si c'est possible que la France, pourrait nous fournir un exemple tout aussi concluant, si un gouvernement éclairé comme celui de Gênes avait besoin de chercher des principes de conduite autre part que dans sa propre sécurité. Les ministres ont l'honneur de prier le secrétaire d'Etat de mettre sous les yeux de son gouvernement les obervations qu'ils croient devoir lui présenter d'après les ordres de leur cour respective » (1).

Dès le 12, Cossila est averti que la réponse du gouvernement génois sera négative; mais il attend avec anxiété ce que fera la banque de Saint-Georges sur laquelle Cacault a en effet fondé quelque espoir (2). Le 14, le gouvernement refuse net de conclure aux propositions qui lui sont adressées.

Il était peu probable que Saliceti supporte cet échec. Un rapport fort exact, dont on ignore l'auteur, le représente comme un ambitieux forcené sur lequel ni l'argent, ni les femmes, ni les plaisirs d'aucune espèce n'ont d'influence et qui, depuis le siège de Toulon, se croit sûr de réussir dans les entreprises les plus difficiles. On sait qu'à son arrivée à l'armée, il a tenté d'entraîner Schérer et que ce dernier s'y est refusé à moins qu'elle ne fût pourvue convenablement de ce qui lui manquait. « D'après cela, ajoute la note, Saliceti a écrit à Paris que ce vieux général ne voulait pas compromettre sa réputation et que l'expédition d'Italie exige des généraux hardis et non pas des généraux prudents ; en conséquence, il a demandé Buonaparte, et l'on ne doute pas qu'il soit nommé » (3).

Tous les efforts de Saliceti tendent à tirer l'armée de la misère où elle se débat, puis à la faire entrer en Piémont par Cèva, Carcare et Borghetto ; décidé à pousser en avant à tout prix et n'ayant pas de moyens pour exécuter cette opération, il est facile de prévoir « que l'envahissement du territoire de Gênes sera son premier pas ».

Dès le 9, on signale à Vintimille que le général Bonaparte est destiné pour le commandement de l'armée d'Italie (4). Dès lors son nom se retrouve fréquemment dans tous les rapports et l'on en parle dans les états-majors, car on lit dans une note du 15 : « Ce matin un officier d'état-major m'a donné les détails suivants : que l'armée d'Italie comprendra à l'ouverture de la campagne 84.000 hommes répartis ainsi : Le général Kellerman avec 22.000 hom-

(1) Projet de note (A. E. T.).
(2) Cossila à d'Hauteville, 12 mars (A. E. T.).
(3) Rapports du 14 mars, p. X.
(4) Note de Vintimille, 9 mars (A. E. T.).

mes du côté de Giletta, le général Schérer avec 20.000 du côté de Nice et d'Oneille. Le général Bonaparte, Corse, du côté de Vado avec 20.000 hommes pour attaquer le Piémont et la Lombardie en trois colonnes.

Le général Cartaux avec une troupe d'élite de 12.000 hommes et 10.000 cavaliers, général en chef. Il sera là pour porter secours à l'un des partis qui pourrait succomber. Son quartier général sera à Oneille, et sur la Rivière tant au Ponent qu'au levant il y aura deux autres quartiers généraux à San Remo et à Finale » (1).

Le 16, on sait positivement à Gênes que l'emprunt a été repoussé par 122 voix contre 20, bien que Saliceti ait réduit sa demande de trente à cinq millions et qu'en même temps Schérer a demandé de faire préparer dans la Rivière des quartiers pour 12.000 et un corps de cavalerie ; il n'existe encore aucun préparatif pour la construction de fours à Voltri (2).

Quant à l'armée française, on croit être assuré que, bien loin d'être réellement augmentée, elle a plutôt beaucoup diminué (3); mais sa situation intérieure s'est améliorée ; tous les rapports parlent des nombreuses provisions débarquées dans ces journées (4). Saliceti ne s'est donc pas vanté en avançant qu'il a su trouver à Gênes des ressources pour l'armée (5). D'ailleurs comme le répète après d'autres une note fort bien faite, son dépérissement est pour elle un motif d'aller de l'avant. « Je suis instruit, dit-il, par le représentant du peuple et par les généraux qui ont leurs ordres en conséquence, que l'intention arrêtée du comité militaire est qu'on attaque à tout prix et d'envahir le Milanais ; et tout se prépare pour y réussir. Il faut s'attendre que plus le soldat français est mal, plus il sera dangereux. La victoire, le pillage, l'abondance sont les moyens dont on se sert aujourd'hui pour l'exalter ».

Deux voies s'ouvrent à l'armée pour se débarrasser de ces difficultés. 1° Déclarer le pays génois, pays conquis, et mettre en réquisition tous les objets nécessaires à son entretien. L'auteur croit que Saliceti serait peut-être retenu d'employer un tel moyen par la crainte de s'aliéner complètement les Génois et, en cas de revers,

---

(1) Note, 15 mars (A. E. T.).
(2) Nouvelles de Gênes, 16 mars, pap. X.
(3) Nouvelles de Gênes, 16 mars (A. E. T.).
(4) Nouvelles de Finale, 16 mars, pap. X.
(5) Nouvelles de Gênes, 20 mars (A. E. T.).

d'avoir à se retirer par un pays totalement ruiné. 2° Se présenter aux portes de Gênes avec un corps d'armée « et d'y demander les armes à la main une contribution de vivres, d'argent, peut-être même un nombre suffisant de pièces de gros calibres pour les transporter en Lombardie. On promettrait aux nobles génois de respecter leurs magnifiques villas pour se les concilier ; s'ils refusent, on les brûlera et on assiégera la ville dont on s'emparera, favorisé par la populace, qui profitera de cette occasion pour se soulever contre un fantôme de gouvernement et s'emparer par le pillage de la fortune des riches. Gênes peut à peine opposer 1.500 hommes à l'assaillant alors que l'enceinte en exige 10.000 ; aussi le Sénat se borne-t-il « à temporiser, dans l'espérance d'être tiré d'embarras par quelque événement imprévu » (1). De l'avis de M. de Cossila, ces renseignements viennent d'une personne capable de bien juger les choses (2).

Le mouvement sur Gênes est d'autant moins dangereux pour les Français que la neige couvre cette marche de flanc. Le 16, il y en a dix pieds à Giovetti, Sotta, Spinarda et Mélogno et six à Calissano (3). Cette considération ne peut échapper aux coalisés et, comme on s'en souvient, Schérer ne se prêtera à faire avancer un corps sur Saint-Pierre d'Arena qu'en basant son consentement sur cette circonstance favorable (4).

Le 15, Cossila informe sa cour que Saliceti ne perd pas l'espoir de réussir à trouver des vivres et de l'argent parmi les marchands génois en utilisant la bonne volonté du parti français. « Saliceti ne cache pas son ressentiment contre le gouvernement pour le refus inattendu des secours demandés, et maintenant il commence à menacer et à montrer son caractère. Comme on assure que le général Buonaparte qui est Corse aussi, succèdera au général Schérer. Ce nouveau choix ne laisse pas de déplaire au gouvernement et, bien que M. de Ruzza soit très réservé, il n'a pas pu se retenir de dire que le directoire exécutif tenait une étrange conduite en ne confiant toute son autorité qu'à des Corses.

Bonaparte était déjà employé à l'armée d'Italie, il est entreprenant, sans considération, mais en même temps il est doué de beaucoup de qualités et de talents qui le rendent dangereux.

Saliceti trouve que le général Schérer s'entoure de trop de pré-

---

(1) Notes sur l'armée française, 16 mars, pap. X.
(2) Cossila à d'Hauteville, 15 mars (A. E. T.).
(3) Nouvelles de Calissano, 16 mars (A. E. T.).
(4) Schérer à Saliceti, 11 mars, tome III, 291.

cautions et prend de trop grandes mesures préparatoires pour assurer la campagne, ses projets, son impatience, et par-dessus tout l'extrême misère sont des facteurs trop importants avec lesquels il faut compter. Il sait très bien par exemple que les premiers événements de cette campagne doivent être décisifs, que si l'armée française subit le moindre revers, il ne peut plus rester dans la Rivière et que son crédit sera ruiné dans ce pays.

En ce moment il cherche à se procurer de l'argent et des moyens d'existence par tous les moyens possibles; et à ce sujet il a excité le zèle et le patriotisme des négociants français domiciliés à Gênes afin qu'ils viennent au secours de l'armée. Il agit même par la menace s'ils refusent. Cependant ces négociants ne se laissent pas persuader facilement à faire de nouveaux sacrifices. Ils demandent même qu'on leur paie les sommes arriérées. Pourtant l'espérance du gain chez certains, la crainte de tout perdre chez d'autres fait qu'il se procure des avances, et on cite plusieurs négociants, entre autres Adami, qui sont disposés à pourvoir l'armée.

Le gouvernement actuellement ne voudra pas se compromettre ouvertement, mais dans le petit conseil de samedi plusieurs conseillers ont été d'avis d'accorder en partie les demandes des Français, si on ne voulait pas s'exposer à de plus grands dommages. Considérant que ce serait l'unique moyen de faire sortir l'armée française de ses états, il ne serait pas étrange de supposer qu'indirectement les nobles accorderaient les secours, car il est certain que ou les Français doivent pénétrer dans le Piémont ou doivent vivre à discrétion dans les états de la République. L'alternative est certaine et si on ne s'oppose pas au premier choc, si on laisse l'armée s'étendre et trouver les moyens de vivre, cette dernière augmentera et se mettra sur un pied formidable » (1).

Dracke terrifié par l'audace de Saliceti et convaincu qu'il est l'âme de tous les projets relatifs à une invasion de l'Italie projette de le faire enlever en chargeant de ce coup de main des soldats piémontais.

Le 17 mars, Cossila en rend compte à sa cour.

« Tous les plans de la campagne d'Italie étant dans la tête de Saliceti et du parti corse, il a imaginé que ce serait un grand coup d'état si on parvenait à s'en saisir et même lui enlever ses papiers. Pour réussir dans ce projet, il faudrait avoir à Gênes un officier intelligent sûr et déterminé dont on ferait usage selon les circonstances, car il devrait avoir sous ses ordres dix à douze soldats ou

(1) Cossila à d'Hauteville, 15 mars (A. E. T.).

milices déguisés armés seulement de poignards et de pistolets qui se tiendraient partie à Saint-Pierre d'Arena, partie à Voltri, Sestri pour se concerter et se donner la main. Le lieu de l'enlèvement devrait être... de Voltri où il y a des chemins creux, escarpés où les chevaux ne peuvent défiler qu'un à la fois et au petit pas. La montagne qui est à côté servirait d'asile sûr à nos gens. Il faut noter au surplus que Saliceti n'étant venu ici qu'accompagné de cinq à six personnes, il est très probable qu'il s'en retournera de même.

Vous voyez, monsieur, que ce projet ne présente guère de difficultés insurmontables dans son exécution, mais il en présente cependant un grand nombre. Il y faudrait d'abord la plus grande célérité, le plus impénétrable secret, de la résolution, du courage et de la prudence. Il faut faire attention aussi qu'un tel coup, s'il est manqué, peut avoir les plus funestes conséquences pour nous en irritant de plus en plus le directoire et Saliceti lui-même. Quant à moi, je ne me croirai plus sûr ici, soit qu'il réussisse ou que le coup soit manqué ; aussi je me préparerai en tous cas à un prompt départ pour me mettre en lieu de sûreté.

Dracke dit que peut-être de l'enlèvement de Salicetti dépend le sort de cette campagne en Italie. Je vous avoue que je sens les grands avantages qu'il pourrait nous en résulter, mais faudrait-il que l'odieux en retombe tout sur nous seuls, tandis que l'avantage serait commun aux impériaux. Quoi qu'il en soit, je me suis acquitté de ma mission, à vous de me donner des ordres » (1).

Le chevalier Dracke part le même jour pour Turin où il a plusieurs conférences avec M. d'Hauteville où assistent Trevor, Colli et Gherardini ; il croit véritablement à un projet réel de Saliceti sur Gênes.

« Il nous a communiqué, écrit Gherardini, plusieurs papiers de ses correspondants par lesquels il constate que Saliceti est résolu de forcer la main aux Génois, en se mettant en possession de leur territoire, pour s'assurer ainsi les moyens de tenter l'invasion de l'Italie. Il nous a assuré que les ennemis ont un parti puissant dans la ville et plus de 2.000 hommes à leur disposition qui forceront la garnison à ouvrir les portes aussitôt qu'ils se présenteront avec une force imposante, qu'elle manque absolument de moyens de défense et que la majorité de ses habitants est portée pour les Français, que, dans dix-huit heures de temps, l'ennemi peut la forcer à subir la loi et, avant que le général Beaulieu puisse y porter des secours et faire la moindre opposition ; que Saliceti a pris les mesures néces-

(1) Gossila à d'Hauteville, 17 mars (A. E. T.).

saires pour former des magasins à Voltri et à Saint-Pierre d'Arena où les patriotes feront avancer un corps de 12.000 hommes ; que ce commissaire est obligé d'adopter ces mesures extrêmes, puisque son armée manque de subsistances dans la Rivière et doit nécessairement se débander, s'il ne se ménage cette unique ressource qui fournira en outre à la France les moyens de continuer la guerre. »

Dracke insiste sur la nécessité de prévenir ces entreprises et de faire marcher un gros corps de troupes alliées vers Gênes pour soutenir le bon parti et pour en imposer aux Français. D'Hauteville lui observe : « qu'il faudrait avant tout être au fait des instructions du général Beaulieu qui régleront naturellement sa conduite vis-à-vis des Génois dans le cas où les Français entreprendraient de nouvelles violences contre leur ville et leur territoire, et, m'ayant interrogé sur ma façon de penser à cet égard, j'ai répondu que, quoique je ne fusse point au fait des ordres que ce général pourrait avoir reçus de ma cour, j'étais cependant persuadé qu'il se mettrait en état de déjouer les desseins de l'ennemi ; qu'à la vérité une provocation de notre part pourrait être dangereuse, mais qu'il serait à désirer qu'on adoptât des mesures capables d'empêcher toute surprise ».

On a unanimement convenu qu'un corps d'armée considérable qui s'approcherait des extrêmes frontières de la République vers Gavi, sans même mettre le pied sur son territoire, serait à portée d'accourir au secours de Gênes au mouvement de l'ennemi et qu'on pouvait, en attendant, faire sentir aux Génois qu'on le faisait avancer pour leur propre sûreté et pour contenir les Français qui les menacent. Le dit ministre part cette nuit pour aller informer le général Beaulieu à Pavie des notions sûres qu'il vient d'avoir sur la matière en question et du résultat de ces conférences, et le comte d'Hauteville assure que le roi son maître adopterait le plan que ce général croirait le plus utile et serait prêt à y concourir avec tous ses moyens (1).

M. Dracke a-t-il parlé de son projet d'enlever Saliceti à d'Hauteville ; ce dernier a-t-il refusé de s'y prêter, les documents sont muets à cet égard. Il part le même jour rejoindre le général Beaulieu à qui il apporte l'assentiment du Piémont à un mouvement vers Gênes.

Malgré l'échec des négociations relatives à l'emprunt, les alliés ne tardent pas à apprendre que Saliceti a réussi à se créer des ressources. Dès le 19, on sait à Gênes que Lachèze l'a informé

(1) Gherardini à Thugut, 20 mars (H. A. V.).

qu'il lui ferait passer la valeur d'une prise menée dans le port de Livourne estimée à 100.000 piastres. Cette nouvelle ranime le zèle des négociants. « La maison André et les autres négociants de cette ville, écrit-on de Gênes le 20, ont promis à Saliceti d'expédier à Voltri 2.000 émines de blé ce qui correspond à 10.000 émines de notre mesure. Les commerçants Joseph Fravega, Emmanuel Greco, Emmanuel Balbi se sont taxés à 500.000 francs de cette monnaie pour les besoins de l'armée d'Italie, ainsi feront beaucoup d'autres, et l'on arrivera par là à contenter Saliceti dont la demande a été réprouvée par le petit conseil..... »

Hier, Saliceti a été dîner chez le négociant Adamini qui a beaucoup de relations avec le Milanais, là se trouvaient les négociants François Fravega, Emmanuel Balbi, Emmanuel Greco et d'autres qui passèrent un contrat avec Saliceti ; ils s'engagèrent à soumissionner pour 50.000 émines de blé à l'armée française et acceptèrent comme à compte de paiement le report de l'hypothèque accordée par Saliceti sur la prise anglaise et qui est d'un million et plus » (1).

Quant aux 12.000 hommes de renforts, ils ne sont pas encore arrivés à Nice ; Schérer a seulement écrit à Masséna et à Spinola de faire préparer leurs logements (2). D'après un aide de camp de Masséna, le général Laharpe a ordre de se tenir prêt à marcher sur Voltri avec un corps de 6.000 hommes (3) et en effet un émissaire dirigé sur cette ville y constate l'existence de 14 fours dont quatre suffisent pour la population (4) ; pourtant un autre avis de Gênes daté du 23 mentionne que Saliceti s'est arrêté le 20 dans cette ville où il s'est emporté contre les directeurs et commissaires parce que les fours n'étaient pas encore construits, il a donné trois jours pour les finir (5).

Les troupes destinées à l'opération de Voltri appartiennent à la division Meynier cantonnée à Finale sous le commandement de Cervoni, elles sont entrées le 19 à Savone où elles ont été logées dans plusieurs grands couvents ; 400 hommes sont partis de suite pour renforcer le poste de Cadibone (6).

Néanmoins M. de Cossila continue à croire que les Français ne s'engageront pas contre Gênes.

---

(1) Nouvelles de Gênes, 20 mars (A. E. T.).
(2) Nouvelles de Gênes, 19 mars, p. X.
(3) Nouvelles de Gênes, 19 mars, p. X.
(4) Nouvelles de Gênes, 20 mars (A. E. T.).
(5) Nouvelles de Gênes, 23 mars, p. X.
(6) Nouvelles de l'ennemi, 23 mars (A. E. T.).

Il écrit le 19 : « Nous n'avons d'autres nouvelles de l'armée que celles qui racontent que sa misère est grande, que ses provisions sont petites, surtout en ce qui concerne le fourrage et les animaux de transport, de sorte que cette armée ne pourra rien entreprendre d'important, à moins qu'avec l'argent de la France ou de cette République, Saliceti ne trouve le moyen de la rendre plus imposante » ; qui sait s'il n'entre pas dans le plan des Autrichiens de délivrer l'Italie de cette armée, chose qui ne serait pas difficile, étant donné l'état dans lequel elle se trouve.

Le choix de Beaulieu pour le commandement suprême des armées autrichiennes ne plaît pas beaucoup aux Français, vu qu'ils ont peur d'être attaqués par lui.

L'indécision de la cour de Vienne et l'expérience du passé, en ce qui concerne la vigueur des Anglais envers cette République, ne m'ont pas permis de parler à M. de Ruzza comme je l'aurais désiré, et je me suis borné à lui faire comprendre qu'un secours quelconque en argent serait une violation de la neutralité » (1).

Le 22, « à Voltri on continue à préparer les fours et on attend sous peu les troupes françaises annoncées » (2).

Le 23, Cossila ayant été informé que le corps destiné à marcher sur Gênes se tenait prêt à partir, invite encore son gouvernement à prendre des mesures énergiques. « Saliceti en veut à l'argent des Génois, sans quoi l'armée d'Italie ne peut rien faire ainsi que vous l'aurez remarqué par mon bulletin secret d'hier. Il ne faut pas que les Autrichiens s'endorment, sans quoi Saliceti tirera parti de cette République ». En cas où les Français marcheraient réellement sur Gênes, il demande la conduite à adopter, doit-il y demeurer ou se retirer ? (3).

Le 26, 3.000 Français entrent à 3 heures du matin à Voltri et on en attend d'autres qui se porteront sur Saint-Pierre d'Arena ; le tout est sous les ordres de Cervoni, Corse et terroriste.

Ce mouvement annoncé depuis longtemps cause une vive surprise à Cossila. « C'est étonnant, écrit-il, de voir comme ces troupes s'avancent sans canons, sans provisions ; d'autre part on ne conçoit rien en voyant la stupide inaction du gouvernement, tandis que les peuples mêmes en murmurent. Je crois au reste que personne ne pourrait dire à présent quels sont les projets des Français étendant leur ligne au risque d'être coupés » (4).

(1) Cossila à d'Hauteville, 19 mars (A. E. T.).
(2) Cossila à d'Hauteville, 22 mars (A. E. T.).
(3) Cossila à d'Hauteville, 23 mars, 7 heures du soir (A. E. T.).
(4) Cossila à d'Hauteville, 26 mars (A. E. T.).

Néanmoins le gouvernement génois semble disposé à résister ; il fait entrer 3.000 hommes dans la ville pour la garder, quatre commissaires sont nommés, les étrangers suspects sont expulsés, et il proscrit de sonner les cloches selon le cas ; le péril imminent où il se trouve a donc réveillé son énergie. En secret, un sénateur prévient Cossila que le gouvernement a réellement de bonnes intentions ; il a été satisfait de la note remise par les ministres des puissances alliées, mais les ennemis des Piémontais s'appuient toujours dans les collèges sur les prétendus projets d'agrandissement de la cour de Turin. Aussi l'envoyé piémontais conseille-t-il à d'Hauteville d'en parler sans affectation au ministre de Gênes, afin « de rassurer la République de ses craintes », car le parti français en tire son parti.

Quant à lui, il se propose de voir « un de ces jours M. de Ruzza pour lui dire quelque chose qui ait du rapport à cette sage insinuation, car au bout du compte, observe-t-il, cela ne nous engage à rien et l'on fortifie en attendant le parti des bien intentionnés qui veulent sauver la République » (1).

Les assurances que lui fait parvenir le gouvernement génois ne rassurent pas Cossila ; il présume que ces velléités de défense disparaîtront devant la première attaque des Français. D'autant plus que, d'après certaines rumeurs, le nouveau ministre de France, Faypoult a pour mission de provoquer une révolution à Gênes.

« Par ma lettre du 20, écrit-il, j'ai eu l'honneur de soumettre à Votre Excellence mes doutes sur les intentions de Saliceti. Celui-ci, en faisant avancer des troupes à Voltri et Saint-Pierre d'Arena et peut-être jusqu'à la Bochetta, voulait tyranniser cette République et la pousser à seconder les projets du directoire qui compte absolument faire la campagne d'Italie avec l'argent de Gênes. Jusqu'à maintenant on n'avait pas à craindre autre chose, mais d'après des entretiens postérieurs tenus chez le ministre de Russie, et dont probablement M. Dracke a entendu parler, il résulte que Faypoult serait chargé de faire éclater la révolution à Gênes s'il ne peut obtenir quarante millions de cette ville. Les instructions qui ont été données à cette personne sont illimitées, elles vont jusqu'à l'autoriser à faire la paix avec nous et l'empereur et à conclure une alliance avec la Sardaigne, la Corse et la Sicile et destituer les ministres. En somme, si nous devons croire ces déclarations, personne n'aurait jamais été investi de semblables pouvoirs. Quant à l'issue qu'auront

(1) Cossila à d'Hauteville, 26 mars (A. E. T.) (en français).

ces projets, personne ne peut encore le prédire ; il est certain que les Français tenteront tout pour avoir de l'argent. Votre Excellence pourra par ma lettre juger de l'état présent des choses. Beaucoup de particuliers transportent de leurs villas en ville les meubles les plus précieux, craignant de voir Saint-Pierre d'Arena occupé par les Français. 3.000 sont arrivés hier au soir à Voltri, d'autres étaient aussi attendus. Le départ de ces troupes a été résolu dans un conseil de guerre tenu à Savone.

Votre Excellence aura remarqué par ma lettre du 23 et par celle de Paolo que ces craintes s'étendent même jusqu'à la ville de Gênes. Et si le gouvernement reste dans son irrésolution, en craignant d'indisposer la France, la ville de Gênes ne pourra éviter le sort qui lui est destiné, s'il rentre dans le plan de Saliceti de s'emparer de cette ville. Pour celui qui connaît la position de Gênes, ses faibles moyens de défense du côté de la terre, il ne serait pas surprenant, un corps de troupes campant à Saint-Pierre d'Arena, d'apprendre quelque nuit que l'on a surpris le poste de Saint-Benoît ou quelque autre hauteur d'où avec trois ou quatre mortiers on dominerait la ville. Les conséquences qui pourraient en résulter, d'abord pour la République, ensuite pour les coalisés, seraient infinies, étant donné que Gênes contient de l'argent, des vivres, des provisions et une énorme quantité de canons. L'affluence des étrangers et surtout des Corses contribue à alarmer ce gouvernement qui a eu la prévoyance de ne tolérer pendant la nuit en ville la présence d'aucun marin ; mais comme il suffit d'avoir la cocarde tricolore pour qu'aucun magistrat n'ose parler, cette prévoyance ne servira qu'à inquiéter les sujets des puissances coalisées ou neutres.

Je ne m'étends pas davantage sur ce sujet, attendu qu'il serait impossible de vouloir prédire ce qui doit arriver. On ne peut prévoir les efforts et les projets des Français qui osent tout ni les mesures incertaines et timides du gouvernement de Gênes et des coalisés eux-mêmes qui craignent tout......

Pendant ce temps le commissaire Vincent Spinola fait son possible pour persuader le gouvernement de faire quelques sacrifices qui permettent aux Français de pénétrer en Piémont et en Lombardie. Il continue de correspondre avec Saliceti, espérant peut-être de le gagner ou de transiger avec lui. Quelques-uns prétendent qu'une partie de l'armée voit d'un mauvais œil de se sentir uniquement commandée par des Corses. Bonaparte, Cervoni et la plupart des adjudants de Saliceti étant Corses, mais il ne faudrait pas croire les liens de l'obéissance relâchés de ce que les Français sont avilis, sans énergie pour faire le bien et avides de butin. Plusieurs lettres de la Rivière disent que les Français prétendent être satisfaits de leur paye avant de se mettre en mouvement et qu'à tous on leur fait la même réponse : dans quelques jours vous serez payés avec l'argent de Gênes. A Marseille on fait la même réponse aux Idriotes, à qui il est dû des sommes énormes pour le grain qu'ils y ont transporté ; et c'est tellement vrai que tous les créanciers de la France attendent un jour ou l'autre la prise de Gênes par les Français et que le courrier d'Espagne arrivé dernièrement à Marseille, en mettant pied à terre, demanda si la garnison française était déjà dans Gênes. Le gouvernement ne tient plus secrètes les démarches faites par Cacault et Saliceti au sujet des demandes adressées par ordre du directoire, et le refus qu'il y a opposé. C'est là la seule politique qui convienne au gouvernement, s'il veut gagner le peuple à sa cause ; de sorte que si on a le courage d'exciter ce peuple contre les Français, comme cela a eu lieu en 1746 contre les Autrichiens, je crois qu'il n'y aura rien à craindre, mais tout cela dépendra si on sait prévoir le danger et, si on se persuade de ceci que ce ne sont pas les coalisés, mais les Français qui sont nos véritables ennemis.

Il y a deux jours les collèges ont visité l'armurerie pour connaître l'état actuel des armes, malheureusement elles sont peu nombreuses et dans un très mauvais état » (1).

Le 26, le mouvement des Français s'arrête brusquement sans que l'on en connaisse la cause ; le 28, on apprend qu'un grand conseil de guerre où assistaient Masséna, Saliceti et Cervoni a été tenu à Voltri ; rien n'a transpiré des mesures adoptées (2).

Cependant le gouvernement de Gênes, après avoir protesté contre le mouvement des Français sur la capitale, s'efforce de tirer parti du danger qu'il court ; il aurait désiré obtenir des ministres alliés une note « où, en faisant ressortir les pacifiques intentions des puissances, on démentirait les fausses imputations des Français qui supposent aux coalisés un projet de démembrement des Etats de la République ».

M. de Cossila ne trouve aucun inconvénient à cette déclaration ; on se souvient qu'il se réserve, suivant l'occasion, de n'en tenir aucun compte, pourvu « qu'elle ne compromit en rien l'amitié et les bonnes relations de son gouvernement ». Cette restriction lui semble nécessaire, car la personne qui en a parlé la première au ministre de Russie, a fait entendre que le ministre de Sardaigne, « devait donner la promesse d'arranger amicalement toutes les différences pour arriver à une paix générale ».

(1) Cossila à d'Hauteville, 26 mars (A. E. T.) (2ᵉ lettre).
(2) Nouvelles de Voltri, 28 mars.

En même temps qu'il cherche à se concilier les alliés le gouvernement de Gênes, de l'aveu même des coalisés, prend des dispositions capables de maintenir son indépendance. « La chose essentielle pour le moment pour le gouvernement, écrit Cossila, est de disposer le peuple en sa faveur et de l'exciter contre les Français. Jusqu'ici maintenant on a agi avec beaucoup de circonspection, parce qu'on espérait déterminer les Français à reculer. A cet effet le gouvernement a fait sentir à M. Cacault qu'il ne pouvait voir avec indifférence un corps de troupes si nombreux dans les environs de la ville, qu'il ne pouvait promettre que les Français ne seraient pas insultés par le peuple génois et autres raisons semblables. Le secrétaire d'Etat demanda en outre à Cacault le motif de cette marche en avant, et il paraît que Cacault aurait répondu que ce fait lui était inconnu, que cela dépendait uniquement du commissaire Saliceti et des généraux, mais, qu'avant de répondre, il pouvait lui aussi demander au gouvernement génois pour quels motifs les coalisés s'avancent vers la Rivière de Gênes. Une telle réponse n'est guère en faveur de l'intelligence de Cacault. De Savone, on nous écrit que l'on avait suspendu la marche de 3.000 hommes devant suivre la première division passée à Voltri. On en ignore le motif, mais je crois qu'il faut le chercher dans les mesures non prévues prises par le gouvernement sur la faiblesse duquel Saliceti et ses amis avaient trop compté, ainsi que sur le manque de vivres. A Voltri, jusqu'à maintenant, ils vivent largement. Les fours neufs étant hors de service ont peut-être été la cause de l'arrêt d'un plus grand corps. Quoi qu'il en soit, hier à Voltri, on devait tenir un conseil de guerre qui réglerait les déterminations futures. Maintenant que le gouvernement s'est mis en état de défense, je crois que, pour nous, il serait plus avantageux que les Français persistent dans leur téméraire et imprudente entreprise de s'avancer vers Gênes. Si je dois croire à ce qu'écrit de Savone le frère de Bonaparte, les Français comptent venir à bout de leurs projets en comptant sur les intelligences qu'ils ont dans la ville, mais il serait facile de les éventer, puisqu'on dit publiquement que 2.000 hommes et plus avaient comploté de livrer la porte de la Lanterne aux Français, mais que le gouvernement avait été avisé à temps. Il est probable que ces bruits ont été semés à dessein pour exciter le peuple, lequel est très inquiet, en voyant que le jour de Pâques, les propriétaires des villas de Polcevera et Sestri n'ont pas cessé de porter leurs meubles en ville. Ces mesures de défiance envers la loyauté et la bonne discipline française, comme les mesures prises par le gouvernement, ont donné lieu à Cacault de se plaindre amèrement à M. Ruzza; celui-ci a répondu que ses dispositions étaient prises par le parti ennemi des Français et de la patrie même. Tilly appelait ce parti l'oligarchie.

L'armée française, malgré les exagérations publiées, ne doit pas dépasser 3o.ooo à 35.ooo hommes; un aide de camp qui, il y a quelques jours, a déserté l'armée, a assuré au chevalier Vernegues que l'armée n'était pas supérieure à 3o.ooo hommes, moi je l'estime à 35.ooo. Evidemment cela ne fait que rendre encore plus extravagant le projet d'attaquer Gênes, à moins que les Français, comme Saliceti s'en est vanté, n'aient l'espérance de s'en emparer par surprise. L'armée continue à être dans le même état de misère, et il ne serait pas impossible de la voir tenter un coup désespéré et décisif, à moins que l'arrivée de Faypoult ne change les choses d'aspect. On a même dit que Cacault avait demandé au gouvernement de la grosse artillerie. Une telle demande paraît intempestive, et il n'est pas probable que le gouvernement l'accorde à moins qu'il ne se décide ouvertement à s'unir aux Français » (1).

Dès l'instant où le gouvernement de Gênes est convaincu de n'avoir rien à craindre pour le moment et où les Français ont suspendu leur marche, Cossila est d'avis de retarder la remise de la note dont il ne sent plus l'utilité. Tout va dépendre des négociations que Faypoult, arrivé dans la journée, est chargé de mener.

M. de Cossila est-il bien informé? Le 3o, il se montre satisfait des dispositions prises par le gouvernement de Gênes, et il estime que, dans un cas désespéré, il se jetterait dans les bras des alliés; à son avis le peuple même est contre les Français.

M. de Cossila à d'Hauteville,   3o mars (A. E. T.).

« D'après ce que vous aurez pu remarquer de mes lettres, il n'est pas douteux que les Français n'aient eu un projet contre cette ville; mais soit qu'il ne fut pas prêt encore ou que les sages mesures prises par le gouvernement en aient retardé l'exécution, les choses en sont arrivées à ce point qu'à moins d'un accident imprévu la République peut se dire sauvée. A cela a contribué par-dessus tout l'esprit du peuple, lequel, moins politique que le gouvernement, ne voit dans les Français qu'un peuple avide de butin et indiscipliné. C'est ce qui a déterminé du reste les particuliers des environs à transporter en ville les meubles de leurs habitations. L'irreligion

(1) Cossila à d'Hauteville, 29 mars (A. E. T.).

des Français a été aussi un motif d'aversion habilement exploité par les curés.

Beaucoup de nobles bien intentionnés amènent en cachette les habitants de la rivière du Levant de Polcevera et parmi eux quelques-uns ont offert au gouvernement des sommes d'argent assez importantes.

Votre Excellence aura de plus remarqué par les insinuations faites à moi-même comme au ministre de Russie, que le gouvernement, s'il se trouvait à l'extrémité, ne tarderait pas à faire cause commune avec les coalisés, bien qu'à mon avis il ne se ralliera pas à cette idée à moins d'absolue nécessité, et les agents français sont trop rusés pour réduire le gouvernement à cette extrémité, ce qui compromettrait leur existence dans la Rivière. Il résulte donc que le gouvernement, réglant sa conduite avec beaucoup de prudence en montrant de la fermeté et de la douceur, suivant les circonstances, ne néglige aucun moyen pour se maintenir dans cette neutralité d'où, d'après lui, dépend son bonheur, ce qui ne l'empêche pas de préparer des moyens de défense contre les Français qui tiennent en leur main sa propre existence. L'arrivée de Faypoult pourra faire changer les choses d'aspect et ce personnage tentera peut-être d'obtenir par l'habileté, la séduction, les projets chimériques de finance, de remboursement des arriérés, de la consolidation de la vieille dette nationale et autres bêtises, ce que le bouillant Saliceti croyait obtenir par la force et la trahison. Votre Excellence voit très bien que l'on ne peut prévoir sûrement aucun événement et que la destinée de la République dépend en grande partie des mesures que prendra le général Beaulieu et des événements de la guerre. Peut-être avant le départ de ma lettre j'aurai pu parler avec le comte Girola. Je me réserve de vous raconter ce qu'il m'aura dit et de vous résumer une conférence que je dois avoir avec M. Ruzza, si l'arrivée de Faypoult ne m'oblige pas à la remettre. Le comte Girola m'a dit qu'en parlant avec M. Ruzza de la marche en avant des Français vers Saint-Pierre d'Arena et de leur possibilité à vouloir passer par le col de la Bochetta, il lui avait fait sentir que, dans un tel cas, les Autrichiens ne pouvaient que s'avancer dans les états de la République pour empêcher le passage à l'ennemi, sans pour cela que le gouvernement eut à craindre quelque chose, puisque les personnes, les propriétés et tout ce qui appartenait à la sérénissime République seraient respectés. M. Ruzza aurait répondu qu'il n'y avait rien à craindre de la part des Français et qu'il conseillait d'empêcher toute marche en avant des troupes de ce côté, attendu que le peuple aurait mal interprété la chose et qu'il aurait déplu au gouvernement que les Français eussent trouvé un motif pour s'avancer plus avant dans les états de la République.

Je ne doute pas que M. Ruzza ait tenu un tel langage, mais il est certain que le gouvernement et le peuple de Gênes verraient volontiers le col de la Bochetta entre les mains des Autrichiens si les Français tentaient de s'avancer dans la vallée de la Polcevera et, dans ce cas, je ne sais pas comment les Français pourraient en sortir.

Ce cas a probablement été pris en considération par le conseil de guerre qui s'est tenu hier à Voltri, et une personne a dit au comte Girola que les généraux ont conseillé de suspendre pour le moment la marche des renforts que l'on attendait de Savone, attendu que l'on n'avait pas trouvé dans le peuple les dispositions que les Français s'étaient flattés d'y trouver.

Ici comme ailleurs les Français espéraient entrer à la faveur de leur perfide correspondance. Cette correspondance est parfaitement connue du gouvernement, mais il ne la craint pas, et il paraît même plus rassuré que jamais trouvant le peuple plus disposé que jamais contre les Français. Il n'en est pas moins vrai qu'il y a dans la ville beaucoup de personnes mal intentionnées même parmi les nobles et que, dans le petit conseil, 40 voix environ seraient favorables au parti français.

J'ai renouvelé à M. de Ruzza les protestations d'amitié de la part de Sa Majesté. Je l'ai chargé aussi de faire sentir au gouvernement combien faux sont les bruits qui font croire que Sa Majesté voudrait agrandir ses états aux dépens de la République tandis que Sa Majesté ne désire que voir cette guerre terminée et la tranquillité rendue à l'Italie.

Que si le théâtre de la guerre avait été porté dans la Rivière, la faute n'en incombait qu'aux Français puisque, violant le territoire de la République, ils s'étaient avancés dans la Rivière du Ponent. A ces discours et à d'autres analogues, il m'a répondu que le gouvernement ne doutait pas des sincères intentions de Sa Majesté déjà exprimées par Votre Excellence à M. Bonelli et qu'il lui en renouvellerait l'assurance en mon nom... »

En terminant, M. de Cossila avertit qu'à son avis le premier acte de Faypoult sera d'ouvrir un emprunt, il en a même déjà parlé; il reste à voir s'il donnera « comme caution les conquêtes faites ou à faire sur l'ennemi ». En outre il conseille, pour utiliser les bonnes dispositions des Génois « certainement indisposés contre les Français », d'inviter le général de Beaulieu à publier un manifeste où il rassurerait le peuple et justifierait cette violation de territoire.

Quant aux Français leur nombre n'a pas augmenté à Voltri ; on devait en passer la revue « peut-être pour offrir un spectacle imposant au peuple dont les Français cherchent à captiver les bonnes grâces et l'amitié. »

A la dernière minute, de nouveaux renseignements confirmant les appréciations favorables du rapport, M. de Cossila ajoute ce *post-scriptum* où il montre encore plus de confiance dans la vigueur du gouvernement et dans les sentiments de la population.

« *P.-S.* — Le gouvernement qui sait en temps opportun faire agir et parler le peuple, a reçu une députation de la vallée de Polcevera pour protester contre l'entrée des Français dans leur vallée ; ils déclarent qu'ils empêcheront le passage de la Bochetta à n'importe quel prix. On voit de plus en plus qu'il suffit de tenir tête aux Français pour leur en imposer, vu qu'ils ont plus de confiance dans l'avilissement d'autrui que dans leur propre force. On pense généralement que la marche des autres troupes sera suspendue et que le mérite en reviendrait à Faypoult. Pour moi, je suis de plus en plus persuadé, à moins qu'un désastre n'arrive à l'armée combinée vers Céva et Dego, que les Français n'essaieront plus de passer par la Bochetta. Ici on fait courir le bruit qu'aux premiers jours Céva serait investi. On exagère d'habitude les forces françaises, mais nous n'avons aucune certitude qu'elles se soient augmentées.

Le gouvernement a pris de l'argent à la maison de Saint-Georges pour payer les personnes choisies qu'elle a fait venir de la Rivière du Levant.

Le parti français est très découragé, d'autant plus que les affaires de l'intérieur de la France s'acheminent très mal » (1).

Le 31, la division Pittoni s'empare du col de la Bochetta.

Beaulieu fait précéder son entrée dans la Rivière par un manifeste où il affirme qu'il entre en ami sur le territoire de la République.

Beaulieu. Manifeste,   Alexandrie, 30 mars (H. A. V.)

« Les circonstances de la guerre et surtout l'orgueil d'un ennemi intraitable dans ses prétentions me forcent enfin de prendre des mesures qui m'obligent d'entrer dans les états de la Sérénissime République de Gênes avec une partie des forces qu'il a plu à Sa Majesté Impériale et Royale de me confier. Je ne doute point que, d'après tout ce qui est arrivé à Gênes, la Sérénissime République ne pourra regarder les troupes impériales et royales que comme des

(1) Cossila à d'Hauteville, 30 mars (A. E. T.).

troupes amies qui, bien loin de vouloir nuire, ne seront guidées par d'autres vues dans ce moment que de garantir d'une invasion ultérieure contre des ennemis de tout ordre social, soit le territoire de la Sérénissime République, soit les états que je suis obligé de défendre. La Sérénissime République peut être très persuadée que je regarderai son territoire comme un pays ami où je ferai observer le bon ordre et la plus exacte discipline. Tous les comestibles, bois, paille seront payés en argent. Je ne demande que le simple logement pour les troupes et le libre passage, sans qu'elles soient molestées en aucune manière, puisque je déclare et je le répète que je n'entre sur le territoire de la Sérénissime République que comme ami.

J'espère qu'il plaira à la Sérénissime République de donner les ordres les plus précis, afin que les troupes impériales et royales ne trouvent aucune sorte d'empêchement et cela pour éviter tout motif de mésintelligence. »

M. de Cossila, tout en approuvant le mouvement des Autrichiens, aperçoit clairement le danger que cette extension vers la droite leur fait courir. « Quel a été le plan des Français? Nous l'ignorons, mais d'une façon générale on peut dire que Saliceti, trompé par ses amis et partisans français, espérait, à l'approche de quelques troupes de Gênes, se rendre maître de cette ville et en disposer à son plaisir. Cette opinion est d'autant plus fondée, que de France en date du 14 dernier, on écrivait pour savoir si Gênes était déjà dans les mains des Français. L'approche des Autrichiens rassure toujours davantage ce gouvernement, mais je ne voudrais pas que, dans sa trop grande hâte à sauver la République, Beaulieu n'affaiblit son armée en croyant que les Français ne sont pas en forces pour tenter encore le passage de la Bochetta, et que, s'ils l'étaient, ils ne trouveraient pas le peuple de Gênes disposé en leur faveur. D'un autre côté, il est certain que le gouvernement sait que la colonne de Voltri n'avait pour objet que de s'emparer de cette ville ou pour y faire éclater une révolution ou seulement pour faire naître la peur afin d'avoir de l'argent, mais que le principal des forces était dirigé vers Cairo et Ceva, et de fait les plus grandes forces se rassemblent à Savone.

D'une personne du gouvernement, je suis de plus assuré que jamais cette République ne se déterminera à donner de l'argent, ou tout autre secours à la France, dont la conduite en cette circonstance lui a aliéné un grand nombre de ses partisans, même les plus acharnés. Le gouvernement ne désire qu'une chose : se voir secondé dans ses opérations pour chasser de l'Italie un ennemi commun.

Son Excellence aura remarqué par la même lettre que, dans une conférence avec M. Ruzza, j'ai pour ainsi dire prévenu vos intentions en parlant des sentiments de Sa Majesté envers la Sérénissime République » (1).

Au contraire le prince d'Arenberg se fait d'étranges illusions sur l'importance des dispositions adoptées par Beaulieu, il s'imagine que Faypoult est chargé « d'une double mission à savoir : continuer la guerre en Italie si ses vues sur Gênes réussissent, traiter de la paix dans le cas contraire », et il déclare à M. de Cossila que le ministre français voyant « la campagne manquée » grâce à la fermeté du gouvernement et aux vigoureuses mesures de Beaulieu, il n'y aurait rien d'étonnant à ce qu'il fît des ouvertures de paix : ce qui procure à M. de Cossila une nouvelle occasion d'affirmer que son souverain ne traitera pas sans s'être entendu d'abord avec le roi d'Angleterre et l'empereur.

Le 4, Cossila estime que le gouvernement, tout en protestant contre l'occupation de la Bochetta, en est très satisfait; et de nouveau il insiste sur le danger que court le centre de la ligne alliée.

« Le gouvernement a répondu au manifeste du général Beaulieu par les protestations habituelles, mais au fond cette mesure l'a rassuré puisqu'en suspendant les projets des Français, il peut penser à pourvoir à la sûreté de cette ville... Il n'est pas douteux que, pour l'instant, les Français ont renoncé au projet de s'avancer sur Gênes ou tout au moins de passer par le col de la Bochetta. C'est ce qui m'a fait écrire dans ma dernière lettre que, dans le but de sauver la République, Beaulieu ne devait pas trop affaiblir son armée du côté de Dego et de Cairo, lieu de rassemblement des grandes forces de l'ennemi. La Harpe a fait renforcer le poste de Saint-Jacques par deux bataillons de grenadiers et tous les postes de la montagne sont maintenant occupés » (2).

Ghérardini au contraire approuve sans restriction l'opération de Beaulieu. « Ce mouvement envisagé sous le double aspect politique et militaire me semble également de la plus haute importance et de la plus grande utilité pour la sûreté de l'Italie.

Il paraît démontré que l'ennemi voulait s'emparer des richesses que l'occupation du territoire et de la ville de Gênes offrait à sa cupidité pour envahir la Lombardie. S'il avait pu nous prévenir, et, en s'emparant de Gavi faire descendre une partie de son armée dans la province de Novi, il aurait menacé Gênes de l'interruption de son

---

(1) Cossila à d'Hauteville, 2 avril (A. E. T.).
(2) Cossila à d'Hauteville, 4 avril (A. E. T.).

commerce avec l'Italie, de même que les nobles du pillage de leurs maisons de campagne dans les deux Rivières et des propriétés situées dans les districts de la plaine, et aurait alarmé le pays jusqu'aux portes d'Alexandrie et de Tortone. La capitale de la République pressée entre les corps ennemis placés à Voltri et à Gavi et Gênes dans ses communications aurait probablement dû acquiescer aux conditions qu'il aurait plu aux Français de dicter et, s'ils n'eussent pas même réussi à entrer dans ses murs, une contribution forcée aurait été le moindre sacrifice au prix duquel il aurait pu se soustraire à de plus grands malheurs.

Après que nos troupes ont pris poste à la Bochetta, l'influence des patriotes et leur parti qu'ils soutenaient dans le sein de cette République doit nécessairement diminuer. Le manifeste sage et modéré du général Beaulieu que j'ai l'honneur de joindre ici et les services qu'il offre et qui sont à sa portée, doivent lui faire connaître les intentions généreuses et magnanimes de notre auguste maître et lui inspirer du courage pour mépriser des menaces et retenir des demandes insultantes et onéreuses.

Notre détermination provoquée par la marche de l'ennemi à Voltri porte l'empreinte de la modération et de la loyauté, pendant que tout dévoile son plan sinistre de se rendre maître de la ville à la faveur d'un complot ourdi par son représentant Saliceti, violant ainsi les lois de l'amitié et de la bonne foi. Cette conduite a fait connaître au peuple génois ce qu'il peut s'attendre de pareils brigands et, depuis ces faits, l'opinion publique dans l'état de Gênes a tellement tourné contre les Français qu'il est à croire qu'ils ne trouveront plus les mêmes ressources dont ils jouissaient auparavant, et que leur situation deviendra toujours plus précaire et embarrassée. »

A l'en croire dans un voyage qu'il a fait à Alexandrie pour s'entendre avec Beaulieu, le peuple génois a paru « favorablement disposé pour l'armée impériale qui a été fort bien accueillie partout comme amie et comme protectrice. On dit assez généralement que les Français sont des gueux qui n'ont pas le sou et qui affamés et misérables cherchent à manger et à voler, et que les Autrichiens apportent et dépensent de Belli-Zecchini. Votre Excellence connaît la passion dominante des Génois pour l'argent et leur avidité du gain. La détresse et la misère des patriotes est en conséquence une des plus fortes raisons qui doit les rendre ridicules et méprisables à leurs yeux » (1).

(1) Gherardini à Thugut. Rapport 3o, Alexandrie (H. A. V.).

Par le même courrier, il transmet un mémoire auquel il attache beaucoup d'importance sur la situation militaire de l'armée autrichienne en Italie. Son auteur inconnu insiste particulièrement sur les grands avantages obtenus par la prise de la Bochetta et propose de constituer dans le Milanais un corps destiné à s'opposer à une armée française descendant par la vallée d'Aoste pour envahir les provinces de Verceil et de Novare tandis que l'armée autrichienne est occupée vers le sud (1).

(1) Mémoire joint à cette dépêche (H. A. V.).

CHAPITRE VI

Opérations autrichiennes de mars au 4 avril

Les troupes autrichiennes occupent au commencement de mars les positions suivantes :

Au sud du Po

1ᵉʳ bataillon de Carlstadt	en cordon à Bistagno, Ponti, Malvicino.
2ᵉ bataillon de Carlstadt	en cor. à Trisobio, Silvano Capriata.
Szluiner	en cor. de Novi à Pozzolo-Formigaro.
Alvinzi	un bataillon à Acqui.
	un bataillon à Sezze.
Brechainville	un bataillon à Nizza della Paglia.
Preiss	un bataillon à Cassine.
Pellegrini	un bataillon à Bosco, Fregarolo.
Reiski	deux bataillons à Alexandrie.
Grand duc de Toscane	un bat. à Castelnuovo de Bormida.
Terzy	deux bataillons à Tortone et Curone.
	3ᵉ bataillon à Sale.

Au nord du Po

Stein	3ᵉ bataillon
Reiski	3ᵉ bataillon
Nadasdi	deux bataillons
Latterman	deux bataillons

à Pavie.

Huff	deux b. à Codogno, Casal Pusterlengo.
Wenzel Colloredo	deux bataillons
Archiduc Antoine	deux bataillons

à Lodi.

Jordis	un bataillon
Guillaume Schrœder	3ᵉ bataillon à la Chartreuse de Pavie.

Thurn	deux bataillons à Cremone.
Michel Wallis	3ᵉ bataillon à Chignolo (1).
Strassoldo	deux bat. à Colombano et Borghetto.
Jordis ou Deutschmeister. .	un bataillon au château de Milan.

CAVALERIE

Erdodi hussards	deux escadrons à Voghera.
Mezaros hulans.	quatre escadrons à Pavie.
	deux escadrons à Abbiate Grasso.
	deux escadrons à Cremone.
	deux escadrons à Casal Maggiore.
	deux escadrons à Canneto.
Joseph hussards	deux escadrons à Mantoue.
	deux escadrons à Pozzolo.
	deux escadrons à Viadana.

Le 17 mars, le général de Beaulieu prend le commandement de l'armée. Les instructions de l'empereur répondent à ses intentions. « Je m'en rapporte, lui répond-il, avec une vraie satisfaction aux paroles de l'instruction de la part de Votre Majesté que tous les plans défensifs ne sauraient aboutir qu'à des revers inévitables. » Il se propose de rassembler sous très peu de jours le plus de troupes possible dans les cantonnements de Gavi et d'Alexandrie et de placer le corps auxiliaire entre les deux armées ; il en a déjà prévenu le général Colli qui est venu le trouver, « sans lui laisser entrevoir d'autres vues que celles très naturelles et très simples qu'il était bien plus avantageux pour les deux armées alliées d'avoir un corps auxiliaire à la droite et l'autre à la gauche, ce corps pouvant ainsi se réunir rapidement sans interrompre la ligne ». Il attaquera sans perte de temps, toutefois il demande encore quelques renforts, car son armée est très faible, elle a beaucoup de malades aux hôpitaux et a perdu 927 hommes dans un mois. Appelée à combattre dans les montagnes elle a surtout besoin de chasseurs lestes et de pionniers, corps qui lui font complètement défaut.

L'entrevue entre Colli et Beaulieu auquel ce dernier l'a invité par une lettre fort affectueuse (3), a lieu entre le 15 et le 17 ; Colli y insiste fortement sur la nécessité de soutenir Céva et il reçoit de

---

(1) Ce bataillon doit arriver au commencement d'avril.
(2) Beaulieu à l'Empereur, 17 mars.
(3) Elle se termine par cette phrase : « En attendant, que rien n'altère notre amitié, soyons un exemple de la possibilité d'être amis dans la même carrière » (Costa de Beauregard, *Un homme d'autrefois*, p. 310).

Beaulieu les assurances les plus positives d'un prompt secours.

Ce dernier est suffisamment renseigné sur la situation de l'armée française, si l'on parcourt le cahier de renseignements de l'armée piémontaise, on voit qu'il y est toujours question de renforts qui doivent arriver et non de renforts réels. Les renseignements reçus par l'armée autrichienne concordent avec ceux des Piémontais. Le 7, le général de Wenckheim informe, qu'à en croire un officier déserteur, la misère est extraordinairement grande dans l'armée française et qu'elle ne s'élève pas à plus de 27.000 hommes (1). Or, le 24 février, un émissaire donne 24.550 hommes aux troupes françaises dans la Rivière (2) ; le 29, un autre rapport attribue 18.300 aux divisions Augereau et Masséna (3) ; ce chiffre est donc à peu près exact. Aussi Beaulieu ne croit-il pas à une offensive immédiate des Français.

Le 15, Colli lui a fait voir un rapport d'avant-postes piémontais, où l'on « comptait 14.000 Français prêts à fondre en Piémont d'abord aux beaux jours » ; il considère cet avis comme un moyen de mettre en mouvement l'armée impériale. « On voit aisément, écrit-il à Thugut, à quoi tendent de semblables rapports. M. de Colli n'y croit pas non plus; ainsi d'abord que j'aurai assemblé quelques bataillons qui sont en arrière et que je les aurai fait joindre à ceux d'en avant, au delà d'Alexandrie, en resserrant les quartiers vers Gavi et plus encore en avant et vers la droite, ce que je compte de faire d'abord, je me rendrai à Turin ». Il veut par cette marque de déférence, non seulement rétablir des bons rapports avec l'armée piémontaise, mais surtout rassurer le roi.

Beaulieu attribue à Thugut sa nomination ; en le remerciant, il lui avoue qu'il sent tout le poids de sa responsabilité « surtout avec une armée de malades ». « Je vais me presser, ajoute-t-il, d'y mettre de l'ordre et un esprit militaire... Je ne voudrais avoir autour de moi que des gens sûrs et éloignés des tracasseries qui paraissent trop souvent embarrasser les généraux » (4).

Le 18, Beaulieu avertit Colli que le corps auxiliaire rentre sous ses ordres directs (5).

Vers le 21, il reçoit l'ordre par lequel l'empereur l'autorise à porter vers Céva les quatre bataillons de Rukhavina au cas où les inquiétudes de la cour de Turin « sur le prétendu danger d'une

---

(1) Wenckheim, 7 mars (K. K. A.).
(2) Rapport d'un émissaire (P. X.).
(3) Rapport de Viglietti (P. X.).
(4) Beaulieu à Thugut, 17 mars (A. E. K.).
(5) Beaulieu à Colli, 18 mars (K. K. A.).

irruption soudaine de l'ennemi » dans cette direction, lui paraîtraient justifiées (1).

Or dans la seconde moitié de mars tous les renseignements reçus par l'état-major piémontais prêtent aux Français l'intention d'enlever Céva, tandis qu'une fausse attaque se dirigera sur la Bochetta.

Le 18, le major Vial transmet le renseignement suivant : « Les Français avaient décidé d'enlever Céva à la fin du mois dernier. Le mauvais temps les en a empêchés, mais ils doivent suivre ce projet dès que les neiges seront fondues ; il faut craindre un coup désespéré de leur part, excités d'un côté par la misère qu'ils éprouvent et de l'autre par l'avidité du pillage » (2).

Le même jour, un officier d'ordonnance de Masséna déclare que les Français « se préparent à surprendre Céva à l'improviste au premier jour ; que les ordres sont donnés pour que 15.000 hommes marchent de ce côté » (3).

Le 20 les nouvelles de Gênes confirment ces renseignements. « Les notions qu'on a des projets de l'ennemi sont qu'avant la moitié d'avril les Français doivent agir sur le Piémont en trois fortes colonnes : l'une dirigée sur la Bochetta, l'autre sur le Cairo et l'autre entre Céva et Mondovi » (4).

Le 25, on transmet à l'état-major piémontais une prétendue conversation de Saliceti avec le général Rusca. « Le représentant du peuple dit qu'il fallait mettre à profit la sécurité des Piémontais et la léthargie des Autrichiens, porter une colonne par la vallée du Tanaro et une autre sur Montezemolo pour tenir en échec l'armée

---

(1) L'Empereur à Beaulieu, 10 mars (A. E. K.).
Thugut à Gherardini, Vienne, 10 mars (H. A. V.).
M. le baron de Latour a représenté avec force le péril qu'on suppose exister d'une invasion soudaine de l'ennemi du côté de Céva ; quoiqu'on ait quelque peine à concevoir l'imminence du danger, surtout dans un moment où les lettres d'Italie annoncent qu'il est tombé beaucoup de neige dans cette partie des Appennins. Sa Majesté cependant, eu égard aux instances de M. le baron de Latour, s'est portée avec plaisir à recommander réitérément cet objet à l'attention de M. le baron de Beaulieu par une dépêche expresse qui lui est adressée aujourd'hui. Vous voudrez bien, monsieur le marquis, en faire part à M. le comte d'Hauteville, nous nous flattons que les preuves que Sa Majesté ne cesse ni ne cessera de donner de la loyauté de ses sentiments pour Sa Majesté sarde, parviendront enfin à déjouer les efforts que font la méchanceté et la malveillance pour accréditer les soupçons les plus absurdes et pour jeter des germes de méfiance entre les deux corps alliés dont la désunion, fort désirée sans doute par leurs ennemis, ne saurait que tourner au préjudice irréparable de leurs intérêts communs.
(2) Rapport de Vial. *Rég. piémontais*, p. 13.
(3) Nouvelles de l'ennemi. *Rég. piémontais*, p. 13.
(4) Nouvelles de Gênes. *Rég. piémontais*, p. 15.

de Céva pendant qu'une troisième filerait sur Alba pour effrayer les paysans » (1).

L'ensemble de tous ces rapports concorde donc pour indiquer une offensive française ayant pour objet de percer le centre de la ligne alliée entre la Bochetta et Céva.

Le cas prévu par l'empereur s'est donc réalisé; aussi Beaulieu décide de faire avancer la brigade Rukhavina entre les deux Bormida ; il ordonne à ce général de se préparer à porter un bataillon à Spigno, un à Dego, un à Monbarcaro et Monesiglio, un à Cortemiglia (2), et à Colli de faire évacuer ces villages (3).

Le 22, il avertit le roi de cette disposition (4). L'annonce de l'arrivée des renforts autrichiens provoque une vive satisfaction à la cour de Turin (5) que les renseignements reçus dans cette quinzaine ont vivement alarmée. Avant que la dépêche du 22 ait été remise, le ministre de la guerre songe même, par une mesure inconcevable à tirer un régiment du front des Apennins pour le diriger sur celui des Alpes bien que les neiges le couvrent complètement. Colli vivement ému, s'adresse directement à M. de Ghérardini pour presser la

---

(1) Rapport de Vital. *Rég. piémontais*, p. 17.
(2) Beaulieu à Rukhavina, 22 mars (K. K. A).
(3) Beaulieu à Colli, 22 mars (K. K. A.).
(4) Beaulieu au roi, 22 mars, *Mémoires* de Thaon de Revel, p. 328.

J'ai disposé la marche de quelques bataillons, que je crois d'abord au nombre de quatre, que je fais marcher d'ici au delà d'Alexandrie vers Nizza et Acqui, des environs d'où je ferai avancer quatre autres bataillons qui s'y trouvent déjà depuis quelque temps et iront renforcer les troupes de Sa Majesté le roi de Sardaigne et le corps auxiliaire entre Cortemiglia, Monesiglio et Dego pour être à portée des autres troupes dont je viens de parler qui sont autour de Céva. Par ce moyen, je crois que cette partie sera bien en sûreté. Quant à moi, je prendrai en même temps mon quartier général à Alexandrie, d'où, après mes dispositions de toute cette partie des états de Sa Majesté le roi de Sardaigne, je me rendrai à Turin pour assurer Sa Majesté que je travaillerai de toutes mes forces, non seulement à la défense de ses états, mais à reconquérir, avec la bonne harmonie et l'union de ses braves troupes, la partie de ses états envahis jusqu'à présent. Je commencerai mes mouvements entre le 26 et le 27. Je l'aurai fait dès à présent, si je n'avais dû faire préparer les vivres nécessaires.

(5) D'Hauteville à Castel Alfer, 23 mars (A. E. T.).

...En attendant, il paraît que l'on commence à prendre un peu plus d'intérêt à la défense du Piémont. Le général Colli ayant représenté dans l'entrevue qu'il a eue avec M. de Beaulieu l'importance de défendre vigoureusement le poste de Céva contre lequel il n'est pas douteux que l'ennemi ne dirige tous ses efforts dès que la fonte des neiges le permettra ; ce général n'a fait aucune difficulté d'y envoyer quatre bataillons de son armée qui allait se mettre en marche.....

D'Hauteville à de Front, 23 avril (A. E. T.).

...Cette mesure de la part de ce général nous mène à nous faire espérer qu'il régnera dorénavant plus d'accord pour la défense du Piémont.....

marche des quatre bataillons qu'on lui a promis (1) ; il paraît en outre s'être entendu avec l'ambassadeur autrichien pour que, de concert avec son collègue anglais (2), ils fassent tous deux une démarche auprès de M. d'Hauteville afin de le faire révoquer.

Aussitôt après avoir eu connaissance de la lettre de Beaulieu du 22, il l'invite à occuper la Bochetta (3).

(1) Colli à Gherardini, 23 mars (H. A V.).
Les rassemblements de l'ennemi entre Savone, Finale et Albenga, ainsi que ceux qui se firent dans la vallée du Tanaro le mois de février me décidèrent à demander des secours à l'armée impériale, ce qui fut d'abord accordé par le général commandant Wallis. Quatre bataillons autrichiens s'avancèrent entre Nice de la Paglia et Alexandrie prêts à se porter au secours de Céva. La neige tombée en abondance déconcerta les projets de l'ennemi : il est à craindre que l'exécution n'en est pas retardée. Les neiges se fondent avec rapidité, la crête des Apennins se découvre, et il est à présumer que l'ennemi ne tardera pas à nous prévenir si on néglige d'occuper en force les positions avantageuses sur la Bormida et le Tanaro. Ces positions exigent beaucoup de monde, et ce n'est que par les renforts donnés par l'armée impériale à celle du roi qu'on doit espérer de se soutenir. On ne saurait en conséquence retirer aucune troupe de l'armée du roi, aucune autre partie de l'Etat étant menacée sérieusement. Je suis persuadé que l'intérêt général exige qu'on doit veiller à la conservation de chaque partie de l'Etat, et qu'il faut avec des forces médiocres suppléer au nombre, et le porter rapidement au soutien des postes les plus exposés et menacés. Ces secours mutuels doivent être donnés par les corps qui sont le plus à portée, et par les généraux qui les commandent. L'étiquette des rangs des corps et des individus doit se taire quand il s'agit du bien de l'Etat. Ce n'est que par l'union intime et l'harmonie la plus soutenue qu'on peut espérer des succès. Nos revers passés doivent nous avoir assez éclairés sur les causes qui ont produit des effets si funestes et contraires au but qu'on s'était proposé.

(2) Gherardini à Trevor, 23 mars (A. E. T.).
Je m'empresse, mon cher confrère, de vous communiquer la note que M. le baron général Colli vient de me remettre à la suite de l'intention qui lui a été manifestée par le marquis de Cravanzana de retirer le régiment genevois, qui est placé à la frontière la plus menacée par l'ennemi, pour l'employer dans les endroits qui, pour le moment, ne courent aucun risque. Je vous prie de la prendre dans la plus grande considération, et j'ai voulu vous en faire part avant de la porter à la connaissance de M. le comte d'Hauteville, afin que vous veuillez bien l'appuyer avec votre influence, et si vous la trouvez, comme je n'en doute pas, conforme à l'intérêt de la cause commune, les remarques que vous voudrez bien y faire, seront accueillies avec le plus grand plaisir tant par le général Colli que par moi. Il serait bien douloureux qu'après les preuves que Sa Majesté l'empereur ne cesse de donner de son amitié, et de l'intérêt qu'il prend pour Sa Majesté le roi de Sardaigne, et pendant qu'il emploie ses forces à la défense du Piémont, et que les nouveaux corps de troupes avancent pour remplir ce but, sans s'occuper de leur propre convenance, on se déterminât à adopter ici des mesures qu'on pourrait peut-être interpréter défavorablement, et produire des effets contraire au véritable bien des affaires.

Comme les circonstances sont pressantes, je désire de vous voir, et vous voudrez bien me marquer l'endroit et le temps dans lequel je pourrai vous entretenir ultérieurement de bouche sur un sujet si intéressant.

(3) Gherardini à Beaulieu, Turin, 25 mars (H. A. V.).
Je me suis empressé de mettre sous les yeux de M. le comte d'Hauteville la

La marche de la brigade Rukhavina est le prélude d'un mouvement général ordonné le 24. Après son exécution, les troupes seront réparties de la manière suivante :

lettre dont Votre Excellence m'a honoré en date du 22 mars, et que je viens de recevoir dans l'instant. Ce ministre en rendra compte aujourd'hui à Sa Majesté qui sera certainement bien satisfaite d'en entendre le contenu, et que je sais qu'elle attend avec impatience votre arrivée.

On est ici alarmé, d'après les nouvelles que la Cour a reçues hier et ce matin de Gênes, concernant les projets de l'ennemi de faire avancer un corps considérable à Voltri où il est dit qu'il fait construire huit fours à pain, et de là à Saint-Pierre d'Arena, pour s'emparer ensuite de la Bochetta, et forcer les Génois à recevoir garnison française dans leur capitale. Si tel est le plan du commissaire Saliceti, et s'il réussit à l'exécuter, il paraît que ce coup peut être funeste à la Lombardie, et donnera la plus grande influence aux Français sur l'Italie, et leur procurera des ressources pour continuer la guerre.

Je présume que ce cas aura été prévu et que Votre Excellence aura des instructions éventuelles à ce sujet. Le ministre anglais M. Dracke aura déjà conféré avec vous sur cette matière importante, puisqu'il est parti d'ici avec cette intention. J'ai assuré en conséquence ce ministre qu'il peut être tranquille, et confier entièrement dans les lumières et les déterminations de Votre Excellence.

Si on devait pourtant supposer que les ordres de notre Cour sur l'objet en question ne fussent pas encore partis de Vienne à cette époque, je ne balancerais pas à motiver ma faible opinion, vu l'importance et l'urgence de l'affaire, et ce qu'il faudrait absolument empêcher que l'ennemi exécutât son dessein, vous mettant en mesure de le prévenir à la Bochetta et à Saint-Pierre d'Arena, s'il ose avancer, et faire sentir dans le même temps aux Génois qu'on est prêt à se porter à leur secours, et que les mouvements qui s'exécuteraient sur leurs frontières n'auraient d'autre but ni d'autres intentions.

Votre Excellence aura déjà été informée qu'à la suite des ordres que j'ai reçus de Son Altesse Royale, je me suis concerté avec ce ministère, et que les quatre bataillons qu'elle fera avancer vers Cortemiglia, Monesiglio et Dego seront pourvus du nécessaire en tout genre, et on espère ici que leur marche donnera de la jalousie à l'ennemi sur ses derrières, et fera peut-être retarder son opération vers Voltri et Saint-Pierre d'Arena.

Pour satisfaire M. le comte d'Hauteville, je ne tarde pas à vous envoyer cette lettre par estafette, et je dois ajouter de sa part que, si Votre Excellence se détermine à quelque mouvement vers la frontière de Gênes, les magasins d'Alexandrie auront ordre de fournir et prêter en attendant tous les objets nécessaires à l'entretien de nos troupes.

Que Votre Excellence reçoive mes félicitations les plus sincères pour la charge que Sa Majesté vient de vous conférer de la totalité de son armée en Italie, ce que Son Excellence M. le baron de Thugut m'a dernièrement annoncé aussi. J'attends avec le plus vif désir l'honneur de faire ici votre connaissance, et je vous prie de disposer entièrement de moi, et d'être persuadé des sentiments distingués et de la haute considération.

P.-S. — Pendant que j'allais expédier cette lettre, M. le général baron de Colli vient de me communiquer celle que Votre Excellence lui a écrite en date d'hier, et je suis charmé de voir l'uniformité de vos opinions dans les mesures promptes et vigoureuses qu'elle va prendre pour prévenir le coup dangereux que l'ennemi menace.

Je m'en rapporte à ce que le dit général lui écrira en outre, et j'ai l'honneur de me répéter...

F. M. Lieutenant Argenteau, à Acqui.
G. M. Rukhavina, à Dego.

Un bataillon Bréchainville, à Monesiglio.
Un bataillon Preiss, à Dego.
Un bataillon grand-duc de Toscane, à Dego le 29.
Un bataillon Pellegrini, à Spigno le 29.

G. M. Liptay, à Acqui.

1er bataillon Carlstadt, sur la ligne Bistagno, Ponti, Melazzo, Cartosio.
2º bataillon Carlstadt, sur la ligne Frisobio, Silvano, Capriata.
Deux bataillons Alvinzi, à Acqui.

G. M. Pittoni, à Alexandrie.

Trois bataillons Terzi, à Rivalta, Castelnuovo-Bormida, Nizza, Cassine.
Deux bataillons Reiski, à Alexandrie.
3º bataillon Reiski, à Bosco, Frugarolo le 27.
Un bataillon Stain, à Castellazzo le 28.
Deux escadrons Erdody, à Gamalero.

Colonel Salisch, à Tortone le 29.

Un bataillon Szluiner, à Pozzolo Formigaro.
Deux bataillons Nadasti, à Tortone.
Deux bataillons Latterman, à Sale et Alexandrie le 29.
Deux esadrons Mezaros, à Voghera.
Deux escadrons Mezaros, à Tortone.

F. M. Lieutenant Schottendorf, à Pavie.
G. M. Kerpen, à Pavie.

Deux bataillons Colloredo, à Pavie le 27.
Deux bataillons Archiduc Antoine, à Pavie le 27.
Un bataillon Schrœder, à Pavie.

G. M. Nicoletti, à Lodi.

Deux bataillons Huff, à Codogno.
Deux bataillons Thurn, à Lodi le 27.
Un bataillon Wallis, à Chignolo.

G. M. Roselmini, à Lodi.

Un bataillon Jordis, à Lodi.

Un bataillon Deutschmeister, à Milan.
Deux bataillons Strassoldo, à Colombano et Borghetto.

G. M. Schubirz, à Pavie.

Mezaros Hulans, 4 escadrons.
Archiduc Joseph, hussards, 10 escadrons.

L'arrivée de la brigade autrichienne dans la vallée de la Bormida permet au général Colli de ramener vers l'ouest les troupes piémontaises qui la défendent; elle assure en outre la liaison avec l'armée autrichienne. En conséquence, il prescrit : au bataillon d'Acqui cantonné à Cortemiglia de rejoindre son régiment à Paroldo, à celui de Tortone de se replier de Dego à Montezemolo, à celui de Verceil placé à Monesiglio de se réunir à son corps à Monbarcaro. Ces mouvements s'exécuteront dès que la brigade Rukhavina aura rejoint (1).

L'ordre de Beaulieu du 24 lui parvient le 25 à 5 heures du soir : en réponse, Colli l'avertit qu'il va rassembler les troupes piémontaises vers le Mondovi et Céva; dès que son corps sera réuni « il fera menacer l'ennemi par la vallée de Loano. Le colonel Colli placé avec trois bataillons à Montezemolo agira de même dans celle de la Bormida; il se propose même de tenter une diversion vers le col de Tende si l'état des neiges le permet. Au cas où Beaulieu effectuerait un mouvement sur la Bochetta, il lui offre de demander au roi l'autorisation de faire soutenir le corps autrichien par quatre bataillons piémontais.

En terminant, il l'assure de son parfait dévoûment. « Je suis bien aise que vous me croyiez tel que je suis et je fus, et je serai toujours votre sincère ami très intéressé à votre gloire plus qu'à la mienne. Quel plaisir pour moi d'avoir une fois un supérieur pour ami; donnez-moi des ordres, vous serez convaincu par l'empressement que j'aurai à les exécuter si je suis digne de votre confiance et votre amitié » (2).

Très vraisemblablement Colli est informé dès le 26 du mouvement de la brigade Pijon sur Saint-Pierre d'Arena; cette marche semble confirmer les données que l'on a sur le projet des Français d'ouvrir bientôt la campagne; elle le détermine, ainsi qu'il l'a annoncé la veille, à faire quitter aux troupes leurs quartiers d'hiver. Le régiment de Casal viendra de Cherasco à Cairo, celui des gardes à Céva; le rassemblement de cette ville peut en outre être renforcé

(1) Colli note, 24 mars (K. K. A.).
(2) Colli à Beaulieu, 25 mars (K. K. A.).

par le régiment d'Oneille que l'on appellera de Lesegno et de Saint-Michel où il sera remplacé par les grenadiers royaux en garnison à Mondovi.

Ces différentes mesures ont le grand avantage de concentrer autour de Céva le gros des troupes piémontaises. Les postes avancés de Cairo, Montezemolo, Bagnasco et Battiffolo qui couvrent cette place, sont invités à être très vigilants et à se défendre vigoureusement.

Dans la journée le général Colli se rencontre à Alexandrie avec le général Beaulieu (1).

Le 24, à la réception de l'ordre qui porte la brigade Rukhavina entre les deux Bormida, Liptay observe qu'il est indispensable d'occuper les hauteurs qui entourent cette vallée sur les deux rives et il propose de faire avancer les trois compagnies de Carlstadt postées à Cavatore et Melazzo sur Ponzone et plus en avant vers Sassello; trois compagnies du 1eib bataillon d'Alvinzi les remplaceront dans leurs premiers postes, la quatrième de Carlstadt demeurera à Cartosio ; les cinquième et sixième iront de Bistagno et Ponti à Malvicino ; elles auront en soutien à Monte Lucito et à Castel Terzo les trois dernières d'Acqui. Ainsi placé, le bataillon de Castelletto d'Erro éclairera les deux routes de Sassello et de Dego(2). Le général Argenteau, commandant la division, ne partage pas cette opinion. Après s'être entendu avec Rukhavina et Liptay qui connaissent le terrain, il juge nécessaire de modifier la répartition des troupes. Le 28, il soumet à Beaulieu un autre projet de cantonnement. Le 1er bataillon de Carlstadt est affecté à la brigade Rukhavina ; il formera les avant-postes en avant de Dego avec deux compagnies à la Rochetta del Cairo, une à Giusvalla, une à Mioglia, deux à Pareto, tout ce terrain lui est déjà parfaitement connu ; il sera remplacé à Bistagno et Ponti par le bataillon colonel d'Alvinzi tiré d'Acqui qui portera en avant deux compagnies à Ponzone pour soutenir les Croates ; l'autre bataillon établira trois compagnies à Malvicino et maintiendra trois compagnies à Acqui ; dès qu'elles auront été relevées par les troupes en marche, deux iront à Montechiaro, la troisième à Castelletto d'Erro.

En échange du bataillon de Carlstadt, Liptay reçoit le bataillon de Pellegrini actuellement à Dego ; il placera deux compagnies à Montaldo et quatre à Spigno.

Rukhavina établira son quartier général à Dego où seront le 29 le bataillon de Preiss et une division du grand-duc de Toscane, les

---

(1) Colli à Vial, 26 mars, Céva, *Reg. d'ord.*
(2) Liptay à Beaulieu, 24 mars (K. K. A.).

deux autres occuperont provisoirement Brovida et Saint-Giulia ; le 30, le bataillon de Brechainville sera à Montaldo et Carretto.

Sezze, Acqui, Ponte et Strevi sont évacués par cette marche en avant. Aussi Argenteau est-il d'avis de diriger de Cassino sur Ponte le bataillon de Terzi (1).

Ce dispositif comparé avec les emplacements fixés par l'ordre du 24 présente l'avantage de mieux concentrer la brigade Rukhavina.

Mais sur ces entrefaites se produit le mouvement de la 70ᵉ sur Voltri.

Dans la seconde moitié du mois de mars, toute une série de rapports reçus directement par l'état-major autrichien s'accordent avec les renseignements obtenus par le service des renseignements piémontais pour faire prévoir un coup de main sur Gênes. Le 19, on signale de Gênes qu'il y a à Voltri cinq fours capables de cuire 4.000 rations par jour.

Le 23, on écrit de cette ville. « Les Français se renforcent extrêmement à Savone. On croit qu'ils prendront la direction de Gênes pour en obtenir de l'argent, autrement ils ne peuvent commencer la campagne. On assure que Saliceti a ordre du Directoire de s'emparer de Gênes à tout prix ».

« Il est certain, dit un avis du 24, que les Français ne peuvent rien entreprendre jusqu'à présent avec une armée qui est affaiblie de jour en jour par la maladie, si la république de Gênes ne leur prête de l'argent ou des vivres leurs menaces sont vaines. »

Le 27 mars, Pittoni rend compte que, le 25, 1.200 Français avec 55 bêtes de somme chargées de matériel et de malles sont entrés à Voltri ; à en croire un capitaine français, il y arriverait pendant quinze jours 3.000 hommes par jour ; ils attendent des ordres et doutent de recevoir celui de se porter en avant pour occuper la Bocchetta. Le même jour quatre vaisseaux chargés de 4.000 masses de blé abordent dans le port, aussitôt dix moulins sont loués pour le compte des Français, et on leur donne ce blé à moudre (2). L'établissement d'approvisionnements aussi considérables en première ligne peut être considéré comme un indice certain de l'intention des Français de renforcer rapidement cette avant-garde pour se diriger de là soit sur Gênes, soit sur la Bochetta. On comprend donc que Beaulieu ait donné la plus grande importance à cet avis.

D'après le rapport du 15 mars où M. de Costa résume tous les

---

(1) Argenteau à Beaulieu, 28 mars, 9 heures du soir (K. K. A.).
(2) Pittoni, 27 mars (K. K. A.).

avis recueillis sur l'armée française, elle ne doit pas s'élever à plus de 24.000 hommes dans la rivière et 12.000 en marche pour la renforcer (1). Ce document a certainement été transmis à Beaulieu ; pourtant, en se basant sur d'autres renseignements, il estime les forces adverses à 60.000 hommes, tandis que les siennes montent seulement à 35.000 hommes effectifs et 26.000 présents, encore manquent-elles d'équipement; l'infanterie mène avec elle des canons de 3 dont l'effet sera peu efficace contre un ennemi éloigné et posté sur les montagnes, aussi demande-t-il de les remplacer par du 6 ; les généraux n'ont pas rejoint à l'exception de Sebottendorf ; Liptay et Hombourg sont malades et les officiers du génie si utiles dans ce pays ne sont pas suffisants. Beaulieu sent l'inquiétude le saisir au moment d'entrer en opération ; il insiste sur la nécessité de renforcer cette armée qui doit tout décider. Quant à lui, quoique prêt à tout entreprendre, il voit peu de vraisemblance dans la situation actuelle de réaliser d'heureux progrès.

Le 31, bien qu'il ait déjà pris le parti de marcher sur Gênes, il n'en avertit pas encore le conseil de guerre, il se contente de le prévenir de la présence de l'ennemi à Voltri « il s'y renforce et s'y rassemble chaque jour, écrit-il, et il y fait de grands préparatifs pour les vivres ; ce rassemblement est favorisé par ce fait que la neige est encore très épaisse sur le versant nord et empêche la marche de l'armée » (2). Tout pousse Beaulieu à se rendre maître de la Bochetta ; comme on s'en souvient cette opération a été approuvée à Turin dans un conseil où M. d'Hauteville, de Trevor, Gherardini et Dracke ont pris part ; à Gênes, M. de Cossila pense de même que les progrès des Français vers cette ville dépendent des décisions du général en chef autrichien. M. Dracke est convaincu du danger couru par la capitale ; il n'est pas douteux qu'il ait tout mis en œuvre pour entraîner Beaulieu et il a dû trouver d'autant moins de difficulté à faire triompher son avis que la dépêche du 25 où Gherardini adresse une pareille demande au général en chef, lui prépare les voies. Celui-ci se range à cette opinion. Il admet que l'ennemi a des vues sur Gênes et qu'il veut « prendre pied sur la Bochetta, ce poste essentiel aussi bien pour la guerre offensive que défensive » ; pour s'emparer ensuite de Gavi et pouvoir menacer son flanc gauche. Le 2, après s'être rendu maître de la Bochetta, il expose en ces termes l'idée qu'il se fait de la situation. « J'ai été assuré par les mouvements de l'ennemi, son rassemblement à Voltri et les

(1) Rapport de Costa, t. III, p. 469-473.
(2) Beaulieu au Conseil de guerre, Alexandrie, 31 mars (K, K, A.).

rapports unanimes des espions que son intention est de se rendre maître de Gênes afin d'y trouver de nouvelles ressources pour la continuation de la guerre en Italie, vu la mauvaise situation économique de l'armée française, de franchir la Bochetta favorisé par l'appui puissant de la masse de la population génoise et de transporter la guerre dans le plat pays » (1). En occupant le premier ce passage, Beaulieu espère prévenir l'armée française. Il suppose qu'elle a le projet de se concentrer sur sa droite en laissant exposer sa ligne de communication, conception opposée à celle de l'état-major piémontais. Celui-ci croit à une offensive dirigée contre Céva et il propose pour y résister une concentration en deux masses à Céva et à Acqui.

Dès le 29, les deux bataillons de Reiski et celui de Latterman en garnison à Alexandrie reçoivent ordre de se tenir prêts à marcher : le bataillon de Stain établi à Castellazzo, le troisième de Terzi à Cassine et le bataillon de Terzy à Castelnuovo et Rivalta les remplaceront à Alexandrie, le dernier bataillon de Terzi cantonné à Nizza della Paglia viendra à Bosco et Frugarolo (2) ; ces bataillons exécutent ainsi un mouvement rétrograde de l'ouest à l'est ; en outre la direction donnée à ces quatre bataillons ôte à d'Argenteau tout moyen de diriger des renforts sur un point quelconque ; au cas où il sera attaqué, il ne lui reste plus que trois compagnies disponibles à Acqui (3).

Le 30, l'armée autrichienne reçoit une nouvelle répartition ; la brigade Pittoni perd deux bataillons Reiski et un bataillon Terzy ; elle reçoit en échange deux bataillons Nadasty et un bataillon Latterman tiré d'Alexandrie avec une batterie ; les propositions de d'Argenteau sont en partie adoptées en ce qui concerne la brigade de Dego ; le mouvement achevé, les troupes occuperont les emplacements suivants :

1re DIVISION ARGENTEAU

G. M. Rukhavina

1er bataillon Carlstadt . . {
deux compagn. à Rochetta del Cairo.
une compagnie à Giusvalla.
une compagnie à Mioglia.
deux compagnies à Pareto.

(1) Beaulieu à l'Empereur, 2 avril ; au conseil de guerre, Voltri, 3 avril (K. K. A.).
(2) Beaulieu à Argenteau, Beaulieu au commandant de Reiski, Alexandrie, 29 mars (K. K. A.).
(3) Argenteau à Beaulieu, 31 mars, 4 heures du matin (K. K. A.).

1ᵉʳ bataillon Preiss. . . . . six compagnies à Dego.
1ᵉʳ bataillon grand duc de Toscane. . . . .
- deux compagnies à Dego.
- deux compagnies à Saint-Giulia.
- deux compagnies à Brovida.

1ᵉʳ bataillon Brechainville
- trois compagnies à Moncerchio.
- trois compagnies à Carretto.

G. M. Liptay

Bataillon Pellegrini . . .
- quatre compagnies à Spigno.
- deux compagnies à Montaldo.

Alvinzi colonel . . . . .
- deux compagnies à Ponzono.
- deux compagnies à Melazzo.
- une compagnie à Cartosio.
- une compagnie à Cavatore.

Alvinzi leib. . . . .
- trois compagnies à Acqui.
- trois compagnies à Malvicino.

2ᵉ bataillon Carlstadt . . .
- une compagnie à Frisobio.
- une compagnie à Rocca Grimaldi.
- deux compagnies à Silvano Adorno.
- une compagnie à Casteletto d'Orba.
- une compagnie à Capriata.

Erdody hussards . . . . . . deux escadrons à Gamalero.

DIVISION PITTONI

Trois bataillons Reiski. . . à Novi.
Un bataillon Terzi . . . . . à Novi.
Un bataillon Latterman . . à Pozzolo Formigaro.
Deux bataillons Nadasty . . à Stazzano, Serravalle.

Un bataillon Szluiner . .
- une comp. à Francaville, Tassarolto.
- une compagnie à Pasturana.
- une compagnie à Basaluzzo.
- une compagnie à Pozzolo Formigaro.
- une compagnie à Cassano Spinola.

Un escadr. Mezaros hulans. à Pozzolo Formigaro.

DIVISION SEBOTTENDORF (TORTONE)

Brigade Wetzel (Tortone)

Deux bataillons Colloredo . à Tortone.
Deux esc. Mezaros hulans . à Voghera, Tortone.

Brigade [illisible] (*Alexandrie*)

Deux bataillons Terzy . . . à Alexandrie.
Un bataillon Latterman . . à Bosco.
Un bataillon Stain . . . . . à Alexandrie.

DIVISION PROVISOIRE KERPEN, PAVIE

Brigade Kerpen (*Pavie*)

Deux bat. archiduc Antoine. à Pavie.
Un bat. Wilhem Schrœder. à la Chartreuse.
Deux bataillons Huff. . . . à Pavie.

Brigade Nicoletti (*Lodi*)

Deux bataillons Thurn. . . à Lodi.
Un bataillon Thurn . . . . à Cremone.
Un bataillon Wallis . . . . à Chignolo.
Un bataillon Jordis. . . . . à Lodi.

Brigade Roselmini (*Lodi*)

Un bat. Deutschmeister . . à Majolasso.
Deux bataillons Strassoldo. à Saint-Colomban, Borghetto.

Brigade Schubirz (*Pavie*)

Mezaros hulans. . . . . . . division major à Pavie.
Joseph hussards . . . . . { deux esc. à Casal Majore, Sabbionetta.
deux escadrons à Canetto.
deux escadrons à Cremone.
deux escadrons à Pozzolo.
deux escadrons à Viadana.

Brigade Cuto (*Lodi*)

Duc de Naples . . . . deux divisions à Lodi.
Reine. . . . . deux divisions à Lodi.
Prince . . . . { une division à Salvatore.
un escadron à Castiglione.
un escadron à Malleo (1).

(1) Répartition de l'armée autrichienne au 31 mars (K. K. A.).

Dans la journée du 30, Beaulieu fait connaître ses intentions à ses divisionnaires ; les circonstances l'obligent « fortement et indispensablement » à replier les forces principales de son armée de la droite vers la gauche et par suite à retirer la brigade Rukhavina de la vallée de la Bormida ; il ordonne à Colli de le faire remplacer par le corps auxiliaire placé sous les ordres du général Provera dont le quartier général sera à Acqui. Sans lui fixer l'emplacement du sien, il insiste sur la nécessité de le placer à la gauche de la ligne piémontaise. « Il serait bon, lui écrit-il, que vous, M. le lieutenant général, prissiez votre quartier général plus à portée de cette partie qui, dans ce moment, est la seule de l'étendue confiée à vos soins qui soit en but de l'ennemi, attendu que la saison et les neiges ne permettent point aux Français d'agir sur votre centre ou sur votre droite » (1).

Beaulieu a certainement raison de considérer la vallée de la Bormida comme très exposée ; il est donc étonnant qu'il ait laissé au corps auxiliaire seul le soin de défendre cette partie si importante.

La droite de l'armée autrichienne viendra à Ovada et à Sassello.

Argenteau fera occuper Ovada par un bataillon renforcé par les compagnies de Szluiner et de Carlstadt les plus à portée afin de se lier avec le corps de la Bochetta vers Voltaggio (2).

L'opération sur la Bochetta est confiée à Pittoni. Beaulieu lui donne ses instructions verbalement (3) : les différents bataillons qui sont prévenus directement. Le 31, les deux bataillons Nadasty seront rendus à Stazzano et Serravalle entre 9 et 10 heures du matin (4). A la même heure, Pittoni entrera avec les trois bataillons de Reiski à Pozzolo Formigaro (5) où il sera rejoint par le bataillon Terzy venu de Rivalta (6) et par un escadron de Mezaros arrivant de Tortone (7) ; le bataillon de Latterman gagnera également cette localité (8). Le bataillon Szluiner qui forme les avant-postes à Carrosio, en partira entre 9 et 10 heures et marchera sur Voltaggio où il attendra de nouveaux ordres jusqu'à leur réception, il poussera des patrouilles vers la Bochetta (9).

(1) Beaulieu à Colli, 30 mars (K. K. A.).
(2) Beaulieu à Argenteau, 30 mars (K. K. A.).
(3) Beaulieu à Pittoni, 31 mars (K. K. A.).
(4) Beaulieu à Salisch, 30 mars (K. K. A.).
(5) Beaulieu à Pittoni, 30 mars (K. K. A.).
(6) Beaulieu à Terzy, 30 mars (K. K. A.).
(7) Beaulieu à Mezaros, 30 mars (K. K. A.).
(8) Beaulieu à Latterman, 30 mars (K. K. A.). L'autre escadron de cette division va occuper Rivalta della Scrivia.
(9) Beaulieu à Sillobod, 30 mars (K. K. A.).

De Pozzolo, Pittoni continuera son mouvement sur Gavi dont il demandera l'occupation au gouverneur : un bataillon sera poussé jusqu'à Carrosio comme soutien du bataillon Szluiner.

Comme on s'en souvient, le 30, M. de Cossila considère que tout danger a disparu pour Gênes et que les Français renoncent à continuer leur marche. Il est impossible d'indiquer si Beaulieu a eu connaissance de cette appréciation, mais il est certain qu'il reçoit toute une série de rapports contenant des renseignements très précis et conçus dans le même sens.

Pour l'instant tout mouvement est arrêté : les troupes de Voltri qui, primitivement, avaient ordre d'atteindre Saint-Pierre d'Arena « où les fours et les logements sont déjà préparés » n'ont pas bougé ; leur avant-garde, après avoir atteint Pegli, s'est repliée en laissant dans cette localité une garde de 50 hommes. 3.000 hommes de la division Augereau ont été remplacer la 70e, le reste du corps qui devait suivre a été maintenu à Savone.

Cet informateur est certainement des plus perspicaces ; il ne croit pas à des projets sérieux de notre part du côté de Gênes. Après avoir mentionné un bruit qui court d'après lequel les Français seraient repartis pour Savone, bruit qu'il tient pour peu sûr, il ajoute : « On suppose aussi que l'arrivée des troupes dans ce pays-ci ne soit qu'une feinte pour se jeter à l'improviste sur le Piémont où il est indubitable qu'ils ont des vues ».

Un autre rapport fixe la force du corps de Pijon à 4.000 hommes ; les quartiers sont préparés jusqu'à Sestri, les fours de Voltri hors d'état de servir. Le gouvernement génois avait envoyé au-devant des Français le patricien Durazzo, celui-ci a déclaré à leur chef « que le susdit gouvernement voyait de mauvais œil leurs troupes s'approcher d'une ville neutrale, qu'on prendrait des mesures pour se défendre et qu'on ne répondrait pas d'un peuple irrité ». On ne lui a rien répondu, mais un conseil de guerre a été tenu où étaient présents Saliceti, Masséna, Cervoni, Laharpe et Pijon ; à son issue, les quatre premiers sont partis pour Savone en disant à leurs amis « qu'ils allaient pour amener d'autres troupes ». La discussion a surtout portée sur la nécessité « de gagner l'amitié du peuple et des négociants de manière à augmenter le parti français et à obliger les nobles génois à accorder l'emprunt. M. de Spinola a tenté d'ouvrir une souscription parmi ses amis afin de leur venir en aide ; il n a à peine réuni 100.000 livres.

Sa première opinion sur les intentions supposées chez les Français n'a pas varié. « Je crois toujours, écrit-il, que leurs démonstrations vers notre ville ne se font que pour nous épouvanter et pour porter l'attention des Autrichiens de ce côté-ci tandis qu'on avait des projets ailleurs ».

Le 31 il est encore plus affirmatif : « Je crois que les mouvements des Autrichiens retiennent les Français de se rapprocher de nous pour ne pas être coupés. Il ne paraît pas qu'ils pensent à présent à s'emparer du fort de Savone; il n'y a qu'à notre argent qu'ils en veulent pour effectuer tous leurs projets » (1).

D'après tous les rapports qui nous sont parvenus, il est donc certain que, le 30 et le 31, on ne redoute plus à Gênes un coup de main sur cette ville. Bien que l'on ignore encore les motifs qui occasionnent ce revirement, la situation s'est modifiée ; elle n'exige plus de marcher au secours de Gênes, ni de prendre des dispositions pour s'opposer à un mouvement des Français sur Gavi, pourtant Beaulieu persiste dans l'exécution de son plan.

Quoique tout soit convenu le 30 avec Pittoni, Beaulieu juge nécessaire de lui expédier le 31 un nouvel ordre relatif à la conduite à tenir envers Novi. Au cas où le gouvernement lui refuserait l'entrée de Novi, il le menacera de bombarder la ville, mais « en aucun cas » il ne passera à l'exécution de cette mesure ; on fera comprendre aux Génois qu'ils s'exposent à voir leurs maisons de campagne pillées par les troupes souffrant de la faim et du froid. Cette menace les amènera probablement à céder (2).

Le même jour, le bataillon de Latterman cantonné à Sale est affecté à la brigade Pittoni ; il doit le rejoindre en deux jours par Bosco et Fregarolo (3). Le mouvement sur la Bochetta augmente le front occupé par les armées alliées et les rapproche du corps français; pourtant Beaulieu ne se décide pas encore à appeler à lui le reste de ses troupes demeurées sur la rive droite du Pô. Il se contente de faire occuper lentement les cantonnements abandonnés par d'autres bataillons.

Le 31, en exécution des ordres donnés, les deux bataillons de Colloredo marchent de Casteggio et de Montebello sur Tortone (4); la division de Mezaros hulans cantonnée à Voghera y vient le 1er (5).

Le 2 avril, les deux bataillons d'archiduc Antoine cantonnés à Pavie gagneront Casteggio et Montebello.

Le 3 avril, le 3e de Wilhelm Schrœder se portera de la chartreuse de Parme sur Viguzzolo ; il y entrera le 5 ; les deux bataillons de

(1) Renseignements du 25 au 31 (K. K. A.).
(2) Beaulieu à Pittoni, 31 mars (K. K. A.).
(3) Beaulieu à Latterman, 31 mars (K. K. A.).
(4) Beaulieu au colonel de Wetzel; 31 mars (K. K. A.).
(5) Beaulieu à la division de Mezaros, 31 mars (K. K. A.).

Thurn viendront de Lodi à Pavie en deux jours, le 3e, de Pizzighitone, en cinq ; le bataillon de Deutschmeister se dirigera, de Milan, également sur Pavie, il sera remplacé par le 3e de Jordis tiré de Lodi. La division de Joseph hussards cantonnée à Crémone quittera cette ville pour venir le 6 à Voghera ; le 4, elle sera remplacée dans son premier cantonnement par deux escadrons tirés de Canneto (1). Enfin le général Sebottendorf est appelé à Tortone où il prend le commandement des brigades Wentzel et Stadler (2).

Exécution des mouvements. — Les bataillons de Pittoni entrent à Pozzolo Formigaro à l'heure fixée ; d'accord avec le capitaine Malcamp qui lui a été adjoint, il décide d'attendre pour se porter sur Novi que le bataillon de Szluiner ait franchi Gavi. Il ne prévoit pas que le gouverneur génois s'oppose sérieusement au passage des troupes, puisque ses protestations ne sont que conditionnelles ; un bataillon de Reiski envoyé au soutien des Croates a traversé Novi tambour battant sans difficulté, le bataillon de Szluiner n'a pu quitter Pozzolo qu'à 8 heures du matin accompagné par le capitaine Malcamp. En attendant les rapports de cet officier, Pittoni fait manger la soupe à son corps (3). Cet arrêt mécontente fortement Beaulieu qui voulait mettre les Génois en face du fait accompli sans leur donner le temps d'opposer une résistance effective. Il renouvelle l'ordre à Pittoni d'avoir à gagner Novi sans délai : un bataillon de Nadasti occupera Voltaggio, un autre Carosio, un troisième Gavi, un obusier et les canons de 12 se rendront à la Bochetta : sur la droite de la division, le passage de la Rocca del Dente qui aurait permis à un corps français en marche sur Voltaggio par Doria de gêner considérablement la communication avec Argenteau sera défendu par un fort détachement (4).

Le 31, Pittoni établit ses troupes : le 1er de Nadasti, le 1er de Szluiner et de Reiski à Carosio avec une division à Voltaggio, le 2e de Nadasti à Serravalle, deux de Reiski et de Terzy à Novi, le bataillon Latterman à Pozzolo Formigaro ; les protestations du gouverneur de Novi n'ont été qu'une affaire de cérémonie. Son repos de Pozzolo, explique-t-il, a été occasionné par le capitaine Malcamp qui a jugé nécessaire d'attendre que les Croates aient passé Gavi.

Pittoni à la réception de l'ordre de Beaulieu prescrit à 11 heures

---

(1) Beaulieu à Kerpen, 31 mars (K. K. A.).
(2) Beaulieu à Sebottendorf, 31 mars (K. K. A.).
(3) Pittoni à Beaulieu, Pozzolo, 31 mars (K. K. A.).
(4) Beaulieu à Pittoni, 31 mars (K. K. A.).

du soir aux bataillons de Szluiner et de Reiski de se porter de Carosio sur la Bochetta et au 1er de Nadasti d'occuper la Rocca del Dente; ce poste important sera défendu à l'extrémité jusqu'à nouvel ordre; au cas où il n'y serait pas nécessaire en entier, il s'étendra à Sezzo et à Mornese. Le 2e de Nadasti le remplacera à Carosio. A minuit, les deux bataillons de Reiski se rendent à Voltaggio, celui de Terzy à Gavi pour y tenir garnison, celui de Latterman à Novi (1).

Le 1er, Beaulieu approuve l'occupation de Novi et la marche sur la Bochetta et il renforce le corps de Pittoni par le 2e bataillon de Latterman qui entrera le 2 à Novi, où il désire également que la division de uhlans établie à Pozzolo Formigaro soit placée, et il se rend lui-même dans la journée à la Bochetta, dont la garnison lui semble trop faible; il ordonne de la porter à quatre bataillons.

Les troupes de Pittoni occupent le 1er les points qui leur sont assignés sauf le bataillon de Nadasti, qui ne peut trouver la Rocca del Dente. Il prend position sur le Monte Brissio où aboutissent deux chemins de piétons venant de Campo Freddo et de Voltri; trois compagnies montent sur cette montagne, une s'établit sur la montagne Uge, vers Bricco del Tucco, les deux autres restent à Mornese. Informé qu'un chemin conduit de Voltri à la Bochetta par les crêtes, Pittoni le fait reconnaître; provisoirement il assure son flanc droit par un fort piquet et il envoie deux officiers, l'un d'Ovada, l'autre de la Bochetta reconnaître les chemins qui mènent à ces deux points.

Le 2, Pittoni diffère d'abord de renforcer la Bochetta parce que ses troupes manquent de tentes; il veut attendre que le chef des pionniers ait fait installer des huttes en terre sur le col où les nuits sont très froides; son corps est disposé de la manière suivante:

A la Bochetta : un bataillon de Szluiner,
  un bataillon de Reiski.
A Voltaggio : deux bataillons de Reiski,
  un peloton de uhlans.
A Carosio : un bataillon de Nadasti.
A Mornese : trois compagnies de Nadasti sur le Brissio,
  une à Uge, deux à Mornese.
A Gavi : un bataillon Terzy.
A Novi : un bataillon Latterman.

(1) Pittoni à Beaulieu, 31 mars (K. K. A.).

A la réception de ce rapport, Beaulieu renouvelle son ordre : les deux bataillons Reiski iront de Voltaggio à la Bochetta où ils seront placés à mille pas en arrière des deux premiers, Nadasti de Carosio à Voltaggio, Terzy de Gavi à Carosio, Latterman de Novi à Gavi.

Avant que cet ordre lui parvienne, Pittoni a déjà renforcé la Bochetta ; une patrouille dirigée sur Saint-Pierre-d'Arena l'a informé que les Français ont fait de Voltri un mouvement en avant et qu'une colonne marche sur Madona della Guardia. Il porte trois bataillons, deux de Reiski, un de Nadasti, sur la Bochetta ; le bataillon de Terzy vient à Voltaggio. Gavi reste donc abandonné. Un espion venant de Voltri confirme ces nouvelles. A l'en croire, une colonne est partie le 2 de Voltri pour marcher sur Pegli et un général est arrivé à Saint-Pierre-d'Arena ; les Français fortifient la Corona. L'ensemble de ces renseignements paraît menaçant à Pittoni, il s'attend à être attaqué le 3. Or, les instructions de Beaulieu du 1er sont positives : les postes avancés doivent être défendus à l'extrême et soutenus le plus vite possible par le gros ; lui-même accourra le plus vite possible à leur secours ; en conséquence, le danger lui paraît encore assez pressant pour appeler de Gavi le bataillon de Terzy ; ce dernier après s'être reposé à Voltaggio y laissera ses sacs et continuera sur la Bochetta où seront alors concentrés six bataillons forts de 3.500 hommes. Le bataillon Latterman viendra de Novi à Gavi et de là à Voltaggio.

La situation présente inspire de vives craintes à Pittoni ; il observe que ses neuf bataillons ont seulement 5.500 hommes d'effectif et qu'il est obligé d'avoir un bataillon à Monte Brissio, un à Gavi et un à Voltaggio pour soutenir Monte Brissio. Aussi tout en promettant de défendre son poste à l'extrême, demande-t-il du renfort (1), et il prévient Wukassovich à Ovada. Mais pour le moment le Feldzeugmeister se trouve dans l'impossibilité de le soutenir ; un nouvel ordre du 2 lui répète de placer deux bataillons en réserve à mille pas en arrière, « crainte d'être tourné par quelques vallons » sur la droite ou sur la gauche. Le bataillon de Novi ira à Gavi, qui ne peut rester sans garnison, crainte que les Gênois ne s'avisent de fermer les portes ; un nouveau bataillon de Latterman arrivant à Alexandrie va gagner Novi afin d'y remplacer celui qui en est parti. Ces mesures paraissent suffisantes à Beaulieu, et il écrit à Pittoni : « Le diable ne peut pas vous forcer ». Du reste, la situation ne lui paraît pas encore bien

---

(1) Pittoni à Beaulieu, 2 avril (K. K. A.).

menaçante malgré tous ces rapports, puisqu'il compte demeurer le 3 à Alexandrie (1).

Pittoni monte le 3 à deux heures du matin à la Bochetta. Les rapports des patrouilles et des espions deviennent plus rassurants ; Pittoni en conclut « que l'ennemi a bien fait un mouvement, mais que peut-être il n'avait pas l'intention de l'attaquer ». Il reconnaît même « qu'il a été alarmé en vain ». D'un autre côté, les rapports des paysans l'ont prévenu que la troupe aura la plus grande difficulté à subsister au nord de la Bochetta « parce que le vent est beaucoup plus fort et que le soleil ne peut agir ». Une concentration de toutes ses forces ne s'impose donc plus à la Bochetta ; par suite, il arrête le bataillon Terzy en arrière avec deux compagnies à Molini et quatre à Fracconi où elles gardent le chemin conduisant de Gênes à Voltaggio ; un bataillon de Szluiner et deux de Reiski tiennent la gauche de la Bochetta, un bataillon de Nadasti et un de Reiski la droite. Nadasti fait face à Borgo de Fornari, Szluiner à la montagne de l'auberge vers Monte Serro, Reiski est au centre; quant aux chemins qui permettent de tourner la Bochetta, une reconnaissance d'officier a assuré qu'ils sont très mauvais et presque impraticables pour la troupe (2). Néanmoins, il charge Sillobod de les faire parcourir par des patrouilles rampantes. Dans la journée, il demande encore à midi trois quarts s'il doit occuper Campo Marone et Madona della Guarda (3).

Exécution des ordres donnés le 3o à d'Argenteau. — Le 3o, Ruhkavina entre à Dego ; il dispose sa brigade conformément à la disposition de Beaulieu ; le bataillon de Carlstadt forme en arrière de la montagne de Montenotte une chaîne qui se prolonge par Giusvalla et Ponte Invrea. A son avis, les Français ne songent pas pour le moment à une opération offensive puisque leurs forces ne sont pas encore rassemblées (4).

L'ordre d'envoyer le bataillon du colonel Wukassowich à Ovada parvient à Argenteau le 31 à 1 heure 20 du matin ; il le lui réexpédie à 3 heures, et il se rend de sa personne afin de placer lui-même ce bataillon d'après la nature du terrain. « Si ce mouvement, ajoute-t-il, engageait l'ennemi à tenter quelque chose, ce serait sans doute par Montenotte vers Dego, vu que cette crête de montagnes y joint et qu'étant dépourvue de villages on ne peut y

---

(1) Beaulieu à Pittoni, 2 avril (K. K. A.).
(2) Pittoni à Beaulieu, 3 avril (K. K. A.).
(3) Pittoni à Beaulieu, 3 avril (K. K. A.).
(4) Rukhavina à Liptay, 31 mars (K. K. A.).

placer assez de troupes pour en défendre les passages ». Une fois ce bataillon placé, il observe qu'il lui restera seulement trois compagnies d'Alvinzi pour lier ses postes avec Ovada, car il ne peut dégarnir complètement Acqui à cause des magasins ; il lui est donc impossible « de donner des renforts nulle part si un de ses postes venait à être attaqué (1) ».

En conséquence, Wukassowich s'établit dans la journée avec trois compagnies à Ovada, une autre couvre sa droite, une autre son front à Molare ; un fort piquet en position en avant de la Costa surveille la crête ; il doit pousser un officier sur Rossiglione et si possible jusqu'à Campofreddo ; comme le poste d'Ovada n'est pas de nature à être défendu contre un ennemi qui s'avancerait en force, Wukassowich a ordre de se réunir à Cremolino. Contrairement à l'opinion de Beaulieu, Argenteau trouve que la brigade Rukhavina est bien dispersée ; il estime qu'étant répartie sur une étendue de cinq lieues elle emploiera 5 heures à se réunir dans le cas d'une concentration sur la Bormida del Cairo, mais si elle s'effectue entre la Bormida et l'Erro il en estime la durée à 10 heures par suite du retard que causera le passage du fleuve. Il se propose d'établir une série de signaux sur les hauteurs afin de réduire le temps que des messagers emploieraient à transmettre les avis et les ordres en cas d'alarme ; de sa personne il se rend à Dego par Ponzone et Paretto afin de reconnaître le terrain ; de là, il remontera la crête jusqu'à Dego. Liptay tombé malade demeure à Acqui et ouvrira les plis de service en son absence.

Le 3, à la suite d'un rapport de Wukassowich qui nous manque, Liptay prend toute une série de mesures destinées à assurer d'une part la liaison avec ce dernier, de l'autre à couvrir Sassello. Il en résulte la création de nouveaux postes et la dispersion du régiment d'Alvinzi. Deux compagnies se rendent d'Acqui à Cremolino, une de Curatore à Cassinetto, deux de Melozzo à Ponzone, une d'elle s'avance jusqu'à Monte Fete, position d'où l'on peut apercevoir un ennemi marchant sur Moglio ou Sassello. Le colonel d'Alvinzi est à Ponzone. Il a pour mission « non seulement de garder contre l'ennemi les passages venant de Sassello, mais de s'ouvrir de là une communication avec la position du colonel Wukassowich et de la maintenir. La distance entre Ponzone et Ovada s'élève à 20 kilomètres environ. Il était donc bien difficile de croire que ces faibles forces suffiraient à couvrir une telle étendue de terrain. Un seul bataillon de Stein demeure

---

(1) Argenteau à Beaulieu, 31 mars, 4 heures du matin (K. K. A₁).

disponible à Acqui. Argenteau approuve ces dispositions de Spigno, où il passe la nuit du 3 au 4.

Il est arrivé au matin à Dego où tout était tranquille, mais une patrouille est venue rendre compte que deux colonnes françaises sont entrées à Montenotte à 5 heures de l'après-midi ; le supérieur des franciscains de Cairo avertit que ces colonnes se sont placées en avant de Montenotte vers Dego, enfin, un homme qui les a observées prétend un peu plus tard qu'elles marchaient sur deux de front et étaient longues de mille pas. Argenteau juge ces rapports exagérés. Pourtant, en prévision d'une attaque, il prescrit à Rukhavina d'appeler à lui les deux divisions du grand-duc Antoine placées à Santa-Giulia, les deux compagnies croates de Sassello, et si l'ennemi s'avance sur Dego de faire tirer de suite un coup de canon afin que le bataillon de Pellegrini puisse arriver de Spigno à son secours.

Argenteau peut, de sa personne, se rendre en quatre heures de temps à Dego, mais à la suite des dispositions prises par Liptay pour se couvrir contre une offensive française débouchant de Montenotte contre Pareto ou sur Ovada et Sassello il n'a plus aucune troupe à sa disposition et il expose à Beaulieu les dangers que cette dispersion en cordon font courir à son corps, « Que Votre Excellence daigne observer que quoique ma division soit forte je suis pourtant assez faible dans tous les postes et que ma troupe doit déployer les plus grands efforts pour résister à l'ennemi dans toutes les localités s'il devait attaquer plusieurs postes à la fois avec 2.000 ou 3.000 hommes, car entre Montenotte et Ovada le cordon est partout praticable. »

Aussi regrette-t-il de n'avoir pu suivre un ordre de Beaulieu du 2 d'après lequel sa ligne aurait été droite et par suite plus courte. Il se met en relation avec Colli et Provera.

Dispositions de Colli. — Le 3o, Colli ordonne à un bataillon de Giulay de se porter de Dogliani à Dego, aux autres bataillons de ce corps de se rassembler au Cairo et aux deux bataillons de Belgiojoso de se rendre de Monesiglio à Mombarcaro. A son avis, il se croit menacé par les vallées de la Bormida et du Tanaro, et son intention est de tenir son armée autour de Ceva. « Elle ne saurait trop s'étendre sur la gauche, écrit-il, tandis que par tous les rapports l'ennemi est en force entre Savone et Finale ». Son service de renseignements lui a rendu compte que le gouvernement de Gênes est décidé à résister ; dès lors, ce n'est pas avec de l'artillerie de campagne et 6.000 hommes que les Français enlèveront cette place. « Il [l'ennemi] pourrait bien changer de projet, ajoute-t-il, et se tourner brusquement sur le Piémont qui sera aussi soutenu par l'armée de Votre Excellence, et celle du roi étant trop faible pour se soutenir par ses forces si elle fut vigoureusement attaquée par la vallée de Tanaro et Bormida ».

Il semble indiscutable que, dès ce moment, Colli, prévoit le danger que court le centre de l'armée alliée et qu'il a entrevu le mouvement que Bonaparte va entreprendre contre lui.

Le 2 avril, le régiment d'Oneille se rend à Ceva ; il est remplacé par le régiment des grenadiers royaux et chasseurs. Un bataillon de Genevois quitte Ceva pour Castellino et Marsaglia ; deux compagnies de ce régiment, campées en ce dernier endroit, rejoignent celles qui se trouvent à Murazzano.

Le 3, quatre compagnies du bataillon de pionniers sont appelées au Mondovi : le régiment de Mondovi se rend à la Madone del Vico.

Le 4, six compagnies de Turin viennent à Brea, le 1er bataillon de grenadiers à Ceva.

Le 5, les 8e et 9e de grenadiers à Mondovi.

Le 6, les troupes légères à Carru.

Le 7, les troupes légères et le régiment de Mondovi à Ceva.

Le 3, Colli ordonne aux bataillons du corps franc d'occuper Dego, aux deux de Belgiojoso Mombarcaro, Monesiglio et Santa-Giulia, ils sont sous les ordres de Provera qui doit les placer « à portée d'entretenir les communications entre la droite de l'armée impériale et la gauche de la piémontaise ».

Divers renseignements du 2 et du 3 ont signalé que 500 Français se sont avancés jusqu'au village de Mondino et qu'ordre a été de préparer des logements à Calissano pour 2.000 hommes. Un espion « prétend tenir de la bouche même de Masséna que bientôt il compte rassembler toutes ses forces pour faire une tentative sur Ceva ». En outre, d'autres avis préviennent que nous nous renforçons dans la vallée du Tanaro.

On a vu les dispositions prises par Colli pour s'opposer à ce que nous pourrions entreprendre sur Ceva et Mondovi. En outre, son intention est de porter « un corps d'armée sur les hauteurs de Saint-Jean de Murialdo pour fermer le passage de la Bormida qui vient de Calissano » (1).

Nouveaux ordres de Beaulieu le 3. — L'arrivée du corps auxiliaire dans la vallée de la Bormida permet à Beaulieu d'en retirer

(1) Colli à Beaulieu, 3 avril (K. K. A.).

la brigade Rukhavina. Le 3, à la réception du rapport de Colli, il prescrit à d'Argenteau d'établir sa droite à Ovada et Sassello, la surveillance de la vallée du Tanaro et de la Bormida reste confiée à Colli, son rôle consiste à assurer la liaison entre les deux armées.

« Puisque je pousse avec mesure mon aile gauche vers la Bochetta, écrit Beaulieu, vous ferez avancer autant que possible vos postes ; ne reculez pas d'un pas ; surveillez exactement l'ennemi dans toutes les directions, mais dirigez particulièrement vos forces vers la gauche (1).

Colli est informé de l'occupation de la Bochetta par six bataillons, des instructions données à d'Argenteau. Son rôle est absolument défensif, il doit « seulement surveiller les deux vallées de la Bormida et du Tanaro, faire des démonstrations contre l'ennemi en avançant habilement ses postes. » La plus exacte correspondance est recommandée entre les trois généraux de manière à mettre Colli à même de tourner les Français et de les prendre de dos s'ils attaquent une partie des postes autrichiens (2).

Toutes les dispositions prises pour l'occupation d'Ovada sont adoptées afin d'établir le cordon autrichien à la même hauteur. Wukassowich reçoit ordre d'occuper Rossiglione le 4 en poussant une division jusqu'à Campofreddo ; il aura en soutien à Ovada un bataillon d'Alvinzi tiré d'Acqui. Ces deux bataillons sont mis sous ses ordres directs, il peut les employer à son gré (3). Par contre, Argenteau reçoit deux bataillons de Terzy tirés d'Alexandrie ; ils se mettront en marche le 5 et s'établiront l'un à Bosco et Fregarolo, l'autre le 7 à Acqui.

Le même jour, ordre est donné à Kerpen de diriger le 5 les deux bataillons du grand-duc Antoine de Pavie sur Alexandrie, le régiment de hussards sur Tortone où il entrera le 6, le régiment de Deutschmeister où il sera le 6.

Le 6, les deux bataillons de Thurn quitteront Lodi et se rendront à Casteggio et Montebello ; les deux bataillons de Strassoldo viendront à Pavie.

---

(1) Beaulieu à Argenteau, 3 avril (K. K. A.).
(2) Beaulieu à Colli, 3 avril (K. K. A.).
(3) Beaulieu à Argenteau, 3 avril (K. K. A.).

CHAPITRE VII

Les opérations du 4 au 12 avril

Le 4, à la réception de l'ordre de Beaulieu, Argenteau n'a pas encore été informé par Colli et Provera de l'exécution des dispositions qui leur ont été adressées : en outre, comme les deux bataillons de Wukassowich lui sont enlevés, il ne lui reste que peu de troupes disponibles, et il observe que les bataillons mis en remplacement sous ses ordres (les deux de Terzy à Acqui et à Bosco, celui de Stein à Acqui, les deux de l'archiduc Antoine à Alexandrie) sont trop éloignés pour venir au secours de sa ligne, qui s'étend de Montenotte à l'Orla. Comme Colli, il attache avec raison la plus grande importance au poste de Dego, « sur lequel toute l'armée doit être appuyée », et pour lui donner plus de moyens de résistance, il propose d'y envoyer les obusiers qu'il a avec lui. Il trouve qu'un faible bataillon du corps franc n'est pas suffisant pour assurer la sûreté de ce poste situé au point de jonction des deux armées et il propose de laisser toute la brigade Rukhavina entre la Bormida et l'Erro, savoir : à Dego les bataillons Preiss et grand-duc de Toscane avec le général Rukhavina ; le bataillon de Giulay à Pontinvrea, ayant en arrière Brechainville à Giusvalla, Mioglia et Piano Ponte. Un bataillon de Carlstadt ira vers Sassello et au sud, poussant jusqu'à la haute chaîne de montagnes où les passages sont plus rares ou plus difficiles ; le régiment grand-duc Antoine vers Pareto, Mioglia et la Maddalena pour protéger le bataillon de Carlstadt ; le bataillon colonel d'Alvinzi sur Ponte de Lavezzo, Rollo pian della Castagna et Orbicella par division ; Terzy sur Ponzone et Malvicino. Le bataillon Stein à Acqui, Pellegrini à Spigno et Monte Alto.

Un tel dispositif concentre sa division ; il a un autre avantage, la défense du terrain entre les deux Bormidas demeure bien confiée au seul corps franc, mais dès l'instant où deux bataillons autrichiens sont à Dego et un à Spigno, il est toujours possible d'en diriger un sur Santa-Giulia, poste le plus important entre les deux Bormidas. Argenteau aurait en outre voulu modifier l'emplacement du régiment de Belgiojoso et le placer à Salicetto au lieu de Mombacaro et de Monesiglio avec le général Rukhavina, d'où ils se rendraient facilement à Santa-Giulia.

Actuellement Argenteau n'a pas encore de réponse ni de Colli ni de Provera ; sa situation lui inspire quelque inquiétude puisque l'ennemi a concentré sa plus grande force à Savone et à Vado, particulièrement contre Cairo et Montenotte ; aussi, après avoir répondu qu'il ne peut exécuter aucun mouvement offensif jusqu'à l'arrivée des troupes en marche, demande-t-il la conduite à tenir.

Après avoir reconnu toute la ligne de ses postes, Argenteau exprime ses craintes avec plus de précision. « J'assure à Votre Excellence que tous mes postes entre Montenotte et Ovada, par suite de leur facile abord, sont exposés de telle façon que je dois me tenir pour heureux si je ne reçois d'affront à aucun, car ils sont éloignés l'un de l'autre de trois à quatre lieues et aucun ne peut venir au secours de l'autre sans exposer son propre poste à un danger ». Une offensive française débouchant par Montenotte et Sassello, qui remonterait la vallée de l'Erro, tournerait facilement le poste de Dego et ne rencontrerait pour s'opposer à cette manœuvre que deux ou trois compagnies à Malvicino, Pareto et Ponzone, incapables de résister à des colonnes de 1 à 2.000 hommes (1).

Le 5, Argenteau envoie à Beaulieu un officier pour achever de lui expliquer ses intentions au sujet de sa division. Il lui demande de mettre le régiment archiduc Antoine à sa disposition et, dans ce cas, de lui prescrire d'être le 6 à la Cassine et le 7 à Cartosio Melazzo.

Afin d'être à même d'exécuter son mouvement dès que Provera aura relevé Rukhavina, il donne ordre au bataillon Terzy arrivé le 5 à Acqui de se diriger le 6 sur Melazzo et à celui de Bosco d'être le 6 à Acqui. Toutefois il n'a encore aucun avis que Colli, ait fait avancer le corps auxiliaire (2).

Mouvements de Wukassowich. — Le soin de surveiller les mouvements français à Voltri incombait, d'après l'ordre du 3, à Wukassowich. D'après ses renseignements, les Français avaient l'inten-

(1) Argenteau à Beaulieu, 4 avril (K. K. A.).
(2) Argenteau à Colli, 5 avril (K. K. A.).

tion d'envoyer à Campo Freddo un fort détachement, non pas seulement afin de piller cette localité, mais pour se rendre maître des hauteurs. Comme il y avait envoyé la veille à plusieurs reprises des patrouilles, les Français en avaient été avertis et ils dirigeaient le 4 sur ce point une forte avant-garde afin de reconnaître l'effectif des impériaux et l'emplacement de leurs postes. Entre temps, Wukassowich avait lancé sur ce village une compagnie à marche forcée. Nos éclaireurs, avertis à temps par un Génois, ont le temps de se replier sur Voltri et ne reparaissent plus de la journée. Les renseignements des espions s'accordent à dire « qu'ils ont placé plusieurs postes à une demi-lieue en avant de Voltri et qu'ils y ont aussi amené un petit bateau plein de munitions, mais que leur magasin de blé constitué à Voltri a été embarqué ». Cette évacuation, si elle était véritable, constituait évidemment un indice que les Français songeaient à se replier ; afin de s'en assurer, Wukassowich décide d'exécuter le lendemain une reconnaissance de front sur Voltri.

A son avis, il convient de laisser une compagnie de Rossiglione et d'établir les cinq autres à Campo Freddo. La distance de ce village à Voltri s'élève à quinze kilomètres environ, les avant-postes des deux partis se trouvent donc presqu'au contact, position dangereuse si l'on considère que le rassemblement français de Voltri est important. Wukassowich désire se porter encore en avant et occuper les trois villages de Masone, Badia et Cabane, situés à gauche du dos de montagne qui aboutit à Voltri ; de Badia un chemin conduit à Molaro, de Cabane trois sentiers se dirigent sur Cermo-Voltaggio et la Bochetta. Or Cabane est seulement à quatorze kilomètres de Voltri. En conséquence, il détachera de son bataillon 5o hommes et un officier à Costa, autant à Lermo et une compagnie à Molare.

Le 5, Wukassowich s'avance à une demi-lieue de Voltri avec 3oo hommes. Il évalue les forces françaises sur ce point à 3.ooo hommes et on en attend encore 4.ooo de Savone. Une division de Carlstadt s'établit à Masone afin de soutenir les patrouilles et Wukassowich, d'accord avec Malcamp, porte provisoirement le bataillon d'Alvinzi à Rossiglione.

Le lendemain, un détachement français s'avance sur les hauteurs en avant d'Acqua Santa, très vraisemblablement afin de savoir ce que signifie la reconnaissance autrichienne, tandis qu'une centaine d'hommes marchent vers Canelona afin de fortifier les hauteurs qui s'appuient à la route. Wukassowich ne sait d'abord si ce faible corps n'a pas pour objet de servir d'appât et de l'entraîner à un mouvement qui permettrait aux Français de lui tomber sur le dos ; il se porte à une bonne lieue en avant de Masone et rapproche quatre compagnies d'Alvinzi. Dans l'après-midi, 800 Français débouchent de Mele et s'avancent le long de la montagne contre ce village. Wukassowich envoie à leur rencontre un détachement de 100 hommes qui montre beaucoup d'ardeur : la reconnaissance française se replie avec perte de deux tués. A l'ouest de Voltri, malgré le brouillard, il découvre une troupe d'environ 1.500 hommes ; comme elle est en position derrière le village et dans une petite redoute existant sur la montagne, Wukassowich ne juge pas à propos d'attaquer. Dans la soirée, tout le bataillon de Carlstadt campe à Masone, celui d'Alvinzi à Campofreddo.

Le 7, nos reconnaissances s'avancent de nouveau en deux colonnes ; elles se replient à l'approche des patrouilles autrichienne soutenues à droite par une compagnie et sur la grande route par une division. Sans en venir à un engagement, Wukassowich, de crainte de tomber dans une embuscade, se contente de nous faire observer et reconnaît les chemins. Comme nous avons construit des redoutes sur les montagnes et qu'elles sont dominées par d'autres, il réclame deux petits canons portés à dos de mulet pour en favoriser l'attaque.

A la suite de ses renseignements et des reconnaissances qu'il a faites, il estime que cette région est plus dangereuse pour nous que la Bochetta et qu'à moins de renforcer le corps de Voltri il se retirera dès que les troupes autrichiennes arriveront.

Mouvements de Pittoni. — L'occupation de Campofreddo empêchait les Français de tourner par l'ouest les bataillons que Pittoni, conformément aux ordres donnés par Beaulieu doit rapprocher de Voltri. Dès qu'il en a été prévenu par Malcamp, il avertit Beaulieu qu'il portera après la soupe le bataillon Nadasti de la Bochetta sur la montagne Pietra Lavessara et, dès qu'il y aura pris poste, le bataillon Szluiner se rendra à Campo Morone, d'où il détachera un poste d'un officier et de 60 hommes à Madona della Guardia. Le mouvement en avant rendant inutile de soutenir le Brissio, il rappellera à lui le bataillon Nadasti. Le régiment Terzy fort de 1.300 hommes continuera à garder la Bochetta. D'ailleurs, il se déclare être en état de repousser toutes les tentatives de l'ennemi, bien qu'un espion arrivant de Voltri l'eut averti que les Français ont reçu 1.000 hommes de renfort et que leur effectif s'élève à 3.000 hommes.

Les patrouilles envoyées avec Malcamp sur Campofreddo pour

établir la liaison ne sont pas encore rentrées le 5 à midi. Pittoni diffère son mouvement. En en rendant compte à Beaulieu, il lui propose de nouveau de ramener Nadasti de Brissio sur Voltaggio et, d'après les circonstances, de pousser deux compagnies de Szluiner de Campo Morone sur Madona della Guardia.

Les patrouilles dirigées pendant la nuit sur Monte Fuccio et Ponte Decimo rentrent sans avoir rien vu de l'ennemi ; d'après plusieurs renseignements, le corps de Voltri ne se renforce pas et l'intention des Français est de rassembler toutes leurs forces contre Ceva et Dego. Les Français exercent la plus grande surveillance à Voltri de crainte d'être coupés ; la nuit, des troupes s'établissent au bivouac sur les hauteurs en avant, elles rentrent au jour après avoir laissé quelques piquets : 300 hommes dans l'église de Savone, 30 à Aqua Santa, 150 sur la montagne del Gotto au delà de Sestri.

L'ordre de Beaulieu du 5 parvient à Pittoni le 6 à 9 heures du soir, au moment où il vient d'être averti par le retour de sa patrouille que Campofreddo est occupé. Dans la nuit, il pousse une division de Szluiner à Madona della Guardia, les deux autres occuperont Campo Morone ; le lendemain, un piquet de 50 hommes commandé par un officier sera à Ponte Decimo, il lui sera adjoint afin de le mettre à même d'envoyer des patrouilles.

Le bataillon de Nadasti se rendra le 7, dès la pointe du jour, à Cabane en avant de Villa Caldu, avec mission d'entretenir la liaison entre Campofreddo et la Bochetta. Le bataillon de Latterman ira de Voltaggio par Mornese vers Lerma (1).

Le 5, Colli ordonne de Silvano Adorno, où il établit son quartier général, un nouveau mouvement en avant aux troupes demeurées en arrière. Le 7, un bataillon de Guillaume Schröder entrera à Alexandrie, un escadron de uhlans à Bosco et à Fregarolo, deux bataillons de Huss à Prassonoro, un de Deutschmeister à Portona. Le 8, deux bataillons de Huss se rendront à Capriata, un de Guillaume Schröder à Alexandrie, deux de Thurn à Tortone. Le 9, le 3e de Thurn ira à Ponte Curone, deux escadrons de l'archiduc Joseph à Tortone (2). Le 8, le général Kerpen mettra en marche sur Casteggio et Monbello les deux bataillons de Strassoldo et le 9 sur Voghera la division colonel de Mezaros (3).

Comme on s'en souvient, Colli a retardé la marche de la brigade Provera pour des motifs inconnus, ce qui a empêché le général d'Argenteau d'exécuter son mouvement vers la gauche.

(1) Pittoni à Beaulieu. Boccheta, 6 avril, 9 heures du soir (K. K. A.).
(2) Beaulieu à Sebottendorf.
(3) Beaulieu à Kerpen.

Beaulieu lui en exprime vivement son mécontentement ; il lui renouvelle l'ordre de confier sans retard au général Provera et à quatre bataillons la défense de la Bormida et de lui faire connaître les causes qui l'ont déterminé à différer cette marche. Il met le régiment archiduc Antoine sous les ordres de d'Argenteau et il l'autorise à employer ses 11 bataillons et deux escadrons comme il l'entendra. Sur ces entrefaites, le rapport de ce général en date du 4 lui fait connaître les motifs qui l'ont empêché d'exécuter les dispositions prescrites. Il lui répond « qu'il n'est pas en état de tout disposer de son quartier général à cause des nombreux changements que les différentes circonstances exigent »; il le laisse donc libre de prendre toutes les mesures nécessaires à son gré et d'après ses appréciations. Il juge vaines les craintes de d'Argenteau pour Dego, puisque la brigade Provera dont la marche est certaine doit l'avoir déjà occupé et il se tient pour assuré non seulement que d'Argenteau défendra son poste mais encore soutiendra les postes voisins. D'ailleurs, on ne force pas si facilement des postes en rassemblant quelques bataillons ; dans un *post scriptum*, il lui recommande de tout mettre en usage pour défendre son poste à l'extrême.

Ses renseignements sur la force des Français à Voltri lui ont sans doute fait considérer la position de Wukassowich comme menacée, car malgré son intention d'attaquer ce détachement par l'est, il se prive du régiment Guillaume Schröder qu'il met à Ovada à la disposition du colonel Wukassowich (2).

Dispositions de Colli. — Colli reçoit dans la nuit du 5 au 6 des rapports réitérés « que l'ennemi marche en force par Calissano pour s'établir sur la crête entre la Bormida et le Tanaro ».

Le registre où l'état-major piémontais enregistrait avec le plus grand soin toutes les nouvelles obtenues sur l'ennemi, signale en effet le renforcement des corps français. Le 4, le capitaine Pandini rend compte « que les troupes annoncées à Calissano n'y sont point encore venues, mais on les y attend ». Il n'y a que 200 hommes à Bardinetto et 40 à la Merello, une garde de 30 hommes à Settepani, 60 à la Madone des Neiges.

Le 5, neuf déserteurs arrivant de la Sotta préviennent qu'ils appartiennent à une brigade arrivée le 4 au soir de Bardinetto et Calissano, ce qui démontre l'exactitude du rapport précédent ; à

---

(1) Beaulieu à Colli, 5 avril
(2) Colli à Beaulieu, 6 avril (K. K. A.).

les en croire elle est tombée de 3.000 à 2.000 hommes par la désertion.

Les rapports du 6 sont encore plus précis. L'attaque de Ceva est annoncée pour le 9 par un billet venu de Tende.

Le même émissaire assure que la droite de l'armée française a reçu 10.000 hommes de renfort. « Le quartier général et les représentants du peuple se sont avancés à Albenga pour être à portée de toute l'armée. Il est pressant pour les Français de tenter un effort parce qu'ils manquent de vivres ».

Le capitaine Laroque envoie l'avis suivant : « Depuis le 5 au soir les Français sont à Calissano au nombre de 2.000... Les ennemis sont, dit-on, considérablement renforcés à Bardinetto. Ils n'ont point diminué de force à Voltri. Il ne reste pas plus de 1.500 hommes à Savone, à peu près autant sont à Saint-Jacques de Mallare et au baracon de la Concevola ».

Le major Camerano : « On assure que l'ennemi a considérablement diminué à Cadibone, Madona de Savone ».

D'autre part, il nous était impossible de déboucher à l'ouest du Tanaro puisqu'un espion a employé, le 4, cinq heures pour aller de la Serra au bric de Mindino ; tout le versant nord est encore couvert de quatre à cinq pieds de neige dans laquelle on enfonce jusqu'à la ceinture, et du côté du col de Tende on parle seulement d'une diversion ayant pour objet d'empêcher les troupes piémontaises de se réunir à Ceva.

Si la diminution des troupes françaises de Savone et de Cadibone était exacte, l'occupation de Bardinetto par un corps considérable pouvait être considérée comme ayant pour objet de masquer le rassemblement des troupes qui se disposeraient à déboucher par la vallée de la Bormida.

Ces rapports semblaient être de nature à confirmer les craintes de Colli en ce qui concernait une attaque sur le centre de l'armée alliée ; de nouveau il réclame l'appui de Beaulieu. « Il paraît que ses mouvements [ceux de l'ennemi] sont dirigés sur Ceva et Mondovi. J'ai rassemblé toutes les troupes du roi, mais Martowitz vous aura appris que l'on ne saurait défendre sans votre secours ces différentes positions : le voisinage de Votre Excellence et son armée me rassurent ». 600 Français sont à la Sotta, 2.000 entre Calissano et Bardinetto et l'ennemi s'est avancé à Priolo, une reconnaissance a été poussée sur Saint-Jacques. « Tout annonce ou presque, conclut-il, une attaque prochaine ou que les ennemis vont prendre les hauteurs dominantes ».

Afin de barrer les deux voies d'accès du Tanaro et de la Bormida,

Colli porte à Malpotremo le régiment d'Oneille avec les deux compagnies de grenadiers et celle des chasseurs. « Le commandant de cette troupe, ordonne-t-il, détachera une compagnie qui se campera dans la redoute ou dans le voisinage des Terres Blanches, qui aura une garde sur le devant du petit baracon ; sur l'avis de quelques mouvements de l'ennemi tout le bataillon se portera sur les hauteurs pour protéger leur retraite. Elle se fera en cas de malheur sur les Ronchini ».

Le régiment de grenadiers royaux ira le 7 à Priero ; les deux bataillons de grenadiers Caretto et du Tour le 8.

Plus en avant, le colonel Colli occupe avec cinq compagnies de chasseurs de Colli et les chasseurs d'Acqui Saint-Jean de Murialdo ; à sa gauche, un bataillon du corps franc de Giulay fort de 689 croates surveille l'espace entre les deux Bormidas, ayant des postes à Cairo 143 hommes, Millesimo 159, Roccaviglione 29, Cengio 37, Cosseria 64, Salvi 14.

Cosseria est renforcé dans la journée par 126 hommes de milices et une compagnie de milices ; Millesimo par une compagnie de chasseurs de Nice et deux de chasseurs Colli ; Rocca signale par trois compagnies de Tortone fortes de 120 hommes ; le Cairo par une compagnie de Tortone forte de 50 hommes.

Le réseau d'avant-postes doit être complété par Provera à qui Colli fait part de l'occupation de la Sotta par les Français.

Occupation de Dego par Provera. — Dès le 5, le régiment de Belgiojoso et une division de Giulay entrent à Dego. Le 6, Provera y établit son quartier général, mais Belgiojoso n'a que 84 fusils et Giulay n'a aucune valeur, faute de discipline. Il est en outre dépourvu de tentes et de mulets, ses fusils même manquent de pierres. Provera juge n'être pas en état de défendre avec ses quatre bataillons la Bormida ; d'après les renseignements reçus de Rukhavina, à son avis il lui faudrait 8.000 à 10.000 hommes. En outre, il est placé en liaison entre les deux armées et les deux généraux Colli et Argenteau lui donnent des instructions différentes. Le 6, il informe Argenteau qu'il ne doit pas compter sur lui pour couvrir sa droite, car en cas d'attaque il a pour instruction de son chef, le général Colli, de se replier sur Santa-Giulia pour couvrir la gauche des Piémontais (1). Aussi lui demande-t-il de conserver la brigade Rukhavina.

Il réclame également des renforts à Colli, car ce dernier lui

(1) Provera à Argenteau, 6 avril (K. K. A.).

répond, le 7, de placer le bataillon de Giulay établi à Santa Giulia sur les hauteurs de droite de la Bormida pour être en communication avec sa gauche, qui est à Mombarcaro ; le second bataillon posté à Cairo, Millesimo et Rocca de Cengio est également à ses ordres.

« Je vous préviens, ajoute-t-il, que j'occupe aujourd'hui Saint-Jean de-Murialdo avec trois bataillons et Montezemolo avec deux bataillons de grenadiers et de chasseurs, de sorte que votre droite est assurée et votre gauche le sera par le général Rukhavina. L'ennemi s'affaiblit sur Cadibone et se renforce sur les hauteurs de la Sotta entre le Tanaro et la Bormida ».

Exécution des ordres par Pittoni. — Les mouvements ordonnés le 6 s'exécutent. Szluiner occupe Madona della Guardia avec une division, Campo Marone avec deux. D'après les rapports d'espions, l'ennemi ne s'est ni augmenté ni diminué à Voltri, la nuit il continue à occuper les montagnes, il ne serait même resté que 300 hommes en ville. Il propose de diriger de Gavi sur Voltaggio une division afin d'entretenir la communication avec Lorma et Cabana (1).

Ordres de Beaulieu du 7. — Les rapports de d'Argenteau et de Rukhavina n'exercent aucune influence sur les intentions de Beaulieu. Il se contente le 7 de prescrire à Provera de rétablir la discipline dans le corps franc et de le pourvoir de munitions tirées d'Acqui ; il lui promet de le renforcer dès que les bataillons arrivant d'Acqui auront rejoint et il prescrit à Argenteau de le soutenir et à Colli de couvrir sa droite, afin d'assurer une liaison plus intime entre Wukassowich et Pittoni, il lui assure l'appui immédiat de ce dernier et lui ordonne d'expédier tous ses rapports par la Bochetta (2).

Le 8, Beaulieu juge la concentration des troupes autrichiennes assez avancée pour préparer les dispositions qui doivent assurer son offensive.

Il accélère le mouvement de ses bataillons. Ordre est donné : 1° au bataillon de Deutschmeister de se rendre de Tortone à Bassaluzzo et à Frassanoro ; 2° à celui de Schröder, d'Alexandrie à Cassine ; 3° aux deux compagnies de Thurn, de Tortone à Alexandrie ; 4° au 3e de Thurn, de Ponte Curone à Tortone ; 5° le bataillon de Terzy relèvera à Rivalto le 3e de Stein qui se rassemblera le 9 à Spigno et ira le 10 à Dego. Nicoletti se rend à Bassaluzzo (3). Tandis

(1) Pittoni à Beaulieu, 7 avril (K. K. A.).
(2) Beaulieu à Wukassowich, 7 avril (K. K. A.).
(3) Beaulieu, Ordres, 8 avril (K. K. A.).

que Beaulieu songe à agir avec sa gauche, de nombreux rapports ont attiré son attention sur le danger d'une offensive française entre les deux Bormida.

Le 8, il confie à Provera la défense du terrain entre les deux Bormidas. Les deux bataillons du corps s'établiront vers Salicetto avec le quartier général, les deux de Belgiojoso à Camerana. Toutefois ce mouvement s'effectuera seulement après l'entrée de Stein à Dego. Là, ils seront à portée de soutenir efficacement les points de la ligne de Cosseria-Montezemolo à Ceva, sa gauche sera couverte par le bataillon de Pellegrini, qui viendra le 9 à Cairo. Beaulieu attache à juste titre « un grand prix à la possession de ces postes et il recommande à Colli (1) de donner beaucoup d'attention à cette partie ».

Le poste de Dego sera défendu par le bataillon de Stein et deux bataillons de Montferrat, qui se rendent d'Acqui à Spigno. Rukhavina en prend le commandement.

Enfin les deux bataillons de Nadasti à Cabana et celui de Latterman sont mis à la disposition de Wukassowich (3).

A Argenteau, Beaulieu prescrit de former des patrouilles d'hommes hardis sans sac ayant pour plusieurs jours de vivres et quatre-vingt cartouches et de les lancer de Sassello sur Montenotte jusqu'au moment où il aura à portée assez de force pour occuper « cette position qui lui tient fortement à cœur ». Il lui recommande dans tous ses actes à une offensive décidée. « Je suppose votre troupe à Sassello pour y loger, et vos postes beaucoup en avant commandés par des officiers de vigueur avec quelques gens choisis pour pouvoir donner le temps au reste de la troupe de Sassello d'arriver en avant et dans ce cas vous ferez d'abord avancer d'autres troupes d'en arrière pour secourir sans balancer les premiers, car nous ne pouvons jamais porter aucun doute dans nos attaques qui doivent toujours être vigoureuses... Mais songez que l'attaque a toujours un tiers d'avantage tout au moins » (4).

Exécution des ordres par d'Argenteau. — Le bataillon de Carlstadt entre dans la matinée du 7 à Sassello ; les trois bataillons de Toscane, Preiss et Brechainville dans la soirée. Comme on ne peut les faire cantonner à la Maddalena et à Saint-Giovanni ces

---

(1) Beaulieu à Colli.
(2) Beaulieu à Provera.
(3) Beaulieu à Wukassowich.
(4) Beaulieu à Argenteau, 8 avril (K. K. A.).

localités étant dans un creux, Rukhavina propose de les camper près de Maddalena.

Ses patrouilles de droite l'ont informé qu'à l'ouest le général Provera n'a pas occupé les localités de Mioglia et de Giusvalla; que la longue crête menant de Montenotte à Dego n'est pas surveillée et que la vallée de la Valla est ouverte. Comme des renseignements fournis par le supérieur des franciscains portent que les Français se sont renforcés à Altare et Pian del Melo, il fait avancer le régiment archiduc-Antoine de Melazzo et de Cartosio vers Squanetto, de façon à tenir solidement cette crête et pouvoir soutenir le poste de Dego, ce qu'il ne peut faire actuellement avec les sept compagnies qu'il a à Pareto. Ce renfort lui est indispensable, car il faut à Rukhavina 8 heures pour soutenir Dego en cas d'attaque (1).

Le 8, Wukassowich repousse une reconnaissance française qui s'est dirigée sur ses deux flancs avec quatre compagnies du 2ᵉ de Carlstadt et deux divisions d'Alvinzi; elle tente vainement de résister aux retranchements d'Acqua Santa et doit continuer sa retraite jusqu'aux premières maisons; lorsque Wukassowich dirige sur sa droite deux compagnies elle renonce à toute résistance.

D'après le rapport autrichien, nous avons quarante soldats et un officier tués et 23 prisonniers; l'ennemi perd un tué, 2 officiers et 8 soldats blessés. Toutefois le rapport de Wukassowich ne contient aucun renseignement sur l'effectif du corps auquel il a eu affaire.

En terminant, il observe qu'il lui est impossible de se lier avec le général Argenteau, dont il est éloigné d'un jour de marche par de hautes montagnes, et qu'il ne lui est pas plus facile de le faire avec Pittoni sans mettre son poste en danger, car ses patrouilles ne peuvent atteindre Campo Marone où se trouve le bataillon Szluiner qu'en une demi-journée.

La situation reste sans changement à la Bochetta; un homme venant de Voltri déclare que les Français ont embarqué pour Savone le peu de provisions qu'ils y avaient et n'y ont laissé que quelques gardes.

D'un autre côté, une patrouille de 10 hommes dirigée par Madona della Guardia sur Sestri, afin de s'assurer si nous y tenons encore des piquets, ne rencontre personne bien qu'elle s'avance jusqu'à une hauteur située à une petite lieue entre Voltri et Sestri d'où l'on découvre complètement cette dernière localité.

Pittoni observe que de la Bochetta il lui est impossible de soutenir Wukassowich dans un cas sérieux puisqu'il lui faut six heures

(1) Argenteau à Beaulieu, Pareto, 8 avril (K. K. A.).

pour atteindre Campo Freddo et Masone, et cela par des chemins si mauvais qu'il y laisserait la moitié de son monde. Afin de satisfaire à l'ordre reçu, il dirige le leib-bataillon de Nadasdy sur Cabana avec mission d'appuyer Wukassowich, ce qui lui sera facile étant seulement à deux lieues de Campo Freddo.

Mouvements du 9. — L'ordre du 8 parvient assez tard à Argenteau. Il dirige sur Cairo le bataillon de Pellegrini et envoie à Dego le général Rukhavina ; afin de maintenir ses bataillons au complet, il appelle à Pareto trois compagnies d'Alvinzi et porte à Malvicino et Ponzone, qu'occupait auparavant le bataillon Stein, quatre compagnies de Terzy. Le régiment archiduc-Antoine campe à Muglia San Squanello et environs. Le major Lesseni prend le commandement des quatre bataillons de Sassello en remplacement de Rukhavina. D'après un rapport de ce général daté de cette localité, les Français se renforcent considérablement devant les postes autrichiens ; Argenteau estime que Sassello est en bon état de défense, mais à son avis on ne peut employer ce détachement que contre Stello et Arbissola parce que toute autre direction découvrirait le poste de Sassello lui-même et exposerait la route de Ponzone (1).

Quant à Provera, qui est chargé de défendre la chaîne de montagnes entre les deux Bormidas, il a l'intention de renforcer principalement Cengio et Cosseria, « poste avantageux situé entre les deux Bormida et sur la chaîne de montagnes qui va jusqu'à Santa-Giulia », où il établira une division de Giulay ; le reste de ce bataillon sera disposé entre Rochetta Cengio et Salicetto à portée de secourir rapidement Cosseria : le 2º bataillon de Giulay sera à Santa-Giulia et le régiment de Belgiojoso avec les grenadiers à Salicetto. Quoique ses forces ne s'élèvent pas à plus de 2.000 hommes, il promet de disputer le terrain pied à pied (2).

Nouveaux ordres de Beaulieu le 9. — Jusqu'au 9, Argenteau a hésité à opérer un mouvement en avant et a présenté de nombreuses objections. Beaulieu lui en réitère l'ordre formel à la réception du rapport du 7 où il n'en est pas encore question. « Puisque je me porte contre Voltri et que j'attaquerai cette localité demain à la pointe du jour sans considération de votre force ou de votre faiblesse, vous vous porterez en avant de votre position autant qu'il vous sera possible pour entretenir la communication avec le colonel

---

(1) Argenteau à Beaulieu, 9 avril, Pareto.
(2) Provera à Beaulieu, 9 avril, Dego.

Wukassowich placé [à l'intérieur et en] avant de Masone jusque en avant de Voltri afin de faciliter ses attaques par votre mouvement. Du reste je me vois forcé de vous exprimer mon mécontentement au sujet de la position défensive que vous avez gardée si longtemps et je me console seulement par l'assurance qu'avec votre expérience et l'activité qui vous est innée vous ne tarderez pas à passer de suite à l'offensive. Je vous expédie de suite trois canons et un obusier avec leurs munitions à Pareto. Je vous soutiendrai en vous renforçant par d'autres bataillons. Je vous recommande encore une fois de ne pas perdre un instant pour pousser vos troupes en avant, de vous porter en avant demain très certainement à la pointe du jour et d'occuper une position telle qu'elle entraîne avec elle l'occupation de Montenotte... Les bataillons doivent autant que possible rester en masse ; il ne faut les répartir par compagnie que dans un grand danger » (1).

Dans un autre ordre du même jour donné, soit avant, soit après celui que nous venons de rapporter, Beaulieu exprime encore avec plus de force son mécontentement du retard que d'Argenteau a cru devoir apporter à un mouvement en avant, retard « qui non seulement rend plus difficile toutes ses entreprises, mais qui peut peut-être les empêcher... Je suis donc convaincu, ajoute-t-il, que vous n'aurez plus aucune inquiétude, mais que vous prendrez vos dispositions pour attaquer l'ennemi ; j'ai la confiance qu'il doit être battu et qu'on le battra grâce à vos talents et à votre activité, d'autant plus qu'il est fort seulement de 9.000 hommes depuis Vado jusqu'à Voltri ».

Du reste il le couvre complètement. « Vous pouvez être absolument certain que je ne voudrais jamais dans ma vie imposer une responsabilité à quelqu'un qui ne s'est pas rendu réellement coupable d'une faute et qu'au lieu de la rechercher je serais plutôt prêt à tout couvrir si l'on a exécuté mes ordres promptement et sans hésitation ; vous pouvez être absolument tranquille à ce sujet ».

Exécution des ordres par d'Argenteau. — Après des instructions si positives il n'y avait plus à hésiter ; en réponse à ces lettres, Argenteau fait savoir le 9 qu'il va occuper Montenotte et exécuter le mouvement en avant.

« J'espère que quand j'occuperai les hauteurs de Monte Alto, Lesseni pourra aussi avancer et alors nous occuperons toute la contrée que de la Rochetta va se perdre vers Carcare. Je vais à cet effet

(1) Beaulieu à Argenteau, Ovada, 10 avril (K. K. A.).

derrière Dego pour reconnaître les environs de Montenotte et faire les dispositions nécessaires pour effectuer ce que Votre Excellence désire et ordonne. J'enverrai des espions pour savoir la force de l'ennemi dans ces environs afin que je puisse calculer ce qu'il peut rassembler et opposer à ma troupe. J'aurai soin aussi de conserver une réserve, ne fussent que les quatre compagnies qui sont destinées à occuper le poste important de Dego ».

Comme le fait remarquer très justement le major Kunz, il n'était pas question pour d'Argenteau de dépasser Montenotte et il avait apprécié très judicieusement le rôle que Beaulieu lui avait attribué. Au moment où d'Argenteau va passer à l'offensive, il semble nécessaire de rappeler la position qu'occupent ses bataillons. Comme Beaulieu lui a recommandé, ses bataillons doivent autant que possible rester en masse.

1er de Carlstadt	à Sassello et en avant.	
Preiss, Gr. duc de Toscane, Brechainville à Sassello.		
Arch. Antoine	à Mioglia	1 bataillon et 2 comp.
	à Squanetto et environs	4 comp.
3e Bat. Terzy	à Malvicino	2 comp.
	à Ponzone	2 comp.
	à Murbello	2 comp.
Bat. col. Terzy	à Acqui	
Bat. col. Alvinzi	à Pareto	
Stein	à Dego	1 div.
	à Rochetta del Cairo	2 div.
Pellegrini	à Cairo	1 bat.
Erdody	à Cantalupo, Losgorato	
	à Gemalesco, Rochetta del Cairo	2

Dispositions de Colli. — Les rapports envoyés à l'état-major piémontais dans les journées du 7 au 9 confirment à Colli l'existence de grands rassemblements français dans les vallées de la Bormida et du Tanaro.

Le 7, les nouvelles reçues de Finale assurent qu'il se trouve entre Bardinetto et Calissano un rassemblement de 10.000 hommes très déterminés à pénétrer. Une autre colonne de 10.000 hommes aussi est prête, à ce qu'on assure, à attaquer bientôt du côté de Carcare. Au contraire, un émissaire de Loano rapporte qu'il n'y a pas plus de 150 carabiniers à Monte Negino, et 3.000 entre Cadeno, Madona de Savone et Vado. Mais cet avis est contredit par d'autres : l'un d'eux porte qu'il y a 7.000 hommes de Varagine à Finale ; autant de Varagine à Albenga ; en outre les patrouilles françaises montrent une grande activité ; celles poussées par le détachement qui occupe la Madone de Savone sont venues à un demi-mille de Savone, celles de Cadibone jusqu'à Carcare.

Un émissaire envoyé par Rukhavina rend compte qu'on fortifiait le 6 les hauteurs de l'Altare, où le général Menard doit commander. A l'en croire, « les Français publient toujours qu'ils vont effectuer nécessairement la grande attaque annoncée, mais ils ne paraissent pas dans le cas de rien entreprendre de bien sérieux par manque de forces et surtout de bêtes de transport » ; il leur en est pourtant arrivé 400. Quant au détachement de Savone, il est très inquiet, « obligé de faire tête aux Autrichiens qui le serrent de près et menacent de les couper de Savone ».

D'après un rapport de d'Auvare, il n'y aurait que 3.000 hommes à l'ouest du Tanaro ; le même officier signale le 8 qu'il ne s'est produit aucun changement dans cette partie.

Très vraisemblablement on reçoit encore dans la nuit du 8 le rapport suivant du major Pandini : « L'ennemi a occupé la redoute de Giovetti à 5 heures du soir avec une force d'environ 150 hommes et il y a allumé des feux ».

Le 8, on signale une reconnaissance opérée le 7 par le général Bonaparte à Cadibone ainsi que la présence de Meynier avec 3.000 hommes à Melogno. Au col de Saint-Jacques, Madona della Neve, il n'y a que les gardes ordinaires ; à Settepani on ignore la force qui s'y trouve. La force totale de l'armée française ne dépasse pas 40.000 combattants ; son avant-garde placée entre Spotorno et Voltri n'est forte que de 14 à 15.000 hommes ; 2.000 chevaux sont entrés dans la rivière et 250 se sont avancés jusqu'à Vado.

Le 9, un rapport rend compte que l'ennemi a renforcé par de gros piquets toutes les hauteurs de la tête des Bormidas. « 2.000 sont à la Madona della Neve, autant au col Saint-Jacques, 300 à Melogno, le reste des 3.000 venus avec le général Meynier sont répartis entre Canova, Saint-Pantalon et Torre de Calissano. 1.500 sont montés de renfort au camp retranché de Saint-Jacques sur Feligno. On croit qu'entre Bardinetto et Calissano il doit se trouver en ce moment au moins 12.000 hommes ». Une lettre d'Albenga assure cependant que Bonaparte a renoncé à attaquer et attend l'arrivée de ses renforts.

Deux déserteurs venus de la Sotta rapportent qu'il y a un rassemblement considérable dans le creux de Bardinetto et Calissano : (huit bataillons en cet endroit et cinq à la Sotta). Les mêmes déserteurs confirment que l'attaque est retardée parce que l'on attend des armes et des munitions qui doivent rejoindre le 9.

Il semble résulter de l'ensemble de ces renseignements, s'ils étaient exacts, que l'armée française menaçait de déboucher dans l'espace de terrain compris entre les deux Bormidas.

C'est dans cette hypothèse que Colli arrête ses dispositions. Il constitue le 7 un camp à Montezemolo pour cinq bataillons, puis un autre sur la droite de trois bataillons à Malpotremo. Trois bataillons couvrent ce rassemblement à St-Jean de Murialdo. Le général de Bellegarde reçoit le commandement du camp de Montezemolo. En cas de retraite, si l'on y est obligé par une force supérieure, « elle se fera en ordre sur les différents points avantageux qui se présentent jusqu'au camp retranché de la Pedaggera ».

Colli va reconnaître cette position dans la journée ; de là, il expédie la dépêche suivante à Provera, qui lui a vraisemblablement renouvelé ses craintes concernant une attaque française :

« Je reçois votre lettre sur les notions de l'ennemi que je connaissais déjà. Par ces mêmes notions, vous devez être assuré que l'ennemi n'est que sur la défensive. D'ailleurs vous êtes sur la crête qui, de Dego, vous mène à Spigno, où vous serez soutenu par le corps autrichien à Monesiglio. Les Croates du 2ᵉ bataillon, comme je vous l'ai écrit, sont sous vos ordres ainsi que les Piémontais au Cairo. Vous aurez la carte demain, je tâcherai de vous envoyer un détachement de dragons. Faites fournir les munitions aux Croates par les transports qui vous arrivent de Cortemiglia avec les pièces de canon que j'ai ordonnées » (1).

L'occupation de Giovetti était un fait de la plus haute importance, aussi Colli renforce-t-il le marquis de Bellegarde par un bataillon d'Acqui, et il expédie le 8 l'ordre au colonel Colli de reprendre ce poste coûte que coûte.

Colli au marquis Colli : « J'ai reçu votre rapport. Pandini m'avait aussi écrit qu'il avait rencontré un poste ennemi sur les Giovetti. Il ne faut pas les y laisser établir ; marchez-y si vous savez que le nombre n'est pas supérieur et culbutez-les en faisant aussi attaquer par Pandini. Je lui ordonne de vous envoyer demain la compagnie Pian. Tâchez de faire quelque chose. Bellegarde a ordre de vous soutenir. Faites travailler les pionniers aux redoutes qui assurent les postes que vous jugerez d'occuper ; ma jambe enflée m'a empêché de visiter vos postes, faites-moi toujours vos rapports ».

(1) Colli à Provera, 7 avril.

L'attention de Colli est tellement attirée sur son centre que la position de Dego lui paraît ne courir aucun danger et il écrit à Provera : « Vous ne risquez rien sur les hauteurs, l'ennemi ne viendra pas s'enfermer dans la vallée de la Bormida tandis que l'armée impériale est sur votre gauche et celle du roi à votre droite. Cairo ne doit être gardé que comme un poste avancé qui doit se replier sur Cosseria. On ne saurait y laisser assez de monde, c'est un poste essentiel ».

Le 9. Colli exprime la même opinion à Beaulieu. « Je viens d'être assuré par tous les émissaires et les rapports de la rivière que l'ennemi se renforce toujours de plus en plus dans la vallée du Tanaro et celle de Bormida », puis après lui avoir fait part de la reprise de Giovetti, il le met au courant des positions occupées par ses troupes et du rôle attribué au camp de Montezemolo qui doit non seulement soutenir Murialdo, mais « qui est prêt à marcher par la gauche pour attaquer l'ennemi en flanc s'il s'avance dans la vallée de Cairo qui ne court aucun risque : il ne serait jamais si téméraire de se jeter entre les deux armées ».

Le camp de Ceva est occupé par huit bataillons, celui de la Pedagera qui en fait la gauche par six. Son avant-garde est postée sur les terres Blanches qui défend la droite du Tanaro ; le camp intermédiaire de la Bicoque assure les communications entre Ceva et Mondovi, le Mondovi est gardé par quelques bataillons et plus encore par les troupes avancées entre la Corsaglia, qui doivent s'y retirer (1).

Colli reçoit à 10 h. 30 du soir l'ordre de Beaulieu daté d'Acqui le 8. Sa conception des intentions supposées chez les Français n'a pas changé à la fin de la journée ; il répond à Beaulieu : « Il paraît, par les lettres de la rivière, les émissaires, les déserteurs et plus encore par les forces que l'ennemi rassemble à Calissano et Bardinetto et par celles qu'il a déjà sur le Tanaro, décidé à tenter quelques attaques sur la position de Ceva et de Mondovi » (2).

Beaulieu, dans son instruction à Provera, a placé le gros du corps franc de Provera à l'ouest de la Bormida orientale. Or le rôle de ce corps consiste à défendre « les postes de Montezemolo, Millesimo et Cosseria ». Le poste de Montezemolo est suffisamment tenu par le marquis de Bellegarde et l'on peut considérer que les forces des Piémontais appuyées sur Ceva sont suffisantes pour contenir un corps français qui s'avancerait à l'ouest de la Bormida, aussi Colli invite-t-il le général Provera à occuper en force les positions entre les deux Bormidas de Santa-Giulia, Salicetto et Cengio, pour

---

(1) Colli à Beaulieu, Ceva, 9 avril (K. K. A.).
(2) Colli à Beaulieu, 10 h. 30 du soir, 9 avril (K. K. A.).

soutenir le poste très intéressant de Cosseria. En cas d'attaque des Français sur Ceva, il s'efforcera de les prendre de flanc s'il l'était lui-même ; « après la plus vigoureuse résistance » il se retirera sur Mombarcaro de manière à couvrir la gauche de l'armée piémontaise : il enverra de fréquentes patrouilles sur Carcare et Montenotte afin de se lier avec d'Argenteau (1).

Beaulieu est averti de cet ordre. « Ce n'est que placé de la sorte, lui explique Colli, qu'il peut m'appuyer et défendre ma gauche d'être tournée par Cortemiglia ».

Les mesures prises par Provera le 10 correspondent à celles que Colli lui indique. Il l'informe le 10 qu'aussitôt après l'arrivée des bataillons impériaux à Dego il se resserrera sur Salicetto « pour défendre les cercles qui séparent les deux Bormidas » ; il y placera en réserve Belgiojoso et ses grenadiers forts de 800 hommes, renforcera principalement Cengio et Caretto qui seront occupés par les Croates de Giulay ; le château de Cosseria, « position excellente pour une avant-garde, sera tenu en force par une division des mêmes croates, et un bataillon entier demeurera en réserve à Santa-Giulia pour soutenir au besoin les troupes des hauteurs qui sont en avant. L'objet de cette disposition, conclut-il, est d'empêcher l'ennemi de tourner la position de Ceva par les hauteurs qui séparent les deux Bormida ». De son côté, Colli estime que par ces emplacements le général Provera est en mesure de couvrir son flanc gauche à Mombarcaro. En cas d'attaque, il prescrit aux troupes légères de Cairo de se replier sur Cosseria, et à celles de Millesimo de se rendre à Roccasignole et Crocetta où elles trouveront l'appui d'un bataillon de Tortone, qui y campe, et du camp de Montezemolo.

Le 11, son corps est réparti de la manière suivante : les grenadiers de Belgiojoso (2 comp.) à Salicetto ; à la Rochetta de Cengio, 10 comp. ; de Belgiojoso à la Rochetta de Bormida, 2 compagnies de Belgiojoso ; à Cengio, 1 comp. du corps franc ; à Millesimo, 2 compagnies ; de Cosseria jusqu'à la Bormida, 6 compagnies ; à Cairo, 2 compagnies ; dans les environs de Dego, 3 compagnies et le corps franc piémontais. Ces deux derniers corps sont à Cairo à la disposition de Rukhavina pour l'entreprise de Montenotte. En cas d'attaque, sept compagnies du corps franc occuperont Cosseria, deux Cengio ; les dix compagnies de la Rochetta de Cengio, les grenadiers et les deux de la Rochetta de la Bormida sont destinés à accourir au secours du poste dont on améliore l'état et où l'on transporte deux canons.

(1) Colli à Provera, 11 heures du soir, 9 avril (A. C.).

Les troupes de Cosseria patrouillent vers Carcare, celles de Millesimo par Plodio vers Biestro et celles de Cengio vers Roccasignale.

Le 9, conformément à l'ordre du 8, Argenteau prend ses dispositions pour occuper Montenotte ; il dirige le régiment archiduc-Antoine de Palazzo et Cartosio sur Mioglia et Squanetto ; le 10, il rassemble le bataillon colonel d'Alvinzi à Paretto et donne ordre au bataillon de Stein de se rendre dans la journée à Dego.

Comme il en a prévenu Beaulieu, il va reconnaître la position de Montenotte avec une patrouille de cinquante hommes et deux officiers d'état-major ; de son côté, Rukhavina la fait reconnaître de Dego par un officier d'état-major escorté par une patrouille. Tous deux s'avancent à portée de fusil des avants-postes français.

Argenteau à son retour passa par Dego afin de connaître ce chemin ; il s'y entretient avec Rukhavina ; à 8 heures 30 du soir, il se rend à son quartier général de Paretto où il trouve l'ordre « humiliant, sévère et précis », de s'avancer sur Montenotte sans aucune considération. Comme Argenteau l'observe très justement, cet ordre contient d'étranges lacunes. « Il ne lui communique rien ni des dispositions du centre ni de celles de l'aile gauche de l'armée ni des intentions du général en chef. Je ne savais pas non plus si les feld-maréchaux lieutenants Colli et Provera avaient reçu quelques ordres par rapport à ma marche. J'espérais qu'il avait la mission de faire un mouvement contre Cairo pour couvrir mon flanc droit et mes derrières et soutenir mon petit corps qui s'avançait en avant de sa ligne ».

En outre, les bataillons dont on lui promet l'appui : le leib Terzy et le 3ᵉ bataillon de Wilhelm Schröder par suite de leur éloignement sont hors d'état d'arriver avant le 16, le premier à Paretto, le second à Dego.

Dès ce moment, s'il convient de s'en rapporter à sa défense, d'Argenteau comprit le danger auquel il s'exposait. « Mon inquiétude n'était pas petite... Il n'y avait pour moi que deux chemins : je devais exposer les troupes au danger ou passer pour lâche. Je me décidai à suivre le premier espérant qu'aussitôt après que les huit bataillons se seraient rendu maîtres de Voltri, ils converseraient à droite le long de la mer, et que la division du centre et l'aile gauche s'avanceraient également dans la rivière ; en outre, je comptais que les feld-maréchaux lieutenants Colli et Provera défendraient mon flanc droit et mon dos comme ils en avaient l'ordre » (1).

(1) Défense de d'Argenteau.

— 237 —

Argenteau adoptait les dispositions suivantes : le régiment archiduc-Antoine et un bataillon d'Alvinzi se dirigeraient sur Montenotte sous ses ordres directs, Rukhavina avec un bataillon de Stein et de Pellegrini sur Garbazzo où le rendez-vous devait s'effectuer (1). Le départ était fixé à 3 heures.

A sa gauche, le colonel Lezeny porterait ses Croates aussi en avant que possible sur les routes de Savone et de Voltri en les faisant soutenir sur chacune de ces routes par un bataillon, le quatrième resterait à Sassello (2).

Le bataillon d'Alvinzi quitte Paretto à 3 heures du matin (3).

Argenteau n'entre à Mioglia que vers 5 heures pour des motifs qui nous échappent ; il y trouve huit compagnies d'archiduc-Antoine, passe devant elles et leur fait savoir que sous ses ordres elle vont marcher sur Montenotte par Giusvalla, où les quatre compagnies du régiment postées à Squanetto les rejoindront (4).

A partir de Giusvalla, un détachement de 170 volontaires commandés par un capitaine, un lieutenant et un sous-lieutenant forme l'avant-garde ; la marche s'opère sans difficulté jusque dans la vallée en avant de Montenotte. Argenteau fait alors reposer ses troupes ; 200 Croates occupent la crête Montenotte, Castellazzo ; pendant cette halte, un bataillon de troupes régulières les soutient (5).

Rukhavina est arrivé le premier au rendez-vous ayant rencontré les avant-postes de Rampon à Ca di Meuge ; il les attaque vivement et les repousse successivement des brics Chiodo et Tavernin (6).

L'apparition de Rukhavina sur le flanc gauche des avant-postes français facilite le mouvement de d'Argenteau sur Castellazzo ; il marche sur ce point, précédé à quelques centaines de pas en avant par son avant-garde qui commence à tirailler avec les avant-postes français ; une division du leib bataillon d'archiduc-Antoine va la soutenir (7).

(1) Rapport de d'Argenteau.
(2) Défense de d'Argenteau.
(3) Rapport du bataillon d'Alvinzi.
(4) Rapport du régiment archiduc-Antoine.
(5) Malaussena, p. 134.
(6) Martinel dit : que d'Argenteau n'arriva que tard au Garbazzo, vers 11 heures (*Mémoires sur la campagne de 1796*, p. 18). Il semble peu probable que d'Argenteau ait pris cet itinéraire. Les différents rapports varient sur ce point. Il écrit *dans sa justification* que le rassemblement eut lieu au Castellazzo. Au contraire, dans son rapport à Beaulieu, en date du 11, il s'exprime en ces termes : « nous nous sommes réunis à cassina Garbazzo ».
(7) Rapport d'archiduc-Antoine. Il est impossible de préciser le moment où

La réunion s'opère avec la colonne de Rukhavina au Castellazzo ; le leib bataillon d'Alvinzi y demeure en réserve (1).

Argenteau marche alors sur Monte Prato (2). Rampon, après avoir rallié ses troupes, prend position au sud de Castellazzo, très vraisemblablement sur la crête de Monte Croce (3). Il se sert très habilement des baraques en terre qui y ont été élevées précédemment et oppose une assez forte résistance à l'ennemi (4).

Rukhavina détache une division d'archiduc-Antoine afin de vaincre cette résistance ; elle s'empare assez facilement de cette hauteur, mais ayant remarqué que les Français en arrière dans la vallée « ont fait marcher une assez forte réserve qui était déployée de front », elle laisse la colline faiblement occupée et tourne cette troupe sur sa droite. Rampon ramène alors ses forces sur la redoute de Monte Negino.

Description de la redoute. — Cet ouvrage est situé sur la crête qui conduit de Monte Prato à monte Priocco, à la naisssance des ruisseaux de Pocapaglia, de Rezzo et delle Ligie à la cote 710. Elle a la forme « d'un pentagone fort irrégulier sans fossé et sans bastion au midi » les trois autres étaient pourvues d'un fossé ; deux ouvrages existent en avant ; le premier construit sur le col entre Monte Prato et Monte Negino avait la forme d'une flèche ; un très petit retranchement capable de contenir douze hommes l'appuyait sur la crête du ruisseau de Pocapaglia.

L'entrée se trouvait au centre de la face sud. Plus au sud, à plus de 200 mètres, on rencontrait une autre redoute de 45 pas de circonférence ; elle était entourée de fossés qui, à ce qu'il semble,

---

ce renforcement eut lieu. Ce rapport d'archiduc-Antoine porte : « Lorsque la tête du régiment arriva sur le sommet de la montagne et put voir la vallée, le détachement du corps franc, l'avant-garde composé de 170 hommes et quelques hommes de Stein se trouvaient engagés avec les flanqueurs de l'ennemi ; quelques compagnies de Stein se trouvaient tranquillement sous les armes. Pour donner plus de consistance, la division reçut ordre de s'avancer. »

(1) Rapport du leib-bataillon d'Alvinzi.
(2) Le rapport s'exprime ainsi « so zog sich das Regiment nach und nach durch den schmalen Fussweg im Gebusch in das Thal hinab ». Or, sur la carte des champs de bataille du Piémont, la route qui conduit à Monte Prato est en effet à flanc de coteau sur le ravin ouest du torrent del Meiye.
(3) D'après Martinel, page 18, ce point était situé « à la croisée du chemin plus au sud de Castellazzo ». Sur la carte des champs de bataille, il existe une colline nommée Monte Croce au nord de Ça di Ferre. Or, le rapport d'archiduc-Antoine parle d'une colline Monte Croce. Cette position barrait en effet la route de Monte Prato.
(4) Rapport d'archiduc-Antoine.

« n'avaient d'autre but que de rendre son enceinte plus inaccessible, à l'exception peut-être de celui placé au sud. » Le fossé du nord était éloigné de deux mètres de la redoute et il existait « entre le fossé et la redoute un chemin qui n'était cependant point un chemin couvert » ; l'entrée était située au sud. L'objet de cet ouvrage était d'interdire à l'ennemi de tourner la première redoute.

Les abords de la grande redoute étaient inaccessibles sauf par le chemin de crête qui, en certains endroits, donnait à peine passage à quatre hommes de front ; la petite redoute était très abordable au sud, « en raison d'un roc qui en couvrait les approches jusqu'à portée de pistolet. » La grande était inabordable au sud, et « c'était elle qui faisait la grande force de la petite. » Les pentes étaient très roides et devenaient encore plus accidentées dans le bas, près du Rio d'Acqua Bona ; un chemin côtoyait le versant ouest de la redoute, « mais l'ennemi y était si exposé qu'il aurait tiré de là des coups mal ajustés. » Les troupes étaient campées entre les deux ouvrages ; bien que la crête au nord de Pocapaglia offrît une position où elles pouvaient être à couvert et auraient flanqué la face ouest de l'ouvrage, on avait négligé d'en placer. La superficie de ces ouvrages leur permettait de contenir 400 hommes au plus (1).

Argenteau appelait en réserve, sur le Monte Prato, le bataillon d'Alvinzi (2) et ordonnait vers 1 heure l'attaque de Monte Negino (3).

Les Croates de Rukhavina, soutenus par le régiment d'archiduc-Antoine, réussirent à enlever la première flèche au prix de grandes pertes et trouvèrent à l'abri de son parapet une couverture contre le feu des ouvrages supérieurs. Mais lorsqu'ils voulurent sortir de cet abri pour marcher contre la redoute supérieure, nos troupes à couvert « jusqu'aux yeux » les repoussèrent à plusieurs reprises. Argenteau ordonna alors au régiment de Stein, qui s'est avancé jusqu'au Monte Croce, de fournir des détachements pour soutenir l'attaque. Cette nouvelle tentative n'obtient aucun succès ; il en est de même d'un assaut tenté avec l'appui des volontaires de Pellegrini dont le lieutenant-colonel est blessé (4). Voyant la troupe rebutée, d'Argenteau tire 600 volontaires du bataillon d'Alvinzi pour renouveler l'attaque ; quelques officiers et plusieurs soldats ayant été tués ou blessés dès leur apparition, la colonne se retire dans une gorge et derrière la crête. C'est en vain que

(1) Martinel, p. 7 et 8.
(2) Rapport d'Alvinzi.
(3) Malaussena, p. 125.
(4) Rapport d'Alvinzi.

le général les fait soutenir par 150 volontaires d'Alvinzi, « cet essai est aussi inutile car aussitôt que des volontaires se laissent seulement apercevoir, aussitôt des décharges complètes partent des retranchements sans laisser le temps aux volontaires de donner l'assaut » (1).

Il était évident qu'une attaque de front tentée de bas en haut sur une pente où l'on pouvait à peine marcher quatre de front était vouée à un insuccès final malgré la bravoure des troupes. M. de Malaussena la blâme avec juste raison. « Là se renouvelle une de ces boucheries inutiles que l'impéritie des généraux dans les attaques des postes de montagnes rend si ordinaires » (2).

Argenteau décide alors de suspendre son mouvement ; Rampon veut en profiter pour reprendre la flèche ; il exécute « une furieuse attaque » mais est repoussé à son tour par un renfort que Rukhavina conduit en personne ; ce dernier tombe blessé ; à 5 heures 1/2 la fusillade continue encore. De Monte Negino, Rampon demande à Masséna de lui envoyer de l'eau-de-vie, des cartouches, deux pièces de 3 et si possible une de 4. « Si nous en avions eu, écrit-il, je crois que nous les aurions débusqués ». Il se sent vainqueur et sa situation ne lui inspire aucune crainte puisqu'il invite Masséna à diriger une colonne de 1.000 à 1.200 hommes sur Palazzo Doria d'où elle menacera la droite des Autrichiens : il promet alors de faire une vigoureuse sortie (3).

Dès l'instant où d'Argenteau n'avait pas réussi à enlever la redoute le 11, il était peu probable qu'il y parvînt le 12, alors que les Français étaient avertis et sur leur garde. En effet, il ne pouvait recevoir le lendemain qu'un seul bataillon de renfort tandis que les Français, à ce qu'il croyait, ne cessaient de s'accroître. Dans le rapport où il informe Beaulieu de l'occupation de Montenotte et du mont Pra et de son échec devant Monte Negino, il lui dit : « l'ennemi a reçu de Savone un important renfort et continue à en recevoir toujours sans arrêt » ; d'autre part il ignore le résultat de l'affaire de Voltri ainsi que la position de Lezeny et de Wukassowich ; il se décide à rester sur ses emplacements du mont Pra ; il invite le colonel Lezeny à porter un ou deux bataillons à Crocetta afin de couvrir sa gauche et il appelle le bataillon Terzy de Squanetto à Castellazzo ; ces mesures ont pour objet de couvrir ses ailes. Le bataillon de Terzy part de son cantonnement à 8 heures du soir et arrive à Castellazzo le 12

---

(1) Argenteau, à Beaulieu, 11 avril (K. K. A.).
(2) Malaussena.
(3) Rampon à Masséna.

à 5 heures du matin (1). Deux compagnies de Stein s'y rendent de suite pour ne pas laisser ce point important dégarni pendant la nuit.

Argenteau passe la nuit du 11 au 12 sous les armes, ses avant-postes collés au pied de la redoute (2). On lui a reproché de ne s'être pas replié. Il semble bien difficile qu'il ait pu adopter cette résolution après l'ordre blessant de Beaulieu. Mais il est un autre point sur lequel on ne peut partager son opinion. Il s'exprime en ces termes dans sa justification : « Je n'avais jamais pu m'imaginer qu'on irait fourrer un si petit corps que le mien dans le centre des ennemis et sans en prévenir l'armée piémontaise et sans donner des ordres au général baron Colli de se porter au moins vers Cairo et Carcare. Cependant la chose fut telle que les Piémontais n'ont pas su un mot du mouvement qu'on avait fait faire, pas un seul homme n'est bougé pour me soutenir » (3).

Il est indiscutable que Beaulieu eut tort de ne pas faire soutenir le mouvement de d'Argenteau par l'armée piémontaise, mais d'autre part il était du devoir de ce dernier d'avertir Colli et d'ailleurs Beaulieu l'y avait invité formellement.

Dispositions prises par Bonaparte. — Un rapport de Marmont met le général au courant du combat de Voltri : il le prévient que la brigade Cervoni attaquée le 10 à 3 heures de l'après-midi a dû se replier devant 6.000 hommes et quatre pièces de canon ; elle est actuellement à Varazze, un bataillon placé à Stella couvre sa gauche (4).

Dans la journée, Bonaparte se rend à la Madone de Savone, où il donne ordre au custode de faire transporter les blessés à la chapelle San Bernardo, puis il rentre à Savone où il s'entretient avec les généraux Laharpe et Masséna ; il leur explique ses intentions (5) et convient avec eux des dispositions à adopter. A 5 heures de l'après-midi, il passe en revue la 75º qui vient d'arriver et lui adresse ses félicitations sur la conduite qu'elle a tenue (6). Il est très difficile, faute de rapports, de savoir ce que Bonaparte peut savoir de l'ennemi. A Monte Negino, Rampon ne manifeste pas d'inquiétudes et

(1) 3ᵉ bataillon de Terzy. K. K. A.
(2) Historique de la 4ᵉ légère, page 291.
(3) Justification d'Argenteau.
(4) Marmont à Bonaparte, Varazze, 11 avril (*Corr. Ined.* p. 55).
(5) Le colonel Krebs avance que Bonaparte s'est rencontré avec Laharpe à la Madone de Savone dès 10 heures du matin : ce dernier se serait alors rendu à Monte Negino (p. 384). J'ignore sur quel document l'auteur se fonde.
(6) Historique de la 75ᵉ, p. 248.

Cervoni, en entrant à Savone, a dû le mettre au courant des événements de la droite, de ce qui s'est passé dans cette partie et qu'il n'a pas été suivi par les Autrichiens. Bonaparte a alors le moyen de concentrer autour de Savone une grande partie de ses forces ; il arrête de la renforcer par la brigade Cervoni et de rompre le centre de la ligne ennemie (1).

Une première série d'ordres ne renferme que des mesures préparatoires (2). Elle a pour objet de transporter le quartier général d'Albenga à Savone (3) ainsi que les administrations et les officiers d'artillerie (4). Augereau et Meynier reçoivent ordre de rassembler leurs troupes et de se tenir prêts à marcher au premier signal ; les hommes auront des vivres et de l'eau-de-vie pour deux jours et quatre-vingts coups par pièce ; des instructions définitives et détaillées leur seront expédiées d'après les mouvements de l'ennemi. En outre, Augereau désignera quatre escadrons de cavalerie de choix (5).

Il sera rejoint à la chapelle Saint-Jacques par le commandant de l'artillerie de Finale, qui lui amènera une pièce de 8 ; deux pièces de 4, un obusier, deux pièces de 3, « toutes les munitions et cartouches qui ont été chargées sur des chariots » et 100 mulets chargés de cartouches et d'eau-de-vie (6).

Masséna prescrira à Ménard de se tenir prêt à marcher aussitôt qu'il en sera prévenu avec sa brigade (21ᵉ et 8ᵉ légère) sur Altare où Masséna se rendra également ; les brigades Joubert et Dommartin l'y joindront dans la nuit (7). Masséna informera le général en chef de l'heure de son arrivée à Altare ainsi que des mouvements de l'ennemi. La mission de ce rassemblement est de chercher à couper l'ennemi entre Carcare, Altare et Montenotte (8).

Les instructions définitives sont les suivantes :

Augereau sera rendu à Mallare avec ses deux demi-brigades et quatre escadrons de cavalerie avant minuit. Les compagnies auxiliaires et la cavalerie feront le service de la place et celui des escor-

---

(1) Comme le fait fort justement remarquer le major Kuhl (p. 225), sa décision d'appeler Cervoni à Savone est plus ou moins hardie suivant les renseignements qu'il a pu se procurer.
(2) Observations du colonel Krebs.
(3) Berthier à Vignolle.
(4) Berthier au commissaire ordonnateur en chef.
(5) Berthier au commandant de l'artillerie.
(6) Bonaparte à Augereau et à Meynier (Corr. de Nap., Albenga, 11 avril (n° 130).
(7) Bonaparte au commandant de l'artillerie, Albenga, 11 avril (N° 132).
(8) Bonaparte à Augereau. Albenga, 11 avril (n° 131).

tes; il prendra à la chapelle Saint-Jacques une réserve d'artillerie composée de quatre pièces de 8, quatre pièces de 4, deux pièces de 3 et un obusier. Il se rendra à Cairo le 12 à 3 heures du matin, « fera éclairer sa marche sur sa gauche et fera occuper la chapelle de Sainte-Lucie entre Carcare et Cairo. Si l'ennemi s'y trouve, il l'attaquera et le débusquera ».

Arrivé à Cairo, il se couvrira vers l'ouest en faisant occuper les montagnes à sa gauche et en poussant des reconnaissances à la Rochetta, à mi-chemin de Dego : il se liera sur sa droite avec Dommartin qui couchera à Montefreddo. Il attendra de nouveaux ordres dans cette position et prendra les plus grandes précautions pour cacher sa présence à l'ennemi (1).

Masséna dirigera Dommartin avec deux bataillons de la 84e sur Montefreddo ; il en partira au petit jour pour être rendu à Carcare avant 8 heures du matin ; il y attendra de nouveaux ordres.

Ménard exécutera (subito) le mouvement prescrit sur Altare. « Il poussera l'ennemi qui est à Monte Negino en le coupant à Montenotte. »

Joubert sera rendu à 7 heures du soir à Altare ; il y recevra de nouveaux ordres à 9 heures du soir (2).

Laharpe se trouvera une heure avant jour en arrière de la redoute de Monte Negino avec la brigade Cervoni et la 15e arrivant de Stella ; il attaquera l'ennemi « suivant les dispositions dont je suis convenu avec lui et le général Masséna », en se liant par sa gauche avec la division Masséna. Un bataillon restera en réserve à la Madone de Savone pour être à même de se porter sur la redoute de Monte Negino, au cas où l'ennemi voudrait tourner la droite de Masséna en s'avançant entre Altare et Monte Negino (3).

A 1 heure du matin, Laharpe se masse en arrière de la redoute de Monte Negino (4).

Un brouillard épais qui s'est levé le 11 à 10 heures du soir ne permet même pas de voir les feux de bivouac ; une forte pluie tombe pendant la nuit vers 3 heures, et à la pointe du jour les nuages sont encore plus sombres ; lorsqu'ils s'éclaircissent entre 8 et 9 heures du matin, les Autrichiens éprouvent une vive surprise en s'apercevant que la redoute est garnie de canons (5). Argenteau évalue les for-

(1) Bonaparte à Augereau. Albenga, 11 avril (n° 131).
(2) Bonaparte à Masséna. Albenga, 11 avril (n° 134).
(3) Itinéraire de Schouany, p. 179.
(4) Bonaparte à Masséna, 12 avril, (n° 138).
(5) Les rapports varient à ce sujet. Archiduc-Antoine dit : « l'ennemi monta

ces françaises en position sur le Monte Negino à environ 4.000 hommes. Il fait aussitôt retirer ses avant-postes pour ne pas les exposer à la mitraille ; en même temps un paysan vient l'avertir que 5 à 6.000 Français se portent contre son flanc droit, de Cadibone sur Carcare ; ce renseignement est confirmé par un rapport que lui remet un sous-lieutenant de la division de Stein, qui était le plus en arrière. D'ailleurs il se convaint de l'exactitude de ces renseignements par ses propres yeux et ordonne la retraite pour n'être pas coupé, entièrement détruit. « Stein et Pellegrini qui ne sont pas attaqués de front doivent occuper toutes les montagnes à la droite de Monte Pra par division et demi-bataillon afin d'avoir toujours des troupes rangées capables de recueillir celles placées en première ligne lorsqu'elles se retireraient » (1). Le bataillon d'Alvinzi qui est en première ligne doit traverser archiduc-Antoine qui pousse en avant la compagnie colonel dans les buissons pour faciliter son mouvement (2). La retraite doit s'effectuer sur Monte Castellazzo.

Le bataillon Terzy parti le 11 dans la soirée n'est arrivé sur le Castellazzo qu'à 5 heures du matin, s'il faut s'en rapporter à Martinel ; il campe en arrière au Pian della Crava (3).

Il envoie demander des ordres à d'Argenteau, qui lui prescrit en cas d'alarme de se porter avec deux divisions sur la Crocetta et de s'y joindre à la gauche de la division d'A. Antoine qui s'y trouve et d'occuper seulement avec une division la montagne de Castellazzo. A la vue des colonnes françaises qui se dirigent contre son flanc droit, il réclame à Argenteau de nouvelles instructions.

A l'en croire, les colonnes françaises forment trois fractions : la première suit, dans la vallée, les deux chemins de piéton qui conduisent derrière Castellazzo ; la deuxième, et la plus forte, marche contre Montenotte ; la troisième, la moins forte, se porte en deux groupes directement par la vallée contre Castellazzo.

La distance de ce poste à l'endroit où se trouve Argenteau s'élève à 1 lieue 1/2 ; aussi, avant qu'aucun ordre lui soit parvenu, le bataillon Terzy est attaqué « avec une incroyable rapidité ». La division de Stein est rejetée du bric Mucco et se replie sur la droite du Castellazzo ; la flugel division de ce bataillon est détachée en arrière sur les hauteurs pour couvrir la droite d'A. Antoine ; deux divisions de Terzy occupent le Castellazzo.

un petit canon de montagne dans la redoute dont il tira quelques coups ». Argenteau dit qu'il les voit monter à bras d'hommes.
(1) Rapport de d'Argenteau.
(2) Rapport d'A. Antoine.
(3) Martinel, p. 26.

Le bataillon veut avoir tenu deux heures dans cette position (1) ; il semble plus vraisemblable, comme le confirment d'autres témoignages, qu'il n'a pas eu le temps de prendre ses dispositions de combat. Les rapports français sont formels : l'avant-garde de Rondeau qui a ses carabiniers en tirailleurs et les grenadiers en bataille s'avance « à la faveur de bois touffus sans presque souffrir du feu ; elle rejette le bataillon Terzy avec tant de rapidité que la 8e légère n'arrive pas à temps pour lui couper la retraite ».

Laharpe en entendant l'attaque de Masséna se porte en avant tandis que Pellegrini et A. Antoine s'efforcent de le contenir. Argenteau s'avance avec le bataillon d'Alvinzi au secours de sa droite, mais il arrive trop tard pour arrêter les progrès de Masséna. A. Antoine, qui forme l'arrière-garde, pressé entre ces deux colonnes qui convergent sur Montenotte inférieure est obligé de se faire jour ; il a un bataillon coupé (4). La retraite des bataillons de d'Argenteau s'opère dans un désordre complet sur Mioglio et Paretto. Le soir, il ne compte pas 700 hommes sous les armes. Murat, qui l'a suivi avec un escadron du 25e chasseurs formant l'escorte du général en chef, lui enlève ses deux canons.

En arrivant à Paretto, Argenteau adresse à Beaulieu le compte rendu suivant : « Je fus aujourd'hui extrêmement malheureux. Hier je battis l'ennemi et aujourd'hui je fus presque complètement détruit. L'ennemi employa la nuit et un épais nuage pour se renforcer considérablement. Il fit monter des canons sur la montagne et il envoya une colonne de 4 à 5.000 hommes le long de la montagne de Madone del monte vers Carcare ; celle-ci prit de dos les quatre divisions que j'y avais laissé en arrière. Je fus entouré par une force de 9.000 à 10.000 hommes et battu ; ma perte est extrêmement grande, Dego dans le plus grand danger. Cosseria sur mon flanc gauche ne m'a pas aidé. Les Piémontais n'ont pas bougé. J'envoie donc les débris du Stein et de Pellegrini vers Dego et s'il est nécessaire je suivrai avec A. Antoine ».

Un peu plus tard, il reçoit un rapport pressant de Rukhavina qui, blessé, est retourné à Dego et qui l'appelle à son secours. « Au nom de Dieu, lui dit-il, accourez à l'instant avec votre troupe, l'en-

---

(1) Rapport de Terzy.
(2) Certificat d'A. Antoine.
(3) Historique de la 32e. Au contraire, Martinel avance que l'attaque a commencé par Laharpe.
(4) Rapport d'A. Antoine.
(5) Historique de la 4e légère, p. 292. Historique du 25e chasseurs, p. 375.
(6) Argenteau à Beaulieu, 12 avril, 3 heures après-midi (K. K. A.).

nemi n'est pas encore arrivé. J'ai envoyé quelques Piémontais en avant comme trompe-l'œil et j'ai également écrit au général Colli pour qu'il fasse de là un mouvement. Il y a ici deux bataillons de Piémontais et une division à Stein ; je leur ai ordonné d'y tenir » (1). La situation de ce poste est des plus dangereuse puisque sa garnison consiste seulement en deux bataillons de Piémontais et deux Autrichiens avec une division de Stein ; il a écrit à Colli d'exécuter un mouvement en avant afin de le dégager et il porte les deux bataillons de la Marine de Spigno à Dego.

En transmettant cette dépêche à Beaulieu, Argenteau revient sur sa première intention de marcher sur Dego. Sa troupe est épuisée; le 11 elle a parcouru six lieues, combattu pendant douze heures et elle a passé la nuit du 11 au 12 sous les armes au milieu de la pluie et du brouillard. Le 12, elle s'est battue de nouveau et a marché jusqu'à Paretto. « Peu d'hommes sont en état de marcher jusqu'à Dego, écrit-il, et, de ce petit nombre, on peut encore moins attendre ». Il propose donc de rallier son corps et de couvrir Acqui au cas où l'ennemi se porterait en avant, il se replierait sur Ponzone. La répartition de ses bataillons est alors la suivante :

1 Bataillon de Carlstadt à Sassello ;
Gr. duc de Toscane, Brechainville et Preiss derrière Sassello ;
Pellegrini et Stein à Dego ;
Archiduc-Antoine 2ᵉ Bat. à Mioglia ;
Alvinzi à Paretto ;
Terzy leib à Acqui ;
— 3ᵉ à Malvicino ;

A 9 heures du soir, on signale, des avant-postes d'A. Antoine placés à l'ancien château, beaucoup de feux français un peu à l'est sur la même montagne.

Conduite de Bonaparte. — Bonaparte est le 12 de bonne heure à Cabianca où l'a conduit le frère du curé. « Il était à pied, sans gants, une lunette à la main, décoré de tous les attributs de son grade » (3). Il peut voir de ce point les progrès de la colonne de Masséna. De très bonne heure, très vraisemblablement après l'enlèvement de Castellazzo (4), il lui prescrit de se diriger sur Carcare aussitôt qu'il sera « assuré de la fuite de l'ennemi », tandis que

(1) Bukhavina.
(2) Argenteau à Beaulieu, 12 avril (K. K. A.).
(3) Martinel note pour Bagelle, *Ingénieurs géographes*, p. 287.
(4) Masséna répond à cet ordre vers 9 heures 30, il a donc dû être donné vers 8 heures 30.

Laharpe occupera une position d'où il pourra menacer Sassello et Dego, mais comme on ignore le résultat de l'attaque de Laharpe, au cas où l'ennemi menacerait encore cette division, Masséna prendra « des positions pour appuyer sa gauche ». Le mouvement d'une partie de la division Masséna sur Carcare va avoir pour résultat de dégager la gauche de l'armée dont on est sans nouvelles quoique Bonaparte ait envoyé des découvertes pour établir la liaison, mais elles ne sont pas encore de retour. Quant à Augereau, Bonaparte écrit à Masséna qu'il a dû quitter la Pietra le 11 à 9 heures du soir. Il semble bien étonnant que le général en chef n'ait pas encore connaissance de la dépêche où Augereau l'avertit qu'il ne se mettra en mouvement que le 12 à 4 heures du matin.

Dès que la division Masséna sera dans une position décidée, son intention est que ce général aille attaquer Saint-Giulia où il y a, dit-on, 800 hommes ; du reste il le verra à Carcare où il y compte placer le quartier général dès qu'il y aura un bataillon de Joubert ou de Masséna pour le couvrir.

« Tout annonce, conclut-il, que la journée d'aujourd'hui et celle de demain compteront dans l'histoire » (1).

Cet ordre parvient à Masséna à Montenotte, où il est occupé de rallier ses troupes. A ce moment, la liaison n'existe pas encore avec Laharpe ; afin de l'établir, il envoie un adjudant général avec 100 hommes « pour reconnaître où il en était » (2). Il détache sur Carcare la 8ᵉ légère (moins ses carabiniers et un détachement de 600 hommes) avec le général Ménard, en exécution de l'ordre de Bonaparte (3).

Celui-ci paraît avoir eu un instant le projet d'aller jusqu'à Montenotte ; il atteint même la Stella, mais il s'égarait lorsqu'un moine dominicain l'en fait avertir. Au même moment, Laharpe l'informe de son succès : il retourne alors sur l'Altare, d'où il expédie ses ordres (4).

Modifiant ses premières instructions, il prescrit à Masséna de se porter sur Cairo (5). Laharpe doit suivre et prendre les positions qu'il croira « les plus avantageuses pour avoir l'air de menacer l'ennemi de Sassello » ; il doit même y envoyer avant la nuit une

(1) Bonaparte à Masséna, Carcare, 12 avril (n° 138).
(2) Masséna à Bonaparte (A. R.).
(3) Historique de la 4ᵉ légère.
(4) Martinel.
(5) Il est certain que les ordres de cette journée n'ont pas été enregistrés en partie comme le prouvent les ordres adressés à Masséna. Il est donc impossible de savoir si Masséna s'est rendu ou non à Carcare.

patrouille « pour éclairer le mouvement de l'ennemi ». A sa gauche, il se liera avec Masséna vers Dego.

L'intention de Bonaparte est de marcher le lendemain sur Monte Zemolo avec Augereau, Dommartin et Joubert « pour battre les Piémontais ». Mais avant de prendre une résolution définitive, il attend le rapport que Laharpe lui fournira dans la soirée et où il lui rendra compte de sa position, des mouvements de l'ennemi et de tout ce qu'il aura fait dans la journée. Il est certain que les renseignements fournis par Laharpe avaient la plus grande importance et que Bonaparte aurait peut-être hésité à s'engager à fond sur sa gauche si on lui avait signalé une concentration importante sur sa droite à Sassello ; aussi invite-t-il Laharpe à se rendre lui-même à Carcare ou à son défaut de lui envoyer un de ses aides de camp.

La 8º légère entre la première sans difficulté à Carcare où Bonaparte établit son quartier général. Dommartin étant en retard, Bonaparte place Joubert à la Chapelle Sainte-Juliette d'où il doit pousser des patrouilles sur Cairo afin de se lier avec Masséna. Banel prend position à Biestro après en avoir chassé quelques avant-postes. Augereau se place entre Carcare et la Chapelle Sainte-Juliette. Dès son arrivée, Dommartin se rendra en avant de la Chapelle Sainte-Juliette où il sera aux ordres de Masséna.

Exécution des ordres. — Masséna a dû recevoir dans la journée un ordre écrit ou verbal le dirigeant sur la Rochetta. Le soir, il se trouve entre ce village et Cairo avec 1.200 hommes appartenant à la 21ª et peut-être les trois compagnies de grenadiers de la 8º. Ses éclaireurs ont paru à Sainte-Lucie deux heures avant le lever du soleil et en ont chassé un poste de 42 hussards autrichiens postés à la Rochetta. Il rend compte à 8 heures du soir que l'ennemi occupe les hauteurs « en face de Cairo » avec six bataillons de grenadiers et 1.200 Croates. Il y aurait à Dego les bataillons de Belgiojoso et de Caprara et deux bataillons piémontais. La liaison n'est pas encore établie entre lui et Ménard qu'il croit sur les hauteurs de Carcare (1).

Laharpe établit son quartier général à Montenotte ; bien que le succès ait été complet, il a perdu tout contact avec les troupes battues à Montenotte ; à 5 h. 30 du soir, il presse le général en chef de ne pas s'arrêter. « Je te réitère, général, que l'on peut retirer le plus grand effet de cette journée en ne perdant pas de temps. Si les

---

(1) Masséna à Bonaparte entre Cairo et la Rochetta, 12 avril (*Cor. inéd.*, p. 60).

dispositions ne le permettent pas d'attaquer demain, je ferai faire une reconnaissance en force sur Sassello » (1). En exécution de l'ordre de Bonaparte, il accompagne une reconnaissance poussée fort en avant sur Sassello. Bien qu'il y ait sur ce point quatre bataillons, leur présence lui échappe. « Il ne paraît pas, écrit-il, qu'il y ait des troupes. [L'ennemi] a effectué sa retraite du côté de Dego » (2). Et il conseille d'attaquer vivement l'ennemi afin de ne pas laisser aux troupes autrichiennes de Campofreddo et de Voltri le temps de venir au secours de Dego. Augereau reçoit l'ordre le 11 à 9 heures du soir. Il avertit Bonaparte qu'il fera tous ses efforts pour atteindre Mallare à minuit, puis il adresse à Rusca l'instruction suivante : « Tu te tiendras toujours sur la défensive en attendant de nouveaux ordres, mais à supposer que par les entreprises que l'ennemi pourrait faire contre toi tu eusses besoin de renfort, tu en demanderas au général Serurier ; je préviens ce général pour qu'il ait à t'en faire passer ». A minuit, alors qu'il devrait être à Saint-Jacques, les distributions ne sont pas encore terminées. « Je sais bien, écrit-il à Victor, que l'ordre est venu trop tard, mais je pourrais faire manquer l'expédition et alors je serais coupable. Il faut que les officiers veillent à activer les distributions ».

Le départ est différé jusqu'à 4 heures du matin ; la troupe est sur pied ; 3.300 paires de souliers qui lui sont annoncées ne sont pas encore arrivées et il a 1.000 hommes sans fusil.

Comme on l'a vu, il est placé dans la soirée entre Carcare et Sainte-Juliette.

En résumé, il résulte des renseignements parvenus dans la soirée au quartier général que l'armée française a un rassemblement assez considérable en face d'elle et que pour le moment elle n'a personne sur sa droite ; elle a donc liberté entière de se diriger contre le groupe de l'ouest, et les renseignements fournis par Masséna et Laharpe ne peuvent que confirmer Bonaparte dans son projet de marcher contre l'armée piémontaise en utilisant sa position centrale.

(1) Laharpe à Bonaparte, Montenotte, 12 avril, 5 h. 30 du soir.
(2) Laharpe à Bonaparte, Montenotte, 12 avril.

TABLE DES MATIÈRES

CHAPITRE PREMIER

Pages

Inquiétudes causées à Turin par la défaite de Loano. — Dispositions de la cour de Vienne en l'apprenant. — Mécontentement du Piémont à la suite des dispositions prises par Wallis. — Négociations avec la France. — Discussions entre les deux cours au sujet d'un armistice en Italie. — Rupture des négociations avec la France. — Le roi décide de se rapprocher de l'Autriche.   1

Chapitre II

Mission de M. de Latour   83

Chapitre III

Rapports diplomatiques entre le Piémont et l'Autriche du commencement de mars jusqu'à la moitié d'avril.   116

Chapitre IV

Désignation des généraux en chef. — Plans de campagne . .   127

Chapitre V

Rapports des alliés avec Gênes.   155

Chapitre VI

Opérations autrichiennes de mars au 4 avril.   192

Chapitre VII

Les opérations du 4 au 12 avril.   218

DOCUMENTS

REGISTRE DE L'ÉTAT--MAJOR PIÉMONTAIS

Rapports 1er mars. — *Du général Dellera.* — La neige tombe avec la plus grande abondance.

Nouvelles de Gênes. — Saliceti à qui un Génois d'importance s'adressa pour obtenir le payement de diverses sommes considérables, dont il est débiteur, dit qu'il s'acquitterait bientôt avec l'argent du Piémont, espérant que ce pays serait conquis dans le courant de mars ou au commencement d'avril. Il parle d'un corps agissant de quatre-vingt mille hommes, mais on ne devine pas encore d'où sortiront d'aussi grandes forces. Le rappel de Villard remplacé par Faypoult est très sûr.

Nouvelles de la Rivière. — Il file continuellement des Français par petites troupes ; ce sont généralement des malades venant de l'hôpital, d'autres revenant de permission, ou des déserteurs qu'on a fait rejoindre. On observe qu'il vient peu de recrues de réquisition. Le 1er du mois, il passa à Vintimille une compagnie complète d'artilleurs destinée pour Garessio.

...D'après un déserteur, on s'occupe beaucoup à fortifier les hauteurs de Finale, et le projet est de faire un débarquement près de Gênes.

Rapports 2 mars. — *Du général Dellera.* — La neige est tombée de la hauteur de quatre à cinq pieds dans les montagnes, où on en a jusqu'au genou à Mondovi.

Du lieutenant-colonel Lésio. — Le régiment d'Asti est arrivé à Bréo avec sa compagnie de chasseurs, le 1er à 11 heures du matin ; la totalité sera cantonnée à Bréo. La neige qui tombait en abondance, a obligé de faire ouvrir les chemins depuis les Truchi.

Du général Vital. — L'ennemi a retiré ses gardes des hauteurs à gauche du Tanaro, et notamment de ceux de Mindino et de divers. Il annonce hautement que, dès que le temps pourra le permettre, il occupera le Bric de Mindino, Prariondo, Saint-Jacques de Viola, Bric de Villaret, Bric de la Crocetta et de la Vega, et Battifollo.

Nouvelles de la Pietra. — Le général Fonthonne, inspecteur, est ici fort occupé à organiser l'armée, il va bientôt à la gauche pour continuer son opération et effectuer de ce côté la réforme. Au-dessus de Mélogno, l'ennemi a fourni un retranchement qui s'étend jusqu'à la Madonne delle Neve, c'est-à-dire de deux lieues de longueur ; il y a déjà placé douze pièces de canon, il en a cinq de placés sur le col de Settepani où l'on a fait aussi beaucoup de retranchements.

Nouvelles de Finale. — L'armée était sur le point de faire un mouvement général lorsque la neige est survenue. Augereau avec toute la division devait s'avancer à Bardinetto et faire occuper tout de suite la Spinarda, la Sotta, et Giovetti. Serrurier devait occuper en même temps que Casotto, toutes les hauteurs de la rive gauche du Tanaro jusqu'à Battifollo. La division de Finale, commandée par Masséna, devait occuper en même temps les hauteurs de Melogno, Settepani, Madonna delle Neve et Saint-Jacques. La Harpe avec la division de Savone devait former la droite de la ligne en se portant sur les hauteurs depuis Saint-Jacques, jusqu'à Montenotte. Ce développement, retardé par le mauvais temps, s'exécutera dès le moment que les neiges seront fondues ; cette notion est donnée par quelqu'un qui se dit en grande relation avec le général Augereau. Le même assure que sur la droite du Var se trouve une réserve de douze mille hommes d'infanterie et quatre mille hommes de cavalerie lesquels, dans quinze à vingt jours, doivent entrer dans la rivière, devant toujours servir de corps de réserve.

Rapports 3 mars. — *Nouvelles de Gênes.* — Le capitaine Suther dont la compagnie est dans le château de Savone s'étant présenté au général La Harpe pour réclamer trois hommes désertés du fort, ce général les lui a refusés hautement, l'a maltraité en paroles et même l'a frappé sur les épaules, se répandant en invectives contre la République de Gênes. Ici se trouve l'anecdote de la sentinelle emprisonnée à Savone pour avoir couché en joue le général français qu'on dit être Masséna. Cette sentinelle au bout du jour a été relâchée sur les instances du gouverneur du château. Depuis ce fait, les Français se montrent chaque jour plus insolents, on a jugé à propos de renforcer la garnison du fort de Savone. Le gouverneur Spinola passe pour être suspect au gouvernement. La Harpe engage les soldats de cette garnison à déserter en leur donnant à chacun deux louis d'or. Il se permet d'ailleurs les propos les plus licencieux contre le gouvernement. L'*Agamemnon*, vaisseau anglais, a mouillé dans ce port le 3 au soir chargé de dépêches pour le consul anglais. Les Français craignent beaucoup une diversion par mer sur leurs derrières et un débarquement anglais. Sous prétexte de repousser les violences des Français, tous les Génois sont armés, ce qui ne laisse pas de donner de l'inquiétude au gouvernement. Il est débarqué à Savone une quantité très considérable de tentes, bombes, boulets, armes, habits, souliers pour l'armée qu'on dit devoir être portée à quatre-vingt-dix mille hommes.

Nouvelles de la Piétra. — La troupe qui est dans les environs est la division du général Augereau, forte d'environ neuf mille hommes, tous provenant de l'armée des Pyrénées et terroristes, ils ne parlent que d'invasion et de ravages.

Nouvelles de Savone. — Les troupes qui s'y trouvent sont bien vêtues et pourvues de tout, ne manquent que de transports. Les troupes dans la rivière se réunissent sur trois points, ce qui dénote le projet d'une agression prochaine. Et de toutes les dispositions qu'on voit faire, on induit naturellement le projet d'une attaque prochaine principalement dirigée contre Cèva et qui n'a été suspendue que par le mauvais temps. Les Français prétendent avoir un parti non seulement dans le Piémont mais dans l'armée piémontaise.

Rapports 5 mars. — *Nouvelles de Gênes.* — Le 4 au soir est arrivé dans cette ville le commissaire général Salicoti, destiné à résider auprès de l'armée d'Italie, ce commissaire est Corse et Jacobin déclaré. A sa suite étaient Franceschi, autre Corse, adjudant général et chef de brigade, Brugnières et Ravelli adjoints à l'état-major, Boério, commissaire des guerres. A leur arrivée, Villard a été destitué, il doit être remplacé par Faypoult, et l'est, en attendant, par un nommé Cacault. Saliceti marche toujours environné des gens de son parti, et de transfuges piémontais. On reprochait à Villard d'être aristocrate et d'être en relation avec les ministres de Sardaigne et d'Angleterre. Il arrive journellement à Gênes beaucoup de déserteurs ; on croit que l'armée française dans la rivière monte à vingt-cinq mille hommes. Elle est divisée en trois colonnes sous le commandement de Serrurier, Augereau et Masséna. L'objet de la venue de Saliceti est de hâter les opérations du côté de Cèva, l'attaque aurait eu lieu déjà, si le mauvais temps n'y avait mis obstacle. Mais on doit s'attendre à une attaque très violente dès que le temps pourra le permettre. La détresse où se trouve l'armée ennemie est un véhicule dont on se sert pour la pousser en avant, elle doit être pourvue d'artillerie volante, et elle ne doute pas de s'emparer bientôt de Mondovi et de Cèva au moyen d'intelligence dans ces places et même dans l'armée austro-sarde. Le matin du 5, le Sénat s'est assemblé extraordinairement pour délibérer sur les propositions de Saliceti ; ce qu'on a pu pénétrer, est que la France offre de remettre à la République de Gênes, Oneille et Loano et de lui en garantir la propriété moyennant la cession de Vintimiglia, la remise intégrale des forts de Savone et de Gavi, et du port de la Spesia et le prêt de trente millions en numéraire. Ritter, représentant du peuple auprès de l'armée d'Italie, est rappelé, et il doit être remplacé par Albite.

Rapports 6 mars. — *Nouvelles de Gênes.* — Ce matin Cacault, nouveau ministre de France par intérim, s'est présenté au secrétaire d'État pour être reconnu. Le Sénat s'est assemblé extraordinairement pour délibérer, dit-on, sur des propositions faites par les puissances belligérantes. Saliceti ne s'est pas encore présenté lui-même, il parcourt la ville entouré d'une foule de ses partisans ; son grand-père a été pendu à Gênes. Les Français se servent pour espion d'un prêtre de Savone qui chaque mois passe en Piémont pour faire les commissions du général La Harpe. Cet homme dont on ignore le nom, est fort adroit et fort dangereux.

Du capitaine Viglietti. — L'ennemi tenait déjà les postes de Casa di Ferro, Monte Negino, Madona de Savone, Castlass, Cadibone, Madona del Monte, Monte Alto, Saint-Jacques, Colla del Pino, Madonna delle Neve, Melogno et Settepani, le mauvais temps les a obligés d'abandonner pour le moment ces positions de montagnes et ils se bornent de les surveiller par des patrouilles. Le général La Harpe a ordonné aux municipaux de Savone de débarrasser plusieurs églises pour loger des troupes prêtes à arriver. Cet ordre a été révoqué. Les vexations des Français dans les différents villages de la Rivière où ils sont cantonnés, font craindre d'un jour à l'autre quelque soulèvement. Jusqu'ici ils sont toujours dans la disette, et manquent des bêtes de transport ; on évalue leur force à quatre mille cinq cents hommes entre Savone, Madone de Savone, Casa di Ferro, Vado et Spotorno et douze mille hommes entre Finale, Féligno, Orco, Carbuta, Gobra, Saint-Jacques, Col del pino, Madonna delle Neve, Melogno, Bardinetto, Pietra, Loano, Cériale, Borghetto, Albenga, Toirano et Balestrino. Les hommes des réquisitions se lèvent avec la plus grande difficulté. Le général La Harpe se promenant au pied des murs du château de Savone, il y a quelques jours, fut averti par une sentinelle de se retirer, il ne tint compte de cet avertissement, mais la sentinelle génoise l'ayant couché en joue, il la fit arrêter par trente soldats français, il la retient encore en prison.

Du major des milices Vial. — Le 25 février sont arrivés à Saorge deux cent cinquante déserteurs arrêtés dans l'intérieur, et qui ont été distribués dans les corps immédiatement (corps respectif). La jeunesse de la Brigue et de Tende est en fuite par la crainte de la réquisition, il paraît que la crainte d'être obligés d'entrer dans les compagnies des chasseurs de Nice, est la seule chose qui les empêche de passer en Piémont. On propose de les inviter à s'enrôler dans les milices de Limon.

Nouvelles de Gênes. — Un nommé Beffroi de Mongino, employé dans les hôpitaux militaires, est arrivé aujourd'hui du côté du couchant, dit que le retard du froid a fait tomber beaucoup de malades dans l'armée et occasionne surtout des dysenteries.

Que la réquisition n'a presque rien produit à Nice, parce que les réquisitionnaires se cachent ; qu'il y a trois frégates au port de Nice en attendant d'un payement des blés qu'ils ont apportés, et que le gouvernement paie en attendant quinze sols par jour à chaque homme de l'équipage. Tous les soldats convalescents ou en permission qui tardent de rejoindre leurs drapeaux, ont en garnison chez eux quatre gendarmes jusqu'à ce qu'ils soient partis pour l'armée.

Nouvelles de Loano. — Malgré les efforts du général Rusca pour faire ouvrir le chemin de Bardinetto, on n'a pu encore y réussir, la troupe qui s'y trouvait, manquant de vivres, s'est retirée en désordre à Ceriale et Albenga laissant en chemin quinze hommes gelés et près de quatre cents égarés ; la faim a fait faire de même à la troupe qui était à Garessio et dans les environs, elle s'est sauvée à Oneille ; en général tous les postes encore avancés de l'ennemi ont été retirés par ordre ou par force, il se contente d'envoyer des patrouilles ; à Melogno, on assure qu'il y a eu près de cent hommes gelés ; de l'aveu des Français, près de deux mille hommes leur manquent, égarés dans la totalité des postes pendant les tourmentes et les neiges du commencement de mars. Les provisions leur manquent de jour en jour davantage, on en juge par les distributions de galettes qui ont été faites depuis plusieurs jours à Oneille. La troupe française, pendant ces retours de froid, a brûlé beaucoup d'oliviers sans que les généraux aient eu le moindre égard aux réclamations des propriétaires. A port Maurice, la plupart des boutiques ont été pillées par les soldats ; Ponte D'Asio n'a évité le même sort qu'en payant une contribution de deux mille francs qui ont été partagés tout de suite entre les officiers et soldats.

Le 9 mars. — *Nouvelles de Finale.* — Toutes les nouvelles précédentes sont confirmées, surtout celle de l'abandon des postes du haut Tanaro à cause de la neige qui a fait manquer les vivres.

Les soldats se voyant réduits au quart de portion (ration), ils se sont répandus dans la vallée d'Oneille et d'Albenga qu'ils ont pillées et où ils ont commis beaucoup de désordres. Rusca a tenté inutilement d'ouvrir la route de Borghetto à Bardinetto par Monte-Barbena ; plusieurs des hommes qu'il y a employés, ont péri et l'on ignore le sort des troupes restées à Bardinetto ; on a trouvé dans la plaine même d'Albenga, Ceriale et Borghetto beaucoup de Français morts du froid ; beaucoup d'officiers réformés partent tous les jours, ils vendent leurs montres et leurs habits pour acheter des vivres.

Rapports 10 mars. — *Nouvelles de Nice.* — Un courrier de Paris a apporté l'ordre au général Schérer d'attaquer Ceva et d'emporter ce point à tout prix dès que la saison le permettra. Dès que Mondovi sera pris, le général français a ordre d'y faire construire un fort ; le plan de cette partie d'opérations a été combiné par les transfuges piémontais Rusca et Campana, et le général Schérer a ordre de s'y conformer exactement. Campana prétend avoir dans l'intérieur du Piémont un grand parti et surtout à Mondovi et à Ceva ; il est recommandé à Schérer d'agir avant l'arrivée des renforts autrichiens et d'être de bonne heure maître de Mondovi dont la position, si elle est une fois dans les mains des Français, en forme une place entièrement tournée contre le Piémont. L'escadre n'a point encore pu sortir de Toulon. Il est de la plus grande importance de surveiller les clubs de Turin.

Rapports 11 mars. — *Nouvelles de l'ennemi.* — Saliceti n'a pu rien obtenir des Génois ; cependant il y a eu en faveur de ses demandes soixante voix contre cent vingt, on s'est obligé seulement à lui fournir cent vingt mille émines de grains du payement desquels le gouvernement est caution envers les particuliers.

Il est arrivé à Nice un courrier de la Convention avec l'ordre précis d'attaquer Cêva dès que le temps le permettra, l'ennemi paraît compter toujours beaucoup sur un parti dans l'intérieur. Il est arrivé à Nice huit cents hommes de nouvelles levées, ce sont les restes de deux mille hommes auvergnats dont mille deux cents hommes ont déserté en chemin. L'armée continue à manquer de beaucoup de choses, mais par le moyen des Génois, on croit qu'elle sera bientôt mieux fournie.

Rapports 12 mars. — *Nouvelles de l'ennemi.* — L'armée d'Italie peut avoir une force d'environ soixante mille hommes divisés comme ci-après. La colonne de la gauche comprenant les cantonnements de Barcelonette, d'Entrevaux et la vallée de Tinée environ cinq mille hommes. Dans la vallée de la Roya est la colonne du centre d'environ huit mille hommes.

On compte sept mille hommes cantonnés en arrière entre Sospel, l'Escarène, Nice et s'étendant d'un côté jusqu'à Fréjus et de l'autre jusqu'à Menton.

Quarante mille hommes forment la colonne de droite qui est la seule partie agissante de cette armée et qui s'étend depuis Vintimiglia jusqu'à Albissola : on croit que cette droite de l'armée forme trois divisions commandées par des généraux divisionnaires : on suppose que la totalité de l'armée peut avoir un sixième à l'hôpital, ce qui la réduit à cinquante mille hommes de toutes les armées. L'armée d'Italie est approvisionnée pour deux mois de blé seulement, elle manque de tous autres vivres.

Le manque de fonds arrête tous les achats, les fournitures des vivres et fourrages sont à entreprises, et ces entrepreneurs, faute de recevoir les avances qui ont été convenues, ne sont point encore entrés en service. L'armée est surtout dépourvue des bêtes de charge et de trait qui continuent à périr par des maladies. Le soldat n'a plus d'autre exaltation que celle qui tient à l'espoir du pillage et qu'augmentent chez lui la faim et le mal être. Les munitions de guerre sont en abondance à l'armée d'Italie, mais l'argent y manque absolument. Les assignats sont échus au point que cent livres ne valent plus que six sols.

Le soldat n'a pas touché depuis deux mois sa paye en numéraire, on a supprimé aux officiers leur distribution de vin et d'eau-de-vie. La cavalerie de cette armée cantonnée en Provence peut se monter tout au plus à six mille chevaux de mauvaise qualité, très mal nourris, mal harnachés et mal dressés, étant la plupart de réquisition. Il faut craindre cependant de la part des Français un coup désespéré, mais si leurs premières entreprises sont repoussées, il est à croire qu'il s'ensuivra parmi eux un dégoût et un abattement complet. Les Génois sont très fatigués de leurs hôtes et fort inquiets sur leurs projets d'envahissement et de leur rapine. On a renforcé beaucoup la garnison du château de Savone.

Rapports 13 mars. — *Nouvelles de l'ennemi (Comte de Saint-Victor).* — Il se confirme que la force de l'ennemi ne surpasse pas quinze mille hommes en Provence, huit mille hommes dans le comté de Nice et vingt-cinq mille hommes dans la rivière.

Il vient d'arriver à Nice cinq cents hommes qui ont pris tout de suite le chemin de la rivière, on attend aussi de la cavalerie, mais il paraît impossible de la nourrir faute de fourrages.

Nouvelles de l'ennemi. — La troupe ennemie cantonnée à Orméa et Garessio a beaucoup souffert depuis vingt jours par le manque des vivres : elle n'a reçu le plus ordinairement qu'un quart de pain et une demi-livre de châtaignes. La Piétra a été obligé de fournir aux Français huit cents quartares de châtaignes. Port Maurice a été mis à contribution pour une somme considérable, d'autres villages ont été pillés, actuellement il arrive de la rivière des galettes pour la troupe d'Orméa ; dans le moment de la plus grande disette les troupes s'y sont mutinées. Les grenadiers ont refusé de faire service ; ils insultaient en paroles les généraux et les représentants, et la nuit on entendait des cris de vive le Roi. Aujourd'hui tout est tranquille et l'on se flatte d'une abondance prochaine. Le 4, cinq bataillons sont partis de Garessio et Priola. Trois sont restés dans les environs de la Piéva, le reste est allé du côté d'Oneille. Un canon de 8, deux de 4 et un obusier qui étaient à l'Isola Pélosa furent retirés vers Orméa le 9 du courant. Il ne doit pas rester plus de deux mille deux cents hommes entre Orméa et Garessio ; il paraît que les communications par mer des Français sont fort gênées par la flotte anglaise ; on annonce toujours de grands renforts qui, dans la réalité, se réduisent à peu de chose, mais il faut craindre un coup de force que l'ennemi veut tenter pour se délivrer de sa position actuelle qui est des plus fâcheuse. Il le déclare hautement qu'il le tentera dès que le temps pourra le lui permettre.

Rapports 14 mars. — *Du capitaine Viglietti.* — La ligne que veut occuper l'ennemi, dès que le temps pourra le permettre, est Montenotte, Rocca de Ferrania : au-dessus de Carcare, Saint-Jacques del Bugi, Ronco di Maglia, Binella, Baltera, Camulera, Settepani, à droite de la Bormida : La Sotta et Sta Giulietta à sa gauche. La grande neige tombée dernièrement fond rapidement, les sommités seront toutes découvertes à la fin de ce mois, plusieurs le sont déjà.

Il se manifeste à Gênes deux partis prononcés l'un pour, l'autre contre les Français ; il s'y introduit tous les jours un très grand nombre de ces derniers sans uniforme. L'armée française est souffrante et n'a que le pain pour toute la ration.

Caractère et projets de Saliceti. — Commissaire du Pouvoir exécutif à l'armée d'Italie, Saliceti est âgé de trente-six ans, il joint à la force de l'âge un caractère entreprenant rendu téméraire par les succès ; depuis la prise de Toulon, il se croit sûr de réussir dans les entreprises les plus difficiles. Il est un jacobin déclaré, mais affectant quelque modération, il a voté pour la mort de Louis XVI et il est ami de Cacault. Enfin il est attaché de toute manière, par son propre intérêt, au régime actuel, il prétend qu'il faut marcher entre l'aristocratie et le terrorisme pour trouver l'assiette d'un bon gouvernement. Tous ceux qui l'ont connu simple avocat en Corse, conviennent que ni l'argent, ni les femmes, ni les plaisirs d'aucune espèce n'ont de prise sur lui, l'ambition seule le domine. S'il avait eu en 1789 l'espérance d'être fait président au Conseil supérieur de Corse, jamais il n'eut donné dans la révolution.

Cet homme a son frère, sa femme, sa fille, son beau-frère qu'il tient dans l'obscurité et à l'écart dans une campagne auprès de Gênes. Tous ces gens sont fort modérés; modéré lui même, il le serait peut-être, s'il croyait pouvoir abandonner le parti qu'il a embrassé, et qui lui présente toujours l'échafaud en perspective. Il a de pleins pouvoirs du Directoire pour tout ce qui est relatif à la campagne d'Italie et aux mesures à prendre avec le gouvernement de Gênes.

Le commissaire général à son arrivée à Nice a eu de longues conférences avec le général en chef Schérer; celui-ci a déclaré franchement qu'il ne se mettra à la tête de l'armée d'Italie qu'elle ne fût pourvue convenablement; d'après cela, Saliceti a écrit à Paris que ce vieux général ne veut pas compromettre sa réputation et que l'expédition d'Italie exige des généraux hardis et non pas des généraux prudents, en conséquence il a demandé Buonaparte et l'on ne doute pas qu'il soit nommé.

Le projet de Saliceti est de faire entrer l'armée en Piémont par Céva, Carcare et la Bourguetta.

Puis avant tout il s'agit de tirer l'armée d'Italie de son état de misère actuel, pour cet effet il a demandé aux Génois, par l'entreprise de Cacault, l'emprunt de quelques millions, cette demande a été nettement refusée. Irrité de ce refus, Saliceti dit hautement qu'il veut donner un mois, placer son quartier général à Gênes et y changer le gouvernement et en tirer des ressources infinies pour l'armée.

Qu'après cela, il dirigera un corps d'armée sur le Piémont, un sur la Lombardie, et un sur Livourne en passant par la Corniche et qu'il donne à ces trois colonnes la ville de Milan pour point de réunion; il a, dans son début, flatté les Génois, affectant le désir de ne point rompre avec eux, mais témoignant en même temps que ce qu'on lui refuse de gré, il saura l'obtenir de force. Ses aides de camp ont annoncé que le palais Pallavicini était déjà marqué à Saint-Pierre d'Aréna pour le logement de leur chef, et d'eux; enfin on peut conclure, de la détermination de Saliceti de pousser en avant à tout prix et de l'impossibilité où il est de le faire faute de moyen, que l'envahissement de Gênes sera son premier pas.

Il a déjà ordonné à un corps de troupes de s'avancer à Voltri, mais il faut croire que cette première opération même souffre de grandes difficultés; puisque jusqu'ici les fours ne sont pas encore commencés et qu'il ne s'est trouvé aucun entrepreneur qui ait voulu fournir du bois sans argent.

A Voltri, sont aussi dans ce moment trois felouques chargées de fourrage que les propriétaires refusent de livrer faute de paiement.

Nouvelles de l'ennemi par Finale. — Une personne sûre venant de Nice, et partie le 13 mars dit y avoir laissé quarante bâtiments de toute grandeur chargés de vivres et de munitions de guerre prêts à mettre à la voile pour l'armée de la rivière. Toute la troupe qui était à Saorge en a été chassée par la neige et est arrivée à Nice pendant que cette même personne s'y trouvait. Elle y a vu arriver deux bataillons venant de Provence et de six cents hommes chacun, tous de nouvelles levées, la moitié avait déserté chemin faisant, et était retournée en France. Les forts de Montalban et autres positions contre la mer sont bien munis de canons, on parlait aussi toujours de la prochaine arrivée de Carteaux avec un corps de dix mille hommes d'infanterie et de mille chevaux. A Toulon et à Marseille étaient un grand nombre de bâtiments chargés de munitions et de vivres, tous destinés pour l'armée de la rivière et prêts à partir, mais qui craignent d'être enlevés par l'escadre anglaise. On a ramassé en conséquence à Nice tout ce qu'on a pu trouver de petits bateaux pour porter les vivres en longeant la côte terre à terre sous la protection des batteries qui la bordent. On dit que les canons de ces batteries au nombre de cent six pièces depuis Menton jusqu'à la Piétra, sans compter ceux de la pointe d'Oneille, ceux du cap del Mele et de la plage de Loano, que la personne dont il s'agit, n'a pu reconnaître ayant été obligée de passer là dans l'intérieur du pays escortée par deux soldats. On fabrique à Villefranche un grand nombre de baraques de toile. Le pain à Nice est noir et grossier et l'on n'en fait que d'une espèce. La viande se vend seize sous la livre, les œufs trois livres la douzaine.

Rapports 16 mars. — *Nouvelles de Finale*. — Depuis le 11 jusqu'au 16, il n'a cessé d'arriver à Finale pour l'armée des provisions de grain, de farine, de lard, de viande salée, d'eau-de-vie, de tentes, des souliers. On a compté à peu près six cents sacs de grain et autant de farine, huit cents quartarés de lard, cent barils d'eau-de-vie, six mille paires de souliers et soixante balles de tentes. Toutes les provisions viennent de Gênes et de Voltri. La mortalité dans les hôpitaux paraît augmenter; les troupes ennemies sont dans une agitation continuelle entre Vado, Albenga et la Piòve, on place les troupes de manière à occuper les postes des montagnes dès le moment où la neige sera fondue; la multitude des officiers réformés éclate en murmure contre le gouvernement, beaucoup restent dans la rivière de Gênes et y sont dans la misère. Le 10, est arrivé à Finale le général Rusca, venant de Savone. Il a donné des ordres très pressants pour l'arrivée des chemins tendant à Bardinetto, et de là à la Spinarda et au Saint-Bernard. Le 16, sont arrivés de Nice à Finale six petits bâtiments portant cinq cents sacs de grain, deux cent cinquante sacs de farine, cent sacs de légumes et quatre cents tonneaux de vin, outre beaucoup de caisses d'habits, deux mille paires de souliers, quarante balles de tentes; on compte que, compris les tentes déjà arrivées précédemment, il s'en trouve déjà quatre mille à Finale. On voit en mer dix autres bâtiments qu'on dit aussi chargés pour l'arrivée de l'armée et il doit en être arrivé d'autres à Oneille, Albenga et Loano. On annonce toujours la prochaine arrivée de Carteaux; un des bâtiments arrivés portait un grand nombre de coffres et trois cents malles qu'on dit être les équipages des officiers de son armée; on a des notions sûres que, d'ici à peu de jours, un gros corps de cette armée ira camper à Saint-Pierre d'Aréna aux portes de Gênes.

Du capitaine Viglietti. — L'ennemi s'est renforcé à Cadibone jusqu'à douze cents hommes où il a établi un poste fortifié armé de deux canons qui plongent sur Castello; dimanche dernier sont partis deux bataillons de Vado pour Finale, il ne reste en ce moment que trois mille hommes à Savone même, on porte continuellement des farines du côté de Finale, un fort détachement devait partir le 16 ou le 17 pour Voltri destiné, dit-on, à s'emparer de la Bochetta et à couvrir les magasins de Voltri. Les Génois ont levé quatre cents hommes de milice pour garnir le fort de Savone. Trois bataillons qui étaient dans la vallée du Tanaro viennent de descendre à Loano.

Nouvelles de Gênes. — Saliceti a réduit sa demande d'emprunt à la République de trente millions à cinq, mais sa demande a été rejetée samedi dernier à la pluralité de cent vingt-deux voix contre vingt. Le ministre anglais Dracke s'était présenté au palais avec une note officielle annonçant que tout prêt d'argent fait à la France et toute adhésion aux demandes de cette puissance seraient considérés comme une rupture avec l'Angleterre.

Les ministres de Vienne et de Sardaigne en ont fait autant, dit-on.

Cinq vaisseaux de guerre anglais ont paru en vue du port à l'appui de cette note.

Le commissaire du Ponent, Vincent Spinola, a apporté l'annonce de dix mille Français de renfort dans la rivière pour lequel il a l'ordre de faire préparer des quartiers, ainsi que pour un corps de cavalerie.

On a ordonné à Voltri d'y construire des fours, mais on ne voit encore aucun préparatif.

Un seigneur génois ayant dit à Saliceti qu'il comptait faire le voyage de la rivière pour voir l'armée française, il a répondu qu'il pourrait la voir sans s'éloigner beaucoup, ce qui persuade que bientôt des troupes, comme on annonce, pourraient paraître à Voltri.

Nouvelles de Calissano. — Toutes les troupes des hauteurs sont encore retirées à Bardinetti, Priola et Garessio, il y a dix palmes de neige sur les hauteurs de Giovetti, Sotta, Spinarda et Melogno; il y en a six à Calissano même.

Extrait d'une lettre de Chambéry. — Le directeur du pouvoir exécutif emploie les mesures les plus rigoureuses pour conserver le département du Mont-Blanc. Les troupes cantonnées dans l'intérieur commencent à s'approcher des Alpes. On a renforcé le petit Saint-Bernard de deux bataillons ; on se dispose à occuper de nouveau les points que les neiges avaient forcé d'abandonner et l'on a préparé, pour y prévenir l'ennemi, des baraques portatives qu'on avance à mesure que les neiges fondent.

On forme aussi quelques nouvelles batteries masquées, au moyen desquelles on peut foudroyer l'ennemi s'il s'avançait inconsidérément. On évalue à six mille hommes les troupes qui sont en Tarentaise, mais cette estimation paraît exagérée.

L'armée des Alpes entière n'est que de dix-huit mille hommes, y compris l'artillerie, les pionniers et autres, étendue depuis Genève jusqu'à la vallée de L'Ubayette, et, de cette force, une partie considérable est employée en deux lignes, et dans l'intérieur par moitié, les troupes des communes.

Cette armée doit être portée de quarante mille à cinquante mille hommes, et celle d'Italie à cent mille hommes ; cette dernière doit commencer ses opérations offensives dans le courant du mois d'avril. Elle doit tenter les derniers efforts pour pénétrer en Italie en évitant les places fortes et en s'aidant des révolutionnaires de l'intérieur, surtout dans la Lombardie autrichienne et notamment Mantoue.

On parle aussi d'un projet du général Vaubois pour pénétrer par la vallée de Stura en Piémont et pour se saisir de Demont. Les réquisitions se lèvent avec la plus grande rigueur en Savoie et, quant aux recherches pour les déserteurs, on prend le parti de mettre garnison chez les parents du délinquant et, si ses parents sont pauvres, c'est la commune qui est imposée jusqu'à ce que le soldat se retrouve.

On compte encore pour renforcer les armées sur cinquante-sept mille jeunes citoyens qui étaient employés dans les administrations et dans les charrois des armées et, qu'en suite des nouveaux arrêtés, on force à porter les armes; ce qui manque le plus c'est les bêtes de transport et les chevaux pour la cavalerie et l'artillerie. Une cruelle mortalité a fait périr la majeure partie de ceux qui avaient leur fatigue de la dernière campagne et la mauvaise nourriture. Les munitions seront portées à dos d'homme.

On a dû lever dernièrement sur le département du Mont-Blanc huit cent cinquante bœufs ou vaches.

Dans la réforme, soit refonte des troupes, il s'est trouvé cinq mille officiers dans les seules armées contre l'Italie ; ceux qui étaient âgés, se sont retirés chez eux avec une très modique subsistance. La plupart de ceux qui ont l'âge de la réquisition restent dans les bataillons où ils servent comme soldats, il y a eu quelques murmures, mais cette refonte n'a fait que donner plus de nerf à l'armée.

Situation de l'armée d'Italie à l'époque du 16 mars, Nice, quartier général de l'armée française. — L'armée française n'est composée jusqu'ici que de soixante mille hommes effectifs dont huit cents de cavalerie, savoir : les hussards de la Liberté en garnison à Nice, ils commencent à manquer de fourrages. Le dépérissement de l'armée générale était telle et les bataillons étaient tellement ruinés et diminués qu'on s'est décidé à faire un nouvel amalgame ; pour former une demi-brigade qui doit être de trois mille hommes, il a fallu en réunir cinq. On compte dans la totalité de l'armée française quinze mille officiers sujets à la réforme.

Le magasin central de l'armée d'Italie est à Nice, il est nourri principalement par les grains du Levant apportés par mer, mais fort inexactement payés depuis quelque temps. A l'époque de la fin de novembre, la disette était au comble dans le comté de Nice et dans les provinces du Midi et on s'attendait à quelques soulèvements de la part du peuple. L'artillerie de cette armée est nombreuse et bien fournie quant au nombre et à la qualité des bouches à feu et des munitions, mais misérablement quant aux bêtes de trait.

Il n'existe que mille cinq cents chevaux en état de servir suivant les états de revue du 15 mars. Les soldats d'artillerie sont complets suivant les mêmes états de revue du 15 mars.

L'artillerie, pour le strict nécessaire, manque de trois ou quatre mille bêtes ; des quinze cents existantes, il en manquera bientôt la moitié, parce que les transports militaires étant même sans chevaux, le représentant du peuple a lancé un arrêté pour que les chevaux de l'artillerie soient employés à ce service qui achève de les détruire. La partie des transports sont dans un état de dépérissement complet, les bêtes y sont si mal nourries qu'elles périssent journellement de misère et mangent jusqu'à leur fumier faute de fourrage. Elles sont couvertes de gales et de farcin et leurs harnais sont à l'avenant. Les hommes qui en ont soin, sont aussi négligés, mal payés et vivent de brigandage. Le soldat en général est mal payé et mécontent, l'officier l'est encore davantage. Tous sont réduits à vivre de leurs rations, la viande manque absolument ; au quartier général, on n'en a que deux fois par décade ; à la Montagne, on ne donne que de la viande salée ; on supplée partout à la viande par des distributions de riz, et de légumes, le plus souvent gâtés, et il n'est pas rare que toutes les portions ne soient réduites, aussi la troupe tient-elle sur le gouvernement les propos les plus licencieux. Les généraux mêmes avec qui l'auteur de ce mémoire a été souvent dans le cas de s'entretenir, se plaignent sans ménagement de ce que l'armée d'Italie paraît oubliée et sacrifiée. Le ton de révolte et d'insubordination gagne généralement. L'état des hôpitaux est pire que tout le reste ; il y manque du linge, des médicaments et du sel même pour saler les soupes. L'administration y est au comble du désordre et la misère révoltante.

Quant aux munitions de guerre, elles sont abondantes et généralement en fort bon état.

Les administrations de l'armée sont dans ce moment entre les mains de gens honnêtes et modérés, mais par cela même désagréables au parti jacobin.

On a mis sous des administrations différentes ce qui n'était que dans une. Les administrateurs d'affaires ne peuvent donner d'activité à leur service faute de fonds. Le 14, quatre-vingt mille livres en numéraire arrivent à Nice et ne demeurent pas trois heures chez le caissier. Pour le 15 avril, l'armée, aujourd'hui de 60.000 hommes, doit se trouver portée à cent vingt mille hommes soit par les réquisitions, soit par les corps attendus de l'intérieur ; en attendant, il arrive journellement de petits corps de mille à cinq cents ou deux cents hommes qu'on fait passer tout de suite dans la rivière.

Il se trouve dans le comtat d'Avignon trois régiments de cavalerie dont le 10e des dragons, jadis Penthièvre, qui était ci-devant à Lyon, ce dernier est en bon état et fort de mille deux cents chevaux.

A Marseille, on embarque du foin bourré dans les tonneaux pour l'armée. De Nice, est partie pour faire parvenir à l'armée dans l'espace de deux mois une remonte de treize mille chevaux ou mulets dont une partie est déjà achetée mais non rendue à l'armée.

Il serait impossible, ajoute l'auteur de ce mémoire, d'avoir des détails plus vrais de l'état de cette armée: mais de son grand délabrement, il serait bien dangereux de conclure qu'on n'osera rien entreprendre; il faut se garder de croire qu'elle ne recevra pas de grands accroissements et qu'elle renonce à se mettre sur l'offensive.

Je suis instruit, continue-t il, par le représentant du peuple et par les généraux qui ont leurs ordres en conséquence, que l'intention arrêtée du Comité militaire est qu'on attaque à tout prix et d'envahir le Milanais, et tout se prépare pour y réussir. Il faut s'attendre que, plus le soldat français est mal, plus il sera dangereux ; la victoire, le pillage et l'abondance sont les moyens dont on se sert aujourd'hui pour l'exalter, ces mêmes motifs existaient au mois de novembre dernier chez les troupes françaises lors de l'effort qui rétablit leurs communications avec Gênes et rendit l'abondance et le calme aux départements du Midi. L'auteur s'étend ensuite sur les avantages d'une guerre offensive sur le Midi de la France par l'Italie même, cette partie est dépourvue de places. Le peuple y est plus foulé que partout ailleurs par le nouveau régime et serait prêt à secouer le joug de fer sous lequel il gémit. Réflexions sur la situation présente de la ville de Gênes et de son gouvernement. Le gouvernement génois, en refusant nettement aux Français l'argent qu'ils demandaient à emprunter, s'est soumis à des vexations et des violences dont il est à croire qu'ils useront pour avoir les moyens, non seulement de subsister où ils sont, mais d'effectuer leurs vastes projets sur l'Italie en ouvrant la campagne de fort bonne heure. Le plus simple de ces moyens sera de chasser de la rivière tous les gouverneurs génois, de la déclarer pays conquis et de mettre en réquisition tout ce qui se trouve de chevaux, mulets, bétail, subsistances et argent.

Mais ils seront peut-être retenus par la crainte d'aliéner par le complètement les Génois et, en cas de revers dans leur expédition d'Italie, d'avoir à se retirer par un pays totalement ruiné.

Le deuxième moyen serait de se présenter aux portes de Gênes avec un corps d'armée quelconque et d'y demander les armes à la main une contribution de vivres, d'argent, peut-être même un nombre suffisant de pièces de gros calibre pour les transporter en Lombardie. A ces demandes, les Français ajouteront la promesse de respecter les magnifiques campagnes des nobles Génois aux environs de la ville si on leur accorde ce qu'ils demandent et, si on leur refuse, des menaces terribles de tout mettre au pillage et d'assiéger même la ville.

Quel parti prendra le Sénat possesseur de toutes ces délicieuses campagnes qui forment comme un gage entre les mains de l'ennemi. D'ailleurs, est-il bien possible de défendre Gênes ?

La garnison de cette ville consiste tout entière en mille cinq cents hommes dont deux cents canonniers qui, de leur métier n'ont que le nom, on ne doit pas compter sur les volontaires, espèce amollie et très peu propre aux travaux d'un siège et, quant au peuple, il est trop à craindre que son premier mouvement ne fût pour se soulever contre un fantôme de gouvernement qu'il hait, et que son unique désir ne fût en pareille occasion de s'emparer par le pillage de la fortune des riches, excité surtout par les nombreux partisans les Français.

L'étendue de l'enceinte fortifiée de Gênes exigerait dix mille hommes de bonne troupe pour la défendre d'un siège régulier. Tous ces mouvements sont si bien connus du gouvernement génois que, dès qu'il verra de la force et de la résolution de la part de l'ennemi, il se gardera bien de hasarder une résistance impossible. Il se borne donc à temporiser dans l'espérance d'être tiré d'embarras par quelque événement imprévu. Il amuse Saliceti qui l'amuse à son tour par des protestations d'attachement et de loyauté, et prend pendant ce temps des mesures contre lesquelles il n'y a rien à opposer, afin, que ces ennemis dans le petit conseil ne songent pas dans leur détresse à recourir aux coalisés.

Rapports 17 mars. — *Nouvelles de l'ennemi.* — M. Vincent Spinola a reçu hier soir une dépêche de Schérer qui lui annonce l'entrée de douze mille hommes dans la Rivière et trois bataillons ont déjà filé par Saint-Remo ; à mesure qu'il en entrera par là, il en filera par Albissola. Rien n'est plus intéressant pour les coalisés que de ne pas laisser l'ennemi s'emparer de Gênes ; il y trouverait tout ce qui lui manque pour exécuter les entreprises les plus hardies sur l'Italie.

Rapports 16 et 18 mars. — *Du général Vital.* — Il est arrivé des convois considérables de grains de farines de vin et de viande salée pour l'armée.

L'ennemi est dans une agitation continuelle, et l'on pourrait croire qu'il cherche à en imposer sur sa force comme il l'a fait tant de fois, car sa force n'a pas pu s'augmenter encore de beaucoup. La nouvelle formation a complété les bataillons à mille hommes, ces bataillons sont de dix compagnies et six bataillons forment la brigade.

Un corps de six mille hommes est destiné pour Saint-Pierre d'Aréna et l'on construit à Voltri des fours pour les munitions.

Le 18 mars, sont arrivés à Finale trois mille six cents rubes de foin et six cents balles de viande salée sur deux bâtiments.

On annonce toujours l'arrivée à Nice d'un gros renfort, mais ce corps de troupe qui n'est autre que celui du général Carteaux, paraît dans ce moment s'occuper à réprimer le soulèvement en Provence. »

Rapports 18 mars. — *Nouvelles de Finale.* — Les hauteurs de Saint-Jacques de Melogno sont couvertes de troupes, on a jeté de la terre sur la neige pour l'y faire fondre là où il en restait encore. Un officier ami de Cervoni a dit que, dans cette campagne, la France fait les derniers efforts, qu'elle destine contre l'Italie quatre-vingts mille hommes de bonne troupe, que l'armée française compte pénétrer jusqu'à Naples et subjuguer toute l'Italie, et comme, dans l'énumération de ces conquêtes futures, on lui fit observer qu'il ne comprenait pas le Piémont, il répondit que, dans la maison d'un pauvre homme, on y entrait toujours quand on voulait. La redoute de Fontanelli près de la redoute de la Fiumara est achevée, on l'a armée de deux canons de 12 autrichiens.

Au château de la Rocca on a établi une batterie d'un canon de fer trouvé à Oneille le 24 et deux canons de 8. On prépare d'autres ouvrages à Varigotte, contre la pointe de Capra Zoppa. Le commandant du château de Savone est Dominique Spinola, le commissaire général de la forteresse est Joseph Lascaris, bon aristocrate.

Dans la déroute occasionnée parmi les Français au commencement de ce mois par les neiges extraordinaires qui tombèrent plusieurs jours de suite, cent soixante hommes voulurent déserter vers la France ; ils furent arrêtés entre la Pieve et Oneille par le *général Fiorella*, qui leur barra le chemin avec quatre cents hommes ; ces déserteurs lui tirèrent à cette occasion plusieurs coups de fusil, dont apparemment a pris naissance le bruit d'un général tué au soulèvement de troupe. On a évalué à trois mille cinq cents les morts, désertés ou égarés à l'occasion de cette neige.

Du général Christ. — L'ennemi s'est renforcé de cinq cents hommes à Saint-Salvador dans la vallée de Tinée.

Du général Dellera. — Trois déserteurs français venant de Savone assurent que l'ennemi ne reçoit d'autres renforts que quelques hommes des réquisitions ou déserteurs arrêtés dans l'intérieur, que la troupe française manque de tout, mais que les généraux n'en sont que plus décidés à agir au plus tôt.

Du major des milices Vial. — La neige du commencement de mars et la disette des vivres ont forcé une partie des troupes de Tende et de la Brigue à se retirer. Deux bataillons ont quitté la Brigue et il n'y est resté que cent soixante hommes. Deux bataillons ont été pareillement forcés de quitter Tende, l'abondance des neiges et le manque de bêtes de transport leur faisant craindre de s'y voir affamés. Les soldats vont de tous côtés le sac sur l'épaule quêtant du grain. La communauté de la Brigue a été obligée de leur livrer un bœuf. Les Français avaient décidé d'attaquer Céva à la fin du mois dernier. Le mauvais temps les en a empêchés, mais ils doivent suivre ce projet dès que les neiges seront fondues ; il faut craindre un coup désespéré de leur part, excités d'un côté par la misère qu'ils éprouvent et de l'autre par l'avidité du pillage. On assure que Lyon et la Provence sont toujours remplis de mécontents. Le 12 et le 13, on a entendu des coups de canon multipliés du côté de Toulon. Une personne partie de Nice le 13 dit que, depuis cinq jours, il ne venait personne du côté de France, et qu'il n'en arrivait aucune munition, cet indice faisait supposer quelque nouvelle insurrection. Le grain ne manque pas à l'armée, mais l'argent, les bêtes de transport et la viande même y deviennent chaque jour plus rares.

Un marchand arrivé à Nice avec soixante bœufs a été obligé de les laisser à l'administration, et a dû se contenter d'un simple reçu. La communauté de la Brigue est déjà prévenue qu'elle doit fournir de la viande à la troupe qui s'y trouve pendant le mois prochain. La communauté de Port Maurice a été mise à contribution par les troupes françaises pour sept mille mesures de grain, et celle de la Pieve a dû contribuer en châtaignes.

Nouvelles de l'ennemi. — L'ennemi avait dans Tortone et Alexandrie des correspondants qui ont été déroutées. Le Corse Bradelli, aide de camp du général Masséna, qui l'a dit le 18 au matin à la personne donnant des nouvelles, a ajouté que, sûrs d'entrer quand ils le voudront dans Alexandrie et dans Tortone, les Français avaient toujours redouté Coni et Céva où commandent des hommes incorruptibles ; qu'en conséquence ils se préparent à surprendre Céva à l'improviste au premier jour ; que les ordres sont donnés pour que mille cinq cents hommes marchent de ce côté. En effet des troupes se trouvent réunis à la Pietra pour quelque tentative, et le général La Harpe a l'ordre de marcher à Voltri avec six mille hommes. Le même a dit qu'entre Nice et Voltri l'armée était de soixante mille hommes.

Rapports 19 mars. — *Note confidentielle.* — Les douze mille hommes ne sont pas encore arrivés à Nice. Schérer écrit à Masséna et à Spinola qu'on lui annonce que six mille hommes doivent rester à Saint-Remo, trois mille hommes à Port-Maurice et trois mille hommes à Alassio. Il a passé le 15 à Saint-Remo quatre cents hommes de réquisition.

Nouvelles de l'ennemi. — Le consul Lachoze à Livourne a écrit jeudi dernier à Saliceti, qu'il avait à lui faire passer le produit de la prise dernièrement faite, qu'il espérait qu'elle monterait à 100.000 piastres, ce qui a fort réjoui Saliceti toujours fort et fort dépourvu d'argent. Le commissaire général, malgré le refus du gouvernement, a reçu de grandes avances des marchands particuliers, ce qui l'a mis à même d'apaiser les cris de l'armée dans le premier moment.

Les douze mille hommes annoncés par Scherer ne sont pas encore arrivés à Nice ; il a seulement prévenu Masséna et Spinola pour faire préparer leurs logements, six mille hommes à Saint-Remo, trois mille hommes à Port Maurice, et trois mille à Alassio ; trois cents hommes de réquisition et cent hommes revenant des hôpitaux ont passés à Saint-Remo dans les journées du 14 et du 15. Il y est arrivé dans le même jour un convoi de quatorze bâtiments chargés des vivres et autres objets pour l'armée. A la revue donnée aux troupes à Savone, le 16, beaucoup de soldats se mutinèrent ; au lieu de présenter les armes, ils les jetèrent par terre en criant qu'on nous donne nos payes ou du pain. Quelques-uns même allèrent jusqu'à mettre en joue leurs commandants et à charger d'injures les généraux.

Nouvelles de Gênes. — L'ennemi spécule par des correspondants avec les mal intentionnés du Piémont surtout avec ceux d'Alexandrie et de Tortone. Dès que les neiges seront fondues, il compte passer par la Bocchetta.

Ces notions viennent de Bradelli, Corse, adjudant de Masséna. Il ajoute que le plan est de commencer par surprendre Céva dans peu de jours, que quinze mille hommes doivent y être employés. On réunit beaucoup de troupes à la Pietra.

Le général La Harpe a ordre de se porter à Voltri, avec six mille hommes. L'emploi principal de Cacault à Gênes était de maintenir les correspondances secrètes avec l'intérieur du Piémont, il faisait déjà le même métier en Toscane.

Les forces de l'armée d'Italie depuis Nice jusqu'à Voltri suivant le même Bradelli, sont de soixante mille hommes. Elles s'augmentent de jour en jour. Les vivres et l'argent y sont rares, mais bientôt tout doit y abonder.

L'Etat de Gênes a refusé de prêter de l'argent, mais les particuliers y ont suppléé.

Nouvelles de Finale. — On a effectué à Finale la réforme des troupes ; de seize bataillons, on en a formé trois demi-brigades de mille hommes chacune. Le 20 on a dû en reformer pareillement quatre bataillons de chasseurs corses dont on a formé un nouveau corps de sept cent cinquante hommes sous le nom de petite brigade de chasseurs corses. Il est arrivé de Gênes et de Voltri à l'armée six cents sacs de froment, quatre cents sacs d'orge, neuf cents pièces de viande salée, des bâtiments chargés de munitions de guerre sont aussi venus du côté de Nice.

Rapports 20 mars. — *Du général Dellera.* — Le 17, trois bataillons sont descendus de Garessio à Savone pour concourir, dit-on, à quelque expédition secrète.

Nouvelles de Gênes. — Un nommé Lavrotto, habitant de Nice, d'où il est parti le [en blanc] et arrivé à Gênes le 19, dit que, lors de la grande neige, les troupes qui étaient à la Ca et à Tente se sont sauvées à Breil et à Sospel, et qu'on craignait que les gardes avancées n'eussent péri, bloquées par la neige. Les cinq cents hussards, dits de la Liberté, qui sont à Nice ont leurs chevaux en fort mauvais état, ils étaient dans le principe au nombre de onze cents.

Les hussards, pour vivre, sont obligés de vendre en partie le foin de leurs chevaux.

Les bêtes de transport sont dans un état pitoyable, la plupart atteintes de la gale, de la morve, et du farcin, on les tient dans les prés du comte Lascaris ; les bêtes de boucherie sont aussi misérables on les tient auprès des moulins du bois.

On fait chercher et acheter partout des bêtes de transport qui deviennent chaque jour plus rares.

Des juifs d'Avignon sont chargés de ces achats.

Ritter a écrit au département de Nice de se pourvoir au plus tôt de soixante mille cartares de foin dont quinze mille pour le moment même et le reste dans le courant du mois.

Le département répondit pour démontrer l'impossibilité où il était d'exécuter cet ordre, cependant des dix mille chevaux annoncés, il n'en est pas arrivé un seul, et une partie de ceux déjà arrivés dans la Rivière ont été forcés de rétrograder faute de fourrage.

Les fourrages pour l'usage de l'armée à Nice sont dans la maison du juif Abudavan.

Les magasins de blé sont dans les églises de Saint-Dominique et de Saint-Jacques.

L'avoine pour l'artillerie est dans un pré vis-à-vis l'hôpital de la Charité ; la plupart des pièces sont de 8 et de 4 ; à Villefranche, se tiennent deux frégates dont la destination est de servir d'escorte aux bâtiments chargés des grains pour l'approvisionnement de l'armée.

Les hôpitaux sont à Saint-François de-Paule, au gouvernement et à Sainte-Marie.

On n'ajoute aucune nouvelle fortification à la ville, ni au château depuis l'année dernière.

La municipalité de Nice a été requise de prêter cinquante mille francs pour fournir à la paye arérngée des troupes dans la Rivière, mais elle n'a pu donner au delà de 16.200 livres qu'elle avait en caisse.

Le reste a été fourni par des taxes sur les particuliers.

Suivant les calculs qu'on peut croire les plus justes, il se trouve en ce moment dix-huit mille hommes en Provence, la plupart occupés à réprimer des insurrections, de huit mille hommes à Nice et dans le reste du comté, et vingt-huit mille hommes dans la Rivière. Total : cinquante-quatre mille hommes.

Nouvelles de Gênes. — Le colonel Spinola, commissaire au fort de Savone, n'y est pas encore de retour. Il a servi en Piémont et tout le pays.

Le patron Gio Servetto de la Pietra, arrivant d'Antibes, dit y avoir vu un parc considérable d'artillerie qu'on lui a dit être destiné contre le Piémont dès que le pas de Tende sera ouvert. Il se trouve, dit-il, au même lieu d'immenses munitions, deux mille canonniers.

Le négociant André de Nice doit faire passer incessamment à Voltri vingt mille émines de grains, mesure de Gênes.

Les négociants Emmanuel Greco et Emmanuel Balbi de Gênes et quelques autres marchands ont prêté à Saliceti 500.000 livres, monnaie de Gênes.

Saliceti se montre beaucoup en public, il fréquente surtout la maison des patriciens Felice et Domenico Carrega, lesquels l'année dernière furent exclus du secret d'Etat pour leur jacobinisme déclaré.

Nouvelles de Gênes. — Mardi, on a fait à Savone la réforme des troupes françaises ; de neuf bataillons, on n'en a reformé que deux qui composent deux mille quatre cents hommes. Tous les officiers de surplus ont été destitués. Le 19, on a fait évacuer deux couvents de filles et un couvent de Franciscains à Savone pour y cantonner les nouvelles troupes.

Les notions qu'on a des projets de l'ennemi sont qu'avant la moitié d'avril les Français doivent agir sur le Piémont en trois fortes colonnes : l'une dirigée sur la Bocchetta, l'autre sur le Cairo et l'autre entre Céva et Mondovi.

Rapports 22 mars. — *Du major des milices Vial*. — Une canonnade très vive est entendue du côté de Toulon les jours du 12, du 13 et du 14. On a publié à Nice à son de trompe que chacun doit garder le silence à ce sujet.

Deux révolutionnaires piémontais viennent de partir de Nice à bord d'un vaisseau génois, on ignore leurs noms, l'un est de Fossano et l'autre de Savigliano, l'un est avocat de profession ; ils vont l'un à Turin, et l'autre à Coni dans la vue d'y susciter des troubles et favoriser l'attaque de Céva.

Tout ce qui était à Nice marche vers la Rivière. Il ne reste à Nice qu'environ deux mille hommes, on évalue l'armée à trente-six mille hommes. Il a commencé à passer à Nice quelques convois de mulets allant à l'armée d'Italie. A Tende, on a fait contribuer le bourg pour nourrir la troupe affamée.

Nouvelles de l'ennemi. — Un corps de troupes considérable se rassemble à Savone où l'on a pris plusieurs couvents pour les loger.

Les Français s'avancent en force à Voltri et Saint-Pierre d'Aréna.

Nouvelles d'Alexandrie. — Saliceti a obtenu des particuliers de Gênes ce que l'Etat lui refusait, il est arrivé d'ailleurs à l'armée une vingtaine de bâtiments chargés de vivres venant de Nice.

Il arrive de grands convois venant de Mantoue à l'armée autrichienne, et il y en a d'acheminés déjà de Milan à Pavie.

Il y en a d'autres embarqués sur le Tessin pour venir à Alexandrie.

Rapports 23 mars. — *Nouvelles de Gênes*. — Saliceti est parti de Gênes, le 20 ; il s'arrêta à Voltri où il s'emporta contre les directeurs et commissaires sur ce que les fours n'étaient pas encore faits, il a donné trois jours pour les achever.

Nouvelles d'Alexandrie. — Quatre des fours de Voltri sont achevés et six doivent l'être bientôt, il est arrivé de grandes provisions à l'armée ennemie. Trois cent cinquante chevaux de trait sont arrivés à Savone.

Nouvelles de l'ennemi. — Les troupes destinées pour Voltri sont une partie de la division de Meynier qui était à Finale sous le commandement du général Cervoni. Elles sont arrivées le 19 à Savone et ont été logées dans plusieurs couvents qu'on avait évacués ; quatre cents hommes ont été envoyés tout de suite à Cadibona pour renforcer ce poste.

On a compté à Saint-Remo, en trois jours, quatre cents hommes allant du côté de Nice, à l'hôpital.

Le 20, une brigantine française a été enlevée par un brick anglais dans une petite rade entre la Bordiguera et Saint-Remo et cela malgré le feu des batteries de la côte.

Le représentant Ritter est rappelé.

Schérer, dit-on, a donné sa démission sans attendre l'arrivée de son successeur Bonaparte.

Rapports 24 mars. — *Nouvelles de l'ennemi*. — On a embarqué à Loano pour Voltri beaucoup d'artillerie et de munitions dont la plupart est de celle enlevée aux Autrichiens. Les bataillons nouvellement organisés qui ont marché à Voltri, avaient des drapeaux neufs de soie avec le numéro du bataillon et une inscription en lettres d'or.

Ils étaient habillés de neuf. Les grenadiers avaient aussi des bonnets neufs en peau d'ours. On leur fit la veille du départ le complet de leur solde arérag ée.

Il n'y avait à cette division que trente-sept mulets de proviande mal équipés et dont sept ont péri en chemin.

Les négociants qui ont prêté des fonds à Saliceti, sont : un nommé de Aquino milanais, grand intime ami du général De Wins ; Fravega et Balbi génois, entrepreneurs pour les grains pendant la campagne dernière et Carlo Gescrardi, génois. On assure que ce prêt a été de sept millions et quarante mille sacs de grains pesant onze rubes et demi, du poids de Gênes, le sac, y compris deux mille sacs d'orge de Sicile ; il est arrivé à Finale neuf cents barils de viande salée ; malgré ces immenses provisions, les magasins sont toujours dépourvus, parce que tout le monde vole.

Il reste à Savone un bataillon de chasseurs corses que l'on a formé de quatre bataillons délabrés et qui n'a cependant que sept cent cinquante hommes ; c'est un ramas de brigands italiens, espagnols et français.

Les officiers sont seuls de nationalité corse.

Le chef de ce bataillon est un homme remarquable par sa brutalité.

Il a dit que l'objet du mouvement actuel est de porter un corps de troupes au pas de la Bochetta pour y prévenir l'armée autrichienne ; que l'armée d'Italie ne tardera pas d'être augmentée de cinquante mille hommes, qu'elle sera dans Turin à la fin du mois d'avril.

Le 24, est partie la demi-brigade du général Meynier vêtue et chaussée de neuf et payée en numéraire.

Colli. Note militaire, 24 mars. — Dans le cas où les troupes impériales devront s'avancer dans la ligne convenue entre les deux Bormida et les hauteurs de Monesiglio, Saint-Giulia et Dego, le bataillon du régiment d'Acqui qui se trouve à Cortemiglia se joindra à l'autre bataillon du même camp cantonné à Sale et Paroldo. Le bataillon du régiment de Tortone qui est à Dego se repliera sur Montezemolo ; le bataillon de Verceil qui est à Monesiglio se rejoindra à l'autre bataillon du même corps qui est à Mombarcaro. Toutes les troupes des avant-postes demeureront cependant dans leur position actuelle jusqu'à nouvel ordre.

Rapports 25 mars. — *Du général Vital*. — Le 18 de mars le nommé Caula, transfuge piémontais, est arrivé de Nice à Port-Maurice. L'avocat Lino, autre piémontais, est venu l'y joindre et ils se sont rendus ensemble chez un négociant appelé Traforelli, où se trouvaient le représentant français et le général Rusca.

Ces individus réunis ont eu une longue conférence de laquelle une servante de Traforelli, dont l'on ne se méfiait pas, a entendu une partie.

Le représentant du peuple dit qu'il fallait mettre à profit la sécurité des Piémontais et la léthargie des Autrichiens, porter une colonne par la vallée du Tanaro et une autre sur Montezemolo pour tenir en échec l'armée de Céva pendant qu'une troisième filerait sur Alba ; que, pour effrayer les paysans, il fallait brûler les premiers villages comme on a pratiqué en Espagne.

Rusca demanda le commandement d'une des trois colonnes ajoutant que le feu leur donnerait plus de partisans que la douceur ; pendant cette conversation, Caula reçut des dépêches volumineuses par deux hommes de la ville d'Alba, et il en fit la lecture.

On peut déduire en gros de cette lecture qu'ils ont de nombreux partisans à Alba, Asti et Verceil.

Colli à Beaulieu, 25 mars, Turin, 9 heures du soir. — J'ai reçu à 5 heures après-midi les ordres de Votre Excellence par l'estafette qui est partie hier à 5 heures de Pavie. Les ordres sont donnés pour faire place aux quatre bataillons impériaux qui doivent se cantonner entre les deux Bormida. Je fais avancer le reste des troupes piémontaises vers le Mondovi et Céva; je ferai menacer l'ennemi par la vallée de Loano, et le colonel Colli qui est avec trois bataillons à Montezemolo, en fera autant dans celle de la Bormida. Si les neiges que je fais sonder pouvaient le permettre, je ferais aussi une diversion sur Tende. Je proposerai demain au roi de donner l'ordre aux deux bataillons de la marine et à ceux de Montferret qui sont à Alexandrie, de se joindre au corps d'armée que vous ferez avancer sur la Bochetta si vous avez le projet d'y prévenir l'ennemi. J'attends ici votre aide de camp qui, je suppose, a pris la route de Céva pour venir à Savigliano.

Je suis bien aise que vous me croyiez tel que je suis et le fus, et je serai toujours votre sincère ami très intéressé à votre gloire plus qu'à la mienne. Quel plaisir pour moi d'avoir une fois un supérieur pour ami ; donnez-moi des ordres, vous serez prévenu par l'empressement que j'aurai à les exécuter si je suis digne de votre confiance et votre amitié.

Rapports 26 mars. — *Nouvelles de Gênes.* — A 10 heures du soir, les Français n'étaient pas encore à Saint-Pierre d'Aréna, où les sénateurs génois avaient fait démeubler leurs campagnes et d'où l'on avait retiré les tilles des conservatoires et les religieuses.

L'ordre a été publié aux étrangers de sortir de la ville, où l'on a fait entrer trois cents hommes des milices appelés Scelti qui sont les paysans des vallées de Polcevera et Besagno.

Les lettres de change sur Cadix dont le représentant français a voulu faire usage, ont été protestées. Les fours de Voltri ont été achevés.

Nouvelles de l'ennemi. — On écrit de Nice en date du 19 mars que, depuis le 1er février, il n'y est arrivé de Provence que trois mille cent hommes. En Provence, sont quinze mille hommes, obligés d'y demeurer pour contenir les communes et les villes. A Nice il y a deux mille hommes et six cents cavaliers environ ; dans le reste du comté, peu ou point de cavalerie.

Ordres 26 mars. — *Colli à Colli.* — Je viens de recevoir des nouvelles alarmantes ; il faut se précautionner contre toutes les entreprises, aussi je donne l'ordre au régiment de Turin de marcher a Racconi ; Casal sera à Cairo. J'ordonne au régiment des gardes de marcher d'abord à Céva où il cantonnera. Vous donnerez l'ordre à Casal de préparer les cantonnements. Vital, Brempt et Colli suivront les ordres que j'ai donnés pour le rassemblement des troupes à la Pedaggera, camp de Céva et du bataillon pour la Biccoque. On peut renforcer Céva par le régiment d'Oneille qui sera remplacé par les grenadiers Le reste de ce corps doit être prêt à marcher aux endroits menacés. Ordonnez à tous les postes avancés de Cairo, Montezemolo, Bagnasco, Battifolio, d'être bien vigilants et de faire une vigoureuse défense et de se replier chacun à l'endroit marqué. Je pars pour Alexandrie, je serai demain au soir de retour et peut-être après-demain au Mondovi ; en attendant, j'ai donné l'ordre aux officiers de l'état-major général de se rendre chez vous et vous les détacherez vers Céva et aux endroits menacés.

P.-S. — Je vous préviens que, le 20, il y aura quatre bataillons autrichiens entre Mombarcaro et Dego. Ainsi la position de la Pedaggera est assurée.

Le bataillon d'Acqui sera aussi à Sale. Toutes les troupes repliées à Faya, Bayon et Perlo mettent à l'abri aussi ces positions.

Rapports 27 mars. — *Nouvelles de Gênes.* — On a ordonné à tous les étrangers non domiciliés de sortir de Gênes. Tous les soldats et officiers sont consignés aux portes et ne peuvent entrer.

Les Français avaient tiré des lettres de change sur Cadix pour un million de piastres sur le fond des prises faites sur les Anglais et qu'on y avait conduites pour les vendre, mais ces lettres ont été protestées.

Faypoult est arrivé le 27 mars à Gênes.

Le quartier général de l'armée française a été transféré de Nice à Albenga.

Rapports 28 mars. — *Nouvelles de Voltri.* — Salicetti, Faypoult, et son secrétaire Vettono, La Harpe, Masséna, Cervoni et six aides de camp se sont trouvés à 3 heures après-midi au château de Brignolet où ils ont dîné le soir ; il s'y est tenu un conseil de guerre.

Cervoni a demandé l'autorisation de passer la nuit dans Gênes ce qui lui a été refusé.

On renforce journellement la division de Serrurier.

Rapports 30 mars. — *Du lieutenant-colonel d'Auware.* — Les aspects de la Sotta et de la Spinarda au midi sont tout à fait dépouillés de neige.

Du capitaine Domerego. — Il a surpris une garde de quinze hommes à la chapelle Sancta Reparatta, il en a tué quatre et encore fait dix prisonniers de guerre.

Beaulieu à Colli (Alexandrie, 30 mai). — Les circonstances exigent fortement et indispensablement que je replie les forces de la droite de mon armée principale vers la gauche, c'est-à-dire que la vallée de la Bormida devra être évacuée par les bataillons que j'y ai actuellement. Monsieur le lieutenant-général prendra les plus promptes mesures pour assurer la dite vallée de la Bormida par un nombre suffisant de bataillons autrichiens du corps auxiliaire, ce qui devra s'exécuter sans délai, parce qu'un retard quelconque ou un manque de soin dans l'exécution de cette mesure pourrait entraîner des conséquences funestes dont la responsabilité tomberait sur le défaut d'exécution.

Ma droite occupera Ovada et Sassello et se liera à la gauche des troupes que vous enverrez à la Bormida vers Dego. Comme monsieur le lieutenant-général n'a point de brigadiers sous ses ordres, le corps à envoyer dans la vallée de la Bormida pourra être confié au lieutenant-général Provera qui prendra son quartier général à Acqui ; et il serait bon que vous, monsieur le lieutenant général, prissiez votre quartier plus à portée de cette partie qui, dans ce moment, est la seule de l'étendue confiée à vos soins qui soit en butte aux attaques de l'ennemi, attendu que la saison et les neiges ne permettent point aux Français d'agir sur votre centre ni sur votre droite, vous aurez la bonté, mon cher lieutenant-général, de m'envoyer par le retour de l'officier porteur de celle-ci une note sur les mesures que vous aurez prises en conformité du présent ordre.

Rapports 31 mars. — *Du général Christ.* — Le capitaine des milices Decaroli a reconnu le 26 après midi les Viosène, le baracon du Carnin est détruit, les huttes et les retranchements ruinés, le baracon de la Madonna du Bric de Saint-Bartolomio est encore debout ou a encore le toit et il n'y avait de troupes nulle part.

Colli à Beaulieu (Turin, 31 mars, 10 heures du matin). — Le comte Hardegg m'a apporté les ordres de Votre Excellence en date du 30 d'Alexandrie relativement à la marche des bataillons du corps auxiliaire pour couvrir la vallée de la Bormida et remplacer les bataillons qu'elle replie vers Ovada et Sassello.

J'ordonne en conséquence au bataillon du corps franc de Giulay qui est à Dogliani de marcher d'abord à Dego ; les autres du même corps se rassembleront au Cairo. Les deux bataillons de Belgioso marcheront d'abord à Mombarcaro et Monesiglio avec les deux compagnies de grenadiers. Ce corps sera commandé par le lieutenant-général Provera d'après les ordres que Votre Excellence lui donnera. Je pars aujourd'hui pour le Mondovi et je serai demain ou après-demain à Céva pour veiller de près les mouvements des ennemis sur la Bormida et le Tanaro. Ces deux vallées peuvent être également menacées. L'armée du roi est concentrée dans ses cantonnements pour la défense du Mondovi et Céva et ne saurait trop s'étendre sur la gauche, tandis que, par tous les rapports, l'ennemi est en force entre Savone et Finale. Il paraît que Gênes veut se défendre, rassuré par l'armée impériale. L'ennemi ne saurait l'attaquer sans artillerie à l'approche des deux armées. Il pourrait bien changer de projet et se tourner brusquement sur le Piémont qui sera aussi soutenu par l'armée de Votre Excellence ; et celle du Roi étant trop faible pour se soutenir par ses forces si elle fut vigoureusement attaquée par la vallée de Tanaro et Bormida. Par le retour du général Provera, j'attendrai ses dispositions ultérieures pour m'y conformer.

Rapports 1er avril. — *Renseignements du capitaine Cauvain.* — Dans une rencontre de patrouilles, il a été tué près de la Pievetta trois hommes et a fait deux prisonniers.

Nouvelles de l'ennemi. — Les Français au nombre de cinq cents hommes se sont postés le 2 au village de Mindino ; ils annoncent devoir au premier jour occuper le col de Casotto et les postes du vallon d'Enfer.

Ordres 1er avril. — *Au commandant du régiment des grenadiers d'Oneille en quartier à Saint-Michel.* — Vous partirez demain 2 et vous vous rendrez d'une marche aux Morères de Céva pour y cantonner avec votre bataillon et les deux compagnies de votre régiment qui se trouvent actuellement à Saint-Michel.

Colli au marquis de la Chiusa, Mondovi 1er avril. — Vous voudrez bien donner vos ordres pour que le régiment des grenadiers royaux et chasseurs partent demain 2 pour aller occuper à Saint-Michel les logements que laisse libre le régiment d'Oneille qui part le même jour pour les morères de Céva. Le régiment des grenadiers royaux sera sur le pied de cantonnement.

Ordres 2 avril. — *Colli au comte Vital, Mondovi.* — Vous voudrez bien ordonner que le bataillon de Genevois qui est à Céva, parte immédiatement pour aller cantonner à Castellino et à Marsaglia et que les deux compagnies du même régiment qui sont à Marsaglia se joignent à celles qui sont à Murazzano et y seront en cantonnement. Le bataillon de Genevois sera remplacé à Céva par deux bataillons de grenadiers royaux qui y seront sur le pied de cantonnement. Des trois compagnies qui seront à Torressina, deux doivent aussi immédiatement cantonner dans les granges de la Pedatagora et la Cassine et la troisième se rendra à Montezemolo. Le bataillon de Genevois sera remplacé à Céva par deux bataillons aux ordres du général Colli pour travailler aux retranchements.

Colli au colonel du régiment de Mondovi. — Vous marcherez demain 3 avec votre régiment à la Madone de Vico où vous le cantonnerez jusqu'à nouvel ordre.

Renseignements 3 avril. — *Renseignements de François Mélin, lieutenant des milices de Millésimo.* — Il a parcouru presque tous les quartiers de l'armée française et s'est présenté comme un transfuge à Schérer, Masséna et Meynier pour avoir de l'emploi.

Il a vu à Nice six bataillons de la nouvelle formation composant six mille hommes.

Il a trouvé à Menton, un bataillon; à San Remo, un bataillon; à Albenga, trois bataillons; à Loano, trois bataillons; à la Piétra, un bataillon; à Finale, trois bataillons et quelques détachements; dans les environs à Savone, quatre bataillons.

Les Français manquent absolument de bêtes de transport, mais au besoin ils comptent de se servir de celles des habitants et même des étrangers.

Il prétend tenir de la bouche même de Masséna que, bientôt, il compte rassembler toutes ses forces pour faire une tentative sur Céva.

On n'attend pour attaquer que l'arrivée du général Bonaparte qui doit prendre le commandement général, et qui formera le plan d'attaque; il a vu chez le transfuge Pino des billets imprimés qui doivent être répandus pour faire déserter nos soldats.

Renseignements 3 avril. — *Du lieutenant des milices Martini.* — Le 2, on a reçu à Calissano l'ordre de préparer des logements pour deux mille hommes. Un ingénieur s'est avancé jusqu'au Giovetti; un bataillon qui s'était avancé jusqu'à Toirano s'est retiré après.

Du capitaine La Roque. — Un émissaire arrivant de Savone dit: qu'il y a six bataillons à Voltri. Les postes de la Madona de Savone et Montenotte ont été renforcés de sept cents hommes chacun. Le 2, près de trois mille hommes sont partis pour Finale, on les dit destinés pour Garessio.

Colli à Beaulieu. Mondovi. — Les deux bataillons de Belgioso avec les grenadiers du même régiment seront demain cantonnés entre Mombarcaro, Monesiglio et Saint-Giulia. Les deux du corps franc de Giulay seront placés au Dego toutes ces troupes sont assignées au lieutenant général Provera qui les placera à portée d'entretenir la communication entre la droite de l'armée impériale et la gauche de la piémontaise. Je renforce les postes du Cairo et Cassine et je porte un corps d'armée sur les hauteurs de Saint-Jean-de Murialdo pour fermer le passage de la Bormida qui vient de Calissano L'ennemi s'est renforcé dans la vallée de Tanaro, je prends des mesures pour m'opposer à tout ce qu'il pourrait entreprendre sur Céva et Mondovi. Dès que toutes les dispositions seront faites, j'amènerai les troupes qui me restent pour être plus à portée de seconder les projets de Votre Excellence. La correspondance des lettres pourra se faire plus aisément par Acqui, Dego et Céva où je serai demain.

Mondovi le 3 avril. — Je crois que le général Provera serait bien à Dégo et que Votre Excellence pourrait faire occuper Acqui par deux bataillons piémontais qui sont à Tortone.

Ordres 3 avril. — *Colli au colonel de Turin.* — Vous marcherez demain le 4 avec les six compagnies pour Bréo où on cantonnera en donnant un détachement composé d'un officier et vingt-cinq hommes à la chapelle du bon Jésus qui sera relevé tous les jours de prêt.

Colli au comte Christ. — Vous ordonnerez au commandant du bataillon de pionniers qu'il marche d'abord au Mondovi avec quatre compagnies; la 5e restera pour le service du corps. Le capitaine Gondolo, si le poste ne le favorise pour avoir une compagnie de milices, pourra être proposé comme capitaine des volontaires qu'il a déjà et qui pourra être renforcé. Tous les congédiés seront promptement rappelés et aucun officier ni soldat ne s'absentera. Chevillard peut toujours entreprendre quelque chose avec les troupes qu'il y a dans votre département. Renvoyez la première centurie de Casal à Demont où elle peut rassurer le général Streng qui doit pousser de forts postes jusqu'à l'Argentière et plus avant s'il est possible. L'ennemi doit être inquiété et alarmé. Renvoyez à Céva la compagnie Pian qui sera remplacée par Cauvin.

Colli au commandant du 1er bataillon de grenadiers à Lesegno. — Le 1er bataillon marchera demain à Céva où il sera cantonné jusqu'à nouvel ordre.

Colli à Vital. — Demain, je fais marcher le 1er bataillon de grenadiers qui est à Lesegno ; vous cantonnerez jusqu'à nouvel ordre dans la ville, celui des grenadiers marchera, comme je l'ai ordonné hier, à sa destination.

Au capitaine commandant une division du corps franc de Giulay à Lesegno. — Demain, M. le capitaine commandant les deux compagnies du corps franc de Giulay et qui sont postées à Lesegno se portera sans délai au Dégo en y occupant les environs. Pour les ordres, il s'adressera au lieutenant-général marquis de Provera.

4 avril. — Pierre Gaval, de Salins en Franche-Comté, canonnier dans le 4e régiment d'artillerie ci-devant Grenoble, déserté d'Oneille le 31 mars, dit que l'artillerie de France est toujours divisée en huit régiments compris celui dit des colonies. Chaque régiment est de vingt compagnies ; il confirme que l'artillerie est distribuée le long de la côte dans des batteries tournées contre la mer. Il dit qu'il n'a vu passer à Oneille que deux bataillons formés depuis un mois venant de Provence, mais qu'il y passe continuellement des déserteurs arrêtés en France et quelques recrues réquisition Il dit avoir vu construire depuis deux mois deux batteries a Saint-Laurent près de Port Maurice, chacune est de deux pièces de 12 battant contre la mer Il y avait à Oneille trois batteries mais on vient d'en faire remonter deux à Orméa.

Du capitaine Pandini. — Les troupes annoncées à Calissano n'y sont point encore venues, mais on les y attend ; il n'y a que deux cents hommes à Bardinetto et quarante à la Mereta à mo tié chemin de Calissano ; il n'y a qu'une garde de trente hommes au Bric de Settepani, soixante à Madone del nevo.

Du lieutenant des chasseurs francs, d'Aglion Ferrerati, parti de la Serra de Pamparata. — Il a reconnu les hauteurs de Casotto, il lui a fallu cinq heures de la Serra pour arriver sur le Bric de Mindino. Tout le revers des Montagnes au Nord est encore chargé généralement de trois ou quatre pieds de neiges dans laquelle on enfonce jusqu'à la ceinture quand elle n'est pas durcie par le gel ; les crêtes sont dépouillées par la tourmente qui a entassé la neige dans les vallons.

Le plateau sur le sommet du Bric où se trouvait la redoute est aussi dépouillé de neige. Les pentes du même Bric au midi n'en ont qu'un pied d'épaisseur, et quarante ou cinquante toises plus bas il n'y en a plus, la crête qui descend vers Raschas n'en a que par place, le plateau de Raschas en a un pied et demi. Pian Granone est sans neige. Les Français sont à Mindino, et ils avaient des patrouilles sur le Bric ; ils en envoient tous les jours aussi sur le Bric de Berlin. Leurs gardes avancées sont . . . .
. . Il n'y a encore rien à Capello. Le Vallon d'Enfer doit être occupé.

Ordres 4 avril. — *Colli à Baulieu, Mondovi.* — Le général Provera occupera le 6 avec tout son corps la position à cheval de la Bormida comme je l'ai annoncé à Votre Excellence dans mon premier rapport. Le capitaine Sportiny est chargé de visiter toute la ligne depuis le Dego, Sassello jusqu'à la Bocchetta et rendra ensuite chez Votre Excellence pour lui en faire un rapport exact et me rapportera ses projets. Elle peut se fier à cet officier qui est (?) d'une probité à toute épreuve que j'estime plus que ses talents. J'ai beaucoup à travailler pour le rassemblement des troupes et leurs approvisionnements et j'espère, après avoir pourvu à la sûreté de la vallée du Tanaro, de porter un corps d'armée considérable sur les hauteurs qui dominent la Bormida prêt à agir d'après ses dispositions. Demain au jour, je serai à Céva.

Au marquis de Chiusan à Bene. — Vous partirez avec vos deux bataillons demain 5 avril de manière à vous rendre de toute manière au Mondovi où vous cantonnerez dans les mêmes logements qu'ont occupé cet hiver les grenadiers royaux.

Renseignements 5 avril. — *Du lieutenant-colonel d'Auvare*. — Le 5 après-midi, l'ennemi au nombre de quatre-vingts hommes est venu reconnaître le col de la Vega.

Les chasseurs Niçards ont attaqué cette patrouille et y ont fait, outre quelques morts, neuf prisonniers dont un chef de bataillon blessé.

Jean-Antoine Peivano de Capello de Garessio prisonnier échappé de Nice, il est venu par la Brigue, Carlin, Viosène et n'a trouvé presque point de troupes dans toute cette partie ; le peu qu'il en a rencontré disait venir à Garessio pour une attaque prochaine contre Céva.

Du colonel Colli. — Les troupes du général Rukhavina sont à Dégo, Rochetta, Giusvalla, Carretto et Saint-Giulia.

Le bataillon d'H. Antoine est cantonné à Roccavignale ; à 10 minutes en avant de la Crocetta, à Censio est un détachement de Giulay ; à Cosseria, des milices et deux compagnies de Giulay.

A Millésimo, les chasseurs la Roque et deux compagnies de chasseurs des deux bataillons ; au Cairo, une compagnie de Tortone, les chasseurs Marlin, deux compagnies de Giulay et des milices ; à Castelnuovo, les chasseurs d'Acqui, une compagnie de chasseurs du 2e bataillon et des milices. Une garde est placée à Saint-Jean de Murialdo. Il reste à Montezemolo le 1er bataillon les chasseurs et cinq compagnies du 2e.

Ordres 5 avril. — *Au commandant des troupes légères*. — Vous marcherez demain le 6 de Bra à Carru et le 7 au château de Céva où vous resterez jusqu'à nouvel ordre.

Colli au commandant du régiment de Mondovi. — Ordre de partir le 7 pour Céva et d'y attendre les ordres du général baron Colli.

Colli au commandant des pionniers. — Ordre de partir demain pour Céva pour y cantonner.

Renseignements 6 avril. — Neuf déserteurs sont venus de la Sotta, ils disent appartenir à une brigade arrivée hier au soir de Bardinetto et Calissano et qui vient de l'armée d'Espagne.

Cette brigade était en partant de trois mille hommes. Elle n'en a plus que deux mille hommes, le reste est déserté, où est demeuré malade sur la route.

Les nouvelles de Tende sont qu'il y est arrivé en même temps des renforts venant aussi de l'armée des Pyrénées et que l'ennemi se dispose à occuper incessamment le col de Tende.

Du général Christ. — L'attaque à Céva est annoncée pour le 9 par un billet venu de Tende.

Le même assure que neuf mille à dix mille hommes ont passé de renfort à la droite. Le quartier général et le représentant du peuple se sont avancés à Albenga pour être à portée de toute l'armée.

Il est pressant pour les Français de tenter un effort parce qu'ils manquent de subsistances. Il y a peu de troupe à la Brigue Le matin du 4, environ cent cinquante hommes sont arrivés à Tende, deux compagnies de grenadiers qui étaient à Saorge et au Fontan, faisant au plus la force de deux cents hommes, on les dit destinés à renforcer la Ca ou même à occuper le col de Tende, on parle d'une diversion qui doit se faire de ce côté pour empêcher les troupes de se réunir à Céva, tout passe à la droite de Sospello. A la Brigue, il n'y a qu'un ou deux bataillons faibles, il y en a un à Tende et deux à La Ca, le tout sous le commandement du général Dallemagne.

Il parait qu'un bataillon va monter le 4 au col de Tende. Les déserteurs arrivés le 5 de Saint-Martin de Lantosca disent qu'il y est arrivé cinq cents hommes depuis peu de l'armée des Pyrénées.

Du capitaine La Roque. — Depuis le 5 au soir les Français sont à Calissano au nombre de deux mille. Rusca est venu le soir même reconnaitre le poste de Caragna. Les ennemis sont, dit-on, considérablement renforcés à Bardinetto.

Ils n'ont point diminué de force à Voltri.

Il ne reste pas plus de mille cinq cents hommes à Savone, à peu près autant sont à Saint-Jacques de Mallare et au Baracon de la Concevola.

Du major Camerano. — On assure que l'ennemi a considérablement diminué à Cadibonna, Madona de Savone.

Nouvelles de l'armée. — Cinq bataillons qui étaient à Orméa se sont avancés à Garessio et Intrappa et Val d'Inferno et cinq autres sont venus de Tende pour les remplacer, un de ces bataillons est destiné à Viosène, l'autre aux Cascines, l'autre à la Cianéa, la force totale est aujourd'hui de quinze bataillons formant environ trois mille hommes.

La troupe est toujours réduite à la demi-ration, on la console en faisant construire de nouveaux fours à Garessio. Tout manque à cette partie de l'armée excepté les munitions de guerre.

La viande manque à l'hôpital, ce qui est de plus à plaindre sont les villages dans la vallée de Tanaro et de Casotto. La faim seule et le besoin peuvent déterminer les Français à agir dans leur situation actuelle.

Ils se vantent que le 14 ils seront à Mondovi.

Ordres 6 avril. — *Au régiment d'Oneille.* — Le 1er bataillon d'Oneille qui est à Priora, à peine l'ordre reçu, marchera aux Ronchini, partie se cantonnera et partie se campera ; leur destination est de soutenir en cas d'attaque l'autre bataillon qui est en avant. L'office leur fera livrer une couverture par chaque six hommes.

Colli à Ricci. — La centurie, les deux compagnies de grenadiers et la compagnie de chasseurs du régiment d'Oneille qui sont aux Morères marcheront de suite au Malpotremo où ils seront cantonnés ou campés et l'office fera délivrer une couverture à chaque six hommes. Le commandant de cette troupe détachera une compagnie qui se campera dans la redoute ou dans le voisinage aux Terres Blanches qui auront garde le devant du petit baracon ; sur l'avis de quelques mouvements de l'ennemi, tout le bataillon se postera sur les hauteurs pour protéger leur retraite qui, en cas de malheur, se fera sur les Ronchini.

Colli à Dellera. — Le régiment d'Asti qui est à Bréo cantonnera dans la vallée de Mondovi un bataillon, et l'autre campera sur les hauteurs où il y a les dernières maisons de Vico où il y avait des canons qu'on fera d'abord monter. Vos deux bataillons de Vérax et ceux de Chiusan marcheront avant jour à Saint-Michel où ils se cantonneront. Le général marquis de la Chiusa s'y rendra aussi ; le chevalier Dichat reste avec ses deux bataillons à Vico prêt à marcher sur les hauteurs en avant de Saint-Michel. Dans le cas d'une alerte, les grenadiers royaux seront cantonnés à Priero et marcheront demain à leurs cantonnements ; les deux bataillons de grenadiers Caret et du Dutour marcheront après-midi à Priero et demain camperont à Montezemolo.

Colli à Bellegarde. — Vous marcherez demain le 7 avant le jour avec votre régiment à Priero où vous serez cantonné jusqu'à nouvel ordre, vous ferez votre rapport au général Vital.

Colli à Brempt. — Le régiment de Génevois doit camper demain le 7 sur les hauteurs à partir des retranchements de la Pedaggera. Vous donnerez l'ordre à ce régiment en conséquence ; les soldats gardent les couvertures, votre régiment sera prêt à y marcher au moindre avis que vous aurez de l'approche de l'ennemi. Les canons doivent être placés dans les redoutes.

Colli à d'Auvare. — Je vous préviens que j'ai envoyé deux bataillons d'Oneille avec les grenadiers et chasseurs à Malpotremo et un détachement à la redoute des Terres Blanches pour votre direction. Nucetto est aussi renforcé. Tâchez de tenir ferme sur les hauteurs si l'ennemi avance et vous vous replierez après la plus vigoureuse défense sur les Terres Blanches. Prenez bien garde à la Sotta qui est occupée par les ennemis. Envoyez des gens affidés à la découverte pour épier les desseins de l'ennemi. Faites avertir les paysans de retirer leur bétail et surtout les mulets à l'approche de l'ennemi.

Colli à Provera. — Je m'empresse de vous dire que l'ennemi s'est emparé depuis hier de la Sotta ; il marche ce jour dans la vallée de Calissano et du Tanaro. Poussez des patrouilles vers Carcare et là les-les soutenir et renforcer par les troupes de Cairo. Faites passer la lettre ci-jointe au général Beaulieu qui a son quartier général à Silvano Adorno.

Colli au commandant du fort de Céva. — Demain le 7, un bataillon de Mondovi se rendra au fort que vous commandez ; il en sortira le bataillon de Savoie qui campera à la Testa Nera. Vous aurez la bonté d'en donner l'ordre à ce bataillon. Je changerai aussi le bataillon de Stettler avec un autre en son temps.

Colli au commandant du régiment de Verceil. — Vous aurez la bonté de remercier le comte de Buranzo du plan qu'il m'a envoyé de la défense de Mombarcaro. Vous pouvez, d'après les idées que je trouve justes faire travailler avec activité à cette redoute en payant les soldats. Si l'ennemi marche contre la Pedaggera et que vous n'ayiez rien à craindre pour votre poste, on doit tâcher de tomber sur le flanc de l'ennemi. Votre régiment doit être campé, autant que le terrain peut le permettre, pour être plus rassemblé et prêt à marcher.

Colli au commandant du régiment de chasseurs. — Demain 7 vous camperez avec votre régiment au Castellazzo vous étendant sur votre droite vers le piton de la Bicoque où vous établirez un piquet. Les compagnies doivent être établies à une distance de cent pas les unes des autres. Vous ferez passer vos rapports au général la Chiusa à Saint-Michel, les soldats auront des couvertures.

Colli au commandant de Chablais dragons. — Vous marcherez avec votre régiment à Bene où vous en cantonnerez une partie et l'autre à Carru. Vous rassemblerez dans la plaine près de la Niella faisant front au Tanaro, si l'ennemi attaque Céva et que je n'aie pas le temps de vous faire avancer. Le régiment de la reine a le même ordre, le plus ancien commandera en conséquence la cavalerie. J'espère que vous serez en état de marcher le 8 avril.

Colli au comte de Sonnaz. — Vous ordonnerez au commandant du régiment des dragons du roi de marcher d'abord à Morozzo Crava, en détachant un officier et trente dragons à Bréo ; ils prendront les ordres du lieutenant-général baron Nellera ; ce régiment doit cependant toujours être prêt à marcher dès qu'il en reçoit l'ordre à Morozzo où il sera cantonné le 8 ou le 9 au plus tard.

Colli à Beaulieu. Céva, 10 heures du matin. — J'ai reçu les deux lettres de Votre Excellence en date du 4 d'Alexandrie. Aujourd'hui 6, le général Provera est aujourd'hui au Dégo, et le régiment de Belgioso avec les grenadiers et une division de Giulay y fut déjà hier, et aujourd'hui Votre Excellence aura le rapport du général Provera que tout est arrivé à sa destination.

J'ai reçu pendant la nuit des rapports réitérés que l'ennemi marche en force par Calissano pour s'établir sur la crête entre la Bormida et le Tanaro. Il paraît que ses mouvements sont dirigés sur Céva et Mondovi. J'ai rassemblé toutes les troupes du roi, mais Martonitz vous aura appris que l'on ne saurait défendre sans votre secours ces différentes positions : le voisinage de Votre Excellence et son armée me rassure. Dans le moment arrivent six déserteurs qui sont partis ce matin de la Sotta ; quoique occupée encore par la neige, les Français y sont établis. Le nombre est à peu près de six cents et deux mille entre Calissano et Bardinetto. Le corps ennemi qui était à Garessio, est aussi avancé à Priola. Il a fait une reconnaissance hier vers les hauteurs de Saint-Jacques, on s'y est rencontré et battu. Nous fîmes un chef de bataillon prisonnier et dix soldats. Tout annonce ou presque une attaque prochaine ou que les ennemis vont prendre les hauteurs dominantes. Ma santé n'est pas trop bonne, je m'en afflige ne pouvant agir comme je le voudrais.

7 avril. — *Nouvelles de Finale.* — Les Français méditent sûrement quelque attaque prochaine et veulent faire une trouée quelque part.

Il ne reste à Finale qu'une garnison de cent cinquante hommes. Toutes les troupes venues de Savone à Albenga se sont portées à la Montagne aujourd'hui, l'expédition des vivres pour les troupes qui garnissent les hauteurs se fait depuis Bardinetto et Calissano où l'on fait aujourd'hui le pain. On assure qu'il s'y trouve en ce moment un rassemblement de dix mille hommes très déterminés à pénétrer ; une autre colonne de dix mille hommes aussi est prête, à ce qu'on assure, à attaquer bientôt du côté de Carcare.

Les Français croient que les Austro-Sardes veulent les attaquer bientôt et ils sont déterminés à les prévenir.

Le soir du 7 sont arrivés à Loano deux cents chevaux qui sont partis tout de suite pour Bardinetto. Le général Rusca s'y est rendu aussi le 5 et il a dû occuper les postes de la Spinarda et de la Sotta.

Tous les mulets de bât dans le Marquisat sont réquisitionnés pour l'armée française qui continue d'ailleurs à accabler le pays de contributions.

Rapports 7 avril. — *Du colonel Colli.* — Un émissaire arrivant d'Albenga et de Loano annonce que les Français réparent les fortifications de San Spirito et autres de la ligne du passé.

Un autre émissaire arrivant de Savone dit qu'à Monte Negino il n'y a pas plus de cent cinquante carabiniers, et qu'entre ce poste, Cadibone, Madona de Savone et Vado, il n'y a pas en ce moment plus de trois mille hommes.

Le général de brigade Guieu, commande l'avant-garde de la 2e division de la droite à Garessio.

Du capitaine Viglietti. — L'ennemi a fait retirer le peu de canons qu'il avait à Finale pour armer la ligne de San Spirito sur la droite du torrent de Fiumara, il en a fait de même des munitions de guerre et de bouche. La ligne française commence à la Madona della Guardia au-dessus de Voltri elle suit par Ivrea, Varragine, Albissola, Monte Negino, Priocco, Madone de Savone, Tagliate dei mare, la Consevola, Saint-Jacques, Col del Pino, Madona delle Neva, Melonio, Settepani, Bardinetto et la Sotta. De Voltri à Varagine, on croit qu'il y a sept mille hommes, de Varagine à Finale autant et autant encore de Finale à Albenga.

L'ennemi est dans un mouvement continuel, les Français réunissent toute leur artillerie du côté d'Albenga et de Loano, n'en ont point même du tout contre Gênes.

Les patrouilles de la Madona de Savone sont venues jusqu'à la distance d'un demi mille de Ferrania, celles de Cadibone sont venues jusqu'à Carcare.

D'un émissaire du général Rukhavina. — Les Français publient toujours qu'ils vont effectuer incessamment la grande attaque annoncée, mais ils ne paraissent dans le cas de rien entreprendre de bien sérieux par manque de forces et surtout de bêtes de transport, il leur est cependant arrivé à Savone quatre cents mulets dont quelques-uns viennent de Nice et les autres sont enlevés de force dans la Rivière.

On a dû garnir en forces les hauteurs de l'Altare dans la journée du 6.

Le général Ménard doit y commander.

Les Français paraissent très embarrassés à Voltri, ils ne peuvent, comme ils l'espéraient, se rendre maîtres de Gênes et ils ne savent comment se retirer, obligés de faire tête aux Autrichiens qui les serrent de près et menacent de les couper sur Savone, il leur est venu un ordre de Turin qu'il se préparait une diversion sur le Dauphiné, ce qui les a obligés de tout faire rétrograder, quatre mille à cinq mille hommes, et ils sont occupés d'assurer leur retraite en fortifiant la ligne de San Spirito.

Du major Pandini. — L'ennemi a occupé la redoute des Giovetti à 5 heures du soir avec une force d'environ cent cinquante hommes, et il y a allumé des feux.

Du lieutenant Martini. — Ayant reconnu de près l'ennemi, il a trouvé que les avant-postes sont à Caragna et à Giovetti.

Il arrive continuellement des troupes à Calissano depuis la Rivière. Les hauteurs de Saint-Bernard, la Spinarda et la Sotta sont occupées.

Ordres 7 avril. — *Colli à Flumet, Céva.* — Il est nécessaire que vous marchiez, général, aujourd'hui à Montezemolo avec votre troupe qui est destinée soit à renforcer ce poste, soit à perfectionner les ouvrages. Le colonel marquis de Colli, commandant des avant-postes sur la Bormida, est prévenu de votre arrivée et tâchera de vous faire cantonner s'il est possible.

Colli à Provera. — J'ai reçu votre lettre sur le bataillon de Giulay, commandé par le major Peretrich, il arrive aujourd'hui sur les hauteurs de Santa Giulia. Il vous aura envoyé ses rapports comme il en a eu l'ordre. Je crois que vous devez les placer sur les hauteurs qui sont sur la droite de la Bormida pour y être en communication avec la gauche qui est à Mombarcaro.

Le bataillon de Giulay qui est au Cairo, Millesimo et Rocchetta de Censio vous est assigné et vous lui enverrez vos ordres.

Le capitaine X... sera renvoyé à Cosseria qu'il doit défendre avec la division qu'il commande. Le capitaine comte Martin avec les milices qui sont au Cairo vous sont assignés. Il a l'ordre de vous faire ses rapports. Je vous préviens que j'occupe aujourd'hui Saint-Jean-de-Murialdo avec deux bataillons et Montezemolo avec cinq bataillons de grenadiers, de sorte que votre droite est assurée et votre gauche le sera par le corps du général Rukhavina. L'ennemi s'affaiblit sur Cadibone et se renforce sur les hauteurs de la Sotta entre le Tanaro et la Bormida. Faites-moi passer vos rapports par le brigadier Bellegarde qui commande à Montezemolo.

Colli à Bellegarde. — Votre brigade est composée de deux bataillons de grenadiers royaux, deux des brigadiers Caretto et du Tour et un bataillon de Tortone. Ces cinq bataillons camperont sur les hauteurs à la droite de la redoute de Montezemolo vers Saint-Jean-de-Murialdo.

Ce corps est destiné à soutenir l'avant-garde commandée par le général marquis Colli placé à Saint-Jean-de-Murialdo qui vous fera ses rapports. On doit, autant que possible, défendre ce pays entre la Bormida et le Tanaro ; la droite est aux Terres-Blanches et Malpotreno occupé par trois bataillons avec lesquels il faut établir une communication La retraite, si on y était forcé par une force supérieure de l'ennemi, se fera en ordre sur les différents passages avantageux qui se présentent jusqu'au camp retranché de la Pedaggera.

Colli à Provera. — Je reçois votre lettre sur les notions de l'ennemi que je connaissais déjà. Par ces mêmes notions, vous devez être assuré que l'ennemi n'est que sur la défensive, d'ailleurs vous êtes sur la crête qui, de Dego, vous mène à Spigno où vous serez soutenu par le corps autrichien à Menesiglio. Les Croates, comme je vous l'ai écrit, du 2e bataillon, sont sous vos ordres ainsi que les Piémontais au Cairo Vous aurez la carte demain. Je tâcherai de vous envoyer un détachement de dragons. Faites fournir les munitions aux Croates par les transports qui vous arrivent de Cortemiglia avec les pièces de canon que j'ai ordonnées.

Rapports 8 avril. — *Du lieutenant-colonel d'Auvare.* — La force de l'ennemi dans la vallée de Tanaro entre Ormea et Priola ne surpasse pas trois mille hommes ; la redoute de Giovetti est occupée depuis le 7 au soir à 5 heures ; depuis près des Ronchi jusqu'à la redoute de Giovetti, les forces de l'ennemi n'étaient pas nombreuses.

Du colonel Colli. — Un émissaire arrivant de Loano dit qu'il y a peu de monde à Finale, environ mille hommes à Loano, qu'on garnit de quelques troupes les positions de la campagne dernière dont on répare les retranchements, que les Français ont pris de force une partie des bêtes de charge des habitants de la Rivière. Il dit que l'on apporte du canon dans la ligne de l'année dernière et qu'on a embarqué quelques pièces pour Nice.

Il n'y a presque personne à Melonio.

Du lieutenant-colonel d'Auvare. — L'ennemi occupe le Rejoint et les Giovetti jusqu'à la descente sur Calissano au-dessus de Vétria, il y a eu quatre feux pendant la nuit, il paraît que ce sont les mêmes troupes qui étaient à la Sotta qui se sont avancées, il ne reste à la Sotta qu'une garde, deux bataillons sont arrivés hier à Mursecco, l'un des deux a relevé le bataillon que commande M. Barthélemi, lequel bataillon s'est retiré à Garessio, l'autre s'est allé camper à mi-montagne tendant au col de Saint-Jacques.

La force de l'ennemi est toujours la même que pendant cet hiver, il n'a point encore paru au Casali de Priola.

Du colonel Colli. — Saint-Jean-de-Murialdo a été occupé dans la nuit du 6 au 7 par cinq compagnies de chasseurs de Colli et les chasseurs d'Acqui, le tout faisant en tout deux mille fusils. Le bataillon du corps franc de Giulay, employé dans la Bormida est fort de 476 hommes répartis de la manière suivante : à Cairo, 143, à Millesimo, 159, à Roccavignale, 29, à

Censio, 57, à Cosseria, 64, à Salvi, 14. Total 476. Il est joint à cette force un transport de 213 hommes. Total, 689 Croates.

Cosseria est aujourd'hui garni par quatre-vingt-dix hommes du corps franc de Giulay et par une compagnie de milices. Millesimo a été renforcé d'une compagnie des chasseurs de Nice et deux compagnies de chasseurs Colli.

Roccavignale a été renforcé de trois compagnies de Tortone formant cent vingt fusils. Le Cairo a été renforcé d'une compagnie de Tortone de cinquante fusils ; à Montezemolo se trouvent dans ce moment la compagnie de pionniers.

Du major Maulandi. — Les trois bataillons de Stettler sont campés au grand intervalle entre Faya et Bayon et Testa Nera.

Le premier bataillon de Savoie est sur la droite du village retranché de Mondon. Le bataillon de chasseurs de la légion campe : une centurie au pied de la montagne de la Suppa vis-à-vis du chemin tendant à Paroldo. Une compagnie au-dessous de cette butte, une quatrième un peu plus bas à gauche ; le régiment de royal allemand campé sur la droite de la deuxième redoute de la Pédaggera parallèlement au grand chemin de Céva.

Ordres 8 avril. — *Colli à Mussan.* — Vous ordonnerez au commandant du régiment de Stettler de s'étendre plus sur la gauche. Le premier bataillon reste à sa place ; les autres se campent sur la même ligne avec les intervalles de deux cents pas. Le bataillon de Savoie qui reste à Torresina, campera aussi occupant le plus de terrain possible.

Colli au gouverneur du fort de Céva. — Le bataillon de troupes légères sortira du fort et campera sur la hauteur dominante entre Mondon et Peddagera. Dès que les circonstances l'exigeront, je vous fournirai les troupes nécessaires à la défense.

Colli au comte Christ. — Le lieutenant-colonel Franco est chargé de la construction des retranchements qui doivent couvrir le pont de Gênes. Vous pouvez faire placer l'artillerie en position, les chevaux doivent pourtant cantonner. S'il vous faut des troupes en avant, on peut faire camper un bataillon de votre régiment et un de Peyer. La communauté de Viola réclame contre la retraite de la compagnie Cauvin, il faut pour quelque temps la satisfaire. Il n'y a rien à craindre de votre côté, et même le chevalier Chevillard peut entreprendre pour alarmer l'ennemi de votre côté. J'espère que les fourrages seront repliés et que j'aurai bientôt des nouvelles des reconnaissances ordonnées sur l'Argentière. J'ai envoyé vos réflexions qui sont justes à Turin, au sujet de la nouvelle formation des milices.

L'ennemi s'est renforcé beaucoup dans les villages du Tanaro et de la Bormida.

Colli à Pian. — La compagnie de chasseurs Pian marchera d'abord à Malpotremo et de là à Perlo d'où elle se joindra avec la compagnie Pandini aux troupes.

Colli à Dellera. — Troupes commandées par le général baron Dellera. Les deux bataillons de Turin, les deux bataillons d'Asti avec les compagnies de milices de Frabosa, troupes commandées par le major-général marquis de la Chiusa.

Les deux bataillons de grenadiers Dichat à Vico, les quatre bataillons de grenadiers à Saint-Michel, le régiment de Chablais campe à Castellazzo, le régiment de la légion à Torre et Montaldo, les troupes de Pampara sur le Casotto.

Colli à Pandini. — La compagnie Pian marchera demain à Saint-Jean de Murialdo et le capitaine recevra les ordres du colonel Colli. Il faut donner des secours aux troupes des Terres Blanches, si elles sont attaquées.

Colli à Bellegarde. — Le bataillon de Tortone cantonnera encore jusqu'à ce qu'il ait ses tentes, mais il occupera d'abord les retranchements de la Crocetta au premier signal de l'approche de l'ennemi. J'ordonne de faire établir un petit magasin à Montezemolo de munitions de guerre et de bouche. En attendant, il faut les chercher à Céva. Le roi n'accorde la ration de lard et de légumes qu'aux postes avancés. Vous aurez demain la parole. Il faut reconnaître le plus court chemin pour porter secours à l'avant-garde du colonel Colli s'il est attaqué.

Colli au colonel Colli. — J'ai reçu votre rapport. Pandini m'avait aussi écrit qu'il avait rencontré un poste ennemi sur les Giovetti. Il ne faut pas les y laisser établir, marchez-y si vous savez que le nombre n'est pas supérieur et culbutez les en faisant aussi attaquer par Pandini. Je lui ordonne de vous envoyer demain la compagnie Pian. Tâchez de faire quelque chose. Bellegarde a ordre de vous soutenir, faites travailler les pionniers aux redoutes qui assurent les postes que vous jugerez d'occuper, ma jambe enflée m'a empêché de visiter vos postes, faites-moi toujours vos rapports.

Colli à Provera. — La lenteur de la marche du major Peretisch est bien répréhensible ; il sera cependant arrivé à Saint-Giulia. Ce poste est assez gardé par quatre compagnies. Si vous pouvez en retirer deux à Dego et vous en aurez six avec les deux bataillons de Belgioso et les grenadiers, vous ne risquez rien sur les hauteurs, l'ennemi ne viendra pas s'enfermer dans la vallée de la Bormida tandis que l'armée impériale est sur votre gauche et celle du roi sur votre droite. Cairo ne doit être gardé que comme un poste avancé qui doit se replier sur Cosseria. On ne saurait y laisser assez de monde, c'est un poste essentiel. Il sera cependant bien d'envoyer encore une compagnie de Giulay à Cairo d'où vous en avez retiré deux. Aujourd'hui j'ai fait chasser les Français des Rejoint. J'ai envoyé l'ordre au colonel de dragons d'envoyer à Dego un officier et trente chevaux. Les canons vous seront déjà arrivés et la carte vous l'aurez aussitôt qu'elle sera achevée.

Renseignements 9 avril. — *Nouvelles de l'ennemi.* — Quatre cents mulets sont arrivés à Vado ; les Français s'occupent à garnir la ligne qu'ils ont préparé sur la crête des montagnes, ils destinent deux mille hommes à Pian del Merlo, Montenotte et leurs dépendances : un nombre égal doit se porter sur les hauteurs de l'Altare.

Le nouveau général en chef Buonaparte est venu le 7 au matin visiter Cadibone, il a fait partir de la Consevola un bataillon pour le mont d'Hautefeuille, lequel est muni de quelques retranchements. Le commandant Rondeau doit se fixer à Monte-Mauro ; on attend à Cadibone d'un moment à l'autre deux bataillons de renfort de chasseurs arrivant des Pyrénées, venus le matin du 7 à Savone. Au col de Saint-Jacques, Madona del Neva il n'y a que les gardes ordinaires ; à Settepani, on ignore la force qui s'y trouve, personne ne pouvant y aborder. On sait seulement que le général Meynier avec trois mille hommes, s'est porté à Melonio, les retranchements de San Spirito sont réparés, et l'on y met de l'artillerie venue de Finale. La force de l'armée ennemie prise en général n'outrepasse pas quarante mille hommes combattant ; l'avant-garde entre Spotorno et Voltri n'est que de quatorze mille ou quinze mille hommes. Il est entré dans la Rivière deux mille chevaux dont deux cent cinquante se sont avancés jusqu'à Vado.

Nouvelles de l'ennemi. — Le 8, l'ennemi a renforcé par de gros piquets toutes les hauteurs de la tête des Bormida. Deux mille hommes sont à la Madonna delle Neva, autant au col Saint-Jacques, trois cents à Mélonio, le reste de trois mille hommes venus avec le général Meynier sont répartis entre Canova, Saint-Pantaloon (Pantaléon) et Torre de Calissano, quinze cents sont montés de renfort au camp retranché de Saint-Jacques par Feligno. On croit qu'entre Bardinetto et Calissano, il doit se trouver en ce moment au moins douze mille hommes. Une lettre venue d'Albenga assure cependant que le nouveau général Buonaparte a renoncé à l'attaque et veut seulement se mettre sur une défensive imposante jusqu'à l'arrivée des renforts que doit amener Carteaux.

Nouvelles de l'ennemi. — Un émissaire parti le 5 d'Utelle dit que, le 30 du mois passé, il est arrivé à Nice un renfort de deux mille cinq cents hommes d'infanterie et mille quatre cents chevaux lesquels ont filé tout de suite dans la Rivière.

On a embarqué pour l'armée au port de Nice, des boulets de 22 millimètres et beaucoup d'autres munitions de guerre ; il est arrivé aussi douze cents hommes.

Du colonel Colli. — Deux déserteurs venus du camp de la Sotta disent qu'il y a un rassemblement considérable dans le creux de Bardinetto et Calissano, et qu'à Calissano seulement il y a huit bataillons, et cinq bataillons à la Sotta ; deux brigades ont dû arriver de Toulon à Nice, vers le commencement de ce mois dont les brigades des Allobroges est une.

Ordres 9 avril. — *Colli à Beaulieu, Céva, midi.* — Je viens d'être assuré par tous les émissaires et les rapports de la Rivière que l'ennemi se renforce toujours plus dans la vallée du Tanaro et celle de Bormida. Il avait hier occupé le Giovetti, mais il en a d'abord été délogé par mon avant-garde que j'ai avancée de Saint-Jean-de-Murialdo soutenue par le corps de grenadiers campé à Montezemolo, ce corps doit se replier sur le camp de la Bormida, si l'ennemi avance avec des forces de trop supérieures, mais aussi il est prêt à marcher par la gauche pour attaquer l'ennemi en flanc, s'il s'avance dans la Bormida del Cairo qui ne court aucun risque, il ne serait jamais si téméraire de se jeter entre les deux armées.

Le camp de Céva est occupé par huit bataillons et celui de la Pedaggera qui en fait la gauche par six, l'avant-garde de ce camp est sur les Terres Blanches qui défend la droite du Tanaro.

La communication entre Céva et Mondovi est assurée par le corps intermédiaire de la Bicoque ; le Mondovi est gardé par quelques bataillons et le sera encore plus par toutes les troupes avancées entre la Corsaglia, le Casotto et la Mongia qui doivent s'y retirer.

Dans ces positions, j'attends l'ennemi et, d'après ses mouvements, je réglerai les miens qui dans ce moment ne peuvent être que défensifs.

J'espère d'avoir le plaisir de recevoir Martonitz avec ses projets que je m'empresserai de seconder.

Colli à Beaulieu, 10 heures 30 au soir. Céva. — Par mes lettres consécutives que Votre Excellence aura déjà reçues, elle sera au fait de mes dispositions. Je viens de recevoir celle du 8 datée d'Acqui, je suppose que son quartier général y est déjà établi, j'y adresserai mes lettres. Il sera nécessaire que Votre Excellence établisse la correspondance avec ses hulans par Cortemiglio jusqu'à Mombarcaro où j'ai appuyé ma gauche, je ne quitte pas Céva si ce n'est pour me promener sur ma ligne de Pedaggera, Montezomolo à Saint Jean-de-Murialdo. J'ai bien des positions à garder et je n'ai que deux généraux dont un malade et l'autre bien faible, ma santé n'est pas la meilleure ; je fais et je ferai tous les efforts pour me porter où le besoin sera le plus pressant. Je préviens le général Provera de se tenir sur les hauteurs de Saint-

Giulia avec sa gauche vers Mombarcaro, ce n'est que placé de la sorte qu'il peut m'appuyer et défendre ma gauche d'être tournée par Cortemiglia. J'espère que Votre Excellence avancera quelques bataillons à Dégo et serrera de près les ennemis à Voltri. Il paraît, par les lettres de la Rivière, les émissaires, les déserteurs et plus encore par les forces que l'ennemi rassemble à Calissano, et Bardinetto et par celles qu'il a déjà sur le Tanaro, décidé à tenter quelque attaque sur la position de Céva et Mondovi. Je ferai ce que je pourrai pour me défendre et j'ai toute la confiance dans ses secours.

Colli à Colli. Céva. — Demain le 10, je vous renforcerai par un bataillon d'Acqui. Tâchez de faire travailler aux retranchements qui doivent défendre votre poste. Il faut absolument empêcher l'ennemi de s'établir aux Rejoint. Tâchez à votre tour de le menacer. Dès que je serais mieux à ma jambe j'aurai le plaisir de vous voir.

A Bellegarde. — Je vous préviens que, demain 10, je fais marcher le bataillon d'Acqui à Saint-Jean-de-Murialdo pour renforcer l'avant-garde du marquis de Colli.

Les ingénieurs opinent qu'il est dangereux de démolir la tour, aussi elle restera et on travaillera à établir quelques plates-formes dans l angle de la redoute.

Colli à Provera. Céva, 11 heures du soir. — Je viens de recevoir une lettre du général Beaulieu. Il paraît désirer que vous occuperez en force la position entre les deux Bormida et Saint-Giulia, Salietto et Censio pour soutenir en force le poste important de Cosseria. Je vous prie en conséquence d'occuper ces positions, car le général Beaulieu avancera, à ce que j'espère, des troupes au Dego. Dans le cas que je sois attaqué, vous devez marcher pour prendre l'ennemi en flanc et, si vous êtes attaqué, après la plus vigoureuse résistance, vous vous replierez sur Mombarcaro. Renvoyez vos malades à l'hôpital d'Acqui d'où vous tirerez aussi vos munitions de guerre et de bouche dans le cas qu'on ne soit pas en état par quelque hasard de ne pas les fournir de nos magasins. Donnez-moi des nouvelles des ennemis quand vous en aurez. Envoyez de fréquentes patrouilles au Carcare et vers Montenotte.

Vos canons seront arrivés.

Rapports 10 avril. — *Du colonel Colli.* — Les déserteurs venant de la Sotta disent que l'attaque est différée parce qu'on attend des munitions et des armes qui doivent arriver le 9 au soir.

De M. Castellari. sous-lieutenant dans le régiment de Piémont, prisonnier de guerre rendu sur parole, partit d'Avignon le 30 mars, de Nice le 6 avril.

Il a passé par Oneille, Orméa et Garessio, l'armée d'Italie est composée de douze brigades de trois mille hommes, complétées ou qui doivent l'être, par les amalgames, et les remplaçages des réquisitions, plus deux brigades d'infanterie légère, cinq mille hommes d'artillerie, deux régiments de cavalerie de quatre escadrons composés chacun de cent cinquante hommes.

Il a vu hier à Orméa deux bataillons de grenadiers et beaucoup de troupes à Garessio ; on lui a dit que l'organisation et l'amalgame de l'armée devaient prendre encore quatre ou cinq jours, il a vu de la cavalerie, hussards et dragons, à Nice et à Oneille, tous les mulets des habitants de la Rivière sont mis en réquisitions pour le service de l'armée et tous les fourrages pour nourrir les chevaux.

Nouvelles de Finale. — Le 4 courant, Buonaparte a fixé son quartier général à Albenga, où sont arrivés en même temps cinq cents hommes lesquels sont ensuite repartis pour la montagne, une division de cavalerie de deux cents hommes est arrivée à Loano en même temps. Elle doit arriver à

Finale le 9. On a vu de Finale, le 7, deux frégates, un cutter et d'autres bâtiments corsaires anglais, donnant la chasse à différents bâtiments grecs qui s'englissaient du côté de Nice, mais ceux-ci, protégés par les batteries de la côte, se sont échappés.

On a dû tenir à Loano mercredi un conseil de guerre présidé par le général en chef Buonaparte, il s'agissait de décider si l'on attaquerait sur-le-champ la ligne austro-sarde, ou si l'armée française, se retirant de Voltri, reprendrait la ligne défensive de l'année dernière à San-Spirito. Depuis lors les mouvements des Français font croire qu'ils vont attaquer du côté de Bardinetto et de Montenotte où ils rassemblent le plus de troupes. Toutes les troupes cantonnées à Finale et dans les environs ont pris position dans les montagnes.

Trois cents hommes sont à Mélonio, deux cents à la Madona delle Neva, un piquet de vingt hommes seulement à Settepani, deux cents hommes au camp retranché à Saint-Jacques et Foglino ; dans le bassin de Bardinetto dix mille à onze mille hommes, y compris une avant-garde de deux mille environ commandés par le général Rusca. Il y a eu quelques coups de fusils à Voltri et l'on a rapporté le 7 quatre-vingt-deux blessés.

Du lieutenant-colonel d'Auvare. — Le 10 à midi, on a vu de Bagnasco une troupe ennemie d'environ cinq cents hommes remontant de la baisse de Calissano vers la Sotta par la crête de pra de Ronchi.

Précis du rapport fait au général Beaulieu par le général Provera. — « D'après l'ordre qu'il a reçu de se resserrer sur Saliceto pour défendre les crêtes qui séparent les deux Bormida, il n'attend que l'arrivée de bataillons impériaux qui doivent le remplacer à Dego pour se porter à Saliceto, où il compte tenir en réserve Belgioso et ses grenadiers, composant une force de huit cents hommes. Il renforce principalement Censio et Carretto, qui seront occupés par les Croates de Giulay. Le château de Cosséria, position excellente pour une avant-garde, sera tenu en force par une division des mêmes Croates, et un bataillon tout entier demeurera de réserve à Sta-Giulia pour soutenir au besoin les troupes des hauteurs qui sont en avant. L'objet de cette disposition est d'empêcher l'ennemi de tourner la position de Céva par les hauteurs qui séparent les deux Bormida, et l'on a cru ne pouvoir mieux remplir cet objet surtout avec des forces qui ne surpassent pas deux mille hommes. »

L'adjudant-major Mermet de la 39e demi-brigade parti de la Piétra le 3 du courant est déserté ledit.

Nouvelles de Finale. — L'ennemi a passé sous les armes toute la nuit du 9 au 10, et, par ordre du général Buonaparte, ils se retirèrent le matin du 10 dans leur ancienne ligne de Bardinetto.

Du colonel Colli. — L'ennemi marche de Savone sur Loano, deux canons de montagne sont placés dans les retranchements de Saint-Jean-de-Murialdo, il fait retrancher le bric de Tia et de Saint-Bernardin pour placer quatre compagnies au premier de ces deux postes et deux au deuxième. Le 2e bataillon d'Acqui arrive en ce moment.

Ordres. — *Colli à Provera. Céva.* — J'ai reçu votre lettre d'hier avec celle du général Beaulieu. Par mes autres lettres, vous aurez observé que je vous ai indiqué le poste de Cosseria comme essentiel pour couvrir les Langhes entre les deux Bormida. En exécutant donc les ordres du général Beaulieu, de la façon que vous avez disposé vos troupes, vous êtes en mesure de couvrir mon flanc gauche à Mombarcaro. Les troupes légères du Cairo doivent toutes se replier sur Cosseria si l'ennemi se présente en force, et celles de Millesimo à Rocca Vignale et Crocetta où campe un bataillon de Tortone sont couvertes par le camp de Montezemolo. Dites au capitaine que je l'attends au plus tôt ; il doit reconnaître le plus court chemin de votre droite jusqu'à Mombarcaro. J'ordonne un petit camp à Cortemiglia.

Renseignements 11 avril. — *Notions sur les généraux de l'armée d'Italie et sur la division de l'armée.* — L'armée depuis San-Remo jusqu'à Voltri est composée de quatre divisions, celle de La Harpe à Savone, celle de Meynier à Finale et celle d'Augereau à la Pietra et celle de Serrurier sur le Tanaro. Masséna commande en chef ces divisions.

Les divisions sont composées de plus ou moins de bataillons réunis par brigade.

Le général Buonaparte. Corse âgé de 29 ans, il était officier d'artillerie et par conséquent gentilhomme. Son entourage est composé d'officiers d'artillerie. Il est homme de bonne compagnie et d'esprit et a la réputation d'être fort entreprenant.

Le général Augereau est un homme sans éducation, il était tambour-major et maître d'armes, fort brave et ayant commandé une division de l'avant-garde à l'armée d'Espagne, sans talent d'ailleurs et n'ayant que les qualités d'un soldat.

Le général Meynier est un homme de mérite, ancien officier de fortune, aimé et plein de valeur, mais médiocre pour le talent.

Le général Serrurier a 45 ans, il était capitaine dans les chasseurs d'Auvergne, homme de mérite et de talent.

Le général La Harpe est suisse, il était lieutenant-colonel du régiment d'Acquitaine, homme de talent et d'éducation, fort aimé de la troupe. Entre les généraux de brigades, on remarque Cervoni, Corse ; est un homme de 30 ans, brave et fort aimé de la troupe, homme d'éducation et d'esprit.

Le général Dommartin, ci-devant marquis et officier d'artillerie, âgé de trente ans, homme très estimé.

Ménard, ci-devant capitaine dans les grenadiers de Champagne, officier de fortune, fort brave mais sans éducation, Beyrand, Jacobin, Banel de même, le général Rusca de même, tous généraux de brigade.

La brigade des Allobroges commandée par Rusca doit être portée à trois mille hommes, mais elle est encore incomplète, et elle a perdu beaucoup en venant. Le général de brigade Victor, de la division d'Albenga, ancien musicien jouant de l'octavin dans le régiment de Grenoble artillerie, bon officier et homme modéré. L'esprit de secte existe très vivement dans l'armée.

La division d'Augereau est toute composée de jacobins.

Claude Moran, prisonnier fait à Calissano, dit que l'ennemi était encore à la Sotta ce matin.

Du major Pantini. — Des muletiers arrivant de Calissano assurent que, le 10 au soir, les Français ont abandonné ce lieu, et se sont repliés sur Bardinetto.

Du colonel Colli. — Les patrouilles envoyées vers Calissano ont reconnu et fusillé les avant-postes de l'ennemi qui sont à la Ména. Les patrouilles envoyées vers la Sotta ont trouvé les feux encore allumés à Prato de Ronchi mais l'ennemi est encore à la Sotta tenant les redoutes.

Du lieutenant-colonel d'Auvare. — Il n'y a dans la nuit dernière qu'un seul feu au-dessus du Cassali, on croit que l'ennemi veut s'établir sur la Spinarda.

Du capitaine la Roque. — Une patrouille arrivant de Carcare rapporte, qu'hier au soir sur les 6 heures, les Autrichiens se sont rendus maîtres de Montenotte et qu'ils se sont avancés en force à Monte Negino, que l'ennemi s'est retiré sur la Madone de Savone, des patrouilles de hulans vont continuellement de Carcare vers l'Altare pour observer l'ennemi.

Du ministre Cravanzana. — M. de Beaulieu a déjà fait attaquer une redoute sur les hauteurs de Voltri et l'a emportée, son armée entière continue à s'avancer, il a fait marcher aussi quatre bataillons des troupes du Roi qui étaient à Alexandrie et Tortone.

Du capitaine Viglietti. — L'ennemi continue à se renforcer vers Voltri. Il est venu déjà de Voltri à Savone trois cents blessés. Les Autrichiens sont à Montenotte vers le Castellazo ; s'ils pouvaient descendre sur Monte Negino, Priocco, Marmorassi sur Albissola, l'ennemi serait coupé.

Colli à Beaulieu. Céva, 11 avril, midi. — Le lieutenant général baron de Latour arriva ici hier au soir. Il m'a demandé mon avis sur les opérations de la campagne ; j'ai répondu laconiquement que, dans le moment que l'ennemi menaçait par la Bormida et le Tanaro, je ne pouvais que me tenir dans une stricte défensive, en y ajoutant qu'il dépendrait de vous de proposer les opérations ultérieures que je seconderais de toutes les forces que j'avais. Il me parla de rendre le corps auxiliaire à l'armée impériale. J'ai répondu que je ne m'en mêlais pas et que cet arrangement dépendait aussi de vous. Je vous prie cependant, en ami, de me laisser commandant de ce corps où j'aurai ma retraite si les circonstances me décident à me retirer de cette armée. Je servirai toujours avec plus de plaisir sous vos ordres que de commander une armée que j'aime et dont je suis aimé, mais qui me procure bien des ennuis (?) par les envieux de Turin.

Provera a été occuper le poste que vous lui avez ordonné.

Dès que vous aurez conféré avec le général de Latour, il sera bien incessant que je puisse vous voir. L'ennemi paraît indécis sur le parti qu'il prendra m'ayant trouvé en mesure de m'opposer à toutes ses entreprises sur Céva et Mondovi. J'ai dans le moment des rapports de mon avant-garde que l'ennemi se retire de Calissano. J'ai détaché les troupes légères pour m'assurer de cette retraite.

12 avril. — *Du capitaine Laroque.* — Les Autrichiens ont attaqué Notre-Dame de Savone ce matin : il paraît que l'ennemi bat en retraite, le bruit du feu s'éloignant de Savone ; une colonne de hulans et de Croates s'avance par le grand chemin de Carcare vers l'Abbaye.

Du capitaine Bourgeois. — Les Français font le chemin pour descendre à Casotto ; on les a fait reconnaître et leurs pionniers se sont enfuis, il y a apparence d'attaque de ce côté.

Du colonel Colli. — On allume le signal de Cosseria, les Français ont battu les Autrichiens près de Montenotte.

Du capitaine Viglietti. — La colonne autrichienne qui était hier soir à Ca di Ferro a paru à 2 heures après-midi attaquée et prise en flanc par une colonne française qui est descendue des hauteurs de Crovo et qui les a attaqués au Castellazzo et au Traversino et les a culbutés vers le mont dei Prati ; à présent l'ennemi est à Groppo, sur le Casotti et sur le Castellazo, à la Casciunassa, au pian del Merlo ; la colonne était suivie par cent bêtes chargées de vivres de la Concevola et de Saint-Jacques.

Les Français ont fait le 11 une fumée sur le Bric de la Concevola pour avertir apparemment que l'armée sarde ne faisait aucun mouvement.

Ordres. — *Colli à Bellegarde. Céva.* — Vous ferez marcher d'abord le bataillon de grenadiers du chevalier Carotto à Cosseria où il doit occuper les hauteurs à la pointe du jour et faire annoncer son arrivée au général Rukhavina. Il doit défendre Cosseria jusqu'à l'extrémité.

Colli à Bellegarde. — Demain arriveront à Montezemolo trois compagnies d'Acqui qui sont à Sale. Vous aurez la bonté de les cantonner dans le village. Si l'ennemi avance vers la Bormida, les trois compagnies renforceront la Crocetta.

Colli au commandant du bataillon d'Acqui à Sale. — Vous marcherez avec votre bataillon à la pointe du jour à Montezemolo où vous cantonnerez. Une compagnie sera placée à Arbi où il y a déjà un détachement de votre bataillon. Vous recevrez les ordres du brigadier marquis de Bellegarde.

Colli à Provera. Céva, 12 avril, 10 heures du soir. — Je fais marcher à Cosseria un bataillon de grenadiers piémontais, et un autre bataillon d'Acqui sera à la Crocetta avec Tortone. Votre droite est par cette disposition bien couverte. Détachez vers le Cairo sur les hauteurs de la Pattaria les grenadiers de Belgioso avec une division de Giulay. Si l'ennemi avance vers Cosseria, je ferai marcher d'autres troupes à Censio pour vous soutenir. Aujourd'hui, on a fait vingt hommes prisonniers et un officier à la Sotta. Je pousse encore demain des troupes vers la Sotta pour détourner l'ennemi de Carcare et Montenotte. Envoyez un officier à Dego où il doit arrêter votre artillerie, qui risquerait, passant par le Cairo, avant qu'on connût les progrès de l'ennemi.

Je ne crois pas, comme j'ai déjà écrit, qu'il s'engage bien avant dans les Bormida, Rubini (?) est trop nécessaire dans la vallée de la Vraita et nullement au corps auxiliaire de quatre bataillons où vous avez le capitaine Marziani. Donnez-moi des nouvelles ultérieures de l'ennemi pour prendre des mesures analogues aux circonstances.

Lettres 13 avril. — *Beaulieu à Colli.* — Le général d'Argenteau m'annonce qu'après avoir battu l'ennemi le 11 et avoir pris poste à Montenotte et beaucoup plus avant, il a été tourné le lendemain 12 au matin, l'ennemi est venu par le chemin de l'abbaye de Ferrania, et tomba ainsi sur les derrières de sa droite. Son unique général major, Rukhavina, était blessé de la veille, ainsi il était seul sans brigadier et sa troupe a perdu des officiers supérieurs et peut-être bien mille hommes. Je vous avais beaucoup prié de faire quelques mouvements, aussi sérieux que possible, en avant, et je vous avais renvoyé le général Provera avec les bataillons auxiliaires vers Salicetto. Vous avez des troupes à Cairo, à Millesimo et peut-être à Carcare. Je crois qu'on aurait pu par ce côté-là, par des patrouilles ou quelque mouvement gêner l'ennemi dans son entreprise de passer aussi tranquillement qu'il semble avoir fait pour passer le vallon de la Bormida, déboucher vers l'abbaye de Ferrania. Vous acquerrez beaucoup : si vous attaquiez l'ennemi dans son flanc pour l'empêcher de faire d'autres progrès, car si vous ne le faites pas, Dego sera autant vide perdu et le reste. Je rassemble ici mes bataillons qui m'arrivent de ma droite pour pouvoir arrêter la tête de l'ennemi ; si donc vous le prenez en flanc et en queue, l'ennemi est lui-même abîmé, c'est l'unique moyen, il est urgent. Je craignais d'avance pour sa droite, c'est pourquoi me sentais-je inquiet lorsqu'il m'annonça son premier avantage. N'étudiez pas longtemps, je vous en prie, c'est le moment du salut ou de la perte de Beaulieu. Dépêchez-vous, ne balancez pas, il n'est plus temps.

Colli à Beaulieu. Céva, 13 avril, 8 heures du soir. — Je viens de recevoir la lettre de Votre Excellence datée d'hier d'Acqui. Par mes lettres, elle aura déjà connu les mouvements offensifs que j'avais faits. Mais l'ennemi est reparu en force dans la vallée du Tanaro et à Bardinetto. Depuis peu (?), j'ai appris que le général d'Argenteau avait été repoussé : quoique j'aie ignoré le mouvement qu'il avait fait à Montenotte, j'ai ordonné au lieutenant général Provera de soutenir Cosseria jusqu'à l'extrémité. Il avait à ses ordres quatorze compagnies du corps franc de Giulay, le régiment et grenadiers Stras-

soldo, et je le fis renforcer par un bataillon de grenadiers piémontais.
J'ai poussé quelques bataillons avec le colonel Colli pour menacer et retenir le corps ennemi de Bardinetto. D'autres bataillons sont avancés sur la gauche du Tanaro et d'autres sont postés à Battifollo, Lesegno, et Saint-Michel pour défendre la Corsaglia. L'ennemi, revenu de Montenotte avec les troupes qu'il avait à Cadibone et Saint-Jacques, attaqua ce matin le général Provera qui défendit le château de Cosseria avec la plus grande bravoure. J'étais présent à cette attaque sur les hauteurs de la Crocetta. Je lui ai envoyé d'abord un bataillon de grenadiers par la Rocchetta de Censio et fis attaquer les ennemis qui étaient postés sur les hauteurs vis-à-vis de la Crocetta, mais ces diversions, quoiqu'elles fissent retirer l'ennemi de l'attaque, ne furent pas suffisantes pour le dégager. J'ai déjà envoyé deux autres bataillons qui doivent se joindre aux grenadiers de Belgioso et le régiment et d'accord, à la pointe du jour, attaquer l'ennemi par les hauteurs qui viennent à Censio. Je fais avertir les troupes qui sont à Dego d'attaquer l'ennemi de leur côté. J'espère que Votre Excellence aura déjà été prévenue par le général d'Argenteau de cet événement et elle aura donné les ordres en conséquence. Avec le reste des troupes que j'ai, je ferai aussi attaquer l'ennemi à Millesimo. Je crois d'avoir fait tout ce qui est possible pour la sécurité du pays et pour contribuer à la défense mutuelle. Je prie Votre Excellence de m'indiquer tous les moyens qu'elle croira le plus avantageux à ses projets, que je les emploierai avec autant de plaisir que d'exactitude.

Ordres 13 avril. — *Colli à Colli.* — Je vais me rendre à Montezemolo. Le général Argenteau a été repoussé de monte Negino. Provera occupait ce matin Cosseria. Je lui ai envoyé un bataillon de renfort. Je ne crois pas que l'ennemi avance dans la Bormida. Ordonnez de grands feux pendant la nuit sur toute l'étendue de Murialdo jusqu'au Rejoint. Envoyez-en allumer aussi sur toute la crête qui, des Rejoints, va vers Perlo. Ordonnez à Pandini de faire de même.

Colli au colonel d'Oneille. — Les deux compagnies de grenadiers de votre régiment avec la compagnie de chasseurs se camperont à la droite de Perlo vers le Tanaro. Le bataillon qui est campé à Malpotreno, campera sur les hauteurs des Terres Blanches derrière la redoute. On aura une communication de patrouilles avec les chasseurs niçards de Bagnasco à droite et ceux de Pandini à gauche. On doit se soutenir mutuellement et les commandants des postes doivent se voir souvent et conférer sur les moyens de s'entr'aider.

Colli au marquis de la Chiusa, Cera. — L'ennemi a repoussé le général d'Argenteau, il avance par Carcaro sur Cairo et Cosseria. Faites d'abord marcher les deux bataillons de Varax à Montezemolo où ils recevront mes ordres. Dichat viendra à St-Michel avec ses deux bataillons pour remplacer Varax et vous aurez la bonté de placer votre quartier général à Lesegno. Je pars pour Montezemolo.

Colli au comte Christ. — Nous avons fait hier une vingtaine de prisonniers à la Sotta, mais l'ennemi a repoussé le corps du général d'Argenteau de Montenotte. Il menace depuis la nuit de nous attaquer à Cairo et Cosseria. Je suis forcé encore de garder la compagnie Cauvin que je vous avais destinée. Dites au chevalier Chevillard que j'attends de Turin une réponse favorable à sa demande. Je suis très content, et j'ai approuvé son second plan. J'y ai remarqué des vues justes, quoique étendues, et plus encore son zèle : malheureusement je ne puis disposer des troupes de la droite comme il doit le connaître. En attendant, il faut alarmer l'ennemi. Exécutez le projet de brûler les planchers et faites cantonner le bataillon de Peyer et Christ au

Bourg et à Roccavion pour donner plus de jalousie à l'ennemi qui n'aura pas dégarnie Tende sans porter ses troupes à droite.

Colli au chevalier du Tour. — Vous marcherez avec la centurie des grenadiers royaux et votre demi-bataillon par Censio sur les hauteurs entre les deux Bormida qui mènent au château de Cosseria. Vous vous réunirez avec les deux autres demi-bataillons qui vous ont devancé. Votre corps de grenadiers doit se réunir avec les grenadiers de Strassoldo et le régiment de Belgioso qui doit être sur les hauteurs de la Pattaria et d'accord attaquer brusquement l'ennemi par une ou plusieurs colonnes, comme vous le jugerez à propos d'après la connaissance du local, des positions de l'ennemi. Je place ma confiance dans votre intelligence et valeur dont vous en avez donné des preuves ainsi que dans vos braves grenadiers. Le lieutenant Molin qui connaît le pays, sera votre guide.

Colli au colonel Colli. — Je suis fâché que vos chasseurs se soient retirés, il fallait les faire rester sur les hauteurs au-dessus de Millessimo et ils auraient assurément chassé l'ennemi avec les troupes que j'avais détachées de la Crocetta au delà de Millessimo. A minuit, vous ferez marcher toutes les troupes dont vous pouvez vous dessaisir par les hauteurs, de façon qu'elles se trouvent à portée avant jour d'opérer cette diversion. Ordonnez à Pandini de s'avancer vers Massimino. Dites à D'Auvare de menacer la Pievetta et au commandant d'Oneille de faire aussi avancer les grenadiers et chasseurs soutenus par un bataillon jusqu'à Massimino, et même ces grenadiers peuvent se réunir sur les Rejoints avec vos postes. Il m'est arrivé deux bataillons de grenadiers royaux, ainsi je suis assuré de Montezemolo. Je me repose sur votre activité et la bravoure de vos troupes.

Colli au baron Albersdorf. — Vous réunirez vos grenadiers avec la division chef aux deux bataillons de grenadiers qui seront sous les ordres du chevalier du Tour pour attaquer l'ennemi afin de délivrer M. le lieutenant général Provera ainsi que la brave et bonne troupe qui est enfermée dans Cosseria.

Colli au major comte Strassoldo, 8 heures du soir. — Vous réunirez le régiment avec les deux bataillons de grenadiers piémontais commandés par le colonel chevalier du Tour qui a l'ordre d'attaquer avant jour les Français et de faire tous les efforts pour dégager le général Provera avec son corps qui est enfermé à Cosseria. Je ne doute nullement que vous agissez avec votre bravoure ordinaire avec votre régiment.

Colli au général Christ, 9 heures du soir. — J'ai reçu la lettre du chevalier Chevillard, son plan est bon, il serait très avantageux s'il peut être exécuté. Il faut lui donner des deux bataillons : le 1er de votre régiment l'autre de Peyer. On peut y ajouter un détachement de Streng et une partie de l'autre bataillon de Casal. Ecrivez aussi au général Sonnaz qu'il donne le bataillon de Piémont qui est à Dronero si le projet est exécutable. Agissez d'autant plus que l'ennemi nous presse dans la vallée de la Bormida ; Dego est attaqué. Le général Provera, après avoir repoussé l'ennemi du château de Cosseria, y est bloqué ; et difficilement il peut être dégagé.

Renseignements 14 avril. — *Du général Vital.* — Le capitaine Gilletta, des chasseurs de Nice, a fait trente-sept prisonniers de guerre dont un officier. L'ennemi s'est emparé du Bric de la Veja et il s'est emparé aussi de Bagnasco et de Nucetto.

Les Niçards se sont retirés à Terre-Blanche.

La légion légère est à Scagnello.

Du capitaine Ricci. — L'ennemi a établi deux petits canons sur le château de Malpotremo, l'autre sur une butte qui bat les Ronchini.

Ordres 14 avril. — *Colli au commandant du régiment de Verceil*, Montezemolo, 6 heures du matin. — Vous marcherez avec six compagnies de votre régiment d'accord avec les deux bataillons de grenadiers et les deux bataillons de Genevois par la crête qui va vers Cosseria. On attaquera les postes ennemis pour faciliter la sortie du corps du lieutenant général Provera qui est enfermé dans le château. Il faut, d'accord avec le chevalier du Tour, commandant les grenadiers, se former en deux lignes et ne pas se détacher avec la droite de la Bormida pour être en état de la repasser et reprendre la position de Pedaggera et Mombarcaro.

Colli au chevalier du Tour, 6 heures du matin. — Il ne fallait pas s'éloigner de l'ennemi et se tenir sur la crête en me faisant savoir le résultat du conseil de guerre ; d'ailleurs vous étant connu que mon but était de faire voir par une attaque de nuit le secours qui arrivait au général Provera, cela l'aurait décidé à une sortie. L'ennemi attaqué pendant la nuit n'était pas aussi en état de connaître notre force. Il faut tenter le dernier coup avec votre corps et avec les six compagnies de Verceil et le régiment de Genevois, suivant les instructions données au commandant de Verceil. Je fais aussi attaquer vers Millesimo pour faire une diversion.

Colli au major Strassoldo, Montezemolo, 6 heures du matin. — Vous avez bien fait de vous avancer à Monte Cerchio. J'ai envoyé l'ordre à Mombarcaro de marcher vers Cosseria par les hauteurs avec les six bataillons piémontais. Vous vous tiendrez toujours à portée de l'ennemi et vous enverrez un officier vers Mombarcaro à la rencontre du corps piémontais pour l'avertir de votre position et d'accord attaquer l'ennemi. Il faut tâcher de dégager le corps du général Provera enfermé à Cosseria qui pourra faire une sortie et se réunir avec le secours. Je me confie beaucoup dans votre bravoure et le régiment s'acquerra une juste réputation.

Faites couvrir vos flancs par les Croates.

Colli au général major de la Chiusa. — Je vous prie d'écrire à Dichat d'être toujours prêt avec les quatre bataillons de grenadiers ; envoyez l'ordre au bataillon de troupes légères qui est à Montaldo de marcher à Scagnello. Les troupes de Pampara doivent tâcher de faire de fortes patrouilles à Casotto et de menacer l'ennemi vers Mindino et Casotto. Ordonnez aux troupes de Battifollo d'aller occuper le poste de la Veja et faire de grands feux. Je vais faire le dernier effort pour dégager le général Provera qui est enfermé à Cosseria.

Colli au commandant du régiment de Stettler. — Vous ferez marcher d'abord à la Pedaggera deux bataillons qui prendront intérimalement le poste du régiment de Genevois. Vous donnerez avis de cette marche au brigadier comte Musan et au général Vital, mais il faut marcher d'abord.

Colli à Brempt. — Vous ferez marcher d'abord le régiment de Genevois à Mombarcaro où il doit se réunir avec les grenadiers du Tour et le régiment de Verceil. Le plus ancien commandant dirigera l'opération. Le colonel comte d'Aglian et le chevalier Malaussena de l'état-major général vous expliqueront plus en détail l'opération.

Colli au commandant du corps destiné à marcher sur Cosseria (10 heures du matin). — Cosseria est rendu, l'opération devient inutile, chaque corps doit reprendre sa position. Le régiment de Belgioso, les grenadiers de Strassoldo, les Croates doivent se tenir sur les hauteurs qui couvrent la Bormida se tenant en ligne avec les troupes impériales qui sont à Dego ; si cependant l'ennemi avance en force, ils se retireront sur Mombarcaro.

Colli au marquis Colli, 2 heures après-midi. — Rassemblez tout le monde que vous pourrez ; vous n'avez pas l'ennemi à craindre par Perlo puisqu'il est occupé par les compagnies franches. Je crois que votre retraite sera plus sûre et aisée en deux colonnes sur Montezemolo et l'autre sur les hauteurs de Castelnuovo d'où vous pourrez gagner les hauteurs de Priero. Renvoyez d'abord vos équipages à Ceva. Je tiens encore à Montezemolo tant que je pourrai avec trois bataillons de grenadiers ; mais dans la nuit je me replierai sur la Pedaggera.

Colli à Bellegarde. — Faites d'abord avertir le bataillon d'Acqui de se replier sur les derniers retranchements de la Crocetta que vous occupez ; donnez l'ordre aussi aux volontaires de retirer sur la redoute de Tortone et, dès que l'ennemi montera en force, ils se rendront aux redoutes occupées par Acqui. Leur retraite, si l'ennemi avance par la droite vers Montezemolo, sera par la crête sur la droite du Belbo d'où ils iront à Arbi ou Pedaggera ; vous vous rendrez avec votre bataillon, quand Acqui sera placé, à la redoute de Montezemolo.

Colli au chevalier du Tour, 6 heures du soir, Montezemolo, porté par le marquis Costa fils. — Les deux bataillons du Tour et les grenadiers marcheront d'abord sur la Pedaggera et se placeront entre la redoute qu'on élève et celle de la Pedaggera.

Colli à Bellegarde (voir relation).

Colli au colonel Ricci. — Vous resterez avec votre bataillon aux Terres Blanches avec les deux compagnies de grenadiers sur votre gauche et la compagnie de chasseurs avec celles de Pandini et Chevarance, la moitié de l'autre bataillon à Malpotremo pour couvrir votre retraite si on vous y force par une force très supérieure, la dernière centurie restant en réserve aux Ronchini, et votre régiment se rassemblera aux Terres Blanches. Les chasseurs niçards, les compagnies franches que commande D'Auvare avec les Croates marcheront d'abord à Lesegno par Ceva où ils recevront les ordres du général marquis de la Chiusa. Prenez garde de n'être pas tourné par ce vallon qui est sur la gauche vers Morere.

Colli au marquis de la Chiusa, 8 heures du soir. — Cosseria pris hier avec le général Provera, dix compagnies de Croates, le bataillon de grenadiers Caretto, Dego attaqué vivement, Saint Jean de Murialdo forcé, Battifollo occupé par l'ennemi, tous ces désastres m'ont décidé à me concentrer et reprendre la position de Pedaggera, de Ceva et de la Bicoque. Il faut cependant retarder les approches de l'ennemi en gardant les avant-postes de Monbasiglio et Serra de Pamparata. Vous donnerez l'ordre au brigadier Dichat de veiller sur ses postes, le prévenant de faire une vigoureuse défense. Je fais marcher les deux bataillons de Varax par Lesegno que vous placerez à la droite de la Bicoque à la droite du régiment de Chablais. Les quatre bataillons que Dichat commande, sont bien à Saint Michel pour défendre la position et prêts, deux à monter à la Bicoque et l'autre sur les hauteurs entre Saint-Michel et Mondovi. Je fais aussi partir pour Lesegno le bataillon Dauvare que vous placerez sur les hauteurs devant Lesegno. La compagnie du régiment de garnison sera cantonnée à la Chapelle pour entrer dans les retranchements. On fera placer deux pièces de canon. Vous pouvez rester à Lesegno pour être à portée de me voir ; en cas d'attaque, vous monterez à la Bicoque. Je suis accablé de fatigues : malheur aux faiseurs de projets offensifs qui ne sont pas chargés de l'exécution.

Colli à Bellegarde 8 heures du soir. — Les deux bataillons que vous commandez avec les deux de Colli formeront l'avant-garde du camp de la Peddagera sur les hauteurs que vous occuperez. Vous garderez à Acqui la compagnie de chasseurs d'Acqui. Le bataillon de Tortone passera dans le fort et celui de pionniers se joindra aux autres compagnies qui travaillent en avant de Torresina. Demain je serai à la Pedaggera et je ferai un tour sur votre position. Choisissez-en une meilleure, si vous la trouvez, et faites-moi un rapport de la manière dont vous l'aurez occupée. Il faut faire observer les mouvements de l'ennemi sur la Bormida. Je crains bien qu'il ne tâche de vous tourner par Mombarcaro s'il peut déloger les Autrichiens de Dego.

Colli à Vial, 9 heures du soir. — Votre aide de camp vous fera les détails des événements de la journée : je suis désolé et très embarrassé à redresser les affaires. Il est urgent de couvrir le Mondovi après la perte de Battifollo. Vous ferez marcher demain, après qu'ils auront pris du repos, le bataillon de grenadiers du Tour et celui de la légion légère à Lesegno aux ordres du général marquis de la Chiusa pour le camper à la Bicoque. Ayez soin de faire vérifier le chemin qui, de Castellino, mène au pont de bateaux sur le Tanaro. Il doit être réparé, s'il est gâté, par les paysans et quelques pionniers. Le bataillon qui arrive campera derrière la redoute qu'on a construite sur la hauteur de Torresina.

Lettres 14 avril. — *Colli à Beaulieu, Montezemolo, 14 avril.* — Je suis bien fâché d'apprendre à Votre Excellence que, malgré tous les efforts et les troupes envoyées au général Provera, il a été forcé de se rendre prisonnier avec une partie du corps franc de Giulay et un bataillon de grenadiers piémontais que je lui avais envoyés de renfort ; six bataillons marchèrent toute la nuit passée, mais à leur approche l'ennemi occupa les hauteurs les plus avancées, et ils furent obligés de se replier. Le régiment Belgioso avec les grenadiers eurent ordre de se tenir sur les hauteurs entre les deux Bormida à portée de Dego ; j'apprends qu'ils ont été repoussés avec perte.

L'ennemi a attaqué aujourd'hui par la vallée de Callissano le poste de Saint-Jean de Murialdo qui, malgré la défense que fit le colonel Colli, fut forcé par la vallée de Tanaro. L'ennemi déboucha avec trois colonnes sur Battifollo et, après un fort combat, il s'en empara ; il menace ma communication entre Ceva et Mondovi ; j'aurai beaucoup de peine à rassembler les troupes que j'avais détachées au soutien du général Provera et les autres fatiguées et débandées dans les attaques d'aujourd'hui. On a cependant fait prisonniers 1 officier et 38 soldats. On a mal jugé la force de l'ennemi à Turin, elle devait être bien considérable, nous ayant forcés sur tant de points. Je resserre le plus que je peux les troupes au camp de Pedaggera qui peut être tourné par Mombarcaro et à celui de Ceva. Je garderai le Mondovi avec le reste des troupes qui, sous les armes, ne sont pas aussi nombreuses qu'on le suppose. J'attends de Votre Excellence le plan qu'elle se propose de suivre et que Sa Majesté me mande avoir été réglé à Vienne pour m'y conformer.

Ordres 15 avril. — *Colli au commandant du fort de Céva.* — Il y va recevoir le bataillon de Tortone et une centurie d'Acqui.

Colli à Vital. — Les six compagnies restantes d'Acqui seront campées à Torresina pour être à portée de secourir la Pedaggera.

Colli au brigadier Brempt. — Le brigadier Bellegarde a l'ordre de se replier sur la Pedaggera si l'ennemi avance en force, le général Vital doit aussi faire soutenir ce point. Le régiment de Verceil doit observer l'ennemi vers la Bormida.

Colli à Bellegarde. — Le deuxième bataillon des grenadiers qui est à l'Arbi doit se joindre au premier. Si l'ennemi se présente en forces supérieures, la retraite doit se faire sur la Pedaggera, les chasseurs de Colli feront l'arrière-garde. Il faut tenir ce poste qui doit être soutenu à toute outrance, étant très essentiel pour la conservation de Céva.

Colli au commandant du régiment de Belgioso et à ses grenadiers. — De s'unir au régiment de Verceil pour défendre vigoureusement le point de Mombacaro et si l'ennemi marche à la Pedaggera de l'attaquer en flanc.

Colli aux trois commandants des compagnies détachées du corps franc de Giulay. — De ramener leurs troupes partie à Monbasiglio, partie à Céva.

Renseignements 16 avril. — *Notions venant de la Brigue par deux émissaires.* — Il y a fort peu de troupes dans toute la vallée de la Roya. David commande à la Brigue où il y a sept cents hommes ; Dallemagne a 800 hommes à Tende, il continue à occuper la Ca et pousse des patrouilles au col Macard ; le général divisionnaire est à Broil.

Ordres 16 avril. — *Colli au colonel Pallavicini.* — Dès que le régiment d'Oneille et tous les corps avancés [seront arrivés] vers les Horloges, on réunira vers ce point toutes les troupes ; si l'on y était forcé de nouveau et qu'il fallût en conséquence abandonner la ville, ces mêmes troupes se retireront aux camps de Faya et Bayon.

La cavalerie qui est sur la gauche se retirera à la Niella par le pont de Castellino, les Croates qui sont aux Poggi se retireront sur Lesogno ou sur Ceva suivant les circonstances.

Colli à Dellera. — D'avertir les dragons du Roi de s'avancer dans la plaine de Broo et d'en pousser un escadron aux dernières maisons de Vico ; au premier signal d'engagement du côté de Ceva, le canon de Mondovi doit avertir toute la cavalerie qui a l'ordre de s'avancer dans la plaine de la Niella.

Colli au colonel Morozzo. — D'étendre le régiment de Turin sur la gauche de la Corsaglia depuis Frabosa jusqu'au pilon de la Mora.

Colli à Christ. — De faire marcher immédiatement sur Vico un bataillon de Casal.

Colli au commandant de Ceva. — De faire sortir du fort le bataillon de Tortone destiné du côté de Mondon ; il sera remplacé par une centurie d'Asti.

Colli au colonel Doter. — De faire avancer les dragons autrichiens dans la plaine de Niella pour soutenir la gauche de l'armée qui vient de se replier au camp de la Bicoque.

Colli au colonel Fresia. — Les dragons de Chablais s'avanceront dans la plaine à gauche du Tanaro, et qui se trouve à gauche de l'armée.

Colli au colonel des Hayes. — De se porter immédiatement à Magliani avec les dragons de Reine et au signal d'une attaque vers Saint-Michel de se placer dans la plaine entre Broo et la Rocca.

Colli à Dichat. — Le régiment de Turin avec quelques compagnies de milices occupent la tête de la Corsaglia jusqu'au pilon de la Morra ; les deux compagnies de grenadiers de la légion seront aux Oberti ; une compagnie de chasseurs du même corps aux Martini et les trois autres réparties entre ces postes et le Bon Jésus, ce dernier poste sera occupé par un bataillon de la légion légère ; quatre compagnies de grenadiers seront détachées de grand matin chaque jour pour renforcer ce poste sur l'angle qui fait face au pont de la Torre ; les deux autres compagnies et deux bataillons complets se placeront sur la hauteur qui domine le chemin tendant à Vico ; le 4ᵉ bataillon restera en réserve et pour soutenir les batteries qui défendent le pont de la Corsaglia ; les chasseurs francs d'Aglian seront sur les hauteurs des Moline.

Colli à Vital. — Le camp de la Bicoca est occupé ainsi que la gauche de la Corsaglia ; vers Frabosa, l'ennemi n'a fait encore aucun mouvement pour attaquer ; la gauche est menacée d'une attaque ; les bataillons de Mondovi et le régiment d'Oneille sont passés au camp de Ceva. Si les troupes du camp de la Pedaggera sont forcées, elles doivent se replier à Murazzano, poste très fort, et successivement par le chemin de Dogliani qui couvre Chérasco. Les troupes du camp de Ceva ont leur retraite par le pont de Castellino que le poste de Lesegno tient à couvert.

N. B. — Il manque ici plusieurs ordres écrits par le comte Alciati.

Lettres. — *Colli à Beaulieu, Mondovi.* — J'ai reçu aujourd'hui à midi la lettre de Votre Excellence en date du 15. Elle ignorait encore le malheur arrivé au général Provera. Je suis surpris qu'elle manque de mes nouvelles. Je les ai données exactement de tous les événements, elle en sera persuadée par les dates. Dans le temps que j'avais détaché neuf bataillons pour soutenir le lieutenant général Provera, l'ennemi m'a attaqué comme je l'ai annoncé le 14. Hier il poussa mes avant-postes et les troupes qui gardaient Pamparata et la Torre. Tous les rapports m'annoncent l'attaque générale pour aujourd'hui sur le Mondovi. A minuit, je suis marché au camp de la Bicoque avec huit bataillons et quatre furent placés sur la gauche de la Corsaglia. L'ennemi ne fait aucun mouvement encore. Le camp de Ceva, la Pedaggera sont tranquilles ; cependant ses desseins paraissent bien de nous attaquer. Je serai bien embarrassé s'il cherche à me tourner par Mombarcaro, il tomberait sur Cherasco, ce qui me forcerait à quitter Ceva. Je tâcherai, autant que possible, de parer le coup, mais il est bien difficile d'avoir assez de troupes pour m'opposer en force partout.

Renseignements 17 avril. — Il n'y a plus de troupes à Ormèa ni même à Garessio, tout s'est porté en avant sur les hauteurs de Céva.

Nouvelles de Céva. — L'ennemi est en force de près de deux mille hommes, sur les hauteurs de Ronchini en avant du Bourg de Céva, et dans le plateau, au devant de la tour de l'Horloge : on a tiré sur eux quelques coups de canon du fort.

Beaulieu à Colli, Acqui, 17 avril. — L'ennemi a d'aussi grandes forces que vous les lui supposez : je crois, mon cher Colli, qu'il vous sera bien difficile de garantir Ceva d'un investissement, ce ne sera que dans une prompte réunion de vos forces que vous pourrez trouver peut-être le moyen d'arrêter l'ennemi et de le rendre moins entreprenant.

Je ne comprends rien au malheureux événement arrivé à Cosseria : je supposais, mon cher général, que vous auriez été à portée de cette partie pour régler les opérations des différents corps dépendant de vous, surtout depuis que je vous avais envoyé le général Provera de Dego vers Salicetto pour que vous en disposiez selon que vous le jugeriez à propos.

La défaite de la division du général Argenteau et les échecs différents qu'elle a occasionnés depuis, m'obligent de réunir mes forces dans un point central entre Tortone et Alexandrie, afin de pouvoir tirer parti de ma cavalerie et de mon infanterie auxiliaire et de ne plus avoir de corps détaché sur lequel je ne saurais me reposer.

Ne connaissant point les moyens actuels de Sa Majesté Sarde, je ne saurais rien vous dire sur la défense du Piémont, cependant je vous engage à faire sentir à la cour de Turin la nécessité de réunir le plus de forces possibles dans un point. C'est selon moi, le seul parti à prendre, cela mettra peut-être une certaine étendue de pays à la merci des réquisitions et du pillage ennemi, mais il vaut mieux perdre le bras que le corps. Je vous recommande de m'écrire et d'établir la communication par Alexandrie.

J'ai reçu vos deux lettres du 15 et du 16 de ce mois, mettez-vous en masse ; je ferai la même chose et on tâchera encore à penser au moyen de réparer au moins en partie cette affaire, pourvu seulement que Sa Majesté Sarde prenne des résolutions sérieuses et fortes de défense. L'empereur m'enverra des secours ; ils arriveront tard, mais j'ai encore deux bataillons qui ne sont pas arrivés, et les complètements de mes bataillons sont en route ; pourvu que Ceva tienne quelque temps. Etablissez votre communication avec moi par Alexandrie.

Ordres 17 avril. — *Colli à Brempt.* — De se tenir avec son corps volant le plus longtemps qu'il pourra sur la droite de Tanaro couvrant les avenues d'Alba et de Cherasco et soutenant autant que possible la position de Dogliani ; si l'ennemi le pousse avec des forces trop supérieures, sa retraite est sur les hauteurs de Narzole, les chasseurs de Colli doivent former l'avant-garde avec les milices.

Colli à Vital. — L'arrière-garde et l'artillerie de la gauche de l'armée doivent entrer immédiatement au camp tracé sur la gauche du Tanaro ; chaque bataillon doit détacher un piquet de 30 hommes et un officier au-devant de son camp pour y éclairer les bords du Tanaro.

Toutes les troupes doivent être prêtes à la diane qui se battra à 3 heures du matin ; au signal d'un coup de canon tiré aux moulins de Lesegno on prendra les armes.

Lettres 18 avril. — *Colli à Beaulieu, Mondovi, 18 avril.* — Le comte d'Aglian fera le détail exact de tous les événements qui sont arrivés à l'armée du roi ; il est chargé aussi de lui expliquer les raisons des mouvements que les circonstances ont exigés. J'ai été menacé d'une attaque générale le 16 sur le Mondovi et sur Ceva. J'ai pris une position avantageuse à la Bicoque : j'ai renforcé le Mondovi ; mais, dans le même temps que je parais le coup de Mondovi, l'ennemi attaqua les deux camps de la Pedaggera et Ceva. L'ennemi fut repoussé complètement par les troupes de la Pedaggera et on y fit quelques prisonniers avec un capitaine ; celles de Ceva se battirent aussi très bien, mais l'ennemi avait occupé une hauteur intermédiaire entre ces deux corps. La communication en fut interrompue, ce qui détermina les généraux commandants de ces corps, de crainte d'être enveloppés, de pencher pour la retraite. On m'annonça en même temps que Mombarcaro était tourné, ce qui me décida à accorder cette retraite pour la nuit qui, quoique très dangereuse, fut exécutée avec tout l'ordre, de sorte que le camp de Ceva avec tous les canons et munitions [fut évacué] et se plaça devant le Pietro pour défendre le flanc de l'armée et observer le Tanaro jusqu'à Cherasco.

Le corps de la Pedaggera reçut l'ordre de prendre poste à Dogliani ; mon but est de couvrir la droite du Tanaro et Cherasco et, dans le même temps, d'entretenir les communications avec l'armée de Votre Excellence qui est entre Nizza della Paglia et Terzo. J'ai donné l'ordre au commandant de ce corps de faire des patrouilles sur Nizza et faire le rapport à Votre Excellence de sa position et celle qu'il sera forcé de prendre dans la suite. En attendant, je suis décidé à ne pas quitter le Mondovi, à courir le risque d'une action. J'espère que, dès que l'armée impériale sera rassemblée, on pourra reprendre un peu du pays qu'on a perdu. Votre Excellence peut avoir pleine confiance dans le comte d'Aglian. Il joint beaucoup d'intelligence à beaucoup de valeur et de probité.

Colli à Beaulieu (Saint-Michel, 10 heures du soir). — Je viens de recevoir la lettre de Votre Excellence du 17, et son contenu m'a beaucoup alarmé. Je suis entouré des ennemis qui cherchent à me gagner les flancs ; je manœuvre à droite, à gauche et me soutiens, mais, si vous quittez la position d'Acqui, l'ennemi vous laissera en repos entre Tortone et Alexandrie et me tournera sur ma gauche. Je n'ai plus de secours alors que de repasser sur la rive gauche de la Stura abandonnant tout le pays le plus fertile et intéressant. L'on ne rechassera plus l'ennemi du Mondovi ; il se fera un point d'appui central par lequel il peut pousser jusqu'à Turin. Il n'y a aucune place qui l'arrête. Il est inutile de presser le roi à faire des efforts ou trouver des troupes nouvelles. Je crois que si vous faites réunir les troupes de Voltri et la Bochetta, jointes à toute la cavalerie, dans la plaine entre Tortone et Alexandrie, vous pouvez tenir la position d'Acqui qui, quoique éloignée, m'est d'un certain appui. Si l'ennemi avance sur Acqui et que vous ne soyez pas en force de vous opposer dans une marche forcée, votre corps peut rejoindre celui d'Alexandrie et vous aurez toute l'armée rassemblée. Je crois que ce parti sera le plus utile pour tous. J'espère que Votre Excellence l'adoptera.

Ordres 18 avril. — *Colli à Vital.* — La division est composée du bataillon de garnison autrichien, des grenadiers venant de Mondovi, deux d'Oneille, un de Savoie, trois de Stettler, un de pionniers, en tout dix bataillons. Le front défendu par ces troupes doit être soutenu vigoureusement, ses flancs doivent être appuyés par les batteries dont le colonel d'artillerie déterminera l'emplacement tout de suite. Les dragons de Chablais se porteront immédiatement à Carru battant des patrouilles tout le long des bords du Tanaro.

Colli au brigadier Fresia. — De marcher à Carru avec son régiment et de camper à droite de la ville, sa destination est d'éclaircir les bords du Tanaro, poussant des patrouilles jusqu'à la Niella.

Colli à Des Hayes. — De s'avancer avec les dragons de la Reine entre Cherasco et Carru et poussant des escadrons de manière à se mettre en liaison avec les dragons de Chablais, et faisant observer par des piquets les bords de la rivière, il doit aussi se mettre en rapport avec le corps volant de Brempt.

Colli à Doller. — De placer une division sur la gauche de l'armée pour remplacer les dragons de Chablais que les démonstrations de l'ennemi ont obligé de pousser jusqu'à Carru ; le reste du corps des dragons autrichiens doit demeurer en réserve derrière l'armée pour en soutenir au besoin la droite ou le centre.

Colli à Dellera. — De faire occuper tout de suite le poste des Martini par deux compagnies d'Asti, une troisième compagnie du même régiment restera dans Mondovi ; les cinq restantes se porteront au-devant de Vico avec l'instruction de soutenir le poste du Bon Jésus, si l'attaque commençait de ce côté, ou les hauteurs de Saint-Michel, si l'attaque y a lieu la première ; le bataillon de Casal cantonné à la Madona de Vico montera à la pointe du jour sur les hauteurs de Vico et s'y placera sur la droite d'Asti. La milice de la ville de Mondovi doit être mise sur pied pour ménager la troupe.

Colli à Dellera. — L'expédition proposée sur Orméa doit être suspendue ; tout approvisionnement sur la droite du Stura doit être arrêté.

Colli à Brempt. — Les circonstances ayant changé il est nécessaire de changer les dispositions.

Le régiment de Belgiojoso doit occuper Cherasco.

Les chasseurs Colli et les grenadiers Strassoldo se rendront incessamment sur les hauteurs de Vico ; le reste du corps volant se portera sur les hauteurs de Briaglia à portée de soutenir Mondovi et la route de la Niella.

Lettres 19 avril. — *Beaulieu à Colli, Novi.* — L'officier de l'état-major piémontais m'a remis aujourd'hui 19 avril à 9 heures du matin votre lettre du 18 datée de Mondovi. Les dispositions que vous avez faites sont sans doute relatives aux circonstances et au terrain, et la retraite de vos différents corps aura été probablement nécessitée par la supériorité du nombre de l'ennemi ; quoi qu'il en soit, je vous réitère encore le conseil que je vous ai donné dans ma dernière lettre de rassembler et de concentrer vos forces dans le point le plus convenable qui réponde au double objet et de couvrir le centre du Piémont et d'être disposé convenablement conjointement avec moi de défendre Ceva, chose de laquelle je vais m'occuper sérieusement. J'ai changé d'avis et, au lieu de me porter en arrière, je compte, d'abord que mes troupes seront concentrées vers Acqui, me porter sur un point avancé entre le Belbo et la Bormida.

C'est à vous, mon cher Colli, à me préparer ce mouvement par une marche préliminaire faite avec vos forces réunies sur un point à prendre entre Mondovi et Mulassano. Soyez persuadé, mon cher général, que je négligerai pour arrêter l'ennemi dans sa marche vers le Piémont, surtout si Sa Majesté Sarde daigne faire exécuter les choses que j'ai demandées hier à son lieutenant général le comte de Latour. En attendant, j'envoie un général major pour remplacer le général Provera. Je vous prie de nommer un de vos officiers, major autrichien, pour brigadier, afin de tenir la régularité pour les

Angabe et autres rapports périodiques ; j'établirai des postes d'ordonnance et de cavaliers jusqu'à Asti. Je vous prie d'en établir de votre côté par Cherasco et Alba jusqu'à Asti. Je n'ai pas reçu de votre part aucun avis que le général Provera ait été pris et comment. Répondez-moi le plus tôt possible et sur tous les points.

Ordres 19 avril. — *Colli à Morozzo* (Voir relation).
Colli au brigadier Chaffardon. — De détacher un piquet de ses dragons jusqu'au devant de Saint-Michel, et de pousser deux escadrons dans la plaine la plus à portée de Saint-Michel.
Colli à Saint-Rose. — De renforcer d'un bataillon de Casal la gauche du poste du Bon Jésus.
Colli à Du Tour. — De se porter avec son bataillon de grenadiers sur la gauche du camp de la Niella pour l'appuyer et le renforcer.
Colli à Mussan. — Une compagnie, 2e bataillon des gardes, occupera le château de Castellazzo, le reste du bataillon suivra sa destination.
Colli à Fresia et à Brempt (Voir relation).
Colli au brigadier Mussan. — De porter en toute hâte une centaine de gardes sur les hauteurs de Saint-Michel.
Colli à Vital (Voir relation).
N. B. — Il manque ici trois lettres importantes du 19 au soir et du 20 au matin, au général Vital et au colonel Colli.

Lettres 20 avril. — *Colli à Beaulieu, Saint-Michel, 10 heures du matin.* — J'ai reçu la lettre de Votre Excellence en date du 18 dans le moment que j'avais heureusement achevé de battre l'ennemi. Il repoussa tous mes postes avancés sur la gauche de la Corsaglia. On se fusilla jusqu'à midi sur cette rivière et le Tanaro. L'ennemi manœuvra en attendant sur les hauteurs de Castellino contre le camp de la Strella qui forme ma gauche et contre le centre et la droite entre Saint-Michel. Enfin l'attaque se décida le plus fort sur Saint-Michel. L'ennemi força le pont, gagna les hauteurs et tâcha de me couper du Mondovi. Le moment était pressant, décisif. Je fis marcher les grenadiers, je ne saurai assez me louer de leur bravoure. L'ennemi fut culbuté entièrement et poursuivi au delà de la rivière, la nuit termina l'action. On a déjà 180 prisonniers avec 10 officiers et un chef de brigade, beaucoup de tués en plus des blessés. On évalue la perte de l'ennemi en tout à plus de 900 ou 1.000 hommes avec deux drapeaux, les premiers que nous avons de l'ennemi ; mais cette petite victoire me coûte aussi du monde et je suis toujours le plus faible. Si l'ennemi m'attaque encore et si je suis battu, il ne me restera presque plus d'armée qui défende le pays. Il est intéressant de conserver le pays, mais plus encore cette petite armée. Si je dois me replier, il faut repasser la Stura, jeter une garnison à Coni et manœuvrer avec l'armée pour en défendre l'accès et les bords qui ne sont pas difficiles. L'alternative est bien dangereuse. Je prendrai le parti que les circonstances me dicteront et je couvrirai le Mondovi si l'ennemi ne me tourne pas. L'ennemi ne fait aucun mouvement mais la journée est longue.

Ordres 20 avril. — *Colli au colonel Butet.* — De faire construire à la hâte sur le Pesio un pont entre la Niella et Carru, les pontons du pont de Castellino doivent être employés en partie.
Colli au colonel des grenadiers Chiusan. — Il doit envoyer une compagnie de son bataillon pour soutenir le village de Saint-Michel et particulièrement le pont rompu de la Corsaglia.
Colli à Brempt. — Si l'ennemi attaque le camp de la Niella, il manœuvrera de manière à l'attaquer en flanc ; il faut annoncer aux troupes que les Français ont été repoussés avec pertes à Saint-Michel ; ils y ont perdu 200 prisonniers dont 10 officiers et un plus grand nombre de tués et de blessés.
Colli à Mussan. — L'ennemi ne fait des démonstrations sur notre gauche et sur notre centre que pour partager nos forces, il ne peut guéer le Tanaro.

Il devient évident qu'il portera son principal effort sur la Corsaglia, passable partout et qu'il attaquera les hauteurs de Vico ; en conséquence un bataillon de pionniers doit se porter sur les hauteurs de la Bicoque.

Colli à Dauvare. — Les troupes légères, après s'être défendues dans le village de Saint-Michel, autant que les avantages du lieu le pourront permettre, se retireront dans le château de la Bicoque ; de cette manière elles pourront se soutenir longtemps et donner le temps de leur envoyer des secours.

Colli au colonel Flumet. — D'envoyer à Saint-Michel 40 pionniers et un officier pour exécuter quelques retranchements en avant de Saint-Michel.

Colli à Saint-Giles et Verzuol. — De s'avancer à la Trinité avec son régiment de dragons et d'être prêt à marcher dans la plaine de Magliano pour y soutenir au besoin l'infanterie si elle est obligée de faire retraite.

Colli au colonel Butet. — De faire former immédiatement un pont de ponton sur la Stura entre la Trinité et Fossano.

Colli au colonel de grenadiers Chiusan. — De se porter avec son 2ᵉ bataillon de grenadiers sur les hauteurs de Bon Jésus pour renforcer ce point menacé et couvrir la tête des hauteurs qui s'étendent à Vico ; sa place est à droite des chasseurs Colli.

Colli au brigadier Mussan, au soir. — L'ennemi paraît prêt d'attaquer le poste des Huberti sur la droite de Bon Jésus.

Si cette attaque a lieu avant jour et qu'il n'y en ait aucune sur la gauche, les troupes de sa brigade doivent marcher immédiatement et sans attendre aucun ordre par leur droite pour se rendre sur la Bicoca.

Colli au général Vital, au soir. — Si l'attaque sur la droite a lieu pendant la nuit et que les troupes de l'aile droite aient à se replier sur les hauteurs de Vico, la gauche de l'armée se repliera en même temps sur les hauteurs de Briaglia. Le point où cette aile doit s'appuyer en arrivant est marqué par le bataillon des grenadiers du Tour qui doit être reconnu sur-le-champ.

Le signal du reploiement sera un grand feu auprès de la chapelle de la Bicoca.

La cavalerie marchera par le chemin de la Niella jusqu'à Mondovi, passera l'Ellero et se mettra en bataille dessus Breo.

Colli au colonel Butet. — De faire préparer un bûcher très volumineux auprès de la chapelle de la Bicoque ; comme ce feu doit servir de signal, il importe qu'on ne puisse pas le confondre avec les feux du camp.

Colli au général Sonnaz. — De rappeler le bataillon de Piémont avancé dans les vallées et de se tenir prêt à marcher au premier ordre.

Colli au colonel de Sainte-Rose. — Le point qu'il occupe en-devant de Vico doit servir d'appui à la gauche de l'aile droite et à la droite de l'aile gauche de l'armée dans le mouvement qui va s'opérer. Il est donc indispensable qu'il demeure ferme, il ne doit plus s'écarter pour les postes qui pourraient être attaqués sur sa droite excepté par quelques détachements dans un pressant besoin.

Colli à Chaffardon, au soir. — La cavalerie qui était au-devant de Vico, sera retirée au-devant de Mondovi, ne laissant à Vico qu'un piquet pour arrêter les fuyards.

Colli à Dellera, au soir. — Si dans l'action qui se prépare le brigadier Morozzo voit jour à attaquer l'ennemi en flanc, cette manœuvre pourrait être décisive ; si les postes sur sa gauche sont enfoncés, et qu'il soit forcé lui-même à la retraite, il doit se replier sur la Chiusa, et sa dernière retraite, s'il se trouve isolé, est dans la place de Coni.

Colli à Mussan, 11 heures du soir. — De marcher tout de suite par sa droite pour se serrer sur la Bicoca.

Colli au lieutenant-colonel Frepier, à 11 heures du soir. — Le régiment de Chablais suivra l'ordre ci-devant.

Colli à Vital, à 11 heures du soir. — L'ennemi est en mouvement pour tourner la droite de l'armée par le poste des Huberti, la gauche de l'armée doit se replier tout de suite en deux colonnes, l'une suivant le grand chemin de la Niella, l'autre par la crête de Briaglia, les feux cependant resteront allumés, entretenus par des piquets.

Les colonnes doivent marcher serrées et d'un silence profond, l'artillerie prendra le chemin de Carru pour se rendre à Cherasco, l'aile droite va marcher aussi parallèlement, et s'avancera jusqu'à la hauteur du Briquet, à l'aube du jour les troupes seront rangées en bataille.

Colli au brigadier Civalera. — Il est de la plus grande importance de faire bonne garde et forte résistance au poste de Bon-Jésus ; si l'ennemi manœuvrait pour le prendre à dos, il éviterait ce danger en s'appuyant à la gauche de l'armée qui va se trouver rangée sur les hauteurs de Vico.

Ordres 21 avril. — *Colli à Chiusa, 3 heures du matin.* — De faire serrer la colonne ayant en tête les grenadiers de Varax, et d'avancer sur les premières maisons de Vico.

Colli à Civalera, 3 heures du matin. — Si l'attaque commence sur sa droite aux postes des Martins et Huberti, il doit se retirer en échelon sur la crête qui couvre la Madone de Vico.

Ordres 22 avril. — *Colli à Vital.* — L'armée rangée en bataille marchera immédiatement pour prendre position en avant de la Madona del Olmo à cinq cents pas de l'abbaye, la droite à la Stura. La droite composée des gardes, Savoie, Chablais, Casal, Asti, garnison, autrichien, et Turin, en tout douze bataillons sera sous le commandement du général la Chiusa. Le reste de l'infanterie composera l'aile gauche sous le général Vital.

Les Croates et autres troupes légères seront mises à l'avant-garde, tous les grenadiers formeront la réserve commandée par le brigadier Bellegarde ; deux compagnies seront détachées des troupes destinées pour renforcer Coni et Démont.

Colli au gouverneur de Démont. — La garnison du fort de Démont sera composée d'un bataillon de Casal, deux bataillons de Streng.

Colli au gouverneur de Coni. — Les troupes destinées pour la garnison de Coni sont : Asti, deux bataillons ; Peyer, deux bataillons ; Christ, deux bataillons ; Sardaigne, deux bataillons.

Colli à Brempt. — Toutes les troupes qui, après la bataille de Mondovi, se sont repliées sur Fossano, camperont sur les hauteurs à gauche de cette ville dominant la Stura ; une forte garde demeurera sur la droite de la Stura et les troupes légères s'avanceront au delà de la Trinité pour éclairer les mouvements de l'ennemi.

Colli à Christ. — La centurie de Casal se rendra d'abord à Coni. Limon sera gardé par les chasseurs qui y restent et par les paysans armés. Le bataillon d'Antignan de la légion sera cantonné au Bourg, et au besoin il aura sa retraite sur Coni. Les troupes de la Vermenagna se retireront au besoin sur les hauteurs de Vignole de la Stura, le 2e bataillon de Christ et le régiment de Peyer entreront immédiatement dans Coni.

Colli à Sonnaz. — Le bataillon de Piémont qui est à Saluces, marchera tout de suite à Fossano, la centurie du même régiment qui est à Dronero s'y joindra nécessairement.

Colli au colonel Sainte-Rose. — D'entrer à Coni avec son régiment.

Colli à Morozzo. — De marcher à Fossano et d'y camper avec l'armée sur les hauteurs à gauche de cette ville.

Colli à Châtillon. — De faire accélérer l'évacuation des hôpitaux de Fossano qui doivent être transférés à Dronero.

Colli à Beaulieu. — Malgré toutes les forces que j'ai rassemblées, l'ennemi se réunissant pour m'accabler et me cerner dans ma position, je me suis dans la nuit replié sur le Mondovi. La moitié de l'armée était déjà dans le camp, l'autre en échelon pour s'y rendre ; l'ennemi s'étant aperçu de ma retraite se hâta de me suivre ; il attaqua avec la plus grande impétuosité mon arrière-garde qui fut renversée. On se battit après avec toute l'armée sur différents points ; l'action fut des plus opiniâtres, mais la supériorité de l'ennemi lui fournissant les avantages de me tourner dans mes flancs, me décida à quitter Mondovi et gagner la plaine où j'avais deux régiments de cavalerie pour me couvrir. J'ai laissé une garnison à Mondovi qui ne pourra pas tenir longtemps. Je suis à Coni avec une partie de l'armée, l'autre est à Fossano. Après avoir pourvu des troupes nécessaires à la défense de Coni et Démont, je rassemblerai toute l'armée à Fossano, point central pour la défense du Piémont. Je serai à portée de marcher à droite sur Coni si l'ennemi le menace ou vers Cherasco s'il se jette de ce côté : je défendrai autant que je pourrai la Stura et le bas Tanaro.

Les trois divisions des ennemis qui nous attaquèrent ces quatre jours, y compris les troupes légères, sont de plus de vingt-cinq mille hommes. Soyez-en bien assuré. Je vous ai bien des fois dit que l'armée du roi n'était pas en état de tenir tête à l'ennemi ayant tant de places à garder. J'espère que vous serez bientôt en état de réparer les échecs passés. Je compte sur votre secours.

Ordres 23 avril. — *Colli au colonel de Piémont.* — Le détachement de cavalerie doit être retiré à gauche de la Stura, une garde d'un brigadier et six hommes restera seulement sur la droite de cette rivière, et, si elle est forcée, elle se retirera par la barque.

Colli à Brempt. — L'objet à remplir pour le corps volant qu'il commande, est de couvrir la partie du bas Tanaro et d'observer les mouvements de l'ennemi vers Alba. Deux compagnies de grenadiers de Strassoldo et deux compagnies d'Acqui doivent en conséquence être détachées sur la gauche du Tanaro vers Alba. Les magasins de Cherasco doivent être diminués. Le corps volant de Brempt doit être toujours prêt à devancer l'ennemi sur la colline de Turin s'il tentait d'en prendre la route, mais il ne doit point précipiter cette retraite à moins qu'il ne soit forcé ; il faut mettre le plus grand soin à soutenir la communication par la gauche du Tanaro, toute l'armée est à Fossano. Les rapports doivent être faits en double au bureau de la guerre.

Colli au commandant du 1er bataillon de Piémont. — De s'arrêter à Savigliano et d'attendre là de nouveaux ordres.

Colli (ordre pour l'organisation de la marche de l'armée). Fossano (voir relation).

Colli à Beaulieu. Fossano, 23 avril, 10 heures. — Je vous ai envoyé hier une lettre qui vous détaillera les mouvements que je fis en conséquence de ceux de l'ennemi. J'ai pourvu à la défense de Coni et j'ai rassemblé l'armée à Fossano. Le corps qui est à Cherasco doit observer l'ennemi et se replier sur les hauteurs de Moncalieri pour couvrir Turin où l'ennemi ne pourrait marcher que par Alba. Je ne crois pas qu'il puisse se jeter entre votre armée et celle du roi d'autant plus si vous avancez sur Alba. Il dépendra de vous, mon général, de m'apprendre quelles sont les dispositions que vous donnerez. Le roi fait demander un armistice pour traiter de la paix. Le comte d'Aglian est peut-être déjà chez vous : je ne crois pas qu'on ait un sujet d'être tant pressé.

Ordres 24 avril. — *Colli à Brempt.* — Son corps volant n'ayant pour objet que d'éclairer les mouvements de l'ennemi sur le Tanaro et de le prévenir sur les hauteurs de Moncalieri, cette troupe doit être tenue sous le canon de Cherasco pour la mettre à l'abri de toute attaque de front, elle doit garder soigneusement le pont sur la Stura et pousser des détachements de cavalerie et d'infanterie le long du Tanaro jusqu'à vis-à-vis d'Alba ; on doit retirer soigneusement de cette rivière tous les bateaux et veiller sur tous les gués qui pourraient s'y trouver.

Colli à Colli. — Dès que la cavalerie et les chasseurs poussés par l'ennemi auront repassé à gauche du Tanaro, le pont construit au bas de Fossano sera détruit et tous les pontons et barques retirés à gauche de la rivière, l'objet n'étant plus que de disputer à l'ennemi le passage de l'eau.

Colli à Colli. — Puisque l'alerte est fausse, il faudra laisser encore trois compagnies des chasseurs et quelques troupes légères sur la droite de la Stura pour observer de près les mouvements de l'ennemi jusqu'à ce que le nouveau pont soit achevé, la cavalerie doit repasser à gauche de cette rivière.

Colli à La Chiusa. — D'aller occuper immédiatement avec le corps de grenadiers le camp marqué sur les hauteurs de Cervere, il doit marcher par sa gauche le long du grand chemin de Bra jusqu'au hameau de Grinzano près duquel est déjà campée la brigade de cavalerie du brigadier de Saint-Gilles et de là s'élever sur la crête de la colline qui est à gauche de la grande route faisant face à la Stura. Suivront à cent pas de distance : la brigade du général comte de Sonnaz composée de :

Savoie, deux bataillons ; Chablais, un bataillon ; Mondovi, un bataillon.

La brigade du général Vital composée de :

Turin, deux bataillons ; pionniers, deux bataillons.

Ces troupes doivent se mettre en marche à 10 heures du matin.

Colli à Streng. — Les corps qui composent sa division sont :

Garnison, autrichien, un ; Streng, deux ; légion légère, trois.

Colli au brigadier Civaleri. — De faire partir immédiatement les deux compagnies de grenadiers et les quatre compagnies de chasseurs de la légion pour aller renforcer à Fossano l'avant-garde aux ordres du colonel Colli.

Colli à Doller. — De détacher un demi de ses dragons autrichiens sous les ordres du colonel Colli pour renforcer son avant-garde.

Colli au gouverneur de Coni. — On doit faire entrer dans la place de Coni tout ce qu'on pourra des magasins de Notre-Dame del Olmo, le reste sera transporté successivement dans l'intérieur du Piémont. En attendant, le régiment d'Asti sera destiné à les garder ; toutes les barques de la Stura doivent être retirées sur la rive gauche et brûlées à l'approche de l'ennemi.

Beaulieu à Colli, Acqui, 24 avril. — J'avance dans le moment et tout est en pleine marche pour Nizza Della Paglia, malgré les démarches de la cour de Turin pour une paix qui doit détruire l'Italie et changer la face du globe, car c'est cette partie de l'Europe qui décidera. Je suis au désespoir du peu de forces de l'armée que vous commandez et désolé qu'on n'ait pas soutenu Provera. Les autres malheurs sur Dégo ne seraient peut-être pas arrivés. Le général d'Argenteau avait des forces suffisantes, mais aussi mal employées que je ne sais quoi penser. Mes avant-gardes sont à présent sur le chemin d'Asti et d'Alba d'où ils patrouillent sur Alba. Mon cher Colli, dans tous les cas, faites serrer vers ma droite absolument le corps auxiliaire autrichien et dites-moi l'officier, colonel ou autre, qui fait les fonctions de brigadier de ce corps. Je veux qu'il soit à ma portée et pour vous soutenir et pour me soutenir. Encore une fois, je vous l'ordonne ; je veux que tout ce corps soit ensemble, et vous me ferez d'abord rapport comment vous l'aurez placé afin que j'en puisse disposer et que j'y puisse envoyer un général major qui communiquera avec vous et vous fera des rapports, comme lieutenant-général et chef d'une division de l'armée que je commande, et comme tel vous m'enverrez les rapports de ce corps et je vous enverrai les ordres à y faire distribuer selon l'usage de nos armées ; ne balancez pas d'un moment. J'ai demandé à la cour de Turin de me faire un pont de bateaux à Valence, on y travaille, dit-on, mais je ne donne pas de repos que le pont soit fait, car comment peut-on exiger de moi que j'avance vers Turin si je n'ai un pont sur le Po qu'à Pavie. Je peux avoir [du] courage, mais je ne peux être un téméraire et exposer l'armée qui m'est confiée, d'autant plus que j'ai tout à craindre. Répondez-moi d'abord sur tous ces points, excepté le pont dont vous ne pouvez rien, mais sur tous les autres objets, et surtout, du corps auxiliaire. C'est à vous à savoir comment penser et agir vis-à-vis de l'ennemi que vous avez devant vous, mais c'est le moment de lui montrer la plus grande fermeté ; et si le pont était fait, je marcherais à l'ennemi où je le trouve. Il se montre à présent à Cortemiglia, mais j'y ai pourvu : j'ai aussi pourvu vers ma gauche, mais il me manque des généraux. Je n'aime pas que vous communiquez ma lettre.

Ordres 25 avril. — *Colli à Colli.* — De repasser immédiatement à gauche de la Stura et de détruire le pont neuf.

Colli à Brempt. — Son corps n'étant pas assez fort pour se renfermer à Cherasco et y soutenir un siège, il a bien fait de s'en retirer, il doit occuper les hauteurs qui dominent la Stura et se tenir à portée du chemin de Bra ; la cavalerie doit être dans la plaine derrière Monticello.

Ordres 26 avril. — *Colli à Brempt.* — De faire l'arrière-garde de l'armée tenant ses bataillons en échelons à huit cents pas de distance les uns des autres ; Belgioso se placera en arrivant près du château de Sanfré ; Génevois marchera à 2 heures et s'arrêtera à un quart d'heure de Bra à la Madone ; Royal allemand suivra et s'arrêtera à l'allée hors de Bra ; Verceil et Acqui se retireront en échelons à 3 heures du matin.

Les piquets de chacun de ces corps resteront sur leurs premiers postes et ne se retireront qu'à 4 heures.

Ces piquets feront tête à l'ennemi et fusilleront, en se repliant sur la colonne, laquelle doit marcher à Sanfré soutenue et cotoyée par la cavalerie. La marche doit se faire dans le plus profond ordre et dans le plus profond silence.

Colli à la Chiusa, 2 heures du matin. — Dans la crainte qu'il ne soit égaré, on lui envoie des guides et, s'il est plus près de Sanfré que de Bra, il doit s'y rendre de suite.

Colli à Colli. — L'armée se replie à Carmagnole ; l'avant-garde à Sommariva et Sanfré ; l'ennemi n'a point encore paru.

Le corps volant de Colli doit rester le plus longtemps possible à Savigliano et au besoin se retirer à couvert de la Vraita.

Colli à Hayes, à 2 heures. — De marcher immédiatement avec trois escadrons de la reine et trois escadrons de dragons de Chablais à Bra et d'étendre sa troupe, entre le Roddi et la Madone des fleurs.

Colli à la Chiusa, 3 heures du matin. — De prendre immédiatement le chemin de Sanfré s'il arrive à Bra avant d'avoir reçu l'ordre précédent. L'arrière-garde de l'armée doit en partir à 4 heures.

Colli à Brempt. — La colonne d'infanterie venant du camp de Cervere s'étant égarée, le corps volant de Brempt doit demeurer sur les hauteurs de Bra et y prendre les positions les plus avantageuses qu'il sera possible jusqu'à ce que la tête au moins de cette colonne soit passée. Après quoi, elle formera l'arrière-garde et restera formée à Sommariva. La cavalerie doit le seconder dans ses opérations. Belgioso et Piémont ont ordre de filer par les positions de Sommariva.

Colli au lieutenant-colonel de Saluces et de Strassoldo. — De se joindre à l'arrière-garde commandée par le brigadier Brempt et, lorsque cette arrière-garde se repliera elle-même, de s'arrêter sur les hauteurs de Sommariva près Asti.

Colli à la Chiusa, Vital et Sonnaz. — De faire passer immédiatement tous les équipages à Carmagnola et, après quelques heures de repos à Sommariva, de conduire le soir les troupes à Carmagnola.

Colli à d'Hauteville, 26 avril, 2 heures après minuit [A T.] — L'ennemi plus que jamais empressé de décider le roi à faire la paix, après les propositions qu'on lui a faites d'un armistice, a attaqué Cherasco que je fis abandonner pour sauver les troupes. Il fit passer quelques pelotons sur la gauche de la Stura protégés par des pièces de canon. J'ai ordonné d'abord la retraite de l'armée sur les hauteurs de Sanfré. J'ai ordonné au marquis Colli de soutenir les hauteurs de Fossano pour retarder le passage à la colonne ennemie qui tente de percer à Fossano.

A 7 heures Colli fut attaqué et il repoussa l'attaque, mais demain il sera forcé à se retirer sur Savigliano et après à Carignan.

Le général Beaulieu n'arrivera pas à temps, retardé par les mauvais chemins ; la troupe est abîmée par la forte pluie ; il faut, en attendant, faire prendre poste à quelques troupes près de Carmagnola, de celles qui sont à Turin, et me désigner la position qu'on pourrait occuper le plus avantageusement.

Colli à Beaulieu. Sommariva, 26 avril, 1 heure après-midi. — Le général baron Schubirz arrive dans le moment avec des lettres de Votre Excellence. Elle aura déjà reçu le rapport du corps auxiliaire avec ma lettre d'hier. Aujourd'hui le général que vous avez envoyé, sera reçu brigadier par le corps auxiliaire.

L'ennemi veut forcer le roi à la paix, comme je vous l'ai écrit : il a attaqué hier au soir à Fossano d'où il a été repoussé, il a forcé le passage de Cherasco sur ma gauche et, d'après les ordres du roi, de ne rien risquer et de couvrir Turin, j'ai marché toute la nuit jusqu'à Sommariva ; je serai ce soir à Carmagnola pour appuyer ma droite à la rivière du Po et couvrir ma droite avec la cavalerie. L'armée se fond depuis l'invasion ; les soldats des provinces niçoises restent chez eux ; le mauvais temps a aussi fait souffrir ; la cavalerie manque de fourrages, ce qui me forcera encore peut-être demain de me replier sur Moncalieri.

Ordres 27 avril. — *Colli à Doller.* — Dès que le colonel Saint-Nazaro l'aura relevé à l'avant-garde de Colli, il doit se retirer par le pont de Carignan, Racconigi et Carmagnola.

Colli au commandant de dragons de Sardaigne. — De se rendre immédiatement avec son régiment à Savigliano.

Colli au brigadier Verzuole. — De marcher avec son régiment à Sommariva.

Colli au commandant de la réserve et de Piémont. — De garder le pont de Carignan avec le régiment et la réserve.

Colli au Roi. Carmagnola, 27 avril, 2 heures après-midi [A. T.] — Le comte Alciati n'est pas encore de retour, je l'attends à ce moment pour faire les dispositions en conséquence.

L'armée campe aujourd'hui : la droite à Carmagnola, la gauche vers Ternarasio et Casanova ; j'ai placé une avant-garde à Sommariva et Sanfré pour être averti des mouvements de l'ennemi. Il a paru à Bra, mais en petit nombre.

La campagne de Savigliano est occupée par les troupes légères commandées par le colonel Colli et doit se porter sur le Po et le côtoyer jusqu'à Turin.

Le corps auxiliaire est commandé par le général baron Schubirz ; d'ordre du général Beaulieu, ce corps marche aujourd'hui à Poirino. Il m'écrit dans le moment qu'il arrive aujourd'hui à Berglio. Il est encore trop éloigné. Si Alciati apporte une négative, je marche d'abord dans le camp de Moncalieri.

Je fais travailler à force à transporter les magasins.

Colli au colonel d'Aglian de l'état-major. — Trois régiments de cavalerie et le régiment de Piémont infanterie sont destinés à former l'arrière-garde de l'armée ; ces troupes doivent être en échelons de la manière suivante : un régiment de cavalerie à mille pas en avant de Carmagnola, un à Sommariva, le troisième à Sanfré ; ce dernier poussera des partis le plus en avant possible. Un des bataillons d'infanterie à Sommariva, l'autre au château et au bourg de Sanfré ; ce dernier poussera des partis le plus en avant possible. La retraite, si l'on est forcé, se fera en bon ordre vers le pont de Carignan que l'on passera si l'on est suivi.

Colli au colonel Franco. — De reconnaître l'emplacement pour former une tête de pont à Carignan.

Colli à Colli. — L'ennemi avance en force sur Savigliano. Le 2e bataillon de chasseurs, la légion tout entière, ses grenadiers et chasseurs et les dragons se replieront à Racconigi où l'on tiendra le plus longtemps possible. La retraite ensuite se fera à Carignan.

Pendant ce temps, les chasseurs francs et niçards passeront la Maira et même la Vraita pour arrêter l'ennemi sur son flanc et retarder son impulsion ; leur retraite se fera par Villafranca et Borgo où elles passeront le Pô.

Colli à Brempt. — De continuer à faire l'arrière-garde avec son corps le 28 à 4 heures du matin ; il fera la retraite dans l'ordre suivant :

Royal allemand se portera au pont du Pô pour en assurer le passage aux autres troupes.

Le régiment d'Acqui se rendra au bourg de Notre-Dame.

Le régiment de Genevois sur le chemin de Cerisole en attendant le régiment de Piémont ; ils se replieront ensemble derrière la ville où se trouve déjà le régiment de Verceil. La brigade de cavalerie du brigadier Verzuole protégera tout ce repliement et sera soutenu lui-même par des détachements d'infanterie dans les villages.

Colli à Verzuole. — Il se retirera le 28 à 4 heures du matin, la cavalerie couvrant tout le repliement des troupes et soutenue elle-même à l'entrée des villages par quelques piquets d'infanterie, qu'à son tour elle soutiendra à la sortie de ces mêmes villages. Elle passera le pont à Carignan, mais si elle se voyait trop serrée avant d'avoir pu passer le pont, elle pourrait gagner la plaine par Santena et Trofarello et elle s'y joindrait au reste de la cavalerie.

Colli à Beaulieu. Carmagnola, 27 avril, 4 heures 30. — L'officier parlementaire arrive dans le moment. L'ennemi est en marche pour m'attaquer et n'attend que la signature que le roi m'a ordonné de faire ; on donne d'abord Tortone et Coni. Les troupes impériales seront considérées comme neutres jusqu'à ce qu'elles aient passé le Pô, on veut en otage le corps auxiliaire ; j'ordonne qu'elles marchent d'abord à Villanova, où vous leur donnerez les ordres. Les dragons de Stab marcheront d'abord à Chivasso, ce ne doit pas être à moi à signer ces conditions, mais le roi le veut et l'ennemi l'exige. J'envoie le baron de Latour pour arranger les conditions, et je ne signerai que pour l'armée du roi.

Colli à Beaulieu. Carmagnola, 27 avril. — Le roi avait demandé une trêve au général Bonaparte, comme je vous l'ai annoncé ; en attendant les conditions, l'ennemi nous attaqua à Fossano et Cherasco. Le roi accorda à l'ennemi les places de Coni et Tortone, mais aujourd'hui le général ennemi veut que le corps auxiliaire soit en otage en Piémont et que les Français aient le passage par Valence ; je me suis refusé à ces conditions contraires aux intérêts de Sa Majesté, et j'écris au roi que je me retire ; ma santé est délabrée à ne plus être en état de tenir la campagne. J'ai ordonné aux dragons de Stab de marcher toute la nuit pour se rendre à demain et encore à Villanova, le même ordre est donné au bataillon de garnison à Turin : l'artillerie marche par Chivasso vers Novare, et la caisse militaire va par le même chemin. J'ai écrit au général Schubirz les dispositions à cet égard, et Votre Excellence lui donnera ses ordres si elle juge à propos de changer ces dispositions. Je n'ai plus la force de marcher, les fatigues excessives m'ont exténué entièrement ; je me rendrai à Turin où j'attendrai les ordres. Tous ces désastres m'ont abîmé.

P.-S. — Si les articles ne sont pas signés, je crains bien que l'ennemi s'approche encore demain de Turin. Je la prie de m'apprendre ce que l'on veut faire dans les circonstances critiques où l'armée se trouvera, si les Français occupent Tortone et marchent sur Valence.

Beaulieu à Colli. Oviglio, 28 avril. — Je suis bien aise que vous m'envoyez les troupes auxiliaires impériales.

Vous me dites que vous ne signerez que pour les troupes du roi ; je ne comprends pas bien ce que vous entendez par là, car je ne sache pas que vous puissiez signer rien au sujet des troupes de l'empereur, parce que vous n'êtes pas commissionné de ma part, que j'ai le commandement des troupes de l'empereur, auxiliaires ou autres, en Italie. Voilà ce que vous pouvez et devez répondre sur de semblables propositions, et dans ce moment-ci, je n'ai rien à signer ni à faire signer avec les ennemis de Sa Majesté. J'espère que vous les verrez bientôt rétablis (textuel).

Lettres 28 avril. — *Colli au roi. Carmagnola, 28 avril, 4 heures [A T.].* — Le commandant de l'arrière-garde, commandant Verzuole, m'annonça après minuit qu'un détachement des ennemis s'était avancé à Sanfré, avait rencontré les nôtres et qu'il avait été repoussé ; mais on lui rapportait que deux colonnes ennemies s'avançaient pour tourner ce poste.

Il se replia ensuite avec la cavalerie avant Carmagnola. J'ai en conséquence ordonné la retraite dont j'avais donné les dispositions et l'armée marcha sur deux colonnes. La gauche sur Santena et Trofarello et la droite à Carignan où elle s'arrêtera si l'ennemi tarde à s'avancer. L'arrière-garde marche après 4 heures. Le général de Latour n'est pas encore revenu ni envoyé aucune nouvelle. Je serai à la Loggia. Dans le moment, arrive le chevalier Sausel, expédié par le baron de Latour, qui apporte la lettre ci-jointe ; en conséquence je fais rebrousser chemin à l'armée (1).

---

(1) Les lettres originales de Beaulieu à Colli et de Colli à Beaulieu existent aux archives de Vienne.

DOCUMENTS

Revel. — Note remise au ministre relativement à la campagne prochaine

28 janvier [A. G.].

« Tout annonce que la terreur va redevenir le ressort du gouvernement français. Le Directoire voit que sa chute est certaine s'il ne parvient à effrayer et comme la rentrée des armées dans l'intérieur ainsi que la cessation des réquisitions forcées pourraient être un obstacle à ce nouveau système, il paraît qu'on doit s'attendre à la continuation de la guerre; la situation des affaires militaires du côté du nord invite les Français à s'y tenir sur la défensive en s'appuyant sur leurs places de guerre. Les succès qu'ils viennent d'obtenir du côté du midi semblent les engager au contraire à y devenir actifs, et ils ont intérêt d'effectuer une puissante invasion en Italie soit pour s'en approprier les richesses, soit pour occuper les esprits de nouveaux triomphes, soit pour obliger l'empereur d'y porter des forces considérables et de l'affaiblir sur le Rhin. On peut s'attendre que l'Italie sera la campagne prochaine, le théâtre d'une guerre des plus sanglantes et que les Français n'y employeront pas moins de quatre-vingt mille ou cent mille hommes ; que fera le Piémont pour ne pas succomber sous les efforts dont il sera le premier objet : doit-il chercher à conclure une paix particulière, doit-il se préparer à soutenir les attaques de l'ennemi ; quels moyens doit-il employer pour se répondre de pouvoir y résister ! Toute paix qui obligerait Sa Majesté à tourner ses armes contre ses anciens alliés, serait une paix aussi illusoire qu'inacceptable puisque, indépendamment des sacrifices que Sa Majesté ferait de ses premiers engagements, elle se créerait deux nouveaux ennemis : les armées autrichiennes et les opinions anarchiques des Français ; en supposant donc que cette condition lui fût proposée comme indispensable, il faudrait se résoudre à continuer la guerre et il est nécessaire d'examiner alors les dispositions susceptibles de mettre à couvert les frontières du Piémont.

L'étendue de la ligne à défendre depuis le Petit Saint-Bernard jusqu'à la Bochetta est telle pour les Piémontais et pour les Autrichiens, si l'on voulait se réduire à se distribuer sur ces différents points, on peut considérer cette défensive comme absolument insuffisante et craindre de se voir forcé par l'ennemi dans quelle partie qu'il se détermine à se porter ; il faudrait donc pour opération préliminaire commencer par diminuer cette ligne de toute la longueur de l'Apennin pour se procurer ainsi une défensive qui puisse présenter une résistance réelle. Si les Autrichiens veulent sauver l'Italie, il faut qu'ils n'agissent plus séparément et comme simples spectateurs des événements ; il faut qu'ils se réunissent dès ce moment même avec les troupes piémontaises et que, d'après un plan bien concerté, ils fondent ensemble sur l'ennemi pour lui faire évacuer la Rivière de Gênes avant qu'il ait reçu des renforts. Cette opération rapidement exécutée aurait vraisemblablement un succès complet, l'ennemi repoussé alors au delà de la Roya ne pourrait plus agir que sur les grandes Alpes et l'armée austro-sarde bien distribuée sur cette partie de la frontière aurait alors la certitude d'arrêter les Français et de rendre nulles toutes leurs tentatives, que si les Autrichiens se refusent à une semblable mesure et que les Français forment véritablement l'entreprise d'une invasion, on ne peut se dissimuler que, malgré tout le courage des troupes de Sa Majesté, le danger de la voir se réaliser ne soit on ne peut pas plus éminent; quant au projet d'attaquer les Français dans la Rivière, les Piémontais seuls ne sauraient le proposer, car, outre la perte des troupes qui pourrait en résulter, ils provoqueraient une haine et un désir de vengeance qui n'existe point aujourd'hui et ils ne feraient qu'assurer et précipiter davantage les événements qui sont à redouter. Cette note n'est relative qu'aux opérations militaires, et il reste à la politique des ressources qu'elle peut mettre en action pour détourner l'orage. Le plan général des Français n'est point encore arrêté d'une manière tout à fait déterminée, et il n'est pas douteux que l'argent ne pût influer sur les opinions de ceux qui président à cette détermination, il serait bien à désirer aussi que l'on pût engager l'Autriche à porter l'armée de Condé dans les deux Bourgognes parce que dans un moment où la France ne va subir qu'en frémissant le joug de la terreur, cette armée pourrait trouver beaucoup de partisans dans ces deux provinces; l'incendie qu'elle y élèverait pourrait s'étendre en peu de temps jusqu'à Lyon et déconcerter beaucoup les entreprises projetées sur l'Italie; mais quelques mouvements que veuille produire la politique, ils ne sauraient être trop prompts car l'ennemi peut recevoir des secours au premier moment et ses premiers pas doivent être décisifs. »

Revel. — Plan de défensive pour la campagne de 1796

29 février (1) [A G.]

« Des notions fondées font conjecturer que le dessein des Français dans cette campagne est de diriger tous leurs efforts contre le Piémont dans la vue de contraindre le roi à la paix et à s'allier avec eux, ils sentent que l'entreprise de pénétrer en Lombardie exige des forces plus considérables qu'ils ne peuvent vraisemblablement rassembler, des préparatifs immenses et une nombreuse cavalerie. Cela posé, il faut examiner quels sont les points probables d'attaque. On peut les réduire en trois principaux : Alexandrie ou Tortone, Ceva et Coni, si leur projet était de pénétrer du côté d'Acqui, Asti et Alba, ils ne pourraient pas se dispenser de prendre Ceva, ainsi ce cas est compris dans celui du siège de Ceva. Si les Français n'étaient pas engagés dans la Rivière de Gênes et dans la nécessité de s'y soutenir pour conserver une communication importante, il est à croire que tous leurs efforts se feraient par le col de Tende et peut-être par la vallée de Stura. Coni est alors la seule place dont la prise leur assure le pied en Piémont et les moyens d'y subsister. Le manque de mulets est un motif de plus pour les Français d'agir sur Coni; tous les transports de ce côté-là peuvent se faire avec des charrettes, on sait que dans ce moment dans la vallée du Tanaro les transports de vivres se font en partie à dos d'hommes, mais outre les mulets qu'ils peuvent ramasser en France, il est à craindre que la paix av ec l'Espagne ne leur facilite les moyens d'en avoir suffisamment, il serait très important, en cas d'approche des ennemis, de détruire toutes les subsistances dans les environs de Coni.

D'après la combinaison de l'intérêt que les Français ont à se tenir en rela-

---

(1) Thaon de Revel, *Mémoire*, à la date du 29 janvier, p. 303.

tions avec Gênes et la position actuelle de leurs troupes, il est à croire que leurs vues seront tournées sur Ceva en même temps que sur Coni pour agir sur plusieurs points à la fois et diviser nos forces en n'ôtant pas à l'armée autrichienne toute jalousie pour l'état de Milan et pour couvrir en même temps la Rivière de Gênes. La communication de Nice à Coni est à la fois la plus courte et la plus commode et elle aboutit à la mer. La chaîne de montagnes qui sépare le Piémont du comté de Nice est si difficile et tellement âpre que la garde en doit être aisée. Il faudrait un très long détour pour arriver sur la communication avec Nice ; de petites bandes de chasseurs et de milices peuvent seules inquiéter cette communication : pour l'intercepter, il faudrait un corps qui put se soutenir dans le comté de Nice : il est d'ailleurs à supposer que les Français pousseront des troupes par la vallée de Sture pour assurer leur flanc gauche.

Si les ennemis agissent contre Ceva, comme on le suppose, et qu'ils soient maîtres des hauteurs vers les sources du Tanaro et le Carlin, l'occupation de Ceva et de ses hauteurs leur donne toutes les facilités pour s'emparer de Mondovi et s'y établir, et de là ils seront à portée de soutenir le siège de Coni.

Il est probable que tel est le plan des Français, il pourrait se faire cependant qu'au lieu de porter le gros de leurs forces du côté de Coni, ce fut du côté de Ceva dans le dessein de pénétrer vers Alba et de porter la terreur jusqu'à Turin ; la vue des Français d'obliger le roi à la paix peut les engager à suivre ce plan qui ne les oblige pas à d'autres sièges que celui peu considérable de Ceva. Si les ennemis se tournent vers Alexandrie et Tortone, ce qui n'est pas probable, leur marche serait naturellement semblable à ce qu'elle fut en 1745.

Le plan qu'on propose, loin d'exclure les mesures à prendre dans ce dernier cas s'y prête parfaitement, on entrera dans plus de détails sur les deux autres suppositions parce qu'on les croit les plus probables ; d'ailleurs si les Français veulent faire le siège d'Alexandrie et de Tortone, ils commenceront sans doute par ce'ui de Ceva ; ils ont reconnu la faute qu'ils firent en 1745 et 1746 d'avoir laissé en arrière cette place, il est à espérer que nous nous profiterons aussi des exemples et des erreurs même de ces deux campagnes pour régler notre conduite dans celle-ci si des cas semblables se présentent.

Avant d'en venir aux opérations que les troupes doivent exécuter, il est nécessaire d'examiner la constitution diverse des troupes employées à notre défensive, cette circonstance doit influer autant que celle du pays qui forme le théâtre de la guerre sur la disposition des armées et sur la nature du service auquel on les destinera.

Les troupes autrichiennes exercées à agir en masse ont pour cela tous les avantages de la discipline, de la tactique et de l'instruction. Les troupes du roi sans cesse morcelées dans les montagnes ont perdu l'ensemble qu'elles avaient avant la guerre, toute leur instruction et leur expérience sont tournées du côté de la guerre de montagne. L'habitude a façonné les officiers et les soldats de notre armée à ce genre de guerre uniquement ; ces principes qui seront jugés incontestables, doivent déterminer l'emploi à faire des troupes des deux puissances.

Si leur concours est tel que le bien du service l'exige impérieusement, si chacun remplit l'objet auquel il est propre, on peut affirmer avec confiance que les Français se repentiront de leur entreprise ; au contraire tout leur sera facile si la mésintelligence atténue l'action des deux armées.

Après avoir établi que les propriétés des deux armées sont tout à fait diverses, il est inutile d'ajouter qu'elles ne doivent point agir en un seul corps, elles auront assez d'occasions à employer séparément les différentes qualités qui les distinguent.

Dans tous les cas, l'armée autrichienne s'assemblera à Acqui, c'est un point commode qui la met à portée de marcher ; au besoin l'armée du roi sera inévitablement divisée par la nécessité de garder les frontières du Piémont du côté de la Savoie, du Dauphiné et du côté de Nice et de fournir les garnisons du côté des places ; le reste s'assemblera entre Ceva et Mondovi où il y a plusieurs camps plus ou moins bons.

Le principe général d'après lequel agiront de concert les troupes alliées sera celui-ci.

Les troupes autrichiennes agiront en corps d'armée, elles soutiendront les troupes du roi par de gros détachements ; suivant le besoin, elles donneront bataille aux Français s'ils forment le siège de quelques-unes de nos places ou s'ils font du progrès dans le pays.

Les troupes du roi n'opposeront point de résistance de front, à moins que ce ne soit dans quelque point essentiel et déterminé, mais elles se porteront sans cesse sur les flancs, les derrières et les lignes d'opérations des Français afin de les harceler, gêner et enlever leurs convois et leurs postes détachés ; si les Autrichiens donnent bataille, l'emploi des troupes du roi sera analogue à ce que l'on vient de dire et quant à la cavalerie, elle se joindra à l'armée impériale pour agir avec elle. On ne doit pas s'attendre à trouver ici le détail des opérations puisque dans une guerre défensive on est obligé de régler ses mouvements d'après ceux de l'ennemi.

Mais, je le répète, si l'on règle les opérations de bonne foi et d'après ces principes généraux, l'issue ne saurait être douteuse.

Il y a des positions vers les sources du Tanaro et dans la vallée de Limon où il est de la dernière nécessité que les troupes piémontaises prennent les Français : le Carlin, les Viosènes, le col des Termes, offrent plusieurs points essentiels non seulement pour couvrir Ceva, mais encore pour tomber sur les derrières de l'ennemi assiégeant Coni.

Mindino est le point principal du côté de Ceva, mais il faut un corps de troupes fort considérable pour l'occuper sans courir le risque d'être débordé par sa droite et par sa gauche.

Dans ces positions, nos troupes auraient pour objet, moins de faire une résistance opiniâtre si l'ennemi s'y portait en force trop majeure, que d'y retarder ses progrès ; elles ne devraient jamais s'exposer à être battues en détail en formant de longs et faibles cordons, et moins encore à essuyer de grands échecs dans des actions générales.

Que l'on suppose donc les Français marchant à Ceva pour en faire le siège, l'armée autrichienne marcherait immédiatement pour attaquer l'armée assiégeante pendant que les troupes du roi attaqueraient de tous côtés la ligne d'opérations ; elles l'obligeraient par là de s'étendre et de s'affaiblir, et les Autrichiens pourront l'attaquer par là avec avantage ; si, au contraire, les Français renforcent beaucoup leur armée, les Piémontais auront plus d'avantages pour tomber sur leurs communications affaiblies. Si les opérations des deux armées sont différentes, elles seront cependant si intimement liées ensemble, qu'elles ne peuvent réussir que par l'accord le plus parfait. Sans doute les généraux pénétrés de cette vérité assureront leurs succès mutuels par autant de confiance que de franchise dans leurs rapports entre eux.

Il y a dans les environs de Ceva plusieurs camps que les Autrichiens jugeront peut-être convenable d'occuper ou qui le seront par des troupes du roi : les circonstances doivent en décider et l'on ne peut rien spécifier à ce sujet.

Si les Français se portent sur Coni et qu'ils veuillent soutenir leurs positions du côté de Céva, l'armée autrichienne marchera à Coni avec la cavalerie du roi. Les troupes piémontaises libres dans leurs mouvements tomberont sur les flancs et les lignes d'opérations des Français ; l'étendue de ces lignes offrira nécessairement des points faibles et c'est au discernement des généraux d'en juger et d'en profiter.

Dès que l'ennemi avancera, les troupes piémontaises devront être dans un mouvement continuel pour couper et harceler ses communications. Si l'armée autrichienne livre bataille, les troupes piémontaises la seconderont très utilement. Bref, il faudra une très grande mobilité surtout dans ces troupes ; on ne saurait sans d'immenses inconvénients différer un instant de convenir du plan des opérations, de former des magasins, en suite de ce plan de reconnaître les camps et de retrancher les positions ; enfin de préparer tout ce qui doit l'être avant l'ouverture de la campagne.

On n'a plus assez de temps pour tout faire et il n'est que plus urgent de faire

Mémoire instructif à M. le lieutenant-général baron de la Tour pour sa commission à Vienne

[A. E. T.]

« Les objets principaux auxquels se rapporte la commission dont le roi a chargé le lieutenant général baron de la Tour en l'envoyant en diligence à Vienne avec M. le marquis de Saint-Marsan sont les suivants :

1° D'exposer de la part de Sa Majesté à Sa Majesté l'Empereur... qui soit capable d'aider efficacement Sa Majesté à servir son pays.

Pour mettre à même M. le baron de la Tour de remplir ces objets, l'on va tracer ici les points les plus essentiels de développement dont chacun est susceptible, et indiquer en même temps la marche à suivre pour tâcher d'en obtenir le but.

Quant au premier, M. le baron connaissant parfaitement tout ce qui a rapport à notre situation actuelle, nos craintes, les dangers auxquels les états du roi sont exposés, nos moyens et nos ressources pour les écarter, il serait superflu d'entrer ici dans de grands détails pour lui indiquer ce qu'il doit ou peut exposer là-dessus. Il suffira de suggérer la convenance de bien faire connaître à Vienne, où peut-être on ne la connaît pas assez, la position géographique et militaire des états du roi qui ne sont pas occupés en ce moment par l'ennemi, et toutes les circonstances qui en dérivent en faveur ou contre les entreprises que pourraient faire les Français pour en occuper une plus grande partie et les envahir même en entier. Après cela, il ne convient pas moins de représenter ce qu'on sait ici de plus assuré touchant les projets de l'ennemi, ses forces déjà rassemblées en ce moment autour de nos frontières, et l'augmentation considérable qu'elles doivent et peuvent y recevoir ; les moyens et les facilités qu'il aura de pénétrer en Piémont, soit par le peu de résistance qu'on peut en ce moment lui opposer, soit par les intelligences que les Français ont dans quelques-unes des provinces qu'ils méditent d'attaquer.

A la suite de ces notions qui regardent l'ennemi, il est naturel de devoir exposer l'état, la force et la position actuelle des deux armées alliées, les difficultés qui en résultent pour les réunir et les faire agir aussitôt qu'il faudrait sur les points menacés, si l'on n'y pourvoit pas le plus promptement possible par des ordres positifs et pressants aux généraux autrichiens qui commandent les troupes de l'Empereur. Il faudra donner en même temps une connaissance générale de nos moyens et de nos ressources, mais démontrer aussi l'impossibilité où nous sommes de défendre avec nos seules forces et nos seuls moyens toute l'étendue de nos frontières contre un ennemi de beaucoup supérieur qui les entoure et qui à tout prix est décidé de tenter l'invasion du Piémont pour se frayer une route sûre à celle de la Lombardie.

En exposant tout ce qui est indiqué en gros ci-dessus relativement au premier article dont il s'agit, M. le baron de la Tour est trop éclairé pour ne pas discerner exactement les particularités qu'il convient de bien exprimer, afin de tourner en notre faveur, s'il se peut, l'esprit et la volonté du cabinet de l'Empereur; et celles qu'il faut taire pour ne pas opérer un effet contraire en les détaillant. Il ne faut ni exagérer trop notre bien et notre mal, ni montrer de vouloir faire croire ce qui n'est pas exact, ni tout dire de ce qui l'est, mais qui peut nuire à nos vues. L'on s'en remet du reste à la sagesse et à la dextérité de M. le baron pour régler son exposition de notre situation à l'Empereur et ses ministres, suivant qu'il le croira plus utile pour parvenir au but essentiel de sa mission.

Quant au second objet : Tout ce qu'on vient d'indiquer ci-dessus en général par rapport au premier, peut servir d'instruction pour remplir le second : L'on y ajoutera seulement qu'en démontrant l'impossibilité que le roi avec ses seules forces et ses seuls moyens soutienne tous les efforts de l'ennemi et défende efficacement l'entrée du Piémont et la cause commune, il sera aisé à M. le baron de la Tour de trouver également des raisons bien fondées à alléguer pour démontrer aussi que le concours juste et nécessaire en conséquence de l'armée alliée à cette défense ne peut être ni assez efficace, ni utile, si l'on ne s'entend pas bien franchement et de bonne foi sur la manière de l'employer.

La nécessité donc d'un accord bien entendu là-dessus et meilleur que par le passé, en devient assez évidente. Le ministère de l'Empereur ne devrait pas en disconvenir, mais la difficulté sera de l'engager à convenir des bases sur lesquelles il doit être établi, et à se prêter sérieusement à adopter celles qui nous paraissent les plus justes et d'une utilité commune, ou à s'expliquer précisément sur ses intentions et ses dispositions à cet égard. Sur quoi l'on va indiquer dans l'article suivant ce qui paraît plus convenable de faire pour y parvenir.

Quant au troisième : En prévoyant d'avance la difficulté qui se rencontrera à concerter les bases de l'accord dont il s'agit et d'en fixer le mode d'exécution, il sera nécessaire que M. le baron de la Tour tâche de faire comprendre au ministre impérial que, si on ne détermine pas d'avance positivement entre les deux cours comment les deux armées alliées doivent agir ensemble ou séparées dans la campagne prochaine pour se soutenir et se secourir mutuellement, dans la vue d'assurer la défense commune, il est impossible qu'on fasse de la bonne besogne et qu'on puisse espérer le succès désiré pour la cause commune des opérations quelconques qui devront être exécutées par les deux armées. Tout ce qu'on peut dire en preuve de cette assertion, tant en fait qu'en déduction de raisonnement, est trop connu à M. le baron pour qu'il soit nécessaire de le suggérer ici.

L'on se bornera donc à ajouter sur ce qui regarde les bases de tout accord que le point principal est celui de bien convaincre les ministres impériaux et de les faire convenir de nouveau que c'est absolument en défendant le Piémont qu'on est sûr de défendre la Lombardie, et que cette défense du Piémont est la plus importante pour la cause commune sous tous les rapports comme elle est la plus pressante. Qu'en conséquence elle doit être la première et la principale base d'un accord quelconque et de toute intelligence entre les deux cours pour la poursuite de la guerre ; et que toutes les opérations des deux armées dans cette campagne prochaine doivent être dirigées et combinées de manière à assurer premièrement ce grand objet qui seul peut assurer tous les autres, moyennant les dispositions qu'on peut en même temps arrêter pour cet effet.

Pour ce qui concerne après cela le mode d'exécution, le plan général des opérations des deux armées sur cette base et l'emploi des forces respectives, M. le baron tâchera de se faire expliquer quelles sont les vues et les idées que le conseil de guerre de Vienne peut avoir déjà adoptées et fixées à cet égard soit pour faire agir les deux armées séparément, assignant à chacune sa besogne, ou ensemble et se prêtant mutuellement la main et les secours nécessaires à mesure du besoin ; et en conséquence de cette explication, il se réglera dans les observations qu'il croira devoir faire pour obtenir que ces idées soient rectifiées et les projets formés sur elles, adaptés, autant que possible, à nos circonstances et à notre plus grand avantage, sans se départir en substance de la base sus-mentionnée.

Il ne manquera pas d'avoir soin surtout, en cas qu'on en vienne à se concerter sur les dits objets, partant même de la base qui nous convient, d'éviter qu'on veuille jeter sur nous le plus grand poids de la guerre, et de s'assurer que véritablement l'armée impériale exécutera de bonne foi ce dont on sera convenu, et concourra efficacement à sauver le Piémont par tous les moyens possibles. Sans quoi tout concert et tout accord deviendraient illusoires et ne sauraient remplir le but essentiel auquel ils doivent être, suivant notre principe, principalement dirigés.

Sur le quatrième : comme ce que l'on vient d'indiquer sur le précédent, peut déjà expliquer ce qu'on a en vue dans celui-ci, l'on se restreindra à suggérer encore à M. le baron de la Tour qu'il est très important d'avoir des éclaircissements justes et précis des intentions positives de l'Empereur sur les points y-mentionnés ; et c'est d'autant plus qu'outre la nécessité d'en obtenir, par les moyens possibles, sans choquer aucune convenance, le redressement ou la modification, si elles étaient contraires à nos vues, et pussent par l'effet qui s'ensuivrait nous devenir plus ou moins préjudiciables, il peut encore résulter de la connaissance que nous aurons de ces intentions et de ces plans un motif urgent de chercher à en éluder, ou écarter l'accomplissement, ou d'aviser aux moyens de prendre quelque autre parti conséquent à mesure des circonstances et du mal qui pourrait nous arriver en les secondant.

En cas donc qu'après avoir acquis la certitude que les véritables vues qu'on pourrait avoir adoptées à Vienne, seraient entièrement dirigées à notre préjudice, plus qu'à nous sauver dans le péril que nous courrons, M. le baron de la Tour ne manquera pas d'accord avec M. le comte de Castel-Alfer et par son canal de faire parvenir ici le plus promptement possible le rapport exact de pareilles découvertes et de ses fondements ; il fera en même temps toutes les représentations que son talent et ses connaissances du pays et de la guerre pourront lui suggérer pour détruire les fausses impressions et les vues erronées qui pourraient avoir guidé l'Empereur et son conseil dans la résolution d'adopter des projets peu conformes à l'intérêt commun et entièrement inutiles ou ruineux pour celui des états du roi, si ces projets et résolutions du cabinet de Vienne fussent réellement d'une nature à les regarder comme tels.

Pour ce qui regarde enfin le cinquième : outre ce que M. le baron de la Tour connaît déjà des intentions et désirs du roi sur le plan et mode de coopération qu'il conviendrait d'obtenir et de s'assurer de la part de l'armée impériale dans cette campagne pour soutenir et aider celle de Sa Majesté dans la défense du Piémont, et dans les opérations que les entreprises menacées par l'ennemi pourront exiger, M. le baron pourra trouver dans les différentes notes militaires qui lui ont déjà été communiquées et remises, plusieurs idées, projets et expédients, qui, analysés et combinés dans leur résultat, pourront lui fournir des bases et servir de fondement pour les explications et les propositions qu'il sera dans le cas de mettre en avant à cet égard.

D'après le résumé de tous ces écrits et l'opinion plus commune de tous les militaires expérimentés ici, il paraît indubitable que le point essentiel, surtout à l'ouverture de la campagne, est d'assurer la position de Cèva et du Mondovi contre toute attaque menacée par l'ennemi, et d'empêcher absolument les Français de pénétrer dans les trois provinces du Mondovi, des Langhes et d'Acqui par les vallées du Tanaro, du Belbo et de Bormida pour s'y établir; ce qui mettrait tout le reste du Piémont dans le plus grand danger, sans qu'on eût peut-être ensuite assez de moyens pour l'en préserver.

Le premier objet donc de tout plan et de tout accord entre les deux armées serait celui de parer à ce danger d'une manière aussi certaine que stable, tant que l'ennemi sera en force dans la Rivière de Gênes, et en état de menacer sérieusement et d'attaquer la dite position et les dites provinces. Pour cet effet, attendu que les seules troupes du roi ne sont pas absolument en nombre suffisant pour veiller à la sûreté de toute la frontière, et en garder comme il est nécessaire en même temps depuis le Saint-Bernard jusqu'à la Bochetta, il devient indispensable que cette longue ligne de défense soit divisée de manière que les troupes du roi occupant cette position qui s'étend depuis le Saint-Bernard jusqu'aux sources du Tanaro, le reste de la même ligne, en commençant à la droite du cours de cette même Rivière, demeure absolument à la charge des troupes impériales jusqu'à la Bochetta pour couvrir la position de Cève et les provinces sus-mentionnées.

En partant de ce point essentiel sans lequel il ne paraît pas possible que le roi puisse défendre le Piémont de l'invasion menacée, M. le baron de la Tour pourra tirer des notes militaires sus-mentionnées, et de ses propres lumières les combinaisons qu'on pourrait proposer pour établir d'une manière sûre et praticable le plan général d'opérations et le concert désiré entre les deux armées qui puisse convenir à l'intérêt et à l'avantage réciproque, et concourir efficacement à sauver les deux pays. Il n'omettra pas en même temps de faire observer la probabilité que l'ennemi se décide également à tenter une entreprise sur Coni, attendu les facilités que le grand chemin de Nice à cette place, fournirait à toute sorte de transports, et qu'en conséquence il est aussi essentiel de faire entrer la nécessité de se mettre à portée et en mesure d'assurer la défense de Coni, ainsi que celle de Céva, dans les plans quelconques et l'accord qu'on pourrait proposer pour faire agir ensemble ou séparément les deux armées.

Sans entrer après cela dans aucuns détails particuliers qui dépendront naturellement toujours des maximes qui seront adoptées par les deux cours pour le concert dont il s'agit et lesquelles, dans le fond, forment le but principal de toutes les représentations et demandes actuelles du roi près de l'Empereur, il suffira d'ajouter encore ici, que, comme les Français qui se trouvent déjà en force considérable dans la Rivière de Gênes, paraissent vouloir accélérer autant que possible les attaques dont ils menacent les états du roi par les vallées du Tanaro et de Bormida, une des premières sollicitudes de M. le baron de la Tour doit être de représenter à Vienne l'urgence de faire avancer à portée de ces vallées un corps de troupes impériales stationnées encore dans le Milanais, qui soit suffisant pour en imposer à l'ennemi, ou pour soutenir celles du roi qui sont à la frontière de la Rivière de Gênes en cas d'attaque prématurée; sur quoi il tâchera d'obtenir qu'on envoie le plus tôt possible des ordres positifs au commandant actuel de l'armée impériale avec l'injonction de se prêter aux réquisitions que le commandant de l'armée du roi dans cette partie pourrait lui faire et de s'entendre avec lui sur la manière la plus prompte et la plus efficace de se secourir mutuellement dans cette défense.

Telles sont les observations et les indications qu'on peut dans ce moment tracer à M. le baron de la Tour, pour le mettre en état de connaître plus particulièrement et de remplir les objets de la commission dont le roi l'a honoré près la cour de Vienne. Il aura soin de communiquer à M. le comte de Castel Alfer, ministre du roi à cette cour, le présent mémoire, ainsi que toutes les pièces qui peuvent y avoir rapport, pour le mettre entièrement au fait de ce qu'il s'agit de traiter et proposer auprès de la dite cour, aux fins d'obtenir le but qui a déterminé Sa Majesté à cette mission extraordinaire. M. le baron s'entendra avec ce ministre pour toutes les démarches qu'il y aura à faire en conséquence, et si les circonstances exigeaient de donner quelque mémoire par écrit, ce sera toujours au nom du ministre qu'il devra être dressé et remis par lui au ministre de l'Empereur, sauf qu'il ne contint que des éclaircissements en matière et pour des objets purement militaires à donner à des généraux ; en quel cas cependant il devra toujours être concerté avec le même ministre, pour ne rien hasarder qui put être moins adapté aux formes usitées dans les écrits et notes à présenter à cette cour-là.

Dans la persuasion où l'on est, que les ministres autrichiens ne sont aucunement portés à faire une convention formelle sur les objets dont il s'agit, l'on omet ici d'indiquer ou prescrire à M. le baron de la Tour ce qu'il aurait à faire en pareil cas : mais s'il arrivait qu'il en fût question, il pourrait toujours en entendre le projet avec M. le comte de Castel Alfer sur les bases et les principes qu'ils connaissent tous les deux et se réserver de se procurer les ordres du roi avec les pouvoirs nécessaires pour conclure et signer tel acte dont on conviendrait. A cet effet il suffirait d'expédier en diligence le courrier Calcina qui se trouvera à Vienne aux ordres du ministre susdit pour transmettre ici le rapport de ce qui se serait passé à Vienne à cet égard et en attendre le retour. »

Directoire (Instructions pour le général en chef) (1)

12 ventôse 2 mars [A N. et A G.]

« La République française a deux ennemis principaux à combattre du côté de l'Italie : les Piémontais et les Autrichiens ; ces derniers, quoique moins nombreux, sont redoutables tant par leur haine pour la France, leurs ressources de tout genre infiniment plus fortes, que par leurs liaisons plus intimes avec nos ennemis naturels, les Anglais, et surtout par l'empire que leurs possessions leur permettent en Italie, d'exercer sur la cour de Turin, qui se voit obligé de se prêter à presque toutes leurs demandes et même à leurs caprices. Il résulte de cette situation de choses, que l'intérêt le plus immédiat du gouvernement français doit être de diriger ses principaux efforts contre l'armée et les possessions autrichiennes en Italie.

Il est facile de sentir, en effet, que tout mouvement militaire contre les Piémontais et sur leur territoire devient en quelque manière indifférent aux Autrichiens qui, comme on l'a vu dans la campagne précédente, semblent s'inquiéter fort peu des désastres de leurs alliés, et qui, dans les moments de danger, loin de chercher à les protéger efficacement, s'en séparent sur-le-champ et ne s'occupent qu'à conserver le pays qui leur appartient et qui leur fournit abondamment les ressources dont ils ont besoin.

Tels grands qu'aient été jusqu'ici nos succès en Italie, nous ne nous

(1) Signé Le Tourneur, Carnot, L. N. Révellière-Lepaux.

sommes pas assez avancés encore dans ce pays pour soustraire le Piémont au joug que lui impose l'armée autrichienne toujours restée maîtresse de son sort par les positions qu'elle a prises.

Quand on considère les véritables intérêts de la cour de Turin, on les trouve en quelque sorte essentiellement liés aux nôtres, et il n'existe plus aucun doute sur le désir que doit avoir cette cour de voir expulser entièrement l'ambitieux Autrichien hors de l'Italie, et d'obtenir le Milanais en dédommagement des pays réunis irrévocablement à la France par le premier article de sa constitution républicaine.

Cette conjecture dont la vraisemblance n'a pas besoin d'être appuyée des raisonnements que le sujet suggère lui-même, semble faire naître la question suivante : Pourquoi, lorsqu'il est de l'intérêt des Piémontais de s'unir aux Français pour chasser les Allemands de l'Italie, la cour de Turin ne s'empresse-t-elle pas de joindre ses armées à celles de la République pour parvenir le plus promptement possible à ce but, à la fois profitable et glorieux ?

La solution de cette question doit contribuer à nous éclairer sur notre position politique vis-à-vis de l'Italie, ainsi que sur la meilleure marche à suivre pour y vaincre nos ennemis, et plus particulièrement les satellites de l'Autriche. Placé entre le pays soumis à cette dernière et la République française, le Piémont est forcé de jouer un rôle dans la guerre actuelle et s'il eut voulu rester dans un état de neutralité, il aurait souffert tous les maux de la guerre sans pouvoir jouir d'une prérogative précieuse pour un état médiocrement fort eu égard à ses voisins, c'est-à-dire du respect que les troupes qu'il peut joindre à celles de l'une des parties belligérantes, et le danger d'une défection de leur part pour passer du côté de son ennemi, lui assurent nécessairement, ce qui lui garantit qu'il éprouvera le moins possible de vexations, au moins de la puissance à laquelle il s'allie.

Sans rejeter absolument l'idée que le roi de Sardaigne a pu être entraîné par des considérations de famille dans la coalition contre la France, il est vrai de dire que notre position, au commencement de la guerre actuelle, et la nécessité dans laquelle nous nous trouvions de nous emparer de la ci-devant Savoie et du ci-devant comté de Nice tant pour attaquer les Autrichiens avec plus d'avantages, que pour les réunir à la France pour la garantie de la frontière dans cette partie, ont en quelque sorte forcé la cour de Turin à embrasser le parti de nos ennemis pour s'opposer à nos efforts ; mais depuis nos succès de frimaire l'espoir d'un dédommagement à prendre sur les possessions autrichiennes dans l'Italie en se réunissant à nous, eût sans doute fait changer la cour de Turin, si la France, à peine sortie des orages révolutionnaires, eût pu lui fournir les subsides que l'Angleterre et l'Autriche lui accordent.

Certain que la France ne lui accorderait point une paix qui placerait le Piémont dans un état de neutralité, lequel, dans l'hypothèse d'un succès de la part des Autrichiens, deviendrait évidemment nul et même dangereux pour la République, le roi sarde, forcé de continuer la guerre, a dû s'assurer des moyens de la faire avec le moins de frais possibles et n'a pu les trouver que dans les subsides et secours de tous genres que ses alliés actuels pouvaient seuls lui procurer. Le Piémont, écrasé d'impôts, ne peut lui fournir la facilité d'agir d'une manière plus indépendante et plus analogue aux vues sur le Milanais, qu'il est naturel de lui supposer, et l'on doit conclure de cet état de choses que la cour de Turin ne consentira sincèrement à une alliance défensive et offensive avec nous, que lorsque nous pourrons lui fournir les mêmes secours qu'elle reçoit de ses alliés actuels.

La République se trouvant donc hors d'état de lui fournir ces secours, ne doit compter sur une alliance de ce genre, que lorsque le Piémont sera forcé, par la déroute des Autrichiens ou la présence de nos armées sur son territoire, à tourner ses armes contre nos ennemis communs.

Si les circonstances amènent cet événement heureux, on doit s'attendre que les Piémontais, en obtenant même l'objet de leurs désirs et un dédommagement considérable (le Milanais, etc.), l'achèteront par tous les sacrifices qu'un état déjà épuisé peut encore soutenir ; car ils auront non seulement à pourvoir leur armée de tout ce dont elle aura besoin, mais celles de la République devront être principalement alimentées et soutenues par eux ; et si la position des choses nous forçait d'agir dans ce pays comme en pays conquis, nous y ferions, il est vrai, le moins de mal possible ; mais nous en ferions beaucoup, puisqu'il serait indispensable d'assurer notre marche par la possession provisoire, et jusqu'à la paix, des principales places du Piémont qui sont situées de notre côté et dont la démolition nous garantit, pour l'avenir, une paix et une alliance solides avec la cour de Sardaigne. Il résulte de ce qui vient d'être dit, que l'attaque unique du Piémont ne remplirait pas le but que le Directoire exécutif doit se proposer, celui de chasser les Autrichiens de l'Italie, et d'amener, le plus tôt possible, une paix glorieuse et durable ; loin de terminer la guerre, ce serait la prolonger, puisque les Autrichiens, restant intacts, n'auraient aucune raison de la finir, et que l'Angleterre pouvant toujours transmettre des subsides à l'armée piémontaise, les choses demeureraient à peu près sur le même pied où elles étaient à la fin de la campagne dernière.

L'attaque suivie et unique du Piémont offre d'ailleurs des obstacles majeurs par le nombre de sièges qu'elle force à faire dès l'ouverture de la campagne ; et le Directoire a dû fixer particulièrement ses vues sur un système de guerre offensive, principalement dirigé contre les forces autrichiennes en Italie, et tellement combiné, qu'il présente à la fois à l'armée française d'Italie la possibilité de se mettre, par la défaite des Piémontais dès le commencement des opérations militaires, à l'abri de toute entreprise de leur part pendant le reste de la campagne ; celle d'amener la cour de Turin à une alliance forcée avec la France, et enfin le moyen d'accélérer la conclusion d'une paix avantageuse pour nous, par la déroute totale des Autrichiens en Italie.

Les premières opérations militaires que ce système commande, se trouvent resserrées dans un cercle étroit et exigent peu de développement. Le Directoire doit se borner à les indiquer, et les détails d'exécution appartiendront au général en chef, en qui il place sa confiance. Ils seront soumis au Directoire, autant que le temps et les circonstances permettront de le faire, et dans les cas extraordinaires où son avis deviendra absolument nécessaire pour déterminer des mouvements militaires d'une importance majeure et qui n'auraient point été prévus. Tout nous commande de chercher, par tous les moyens qui sont en notre pouvoir, de faire repasser le Pô aux ennemis, et de porter nos plus grands efforts dans la direction du Milanais. Cette opération essentielle paraît ne pouvoir avoir lieu, sans qu'au préalable l'armée française s'empare de Ceva.

Le Directoire laisse au général en chef la liberté de commencer les opérations par l'attaque des ennemis sur ce point, et, soit qu'il obtienne sur eux une victoire complète, soit qu'ils se retirent vers Turin, le Directoire l'autorise à les suivre, à les combattre de nouveau, et même à bombarder cette capitale, si les circonstances le rendent nécessaire.

Après s'être rendu maître de Ceva, et avoir rapproché la gauche de l'armée d'Italie à Coni, afin de menacer et de contenir la garnison de cette place, le général en chef pourvoira, le plus tôt possible, aux besoins de l'armée, qui moyen des ressources que lui offrira le Piémont : il dirigera ensuite ses forces vers le Milanais, et principalement contre les Autrichiens ; il rejettera les ennemis au delà du Pô, s'occupera des moyens de passer ce fleuve, et cherchera à s'assurer des places d'Asti et de Valence.

Le général en chef ne doit pas perdre de vue que c'est aux Autrichiens qu'il importe de nuire principalement, et qu'une des mesures capables de déterminer l'Italie à la paix est de l'intimider, en avançant le plus qu'il sera possible sur la droite et vers Tortone, dont la mauvaise situation fait croire au Directoire qu'il deviendra facile de s'emparer.

Ce mouvement essentiel des troupes vers notre droite que le général en chef ne pourra probablement faire qu'après la prise de Ceva, et avoir remporté une victoire éclatante sur les Piémontais, nous mettra en situation d'en imposer à la république génoise et facilitera à l'agent français que le gouvernement maintient à Gênes, des négociations qui pourront nous être avantageuses, et même un emprunt que les particuliers génois pourraient nous faire.

Plus riches que leur gouvernement, on doit s'attendre qu'ils ne consentiront à nous fournir que lorsque celui-ci se portera garant vis-à-vis d'eux de notre fidélité à remplir les conditions de cet emprunt, que les circonstances favorables de la guerre peuvent nous mettre à même d'exiger. L'entrée de l'armée républicaine en Piémont ne doit être considérée que comme une disposition préliminaire, qui nous met en situation d'attaquer les forces autrichiennes avec plus d'avantage ; elle ne doit s'y arrêter que le moins possible, et s'avancer ensuite vivement pour combattre ces dernières, que la défaite des Piémontais n'aura pu qu'intimider et rendre plus faciles à vaincre.

Lors des mouvements que la droite des Français aura à faire vers Alexandrie et Tortone, il deviendra indispensable, pour assurer la suite de ses opérations, qu'elle se mette en possession de Gavi, soit que les Génois se prêtent de bonne grâce à nous l'accorder pendant la guerre, soit qu'il faille les y contraindre par un appareil menaçant des forces destinées à les y faire consentir.

Le Directoire, persuadé que le général mettra, dans l'exécution de cette mesure particulière, toute la prudence que commandent les circonstances et notre situation politique vis-à-vis la république génoise, lui abandonne entièrement la conduite de cette affaire délicate, dont sa présence sur les lieux lui fera connaître la nécessité, les difficultés et les avantages.

Par le rejet des principales forces de l'armée républicaine en Italie sur la droite et dans la direction du Milanais, nous acquerrons plusieurs avantages importants ; nous forcerons le Piémont, déjà ébranlé, à se ranger du côté de notre côté, et la première victoire que nous remporterons sur les Autrichiens, devient le gage certain de la ruine totale de leurs forces dans cette partie. Nous intimidons toute l'Italie, et nous dissolvons la coalition de toutes ces petites puissances en faveur de la cause autrichienne.

La marche que le Directoire vient d'indiquer au général en chef doit être considérée comme la principale, et, pour ainsi dire, la seule à suivre : c'est une base donnée, à laquelle se rapporteront tous les mouvements secondaires que les circonstances et les événements le mettront dans le cas d'ordonner. C'est, en un mot, le but vers lequel tout doit marcher, et toute opération qui s'en écarterait positivement, doit être absolument rejetée.

Le Directoire ne se dissimule pas que ces grandes opérations ne peuvent être tentées par la droite ou le centre de l'armée d'Italie sans que le reste de cette brave armée les appuie et les prépare ; elles ne peuvent l'être sans que le général en chef se soit d'abord assuré qu'une partie de l'armée ne sera point coupée et séparée de l'autre, et exposée ainsi à une déroute totale. Il veillera donc scrupuleusement sur la gauche, et mettra par ses bonnes dispositions les troupes piémontaises qui sont à Coni dans l'impuissance de lui nuire et de rien entreprendre.

Le Directoire doit annoncer ici ses intentions relativement aux sièges que les événements de la campagne qui va s'ouvrir peuvent mettre dans le cas de faire. Sa résolution est qu'il ne doit être entrepris aucun siège avant que l'ennemi, qui pourrait l'inquiéter, ne soit totalement en déroute et hors d'état de rien tenter ; et, dans tous les cas, le général en chef doit bien se garder de porter sa grosse artillerie sur un point quelconque, où, par un léger succès des ennemis, elle pourrait être compromise. Le Directoire insiste particulièrement sur cette précaution essentielle.

Quoiqu'il soit de l'intérêt de la France de diriger ses principaux efforts contre les Autrichiens, et d'amener les Piémontais, par nos succès contre les premiers, à une alliance avantageuse pour nous, les Piémontais ne doivent pas être ménagés tant qu'ils seront nos ennemis.

Le général en chef cherchera, par tous les moyens qui sont en son pouvoir, à animer les mécontents du Piémont, et à les faire éclater contre la cour de Turin d'une manière générale ou partielle.

Il est inutile de s'appesantir sur l'utilité d'une diversion de cette espèce, et dont les ennemis nous ont donné les premiers l'exemple : elle peut faciliter à l'armée des Alpes, agissant de concert avec la gauche de l'armée d'Italie, la conquête rapide du Piémont, dont la possession pendant la guerre, nous assurerait, à la paix, des conditions avantageuses.

Telles sont les principales bases du plan de campagne que le Directoire a adopté. Il insistera, avant de terminer la présente instruction, sur la nécessité de faire subsister l'armée d'Italie dans et par les pays ennemis, et de lui fournir, au moyen des ressources que lui présenteront les localités, tous les objets dont elle peut avoir besoin.

Le général en chef s'attachera à maintenir une discipline sévère et à épargner aux habitants toutes les vexations et les désastres que le fléau de la guerre entraîne si souvent après lui, et que l'ordre et de bonnes administrations peuvent seuls réprimer.

Il fera lever de fortes contributions, dont la moitié sera versée dans les caisses destinées au service des diverses administrations, et l'autre moitié destinée à payer en numéraire le prêt et la solde de l'armée.

Le Directoire exécutif se réservant la faculté de faire la paix, le général en chef n'accordera aucune suspension d'armes, et ne ralentira en aucune manière ses opérations militaires. Il accueillera toutes les propositions qui pourraient tendre à une pacification, et les fera passer sur-le-champ au Directoire.

Le Directoire compte sur le patriotisme, le zèle, l'activité et les talents du général en chef de l'armée d'Italie ; il lui recommande avec confiance l'exécution précise des dispositions que contient la présente instruction, à laquelle le Directoire ajoutera lorsque les événements de la guerre le rendront nécessaire.

Observations sur l'état de la négociation à Vienne au sujet du plan de campagne et sur la marche à suivre dans la poursuite de cette affaire par Saint-Marsan.

Vienne, 10 mars [A. E. T.]

« M. le lieutenant-général baron de la Tour m'ayant chargé de rédiger en mémoire mes idées sur le plan de campagne à proposer au Cabinet impérial, en conséquence de la demande que lui en a faite M. le baron de Thugut, j'ai eu l'honneur de lui donner par écrit ce que mes faibles lumières m'ont suggéré et il a, à peu près sur mon mémoire, tablé une note dont je crois, qu'il a l'honneur d'en adresser copie à M. le comte d'Hauteville par le courrier d'aujourd'hui. Voici ensuite les réflexions que j'ai cru devoir lui présenter sur les propos qu'il me dit lui avoir été tenus par MM. de Thugut et de Bellegarde et d'après ceux que j'ai entendus moi-même le premier soir de notre arrivée à l'audience du ministre impérial, la seule fois que j'aie été de la conférence. Deux sont les objets sur lesquels le baron de Thugut...

je crois, à Sa Majesté de très grands avantages au moment de traiter la paix. Quant à l'intérêt que pourrait y prendre Sa Majesté Impériale, il ne peut être que relatif à la défense de la Lombardie et ne se rapporte par conséquent qu'à l'objet de fermer le passage aux Français dans la Rivière de Gênes. Or cet objet serait également rempli en occupant la position de Finale, et il en résulterait pour l'Empereur une dépense beaucoup moins considérable pour l'entretien de l'armée et un moindre sacrifice de soldats. Ce qui, d'après mes principes, me fait pencher à croire que le cabinet impérial ne pense pas plus que l'année passée, à pousser sérieusement sa pointe de ce côté-là. Il est d'ailleurs certain que, sans une flottille qui protège et assure entièrement la côte, l'existence de l'armée impériale tout le long de la Corniche serait très précaire et coûterait énormément. Or comme je ne vois jusqu'à présent aucune disposition efficace pour se procurer cette flottille, je suis toujours plus porté à mettre en doute la sincérité de la proposition.

Le deuxième projet, savoir : d'agir offensivement par la Savoie, présente, selon moi, d'assez grandes difficultés, considéré relativement à lui-même, laissant à part celle de devoir attaquer ou tourner des positions aussi redoutables que le Mont-Cenis ou le Petit Saint-Bernard. J'observe que cette expédition, ne devant avoir lieu qu'après que l'ennemi aurait été chassé de la Rivière de Gênes, il faudrait songer de faire marcher, à la moitié de la campagne, l'armée entière depuis les frontières de Gênes jusqu'à celles de la Savoie, ce qui exigerait un temps et des préparatifs considérables. Il faudrait outre cela former à l'avance des magasins immenses et rassembler une très grande quantité de bêtes de charge. Ensuite, si cette armée, après s'être emparée de la Savoie, est destinée à entrer en France et y agir avec vigueur, il faut réfléchir qu'elle devrait être au moins le double de ce que nous pouvons la calculer, car lorsqu'on prétend porter une armée si loin de ses foyers et au cœur d'un pays ennemi, il faut qu'elle soit intrinsèquement d'une force très respectable si l'on ne veut pas risquer de la voir réduite à rien en très peu de temps. Je crois qu'on ne pourrait entreprendre une opération de cette nature qu'avec quatre-vingt mille hommes au moins, et je ne vois pas qu'on puisse y employer au delà de quarante mille hommes. Car supposant abondamment les deux armées fortes de quatre-vingt mille hommes au commencement de la campagne, il faut laisser au moins vingt mille hommes dans le comté de Nice, il en faut au moins dix mille pour la garde des places et du Piémont, il n'en resterait donc que cinquante mille sur lesquels il faudrait déduire tous les malades, et la perte faite dans la première partie de la campagne.

D'un autre côté si le plan est seulement de s'emparer de la Savoie et de s'y maintenir, on comprend aisément quelle serait la dépense et l'embarras pour nourrir une telle armée, pendant l'hiver, à travers des montagnes aussi rudes et dans un pays où l'on ne peut espérer la moindre ressource. D'ailleurs la très forte place de Briançon, dont le siège entraînerait une dépense et un temps énorme, ainsi qu'un grand sacrifice de troupes, ne laisserait pas de gêner infiniment l'établissement en Savoie, si l'on jugeait à propos de la laisser derrière.

Le roi trouverait, il est vrai, dans cette entreprise l'avantage d'avoir une restitution de moins d'exiger à la paix, mais pour considérer cette circonstance comme un avantage réel, il faudrait qu'il ne fût pas balancé par le risque de perdre dans l'exécution beaucoup plus qu'on ne gagnerait en cas même de réussite complète, et il est nécessaire, pour éviter cet inconvénient, d'exiger qu'au moins les deux tiers de l'armée destinée à l'expédition fussent composés de troupes impériales et aux dépens de l'Empereur ; car il ne convient nullement à Sa Majesté de dégarnir ses places et d'en commettre la garde ainsi que celle du Piémont aux troupes impériales pour porter lui-même toutes ses troupes en Savoie ; ce serait tout risquer sur une carte, et s'exposer à se voir réduit par un échec probable tout à fait sans armée et sans ressources. Il faudrait donc au contraire que toute l'armée marche en Savoie, et qu'il ne s'y réunit de troupes piémontaises que celles qui ne seraient pas nécessaires dans le comté de Nice à Dolceaqua, dans les places et dans les vallées de Stura, Maira et Vraita.

Or bien loin de là, M. le baron de Thugut a laissé entendre à M. le baron de la Tour qu'on comptait que les troupes impériales se chargeassent de la garde du Piémont, et que Sa Majesté eût presque seule, avec toute son armée, le soin de l'expédition de Savoie.

Cette idée est toute naturelle de la part du cabinet impérial puisque, n'étant pas probable que l'on ait sérieusement le projet d'entrer en France, puisqu'ainsi, que j'ai dit plus haut, il faudrait des forces qui n'existent pas et des préparatifs longs et immensément coûteux, pour lesquels il n'y a encore aucune disposition ni donnée, ni imaginée.

Il est chimérique de songer... la possession de tous les états de Sa Majesté. D'après toutes ces considérations, on peut conclure que les projets mis en avant par M. de Thugut, étant données des circonstances qui puissent en rendre l'exécution probable, et pouvant même conclure qu'ils sont accompagnés de quelques-unes insidieuses, il est tout à fait de l'intérêt du roi de marcher avec la plus grande précaution dans la poursuite de cette négociation, et je crois que l'on doit insister préalablement sur l'apparence d'une défensive respectable pour se mettre à couvert du risque d'essuyer de nouvelles pertes, avant de songer à réparer celles que nous avons faites.

On pourra ensuite seconder autant que possible le plan d'offensive vers le comté de Nice qui ne présente que des avantages à Sa Majesté par la facilité qu'elle aurait, quand les Impériaux fussent à Dolcéaqua et qu'on fût assuré qu'ils gardassent la position, de réussir avec ses seules forces à chasser l'ennemi au delà du Var, en manœuvrant sur le Haut-Var, et à assurer par là le port de Villefranche à la flotte anglaise, ce qui pourrait nous procurer, ainsi qu'on l'a déjà dit plus haut, de solides avantages.

Quant à l'expédition de Savoie, quoique ce serait peut-être l'unique qui pourrait donner une vraie facilité à tenter une invasion en France, si on l'entreprenait avec des forces suffisantes ; comme les apparences ne prouvent point que l'on pense sérieusement à ce plan, et que d'ailleurs, comme on vient de dire, cette expédition, de la façon qu'on nous la proposa, causerait probablement la perte totale de l'armée et des moyens du Roi, je suis d'avis qu'on tache d'en écarter et d'en éluder la proposition à moins que l'Empereur ne consente d'y porter lui-même toutes ses forces.

C'est d'après ces principes que j'ai présenté des idées plus détaillées sur un plan défensif et sur un plan d'attaque dans la Rivière de Gênes, représentant ensuite à M. le baron de la Tour, qu'il me paraissait prudent de n'entrer dans aucun détail sur l'expédition de Savoie avant que M. de Thugut déclare la quantité de forces que Sa Majesté Impériale serait dans l'intention d'y employer directement.

Il est au reste d'autant plus urgent de tâcher principalement de s'accorder sur des bases de défensive que, par la marche de la négociation, autant que j'en peux conclure par ce que m'en a dit M. le baron, je me doute que le plan de M. Thugut... que l'Angleterre même ne sera plus à même de révoquer en doute.

D'un pays ennemi tel que la France, où, au lieu d'y voir éclore un bon parti pour s'unir aux Alliés, on verrait probablement tous les partis qui la déchirent à présent, se réunir à l'approche d'un ennemi qui voudrait entrer dans le royaume et redoubler de force et d'énergie pour s'y opposer, l'expérience a malheureusement démontré le cas qu'on doit faire des promesses et des espérances des émigrés à ce sujet. »

L'Empereur à Beaulieu

Vienne, 3 mars [K K A.]

« Mon cher général de Beaulieu, les preuves que vous m'avez données de votre valeur, de vos talents distingués et de votre zèle et affection pour mon service, m'ont engagé à vous élever au grade de feld-zeugmeister et à vous confier le commandement en chef de mon armée d'Italie. Le corps de mes troupes qui, sous la dénomination d'auxiliaire, a fait jusqu'ici partie de l'armée sarde, vous sera également subordonné comme il l'a été au général Devins ; soit que ce corps continue de rester attaché à l'armée piémontaise, soit que le cours ultérieur des événements me fasse prendre le parti d'en disposer autrement ; sur quoi j'aurai soin de vous instruire de mes intentions à son temps.

Les intimations usitées relativement à votre avancement et à votre nouvelle destination vous parviendront par la voie ordinaire de mon conseil aulique de guerre ; ce que je me suis fait un plaisir de vous annoncer moi-même de mes résolutions qui vous concernent, ne doivent servir encore que pour votre connaissance particulière.

En attendant, je vous transmets ci-joint une note dans laquelle j'ai fait rassembler quelques observations et principes généraux qui pourront servir à votre direction et auxquels je souhaite que vous ayez égard dans vos plans et dans toute la conduite de la campagne prochaine, autant que les localités et les circonstances le permettront.

Le général piémontais baron de Latour est arrivé à Vienne depuis quelques jours ayant mission de la part du roi de Sardaigne de concerter ici un plan d'opérations pour la campagne d'Italie. Je lui ferai demander de mettre ses idées par écrit que je vous communiquerai ensuite en y faisant joindre les remarques dont elles me paraîtront susceptibles. J'ai dessein de vous adresser en même temps le baron de Latour lui-même, afin qu'en conférant avec lui et en vous tenant, autant que possible, à l'esprit du mémoire que je viens de vous envoyer ci-dessus, vous puissiez fixer avec lui et soumettre à mon approbation un plan général sur les principales entreprises à tenter par les deux armées alliées.

Au total, il ne me semble pas douteux qu'on sera toujours dans le cas de commencer par chasser l'ennemi de la rivière de Gênes. Je vous exhorte donc de méditer dès à présent les mesures à prendre et les dispositions à faire pour assurer le succès de cette opération et à en presser les préparatifs aussitôt que votre nomination au commandement vous aura été notifiée par le conseil de guerre. Il me reste à vous recommander un secret absolu sur ce que je vous ai confié dans mon mémoire transmis aujourd'hui relativement à une juste méfiance des sentiments de la cour de Turin et au projet qui regarde la forteresse de Savone et de Gavi. Je veux aussi que vous gardiez pour vous seul ce que je vous ai fait connaître de l'idée de transporter en tout cas le corps du prince de Condé en Italie. Je ne puis assez rappeler à votre attention la nécessité de conserver en toute occasion le secret de nos vues et de nos projets et de n'y faire jamais participer que des personnes dont la fidélité et la circonspection vous sont parfaitement connues. Je ne vous laisserai pas ignorer qu'il m'est revenu par des voies authentiques que le capitaine de Malcamp s'est permis des propos indiscrets dans plusieurs endroits où il a passé en traversant l'Allemagne pour se rendre en Italie, j'estime Malcamp dont le courage et le talent donnent des espérances très favorables pour l'avenir, mais je me flatte que les leçons de votre sagesse le formeront à l'habitude d'unir la prudence à ses autres bonnes qualités et d'éviter ainsi les inconvénients que peuvent entraîner quelquefois les saillies peu réfléchies de la jeunesse. »

Remarques sur quelques principes généraux relatifs à la campagne prochaine en Italie

« Les notions qu'on a ici sur les localités du théâtre de la guerre en Italie et sur différentes autres circonstances qui s'y rapportent, sont trop peu précises pour qu'on pût se permettre de particulariser les opérations à tenter dans la campagne prochaine. Les généraux commandant l'armée de Sa Majesté sont seuls en mesure, d'après des renseignements exacts et d'après un examen approfondi des lieux et de tout l'ensemble des choses, d'indiquer les projets qui peuvent mériter la préférence et de les soumettre à la haute approbation de Sa Majesté.

L'on se réduira donc à quelques principes généraux, à quelques observations sur ce que le service de Sa Majesté et la conjoncture paraissent exiger dans la conduite de la guerre pendant la campagne prochaine.

D'abord, quant au genre de guerre, Sa Majesté ne saurait se dispenser de se déterminer à des opérations offensives ; les engagements pris avec les alliés ne laissent à cet égard point de choix.

Le roi de Sardaigne n'est retenu dans la coalition......

La nécessité d'une guerre offensive une fois reconnue, il s'agira d'examiner les opérations auxquelles il conviendra de s'attacher principalement ; parmi les unes qu'il est possible de se proposer, l'on peut compter l'entreprise d'expulser les Français de la Rivière de Gênes et du comté de Nice ; les projets d'une irruption dans les provinces françaises par la vallée de Barcelonnette ou par le côté de Briançon ; la reprise de la Savoie avec l'intention d'avancer, en cas de succès dans l'intérieur vers Lyon, afin d'y donner la main aux mécontents dont le nombre dans ces provinces particulièrement paraît être assez considérable.

Les neiges fondant de bonne heure...... d'en attendre les effets plus décisifs.

En général, il sera à observer que l'intérêt de Sa Majesté demande que, dans toutes les opérations de la guerre d'Italie, les troupes des deux souverains soient entremêlées le moins que possible et que celles de Sa Majesté restent unies ou à portée de se réunir sans obstacle intermédiaire aussitôt que la conjoncture l'exigerait. Des considérations du plus grand poids commandent cette mesure de prudence dont on pourra supposer en apparence vis-à-vis des Piémontais, comme motif, le désir d'éviter les inculpations réciproques et les récriminations continuelles auxquelles malheureusement jusqu'ici a donné lieu le mélange trop fréquent des troupes des deux nations qui, lorsqu'elles agiront plus souvent séparément sans partage de gloire ni de honte, y trouveront occasion d'émulation. Sa Majesté sans doute jugera également ne pas laisser devoir ignorer au général commandant en chef son armée que des raisons de différente espèce doivent faire désirer que, dans l'entreprise dont il vient d'être question ci-dessus, la partie formant la Rivière de Gênes soit préférablement occupée par les troupes de Sa Majesté, et qu'elles continuent de rester en possession de ses points les plus importants ; lors même qu'après l'expulsion de l'ennemi le gros de l'armée de Sa Majesté se porterait ailleurs. Oneglio et Loano appartenant au roi de Sardaigne, les Piémontais pourront, s'ils le désirent, y laisser le petit nombre de troupes qu'ils jugeront nécessaire pour le maintien de l'ordre et de la police.

D'après ces principes, il semble qu'il conviendrait peut-être que, dans l'expédition pour chasser l'ennemi de la Rivière de Gênes, l'armée piémontaise formant l'aile droite de la totalité des forces alliées, qu'elle fût par conséquent principalement chargée des attaques et diversions à tenter vers le comté de Nice, et que le corps de troupes autrichiennes accordé jusqu'ici comme corps auxiliaire au roi de Sardaigne placé à la gauche des Piémontais, constituant le point de contact entre les deux armées, se trouvât par conséquent toujours en mesure de joindre l'armée de Sa Majesté si les circonstances l'exigeaient.

Lorsque l'armée autrichienne arrivée à la Roya... pendant que la seconde serait exécutée par l'armée piémontaise. Mais il sera à tout égard nécessaire d'aviser de bonne heure au plan à suivre, afin qu'on s'occupe dès à présent des dispositions et préparatifs préalablement requis pour profiter des premiers moments de la reprise du comté de Nice et de la fonte des neiges de la périphérie des Alpes et se porter sans délai à réaliser les projets ultérieurs qu'on aura adoptés.

Toutes les considérations se réunissent pour que l'armée piémontaise soit chargée de la tâche de l'entreprise du côté de la Savoie ; cet arrangement est conforme au principe d'éviter, autant que possible, le mélange de troupes des deux cours, et c'est bien le moins qu'on peut demander au roi de Sardaigne que de s'évertuer de son côté à pourvoir, par sa propre armée à la délivrance de son duché de Savoie après que le secours généreux des forces de Sa Majesté l'aura fait rentrer dans la possession de sa province du comté de Nice. D'ailleurs, lorsque l'armée de Sa Majesté arrivée au Var aura pris sur elle le soin de l'expédition vers la vallée de Barcelonnette et Briançon ou pour le moins celui de la garde et défense des diverses vallées et passages qui, de la Provence et du Dauphiné, débouchent dans le Piémont, les troupes sardes, pouvant alors se réunir sans danger en une masse, formeraient un corps assez considérable pour en augmenter encore leur force et, supposé que l'ensemble des circonstances offrît l'espoir fondé de succès de quelque importance, Sa Majesté pourrait se déterminer à y joindre encore pour l'entreprise en Savoie et par suite vers Lyon le corps du prince de Condé employé jusqu'ici sur le Rhin. Il y a de plus à Turin un M. de Précy qui, lors du siège de Lyon, il y a deux ou trois ans, a commandé les insurgés qui, ayant toujours entretenu des relations secrètes avec les habitants de ces contrées, y a conservé nombre d'admirateurs et d'adhérents et qu'on assure très en état de fournir des projets et des plans propres à susciter de grands embarras au gouvernement français. L'on a de la peine à s'imaginer que le nombre de troupes dont les Français se serviront contre l'Italie, puisse être infiniment formidable. Les troubles qui règnent dans les provinces méridionales contrarient les réquisitions pour le recrutement. Les difficultés pour les subsistances de l'ennemi doivent être immenses, surtout dans la Rivière de Gênes, vu les obstacles que la nature du pays oppose aux transports par terre, et, à ceux par mer, la supériorité de l'escadre anglaise.

Mais ce qui au fond peut être regardé comme un mouvement très fâcheux pour les opérations de Sa Majesté en Italie, c'est le peu de fonds à faire sur la constance et la bonne foi du cabinet de Turin. Les exemples que l'histoire nous offre de l'étrange duplicité du gouvernement piémontais dans les guerres passées, ne suffiraient que trop pour inspirer quelque inquiétude sans les preuves affligeantes que Sa Majesté a de la versatilité et du peu de loyauté de ses intentions actuelles. Il faut sans doute éviter soigneusement toute démonstration extérieure de défiance. Mais, pour sa direction secrète, le général commandant l'armée de Sa Majesté ne doit jamais perdre de vue qu'il serait possible, non seulement que la cour de Turin fît inopinément une paix séparée, mais que même elle se joignît à l'ennemi soit par faiblesse, soit par des motifs d'une politique perfide. C'est surtout de la possibilité d'un pareil événement que découle la nécessité de ne jamais diviser l'armée de Sa Majesté, de manière à mettre les différents corps hors de portée de se rassembler au plus tôt en cas de quelque accident imprévu. Il serait par la même raison... vainement de la loyauté toujours bien suspecte de la cour de Turin.

Lorsque l'armée de Sa Majesté aura pénétré dans la Rivière de Gênes, il s'agira de voir si, pour y consolider notre établissement et pour prévenir le danger d'une nouvelle expulsion et de ses suites funestes, il ne conviendra pas d'occuper la forteresse de Savone et même celle de Gavi et d'y employer la force, si les Génois refusaient de les remettre aux troupes de Sa Majesté.

Selon les nouvelles de Gênes, les Français, dans ce moment même, insistent pour faire entrer garnison dans la forteresse de Savone et, s'ils y venaient à des voies de fait, comme ils en menacent, cet exemple justifierait à son temps tout ce que nous pourrions entreprendre ; il serait bon de faire examiner en secret l'état de défense de Gavi et de sa garnison et de constater si en cas de besoin, il serait possible de s'en mettre en possession par surprise. Quant à Savone, l'on ne doute pas qu'on ait profité des facilités qu'on a eues pendant toute la campagne passée pour se procurer sur cette place les renseignements les plus exacts et les plus détaillés. Dans tous les cas, il sera indispensable de pourvoir à ce qu'il y ait à la disposition de l'armée de Sa Majesté un train de siège dont, selon les occasions et les événements, elle pût faire usage. Il sera donc essentiel que le commandant en chef fasse vérifier ce qu'il peut y avoir à Mantoue ou ailleurs en Lombardie d'artillerie pouvant être employé à un siège et, qu'en faisant procéder sans délai aux réparations requises pour mettre le tout en état de service, il informe en même temps Sa Majesté de ce qui, en canons, mortiers, munitions y manquerait encore et devrait par conséquent être suppléé d'ici. La pénurie des finances de Sa Majesté engagera sans doute le général commandant en chef de borner ses demandes aux besoins réels bien calculés d'un train de siège médiocre ; il sera surtout important que tout ce qui concerne cet objet et tous les préparatifs qui peuvent y être relatifs, se fassent avec le moins d'éclat et de sensation possible, pour ne pas accélérer avant le temps l'attention et la curiosité publique et mettre l'ennemi sur la voie de nos projets. »

Beaulieu à Thugut

Pavie, 10 mars [H A V.]

« J'ai reçu la lettre que Votre Excellence m'a fait l'honneur de m'écrire ici à Pavie où j'ai trouvé le quartier général du comte de Wallis que j'aurais cru devoir trouver à Alexandrie, car, quoique je sois étranger ici, je commence à y considérer les points et à prendre quelques connaissances.

J'aurais désiré de trouver ici un peu plus d'harmonie, et c'est une peine pour moi que je n'ai presque pas trouvé d'officiers qui aient servi avec moi aux Pays-Bas et qu'à un seul près, dans ce qu'on appelle le corps de l'état du quartier maître général, je n'en connais aucun, et c'est le général Simbschen qui dirigeait leur esprit et leur genre que j'avoue être différent de ma manière de penser et de voir pour conduire le militaire à son vrai but. Le comte de Wallis naturellement n'ayant pu me voir arriver ici avec plaisir, j'ai senti que je devais me patienter et laisser arriver les choses à leur maturité, et surtout d'après la lettre de confiance que Votre Excellence m'a bien voulu écrire sur laquelle je me repose entièrement.

J'aurais eu l'honneur d'y répondre plus tôt si je n'avais cru qu'il serait bon de me mettre avant tout un peu au fait et voir autour de moi ; oserais-je le dire, d'après ce que j'ai pris connaissance ici du ton peu militaire et du peu de confiance mutuelle entre quelques supérieurs qui règnent ici dans la troupe, je dois croire que nous sommes bienheureux de ce que l'ennemi, sans doute par malaise ou d'autres motifs de difficultés locales ou de saison, ne se montre pas quelque part, car je ne sais comment on commanderait. Je dois avouer que j'ai des moments pleins d'inquiétude, car je ne crois pas que M. de Wallis me permette jamais mon penchant de courir au plus pressé avec ce qu'on pourrait ramasser à la hâte ; je le crois si méthodique que je me persuade que le temps se perdrait en raisonnements, peut-être contradictoires, écritures et calculs ; je me trouve ici sans la moindre autorité, car le caractère du quartier maître général n'en donne aucune, quand le général commandant ne veut pas ; à peine me laisserait-il disposer d'un officier du corps dont je suis actuellement encore le chef et que pourrais-je faire ? J'aurais des torts de la part du conseil de guerre, cela n'est que trop évident, outre que je suis subordonné et, sans l'appui de Votre Excellence, je me croirais malheureux de me trouver dans cette situation, malgré la continuation des appointements de quartier maître général dont l'effet a d'abord suivi l'avis que je reçus de Votre Excellence, et c'est à elle que j'en ai l'obligation, mais je la prie de faire le reste. Car je n'aurai de la tranquillité d'esprit que lorsque je me trouverai en état de donner des preuves à Sa Majesté que ce n'est point en vain qu'elle a daigné de me faire des grâces et de me distinguer, car je me propose bien d'y mettre toutes mes forces.

Je prie Votre Excellence de me laisser savoir si je puis continuer d'avoir l'honneur de vous écrire par la même voie qu'aujourd'hui ou si Votre Excellence voudrait me nommer quelqu'un autre pour lui adresser mes lettres en sûreté. J'aimerais aussi de savoir jusqu'à quel point je peux porter confiance à M. Dracke, ci-devant accrédité à Gênes et à présent demeurant à Milan ; il m'est venu parler ici, sous prétexte de faire ma connaissance, de l'intention qu'aurait le roi de Sardaigne de commander ; à quoi j'ai répondu que je ne savais rien. »

Berthier à Kellerman

27 ventôse (17 mars) [A K.]

« Je suis arrivé ici hier à 9 heures du soir, bien triste de me séparer de vous. Oui, général, je regrette infiniment de m'éloigner de celui dont l'estime, la confiance et l'amitié me rendaient heureux. Je vous assure que, dans ce moment, je donne une preuve non équivoque de mon dévouement au service de la République, car l'état dans lequel est ma jambe, me donnerait des motifs bien légitimes de me rendre aux eaux, et j'en aurais plus besoin que beaucoup d'autres qui, par là, se dispensent de servir. C'était pour moi un besoin, général, d'employer mon premier jour pour vous assurer de la peine que j'éprouve à me séparer de vous. Croyez, général, que, partout où je serai, vous y aurez un homme qui saura conserver le tribut de reconnaissance que l'on doit au général qui a rendu les plus importants services à la cause de la liberté, que vous y aurez un ami. Je suis bien persuadé que cette expression ne vous déplait pas. Oui, général, je suis un de vos meilleurs amis, ce sentiment est étroitement lié au respect que je vous porte ; j'espère qu'un jour je serai assez heureux pour me rapprocher de vous et pour en être encore grondé. J'ai cherché à mériter votre estime, non par les flatteries, mais par mon exactitude à remplir mes devoirs et par ma franchise à vous faire connaître la vérité et ce que je croyais utile au bien public. C'est là, général, le coin auquel sont marqués les vrais amis. Gallois est ici, à ce que l'on m'assure ; j'espère le voir ce matin. Dennié qui vous est bien attaché, me charge de vous présenter ses respects et il va s'occuper de me faire fournir de quoi faire ma route. Le pauvre commissaire passe jours et nuits à travailler pour les soins de l'armée, mais il est bien triste de voir que ses peines ne sont pas secondées par les servants si nécessaires pour assurer les services.

Je compte partir demain pour Valence. Ne doutez pas, général, de mon exactitude à correspondre avec vous ; ce sera pour moi une jouissance bien réelle. Je suis logé chez Pallonau qui me charge de vous présenter son respect. Mes compliments à votre cher fils, il mérite votre amitié ; il est sensible ; il a des talents, il vous aime et, si vous saviez quel est son bonheur quand vous lui donnez des marques d'amitié et de confiance, vous vous abandonneriez plus que vous ne le faites à ses sentiments qui, à son âge, doivent faire le lien des rapports qu'il a auprès de vous. Croyez encore cette vérité, général, votre fils mérite votre confiance et votre amitié il se mettrait dans le feu pour vous.

Dites à Mme X... que je l'embrasse et que je l'aime en raison de l'amitié qu'elle a pour vous ; c'est une brave femme et les braves gens sont rares.

Recevez, général, l'assurance de mon respect et de mon inviolable attachement.

Tout va bien pour l'organisation de la 4e division dite de Valenciennes. »

Beaulieu à l'Empereur

Pavie, 17 mars [K K A.]

« Je viens de recevoir de Votre Majesté impériale la plus grande marque de confiance à laquelle je ne puis répondre que par des victoires. Je prie Dieu afin qu'il me conserve des forces et qu'il me donne assez d'intelligence et de fermeté pour satisfaire aux vues que Votre Majesté s'est proposées en m'élevant au grade de feldzeugmeister et en me confiant en même temps le commandement de son armée en Italie. J'en ai reçu hier le commandement, selon l'ordre que le feldzeugmeister comte de Wallis en avait reçu du conseil aulique de guerre. Je m'occupe aujourd'hui de former l'ordre de bataille, par rapport aux différentes nominations de généraux ; j'en attends quelques-uns déjà avec impatience qui doivent venir des armées du Rhin, parce que je me propose de rassembler dans peu de jours autant de troupes que je pourrai resserrer pour très peu de temps dans les cantonnements en avant d'Alexandrie vers Gavi et Cairo, et je tâcherai de faire telle disposition que le corps de troupes de Votre Majesté, nommé auxiliaire, remplacera une partie des troupes piémontaises près de Ceva et que ceux-ci prendront la place du corps auxiliaire. J'en ai déjà prévenu le général Colli qui m'est venu trouver ici, mais sans lui laisser entrevoir d'autres vues que celles très naturelles et très simples qu'il est bien plus avantageux pour les deux armées, l'une d'avoir le corps auxiliaire à la droite et l'autre à la gauche, ce corps pouvant ainsi se réunir rapidement sans interrompre la ligne. Comme le feldzeugmeister comte de Wallis n'avait pas ce corps sous ses ordres, il n'a pu m'en remettre le commandement ; il a seulement donné avis au général Colli que, par ordre de Votre Majesté, j'étais nommé commandant de l'armée impériale et royale en Italie ; le lieutenant général Colli, qui le commandait, n'ayant pas reçu par la voie du conseil de guerre, l'ordre de me remettre ledit commandement.

J'ai lu plusieurs fois l'instruction que Votre Majesté a bien voulu joindre à sa gracieuse lettre en date du 3 du courant. Quant à l'opération militaire, je ne saurais rien y ajouter que les débuts de l'exécution. Selon mon jugement, j'y trouve les vues excellentes et possibles en y joignant quelques observations, savoir : que les Anglais doivent nous assurer par les faits les côtes de la Rivière de Gênes ; ils ne peuvent pas prendre pour excuse de n'avoir pas de vaisseaux assez plats pour approcher des côtes, le moyen ne leur manquant pour acheter ou construire des chaloupes canonnières tout aussi bien que les Français ; je crois même qu'ils en trouveront à acheter chez les Napolitains et cela devient pressant.

Ce qui me peine extraordinairement, ce sont les malades et la mortalité de nos soldats : neuf cent vingt-sept sont morts dans nos hôpitaux dans le courant du mois de février passé ; l'armée est d'une faiblesse extrême, et à la première lettre que je prendrai la liberté d'écrire à Votre Majesté, je joindrai la note de nos forces, et elle jugera elle-même qu'elle sera dans la nécessité d'envoyer encore ici quelques renforts pour la réussite d'une opération telle qu'elle se le propose, car je m'en rapporte avec une vraie satisfaction aux paroles de l'instruction de la part de Votre Majesté que tous les plans défensifs ne sauraient aboutir qu'à des revers inévitables ; mais cependant il faut des moyens de possibilité. Parmi toutes ces montagnes et ces défilés, cette armée est sans chasseurs et sans pionniers, et ils sont l'un et l'autre d'un besoin extrême et surtout de chasseurs lestes. D'abord que j'aurai fait resserrer les cantonnements en avant, j'enverrai à Votre Majesté quelques vues tendant au but d'attaquer l'ennemi : je me dépêcherai autant qu'il me sera possible Toutes les instructions que Votre Majesté daignera me confier seront exécutées dans le plus profond secret. Il ne m'est pas possible de laisser à Votre Majesté Impériale l'impression défavorable qu'on lui a fait concevoir contre le capitaine Malcamp ; il est dans l'abîme de la désolation ; il s'est fait des ennemis sans doute, sa franchise lui en a attiré beaucoup pour avoir parlé assez hautement contre le peu de zèle et d'énergie de quelques faux serviteurs de Votre Majesté. Je ne veux pas justifier la légèreté de quelques paroles qu'il peut avoir dites inconsidérément sur cet objet ; mais au moins je dois dire qu'il chérit et qu'il est inviolablement attaché au service et à la gloire des armes de Votre Majesté pour lesquels je l'ai vu conduire des troupes au travers des feux ennemis et les renverser. Je manquerais d'honnêteté et de droiture, si je ne lui rendais cette justice ; je le tiendrai plus court que jamais, je le promets aux pieds de Votre Majesté, mais je la prie très humblement de considérer que celui qui a fait des rapports semblables, doit nécessairement être l'ennemi du capitaine Malcamp, et cette observation seule qui conduit à tant de réflexions, doit déterminer Votre Majesté à lui rendre ses bonnes grâces, et je peux même espérer qu'elle se déterminera à me le donner comme flugel adjudant avec le caractère de major. Je dois avoir des officiers sûrs autour de moi sur la bonne foi et le courage desquels je puisse compter. Cette grâce, jointe à tant d'autres, doit bien assurer Votre Majesté que je ne vis plus que pour elle... »

Beaulieu à Thugut

Pavie, 17 mars (11 A V.)

« J'ai reçu la lettre très gracieuse que Votre Excellence m'a fait l'honneur de m'écrire en date du 3 du courant. L'effet a d'abord suivi l'avis que Votre Excellence voulut bien me donner. Quelque distinction que Sa Majesté vient de me faire, j'en sens tout le poids et surtout avec une armée de malades ; quoi qu'il en soit, je tâcherai de vous donner raison de m'avoir tant protégé par la bonne opinion qu'à mon insu Votre Excellence a donnée de moi au monarque. J'ai pris hier le commandement de l'armée ; je vais me presser d'y mettre de l'ordre et un esprit militaire ; j'avoue que je suis charmé que le général Simbschen va à l'armée du Rhin ; je ne voudrais avoir autour de moi que des gens sûrs et éloignés des tracasseries qui paraissent trop souvent embarrasser les généraux ; je tâcherai d'éviter tout cela. Je crois que je ferais bien, lorsque j'aurai pris mon quartier à Alexandrie de faire une course jusqu'à Turin pour tâcher de rassurer le roi sur les faux rapports qu'on lui fait. Le lieutenant général Colli étant chez moi avant-hier me fit voir un rapport des avant-postes de l'armée sarde par lequel on comptait quatorze mille Français prêts à fondre en Piémont d'abord aux beaux jours ; on voit aisément à quoi tendent de semblables rapports. M. de Colli n'y croit pas non plus ; ainsi, d'abord que j'aurai assemblé quelques bataillons qui sont ici en arrière et que je les aurais fait joindre à ceux d'en avant au delà d'Alexandrie, en resserrant les quartiers vers Gavi et plus encore en avant et vers la droite, ce que je compte de faire d'abord, je me rendrai à Turin, comme je viens de dire. Demain je me rends à Milan pour convenir avec Son Altesse Royale l'archiduc Ferdinand, afin que je sois en sûreté pour les vivres ; mais une chose absolument indispensable, c'est que les Anglais doivent se procurer des bâtiments plats soit tartanes, soit chaloupes canonnières pour aider et assurer nos opérations dans la Rivière de Gênes, sans quoi l'opération manquera, quand même nous serions heureux. J'en parle aussi dans une lettre que je viens d'écrire à Sa Majesté l'Empereur dans laquelle je lui recommande un brave capitaine qui a le défaut d'être tout aussi franc que brave ; il a été trois ans, et bientôt quatre auprès de moi, comme adjudant, c'est le capitaine baron Malcamp ; je le garderai comme flugel-adjudant auprès de moi, avec le caractère de major, il m'est singulièrement attaché. Quand j'aurai fait un mouvement, j'aurai l'honneur d'en avertir Votre Excellence. »

L'archiduc Ferdinand à l'Empereur

Milan, 26 mars [II A V.]

« ... Le général Beaulieu, peu de jours après sa nomination, a été pour une couple d'heures à Milan chez moi un jour, où il m'a fait part de vouloir mettre l'armée en mouvement pour agir offensivement dès qu'il en trouve l'occasion ; sur quoi je n'ai jugé de témoigner aucune opinion, n'étant cela de mon ressort. Ce que je me suis borné à lui dire, a été que, quoiqu'on n'avait pas prévu que l'armée se mettrait de si tôt en campagne, j'avais pourtant pris d'avance les mesures que, dans la première semaine d'avril, il y aurait dans les magasins dans le Piémont, d'Alexandrie, Tortone et environs, les magasins de proviende prêts et remplis pour la consommation de toute l'armée pour un mois ; et que, de Pavie, on continuerait sans interruption puis à remplacer la consommation, en sorte que, selon mon engagement pris (quand Votre Majesté m'a ordonné de prendre au mois de janvier la direction de cette partie économique), de fournir les farines et avoines nécessaires jusqu'aux magasins ci-dessus nommés, je me flatte ne manquera aucunement. On vient aussi sous mon inspection de faire les nouveaux contrats pour les transports. Celui des mulets seul, si il sera porté au nombre complet de deux mille, j'ai la satisfaction qu'en comparaison de celui de l'année passée, porte l'épargne par jour de 1.500 florins à Votre Majesté et de plus encore payables la moitié en argent et l'autre moitié en papier. Le transport par chariot, outre les prix plus bas, a été aussi fixé à raison du quintal qu'ils transportent pour éviter les immenses abus de l'année passée. De mon côté, animé de zèle pour le bien du service de Votre Majesté chez moi n'a de bornes, je m'emploie tout entier pour obtenir la possible et si nécessaire économie, mais surtout si M. de Beaulieu veut agir si tôt et offensivement dans les montagnes, la dépense passera nécessairement les calculs et par conséquent rend à cette heure plus nécessaire et urgent que Votre Majesté daigne seconder et donner ses ordres touchant l'augmentation que porte et a été calculée par motif des nouvelles augmentations de troupe nouvellement survenues et que j'ai demandé au moins une assignation payable d'abord à Londres de 100.000 livres sterling. Pour le pays ici, je tâche d'en tirer tout le parti possible, faisant usage du plein pouvoir que Votre Majesté a daigné m'accorder. Je viens de convenir avec la Congrégation di Stato de Milan de lui payer une partie de ses créances liquides de 300.000 florins avec une obligation du Mont Sainte-Thérèse, épargnant le déboursement de l'argent. Je viens de demander aux ordres religieux des deux sexes de la Lombardie en tout 1.000.000 de florins d'emprunt et, par les mesures que j'ai prises, j'ose me flatter que toute la somme sera payée. J'ai aussi déjà introduit des espèces de Leihenschein adaptées aux circonstances du pays et, malgré les contradictions que j'ai souffertes au commencement, à cette heure ils prennent pied et sont encore un objet d'épargne de numéraire. Enfin, sire, je fais mon possible pour correspondre à la confiance dont Votre Majesté m'a honoré, mais, comme je l'avais prévu, il y a bien du monde auquel l'ordre et l'économie qu'on fait pour l'Arario ne convient nullement et qui ne s'y prêtent que bien malgré eux. Je viens aussi d'avoir découvert une malversation terrible d'un officier de provende au magasin de Cremone, qui confiait sans doute dans ses protecteurs. Mais réunies que j'ai eu toutes les preuves, j'ai cru pour l'exemple devoir ordonner un formel procès d'inquisition, et le résultat a été d'abord la fuite pour Rome de l'officier de proviende en question. Ce qui manque à la troupe, mais ne dépend pas de moi, c'est les articles du vêtement et feldrequisiten et surtout les chemises et les manteaux, et je crains bien que, si la troupe doit à cette heure déjà en ces jours être placée dans de mauvais cantonnements dans les montagnes où il y a encore de la neige, cela augmentera encore les maladies, déjà assez considérables, à l'armée... »

Delcros payeur

Nice, 7 germinal (27 mars) [A. G.]

« Déclare et certifie que, sur les fonds de 20.000 livres en numéraire mis à la disposition du général en chef, j'ai payé la somme de 11.484 livres dont 9.000 sur ordonnance du commissaire ordonnateur en chef, remboursables à la disposition de ce dernier, et que, sur ceux d'un million de livres en assignat, il a payé celle de 25.000 livres. »

Directoire à Saliceti

Paris, 28 mars [A. G.]

« Le Directoire a reçu votre lettre du 18 ventôse, et approuve toutes les mesures que vous avez prises pour améliorer la situation de l'armée. Il n'attendait rien moins de votre zèle et de votre patriotisme. Vous verrez par les instructions remises au général Bonaparte que votre opinion sur le gouvernement génois est absolument conforme à celle du Directoire, et que la mesure que vous avez prise de faire avancer une force imposante à Saint-Pierre d'Arena entre parfaitement dans les vues du gouvernement français. Le général Schérer a paru craindre cependant que l'éloignement de cette force du reste de l'armée n'exposât ce corps à être compromis. Votre présence sur les lieux vous met à même d'apprécier les objections que le général Schérer vous a transmises à ce sujet. Le Directoire s'en rapporte à votre prudence et à celle du général en chef Bonaparte. Il est bien convaincu que les mesures que vous prendrez, tendront au bien général de la République et de l'armée d'Italie aux besoins de laquelle il est instant de pourvoir. »

Bonaparte à Masséna

Nice, 8 germinal (28 mars) [Orig. A. M.]

« Vous voudrez bien, citoyen général, reprendre les positions que vous occupiez ; vous garderez seulement trois mille hommes pour les hauteurs de Voltri, si le commissaire du gouvernement le juge nécessaire à ses opérations ; vous aurez soin d'assurer leur communication avec Savone. Dès l'instant que le commissaire du gouvernement ne jugera plus ces troupes utiles, vous leur ferez prendre leur première position. Que le soldat se repose ; gardez-vous de donner l'éveil à l'ennemi et de rien faire qui puisse lui faire penser que nous avons des intentions hostiles. »

Petiet à Bonaparte
Paris, 8 germinal (28 mars) [A. G.]

« Je vous préviens, général, que je viens de donner des ordres pour faire passer à l'armée d'Italie le 20e régiment de dragons qui se trouve en ce moment-ci à l'armée des Alpes.

Ce corps doit en conséquence se mettre en marche le 25 de ce mois pour se rendre le 2 du mois prochain à Marseille, ainsi que vous le verrez par l'extrait de route ci-joint, pour y attendre vos ordres sur sa destination ultérieure.

Il sera suivi par son dépôt que je fais diriger provisoirement sur Aix où il arrivera le 6 floréal.

J'ai également donné des ordres pour que trois cents hussards qui se trouvent à Castres, se rendent sans délai à l'armée d'Italie.

J'ai chargé le général divisionnaire qui commande dans cet arrondissement de vous faire connaître à l'avance l'époque de l'arrivée de ce détachement à l'armée d'Italie.

Je vous invite à me rendre compte de l'arrivée de ces troupes et à m'accuser la réception de cette lettre. »

Dommartin à Perouze
Savone, 8 germinal (28 mars) [A. Dom.]

« Le chef de brigade, commandant à la Madone, me rend compte, citoyen commissaire, qu'il manque absolument d'eau-de-vie pour les gardes qui bivouaquent que fournissent les troupes qu'il commande, de même qu'elles n'ont point eu part aux distributions de vin qui ont eu lieu dernièrement. Je vous serais bien obligé de vouloir bien faire payer de ces deux objets au garde magasin de la Madone, afin que les soldats n'aient pas lieu de se plaindre. Il serait aussi nécessaire d'y envoyer de l'huile qui peut-être y sera utile et pour la subsistance de la troupe et pour l'entretien des armes. »

Dommartin à Meynier
Savone, 8 germinal (28 mars) [A. Dom.]

« Les gardes qui occupent les redoutes de Monte Negino souffrent beaucoup, général, du froid et surtout du vent qui ne leur permet pas de faire du feu. Je crois qu'il serait facile d'y faire faire quelques abris en planches qui serviraient à conserver les armes. Il ne faudrait pour cela que quelques sapeurs et charpentiers que vous pourrez ordonner au chef du génie d'y envoyer pour y travailler. »

Bonaparte à Masséna
Nice, 9 germinal (29 mars) [Orig. A. M.]

« A commencer de demain, citoyen général, il filera vers la droite des brigades de charrois d'artillerie, elles seront placées à Finale et Vado ; il y en aura avant une décade plus de huit cents, mon intention est qu'on les y laisse, et que l'on ne s'en serve sous quelque prétexte que ce soit ; ces bêtes sont destinées à un travail vigoureux et ont besoin d'être reposées.

Veuillez, je vous prie, donner les ordres les plus précis pour que mes instructions soient connues et exécutées. »

Masséna à Bonaparte

Savone, 9 germinal (29 mars) [A. M]

« J'ai reçu, général, votre lettre en date du 8. Je vous fais de bien bon cœur mon compliment sur le commandement en chef de l'armée d'Italie qui vous est donné.

Depuis longtemps vous connaissez la justice que je rends à vos talents militaires ; je ferai en sorte de mériter votre confiance comme je l'ai obtenue de tous les généraux qui ont commandé jusqu'à ce jour.

J'arrive de Voltri où j'ai été avec le commissaire Saliceti visiter nos nouvelles positions ; on nous fait espérer du numéraire, tout est mis en usage pour en obtenir. Demain je vous rendrai compte, général, des positions des troupes de l'avant-garde et de celles de l'ennemi. Je ne négligerai rien pour vous informer de tout ce qui intéresse le service. »

Rampon, commandant à la Madone, à Dommartin

La Madone, 9 germinal (29 mars) [A. Dom.]

« Nous avons reçu hier de l'eau-de-vie ; les volontaires savent qu'on a fait des distributions de vin et ils languissent beaucoup que l'on leur en fasse aussi la distribution, nous avons un besoin urgent d'huile, je vous prie, général, de vouloir bien ordonner pour que cet envoi nous soit fait. Le temps continue à être mauvais ; les gardes souffrent beaucoup, deux ou trois barraques seraient bien nécessaires à nos avant-postes, tant pour les armes que pour le bien-être du soldat. Je vous prie donc aussi, général, de nous envoyer des sapeurs, nos soldats les aideront pour la construction de ces barraques.

Nous aurions besoin aussi de quelques haches, pioches et pelles ; pardon, général, de tant de peines, mais le service exige que je vous fasse ces demandes. La garde a monté ce matin à 3 heures 1/2 comme vous l'avez ordonné.

P. S. — J'attends le mot d'ordre et de ralliement. »

Morand (1) à Petiet

Bourg de l'Ain, 9 germinal (29 mars) [A. G.]

« Je viens d'apprendre que vous avez donné l'ordre au 20° régiment de dragons qui est en garnison dans cette commune d'en partir le 15 du courant pour se rendre à Lyon. Je ne puis vous taire que ce départ m'affecte d'autant plus que je vois les intérêts de la République compromis. En effet, j'avais disséminé différents détachements de ce régiment dans divers cantons de ce département où, sous les ordres des administrations municipales et des commissaires, ils s'occupaient à faire la recherche des militaires déserteurs et des jeunes gens de la première réquisition, à faire verser les pailles et foins dans les magasins de la République, à surveiller les manœuvres fanatiques des prêtres et à arrêter les étrangers et vagabonds.

Leur mission m'assurait un succès, déjà les militaires déserteurs et les jeunes gens de la première réquisition étaient forcés de rejoindre ; l'exemple des arrestations faisait que d'autres se présentaient volontairement pour partir ; la crainte de voir chez eux la troupe à discrétion faisait opérer les verse-

---

(1) Commissaire du Pouvoir exécutif près l'administration du département de l'Ain.

ments de paille et foin. Les prêtres n'osaient plus se montrer aussi publiquement, leurs manœuvres étaient déjouées ; les vagabonds avaient cessé leurs assassinats et leurs vols ; mais le départ du régiment ne va pas tarder à rompre toutes ces mesures salutaires, les militaires et jeunes gens de la première réquisition demeureront dans leurs foyers, le versement des paille et foin ne s'effectuera pas, les prêtres achèveront de corrompre l'esprit public et les vagabonds renouvelleront leurs scènes d'horreur. Pour réprimer tous ces abus qui vont renaître, je ne puis compter ni sur la garde nationale, ni sur la gendarmerie. Je ne puis compter sur la gendarmerie, d'un côté, parce qu'elle est insuffisante, de l'autre parce que, craignant de se faire des ennemis, elle demeure absolument dans l'inaction, de l'autre enfin parce que, à trancher le mot dans la vérité, la gendarmerie dans sa presque totalité ne vaut absolument rien. Le ministre de la police générale de la République pourra vous donner des preuves non équivoques à cette triste vérité. Si vous ne pouvez donner un contre-ordre pour faire rentrer dans le département les dragons du 20e régiment qui y étaient en garnison au nombre de deux cents à trois cents et du service desquels j'étais si content, je vous prie au nom de l'intérêt et du salut public de donner les ordres nécessaires pour qu'un autre corps le remplace ; j'en profiterai pour achever de donner aux lois leur pleine et entière exécution, ce que je ne pourrai faire malgré ma bonne volonté si je n'en ai point, car je vous le dis encore en vérité l'esprit public de ce département est plus qu'insouciant. »

Berthier à Kellermann

Nice, 9 germinal (29 mars) [A K.]

« Je suis arrivé à Valence, général, par un temps aussi triste que moi ; j'y ai embarqué ma voiture, et dans un jour je suis arrivé à Avignon. Le 5, j'étais à Antibes ; où j'ai attendu le général Bonaparte qui m'a rejoint le 6, et nous sommes arrivés ici le 7. Nous avons trouvé Schérer qui a reçu son successeur avec beaucoup d'égards et d'honnêteté ; il a paru quitter le commandement sans regret, parce que le gouvernement ne lui a pas donné les secours qu'il a demandés, et que le plan de campagne n'est pas d'accord avec ses principes ; il m'a paru approuver votre façon de penser, et il vous rend bien justice ; il m'a fait beaucoup d'amitié et nous regrettons réciproquement, puisque je devais quitter l'armée que vous commandez, que nous ne soyons pas ensemble avec des moyens suffisants.

Tout manquait ici, mais notre sort est amélioré ; il nous est arrivé de l'argent, et par là l'abondance renaît. Il m'a paru que l'armée était assez indifférente sur le changement de généraux. Quant à moi, on me traite avec le plus grand intérêt et je le dois à l'attachement qu'on vous porte.

L'armée est de soixante-six mille hommes tout compris. Nous partons le 12 pour la droite ; nous y avons quarante mille hommes disponibles et quatre mille chevaux sont en marche, la tête de la colonne arrive à Nice, demain le reste suit, ils vont à Albenga et à Oneille. Le projet est de les faire déboucher par le Tanaro ; nous allons nous porter sur Acqui et Ceva, un corps tiendra en échec les Autrichiens pendant que nous prendrons le Piémont à revers ; il est bien important que vous rassembliez un tiers de vos forces aux environs du camp de Tournoux.

Buonaparte doit vous faire part du moment de son attaque et de ses projets ; il est certain que dans quinze jours nous serons entrés en action. Les ennemis se renforcent et se retranchent, mais j'espère qu'ils éprouveront encore la valeur de nos républicains. Portier (?) m'a écrit : il m'annonce des objets qui vous sont destinés.

J'ai eu des renseignements sur les opinions de l'ennemi dans la dernière campagne, on dit : « Notre ligne depuis la mer à Borghetto jusqu'au Tanaro « a paru aux ennemis très savante et respectable et bien déterminée ; le « général Wallis qu'on dit avoir du mérite, disait : Je croyais que la France « n'avait pas de généraux, mais je commence à croire, en voyant cette ligne, « qu'elle en possède un d'un talent distingué ».

Voilà le dit-on du pays ; au reste la ligne sera à jamais célèbre.

Je suis content de Buonaparte ; il a des moyens et il travaille beaucoup, je n'ai qu'à m'en louer personnellement ; mais, général, avec vous je trouvais cela réuni à une autorité qui me sera précieuse dans tous les temps.

Je reçois votre aimable lettre ; c'est une marque d'amitié à laquelle je suis bien sensible.

Adieu, général, il est tard, j'ai, comme vous le jugez, bien peu de temps à moi ; je finis en vous assurant de ma reconnaissance, de mon tendre attachement et de mon respect.

P.-S. — Tout ce que j'ai vu ici et sur la route m'ont parlé de vous.

Ritter part dans quinze jours. »

L'Empereur à Beaulieu

Vienne, 29 mars [K K A.]

« Je vous ai instruit dans la dépêche du 3 de ce mois de l'arrivée à Vienne du lieutenant-général piémontais de Latour ; son séjour ici n'a point produit d'explications ni d'éclaircissements fort intéressants. Le principal objet de ses sollicitations était la demande sur laquelle le roi de Sardaigne avait déjà insisté il y a quelque temps, celle d'être reconnu comme généralissime des forces alliées de l'Italie, et par conséquent d'être également investi du commandement suprême de mon armée. L'on cite à l'appui de cette prétention quelques exemples des guerres précédentes où cette qualité a été attribuée au roi de Sardaigne par la maison d'Autriche ; mais bien peu d'exemples du passé sont applicables aux changements survenus depuis dans la position des choses. Il est vrai que le ministre de Turin proteste que le titre de généralissime ne serait pour le roi que purement honoraire et que vous continuerez de commander mon armée d'après mes instructions sans aucune gêne ni intervention étrangère. Mais, en connaissant les subtilités piémontaises, il est difficile d'imaginer que, malgré ces belles promesses, l'on ne conservât toujours à Turin l'intention et l'espérance de se servir d'une façon ou d'autre du généralat suprême du roi pour parvenir à donner aux opérations, soit dans leur généralité, soit dans leur détail, une direction uniquement calquée sur l'intérêt particulier du Piémont ; à quoi, ne pouvant consentir de notre côté, il en naîtrait pour le moins une foule de discussions et de contestations aussi nuisibles que désagréables.

On propose en tout cas un arrangement spécial par écrit. Mais j'ai de la peine à me figurer des conditions assez précises pour nous mettre solidement à couvert de tous les inconvénients et des pièges de toute espèce d'un cabinet aussi astucieux que celui de Turin l'est ordinairement. Je désire cependant que vous me fassiez part de votre avis relativement aux stipulations sur lesquelles, le cas échéant, il conviendrait selon vous d'insister plus spécialement pour vous assurer une entière liberté dans la conduite de l'armée et des opérations. En attendant, ce que je viens de vous confier ici des prétentions du roi de Sardaigne, n'est que pour vous seul et vous aurez soin de ne pas faire connaître d'en avoir été prévenu.

Le baron de Latour interpellé de communiquer ses idées sur la campagne prochaine, les a rassemblées dans une note dont je vous envoie ci-joint copie et qui, paraissant par elle-même bien peu instructive, m'a étonné encore par la raison que l'officier général piémontais semble s'y étendre avec une sorte de complaisance sur un plan défensif, pendant qu'il est de ma connaissance que le ministre du roi son maître ne cesse de faire retentir toutes les cours de l'Europe de leur déclamation contre notre prétendue inactivité par le passé et nos systèmes défensifs pour l'avenir; quoi qu'il en soit, j'ai fait proposer au baron de Latour de se rendre auprès de vous, de sorte que, s'étant déjà mis en route, il doit vous joindre sous peu de jours. La conduite de cet officier général pendant sa mission ici a été bonne. Ses intentions ont paru loyales et droites, et je crois que, par lui-même, et, pour autant qu'il n'est pas forcé de plier aux instructions malveillantes de sa cour, sa façon de penser pourrait mériter confiance. Je ne doute pas qu'il n'apporte dans ses conférences avec vous et dans les discussions sur les opérations de la campagne prochaine la déférence la plus désirable pour vos avis et que, de votre côté, vous ne cherchiez par des démonstrations amicales à le confirmer dans les bonnes dispositions où il paraît. Je pense toujours qu'il conviendra d'ouvrir la campagne par une vigoureuse attaque contre l'ennemi dans la Rivière de Gênes, et je présume en conséquence que le premier objet de vos conférences avec le baron de Latour se rapportera à l'examen de concert des mesures à prendre entre mon armée et celle de Piémont pour l'exécution et le succès de cette entreprise. Je ne doute pas que... des moyens réunis pour la guerre.

Je désire donc que vous pressiez sur-le-champ et autant que possible tous les préparatifs et toutes les dispositions préalables que pourra exiger le plan quelconque que vous aurez combiné avec le baron de Latour et dont sans doute vous aurez soin de m'informer au plus tôt, mais auquel ma confiance dans vos talents et dans votre expérience m'engagera sans difficulté à accorder mon approbation, pour peu qu'il ne s'éloigne pas trop considérablement de ce que je vous ai fait connaître de mes vues et intentions dans ma dépêche du 3, en supposant toujours que l'on commencera la campagne par l'expédition dans la Rivière de Gênes. Je crois que vous trouverez toute facilité de la part des Piémontais pour se prêter à ce que l'on exige de leur concours dans cette première opération, mais il est à craindre qu'ils ne soient moins dociles dans la discussion des projets que l'on suivrait après que l'ennemi aurait été obligé d'évacuer la Rivière de Gênes. Il me revient déjà qu'à Turin l'on répugnerait beaucoup à tenter de reconquérir la Savoie avec les seules forces de l'armée piémontaise; il est cependant évident qu'il ne peut pas me convenir de morceler mes forces ni de me charger préférablement du recouvrement d'une province qui m'est totalement étrangère et pour laquelle le souverain qui en est le propriétaire, balance lui-même de faire courir des risques à son armée. Si donc, comme il y a quelque raison de l'appréhender, l'on rencontrait des difficultés pour concilier l'avis des deux cours sur le projet et les moyens d'exécution d'une expédition en Savoie et vers Lyon, il serait à propos de rechercher si des tentatives du côté de Besançon ou par la vallée de Barcelonnette réuniraient plus aisément les convenances des alliées; au total, il sera bon, pour ce qui regarde les opérations à suivre après l'expulsion de l'ennemi de la Rivière de Gênes, de ne pas se borner à un seul projet, mais de faire rassembler dans un mémoire les différentes idées dont l'exécution présenterait des chances de réussite et parmi lesquelles il serait permis aux deux cours de faire un choix. Mais l'attente d'une telle décision ne devra point retarder l'achèvement de la première expédition dans la Rivière de Gênes à laquelle il paraît urgent de procéder sans le moindre délai; aussitôt que le plan en aura été concerté, vu qu'au moins, pour autant qu'on peut juger ici de l'état de chose par les lettres d'Italie, il semble constant que le retard de nos opérations, fournissant aux Français le temps de se renforcer, de compléter leurs préparatifs et de pourvoir à leurs divers besoins, ne saurait que les rendre de jour en jour plus formidable.

Je n'ai pas encore pu prendre de parti décisif à l'égard de l'idée d'employer le corps de Condé en Italie dans le cas de l'expédition en Savoie et vers Lyon. Je désire que vous gardiez pour vous seul ce que je vous ai confié dernièrement de ce projet sans vous en ouvrir vis-à-vis du baron de Latour et les Piémontais.

Vous devez être informé que la cour de Naples a fait mettre en marche pour la Lombardie un nouveau régiment de cavalerie de six cents chevaux ainsi qu'un certain nombre d'hommes et de chevaux de remplacement pour les régiments napolitains qui sont déjà à mon armée. L'on me fait même espérer l'envoi prochain d'un corps de sept mille à huit mille hommes d'infanterie sur lesquels cependant je ne compte pas encore avec une certitude parfaite ; au surplus la cour de Naples fait au moins montre de bonne volonté dans toutes les occasions ; il conviendra que vous traitiez les officiers et les troupes de Naples favorablement ainsi qu'il est à propos d'en user avec les troupes d'un souverain auquel je suis étroitement uni par les liens du sang et par ceux de l'amitié.

L'expérience de la campagne passée a prouvé l'utilité dont serait une flottille composée de bâtiments légers qui, serrant de près la côte de Gênes, intercepterait les transports et les approvisionnements des Français. La cour de Naples est en état de prêter à la coalition ce genre de secours ; elle a même déjà fourni quelques bateaux l'année dernière mais qui, surtout ne se trouvant pas armés d'artillerie de même portée que celle des bâtiments de l'ennemi, n'ont pas pu remplir le but. Le baron de Latour vous donnera des éclaircissements à cet égard, et il s'agira de déterminer avec lui le nombre et la qualité des bâtiments qu'on désirerait d'employer cette année ainsi que de la manière de leur équipement pour être propres à rendre les services que l'on doit en attendre. Le baron de Latour aura soin d'engager sa cour à faire des démarches à Naples. Il faudra se concerter aussi avec Dracke et l'amiral anglais pour qu'ils fassent agir le ministre de leur cour auprès du roi des Deux-Siciles, et je ne négligerai pas de faire solliciter de mon côté à Naples une décision favorable sur le même objet ».

Projet d'une attaque générale ayant pour objet de percer la ligne française dans l'Apennin entre les sources de l'Erro et de la Bormida. Dressé par ordre du général commandant le 29 mars.

(Min. P X, copie K K A.)

« Tout annonce de la part des Français une agression très prochaine ; ils sont en mouvement dans toute la Rivière où leur nombre s'accroît de jour en jour ; leurs projets contre l'Italie ne sont plus douteux, mais ils paraissent hésiter encore sur le point où ils doivent porter les premiers coups. Ce moment d'indécision ne serait-il pas favorable pour les prendre sur le temps et leur porter à eux-mêmes un coup décisif.

Serait-il difficile de se faire jour au travers de la ligne immense qu'ils occupent dans la Corniche et qu'ils viennent d'allonger encore en jetant une division vers Gênes et, pour tenter un coup pareil, ne faudrait-il pas devancer le moment où ils seront affermis dans les positions des montagnes.

Si nous parvenons à percer jusqu'à la mer en renversant avec impétuosité les postes qui défendent les avenues de Savone et de Finale, une partie de leur armée pourrait être prise à revers, poussée vivement, battue et détruite en détail ; pendant que l'autre serait tenue en échec par de fortes positions. Il ne faudrait pour cela qu'une manœuvre à peu près semblable à celle que le général Masséna exécuta contre nous le 23 germinal dernier.

C'est-à-dire qu'il nous [faut] pénétrer au centre de l'ennemi, ce qui nous donne le choix de tomber sur sa droite et sur sa gauche.

Description topographique. — La partie de l'Apennin où devrait s'exécuter l'opération dont il s'agit, est remarquable en ce que la crête centrale de ces montagnes s'y rapproche tout à coup de la mer au point de ne laisser qu'un talus de cinq milles de longueur entre ces hauteurs dominantes et le rivage.

Ce talus est composé de fronts escarpés et de crêtes aiguës, qui court du nord au midi. Il ne verse à la mer que des eaux rares et chétives et il est généralement privé de végétation ; le talus opposé qui regarde le nord présente, au contraire, une pente longue et radoucie de plus de vingt milles de longueur, formée de croupes boisées entre lesquelles s'ouvrent trois vallées principales, très habitées, richement cultivées et arrosées par des eaux abondantes.

Il résulte de cet aperçu que l'espace entre Albenga et Savone n'est qu'un défilé étroit et dangereux où la nature même des sites oblige l'ennemi à s'étendre bien plus qu'il ne le faudrait pour sa sûreté et où il ne peut rester sur la défensive qu'avec un extrême désavantage, puisque nous pouvons nous approcher de lui à couvert par des avenues nombreuses et faciles et l'attaquer avec avantage par plusieurs points à la fois. Le trouble où l'ont jeté toujours nos moindres démonstrations offensives et le plein succès qu'eût au commencement de la campagne dernière l'attaque générale de M. de Vins, prouvent de plus en plus cette assertion.

La crête centrale de l'Apennin dans l'espace dont il s'agit, est percée de quatre principaux cols où passent des chemins venant du haut Montferrat rejoindre la grande route de la Corniche et débouchant sur Finale et sur Savone.

Le premier est celui venant d'Acqui à Savone par Carcare, L'Altare et Cadibone; il a été depuis la guerre actuelle rendu roulant et praticable pour la grosse artillerie.

Le deuxième est celui de Ceva à Finale par Calissano, Bardinetto, Rocca Barbena et le vallon de Tanaro, praticable aussi avec quelques réparations pour la petite artillerie.

Deux autres chemins intermédiaires aux précédents tendent plus directement de Millesimo à Finale et coupent l'arête centrale : l'un au col de Saint-Jacques, l'autre à celui de la Madone des Neiges.

Entre ces passages déterminés, il en existe sans doute d'autres qui les doublent et qui sont moins connus et propres à tourner les positions intermédiaires qui les défendent.

Positions défensives de l'ennemi. — L'ennemi, pour se mettre à couvert dans le défilé dont nous venons de faire la description et dans la vue de dominer en même temps les têtes des vallées de la Bormida et de l'Erro, occupa, dès le printemps de 1795, les hauteurs de l'Altare, celles de Saint-Jacques, de Mallare et celles de Rocca Barbena. Il détermina en arrière plusieurs points de défense sur les crêtes des rameaux qui pendent vers la mer. Cette chaîne de postes choisis et fortifiés par Laharpe n'en fut pas moins forcée tout à la fois et dans un même jour lors de l'attaque du 24 juin. Cette journée pouvait avoir de grandes suites et n'en eut presqu'aucune, parce que le vainqueur, maître de toute la crête des montagnes, ne fit plus un pas en avant, cependant il pouvait dans quatre heures de marche couper la retraite aux Français, les envelopper ou les détruire; il les laissa au contraire se replier sans trouble dans la redoutable ligne de San Spirito.

Revenus à Savone au mois de novembre, ils ont employés l'hiver à relever leurs retranchements dans les montagnes; ils s'y sont portés de bonne heure pour les défendre; les neiges prodigieuses du mois de mars les en ont chassés encore une fois, enfin aujourd'hui ils y remontent, mais il est clair que c'est seulement pour éviter d'être prévenus et pour se mettre en mesure d'agir offensivement contre nous.

On comprend sous le nom des hauteurs de l'Altare...

Soit que le général ennemi prétende entrer en Piémont par la Bormida ou la Rochetta.

Plan d'attaque. — D'après toutes ces données, il paraîtrait convenable d'attirer de plus en plus l'attention des Français du côté de Gênes, soit en leur faisant parvenir de faux avis, soit en montrant des troupes sur les hauteurs de la Bochetta, et cependant il faudrait passer avec la majeure partie de nos forces par Loano afin de prendre à revers le camp de Saint-Jacques et de couper entièrement aux Français leurs communications avec Nice.

Pendant ce temps, on leur tiendrait de front la pointe de corps sur tous les points aux sources des deux Bormida, de l'Erro et de l'Orba. On conçoit que, si toute cette opération réussissait pleinement, elle pourrait forcer la majeure partie des troupes ennemies à mettre bas les armes et qu'un ou deux succès pourraient les forcer tout au moins à se retirer avec la plus grande précipitation au delà d'Albenga, retraite pendant laquelle il nous serait aisé de prendre une ample revanche des journées désastreuses du 23 et du 24. L'armée austro-sarde aurait ensuite à choisir : ou à poursuivre l'ennemi sur sa droite ou, tournant à gauche, de marcher à Gênes, de l'investir et de forcer cette république à se déclarer pour ou contre la coalition. On conçoit encore que ce coup de vigueur frappé au début d'une campagne pourrait déconcerter entièrement le plan des Français et sauver l'Italie; toujours aurait-il l'avantage d'électriser nos troupes et d'abattre la dangereuse confiance des soldats républicains.

Moyens d'exécution. — Seize mille hommes au moins de l'armée de Coli et un pareil nombre de celle de Beaulieu doivent être employés à cette expédition ; les premiers se réuniraient en avant de Ceva les autres auprès de Cairo. La veille de l'attaque, six mille hommes de l'armée de Coli viendraient camper sur les hauteurs de la Cianea et le reste dans le bassin de Calissano et de Bardinetto. Le corps impérial du Cairo irait également camper partie aux rochers de Biestro, partie à Montefreddo, partie à Ronchi, Altare et à Montenotte.

Le même jour, de fausses attaques auraient lieu sur les hauteurs de Voltri et du côté d'Orméa afin de détourner l'attention de l'ennemi. On y ferait paraître des multitudes de paysans armés couronnant les montagnes. Le jour fixé pour l'attaque, toutes les colonnes se porteraient en avant de leurs positions, pendant que l'élite des troupes de la gauche tâcherait de s'emparer de vive force des points importants de Montenotte, de Monte Negino et de Concevola qui dominent Savone. L'élite des troupes de la droite distribuée en colonnes d'attaque et, s'élevant par les croupes boisées qui pendent sur Bardinetto et Caragna, assaillirait de leur côté Monte Calvo et Settepani et après Pietra ; assurées de ces points décisifs, elles descendraient vers la mer par les rameaux qui s'en détachent.

Cependant la troupe campée à la Cianea, mettant à profit cette diversion, marcherait à grands pas et vraisemblablement sans beaucoup d'obstacles par le Sambuco, Balestrino et Toirano, et ne perdrait pas un moment pour arriver à Loano. Là, elle serait placée militairement sur une arête qui sépare ce bourg de celui de la Pietra. On suppose que les troupes venues de Bardinetto et qui auraient occupé les hauteurs, se déplaceront de même sur les rameaux qui descendent de Settepani et de Monte Calvo et qui présenteraient à l'ennemi plusieurs lignes consécutives à enfoncer, s'il prétendait s'ouvrir l'épée à la main un passage sur la gauche.

L'attaque de front contre les postes de Saint-Jacques et de la Madone des Neiges serait poussée plus ou moins suivant le succès, mais si l'ennemi venait à abandonner ces postes éminents, comme il est à croire qu'il y serait forcé, on ne négligerait pas de les occuper afin de le resserrer toujours plus.

Il n'est pas aisé de deviner dans une situation pareille quel parti avantageux il lui resterait à prendre, ni quel coup de temps pourrait le tirer d'affaire.

Quant aux risques, l'armée alliée, marchant toujours en ligne, agissant de concert et ayant ses derrières libres, paraît ne pouvoir en courir aucun, peut-être même trouverait-elle l'ennemi plus faible qu'on ne le croit sur ces hauteurs où il n'a pas encore eu le temps de s'affermir.

On ne donne pas ici plus de développement à ce plan dont il s'agissait principalement de prouver que l'exécution n'en est rien moins qu'impossible et pourrait être d'un avantage infini pour le bien de la cause commune.

Berthier à Masséna
Nice, 10 germinal (30 mars) [orig. A. M.]

« Je vous préviens, général, qu'en exécution des dispositions du général en chef : le 1er régiment de hussards, fort de six cent quatre-vingt-douze chevaux, doit partir de Nice le 19 courant pour se rendre à Toirano où il arrivera le 24. Le 25e régiment de chasseurs à cheval, fort de trois cent cinquante chevaux, partira de Nice le 13 du courant pour se rendre à Albenga où il arrivera le 17.

Le 5e régiment de dragons, fort de deux cent vingt-cinq chevaux, partira de Nice le 15 du courant pour se rendre à Albenga où il arrivera le 18.

Le 22e régiment de chasseurs, fort de quatre cents chevaux, partira de Nice le 17 de ce mois, et arrivera le 21, deux escadrons à Loano et deux à la Pietra où ils resteront jusqu'à nouvel ordre.

Le 20e régiment de dragons, fort de trois cents chevaux, partira de Nice le 19 du courant pour se rendre à Alassio, où il arrivera le 22, et où il restera jusqu'à nouvel ordre.

Le 10e régiment de chasseurs à cheval, fort de sept cent vingt chevaux, partira le 30 du courant de Nice pour se rendre à Albenga le 3 floréal où il restera jusqu'à nouvel ordre.

Le général de brigade Saint-Hilaire étant destiné par le général en chef à faire la visite de tous les lieux destinés à ces régiments, vous voudrez bien lui donner un ordre en conséquence et dans lequel vous relaterez les dispositions qui font l'objet de ma lettre. Vous lui recommanderez de mettre beaucoup de discrétion dans cette visite, et de ne rien faire qui puisse déceler notre projet ; il devra me rendre compte directement s'il y a dans ces lieux une assez grande quantité d'écuries pour loger ces chevaux. Vous voudrez bien, général, m'accuser réception de cette lettre. »

Saliceti au Directoire
Savone, 10 germinal (30 mars).

« Ma dépêche du 6 germinal vous a appris, qu'instruit de l'arrivée du général Bonaparte pour remplacer dans le commandement de l'armée d'Italie le général Schérer, j'avais cru à propos de suspendre l'exécution des mesures que Schérer avait ordonnées lui-même pour faire avancer des troupes vers Saint-Pierre d'Arena et tâcher d'obtenir par le sentiment de crainte de la part des oligarques génois l'emprunt que vous avez ordonné. J'ignorais quelles pouvaient être les vues du général Bonaparte et je voulais prévenir qu'elles ne fussent être contrariées. Une seule demi-brigade était avancée à Voltri où elle est absolument nécessaire pour protéger les magasins, les moutures et les fours qui y sont établis pour l'armée. J'ai écrit au général Bonaparte. Les mouvements militaires lui appartiennent. Il les déterminera lui-même. Les pouvoirs que vous m'avez confiés étant ceux de le seconder, je ne perdrai pas de vue que je dois m'y borner.

La première marche de la demi-brigade vers Voltri dont je vous ai parlé, a opéré un bon effet. Les oligarques génois qui, par les négociations amicales avaient refusé net de se prêter aux besoins de l'armée, ont depuis ce moment chargé de nouveau le commissaire général de San Remo, Spinola, de reprendre les négociations. Spinola m'a même écrit hier à ce sujet. Le ministre Faipoult se trouvant avec moi à Voltri, j'en ai conféré avec lui, je lui ai remis la lettre de Spinola. Il va tenter de nouveau cette opération très essentielle. J'ai tout lieu de penser que son arrivée à Gênes sera très utile et mettra le gouvernement génois en considération. Vous serez successivement instruit des détails de ces nouvelles négociations et de leur résultat. Le général en chef va arriver sous peu à Albenga où il m'a écrit qu'il va établir son quartier général. Je vais m'occuper à présent moi-même de seconder les approvisionnements de l'armée, les moyens de transports pour la mettre en état de remplir les opérations que le général en chef a en vue. L'ordonnateur en chef Chauvet qui s'occupe des besoins de l'armée avec toute l'activité capable d'en assurer le succès, étant très dangereusement malade à Gênes, je vais redoubler de soins pour suppléer à cet accident vraiment fâcheux. Vous êtes tranquilles à Gênes; les oligarques, les émigrés qui y abondent, font bien tout ce qu'ils peuvent pour agiter le peuple; décrier l'armée pour la décourager et la désorganiser, tantôt en supposant qu'il y a eu du mouvement à Paris, que le Directoire exécutif a été égorgé, tantôt en publiant qu'il y a armistice. Leur malveillance ne mènera à rien et l'armée remplira à coup sûr vos espérances. »

Masséna à Bonaparte

Savone, 10 germinal (30 mars) [A. M.]

« Rien de nouveau à l'avant-garde, citoyen général.

Je vous fais passer tous les renseignements qui sont à ma connaissance sur les positions et la force de l'ennemi. Quant à nous, nos deux divisions de l'avant-garde occupent : la première depuis Monte Negino jusqu'à Toirano et la deuxième depuis Seigne jusqu'à Melogno. Nos postes principaux dans la première division sont : Monte Negino, Cadibona et le Baracon ; dans la deuxième : Saint-Jacques et Melogno, autrement dit Settepani.

Ayant appris que l'ennemi se renforçait dans la partie du Cairo et Dego, j'ai ordonné une reconnaissance en force commandée par le général de brigade Menard ; le résultat de cette reconnaissance est que tous les avant-postes de l'ennemi ont été culbutés ; nous leur avons tué ou blessé dix hommes et fait un caporal prisonnier. De notre côté il n'y a eu ni mort ni blessé. D'après le rapport du général, les ennemis y sont au nombre de cinq cents.

Je vous observe encore, citoyen général, la demande que je vous ai faite ce matin ; elle m'est indispensablement nécessaire ; c'est ce qui me fait espérer que vous aurez égard à ma demande. »

Masséna à Bonaparte

Savone, 10 germinal (30 mars) [A. M.]

« Je reçois à l'instant, citoyen général, par un aide de camp votre lettre du 8. Je me conformerai exactement à son contenu.

Les neiges fondent à force, notre ligne a besoin d'être renforcée ; la 99e demi-brigade appartient par le dernier travail du général en chef Schérer à la division du général Augereau, elle me devient absolument indispensable pour la réorganisation des demi-brigades. Ayant été obligé de faire passer beaucoup de bataillons et demi-brigades dans les divisions pour entrer dans leurs cadres, mes deux divisions d'avant-garde se trouvent très affaiblies, ne faisant en tout que treize mille hommes ayant à garder depuis Melogno jusqu'à Monte Negino et Madona de Savone.

Le général Augereau avec dix mille hommes n'est chargé que de la défense de la gorge de Bardinetto et Spinardo.

J'espère, citoyen général, que vous aurez égard à ma demande en me laissant cette demi-brigade, puisqu'elle se trouve dans ce moment-ci à l'avant-garde, en ayant fait toujours partie. Si cependant des raisons que je ne puis deviner vous portaient à me la retirer, je vous demanderais une autre demi-brigade à peu près de la même force. »

Masséna à Joubert

Savone, 10 germinal (30 mars) [A M.]

« J'ai reçu votre lettre, mon cher Joubert, en date du 7 ; le général en chef Bonaparte devant bientôt venir de nos côtés, je lui ferai part des observations que vous me faites sur les 51e et 3e demi-brigades.

On aura égard à l'oubli que le général Meynier a fait de la 55e demi-brigade dans le partage des souliers, au prochain envoi. »

Augereau à Beyrand

10 germinal (30 mars) [A G.]

« Je t'envoie ci-joint, général, l'état nominatif des officiers de la demi-brigade que tu commandes et qui désirent continuer le service ou être employés aux administrations de l'armée.

Etant autorisé par le commissaire du Directoire de retenir ces officiers, tu voudras bien les mettre en subsistance dans la compagnie auxiliaire formée des différents corps d'où ils sortent et où ils feront leur service chacun dans leurs grades, seront sous la surveillance et discipline de l'officier qui la commandera et où ils attendront qu'ils soient appelés pour servir dans quelque administration. »

Augereau à Beyrand

10 germinal (30 mars) [A G.]

« J'ai fait mon possible, mon cher général, pour te faire passer de la paille, mais il n'a pas été possible, vu que la mer est très mauvaise ; sitôt que le temps le permettra, je te la ferai passer de suite, car, s'ils n'avaient pas eu si loin, les volontaires seraient venus te chercher.

Pour ce qu'il s'agit des officiers qui sont subalternes, il faut les employer le plus utilement qu'il sera possible, cependant il ne faut pas oublier qu'ils soient compris dans les revues des commissaires que dans les compagnies auxiliaires. »

Marmont à Bonaparte

Oneille, 10 germinal (30 mars) [C I.]

« J'ai visité tous les points et la côte aux environs d'Oneille, et j'ai trouvé qu'ils étaient susceptibles d'une bonne défense.

Les batteries d'Oneille sont en bon état, leur position est bonne ; elles sont utiles, mais elles ne suffisent pas.

Il faut observer d'abord qu'il existe deux mouillages bien distincts : celui du Port Maurice, et celui d'Oneille. L'un est bon par un vent d'est-nord-est, l'autre par le vent d'ouest et le mistral.

Comme ces vents soufflent alternativement, il faut pouvoir occuper les deux mouillages et par conséquent s'en rendre maître.

Le mouillage d'Oneille est défendu : 1° par les batteries de la place ; 2° par celles du cap d'Oneille et par celle dite du mouillage.

Celui du Port Maurice est défendu par la batterie du mouillage et par celle génoise du Port Maurice. La batterie du cap d'Oneille est importante ; elle offre un bon appui, mais elle n'est composée que d'une pièce de 36. Je crois qu'il faudrait la porter à quatre pièces de ce calibre.

La batterie dite du mouillage n'est pas armée : le projet est d'y mettre deux pièces de 13, mais elles seront insuffisantes, et je crois nécessaire d'y mettre quatre pièces de 36, parce que cette batterie a deux buts à remplir, et, qu'étant intermédiaire, elle défend les deux mouillages.

La batterie génoise du Port Maurice est armée. Il me paraît indispensable de s'en emparer et d'envoyer des canonniers pour la servir ; elle est un bon point d'appui dont la perte entraînerait celle des autres : ainsi je crois qu'il serait dangereux de la négliger.

Les approvisionnements des pièces des batteries actuellement existantes ne sont portés qu'à cinq coups. Je crois utile de l'augmenter jusqu'à cent coups.

Moyennant cette augmentation d'armement, qui ne consiste qu'en sept pièces de 36, je crois qu'un convoi de deux cents voiles trouverait protection et sûreté. Je pars dans le moment pour Ormea, d'où je vous rendrai compte de mes observations ultérieures. »

Serrurier à Bonaparte

Ormea, 10 germinal (30 mars) [C I.]

« Il y a dix jours, général, que je n'ai eu de nouvelles du Piémont ; toutes les troupes y étaient en cantonnement : il se trouvait alors à Ceva deux régiments d'infanterie Savoie et Stettler : il y est arrivé à cette époque cinq cents sapeurs et beaucoup de canonniers : leur projet était alors de tirer une ligne de défense depuis Saint-Michel jusqu'au pont de Ceva. Depuis on m'a assuré qu'elle était faite, ce que je ne crois pas à cause des neiges. J'écris pour en avoir des nouvelles plus fraîches et que je vous fais passer.

Cette nuit nous avons eu un poste de douze hommes enlevé en avant de Priola. La position de nos avant-postes est très mauvaise, étant placés dans dans un fond, les hauteurs n'étant praticables qu'en passant. Je pense, général, que votre intention est que j'occupe Prariondo, jusque vers Saint-Jacques de Viola, quand le temps le permettra ; dans le cas contraire, je vous prie de me faire savoir vos intentions. »

Bonaparte à Masséna

Nice, 11 germinal (31 mars) [Orig. A M.]

« Le 13, il part de Nice six ou sept bâtiments chargés d'artillerie de campagne pour mouiller dans la rade de Vado ; mon intention est qu'ils restent dans la rade en quarantaine sans communiquer avec la terre, afin que l'on ne sache pas ce que c'est ; ils ne débarqueront qu'après mes ordres. Vous voudrez bien ordonner au commandant du fort de Vado de faire exécuter le présent ordre, et de ne souffrir aucune communication entre la terre et les bâtiments. »

Bonaparte à Masséna

Nice, 11 germinal (31 mars) [Orig. A M.]

« J'ai reçu, citoyen général, votre lettre du 7 germinal.

Le mouvement de l'ennemi est une suite naturelle et indispensable de celui que vous avez fait ; tenez-vous en garde, et ne faites rien qui puisse l'obliger à se hâter ; si le poste de Voltri est inutile aux opérations diplomatiques sur Gênes, mon intention est que vous le fassiez rentrer, et que tout reste dans l'état habituel.

Nice, le centre et la gauche ont des subsistances en viande, en très bon pain, et en eau-de-vie ; on distribue la viande cinq fois par décade.

La division d'Ormea aura après demain la même chose, et sous peu de jours votre division aura de la viande cinq fois par décade. Assurez vos soldats que la position fâcheuse où ils se trouvent me déchire l'âme, et que bientôt j'espère pouvoir y porter remède. »

Masséna à Saliceti

Savone, 11 germinal (31 mars) [A M.]

« Je vous fais passer, citoyen commissaire, la copie de la lettre que j'ai reçue du général en chef. Vous y verrez que les trois mille hommes qui sont à Voltri y sont à votre disposition pour y seconder vos opérations. Lorsqu'ils ne vous seront plus utiles, vous voudrez bien m'en donner avis afin que je puisse, conformément aux ordres qui me sont donnés, les retirer et les faire rentrer dans leur première position. Je crois que cela doit être différé le moins possible. »

Masséna à Augereau

Savone, 11 germinal (31 mars) [A M.]

« Je te préviens, mon camarade, que, demain, le général Meynier part d'ici avec une demi-brigade pour se rendre à Finale y prendre les positions que les troupes de ta division ont occupé momentanément. Tu pourras lui donner ordre de s'en retourner, elles ne pourront guère partir qu'après-demain.

Vous avez encore une demi-brigade à Voltri. J'attends que le commissaire du gouvernement Saliceti m'écrive qu'il n'en a plus besoin pour la faire rentrer. »

Masséna à Meynier

Savone, 11 germinal (31 mars) [A M.]

« Ta présence devient nécessaire, mon cher Meynier, à Finale. Je t'invite en conséquence de partir demain avec la 84ᵉ demi-brigade pour t'y rendre. A ton arrivée, tu feras remplacer les troupes du général Augereau à Settepani et Madone de la Neva. Tu dois ne pas perdre de temps à faire renforcer tous les postes. La fonte des neiges et la libre communication des chemins exigent cette mesure, aussi je ne doute point de toute ton activité pour te mettre en mesure pour ne rien craindre de la part de l'ennemi.

Veuille bien t'en rapporter à ce que nous avions arrangé pour les troupes qu'il devait y avoir à Seigne, Roche Blanche, Saint-Jacques, col del Pino, Madone de la Neva, et Melogne. Fais camper les troupes si tu le trouves nécessaire ; enfin, je le répète, mets-toi en mesure pour n'être point surpris dans tes positions. »

Masséna à Bonaparte

Savone, 11 germinal (31 mars) [A M.]

« Rien de nouveau à l'avant-garde citoyen général.

J'ai reçu votre lettre du 9. Je me conformerai à son contenu relativement aux charrois de l'artillerie. »

Masséna à Laharpe

Savone, 11 germinal (31 mars) [A M.]

« Les circonstances exigent que la 70ᵉ demi-brigade reste encore quelque temps à Voltri. Les intentions du général en chef sont que cette demi-brigade occupe les hauteurs de Voltri pour le mettre à l'abri d'un coup de main de la part de l'ennemi ; il veut aussi que la communication de Voltri à Savone soit établie d'une manière sûre.

Je t'invite en conséquence, mon cher Laharpe, de prendre des mesures sages et militaires pour remplir les intentions du général en chef en ordonnant au général Pijon d'occuper les hauteurs et les points et passages par où l'ennemi pourrait venir à lui et se garder militairement.

Fais aussi des dispositions pour assurer la libre communication de Voltri à Savone. Les chemins deviennent tous praticables par la fonte des neiges, les communications s'ouvrent, les ennemis se renforcent de tous les côtés, il est essentiel que tu prennes des mesures pour ne rien craindre de leur part. Assure-toi si on peut camper sur les points essentiels, renforce tes postes avancés, enfin mets ta ligne en état de résister à toutes les entreprises de l'ennemi.

La 84ᵉ demi-brigade part demain pour Finale. Si elle occupe des postes essentiels, tu voudras bien les faire occuper par les troupes de ta division. »

Masséna à Bonaparte

Savone, 31 mars [C I.]

« Je vous fais passer copie de la lettre que je viens de recevoir du commissaire du gouvernement. Vous verrez qu'il ne veut pas s'expliquer d'une manière positive pour les trois mille hommes qui sont à Voltri.

J'attends vos ordres ultérieurs et, en attendant, je ferai assurer la communication avec Savone.

La 84ᵉ demi-brigade part demain pour retourner à Finale. Les troupes de la division du général Augereau qui y sont dans ce moment, retourneront à leur première position. »

Pijon à Laharpe

Voltri, 11 germinal (31 mars), 8 heures du soir [A M.]

« Je vous préviens, général, que deux hommes venant d'Ovada, et qui en sont partis à midi, me préviennent qu'il y est arrivé six cents hommes de troupes autrichiennes et un détachement de cavalerie dont ils n'ont pu me rapporter le nombre ; ils rapportent de même que, depuis le jour de Pâques, l'ennemi fait des mouvements dans la partie d'Acqui. Demain nous aurons d'autres détails. Dès ma lettre reçue, faites expédier des munitions, il nous en manque beaucoup.

Je pense que, pour toute sûreté, on devrait envoyer un corps de troupes à Varazze qui, en cas d'attaque, pourrait nous soutenir.

Je vous préviens que, depuis trois jours, un rhumatisme m'a rendu perclus de tous mes membres, et qu'il m'est impossible d'agir, ce qui doit vous engager à envoyer ici un général. »

Menard à Laharpe

Quigliano, 11 germinal (31 mars), 11 heures 1/2 [A M.]

« Ayant appris par le bruit public, général, que cette nuit l'église de Varazze avait été enfoncée et pillée par les auxiliaires de la 99ᵉ demi-brigade qui y sont cantonnés, je m'y suis transporté de suite pour vérifier le fait. J'ai en effet trouvé les serrures de la porte d'entrée forcées. Les portes des tabernacles et de la sacristie, forcées aussi, et les vases sacrés enlevés. Je me suis transporté chez le chef de bataillon qui commande ces auxiliaires, qui, outre que depuis son arrivée à Varazze, ne me l'a pas encore fait savoir, ne m'a pas rendu compte du fait de cette nuit. Ne l'ayant pas trouvé, j'ai envoyé au fortin de Vado, le capitaine de la compagnie. J'ai ordonné de suite au chef de bataillon Barrere, commandant de Vado, de se transporter à Varazze avec la compagnie de grenadiers de la 21ᵉ demi-brigade, de faire assembler la compagnie auxiliaire de la 99ᵉ demi-brigade, d'en faire l'appel nominatif, de m'envoyer le nom et grade des absents sans permission, pour examiner leur conduite, de visiter les sacs et les logements, d'arrêter et conduire au fort de Vado tous les chefs des chambrées ; d'arrêter et d'emprisonner aussi le chef et les trois plus âgés de la chambrée qui est à côté de l'église, et qui ont dû entendre forcer les portes.

Un gros quart d'heure après mon retour de Vado, j'ai reçu du commandant des auxiliaires, à 11 heures du matin, le rapport du vol de cette nuit ; j'ordonne à ce chef de bataillon de se rendre au fortin jusqu'à nouvel ordre.

Voilà, général, les mesures que j'ai cru nécessaires pour tâcher de découvrir les voleurs et les objets volés. Veuillez à présent me donner vos ordres et régler ma conduite. Veuillez aussi me dire par qui je dois faire interroger les prisonniers et faire instruire l'affaire. »

Augereau à Victor

11 germinal (31 mars) [A M.]

« Je suis sensible on ne peut pas plus, mon cher général, de l'ordre que l'on m'a envoyé à votre sujet pour votre changement. Je ne crois pas que cela provienne de votre part, car je crois ne vous avoir jamais donné l'occasion d'être mécontent de moi ; tout ce que j'ai fait et tout ce que j'ai dit n'était absolument que pour le bien de notre pays ; si quelquefois j'ai eu des mouvements de vivacité, il ne faut pas m'en vouloir, c'est l'amour de voir mon pays prospère ; d'ailleurs vous devez connaître mon amour et mon zèle pour la chose publique. Quant à moi, je vous jure, parole de républicain, que je n'ai jamais rendu que bon compte de vous et même comme vous le méritiez ; c'est sûrement une intrigue qui a fait faire ce changement ; si vous êtes content de rester avec moi, je vais écrire au nouveau général en chef en lui faisant connaître des observations justes, et j'espère qu'il fera droit à mes justes réclamations. »

Augereau à Victor

11 germinal (31 mars) [A G.]

« Je suis informé, mon cher général, que plusieurs particuliers de la commune de Sacarello qui se sont rendus coupables de vol en grains, sont détenus à Albenga en attendant leur jugement ; veuillez bien donner sur-le-champ vos ordres pour convoquer un conseil militaire à l'effet de juger promptement les coupables ; vous vous concerterez avec le commissaire des guerres Lequeux, pour la recherche des autres scélérats réfugiés à Sacarello et des objets volés à la République qu'ils pourraient avoir cachés dans cette commune.

Le général en chef vient de m'écrire à ce sujet, je vous prie de m'accuser réception de cette lettre. »

Thugut à Gherardini

Vienne, 31 mars [H A V.]

« Quoique la mission de M. le baron de Latour ait été très agréable à l'Empereur, Sa Majesté avait toutefois décidé d'avance dans sa sagesse que, pour donner plus de solidité au plan de la campagne prochaine et pour en statuer, d'une manière d'autant plus fondée, il convenait surtout de le faire discuter et régler sur les lieux mêmes et nommément avec l'intervention de M. le baron de Beaulieu qui, en sa qualité de général, nouvellement destiné pour commander en chef l'armée de Sa Majesté, doit en diriger l'exécution pour la partie au moins qui concerne nos troupes.

Dès mon premier entretien avec M. le baron de Latour, je ne lui ai pas caché cette intention de Sa Majesté mais, quoique le plan de campagne ne dût être arrêté définitivement qu'au quartier général de M. le baron de Beaulieu, j'ai cru cependant pouvoir prier M. le général de Latour de réunir dans une note ses idées sur les différentes opérations qui, d'après ses connaissances exactes des localités et des forces et moyens respectifs de l'ennemi également et des alliés, il estimait pouvoir être entreprises avec quelque espérance de succès.

Au lieu du mémoire dont il avait été question avec M. le baron de Latour, M. le comte de Castel Alfer m'envoie la note dont j'ai l'honneur de vous transmettre copie ci-joint :

L'Empereur n'a pu voir qu'avec quelque surprise que, dans un moment où toute l'attention des alliés devait se concentrer dans le soin de hâter les préparatifs de l'ouverture de la campagne et de se mettre en état d'agir pour prévenir l'ennemi, l'on parût chercher à entamer des négociations n'ayant aucun rapport avec ce que Sa Majesté sarde dans sa lettre à l'Empereur avait elle-même annoncé au début de la mission de M. le baron de Latour et qu'on voulût ainsi s'exposer à perdre dans des discussions qui, pour la plus grande part au moins étaient évidemment hors de saison, un temps précieux appartenant désormais préférablement à l'activité des mesures militaires.

Je n'ai pas manqué de présenter ces observations à M. le baron de Latour, mais cet officier insistant avec persévérance sur une réponse officielle à M. le comte de Castel Alfer, Sa Majesté m'a permis de condescendre à sa demande au sujet de la note dont je joins ici copie et que j'ai adressée au ministre de Turin.

Vous y remarquerez, monsieur le marquis, que sur l'article 3 de la note du comte de Castel Alfer, article sans contredit le plus important pour la circonstance, Sa Majesté s'est expliquée d'une manière extrêmement satisfaisante pour Sa Majesté sarde et, qu'en général, elle est bien décidée à ne laisser, autant que possible, rien à désirer des égards de son amitié pour le roi son allié.

M. le baron de Latour s'est mis en route dès le 28 de ce mois pour joindre M. le baron de Beaulieu. La franchise estimable et les bonnes intentions que M. le marquis de Latour a déployées ici pendant sa mission, les instructions dont M. de Beaulieu, de son côté, se trouve muni de la part de Sa Majesté, et les sentiments personnels de ce général commandant l'armée impériale sont autant de motifs pour se persuader que l'esprit de conciliation qui présidera aux conférences entre les deux généraux, écartant ou aplanissant jusqu'aux moindres difficultés, l'on conviendra promptement et à la satisfaction commune de tout ce qui est relatif au concert à prendre concernant la coopération loyale et réciproque des deux cours à l'exécution des projets adoptés.

Il est un arrangement dont il est indispensable de s'occuper pour faciliter nos opérations dans la Rivière de Gênes et pour en soutenir par la suite le succès, celui du rassemblement d'une flottille composée de bâtiments assez légers pour être en état de raser la côte de près et couper court aux transports français le long de la rivière ; le moyen le plus sûr d'atteindre ce but serait d'y destiner, exclusivement à tout autre navire, un certain nombre de frégates de l'escadre anglaise auxquelles il conviendrait que la cour de Naples joignit de son côté des demi-galiotes, chaloupes ou autres bâtiments légers dont elle est abondamment pourvue. Sa Majesté a recommandé à M. le baron de Beaulieu de faire entrer l'examen de cet objet dans les conférences avec M. de Latour. Mais comme c'est surtout avec les amiraux et ministres anglais qu'il sera nécessaire de se concerter à cet égard, vous voudrez bien, monsieur le marquis, après que l'on aura fixé le nombre et la qualité des bâtiments à employer à ce service, engager M. le chevalier de Trevor à obtenir la ratification de l'amiral et le concours efficace de l'escadre britannique, et à écrire en même temps à M. le chevalier Hamilton pour l'inviter à faire les démarches requises pour presser l'envoi des bâtiments dont on aura jugé avoir besoin. Nous avons déjà prévenu la cour de Naples de la demande qui lui sera faite en la sollicitant d'y donner une décision favorable et prompte.

Il me reste, monsieur le marquis, à vous parler de la peine que l'on doit éprouver ici des progrès successifs de la malveillance décidée que M. le comte de Castel Alfer n'hésite point de manifester contre l'Autriche et contre l'union des deux cours, à en juger par les propos qu'il tient et par son ardeur scandaleuse à accréditer tous les bruits les plus absurdes, les plus offensants pour l'Autriche et les plus contraires aux intérêts de Sa Majesté. L'on peut craindre avec raison que ses relations à la cour ne respirent le même esprit et ne tendent par conséquent qu'à alimenter entre les alliés ces germes éternels de méfiance et de désunion dont les effets ont plus nui jusqu'ici à la coalition que les armes de l'ennemi. Ce qui détruit toute espérance d'un changement dans la conduite de M. de Castel Alfer, c'est sa dépendance absolue du marquis Lucchesini qui, confident intime de toutes ses pensées et de toutes ses actions ne cesse de les diriger toutes vers le but connu de sa cour, celui de semer la zizanie parmi les alliés, de fomenter entre eux les soupçons, les jalousies et la discorde, afin de réduire la coalition à une paix désastreuse et déshonorante. Je n'ai pas besoin de vous observer combien ces dispositions du comte de Castel Alfer excluent toute possibilité de traiter ou réaliser ici aucun des objets relatifs au plan des opérations des deux cours alliées. La situation où M. de Castel Alfer s'est mis vis-à-vis du ministre de Prusse et vu surtout l'ascendant et la grande supériorité des talents de ce dernier, il est indubitable qu'il n'est même plus au pouvoir du ministre de Turin de soustraire désormais un secret quelconque à la connaissance de son ami intime, du véritable guide de toutes ses actions, et il est également évident que la cour de Berlin, instruite par Lucchesini du secret des projets des alliés, n'aurait certainement rien de plus pressé que de s'en faire un mérite en France et d'y provoquer les matières propres à la faire échouer.

Nous sentons combien en général les accusations sont désagréables et odieuses, nous savons aussi que M. le comte d'Hauteville, souvent gêné par l'influence de protection, n'est d'ailleurs par lui-même que trop disposé à se livrer à l'impulsion de certaines personnes qui, ayant tout pouvoir sur son esprit, n'en font usage que pour l'entretenir dans la prévention de la politique méfiante et soupçonneuse de sa cour contre nous.

Comme toutefois c'est une vérité reconnue que, dans les opérations militaires ainsi qu'en beaucoup d'autres choses, la stricte observation du secret est une des conditions indispensables de l'espérance de succès, l'on ne peut pas être surpris à Turin que, sans entrer même dans les détails de nos griefs contre la conduite du marquis de Castel Alfer, nous insistions sur la nécessité de concentrer la connaissance des plans et des projets des alliés entre le moins de personnes possible, en faisant connaître en même temps que le désir de Sa Majesté est que, rien de ce qui regarde les opérations et les entreprises militaires des alliés, ne soit traité ailleurs qu'à l'armée même entre M. le baron de Beaulieu et tel officier général que Sa Majesté sarde y destinera de son côté, lesquels, en cas de difficultés, en référeront directement et demanderont des instructions à leur cour.

Pour assurer d'autant mieux l'effet de vos représentations et démarches, il sera bon de les concerter amicalement avec M. le chevalier de Trevor à qui je ne doute pas que M. le chevalier Eden, témoin oculaire des étranges déportements du comte de Castel Alfer, ne se soit ouvert sur sa conviction entièrement conforme à la mienne, qu'aucune affaire ne saurait passer ici par les mains du ministre de Turin, sans que Lucchesini et sa cour n'en deviennent les confidents nécessaires. Je remarquerai encore que M. de Castel Alfer s'est absolument emparé du marquis de Saint-Marsan dès le moment de son arrivée à Vienne ; qu'il a réussi déjà à en faire un des disciples les plus dociles du marquis Lucchesini, ne voyant plus que par les yeux de ce ministre prussien et n'osant penser que d'après lui et déclamant hautement tout le premier contre le prétendu asservissement de sa cour à celle de Vienne. Le comte de Castel Alfer a pris le parti de retenir le marquis de Saint-Marsan malgré le départ de M. de Latour, probablement pour lui fournir tout le temps de se bien pénétrer des leçons de Lucchesini, surtout relativement aux rapports et insinuations à faire à son retour à Turin auprès du prince de Piémont à la confiance et aux bontés duquel le marquis de Saint-Marsan se vante ici d'avoir part. Tous les rapports militaires devant désormais se traiter exclusivement au quartier général de M. de Beaulieu et le séjour ultérieur de M. de Saint-Marsan à Vienne venant par là à manquer totalement d'objet, je ne doute pas qu'on ne se décide à Turin à le rappeler. Je me flatte d'ailleurs que l'opinion qui se répand, qu'il pouvait tôt ou tard remplacer ici le comte de Castel Alfer n'est point fondée, puisqu'avec les sentiments et les principes qu'il affiche, un tel choix aurait les plus grands inconvénients et ne saurait assurément être agréable à Sa Majesté. »

Dommartin (Ordre)

11 germinal (31 mars) [A Dom.]

« Ordre de la 84e demi-brigade de partir de Savone le 12 courant, pour se rendre au même jour à Finale. »

Masséna à Monnier

Savone, 12 germinal (1er avril) [A M.]

« Donnez ordre, mon cher Monnier, au bataillon sans numéro qui doit arriver le 14 à Finale de se rendre le 15 ici. Le 1er bataillon de la Charente doit arriver aujourd'hui à Finale, donnez-lui ordre de se rendre demain ici ; prévenez de l'arrivée de ces troupes qui de droit.

Je vous envoie plusieurs pièces pour l'embrigadement de la 1re et 8e d'infanterie légère ainsi que les lettres que le général Gaultier m'écrit à ce sujet, veuillez bien vous conformer à leur contenu »

Masséna à Pérouze
12 germinal (1er avril) [A M.]

« Je vous recommande encore, mon cher commissaire, la plus grande impartialité dans le partage des effets d'habillement. Et, pour les deux divisions d'avant-garde, mes intentions sont que tout ce qui vous arrivera en magasin, soit divisé d'après la force des deux divisions ; je compte trop sur votre justice pour que vous vous en écartiez.

Il m'a été porté des plaintes par les chefs qu'il arrive trop souvent que les troupes de Vado ont du vin, du tabac et autres fournitures particulières, et que celles de la Madone en ont quelquefois la moitié de la ration et très souvent pas du tout ; je vous invite à vous entendre avec le commissaire de Vado pour que rien ne soit distribué à la troupe que par égales portions. »

Masséna à Deschamps
12 germinal (1er avril) [A M.]

« Je vous préviens, mon cher commissaire, qu'il doit arriver du 10 au 20 de ce mois huit cents bêtes pour le transport de l'artillerie ; elles doivent être placées partie à Finale et partie à Vado, faites vos dispositions en conséquence pour les nourrir.

Je vous invite à terminer avec le citoyen Bonera chargé par un arrêté du représentant du peuple Ritter de l'exploitation du bois de la Magiona.

J'ai écrit au commissaire des guerres chargé du service de Savone que mon intention est que tous les effets d'habillement et d'équipement qui sont dans les magasins de cette place, comme dans ceux de Finale, soient répartis par égales portions aux deux divisions d'avant-garde ; vous sentez trop la justice de ma demande pour que vous ne donniez pas vous-même les ordres nécessaires à cet effet. »

Augereau à Masséna
12 germinal (1er avril) [A G. et A M.]

« J'ai reçu ta lettre, mon camarade, en date du 11 courant par laquelle tu me fais part des mouvements que va faire l'avant-garde en rentrant dans ses positions ; je viens d'ordonner au général de brigade Beyrand qui commande à Finale, de se retirer dans ses anciennes positions au moment où il sera relevé par les troupes du général de division Meynier. Tu ne me parles pas de la 99e demi-brigade, tu sais qu'elle fait partie de ma division et que le général en chef l'avait fait passer dans la tienne pour l'expédition qui devait avoir lieu sur Gênes seulement. Si cette demi-brigade se trouvait à Voltri, tu voudras bien la faire relever, car il est temps que j'organise ma division. »

Augereau à Bonaparte
12 germinal (1er avril) [A G.]

« J'ai reçu votre lettre, mon général, en date du 8 courant par laquelle j'apprends que vous venez de prendre le commandement en chef de l'armée. Je me félicite d'être sous vos ordres connaissant votre civisme et votre talent militaire, je ferai mon possible pour remplir vos vœux dans tous les ordres que vous me donnerez ; comptez sur mon zèle, mon activité et mon dévouement à la chose publique.

Vous trouverez ci-inclus l'état de situation et les positions qu'occupent les troupes que je commande ; le général Schérer, votre prédécesseur, a fait passer la 99e demi-brigade qui devait faire partie de ma division sous les ordres du général divisionnaire Masséna pour l'expédition qui doit avoir lieu ; je vous prie, sitôt que cette demi-brigade ne sera plus utile à l'avant-garde, de lui donner des ordres de rentrer dans ma division. Il est juste que le général de brigade Banel qui a pris tant de soin tant à l'armée des Pyrénées-Orientales qu'à l'armée d'Italie à surveiller la 105ᵉ demi-brigade qui est embrigadée dans la 99ᵉ par le nouveau travail, jouisse à l'entrée de la campagne des fruits et des peines qu'il s'est donnés tant pour l'instruction militaire que pour leur discipline ; ce brave général se trouve aujourd'hui sans troupes par l'expédition qui doit avoir lieu à l'avant-garde ; d'ailleurs vous savez comme moi, général, qu'il faut, tant qu'il est possible, laisser les troupes sous les ordres des chefs qui ont leur confiance ; c'est de cette manière que l'on parvient à faire de bonne besogne, je parle par expérience ; je vous observerai que ce général a des talents militaires et une bravoure à toute épreuve ; il en a donné des preuves à l'armée des Pyrénées et à l'armée d'Italie, notamment à la brillante journée du 2 frimaire où il fut blessé, et son patriotisme est connu.

Le général de brigade Victor vient de me faire des réclamations justes à l'égard de son changement ; ce général sert avec moi tant à l'armée des Pyrénées qu'à l'armée d'Italie, il ne se refuse point d'obéir, mais il lui est permis de faire des observations.

L'ordre que j'ai reçu à son égard est de le faire partir sous les ordres du général divisionnaire Serurier, remplacer le général de brigade Guieu ; je vous observerai que la République fait une perte en perdant le général Guieu ; il a servi deux ans avec moi à l'armée des Pyrénées-Orientales, il s'est distingué dans tous les combats qui ont eu lieu dans ma division, notamment à l'affaire Doms (?), où il a commandé pendant quarante-huit heures, ce qui n'a pas peu contribué à la victoire du Boulou. Si vous pouvez le conserver, vous rendrez, suivant moi, justice à son patriotisme et à ses talents militaires ; de plus il a été blessé dans un combat à l'armée des Pyrénées.

Le général Rusca doit remplacer le général Victor ; je vous observerai que j'avais désigné le commandement des troupes légères à ce général ; il faut mettre chacun en sa place, le général Rusca ne vaudrait rien pour commander trois mille hommes de troupes de ligne, vu qu'il est entré dans la carrière militaire un peu tard.

Le général Victor a lui-même fait le travail de la 69ᵉ demi-brigade qu'il commande ; il manque beaucoup d'instruction à cette nouvelle demi-brigade, il faut un officier général qui ait beaucoup de connaissances militaires et qui connaisse la tactique. Je vous prie de prendre ma lettre en considération et de donner vos ordres afin que tout reste dans le même état des choses car je vous assure que ces changements perpétuels font bien des mécontents et entravent l'instruction des troupes ainsi que leur discipline.

Dans ma prochaine lettre je vous ferai connaître toutes les positions de l'ennemi et les renseignements que j'aurais pris sur leur compte. »

Marmont à Bonaparte

Loano, 12 germinal (1ᵉʳ avril) [G. 1.]

« J'ai vu hier le général Serurier ; il m'a donné tous les renseignements que vous désirez, et je vais vous les transmettre.

Le col de Terme est un excellent poste, il couvre parfaitement Ormea. On ne peut s'emparer de cette ville sans auparavant s'en rendre maître.

On peut le tourner : 1° par les gorges de Viozène ; 2° par les hauteurs de l'Arbre ; 3° par le col de l'Inferno.

Le col de Terme, quoique d'une défense aisée, a un assez grand développement. Le général Serurier pense qu'il exige deux mille quatre cents hommes et six pièces de canon. Il n'était cependant gardé que par seize cents hommes lorsqu'il fut attaqué l'an passé.

Les gorges de Viozène sont d'une importance majeure : si elles venaient à être forcées, non seulement le col de Terme et Ormea seraient tournés, mais encore l'ennemi tomberait sans peine dans la vallée d'Oneille. Elles ne peuvent être bien gardées que par deux mille hommes.

Le général Serurier croit aussi qu'il faut deux cents hommes pour la défense des hauteurs de l'Arbre, quinze cents pour le col de l'Inferno, et douze cents pour la gorge de Garessio. Alors sa ligne de défense, s'étendant de Viozène à Garessio, serait occupée par sept mille cinq cents hommes.

Le col de Terme est encore impraticable à cause des neiges, le général Serurier le fera occuper dès que les neiges ne l'empêcheront plus. Il est plus tôt découvert de notre côté que de celui de l'ennemi : ainsi l'on peut être tranquille.

Je n'ai pas pu parcourir les différents chemins sur lesquels vous m'avez chargé de prendre des renseignements, parce qu'ils sont tous occupés par l'ennemi, nos avant-postes ne s'étendant qu'à une lieue de Garessio ; mais j'ai pris les renseignements suivants auprès des gens du pays et des officiers qui en ont parcouru une partie. Il paraît constant par l'uniformité de leurs rapports, qu'ils ont accusé vrai.

1º De Ponte-Nucetto à Ceva, il y a une heure et demie de bon chemin, praticable pour les voitures ; il y a deux montées. La descente de la seconde est vue par le fort, à la portée de canon ; cependant on est un peu couvert par des châtaigniers.

2º De Nucetto à Calissano, deux heures et demie de chemin de montagnes, et à peine praticable pour les mulets.

3º De Garessio à la Chartreuse, une heure et demie, et de la Chartreuse à Mondovi, cinq heures et demie. Ce chemin est bon, mais pour les mulets seulement.

4º De Bagnasco à Battifollo, une heure ; le chemin est bon, et l'artillerie de campagne peut y passer.

J'ignore quel est le Frabosa dont vous avez voulu parler ; mais comme il y en a deux, j'ai pris l'un et l'autre.

5º De Frabosa à Boves, quatre heures, chemin de mulets ; et de Frabosa-Sottana à Boves, cinq heures, chemin de mulets.

Voilà, mon général, les renseignements que vous m'avez demandés. Je pars dans le moment pour Finale et Savone.

J'ai oublié, dans ma dernière lettre, de vous dire que ce n'est point devant Oneille que l'ennemi a pris quelques bâtiments, mais devant Alassio. Mais Alassio n'était point armé alors, et cet accident ne préjuge rien de défavorable pour Oneille, et l'on prend les précautions que vous avez indiquées. »

Coursy (1) à Berthier

Nice, 11 germinal (31 mars) [A. G.]

« Je vous préviens qu'en conséquence des dispositions du général Dujard, commandant en chef l'artillerie de l'armée, j'ai ordonné les mouvements suivants, depuis le dernier compte que j'ai rendu au général Gaultier, en date du 9 courant. Savoir :

Le 10 germinal, un sergent et dix canonniers de la compagnie nº 19 du 4º régiment d'artillerie sont revenus de Villefranche à Nice.

(1) Chef de l'état-major d'artillerie.

Le 11, trois escouades de la compagnie n° 11 du 1er régiment d'artillerie sont parties d'Antibes pour Villefranche.

J'ai écrit hier au commandant d'artillerie de la droite de faire partir sans délai d'Oneille pour Ormea deux escouades de la compagnie n° 4 du 4e régiment d'artillerie qui relèveront deux escouades de celle n° 7 du même régiment, lesquelles viendront les remplacer à Oneille.

Sous peu de jours, la compagnie n° 15 du 4e régiment d'artillerie, deux escouades de celle n° 14 *idem* et trente hommes des canonniers auxiliaires de la 83e demi-brigade partiront de Nice pour la droite ; ils sont destinés à servir six pièces de 8 et six obusiers de 6 qu'on embarque pour cette partie. »

Millet Mureau à Bonaparte

Paris, 31 mars [A G.]

« Le ministre, citoyen général, ayant jugé la présence du citoyen Muiron, chef de bataillon d'artillerie, nécessaire à l'armée de l'intérieur vient de lui donner ordre d'y continuer son service.

Je vous prie de me faire connaître s'il serait absolument indispensable de faire passer à l'armée d'Italie où vous commandez un chef de bataillon pour le remplacer ; j'attendrai votre réponse pour en faire la proposition au ministre. »

Bonaparte à Masséna

Nice, 12 germinal (1er avril) [Orig. A M.]

« Demain 13 il part pour la rade de Vado :
Cinquante caissons de pain ;
Vingt-cinq traîneaux pour des bœufs ;
Vingt-cinq ambulances suspendues.

Mon intention est que ces bâtiments restent en quarantaine sans communiquer avec la terre. Je vous recommande de donner les ordres les plus précis pour l'exécution du présent ordre. »

Bonaparte à Masséna

Nice, 12 germinal (1er avril) [Orig. A M.]

« Je reçois, mon cher général, votre lettre du 10 germinal.

Je pars demain pour Albenga où nous nous verrons. Je serai charmé de renouveler notre vieille amitié, que j'espère vous voudrez bien rajeunir. Je vous prie de croire que de mon côté j'ai pour vous de l'estime et de l'amitié. »

Masséna à Laharpe

Savone, 12 germinal (1er avril) [A. M.]

« J'ai reçu, mon camarade, votre lettre de ce jour. J'approuve les dispositions que vous voulez faire pour assurer la communication de Voltri à Savone, mais je crois que mille hommes au village de Varazze seraient trop et cinq cents pourraient suffire. Au reste vous ferez là-dessus le tout pour le mieux, d'ailleurs dans trois ou quatre jours je crois bien que toutes les troupes se retireront.

Faites passer des munitions de guerre à Pijon, comme il vous demande.

Si Pijon est réellement malade, il faudra qu'il soit remplacé. Que le commandant des auxiliaires de Varaggio fasse faire de nouvelles recherches pour découvrir les auteurs du vol fait à l'église de ce village. Le général en chef me prévient qu'il doit arriver huit cents mulets ou chevaux à Finale et Vado ;

son intention est que sous aucun prétexte personne n'y touche étant exclusivement affectés au service de l'artillerie, donnez vos ordres en conséquence. »

Masséna à Augereau

Savone, 12 germinal (1er avril) [A. M.]

« J'ai reçu ta lettre, mon camarade, en date de ce jour ; je ne puis te faire passer dans ce moment la 99ᵉ demi-brigade. Obligé d'avoir trois mille hommes jusqu'à nouvel ordre à Voltri qui est, comme tu sais, à six lieues de Savone, j'ai reçu ordre du nouveau général en chef de faire assurer la communication de ces troupes avec Savone ; j'ai été en conséquence obligé d'envoyer cinq cents hommes à Varazze. J'attends des ordres ultérieurs du général Bonaparte pour les faire rentrer dans leurs premières positions. »

Masséna à Bonaparte

Savone, 1er avril [A. M.]

« Rien de nouveau à l'avant-garde, citoyen général, j'ai reçu votre lettre du 9. J'ai prévenu les généraux et commissaires des guerres pour qu'ils aient à se conformer à vos intentions et pour que, quelque prétexte que ce puisse être, on ne touche aux brigades des charrois d'artillerie qui doivent arriver à Finale et Vado.

Depuis longtemps j'ai fait la demande des fusils et baïonnettes manquant aux deux divisions d'avant-garde, le commandant de l'artillerie de la droite doit en avoir aussi fait la demande, il nous faudrait au moins deux mille fusils ; veuillez donner des ordres pour qu'ils nous arrivent.

Les neiges fondent à force et les communications avec le Piémont s'ouvrent ; l'ennemi s'approche de nos positions, je fais renforcer ma ligne. Le général divisionnaire Augereau me demande la 99ᵉ demi-brigade, j'en ai absolument besoin, je vous en ai déjà parlé, citoyen général ; ce général peut se passer de cette demi-brigade, ayant reçu, il y a quelques jours, un corps d'Allobroges ; j'espère qu'elle me restera. Je vous fais passer le dernier rapport que j'ai reçu. »

Laharpe à Masséna

Savone, 12 germinal (1er avril) [A. M.]

« Je vous envoie, général, le rapport que me fait le général Menard, relativement à un vol fait dans l'église de Varaggio. Je lui ai écrit pour qu'il ne négligeât aucun moyen pour découvrir les coupables. Je vous envoie une lettre reçue cette nuit du général Pijon. J'ai donné sur-le-champ des ordres à Vado pour que l'on fasse passer dans le jour par la mer cinquante mille cartouches. Ses observations pour avoir un corps de troupe à Varazze sont justes, et, d'après votre lettre d'hier, je me proposais de vous en écrire aujourd'hui. Je crois les trois mille hommes à Voltri fort aventurés, y ayant des gorges qui descendent d'Ovada du côté d'Arenzano. Je crois donc essentiel d'envoyer un bataillon à Varazze avec le chef de brigade Lannes. Ce corps de troupes aurait deux buts. L'un de soutenir les troupes de Voltri, l'autre de me donner l'autorité pour faire enlever aux moines trois mille quintaux de foin, dont le commissaire du gouvernement m'a chargé par un arrêté ; ce foin est un amas qu'avaient fait ces moines, et qui sera de suite transporté par mer ici ; quant aux vivres, je m'entendrai avec Berthaud pour les nourrir de Voltri.

Je vous prie de me répondre là-dessus afin que, suivant vos intentions, je puisse donner des ordres avant de partir pour ma revue. »

Renseignements

Premiers jours d'avril [A M.]

« Les postes qu'occupe l'ennemi sur les frontières du Piémont du côté d'Ovada, sont :

Rocca Grimaldi, à une demi-lieue d'Ovada au couchant, il y a trois cents hommes d'infanterie environ.

Silvano, gros bourg à trois milles d'Ovada au levant ; il y a l'état-major et un détachement de quatre-vingts hommes de cavalerie ; l'infanterie est au nombre de six cents à sept cents hommes environ ; il n'y a point d'artillerie.

Carpeneto, à un mille et demi de la Roche Grimalda ; il y a quatre cents à cinq cents hommes d'infanterie.

Frisobio, à un mille et demi d'Ovada vers le couchant ; il y a quatre cents hommes commandés par le capitaine Bokachiovis.

Montaldo, à deux lieues d'Ovada au couchant, il y a sept cents ou huit cents hommes d'infanterie.

Morsasco, fief impérial du prince Centurione, situé à trois lieues d'Ovada au couchant, c'est un pays montagneux, il n'y a qu'un fort petit détachement d'infanterie.

De Morsasco on va à Acqui ; sur le chemin se trouve le village de Visone où il y a un détachement d'hulans.

Casteletto Adorno, à trois quarts d'heure de Silvano, il y a quatre cents hommes d'infanterie.

Capriata, bourg considérable à une lieue et demie de Silvano, il y a huit cents hommes d'infanterie et un détachement d'artillerie.

Basaluzzo à une lieue de Capriata, il y a de l'infanterie et de la cavalerie, mais en petit nombre.

Pozzolo Formigaro à deux lieues de Basaluzzo, il y a deux cents à trois cents hommes de cavalerie.

Bosco à une heure et demie d'Alexandrie, il y a un régiment complet de cavalerie, c'est un pays abondant en fourrage.

Ponzone, village à cinq lieues d'Ovada, il y est arrivé depuis le 20 mars deux mille deux cents hommes d'infanterie.

Le rassemblement des troupes cantonnées dans tous les lieux ci-dessus, aura lieu à Acqui le 5 avril prochain ; on y attend à cette époque l'archiduc de Milan. »

Petiet à Bonaparte

Paris, 12 germinal (1er avril) [A G.]

« J'ai reçu, citoyen, votre lettre du 26 ventôse, par laquelle vous demandez pour l'artillerie de l'armée d'Italie, cent vingt chevaux de trait que vous avez trouvés à votre passage à Châlon-sur-Saône, qui ne dépendaient d'aucune entreprise et n'avaient aucune destination particulière.

Ces chevaux appartenaient à des citoyens qui ne les avaient fournis que sous la condition d'exempter leurs conducteurs de la réquisition militaire, conformément aux arrêtés du Comité de salut public des 13 fructidor an II et 27 vendémiaire an III.

Le Directoire, par son arrêté du 25 ventôse, n'excepte de la réquisition que ceux de ces fournisseurs de chevaux qui les conduisent par eux-mêmes près des armées.

Tous les autres fournisseurs ou soumissionnaires rentrent dans la réquisition et leurs chevaux et voitures leur doivent être rendus.

Les chevaux de Châlon étaient dans ce dernier cas, je ne puis en disposer, ils doivent être rendus à leurs propriétaires et leurs conducteurs doivent être encadrés dans les bataillons. »

Marotin (1) à Berthier

Au parc du génie à Nice, 11 germinal (31 mars) [A. G.]

« Je vous fais passer ci-joint deux états, l'un où est porté le nombre d'ouvriers des différents métiers dont vous pouvez disposer en ne laissant aux deux ponts du Var que ceux qui sont strictement nécessaires, comme vous l'avez prescrit au général Vital et l'autre où est porté le nombre d'outils et de matériaux de toute espèce pour mettre un atelier en activité.

Sur le premier, les ouvriers mineurs et sapeurs qui composent également nos ateliers, ne sont point compris parce qu'ils suivent leurs compagnies ; s'ils y étaient, le nombre passerait celui de cent que vous avez demandé ; la compagnie de mineurs en a trente-quatre tant en bois qu'en fer.

Les outils de mineurs ne sont point compris sur le second état ; néanmoins ils font partie de l'embarquement.

Serait-il à propos d'y joindre des outils à pionniers, à maçons, paniers, sacs à terre et cordages ? Si vous le jugez à propos, veuillez bien m'en avertir.

Trois forges de campagne que nous ferons embarquer seront activées par les neuf forgerons du parc. Ne serait-il pas nécessaire de faire embarquer par supplément quatre enclumes, quatre soufflets et les outils nécessaires pour employer les forgerons mineurs en cas de nécessité? Sur toutes ces réflexions, veuillez me donner vos ordres. »

Kellerman au Directoire exécutif

Chambéry, 12 germinal (1er avril) [A. G.]

« L'armée des Alpes n'existe, ainsi que je vous en ai souvent rendu compte, que par les efforts extraordinaires des départements du mont Blanc et de l'Isère. Les réquisitions les plus pressantes aux autres départements de l'arrondissement n'ont presque rien produit jusqu'à présent, quoiqu'ils soient les moins fatigués ; nous vivons au jour le jour, je ne cesse de le répéter ; cela est pénible pour vous et pour moi, mais je dois vous faire connaître l'état des choses, il est impossible de faire le plus léger mouvement. Nous sommes sans vivres viande, sans fourrage, sans moyens de transports, la moitié des chevaux et mulets a péri, ce qui reste est hors d'état de faire la campagne.

Des trois régiments de troupes à cheval de l'armée, le seul en état de rendre quelques services, le 20e régiment de dragons, vient de recevoir ordre de partir pour l'armée d'Italie. Il ne restera pas un homme à cheval dans le département du mont Blanc ; le Faucigny et le Chablais en exigent cependant pour arrêter la contrebande et contenir la malveillance conjointement avec les deux bataillons que j'y ai placés. Il ne reste plus à l'armée des Alpes que le 5e régiment de cavalerie et le 9e de dragons, deux régiments absolument nuls ainsi que je vous en ai rendu compte par ma lettre du 30 ventôse.

Le recrutement va on ne peut plus mal, une partie des réquisitionnaires qu'on oblige à rejoindre, désertent en route ou à leur arrivée à leur nouveau corps.

Je ne vois qu'un seul moyen d'arrêter la désertion ; je vous en ai déjà fait

---

(1) Directeur provisoire du parc du génie.

part, c'est celui d'attacher les demi-brigades sous le nom de régiment aux départements, de leur faire porter leur nom et d'obliger les départements à tenir au complet les corps de leur nom ; il en résulterait que ceux qui seraient obligés de marcher en place des déserteurs, sauraient bien forcer ces derniers à rejoindre.

Veuillez vous faire représenter le mémoire que je vous ai adressé à ce sujet le 26 pluviôse dernier. »

Le ministre de la Guerre à Saliceti
Paris, 12 germinal an IV (1er avril 1796).

« Le Directoire exécutif m'a communiqué, citoyen, la lettre que vous lui avez écrite de Gênes en date du 18 ventôse dernier relativement à la situation de l'armée d'Italie ainsi qu'un arrêté pris par vous relatif à la vente d'une prise faite par le corsaire français se tenant existant à Porto Ferrajo. J'ai lu avec la plus grande attention les espérances qu'elle annonce, malgré les difficultés que vous éprouvez sans cesse de la part du gouvernement génois pour assurer le service d'une armée aussi importante pour la prochaine campagne. J'ai lieu d'espérer que le service de l'entreprise qui vient de s'établir, vous mettra à même d'assurer sous tous les rapports possibles le service de l'armée d'Italie d'une manière convenable et dont l'approvisionnement a été sans cesse l'objet de mes plus vives sollicitudes auprès du Directoire exécutif. »

Masséna à Bonaparte
Savone, 13 germinal (2 avril) [A. M.]

« Rien de nouveau à l'avant-garde, citoyen général, l'ennemi fait toujours des mouvements comme vous le verrez par le rapport que je vous fais passer ; vous trouverez ci-inclus copie d'une réquisition que le commissaire du gouvernement Saliceti m'a faite pour permettre à l'adjudant général Giacomoni de se rendre à Gênes.

Un exprès arrive à l'instant au général Laharpe pour le prévenir que l'ennemi avait fait quelques mouvements sur les hauteurs de Voltri, on l'assure même qu'il est arrivé quelques troupes à Saint-Pierre d'Arena avec un petit détachement de cavalerie.

Je fais renforcer de suite Voltri par cinq cents hommes de plus, de manière que nous avons dans ce moment-ci depuis Varazze jusqu'à Voltri quatre mille hommes ; j'agirai en conséquence des nouvelles ultérieures que je recevrai de l'ennemi. »

Masséna à Laharpe
Savone, 13 germinal (2 avril) 8 heures du soir [A. M.]

« Vous voudrez bien, mon cher Laharpe, donner les ordres ci-après : Envoyer encore cinq cents hommes au secours de Voltri. Ils partiront de suite et iront remplacer ceux qui doivent être arrivés ce matin à Varazze ; ces derniers recevront également l'ordre d'en partir à la réception de l'ordre que vous leur enverrez pour marcher sur Voltri ; ils s'arrêteront à un des villages qu'il y a entre Varazze et Voltri à mi-chemin ; donnez des instructions aux différents commandants pour qu'ils occupent les hauteurs, à pouvoir protéger la retraite de la demi-brigade de Voltri dans le cas où elle y serait forcée par l'ennemi. Faites partir un officier de votre état-major pour Voltri, pour qu'il nous donne des justes renseignements sur la marche de l'ennemi, il emmènera avec lui six hussards, il en laissera deux à Varazze, deux au village où le deuxième corps de troupes se sera arrêté et deux iront à Voltri avec lui, par ce moyen, les nouvelles nous parviendront plus vite et plus sûrement.

Que le chef de brigade Rampon fasse monter de suite les cinq compagnies que nous avons convenu aujourd'hui dans notre reconnaissance, à Monte Negino. Demain matin, avant le jour, ce même chef ira faire une découverte sur Montenotte pour s'assurer par lui-même si l'ennemi a quelques postes dans cette partie ; il prendra avec lui le nombre de troupes qu'il croira nécessaire. Que la 1re et 32e demi-brigades partent demain pour la Madone ; quand le bataillon sans numéro sera arrivé, on pourra l'y embrigader.

Les troupes occuperont la ligne en avant de Monte Negino et les carabiniers ne feront point d'autre service que les découvertes. Que le général Menard fasse faire demain matin une découverte en avant d'Altare, qu'il en soit fait aussi une en avant de Baracon pour s'assurer si les neiges permettent de l'occuper en force. Que tous les postes soient renforcés et que les dispositions se fassent de manière à ne rien craindre de la part de l'ennemi si jamais il tentait quelque chose sur notre ligne. Que les ouvrages ordonnés reprennent leur activité, que les officiers du génie ne négligent aucun des moyens pour mettre la ligne de la 1re division dans un état respectable. Ces officiers seront autorisés à employer les volontaires qu'ils jugeront convenables pour presser le plus possible les ouvrages ordonnés.

Accuse-moi la réception de la présente. »

Masséna à Meynier

Savone, 13 germinal (2 avril) [A M.]

« Ordonne, mon cher général, que les postes de Saint-Jacques et Melogno soient renforcés ainsi que ceux qui en dépendent ; fais faire des découvertes pour éclairer les chemins qui viennent du Piémont.

Que les officiers du génie activent les travaux ordinaires pour mettre ta ligne en état de défense, autorise les officiers de requérir le nombre de volontaires qu'ils croiront avoir besoin pour presser davantage les ouvrages.

Plusieurs nouvelles venues de l'ennemi assurent qu'il s'avance vers nous. Je t'invite en conséquence, mon camarade, à parcourir ta ligne pour t'assurer par toi-même si tes ordres s'exécutent, je me repose avec confiance sur ton activité. »

Masséna à Laharpe

Savone, 13 germinal (2 avril) [A M.]

« On vient de me prévenir que l'ennemi a fait partir ce matin deux mille hommes de Dego pour se joindre aux troupes de la Bochetta et tomber de concert sur nos troupes à Voltri.

Réflexion faite, je crois que tu dois partir, la présente reçue, avec cinq cents hommes qui remplaceraient ceux de Varazze, ces derniers se porteront à Arenzano et, de là, tu disposerais des mille hommes comme tu le jugerais bon ; il n'y a pas un moment à perdre, il faut que tu te mettes en route pour que, s'il est possible, tu arrives à la petite pointe du jour à Voltri, tu y feras des dispositions militaires, et, quand tu seras assuré des mouvements de l'ennemi, tu pourras t'en retourner si tu crois que ta présence n'y est plus nécessaire. Accuse-moi réception de la présente. »

Masséna à Laharpe

Savone, 13 germinal (2 avril) [A M.]

« J'ai oublié de te dire, mon cher Laharpe, de me donner souvent de tes nouvelles pour que je puisse agir ici en conséquence. Si tu as besoin de cartouches, fais-en embarquer sur le petit corsaire mis à ta disposition. »

Masséna au commandant d'artillerie

Savone, 2 avril [A M.]

« Vous voudrez bien suspendre, citoyen commandant, l'envoi de cent mille cartouches pour Voltri d'après la demande du général Cervoni, jusqu'à nouvel ordre. »

Masséna au capitaine du génie Poligni

Savone, 2 avril [A M.]

« Vous voudrez bien, mon cher Poligui, convenir avec votre camarade Delarche, pour qu'il y ait un officier du génie à la Madone, un à Monte Guito au-dessus de Quigliano, et un au Baracon ; les ouvrages ordonnés et nécessaires doivent être activés. Comme le nombre des sapeurs ne pourra suffire, les officiers du génie sont autorisés à requérir le nombre de travailleurs dans les bataillons qu'ils croiront nécessaires pour mettre dans très peu de temps toute la ligne de la 1re division dans le meilleur état de défense. Je compte sur votre zèle et sur votre activité. »

Masséna à Rampon commandant militaire à la Madone

Savone, 2 avril [A M.]

« Le général Laharpe vous a écrit, mon cher Rampon, pour renforcer demain toutes vos positions e tpousser une reconnaissance en force sur Montenotte ; veuillez bien donner vos ordres à la réception de la présente pour que toutes les troupes soient rendues à Monte Negino avant le jour ; beaucoup de prudence dans votre marche, et vous ne rentrerez que très tard. Vous laisserez, comme nous avons convenu aujourd'hui, cinq compagnies ; vous vous conformerez en cela aux ordres donnés par le général Laharpe. »

Masséna à Lafon

Savone, 2 avril, 10 heures du soir [A M.]

« Donnez ordre, mon cher Lafon, à ce qui vous reste de troupes de votre demi-brigade à Savone d'être prêt à marcher demain matin à la petite pointe du jour ; si à 7 heures du matin il n'y a rien de nouveau, la troupe rentrera, mais elle se tiendra toujours en mesure pour être prête à marcher au premier coup de tambour.

Faites distribuer des cartouches, si vous en avez besoin, et n'attendez pas à demain. »

Cacault

13 germinal (2 avril) [Analyse] [A G.]

« Le général Beaulieu a été aujourd'hui en personne de Novi à la Bochetta ; ces troupes sont placées dans différents pays et villages et sur la Bochetta même où elles ont fait du feu pour se défendre du froid toute la nuit passée. Environ quatre-vingts Autrichiens, parmi lesquels on dit qu'il y avait quinze officiers, sont descendus ce matin jusqu'à Rivarole, près de Gênes.

Je ne puis savoir au juste à combien se montent les troupes portées en avant par le général Beaulieu ; ce n'est point l'armée, ce sont des corps tirés de Tortone et peut-être aussi d'Alexandrie. Je suis persuadé que, si les trois mille Français qui sont à Voltri, les allaient chercher par le chemin qui conduit de Voltri à la Bochetta, ils culbuteraient les Allemands du côté de Gênes et de la mer. La plus grande difficulté serait d'assurer leur subsistance, ce qui ne pourrait guère se faire qu'en occupant Gavi, petite place assez bien approvisionnée. Il a été répondu par le gouvernement de Gênes à la belle proclamation de Beaulieu notifiée au gouverneur de Novi à l'entrée des Autrichiens sur le territoire génois ; on lui rappelle que, malgré des assurances semblables données par le général de Wins, les Allemands avaient arrêté les cours des approvisionnements et de commerce tant par terre que par mer et exercé les plus grandes vexations. »

Dommartin (Ordre)

13 germinal (2 avril) [A Dom.]

« La viande fraîche sera distribuée aux troupes à compter du 21 germinal au matin. À dater de demain, tous les jours, à l'assemblée de 9 heures du matin, les capitaines feront l'inspection de propreté de leur compagnie en même temps que celle des hommes qui devront monter la garde à midi. Ils s'assureront si le soldat a les mains et la figure lavées et si toutes les parties de son habillement sont dans le meilleur état possible.

Lorsque des hommes se tiendront propres journellement, les capitaines pourront les dispenser de cette inspection. »

Dommartin à Venoux

13 germinal (2 avril) [A Dom.]

« Il faut, citoyen commandant, que vous ayez la plus grande attention à faire exécuter l'ordre du jour que je vous envoie.

Il faut prendre en magasin les effets qui vous reviennent et vous en ferez la répartition quand je vous l'ordonnerai.

Vous me renverrez après la lettre du général Meynier et les ordres que je vous ai donnés que je vous demande pour la centième fois. »

Dommartin à Perouze

13 germinal (2 avril) [A Dom.]

« Je viens d'apprendre, citoyen, que, malgré les ordres que vous aviez de faire expédier de Savone les effets destinés pour ma brigade, vous en avez fait distribuer une partie ; comme il n'est pas juste, citoyen, que le soldat souffre de l'erreur que vous avez peut-être bien voulu commettre, je vous prie, n'importe comment, de vouloir bien faire remplacer ce qui manque de ces effets et je vous préviens que, si cela n'est pas fait incessamment, je serai obligé de m'adresser aux personnes qui pourront vous obliger à le faire. »

Dommartin à Meynier

2 avril [A Dom.]

« Je vous envoie ci-joint, général, le bon de souliers que j'avais fait à la 55ᵉ demi-brigade avec le refus du commissaire des guerres et la note qu'a jointe l'officier de ce corps; ce qu'il y a de certain, c'est que personne ne sait ce que ces souliers sont devenus. Il en est de même d'une partie des effets que, par votre lettre du 7 germinal datée de Savone, vous m'avez annoncé devoir être embarqués à Finale pour parvenir à mon bataillon. Les souliers et une partie des vestes y manquent également. J'en ai écrit au commandant qui m'a répondu d'une manière qui n'est nullement satisfaisante. Il paraît qu'il s'est permis d'en disposer malgré les ordres qu'il avait reçus. Vous serez obligé, général, de savoir s'il a reçu quelques ordres contraires aux vôtres pour en disposer et, si cela n'est pas, d'après votre réponse, je le ferai traduire au conseil militaire pour être puni. Conformément à l'article 22 de la section 4 du code pénal militaire.

Je vous prie, général, de me renvoyer le bon et le refus aussitôt qu'il ne vous sera plus nécessaire. »

Beaulieu à l'Empereur

Alexandrie, 2 avril (1796) [K K A.]

« Sur des avis réitérés des mouvements des ennemis, surtout en se renforçant à Voltri et les environs, soit qu'ils voulussent tenter contre Gênes, soit qu'ils voulussent s'emparer du poste avantageux de la Bochetta qui leur aurait donné l'avantage considérable de se jeter vers Gavi et de là sur ma gauche, j'ai fait assembler à la hâte autant de bataillons que j'ai pu et, parmi une marche forcée de quelques bataillons, je suis entré dans les états de Gênes le 31 mars passant par Novi, Gavi, par la ville qui est au pied de la forteresse, Carrosio, Voltaggio. L'avant-garde des Szluiner arriva le même jour à 6 heures du soir à la Bocchetta et tout le bataillon Szluiner commandé par le major Sillobod y arriva de suite. Le lieutenant-colonel Hubner, de Reisky, y arriva aussi la même nuit avec trois compagnies, et trois autres compagnies de son bataillon allèrent à la droite plus en arrière que la droite, mais c'est un passage fort étroit par où l'ennemi cependant pourrait tenter de tourner la Rocca del Dente. Deux bataillons de Reisky arrivèrent à Voltaggio. Deux bataillons de Nadasty qui étaient à Tortone, forcèrent leur marche par Serravalle et l'un resta à Carrosio et l'autre marcha jusqu'à Mornese et Spezza pour soutenir au besoin les trois compagnies de Reisky à Rocca del Dente. Un bataillon de Terzy arriva et resta à Gavi dans la ville au pied de la forteresse pour m'assurer le passage. Un bataillon de Latterman resta à Novi où je fis avancer aussi un escadron de hulans ; j'envoyai une pièce de 12, deux obusiers de 7 et une pièce de 6 aussi à la Bochetta. Ce fut le général major Pittoni que je mis à la tête de cette expédition, malgré qu'il était incommodé ; il se chargea de cette commission avec toute la bonne volonté possible, malgré qu'il était souffrant. Comme je me rendis moi-même hier le 1er d'avril de bon matin à la Bochetta, j'ordonnai d'y mettre en tout quatre bataillons, en sorte que je crois ce poste important assuré. Comme j'avais voulu faire ce mouvement dans le plus profond secret, je n'en avais averti personne qu'au moment de l'exécution ; par conséquent je n'en avertis les Génois qu'au moment de l'arrivée des troupes de Votre Majesté dans Novi et dans Gavi. C'était Malcamp qui porta les lettres, l'une au gouverneur de Novi et l'autre au commandant de Gavi. J'avais aussi joint une lettre pour les états de Gênes ainsi qu'une copie du contenu au ministre comte de Girola avec une note particulière pour appuyer la bonne intention. Je joins ici la copie de ma lettre, comme je l'ai faite en français, mais je la fît traduire en italien pour l'envoyer dans cette langue au sénat de Gênes. Je fis demander au gouverneur de Novi qui est en même temps gouverneur de Gavi, d'envoyer lui-même ces lettres à Gênes, afin que, s'il se fût trouvé quelque empêchement par des coureurs français, que les lettres ne fussent point arrêtées. Le gouverneur envoya d'abord le tout, mais jusqu'à présent je n'ai aucune réponse du sénat de Gênes ni de M. Girola. Le même gouverneur m'envoya une protestation à laquelle je m'attendais, mais les troupes de Votre Majesté étaient passées et étaient en partie dans les villes de Gavi et Novi. Avant toutes ces dispositions dont je viens de parler, j'avais envoyé quatre bataillons, selon l'intention de Votre Majesté à la proximité de Ceva et j'avais fait remplacer ces quatre bataillons dans les endroits qu'ils venaient de quitter. J'avais donné le commandement de ces huit bataillons au général lieutenant comte d'Argenteau ; mais depuis l'expédition sur la Bochetta et même sur des vues ultérieures pour faire autant de mal que possible à l'ennemi j'ai ordonné au général d'Argenteau d'avancer au delà d'Ovada et de Sassello ; je n'oublierai pas Altare et je viens de renforcer à cet effet le général Argenteau encore de deux bataillons. J'ai ordonné au général Colli de soutenir ma droite, et c'est ce qu'il vient de m'annoncer qu'il fait en envoyant le général Provera avec deux bataillons du corps franc de Giulay, deux bataillons de Belgioso et une division de grenadiers du même qui arrivent à Cairo, Salicetto, Mombarcaro, Melotilio pour remplacer les quatre bataillons que j'y avais envoyés et que j'ai fait marcher plus vers mon centre ou ma droite. Outre ce que le général Colli m'envoie, il y a autour de Ceva une partie des troupes de Votre Majesté sous le nom de corps auxiliaire et des troupes piémontaises. Ceva me semble être en sûreté, mais les deux princes piémontais aiment d'avoir chacun une apparence d'armée où il n'y a que des neiges, et Colli me dit qu'il n'y a qu'une ombre d'armée qui n'a point d'ensemble. Cependant je relis l'instruction de Votre Majesté ; si la prétendue armée sarde ne travaille pas sur la droite, puis-je espérer ou même songer à pouvoir faire quelques progrès ; si même j'obtenais quelques avantages dans le commencement, comment me soutenir avec vingt à vingt-un mille hommes d'infanterie, force actuelle de l'armée que Sa Majesté m'a confiée, ma cavalerie est de deux mille huit cent quarante-cinq hommes. Le corps auxiliaire n'est pas compté ici parce que je n'en ai pas encore le rapport ; mais quand il serait de huit mille, cela ferait à peu près trente mille, mais pourrais-je employer ces huit mille hommes auxiliaires sans gêner le roi de Sardaigne ; je sais qu'en les conservant sur ma droite, il ne pourrait jamais dans le fond le trouver mauvais, mais on lui parle diversement et je serai toujours obligé à de grands ménagements. L'ennemi va employer toutes les forces possibles ; je vois à présent assez clair dans le système de l'Italie pour prier très fortement et humblement Votre Majesté d'y augmenter les forces de votre armée, il est plus que temps ; un premier avantage doit se soutenir et tous les jours l'armée diminue ; le pays est malsain ; le pain a été mauvais par le blé turc qu'on y a trop mêlé ; les soldats ont été logés pendant l'hiver dans de grandes églises mourant de froid et déjà détruits par la fatigue.

L'économie n'est pas bien calculée, lorsqu'elle n'est pas calculée sur la conservation de la vie du soldat. Je suis à présent, je veux dire la troupe est à la Bochetta, poste dont je devais m'emparer et que je dois garder. Les soldats y sont sans tentes, parce qu'ils n'en ont pas ; je suis donc forcé de leur faire des baraques ; je suis forcé de leur faire donner ration demie de bois, car sur cette crête de montagnes il y fait un froid qui m'a percé et les communs n'ont guère le moyen par leur habillement de se garantir assez d'un froid qui les désole et les envoie à l'hôpital. J'espère que Sa Majesté passera volontiers cette demi-ration de bois en faveur des hommes que je lui sauve et dont elle a tant besoin, mais, quelque soin que j'en prenne, j'en perdrai tous les jours et la vraie guerre va s'engager ; j'ai fait un pas, les forces françaises arriveront. Je prie donc en grâce pour son service de m'envoyer le plus tôt possible au moins cinq à six bataillons très forts et qu'elle daigne considérer que cette armée vient d'être diminuée de quatre bataillons.

Le régiment de Schmiedefeld dont les soldats ont été répartis dans les régiments allemands, sont à peu près tous désertés et de là ces bataillons sont absolument nuls, et le bataillon de Jordis est mis sur le pied de garnison ; me voilà quatre bataillons de diminution. Les généraux qui devraient arriver du Rhin et de la Bohême à cette armée n'arrivent pas. Il n'y a que le lieutenant général Sebottendorf qui soit arrivé. Je n'apprends rien des autres ; deux des généraux ici sont malades Liptay et Humbourg. Je crains que dans peu Pittoni s'annonce également malade. Les colonels qui ont été faits tout récemment généraux, restent en arrière pour rendre leur compte des régiments. En sorte que je suis très embarrassé pour suffire ; j'ai fait ma prière au conseil aulique de guerre d'ordonner aux généraux absents d'arriver au plus tôt puisque voici les opérations commencées que je dois soutenir. J'espère que Sa Majesté daignera prêter l'attention favorable à ce que son armée en Italie puisse s'y soutenir avec la gloire qu'il convient à ses armes.

Je suis revenu à Alexandrie pour y faire quelques dispositions relatives à mon entreprise sur la Bochetta, pour penser à la suite, après quoi je prendrai mon quartier ou à Novi ou à Ovada. »

Masséna à Laharpe

Savone, 14 germinal (3 avril), 8 heures du matin [A M.]

« J'ai été ce matin chez toi, mon cher Laharpe, pour savoir si tu n'avais point écrit ; j'ai appris que tu étais parti avec le commissaire du gouvernement vers les 5 heures 1/2 du matin et que vous vous rendiez tous deux à Voltri, ce retard me fait présumer que tu avais reçu quelques nouvelles satisfaisantes.

J'écris au commissaire Berthaud pour qu'il ait à se concerter avec toi et le commissaire du gouvernement pour l'évacuation des magasins, si vous le croyiez nécessaire ; ce sera donc à vous à décider. Donne-moi de tes nouvelles et informe-moi des mouvements de l'ennemi. »

Masséna à Laharpe

Savone, 14 germinal (3 avril), 6 heures du soir [A M.]

« Je m'attendais à recevoir de tes nouvelles, mon cher Laharpe, et tu aurais dû m'en donner dès ton arrivée à Voltri ; ce silence m'inquiète. Ce n'est pas que j'aie la moindre crainte de la part de l'ennemi, mais j'aurais dû être instruit de leurs mouvements pour pouvoir en rendre compte au général en chef et pour ma tranquillité.

Le chef de brigade Rampon a poussé sa reconnaissance jusqu'à deux lieues en avant de Montenotte et n'a rien aperçu ; je n'ai pas encore eu des nouvelles de Ménard, mais il y a à parier qu'il n'y a rien à craindre de ce côté-là non plus.

De tes nouvelles, de tes nouvelles et bien souvent. »

Masséna à Bonaparte

Savone, 14 germinal (3 avril), 9 heures du soir [A M.]

« Les mouvements de l'ennemi ne sont pas ce que l'on avait d'abord cru hier, et les nouvelles qu'on a données sont très exagérées. Quatre-vingts Autrichiens sont venus en reconnaissance à Saint-Pierre d'Arena, descendus du camp de Morone, ils ont répandu l'alarme dans tout le pays de manière qu'on croyait que toute l'armée austro-sarde était aux portes de Gênes.

Les magasins des blés et des farines que nous avons à Voltri et à Pegli m'ont fait prendre le parti de renforcer les troupes de Voltri, de manière que j'ai fait partir hier dans la nuit cinq cents hommes avec le général Laharpe, ce qui fait en tout quatre mille cinq cents hommes que nous avons depuis Voltri jusqu'à Savone.

Soyez tranquille, citoyen général, nous sommes sur nos gardes. On a fait ce matin des reconnaissances sur toute la ligne des deux divisions d'avant-garde, on n'a rencontré que quelques barbets ; tout est dans la plus grande surveillance. Vous trouverez ci-inclus les rapports que j'ai reçus. »

Masséna à Laharpe

Savone, 14 germinal (3 avril), 10 heures du soir [A. M.]

« Je reçois ta lettre, mon camarade, elle me rassure, quoique je n'aie jamais eu la moindre crainte de la prétendue attaque de l'ennemi.

C'est aussi mon avis que nous ne devons point garder plus longtemps une ligne aussi étendue, tu es avec le commissaire du gouvernement ; prenez ensemble tous les moyens possibles pour sauver nos magasins et que nos troupes rentrent après à leurs premières positions, du moins c'est là mon avis. »

Masséna à Berthaud

Savone, 14 germinal (3 avril) [A. Mos.]

« Le commissaire du gouvernement s'étant rendu à Voltri, vous devez le consulter, mon cher Berthaud, pour savoir s'il ne serait pas prudent d'évacuer nos magasins sur Savone. Je pense que cette mesure ne pourrait point tourner en mal puisque nous serons toujours obligés d'en venir là ; du reste vous êtes sur les lieux avec le commissaire du gouvernement et le général La Harpe, vous devez savoir à quoi vous en tenir. »

Masséna à Monnier

Savone, 14 germinal (3 avril) [A. Mos.]

« Tu voudras bien, mon camarade, t'occuper de suite du travail nécessaire pour la réorganisation de la 8ᵉ demi-brigade d'infanterie légère. »

Masséna à Rampon

Savone, 14 germinal (3 avril) 9 heures du soir [A. Mos.]

« Que demain les carabiniers de la 1ʳᵉ demi-brigade fassent une reconnaissance comme vous l'avez faite le matin ; si vous pouvez les y accompagner, il n'en sera que mieux.

Que les deux demi-brigades d'infanterie légère occupent les postes que je vous ai indiqués ; mettez-vous en état de ne rien craindre de la part de l'ennemi en occupant les points essentiels de votre ligne. Je compte avec confiance sur votre activité. »

Augereau à Rusca

14 germinal (3 avril) [A. G.]

« Il est ordonné au général de brigade Rusca de partir demain 15 courant avec la 4ᵉ et la 18ᵉ demi-brigades d'infanterie légère pour se rendre le même jour à Bardinetto où il prendra poste et restera jusqu'à nouvel ordre.

Il s'y établira militairement et prendra tous les renseignements convenables pour la sûreté et la défense de ce poste.

Dans la journée d'aujourd'hui, il fera prendre à la troupe les subsistances pour deux jours, le 15 et le 16, tant en pain qu'en viande salée ; il fera également prendre des cartouches et des pierres à feu si cette troupe en manquait ; il correspondra directement tous les jours avec moi et avec le chef de l'état-major de la division pour ce qui le concerne. »

Laharpe à Masséna

Varazze, 14 germinal (3 avril) [A. M.]

« Je ne suis point encore informé des mouvements de l'ennemi, je vais tâcher d'expédier un exprès à Sassello pour avoir quelque chose de positif. Il existe un chemin venant de Sassello sur Varazze par où l'on pourrait être coupé; à une lieue d'ici, sur la hauteur, il y a une ancienne redoute qui défend ce passage. Je jette à Casanova, voisin de cette redoute, deux cent cinquante hommes lesquels, en cas de besoin, seront soutenus par ce qui reste à Varazze. Il existe un autre petit chemin qui tombe à Cogoleto; j'y jette les trois compagnies de grenadiers, elles s'appuient à Terasano; il y a un autre chemin qui descend dans ce dernier endroit, par ce moyen il sera gardé; voilà mes dispositions préliminaires pour empêcher que Voltri ne soit ni tourné, ni coupé; occupant tous les chemins, j'ose vous en répondre. A mon arrivée à Voltri, je vous mettrai au fait des dispositions que je prendrai; mais, d'après le rapport qu'on me fait sur les localités, je crois que l'ennemi perdra son temps s'il nous attaque. Les cartouches ne sont point encore arrivées, les troupes d'ici en ont besoin, hâtez-en l'envoi, je vous prie. »

Laharpe à Masséna

Voltri, 14 germinal (3 avril) [A M.]

« Voltri est couvert, tous les points sont garnis de troupes, il est hors d'insulte, mais je doute qu'il soit insulté. On varie sur le nombre de l'ennemi, mais tout me les fait croire au plus à sept cents ou huit cents hommes à la Bochetta et villages voisins. Je saurai demain ce qu'il y aura à Sassello, à Ovada; après quoi, s'il n'y a rien de nouveau, je retournerai, je crois qu'il est peu militaire de garder une ligne si étendue, et que l'on doit s'occuper à tout transporter à Savone, puis se retirer. »

Cervoni à Laharpe

Voltri, 14 germinal (3 avril) [A M.]

« L'adjudant Midas vient de me remettre votre lettre d'hier, les cinq cents hommes que vous envoyez à Arenzano sont nécessaires tant pour garder la communication du Piémont que pour me soutenir en cas de retraite. Je m'étais proposé de vous en faire la demande si vous n'aviez pas pris ce parti; hier on a donné des nouvelles exagérées sur la force et sur les mouvements de l'ennemi du côté de la Bochetta : quatre-vingts Autrichiens, cavalerie, étaient venus en reconnaissance de Saint-Pierre d'Arena descendant de Campo Morone et on répandit qu'il y avait une armée. A mon arrivée, le chef de la 70e et divers autres officiers, venant de Saint-Pierre d'Arena où ils s'étaient postés à la première nouvelle de l'ennemi, m'assurèrent que ces Autrichiens avaient repris le chemin de Campo Morone. Les cartouches sont arrivées. Comptez, général, sur ma surveillance et sur l'intrépidité des troupes. »

P.-S. — « Les découvertes de ce matin n'ont rien vu. »

Cacault à Cervoni

Gênes, 14 germinal (3 avril), 11 heures du soir [A M.]

« J'ai reçu, citoyen, votre lettre du 14. Un homme assez intelligent mais qui, je crois, voit double, est revenu hier de Voltaggio : il m'informe que depuis Gavi jusqu'à Novi, il y a quatre mille Autrichiens; depuis Savergio jusqu'à Voltaggio, autres quatre mille; depuis la Bochetta jusqu'à la descente de la Montagne, deux mille hommes, on les dit très bien postés et répandus en piquets sur toutes les crêtes de la montagne et pouvant se réunir facilement; ils ont une pièce de 4 et quatre canons de campagne. Si votre corps d'armée, suivant la route des mulets de Voltri à la Bochetta, surprenait les Allemands, ils seraient pris en derrière et renvoyés du côté de Gênes; outre que ce coup de main est difficile, il exigerait peut-être plus de forces que vous en avez ; il faudrait un corps de réserve, car si on ne réussissait pas, vous seriez coupé ; les Allemands iraient à Voltri ; il faudrait s'assurer d'un bon guide pour une telle opération. On dit qu'il y a eu à Rossiglione une action entre les détachements avancés au désavantage des Allemands. Si vous pouviez reprendre la Bochetta, elle est entourée de fiefs impériaux : Roccaforte, Ronco Arquato, la Lomelline, Carrosio, vous en tireriez une bonne contribution et des vivres. Veuillez faire passer au général Masséna ma lettre après l'avoir lue. »

Marmont à Bonaparte
Savone, 14 germinal (3 avril) [C 1.]

« Je suis arrivé ici hier. J'ai vu le port de Finale, et il m'a paru qu'il était mal défendu. Il n'a, pour toute artillerie, que deux pièces de 12 et une de 8 ; elles ne signifient rien et sont dans la plus parfaite insuffisance. Il serait nécessaire d'établir deux bonnes batteries d'un fort calibre. Au reste, le port de Finale est d'un petit intérêt. Des marins m'ont assuré qu'il n'était pas possible de l'occuper, pour peu qu'il y eût un peu de mer.

J'ai parcouru le chemin de Finale à Saint-Jacques ; il est superbe pour l'artillerie de montagne, mais je ne le crois pas praticable pour les pièces de campagne : il est dans plusieurs endroits trop étroit, dans d'autres trop raide, et tous les tournants sont trop courts. Le chemin de Saint-Jacques à Vado est mieux fait, et, avec de légères réparations, des pièces de 12 de bataille pourraient y passer.

Les voitures autrichiennes qui étaient à Finale sont maintenant à Loano ; elles ne peuvent être employées qu'aux travaux d'un arsenal et d'un grand fort : douze, ou quinze surtout, pourraient servir pour les fourrages de l'artillerie à cheval ; elles sont semblables à celles que l'on emploie à cet usage dans le Nord.

Les Autrichiens ont fait des mouvements du côté de Gênes ; ils sont venus, au nombre de quatre mille hommes, à la Bochetta, et ont envoyé cent hommes jusqu'à Saint-Pierre d'Arena. Je crois que ce mouvement est le résultat de ceux que nous avons faits en avant de Voltri, et qu'ils ont voulu montrer ainsi aux Génois qu'ils étaient là. Salicetti a craint qu'ils ne voulussent enlever nos magasins de Voltri, et il s'est décidé à envoyer quelques bataillons pour soutenir les trois mille hommes qui y sont ; lui-même y est allé ce matin avec le général Laharpe. Masséna est fort tranquille ; il ne pense pas qu'il puisse y avoir rien de sérieux. »

Dommartin à Garaud
14 germinal (3 avril) [A Dom.]

« Je vais faire en sorte, citoyen commandant, de vous envoyer des mulets à Gobra pour faire le service des vivres. Faites réunir, autant que vous pourrez, votre bataillon, il serait facile de cantonner cinq cents hommes à Gobra. Ainsi, en ôtant les gardes que vous fournissez, votre bataillon pourra y rester en entier ; seulement, les villages où les compagnies sont actuellement cantonnées fourniront leur contingent de paille. Aussitôt que nous aurons un peu équipé un des bataillons qui est ici, je l'enverrai vous relever à Gobra pour vous équiper de même, cela sera sous peu de jours.

Vous devez tenir poste à Melogno avec une garde avancée à la Torre ; Settepani doit être aussi occupé par vingt-cinq au moins. Si cependant le mauvais temps ne permettait pas d'y rester, vous devez y faire faire au moins six patrouilles par vingt-quatre heures. Vous connaissez aussi bien que moi l'importance de ce poste qu'il faut tenir pour la sûreté de notre ligne sans jamais pouvoir les abandonner.

Aussitôt qu'il y aura de l'eau-de-vie, je vous en ferai passer. »

Dommartin au chef de la 55ᵉ demi-brigade

14 germinal (3 avril) [A Dom.]

« Le général Meynier ayant, citoyen commandant, ordonné de renforcer les postes de Melogno, le bataillon que je tiens à Gobra est déjà trop fatigué de service pour pouvoir fournir la Madone de la Neva; en sorte qu'il vous faudra attendre de nouveaux ordres pour être dispensé de la fournir.

Je suis à la recherche des souliers que je vous avais destinés par une répartition du 3 courant. »

Dommartin à Meynier

14 germinal (3 avril) [A Dom.]

« Le chef de bataillon de la 84ᵉ demi-brigade qui est à Gobra, me marque, général, que ses soldats sont très fatigués de venir à Finale chercher des vivres sur leur dos. Dans le temps que la 99ᵉ occupait ce poste, on y avait envoyé dix mulets pour venir chercher les vivres à Finale et les porter à Melogno. Il serait possible, je pense, de faire que l'on continuât cette méthode. Ma brigade a reçu après beaucoup de difficultés les souliers qui lui revenaient d'après votre lettre du 7 courant.

Il ne lui manque que soixante-deux vestes, mais le 55ᵉ n'a rien reçu des cent quatre-vingt-deux paires de souliers qui lui revenaient par une répartition du 3 courant. Je vais tâcher de m'éclairer de ce qu'ils sont devenus. »

Coursy à Gaultier

Nice, 14 germinal (3 avril).

« Je vous préviens que depuis le 11 du courant, époque où j'ai rendu compte au général Berthier, les mouvements des troupes d'artillerie suivants ont été ordonnés ou exécutés. Savoir :

Le 13, la compagnie nº 15 et deux escouades de celle nº 14 du 4ᵉ régiment d'artillerie sont parties de Nice pour Vado par terre.

Le 13, la compagnie des canonniers de la 83ᵉ demi-brigade et trente hommes des auxiliaires de ladite 83ᵉ sont partis de Nice pour Vado par terre.

Nota. — Il faut distraire des deux mouvements ci-dessus : cinquante hommes, quatre sergents et vingt officiers qui se sont embarqués avec les pièces de canon et qui attendent le bon vent pour partir de Nice.

Le 14, une escouade de la compagnie nº 17 du 4ᵉ régiment d'artillerie part d'Antibes pour se rendre à Monaco et y relever une escouade de la compagnie nº 5 du même régiment. Cette dernière se rendra à Oneille dès qu'elle sera relevée.

La compagnie des canonniers de la 56ᵉ demi-brigade partira d'Antibes le 14 ou le 15 pour se rendre à Nice.

La compagnie nº 2 du 4ᵉ régiment est arrivée le 13 de Nîmes à Nice. »

Faipoult au Directoire

Gênes, 14 germinal (3 avril) [A G.]

« Je suis ici depuis le 9 au soir, après avoir quitté le citoyen Saliceti à Voltri, village éloigné d'ici de trois lieues, où se trouvait une partie du détachement que le général Schérer, sur la demande de Saliceti, avait fait avancer vers Gênes. Ce mouvement n'a produit sur les Génois aucun effet avantageux à l'emprunt ; le jour même de mon arrivée, j'ai vu le secrétaire d'état des affaires étrangères ; je lui ai fortement exposé les motifs qui devaient engager soit le gouvernement de Gênes, soit les riches capitalistes de l'ordre de la noblesse ou autres à prêter à la République française des fonds dont la destination était de servir aux besoins d'une armée aujourd'hui utile à la conservation du territoire de Gênes. Les Génois n'ont pas en ce moment beaucoup de fonds à placer à cause de la suspension des rentes qu'ils ont sur la France. Les grandes maisons qui ont à la fois des rentes en France et des revenus sur les terres de l'Empereur appréhendent la confiscation de ces revenus s'ils prêtent aux Français, enfin beaucoup sont dévoués aux intérêts de la coalition, et traversent, bien loin de servir, nos opérations. En conséquence, l'emprunt est impossible pour ce moment. J'ai eu inutilement à ce sujet des conférences particulières avec des membres de la noblesse bien intentionnés et agissant pour nous et qui m'ont fait part de toutes les vaines démarches qu'ils ont faites pour décider en notre faveur les plus accrédités de leurs compatriotes.

Le mouvement de nos troupes a produit dans la ville une fermentation qui ne nous est pas favorable ; le peuple que l'on a excité à dessein contre les Français, ne nous voit pas de si bon œil qu'auparavant : les prêtres ont joué leur rôle ici comme ailleurs, et on m'a assuré qu'ils ont prêché contre nous : mais cette effervescence se ralentit. Hier les Autrichiens qui se sont mis en mouvement de leur côté ayant poussé un détachement de soixante hommes jusqu'au faubourg de cette ville, le peuple a manifesté autant de crainte des Autrichiens que des Français.

Le général Buonaparte qui, sans doute, est parti maintenant de Nice, pour venir commander l'armée et ouvrir la campagne, m'a écrit que le mouvement commencé par Saliceti sur Gênes lui faisait appréhender des impressions dangereuses sur les Génois, qu'il connaît pour être fiers et courageux. Le mouvement des troupes n'a rien produit de bon ; il est vrai, peut-être, que si j'eusse été à Gênes avant de le commencer, j'aurais engagé Saliceti à le différer ; mais celui-ci l'a demandé au général Schérer dans les meilleures intentions : il va lier les premières opérations militaires car les corps avancés des deux armées sont fort près les uns des autres.

Il ne paraît pas qu'il y ait plus de vingt mille Autrichiens dans toute la Lombardie ; on parle de douze mille Napolitains dont une partie est encore en arrière ; joignez à cela les troupes sardes dispersées sur beaucoup de points et habituées à être battues ; voilà jusqu'à présent les forces ennemies.

La disposition des troupes républicaines m'a paru excellente : leur résignation est au-dessus de toute expression. Cet hiver, elles ont eu toutes les privations à essuyer : on a vu des postes avancés placés dans les montagnes se contenter pendant dix-sept jours de cinq onces de riz par rations. Le Directoire ne doutera point qu'avec de tels soldats on ne batte les ennemis que la coalition peut envoyer en Italie.

Le mal est que les fonds ne suffisent pas à tous les besoins : le Directoire a voulu qu'il soit porté cette année un coup sensible à la puissance autrichienne dans ses domaines d'Italie. Effectivement c'est en lui prenant la Lombardie qu'on forcera cette orgueilleuse maison à la paix ; je conjure donc le Directoire, au milieu de ses tribulations sur l'article des finances, de ne pas perdre de vue l'armée si méritante et si intéressante de l'Italie : qu'il engage mon digne successeur Ramel à lui accorder toutes ses sollicitudes ; j'épierai toutes les circonstances qui pourront nous rendre quelque crédit à Gênes.

Peut-être réussirai-je à négocier quelques-uns des nouveaux effets donnés par la Hollande à la France pour les derniers cinquante millions de florins de sa dette ; je prie le Directoire d'être intimement persuadé du zèle ardent que je mettrai à répondre à sa confiance; trop heureux si je puis par là rendre quelques services à ma patrie et contribuer à ses triomphes.

P.-S. — Je joins à ma lettre copie du manifeste que le général Beaulieu vient de publier à son entrée sur le territoire de Gênes par la Bochetta. »

Beaulieu à Thugut

3 avril [H A V.]

« L'ennemi se renforçant continuellement à Voltri et prévoyant que, s'il occupait la Bochetta, il parlerait encore bien autrement en maître à Gênes, que tout étant à craindre alors pour cette ville, il pouvait, par le poste de la Bochetta, avancer sur Gavi que je n'aurais pu garantir et de là se jeter partout sur ma gauche. Les conséquences étaient trop grandes pour que je n'employasse dans le plus grand secret tous mes moyens pour occuper le premier ce poste important de la Bochetta. Je fis quelques manœuvres qui n'indiquaient à l'ennemi que quelques inquiétudes sur Ceva et, tout préparé, j'entrai subitement à Novi et Gavi et j'arrivai dans le même jour, c'était le 31 mars, par une marche un peu forcée à 6 heures du soir au poste de la Bochetta ; je n'avais donc rien averti aux Génois, mais mes lettres étant prêtes, je chargeai mon aide de camp, le capitaine Malcamp, qu'au moment que la troupe arriverait à Novi, qu'il eût à se présenter au gouverneur de Novi qui est en même temps gouverneur de Gavi. Ce Gavi a son château, mais la petite ville de Gavi qui est au pied est le grand passage et, comme il y a un commandant à Gavi, le même Malcamp porta encore une lettre audit commandant qui la reçut aussi au moment que la troupe entrait en ville ; tous firent les protestations d'usage ; mais la troupe devait avancer sans la moindre perte de temps. Outre ces deux lettres, mon aide de camp était chargé de deux lettres : l'une pour les états ou sénat de la république de Gênes, et l'autre pour notre ministre Girola auquel j'envoyai une copie de la lettre que j'envoyai directement au sénat ; je faisais prier le commandant de Gavi d'expédier lui-même par un courrier les lettres pour m'assurer qu'elles ne fussent point arrêtées par des coureurs ennemis, ce qui aurait pu arriver, si j'eusse moi-même envoyé une estafette. La lettre en copie que je joins ici, n° 1, est parfaitement conforme à l'original que j'ai envoyé en Italien ; je viens d'en recevoir la réponse cette nuit, je la joins ici en copie n° 2. Cette réponse ayant été faite par le secrétaire de l'état de Gênes, nommé Ruzza qui est l'ami de Saliceti ou des Français, à ce qu'on m'assure ; je joins aussi la copie de la lettre du ministre Girola en réponse à celle que je lui écrivis ; les lettres que j'avais écrites aux commandants, ou gouverneur de Novi et de Gavi étaient conformes à celle que j'écrivis au sénat, les titres exceptés. Le gouvernement ne veut pas permettre, par une lettre qu'il vient de m'envoyer, que nos bataillons, en passant, logent dans la ville, ce qu'ils ont fait jusqu'à présent.

Comme je suis obligé de garder le passage, crainte de quelque événement contrariant, je lui réponds que, d'abord que j'aurais des tentes pour camper et que je saurai le débarrasser de ses inquiétudes que je le ferai, mais que l'ennemi qui est en mouvement, me met dans l'impossibilité de changer mes dispositions pour le présent et qu'au reste je le prie de s'en tenir à tout ce dont je lui ai assuré dans ma première lettre. L'ennemi me semble sinon de nous attaquer au moins de faire résistance à Voltri. Je dois donc penser beaucoup à me préparer à tout, mais je suis sans tentes, sans marmites ; et comment se soutenir dans ces montagnes froides sans tentes et sans paille et très peu de bois. Car la mesure ou ration par soldat peut passer dans les maisons et lorsqu'ils ne sont pas les églises, mais ma troupe tournera à rien si je ne laisse pas donner du bois suffisamment et nous ne pouvons rien couper dans les états de Gênes. J'espère que Sa Majesté l'empereur voudra bien me donner une sûreté par laquelle je ne serai jamais responsable du bien que je ferai aux soldats dans la nécessité. Je touche cet article dans une lettre que j'ai pris la respectueuse liberté de lui écrire hier ; je lui fais voir aussi qu'on se trompe lorsqu'on calcule l'armée d'Italie par le nombre de bataillons dont quatre n'existent plus pour l'armée, trois de Smiedefeld qui sont tous désertés après leur réduction, et un bataillon Jordis qui entre à Milan sur pied de paix. J'ai neuf bataillons pour soutenir la Bochetta et ces neuf bataillons formeront en tout cinq mille cinq cent trente-et-un hommes, et tout le reste de mes bataillons sont en proportion de ce calcul. J'en aurai trente-cinq bataillons lorsqu'ils seront tous arrivés ; ce qui ne dépassera pas vingt-deux mille hommes dont une quantité devra garder des magasins ; il est donc très urgent et sans perte de temps que Sa Majesté fasse quelque effort dans une partie ou l'autre pour m'envoyer encore six bons bataillons ; on doit peu compter sur l'armée sarde et dans peu j'aurai une affaire très considérable ; soit dans le bonheur ou le malheur je perdrai toujours du monde ; je prie Votre Excellence d'appuyer cette demande, elle est nécessaire. Les Anglais n'empêchent rien sur les rives de Gênes, les Français font tous les jours leurs débarquements tout le long de la côte ; il est inconcevable comment jusqu'à présent les Anglais n'aient acheté des vaisseaux plats aux Napolitains ou autres, en forme de chaloupes canonnières, car que font les Anglais en pleine mer ; hier les Français viennent de débarquer à Voltri seize pièces de canon, des munitions, des vivres et des troupes, et des renforts leur arrivent par terre ; de sorte qu'à présent ils disposent de dix mille hommes à Voltri. Je joins encore une note ici que M. Drake vient de m'envoyer, et Votre Excellence jugera par la contournure de cette note ce qu'on peut espérer sur les côtes de la part des Anglais.

Il me restera bien des embarras, mais en voici un qui n'arrive à aucune armée qu'à celle-ci ; on pèse ici le bois qu'on doit payer à six livres de Gênes pour le quintal ou cent livres de bois ; en sorte qu'un scheffel de bois, comme à Vienne, coûterait onze ducats environ, ce qui deviendrait une somme de cent quarante ducats par jour pour seulement quatre bataillons ; ce qui, pour l'armée, serait une somme exorbitante. Je ne sais comment me tirer de cet embarras. Je vais en écrire à Son Altesse Royale l'archiduc Ferdinand ; qu'on soit persuadé que je ne crois pas qu'il y eût un pays plus intempéré et où on rencontre plus de difficultés pour les armées qu'en cette partie de l'Italie. »

Masséna à Bonaparte

Albenga, 15 germinal (4 avril) [A. M.]

« J'ai reçu vos trois lettres, citoyen général, deux du 11 et une du 12, je me conformerai exactement à leur contenu.

Le général Laharpe est arrivé ce soir de Voltri : il a fait toutes les dispositions nécessaires pour mettre nos magasins et nos troupes à l'abri d'un coup de main de la part de l'ennemi.

L'évacuation des magasins de Voltri et de Pegli va grand train et j'espère que sous trois jours nous pourrons retirer nos troupes. »

Masséna à Berthier

Savone, 15 germinal (4 avril) [A M.]

« J'ai reçu votre lettre du 10, citoyen général ; vous ignoriez sans doute le départ du général Saint-Hilaire lorsque vous me l'avez écrite, il est parti depuis trois jours de Finale pour aller aux eaux, je ne pourrai en conséquence lui donner des ordres comme vous me le prescriviez. »

Masséna à Meynier

Savone, 15 germinal (4 avril) [A M.]

« Le général Joubert me dit que tu désires connaître mon avis sur les troupes qui doivent garder les avant-postes de ta division, le voici :

La brigade de Joubert doit garder Seigne, Rocheblanche, Saint-Jacques et col del Pino.

La 51e, si le temps ne permet pas de la faire camper, doit cantonner à Orco pour fournir à Seigne et Rocheblanche ; deux bataillons de la 3e demi-brigade doivent camper à Saint-Jacques pour fournir à ce poste et le 3e de la même demi-brigade cantonnera à Feglino.

La 55e fournira à Col del Pino et sera cantonnée à Corbuta ; autant que faire se pourra que les troupes soient campées ; la brigade de Dommartin gardera Melogne, Settepani et Madone de la Neva, il aura à cet effet : cinq cents hommes campés à Madone de la Neva ou, si le temps ne le permet pas encore, cantonnés à Rialta et Calice. Quinze cents hommes seront chargés de la défense de Melogno et Settepani : il sera aussi nécessaire qu'ils soient campés ; si cependant le temps contrarie cette mesure, mille hommes seront cantonnés à Gobra et cinq cents hommes seront campés à Melogne qui seront relevés tous les cinq jours en attendant que les quinze cents puissent y tenir ; le restant de la brigade de Dommartin fera le service des magasins à Finale.

Le général Joubert restera à Feglino et le général Dommartin à Gobra ou à Calice pour être à portée des postes qu'il a à défendre ; tu recommanderas aux deux généraux de faire faire de fréquentes patrouilles et d'éclairer tous les chemins qui aboutissent à leurs postes et de temps à autre tu leur feras faire des reconnaissances en force. »

Masséna au commandant militaire et au commandant de la rade de Vado

Savone, 15 germinal (4 avril) [A Mos.]

« En conséquence des intentions du général en chef, vous ordonnerez, citoyen commandant, aux commandants des forts de Vado, de tenir en quarantaine, jusqu'à nouvel ordre, les bâtiments arrivant de Nice à l'exception de ceux chargés de blés, farines et liquides. Je vous rends responsable de l'exécution de cet ordre, pour que, sous aucun prétexte, aucun des équipages, capitaine ou autres descendent à terre.

Accusez-moi la réception de la présente (1). »

Lamer à Berthier

Perpignan, le 15 germinal (4 avril) [A Mos.]

« J'ai reçu, général, votre lettre du 8 germinal contenant un ordre de départ pour deux compagnies d'artillerie légère que le général en chef de l'armée

(1) Même lettre que ci-dessus adressée au commandant de la rade à Vado.

d'Italie suppose être à Perpignan. Ces compagnies ont été dissoutes dans le mois de vendémiaire dernier en conformité de la loi du mois de nivôse de l'an III sur l'organisation de l'artillerie.

J'ai renvoyé votre lettre au général divisionnaire Châteauneuf-Randon, commandant en chef les 9e et 10e divisions militaires, pour qu'il détermine, dans sa sagesse, s'il fera partir de Toulouse cent trente-et-un hommes qui forment le dépôt du 7e régiment d'artillerie légère, le seul existant dans la 10e division. »

Saliceti au Directoire

4 avril [A. G.]

« Je vous avais témoigné mes craintes sur l'occupation de Gavi de la part de l'ennemi ; d'après la demande que des agents des puissances coalisées en avaient faite au gouvernement génois, le général Schérer avait pris les mesures nécessaires pour prévenir l'ennemi, et avait disposé un corps de troupes pour cet objet ; mais le changement du général et l'arrivée de Buonaparte pour remplacer Schérer, ayant suspendu l'exécution des mesures prises, ce que j'avais craint s'est vérifié. Le ministre Faypoult m'annonce que les Autrichiens se sont emparés de Novi, de la Bochetta et peut-être en ce moment de Gavi. Il ne faut pas dès lors beaucoup espérer de Gênes. Cette marche de l'ennemi ne peut que contrarier les opérations de Faypoult, desquelles nous avions beaucoup à nous promettre.

J'instruis par une ordonnance le général Buonaparte de cet état de choses, sans doute il prendra les mesures nécessaires. Je vais me rendre demain matin à Albenga où il sera rendu ce soir, pour conférer avec lui, et seconder de tous mes moyens ses opérations.

Quoi qu'il en soit, l'ennemi sera battu, je l'espère : il n'est pas en force. Les troupes qu'il a à Novi, la Bochetta et aux environs de Gavi ne s'élèvent pas au delà de quatre mille hommes : il a poussé une reconnaissance de cinquante hommes vers Saint-Pierre d'Arena qui a rebroussé chemin dans la nuit et s'est repliée vers la Bochetta.

L'ordonnateur en chef Chauvet est mort le 13 germinal à Gênes où il avait été pour opérer les approvisionnements de l'armée. Cette perte est un très fâcheux contre-temps. J'ai chargé provisoirement et jusqu'à remplacement l'ordonnateur Lambert du service en chef.

Les souliers sont assurés : les fourrages le seront. Je m'occupe des transports. Je ne négligerai rien pour que la marche de la troupe soit assurée, et que la campagne ne soit pas retardée.

Je vous instruirai très exactement des dispositions qui seront faites et de leur résultat. Tout se prépare. J'espère qu'il y aura eu du nouveau dans quinze jours d'ici. »

Faipoult (Renseignements rapportés le 4 avril 1796 par un exprès envoyé à Voltaggio)

15 germinal (4 avril) [A. M.]

« Le général en chef autrichien, Beaulieu, a couché avant-hier à Voltaggio, et il est parti le matin pour Novi, d'où il partait de suite pour se rendre à son quartier général à Alexandrie.

Les dispositions qu'il a données sont : que les cinq cents hommes qui sont à Gavi, pour mieux dire Ovada, partiront vers Acqui ; que les six cent cinquante qui sont à la Bochetta ne descendront pas à Rivarole, hormis quelques patrouilles à la découverte, et cela pour tenir l'avant-garde plus unie avec ses troupes qui sont à Voltaggio en nombre de quatre cent cinquante ; à Carrosio, de trois cents ; à Gavi, de cinq cents au-dessous de la forteresse ; à deux autres campagnes des environs, il s'en trouve deux cent cinquante et quinze cents à Novi. Voilà la ligne de cette avant-garde commandée par le général de brigade Pittoni.

Beaulieu a ordonné de traîner sur la Bochetta la pièce de 12 qu'il avait à Carosio. En attendant, il n'y a sur la Bochetta que les deux premières pièces de campagne, et à Novi il y en a neuf du même calibre.

On prétend que deux compagnies de hulans viendront à Voltaggio. Si cela se vérifie, on le saura bientôt; du reste de ce côté-là, il n'y a pas d'autre mouvement considérable.

Je vous adresse ces nouveaux renseignements. »

Provence à Tisson

Orange, 4 avril [A. G.]

« Je me serais hâté de me rendre dans le département des Bouches-du-Rhône, d'après votre lettre du 11 de ce mois, si des événements affreux ne m'avaient forcé de partir pour Orange afin d'être plus à portée de connaître l'état des choses et d'en instruire le ministre de la Guerre avec certitude. Le commissaire du Directoire exécutif près l'administration municipale de Valréas a été tué dans la maison commune par les citoyens en émeute. Deux autres ont eu lieu depuis le même jour, de pareils assassinats ont été commis dans d'autres communes du haut comté; en un mot toute cette contrée et les communes du département de la Drôme, limitrophes de celui de Vaucluse sont en insurrection; on m'assure même que les complices de Bessignan et de l'Estang sont attroupés du côté de Saint-Paul trois châteaux. Ce sont les prêtres qui ont fanatisé le peuple et vendu le pays. La domination du Pape est ici l'objet des regrets de la plupart des habitants et la république de leurs malédictions; par suite de péril pour la chose publique, on va retirer les troupes des diverses communes du département de Vaucluse pour les envoyer à l'armée d'Italie.

J'ai instruit le ministre de la Guerre de ce qui se passe dans le pays et sans doute vous recevrez des ordres pour y rétablir le calme et y faire respecter les lois. Quoique je ne sois chargé que d'une mission dont l'objet est en quelque sorte étranger aux fonctions qui vous sont confiées par le gouvernement, j'ai dû me rapprocher des lieux où les désordres ont été commis; les réquisitions et déserteurs ayant été les principaux acteurs de ces scènes tragiques. Si dans quelques jours je reconnais que mes soins pour faire partir les rebelles sont devenus inutiles par les circonstances, j'abandonnerai cette exécrable contrée pour me rendre dans une autre qui, peut-être, ne vaudra guère plus. Ce sera alors que je pourrais m'occuper des faits que je vous ai dénoncés et sur lesquels il n'est possible de rien statuer de plus. Il me tarde de voir arriver ce moment et Tarascon sera la première commune où m'attirera le désir de vous donner de nouveaux témoignages de la plus sincère et de la plus constante amitié. »

Archiduc Ferdinand à l'Empereur

Milan, 4 avril [H A V.]

« Une lettre que j'ai eue du général Beaulieu qu'il avait jugé à propos de passer dans le Génois et s'emparer de la Bochetta m'a fait faire sur-le-champ une course à Pavie, pour m'assurer en personne si, passant, comme il était à prévoir, une bonne partie de l'armée à cette heure, de ce côté, le magasin de Tortone pouvait être secouru et fournir à temps la Lombardie de tout le nécessaire, puisque les dispositions antécédentes données par le général avaient fait partir et diriger l'envoi des vivres vers Alexandrie: moyennant différentes mesures qui ont été prises, j'ai eu la satisfaction de pouvoir écrire au général, de Pavie même, que les vivres de farine et avoine ne lui manquaient point, et j'ai envoyé le chef de la proviande, Ruprecht en personne, au quartier général pour donner aussi les dispositions touchant les foins et paille qu'il faut acheter sur les lieux. Je suis enchanté de cette mesure de M. de Beaulieu de s'être assuré du passage de la Bochetta auquel, comme je ne doute, se retranchant, la Lombardie est à couvert moyennant huit ou dix bataillons, et les Français n'oseront plus rien entreprendre ou menacer vers Gènes avec la troupe impériale si proche. J'ai déjà eu l'honneur de marquer à Votre Majesté et le supplier de ses ordres pour qu'il vienne déterminer les moyens et la façon des paiements de la somme que le nombre des bataillons et troupe augmentés depuis le premier calcul et assignation rendait nécessaire, mais malgré tous les calculs envoyés et demandes faites et par le département d'Italie et par le conseil de Guerre et le Directoire même, il n'y a encore, j'ai lieu de croire, été porté la chose à la décision de Votre Majesté. J'avais même proposé qu'on m'assigna seulement les trois quarts de la somme qu'importait le calcul de cette augmentation, sur les fonds existant à Londres que j'aurais eu soin de retirer en Italie, et l'autre quart de le faire suppléer d'ici, d'Italie, mais non plus de réponse. En attendant, les bataillons sont ici, hommes et chevaux mangent journellement et, par manque des fonds à temps, il faudra courir le risque de bien des embarras, et que peut-être l'armée un jour ne soit arrêtée au milieu de ses progrès, c'est de quoi il est de mon précis devoir d'avertir Votre Majesté à temps, puisque commençant déjà les opérations avec le 1er avril et surtout si elles seront offensives et dans la Rivière, M. de Beaulieu et avec toute la raison demandera dans les mois suivants beaucoup d'argent, et cela tout argent comptant, et je n'aurai pas la faute, mais la douleur si je ne pouvais lui fournir les sommes nécessaires. De grâce Votre Majesté daigne décider et nous assurer aussi les moyens pour la susdite augmentation depuis un mois sollicitée. Je soigne certainement toute possible épargne, mais, sire, sans argent on ne saurait faire la guerre, et celle-ci par ces circonstances doit être faite en grande partie en argent comptant. J'expédie celle-ci par estafette pour demander au comte Kolowrath et Cobenzl de porter la chose au plus tôt à la décision de Votre Majesté. Voilà déjà le mois de mars écoulé et la somme calculée pour l'augmentation du mois même encore assignée. Je demande pardon à Votre Majesté si je suis peut-être importun, je ne le serais point pour mon intérêt, mais ici où il s'agit du bien-être de l'Etat, du bon service de Votre Majesté du progrès ou non de ses armées, elle me le pardonnera, j'espère, et l'intérêt que j'y prends est trop vif pour toujours le modérer. Confiant au reste dans les bontés de Votre Majesté qui connait les sentiments qui m'animent et le respectueux attachement avec lequel je suis, etc., etc. »

Dommartin au chef de bataillon commandant les auxiliaires de la 84e

15 germinal (4 avril) [A Dom.]

« Ordre d'envoyer au chef de la 84e demi-brigade dix sergents-majors pour être employés à raison de deux auprès de chaque quartier-maître pour l'aider dans ses fonctions et surveiller les distributions, et dans les manœuvres être destinés à former les points de direction.

De même vingt-quatre sergents pour être placés à raison d'un par compagnie de fusiliers pour être employés dans leur grade comme il sera ordonné.

Quarante-huit caporaux à raison de deux par compagnie de fusiliers pour être employés ; les sous-officiers seront au choix du chef de bataillon qui les enverra dans la journée de demain conduits par un officier. Ils feront toujours partie de la compagnie auxiliaire détachée à la brigade pour son utilité. »

Bonaparte à Masséna
Albenga, 16 germinal (5 avril) [Orig. A. M.]

« Ordonne à la commune d'Altare de fournir, sous vingt-quatre heures, deux cents sacs à blé par forme de contribution militaire; faute par la commune de fournir ces sacs, elle sera imposée à 25 livres en numéraire par sac qu'elle n'aura pas fourni.

Charge le général Masséna de prendre des mesures pour l'exécution de la présente contribution. »

Bonaparte à Masséna
16 germinal (5 avril) [Orig. A. M.]

« Vous voudrez bien, citoyen général, ordonner aux deux chaloupes canonnières qui sont à Vado, de sortir de la rade, et de croiser devant les frégates anglaises que l'on aperçoit depuis plusieurs jours devant Loano. »

Bonaparte (Ordre)
Albenga, 16 germinal (5 avril) [Orig. A. M.]

« Il est ordonné aux commandants des deux chaloupes canonnières, armées de 24, qui sont à Vado, de sortir de la rade, et de se rendre devant Oneille, et de suivre le mouvement des frégates anglaises, afin de favoriser le passage de nos convois.

Rend responsables les commandants des chaloupes de la non-exécution du présent ordre. »

Bonaparte à Masséna
Albenga, 16 germinal (5 avril) [Orig. A. M.]

« Bonaparte général en chef ordonne à la commune de Malare, de fournir sous vingt-quatre heures deux cents sacs à blé, par forme de contribution militaire; faute par la commune de fournir ces sacs, elle sera imposée à 25 livres en numéraire par sac qu'elle n'aura pas fourni.

Charge le général Masséna de prendre des mesures pour l'exécution de la présente contribution. »

Berthier à Masséna
Albenga, 5 avril [Orig. A. M.]

« Je vous fais passer ci-joint, général, copie d'un ordre du général en chef concernant une levée de trois divisions de quatre cents mulets chaque; vous verrez que celle qui regarde les deux divisions que vous commandez doit être faite entre la Pietra et Spotorno pour la division qui sera destinée à l'approvisionnement des positions que nous occupons sur Saint-Jacques et au delà et, quant à celle qui sera destinée à l'approvisionnement d'Altare et aux positions de ce côté-là, elle sera levée dans les environs de Savone; j'adresse directement au général de division Meynier, copie de l'ordre du général en chef dont l'exécution ne doit souffrir aucun retard; l'intention du général en chef est qu'elle soit exécutée après-demain, et que vous aidiez de tous vos moyens auprès du gouverneur génois, les commissaires des guerres chargés de passer sur-le-champ des marchés pour opérer cette levée.

Je vous prie, général, de m'accuser réception de cette lettre et de la copie de l'ordre du général en chef. »

Masséna à Bonaparte

Savone, 16 germinal (5 avril) [A. M.]

« Rien de nouveau à l'avant-garde, citoyen général. Je reçois votre lettre en date d'hier. L'évacuation des magasins de Voltri et de Pegli se continue. Je ne négligerai rien pour vous seconder en donnant le change à l'ennemi sur nos opérations. Je donnerai des ordres pour la construction de nouveaux fours, il faut d'abord qu'on s'occupe de faire refaire ceux qui ont été faits, leur construction n'a pas le sens commun. Nous pouvons garder encore quelque temps la ligne de Voltri ; il pourrait y avoir quelque danger si l'ennemi s'en approchait en force, le pays offrant beaucoup de communications ; jusqu'à présent il n'y a rien à craindre.

Je compte demain aller visiter le baracon (pour de là aller ensuite à Finale) pour avoir le plaisir de vous embrasser sous trois jours à Albenga. Je vous fais passer copie du rapport que j'ai reçu du citoyen Faypoult. Pico vous fait parvenir régulièrement ceux qu'il reçoit, je crois inutile de vous les envoyer ».

Masséna à Berthaud

Savone, 16 germinal (5 avril) [A. M.]

« Je reçois l'ordre du général en chef de faire construire à Voltri de nouveaux fours ; occupez-vous, mon cher Berthaud, ma lettre reçue, de faire réparer et mettre en état ceux que les Génois nous ont faits et après vous travaillerez à deux fours nouveaux.

Cela ne doit pas arrêter l'évacuation des magasins de Voltri et de Pegli. »

Masséna au commissaire Deschamps à Finale

Savone, 16 germinal (5 avril) [A. M.]

« Depuis longtemps je ne reçois plus de vos nouvelles, mon cher Deschamps, envoyez-nous ici des effets de campement au moins pour deux mille hommes, demandez-en de suite à Nice pour les remplacer. Que ces objets nous arrivent sans retard. »

Laharpe à Bonaparte

Savone, 16 germinal (5 avril) [C. I.]

« Je suis de retour de Voltri. La fanfaronade de l'ennemi, en venant à Saint-Pierre-d'Arena, n'a abouti à rien ; il s'est retiré même de Camporosso.

Entre Novi, la Bochetta, Voltaggio et Ovada, il y a environ trois mille hommes ; ils ont quelques pièces à la Bochetta, et ils s'y retranchent ; ils ont cinquante hommes à Campofreddo : c'est, sur la gauche, leur poste le plus avancé du côté de Voltri.

Il y a cinq mille hommes à Dego, dont ils détachent cinq cents hommes à Ponzono, lesquels envoient deux cents hommes au camp di Gianna di Castagna, à deux lieues de Sassello, et cent hommes à la montagne de Cima Ferle (?). D'après tous mes rapports, l'ennemi n'est point aussi en force que les Génois se plaisent à le détailler, et je ne doute pas, si nous entrons en campagne sous peu, que ce ne soit d'une manière bien victorieuse.

J'ai reçu hier votre lettre du 11 de ce mois ; vos promesses sont bien consolantes, et je suis impatient de les voir à exécution. La constance des troupes dans leurs souffrances ne peut être comparée qu'à leur bravoure ; il nous manque beaucoup d'effets d'équipement. J'ai passé moi-même une revue sévère pour constater les besoins de cette espèce, et il est bien essentiel que vous en fassiez venir de Nice, avant que d'entrer en campagne. Il nous manque aussi des armes, surtout des gibernes et des sabres. Le commissaire ordonnateur nous fait espérer des souliers, dont nous avons le plus grand besoin.

Vous trouverez peut-être, général, que je demande beaucoup : mais je suis aussi jaloux de procurer à mes frères d'armes ce qui leur est nécessaire, que je le suis de leur faire faire leur métier et de les conduire à la victoire. Je vous l'ai déjà écrit, général, et je vous le répète :

L'établissement de Voltri nous est très onéreux ; il n'est point militaire et il fait occuper une ligne beaucoup trop étendue, et qui peut nous exposer à des revers, Savone et Vado ont des moulins qui peuvent suppléer à ceux de Voltri. La seule objection en faveur de ce dernier lieu, c'est qu'il nous assure l'arrivée des bestiaux. »

Rusca à Augereau

Calissano, 5 avril [C I.]

« Je viens de recevoir des nouvelles du général Guieu. Je lui demande de faire garder ma gauche en occupant le village de Casali pour couper à l'ennemi tous les passages entre sa ligne et la mienne.

Quant à ma droite, je vous répète ce que je vous ai écrit hier, il faut qu'elle soit gardée par les troupes de la division de Finale qui, allant près du cantonnement d'Osiglia, établiraient leurs avant-postes au Ronco di Maglia où l'ennemi s'établit l'an dernier et puis où il attaqua Settepani, alors je serais appuyé et à la portée de me tenir à Maramas et à Saint-Jean ; mais sans cela je ne puis occuper le premier sans danger ; je vais cependant en reconnaissance à Maramas aujourd'hui.

Si ma droite n'est point gardée, comme il est dit ci-dessus, je pourrais être pris à revers à la Sotta, par la vallée de Murialdo, à moins que je n'emploie toutes mes troupes à garder la vallée de la Bormida sans laisser aucune force sur mes derrières.

Je laisse seulement un bataillon à Bardinetto, pour soutenir de près la Sotta où l'ennemi a cherché hier à s'établir.

J'ai deux bataillons à Vetria qui gardent la Sotta et le Ronco de Vetria. Je vais en placer un aujourd'hui à Caragna qui gardera les Giovetti et ira en reconnaissance à Maramas jusqu'à ce que je puisse l'occuper et débouchera la vallée de Murialdo.

Deux bataillons resteront à Calissano pour garder la droite de la Bormida jusqu'à nouvel ordre.

Quand vous enverrez un bataillon à Bardinetto et que ma droite sera gardée, je serai à même d'occuper toutes les positions importantes et d'obliger l'ennemi à rester à Ceva.

Je me suis procuré des moyens de transport pour les subsistances de Bardinetto à mes avant-postes.

J'ai établi mon quartier général à Calissano, vu que, restant à Bardinetto, j'étais à trois lieues de mes avant-postes. Il nous faudrait des souliers et de l'eau-de-vie, le garde magasin m'assure qu'avec de bon bois il peut fournir quatre mille rations de pain par jour.

Je n'ai point encore de nouvelles de l'ennemi qui certainement n'osera pas rester à Bagnasco et à Perlo. Je saurai aujourd'hui ce qu'il fait et vous en préviendrai. »

Savary à Masséna

Feglino, 16 germinal (5 avril) [A M.]

« D'après vos ordres, j'ai fait reconnaître dans la demi-brigade les différents officiers que vous y avez encadrés ; mais une autre place vacante qu'il est instant d'y faire remplir, c'est celle de chef de brigade. Le bien du service l'exige impérieusement, surtout au moment où nous allons entrer en campagne, ainsi je vous prie d'y pourvoir le plus tôt qu'il vous sera possible. Peu de jours après l'envoi que je vous fis de l'état des places vacantes, un capitaine et un sous-lieutenant du 1er bataillon de la demi-brigade obtinrent leur congé de réforme, je vous en donne avis, afin de vous mettre à même de les faire remplacer. »

Chabran à Masséna

Finale, 16 germinal (5 avril) [A M.]

« J'arrive à Finale, mon cher général, j'ai obtenu ce matin la permission, non sans peine, de me rendre à mon poste, je partirai après-demain. Mon désir, et mon grand désir, est de conférer avec vous avant votre départ pour Albenga ; j'ai tout plein de choses à vous dire, toutes plus satisfaisantes.

Bannissez de votre imagination toutes idées inquiètes et non fondées qui ne peuvent que vous rendre la vie pénible et douloureuse. Le général Bonaparte me charge de vous dire mille choses, ainsi que le général Berthier. Je vous ai fait connaître les intentions du premier.

Si vous partez un de ces jours pour Albenga, je vous prie de me faire prévenir de suite, je vous attendrai ici pour vous accompagner dans votre voyage.

Je vous embrasse bien cordialement. »

Pico à Masséna

Savone, 16 germinal (5 avril) [A M.]

« Je vous préviens, général, que le régiment de Tortone, qui était au Dego et Cairo, est allé à Millesimo. Au Baracon du Carretto, au-dessus de Salicetto, il y a sept cents Autrichiens avec deux pièces de campagne. A Santa Giulia, il y a huit cents hommes environ ; ils doivent placer deux pièces de campagne.

A Cairo, toujours une compagnie de Croates, une compagnie de chasseurs de Nice, une compagnie de chasseurs français, et quatre à cinq compagnies de milices A la Bochetta, toujours les huit cents hommes avec quatre pièces de campagne. Au Pian della Castagna sur la rive droite de Sassello, quatre cents hommes.

A Mioglia, cinq cents hommes ; à Ponzone, deux mille hommes ; à Malvicino, cinq cents hommes ; à Cartosio, cinq cents hommes ; à Melazzo, cinq cents hommes : à Pareto, cinq cents hommes ; à Dego quatorze cents hommes ; tout ce monde doit venir au Dego sous peu de jours.

Le général Argenteau y fut l'autre jour ; à présent il y a le général Rukhavina. Tous ces hommes hier au soir sont montés au bric Magliani qui est au-dessus du château du Dego, et ils ont apporté quatre pièces de campagne.

A Giusvalla, deux cents hommes ; à Ponte Invrea, deux cents hommes ; à Spigno, deux cents hommes ; à Ponti, cinq cents hommes ; à Acqui, mille hommes.

Mais des magasins très considérables en toute sorte de denrées. »

Cerracchi (Projet d'expédition militaire dans les États romains)

16 germinal (5 avril) [A G.]

« En considérant avec intérêt la situation de la République française et les efforts que fait son gouvernement pour rétablir ses finances, renforcer et entretenir ses armées, présenter à ses ennemis une opposition proportionnée à leurs nouveaux projets, enfin pour ramener au-dedans la confiance et le bonheur, on se persuade de plus en plus qu'il n'y a pas de moyen plus assuré que de disposer tout ce qui peut être nécessaire pour la pleine réussite du plan de parvenir à Rome et d'y organiser une révolution qui assure aux Français les richesses de l'église romaine et l'alliance d'un peuple dont les aïeux furent si grands.

A l'époque où je présentai ce projet, les difficultés n'étaient rien, et, comme je le fis remarquer alors, les ennemis qui venaient d'être battus complètement, la coalition qui ne se méfiait point d'une telle entreprise, la saison d'hiver préférable à celle d'été, tout enfin semblait concourir à la facilité de la réussite.

Mais l'ennemi s'est amplement fortifié depuis ce temps, ses armées ont reçu des renforts considérables : il s'est emparé des postes qui peuvent le protéger ; il a appelé à son secours tous ses amis, et les Français trouveront peut-être impossible à faire ce qu'en nivôse dernier ils auraient pu exécuter sans efforts.

Cependant la résistance que présentent les Autrichiens et les Anglais à la marche des Républicains, loin de les rebuter de leur dessein, doit leur en faire sentir d'autant plus l'importance. Je vais donc essayer de donner au gouvernement quelques observations qui peuvent être utiles.

Si les forces de l'ennemi réunies vers Alexandrie et Tortone rendent cette route trop difficile à l'armée française, ainsi que le passage de Plaisance à Bologne, ou que cette marche devienne trop longue par la quantité des positions avantageuses que l'ennemi peut y prendre, il serait peut-être très prudent de faire suivre par une assez forte armée la Rivière de Gênes qui conduit, par un chemin bien plus court et hors de l'atteinte de l'ennemi, jusque près de Livourne.

En postant quelques hommes sur les hauteurs qui dominent du côté de terre et de mer, avec quelques pièces d'artillerie qui se trouvent même dans plusieurs forts génois sur les montagnes, on mettrait l'armée à l'abri de toute surprise et on protégerait les bâtiments de transport qui pourraient parcourir toutes les côtes.

Cette route est garnie de villages très voisins les uns des autres, et malgré qu'au premier coup d'œil elle paraisse impraticable à une grande armée, on peut la prendre en considération et faire disparaître aisément les difficultés qu'elle présente.

Il y a néanmoins des endroits où le canon ne pourrait pas passer sur son affût, à cause que la voie est trop étroite ; il serait donc nécessaire, pour obvier à cet inconvénient, de poser les canons sur des essieux plus courts et faire servir les mêmes roues dont le chariot serait démonté et porté par des mulets qu'on peut trouver en grand nombre dans ces parages. Il serait encore possible de former des traîneaux qui glisseraient aisément sur les rochers dont le chemin est pavé.

Au reste les bâtiments qui côtoieraient et qui passeraient à Porto Fino, Sestri, Levanto et Porto Venere jusqu'à Massa porteraient quelques canons et des munitions sans que les Anglais pussent les inquiéter.

Les montagnes qui bordent ce chemin et le fort de Sarzane, dont il faudrait s'emparer et qui est du côté de la Toscane, en garantissent la sûreté.

Cette place contient des canons et des approvisionnements de guerre qui se trouveraient à disposition ; de sorte que l'armée, l'artillerie et les munitions pourraient, dans quatre à cinq jours, arriver au-devant de Livourne, sans que les ennemis en fussent instruits, pourvu que l'on prît toutes les précautions nécessaires dans cette conjoncture.

Cette route serait en même temps une voie de communication pour les deux armées dont les mouvements combinés avec celle des Alpes produiraient chez l'ennemi une stupeur qui hâterait sa défaite, soit par la crainte de se trouver entre deux feux, soit par la honte de voir ses efforts inutiles.

L'empereur et l'Angleterre, se doutant sans doute des intentions du gouvernement, ont augmenté leurs moyens de défense ; il est même probable qu'ils ne négligeront aucune ruse de la politique pour surprendre la loyauté française soit par l'appât de quelque modique somme, soit sous prétexte d'humanité et de philanthropie, soit enfin sous des promesses d'alliance et d'amitié. Il ne dépend que d'eux de s'emparer de toutes les ressources de l'état ecclésiastique et de faire servir les trésors de l'église et les chevaux de l'Italie contre l'établissement de la liberté, ce qu'ils ne manqueront pas de faire si vous ne les prévenez. Déjà le roi de Naples a fourni son contingent. Il est facile au Pape et aux Vénitiens d'en faire de même, ainsi qu'aux autres princes, de manière que, plus on tardera de commencer cette importante expédition, plus on trouvera d'inconvénients et de difficultés.

Les bruits qui se répandent sur une paix prochaine, sont certainement inventés par les ennemis de la France dont le gouvernement sait bien que les puissances étrangères ne consentiront à cesser la guerre que dans l'espoir de détruire plus facilement par d'autres voies un système si opposé au leur, et contre lequel elles épuiseront toutes les ressources de machiavélisme jusqu'à ce qu'il soit anéanti ; mais ce système de liberté qui enflamme aujourd'hui toutes les grandes âmes, renversera tôt ou tard tous les usurpateurs des droits du peuple.

S'il est vrai que l'île de Sardaigne ait secoué le joug despotique et ait repris ses droits, il ne faut pas douter que cet événement ne soit l'avant-coureur de ce que désirent de faire tous les habitants du continent voisin, et qu'au premier signal de la liberté les peuples d'Italie se lèvent et joignent leurs bras à ceux des Français pour briser leurs chaînes.

Il dépend donc du Directoire de terminer les malheurs de la France en lui assurant par l'expédition sur Rome des ressources incalculables ; il peut s'attirer la gloire d'avoir rappelé à la vie les descendants des plus grands hommes de l'antiquité et, par ce double moyen, il peut donner à l'Europe une paix solide et honorable aux Français. »

Dommartin à Meynier
16 germinal (5 avril) [A. Dom.]

« Votre lettre de ce jour, général, sur le campement ou cantonnement des bataillons de la 84ᵉ de la montagne ne m'éclaircit pas assez sur les positions qu'ils doivent occuper. Le bataillon que j'y dois faire monter aujourd'hui par exemple sera-t-il cantonné ? Si c'est pour la défense de la Madone de la Nèva, il paraîtrait qu'il devrait occuper les cantonnements de la 55ᵉ. Enfin, général, je vous prie de me donner vos ordres formels en vous observant que, comme il est déjà tard, si le bien du service n'en souffre pas, je vous demande que le bataillon ne monte à la montagne que demain matin. »

Dommartin à Venoux
16 germinal (5 avril) [A Dom.]

« Il paraît, citoyen commandant, que l'on pourrait avoir dans ce moment des craintes fondées sur Settepani, non pas pour une attaque en force, mais au moins par une surprise sur ce poste.

Il vous faut donc incessamment faire renforcer ce poste de Melogno de sorte que, sans l'affaiblir, il fournisse quarante hommes sur Settepani et puisse y porter des secours en cas de besoin.

Je vais faire augmenter le poste de Madona de la Neva ; non pas que je le considère comme terrible, il ne l'est vraiment pas, puisque c'est un coupegorge dans lequel l'ennemi ne pourrait pas entrer sans folie, mais je le destine à nous avertir, si l'ennemi débouchait pour tourner Settepani après avoir enlevé le logis de Melogno. Cette troupe de la Madona de la Neva se repliant sur la redoute de [en blanc] et vous faisant ferme à Melogno, l'ennemi se trouverait embarrassé puisque, de Settepani que l'on renforcerait, on pourrait leur rendre la retraite difficile. Vous voyez donc qu'il faut qu'il nous reste environ deux cents hommes au logis de Melogno, les gardes défalquées. Pour épargner à nos soldats la peine de venir chercher les vivres sur le dos à Finale, il vous faut obliger les consuls de Gobra et ceux de Bardino, à nous fournir des mulets qui nous seront nécessaires à cet effet ainsi que pour les postes à Melogno, vous leur ferez un reçu de leur travail. »

Masséna à Laharpe
Savone, 17 germinal (6 avril) [A M.]

« J'ai reçu ta lettre, mon camarade, en date de ce jour. Depuis longtemps mon intention est d'occuper Montenotte, c'est aussi celle du général en chef. Ordonne à Rampon de faire faire demain matin une reconnaissance en force ; d'après ce qu'il m'écrit, l'ennemi paraît vouloir s'y établir. Si ton mal aux dents ne t'empêche pas de faire demain matin une petite course à Montenotte, je t'y invite, nous partirons à 8 heures.

J'arrive du Baracon ; ce poste a absolument besoin d'être renforcé. Voici ce que je crois que tu dois ordonner.

Un bataillon de la 8e demi-brigade d'infanterie légère doit aller à Roviasca, il en détachera la moitié au Baracon. Cette moitié sera relevée par l'autre tous les cinq jours.

Le 3e bataillon de la 21e actuellement à Quigliano doit envoyer sept compagnies à la Montagne, et les deux autres resteront à Quigliano. Cadibona sera gardé par deux bataillons de la 8e demi-brigade d'infanterie légère.

Le 1er bataillon de la 21e campera ou baraquera à Monte Giuto formant la deuxième ligne ; si tu approuves ces dispositions, tu voudras bien en donner l'ordre.

Je t'observe que la 8e rembrigade demain matin ; les bataillons, en se séparant, pourront se rendre à leur nouvelle destination. J'ai reçu l'ordre hier soir du général en chef de faire construire de nouveaux fours à Voltri ; mais que cela n'empêche pas l'évacuation des magasins, il veut, à ce qu'il paraît, y laisser encore quelque temps les troupes pour donner, dit-il, le change de ses opérations à l'ennemi. Tu trouveras ci-inclus un ordre de sa part, que tu voudras bien faire mettre à exécution en m'en accusant réception. »

Berthier à Masséna

Albenga, 6 avril [Orig. A M.]

« D'après l'ordre du général en chef, vous voudrez bien, mon cher général, désigner un maître cordonnier choisi parmi les troupes à vos ordres, et qui se connaisse bien en qualité de souliers ; il sera destiné à se rendre à Gênes pour y examiner des souliers qu'on doit envoyer à l'armée. Vous donnerez un ordre à celui que vous aurez désigné pour qu'il se rende le plus tôt possible à Gênes chez le citoyen Barthélémi Perogollo qui lui donnera de plus amples renseignements sur ce qu'il aura à faire ; aussitôt sa mission remplie, il rentrera à son corps.

Au surplus vous chargerez qui vous voudrez de cette commission, pourvu qu'il se connaisse bien en qualité des souliers. »

Masséna à Bonaparte

Savone, 17 germinal (6 avril) [A M.]

« Rien de nouveau à l'avant-garde, citoyen général. J'arrive du Baracon, demain ce poste sera renforcé, il est très important qu'il le soit. Demain, j'irai à Montenotte ; s'il n'y a point d'inconvénient à l'occuper, j'en donnerai les ordres, mais je crains qu'il n'étende trop notre ligne et qu'il n'expose par conséquent nos troupes, je m'en assurerai et vous en rendrai compte. Il me tarde de voir rentrer les troupes qui sont à Voltri, elles me seraient nécessaires pour renforcer notre ligne particulièrement à Saint-Jacques. Tous les avis reçus s'accordent à dire que l'ennemi se renforce du côté de Cairo.

J'ai reçu vos trois lettres du 16 ; deux concernant les contributions militaires à Mallare et à Altare et la troisième pour la croisière que les deux chaloupes canonnières doivent faire ; les ordres sont donnés en conséquence. Je vous demande, citoyen général, à être autorisé à placer un chef de brigade, de ceux qui sont à la suite, dans la 51e, elle n'en a point ; le citoyen Rampon, chef de brigade à la suite de la 21e, est celui que je vous propose. »

Masséna (Ordre)

17 germinal (6 avril), 8 heures du soir [A M.]

« En conséquence des ordres du général en chef, il est ordonné aux deux chaloupes canonnières qui sont dans la rade de Vado d'en sortir de suite pour croiser devant la frégate anglaise qui est sur les parages de Loano et d'Albenga depuis plusieurs jours. »

Masséna à Meynier

Savone, 17 germinal (6 avril) [A M.]

« Tu trouveras ci-joint, mon cher Meynier, un ordre du général en chef que tu voudras bien faire mettre de suite à exécution et m'en accuser la réception.

Je te recommande encore de visiter la ligne pour t'assurer par toi-même si les travaux ordonnés s'activent ; il est instant que Saint-Jacques et Melogno ainsi que les autres postes soient dans le meilleur état possible de défense ; tous les avis s'accordent à dire que l'ennemi en veut à Saint-Jacques et Settepani. Je t'invite à y apporter la plus grande surveillance. »

Masséna à Berthier

Savone, 17 germinal (6 avril)

« J'ai reçu, mon cher général, vos deux lettres du 16, dont une où il y avait inclus l'arrêté du Directoire exécutif, relatif à la rentrée des sous-officiers de la compagnie auxiliaire dans leurs corps respectifs. Je tiendrai la main à son exécution.

Je choisirai un connaisseur en souliers que j'enverrai à Gênes ; il manque le bataillon de Nyons qui doit entrer dans le cadre de la 8e d'infanterie légère. On le dit à Loano, veuillez bien lui donner les ordres de se rendre ici, c'est la seule demi-brigade qui reste à réorganiser de toute l'avant-garde, le travail préparatoire est fait et j'ai fait moi-même travailler à la réorganisation.

Depuis longtemps, je demande des fusils et des gibernes, le commandant de l'artillerie de la droite fait la même demande, rien n'arrive ; nous avons cependant dans nos deux divisions d'avant-garde deux mille cinq cents hommes à réarmer. »

Masséna à Joubert

Savone, 17 germinal (6 avril) (A. M.)

« Tous les avis s'accordent à dire, mon cher Joubert, que l'ennemi en veut aux postes de Saint-Jacques et Settepani, veuillez bien y tenir l'œil, je me repose sur ton active et ordinaire surveillance. Je demande au général en chef d'être autorisé à donner ordre au chef de brigade Rampon d'aller commander la 51e demi-brigade. Sous peu de jours Rondeau ira joindre sa demi-brigade. »

Gabriel Aouveau à Masséna (Rapport d'espion)

Cadibone, 17 germinal (6 avril) (A. M.)

« Je viens d'apprendre les nouvelles suivantes sur les mouvements de l'ennemi. La force des Autrichiens à la Bochetta de Gênes est de neuf bataillons de douze cents hommes chaque.

Il partira cette nuit de Dego deux mille hommes pour aller vers Montenotte, ils emmènent avec eux quatre pièces de canon ; il est probable qu'ils se fixeront à Giusvalla qui se trouve entre Montenotte et Dego.

Il est arrivé beaucoup de troupes à Montezemolo et beaucoup du côté de Ceva où les Autrichiens ont acheminé plusieurs bataillons. La nuit dernière est arrivé à Dego neuf pièces de canon. La cavalerie a ordre du général Rukhavina qui est à Dego, de ne pas pousser ses patrouilles plus loin que Saint-Joseph entre Cairo et Carcare.

De Wins est commissaire général près le conseil de guerre de l'armée d'Italie pour diriger les opérations de la campagne. Aussitôt que le curé sera rentré, nous tâcherons de vérifier tout ce que je viens de vous annoncer. »

Laharpe à Masséna

Savone, 17 germinal (6 avril) (A. M.)

« Rien de nouveau, général. L'ennemi en avant de Campofreddo s'est retiré à l'approche de nos troupes ; tout m'annonce que leur ligne n'est point aussi forte qu'on le disait, il paraît vouloir décidément jeter ses forces du côté de Cairo.

Je crois très urgent d'établir un camp à Montenotte ; par cette mesure, on donne le change à l'ennemi ; pouvant, de là, marcher sur deux points, et on assure notre ligne, car s'il s'en empare, nos troupes de Monte Negino et de la Madone seront journellement inquiétées. Je vous envoie une lettre de Berthaud d'après laquelle vous voudrez bien donner des ordres. »

Cervoni à Laharpe

Voltri, 17 germinal (6 avril) [A M.]

« L'ennemi, général, s'est porté sur un de nos postes de la montagne dit Campo delle Mole. Nos troupes, après avoir brûlé toutes leurs munitions, s'étaient repliées sur un second poste. A l'arrivée du renfort que j'avais envoyé, l'ennemi s'est retiré, et nous sommes dans nos postes ; la fusillade a été vive pendant deux heures ; nous avons eu quatre blessés. Je vous ai mandé dans mes précédentes, général, que si nous devons tenir encore pour quelque temps à Voltri, il était indispensable de prendre des positions militaires sur les hauteurs, et, pour cela, il faudrait des effets de campement, des outils et des moyens de transport. Je vous ai mandé aussi que les ennemis cherchaient à établir une ligne de défense ; lorsqu'ils l'auront formée, ils pourront nous inquiéter à leur aise, car nous n'en avons pas une de ce côté-ci.

La troupe qui monte tous les jours à la montagne a besoin de souliers. »

Augereau à Rusca

17 germinal (6 avril) [A G.]

« J'ai reçu ta lettre en date du 16 courant. J'approuve tout ce que tu as fait et ce que tu feras pour le bien du service, rends-moi compte tous les jours de ce qu'il y aura de nouveau dans la partie que tu commandes, prends surtout les renseignements nécessaires sur les positions de l'ennemi et les mouvements qu'il fait ; tâche de trouver un ou deux émissaires que je paierai afin de connaître les projets des ennemis. Je t'envoie deux arrêtés du général en chef que tu feras mettre en exécution de suite, tu enverras un détachement à Balestrino afin que les habitants obéissent. »

Augereau à Lavergne

17 germinal (6 avril) [A G.]

« Je vous fais passer, citoyen, un arrêté du général en chef, vous voudrez bien le faire mettre en exécution de suite. »

Serurier à Berthier

Ormea, 17 germinal (6 avril) [A G.]

« J'ai placé en qualité de commandant temporaire à Ormea le citoyen Boré, capitaine au 1er bataillon de Mayenne et Loir, dans le cas de la suppression par la nouvelle organisation ; c'est un officier de distinction que le général en chef emploiera utilement dans la partie militaire, lorsqu'il le jugera à propos. Cet officier ne peut pas retourner chez lui étant de la Vendée et ayant le plus grand désir de continuer à servir ; mandez-moi, je vous prie, si je puis le conserver ainsi qu'un jeune homme sous-lieutenant du même corps qui fait fonction d'adjudant de place.

Je vous prie de me faire savoir, général, s'il y a quelques changements dans l'étendue de ma division, précédemment elle se bornait en arrière à la Pieve ; cependant l'ordre que vous m'avez envoyé relativement à la cavalerie, fait courir le général de brigade Pelletier au delà d'Oneille ; en avant mon dernier cantonnement est Garessio ; je ne regarde Mursecco et Priola que comme des avant-postes pour me couvrir, quoique leur position soit on ne saurait plus mauvaise ; la Sotta est affectée à la division du général Augereau.

c'est de la plus grande conséquence pour moi que l'ennemi ne s'y établisse point ; je désire que le général en chef fixe l'étendue du terrain qui m'est confiée afin que je règle mes moyens en conséquence.

Je vous envoie extrait d'un jugement. Je n'ai ici qu'un seul commissaire des guerres pour toute la division, je lui crois du zèle mais il est sans fermeté, il est bon dans l'intérieur de son bureau, la plume à la main, j'aurais besoin d'un homme actif et qui fasse exécuter.

Nous sommes réduits à la demi-ration de pain dans toute cette division, néanmoins je me vois forcé de faire avancer toutes mes troupes vers la tête de mes cantonnements.

Je n'ai personne près de moi pour m'aider à faire des reconnaissances, pas un adjudant général, pas un adjoint, de deux aides de camp que j'ai, un est toujours malade.

L'hospice de convalescents de la Pieve manque de marmites, bidons, couvertures, draps, je crois cet établissement très utile, il empêche les évacuations sur les derrières. »

Serurier à Bonaparte

Ormea, 17 germinal (6 avril) [C 1.]

« J'ai reçu vos lettres des 10, 11, 15 de ce mois. J'ai fait connaître aux soldats de ma division, par la voie de l'ordre, les moyens que vous alliez employer pour leur procurer le nécessaire.

Si le service des vivres pour ces divisions se fait directement de Loano sur Garessio, deux cents mulets devront suffire, mais d'Oneille on sera court.

Pour que je puisse observer Battifollo, je dois nécessairement être maître de la hauteur de Prariondo ; j'ai ordonné au général Guieu de faire travailler les paysans et les sapeurs pour nous ouvrir les chemins nécessaires. Si j'étais obligé de me porter jusqu'à Battifollo, je ne serais pas assez en force ; je serais par conséquent compromis, puisque ma gauche doit garder Carlino et Viozène, et que voilà le temps d'observer le col de Terme, que, je pense, les ennemis voudraient bien avoir ; mais si je puis me rendre maître de Prariondo et du col de Casotto, ça me serait égal ; je crois même qu'alors ils ne s'y hasarderaient pas.

Le citoyen Barthelemy, chef de la dixième demi-brigade, a voulu sans ordres essayer d'enlever aux ennemis un poste qu'ils ont à Saint-Jacques-Viola. Vraisemblablement, il n'avait fait aucune disposition, ni pris aucune précaution militaire. Il a été repoussé jusqu'à ses cantonnements, lui blessé et fait prisonnier. On n'a pas encore su nous dire combien cette équipée-là nous a coûté de monde. Elle a eu lieu dans l'après-midi du 15. Une partie des soldats est rentrée chargée de butin. Si on ne fait pas un exemple, les choses iront mal ; beaucoup de soldats ne veulent que voler et point se battre.

Je ne m'engagerai point à la chartreuse de Casotto, sans avoir les hauteurs. »

Vignolle à Masséna

Albenga, 6 avril [A M.]

« Vous serez sans doute étonné d'apprendre, mon digne et cher général, que ce n'est qu'aujourd'hui que m'est parvenue votre lettre du 10 de ce mois, à laquelle j'ai trouvé jointe celle pour le général Schérer ; j'ai fait passer cette dernière au général Gaultier avec recommandation expresse de la faire mettre à la poste à Nice pour qu'elle parvienne au général Schérer à Beaune, dans la ci-devant Bourgogne où il a été rejoindre sa femme. Avant de l'envoyer au général Gaultier, j'ai eu soin de mettre une deuxième enveloppe à votre lettre, et j'ai mis dessus l'adresse du général Schérer ; j'y ai apposé aussi la griffe du général en chef. J'espère que, d'après ces précautions, elle parviendra sûrement à sa destination sans tomber entre des mains infidèles, ainsi je crois que vous pouvez être tranquille là-dessus.

Chabran avec lequel j'ai beaucoup causé de tout ce qui vous intéresse, a dû vous rassurer sur les appréhensions que vous aviez que la jalousie avait cherché à vous nuire auprès du nouveau général en chef ; ce dernier a dit hautement, à qui a voulu l'entendre, qu'il vous confierait toujours le commandement le plus conséquent. Chabran a dû vous dire que le gouvernement savait apprécier vos talents et qu'il était très disposé à vous en donner des preuves. C'est par une lettre de Paris que m'a communiquée en secret le général Berthier, notre ami, que j'ai appris cette agréable nouvelle.

Je vous embrasse avec l'amitié la plus vive, et la reconnaissance la plus sincère. »

Dénonciation anonyme contre le général Kellermann

17 germinal (6 avril) [A G.]

« Tout le temps que Kellermann fut employé la première fois à l'armée des Alpes comme général en chef, cette armée fut dans l'inaction, il n'ordonna aucune affaire avec l'ennemi où elle aurait pu avoir un grand succès. Ce ne fut qu'en son absence que Badelaune, général de division, prit le Mont Saint-Bernard, le Mont Cenis et la vallée d'Oulx. Lorsqu'il commandait l'armée d'Italie, cette armée fut toujours sous son commandement dans une inaction et un délabrement très grand, et ce n'est que lorsque le général Schérer, descendant des Pyrénées, prit le commandement, que cette armée a eu ses succès derniers.

Des corps de l'armée des Alpes où il a été, certains sont nus en tout genre d'habillement ; ne devrait-il pas avoir une surveillance sur les besoins de son armée. Il est un proverbe bon à attacher à ce général : « Dis-moi qui tu hantes, je te dirai qui tu es. »

Trevor à Beaulieu

Turin, 6 avril [H A V.] joint à la dépêche du 9.

« Qu'il me soit permis de féliciter Votre Excellence avec autant de respect que de sincérité sur le succès parfait de l'opération importante avec laquelle elle vient d'ouvrir la campagne. Dans toutes les circonstances du moment, on ne peut que la regarder comme un coup de maître sous tous les rapports politiques et militaires. Elle promet des succès ultérieurs les plus importants et fournit en même temps la seule base solide sur laquelle on aurait pu les entreprendre.

En me faisant un rapport de son voyage d'Alexandrie, mon confrère, le marquis de Gherardini, m'a témoigné quelque inquiétude de la part de Votre Excellence sur un projet supposé à l'ennemi de vouloir débarquer du monde à Sestri pour de là pénétrer dans le Plaisantin et prendre ainsi les revers des positions de l'armée impériale ou au moins opérer une diversion inquiétante ; me communiquant en même temps le désir de Votre Excellence que la force navale de Sa Majesté veille à l'empêchement d'un pareil projet, d'abord je n'hésite pas de prendre sur moi de répondre pour son excellence, monsieur le chevalier Jervis, que rien ne sera négligé de sa part de ce que le zèle le plus empressé et les talents professionnels les mieux acquis pourraient entreprendre, soit pour empêcher l'exécution du projet en question, soit pour coopérer avec les plans et mouvements de Votre Excellence en tout ce qui pourra dépendre de lui.

Les ministres du roi ont eu soin de le tenir informé de tout ce qui se passe dans la Rivière, des vues de l'ennemi sur Gênes, et la connexion de cette mesure avec une autre surprise qui fut méditée contre Livourne et qui aurait été le second acte de la pièce si le premier leur eût réussi. Mais heureusement leur coup a manqué et la bonne contenance du gouvernement de Gênes et la démarche vigoureuse de Votre Excellence, en préoccupant la Bochetta, ont complètement déjoué les projets de ce côté-là.

Votre Excellence n'ignore pas nos instances empressées près de la cour de Naples, ni l'excellent plan de M Dracke pour l'emploi ultérieur de cette flottille.

En cas que Votre Excellence désira dans aucun temps de faire passer quelque avis ou quelque demande à Son Excellence le commandant en chef de la flotte, je la prie de l'expédier directement au consul de Sa Majesté à Gênes. Une frégate y viendra toute la semaine pour prendre nos dépêches et tenir l'amiral au courant des événements de la côte.

Quant au projet de débarquement à Sestri, je crois qu'il ne devrait nullement nous inquiéter dans le moment actuel, surtout quand on réfléchit sur tous les préparatifs qu'il demanderait et sur toutes les difficultés de son exécution en face d'une flotte aussi supérieure, sinon en nombre, au moins dans la qualité de son équipement, et quand on sait que les passages de Sestri dans le Plaisantin sont à peine praticables pour les bêtes de somme.

On prétend avoir des notions que la flotte de Toulon désarme. J'en serai très fâché, car l'amiral Jervis en attend la sortie avec impatience. Il se trouvera le 25 à Saint-Florent et ne tardera pas de paraître sur la côte avec ses vaisseaux de ligne. Au reste ce désarmement ne me paraît pas du tout probable. Il y a quinze jours que l'*Agamemnon*, capitaine Nelson, visita la rade de Toulon de près et y a trouvé quinze vaisseaux de ligne prêts sous toutes les apparences de sortir dans peu de jours. »

Dommartin (Ordre)

17 germinal (6 avril) [A Dom]

« Ordre au 1er bataillon de la 84e demi-brigade actuellement à Finale d'en partir à la réception du présent ordre avec armes et bagages pour se rendre le même jour à Savone où il devra cantonner.

Ce bataillon fournira cent hommes à la Madone de la Néva et une garde à la redoute de Tiven (?) ; la garde de la Madone de la Néva éclaire le vallon d'Osiglia et la gauche du col del Pino. »

Bonaparte à Masséna

Albenga, 18 germinal (7 avril) [Orig. A M]

« Vous voudrez bien, citoyen général, ordonner à l'adjudant général Giacomini de se rendre sur-le-champ à son poste. »

Augereau à Bonaparte

18 germinal (7 avril) [A G.]

« Vous trouverez, ci-inclus, le rapport que m'a fait le général Rusca sur les nouvelles positions qu'occupent ses troupes.

Je ferai filer demain la 6e demi-brigade d'infanterie légère qui doit être embrigadée avec la 18e qui est à Bardinetto.

Je vous prie de me faire passer des souliers, ma troupe en a grand besoin surtout celle qui est aux avant-postes. »

Augereau à Berthier

18 germinal (7 avril) [A G.]

« Je reçois à l'instant, général, votre lettre de ce jour, sur l'avis que vous me donnez pour le placement du 5e régiment de dragons.

Je vous ai dit hier que tous les cantonnements que j'occupe sont absolument pleins de troupes, ce qui fait que je me trouve très en peine de le placer ; je n'ai d'autre lieu à le placer qu'à Loano où il sera obligé de bivouaquer, cette nuit en attendant qu'il m'arrive des tentes de Finale, si vous n'aimez mieux le cantonner à Loca où il n'y a qu'un bataillon d'infanterie, endroit où il pourrait trouver logement pour les hommes et les chevaux, mais ils seront loin d'être vus d'un officier général, vu qu'il n'y en a point dans cette partie-là et obligés d'aller prendre à Albenga et les vivres et les fourrages. »

Augereau à Berthier

18 germinal (7 avril) [A G.]

« J'ai reçu, général, la copie de l'arrêté du Directoire exécutif du 22 ventôse, de même que votre lettre d'envoi pour l'exécution de cet arrêté que je mettrai à exécution demain, de quoi je vous rendrai compte après-demain. »

Augereau à Bonaparte

18 germinal (7 avril) [A G.]

« Vous avez dû voir par le rapport du général Rusca que je vous envoyai avant-hier, que l'ennemi cherchait à s'emparer des positions que nous occupons à Bardinetto.

Vous verrez par celui que je viens de recevoir et duquel je vous envoie copie que l'ennemi semble persister dans son plan. Les troupes qu'il fait avancer vers ce point et les reconnaissances qu'il y fait annoncent quelques desseins de sa part.

Pour prévenir ses entreprises et pour renforcer le général Rusca en cas d'attaque, je fais filer vers cette partie menacée les deux bataillons de la 6e demi-brigade d'infanterie légère venus pour encadrer avec le 18e.

Au moyen de ce renfort, le général Rusca aura à peu près trois mille hommes qui devront lui suffire pour garder les positions qui lui sont confiées ; après-demain je me propose d'aller les visiter.

Si d'après les renseignements que je prendrai sur les lieux, je les trouve insuffisantes, je vous en rendrai compte. En attendant, je vous prie de peser les craintes que le général Rusca marque avoir pour sa droite et de donner vos ordres en conséquence.

Je vous prie aussi de hâter l'envoi des souliers et de l'eau-de-vie pour faire le service dans les montagnes, la troupe doit être surtout chaussée et il serait encore nécessaire qu'elle eut de l'eau-de-vie. »

Augereau à Beyrand

18 germinal (7 avril) [A G.]

« Tu peux rester, mon camarade, tranquille, j'enverrai demain six cents hommes de renfort à Rusca ; si par hasard il était attaqué, tu voudrais bien lui faire passer tout ce qu'il te demandera, et m'en rendre compte de suite. »

Augereau à Rusca
18 germinal (7 avril) [A G.]

« Il partira demain six cents hommes de la 6ᵉ demi-brigade d'infanterie légère pour te renforcer : je viens d'envoyer au général en chef tes deux rapports ; s'il y avait des fours pour pouvoir procurer la subsistance à plus de trois mille hommes, je te renforcerais davantage ; j'ai fait toutes les observations nécessaires au général en chef, sois tranquille et tient l'ennemi en échec jusqu'à ce que j'arrive ; je partirai après-demain pour t'aller rejoindre et nous concerter ensemble. »

Augereau à Bonaparte
18 germinal (7 avril) [A G.]

« Je n'ai pas le temps de vous envoyer copie de la lettre du général Rusca, je vous envoie l'original, vous voudrez bien me le renvoyer quand vous en aurez pris lecture, je crois qu'il était nécessaire de renforcer ce poste. D'après tous les rapports, les fours et les moulins ne peuvent faire subsister que trois mille hommes, ce n'est pas faute d'avoir écrit plusieurs lettres au général Schérer à ce sujet, ma correspondance fait foi ; donnez des ordres, général, afin que l'on active les fours, car je crois qu'il est urgent qu'une force supérieure garde ces positions, il part demain matin six cents hommes, comme je vous l'ai marqué dans ma dernière lettre, mais cela n'est pas suffisant car c'est le point le plus intéressant de votre ligne. »

Augereau à Quenin
18 germinal (7 avril) [A G.]

« Il est ordonné à l'adjudant Quenin de partir demain à la pointe du jour avec les deux bataillons de la 6ᵉ demi-brigade d'infanterie légère pour se rendre à Bardinetto où il se concertera avec le général Rusca pour le bien du service ; il fera prendre les subsistances à sa troupe pour deux jours, s'il est possible, tant en pain qu'en viande et en vin à défaut d'eau-de-vie. Il rendra les chefs responsables du bon ordre et de la discipline de ces troupes ; il me fera connaître l'esprit et l'ordre qu'auront tenu ses troupes dans leur marche.

Il est ordonné au commandant des dits bataillons d'exécuter les ordres de l'adjudant général Quenin. »

Rusca à Augereau
18 germinal (7 avril) [C I.]

« L'ennemi cherche à s'emparer des positions que nous occupons : il attend deux mille hommes à Bagnasco et, d'après plusieurs rapports, il lui est déjà arrivé un renfort.

Je vous préviens que je cours le plus grand danger si ma droite n'est pas gardée par la division de Finale, car je puis être coupé de Calissano et être pris à revers sur la Spinarda, alors je n'aurai d'autre retraite que sur les troupes du général Serurier.

Je suis obligé, pour me mettre à l'abri, de laisser deux bataillons à Calissano et un à Bardinetto ; c'est ce qu'il me faudrait pour garder les positions de Sotta, Rovigni (?), Giovetti, Zerboraglia et Maramas à cause de la grande extension du terrain. La redoute de Maramas n'est point occupée par nous ; l'ennemi y est venu ce matin en découverte ; il en a été chassé par les carabiniers.

J'ai absolument besoin de ma brigade pour occuper les quatre positions précitées ; ainsi, hâtez-vous de donner des ordres aux troupes qui sont à Toirano pour venir occuper Bardinetto et Calissano.

Je crains pour cette nuit ; il faudrait donc que cette troupe fût ce soir à Bardinetto et Calissano et qu'elle prît avant son départ des vivres pour deux jours.

J'ai peu de cartouches à Bardinetto ; il faudrait en faire expédier ainsi que de l'eau-de-vie, les troupes étant au bivouac sans couvertures et sans souliers, et le froid est très dur.

On peut avoir à Bardinetto trois mille rations de pain par jour, des fours et moulins, y compris Calissano.

J'apprends à l'instant que l'ennemi a beaucoup de troupes à Berno (Perlo?). »

Masséna à Laharpe

Savone, 18 germinal (7 avril) [A M.]

« J'arrive de Montenotte ; on me remet à l'instant votre lettre de ce jour, je crois que vous n'auriez pas mal fait d'envoyer un officier de votre état-major à Voltri pour savoir des nouvelles positives de l'attaque qu'il y a eue hier aux avant postes du général Cervoni.

Lorsque vous avez été envoyé à Voltri avec un renfort, c'était à vous, général, à faire des dispositions militaires que vous croyiez les plus sûres pour assurer la communication de Voltri à Savone en faisant baraquer les troupes, si vous aviez cru la chose utile, d'autant mieux que vous dites que Cervoni est du même avis ; pourquoi ne l'avez-vous pas fait depuis plusieurs jours ? J'ai demandé des effets de campement, j'en attends, en aurions-nous, nous n'avons pas de mulets pour les faire transporter.

Si votre santé vous avait permis de monter à Montenotte ce matin, vous vous seriez assuré comme moi qu'il n'est pas prudent d'occuper Montenotte, cette position est trop étendue et trop boisée ; et, si vous la connaissez, vous devez sentir comme moi que ce serait exposer les troupes que les y placer ; ce soir, j'aurai le plaisir de vous voir. »

Masséna à Bonaparte

Savone, 18 germinal (7 avril) [A M.]

« L'ennemi a attaqué hier un des postes de Voltri de la montagne dite Campo del Mello. Nos troupes, après avoir brûlé toutes leurs cartouches, s'étaient repliées sur un deuxième poste ; à l'arrivée du renfort que le général Cervoni a envoyé, l'ennemi s'est retiré et le poste a été repris, la fusillade a duré plus de deux heures, nous avons eu deux hommes blessés.

Le citoyen Pico m'a fait le rapport, qu'il doit vous avoir fait à vous aussi, de l'arrivée de trois mille Autrichiens à Sasello. Le général Laharpe part demain matin à 3 heures pour aller placer un poste de cent hommes à Stella et à Marmorassi qui est sur le chemin qui descend à Albissola ; il ira encore visiter toute la ligne jusqu'à Voltri. Si votre intention est, citoyen général, de laisser encore longtemps les quatre mille cinq cents hommes qu'il y a depuis Savone jusqu'à Voltri, il serait nécessaire que vous fissiez avancer quelqu'autre troupe tant pour cette division comme pour celle de Finale ; les débouchés du Piémont sont tous ouverts, il faut donc nous garder. Je n'ose m'absenter d'ici pour aller vous embrasser jusqu'à la rentrée des troupes qui forment la pointe de la ligne sur Voltri.

J'ai été ce matin reconnaître très en détail Montenotte et ai même poussé trois à quatre lieues plus en avant ; j'ai reconnu que nous ne devons pas occuper ce poste : cette position disséminerait trop nos troupes, et elle est trop boisée et n'offre aucun point de défense, par sa trop grande étendue; pour la couvrir, il faudrait faire travailler cent hommes, au moins pendant un mois pour des abatis, chose impraticable. Nous nous bornerons donc, si vous l'approuvez, à appuyer notre droite à Saint-George à une portée de fusil de Montenotte, le centre au plan de Revel et de la Galine et la gauche à Saint-Barthélemy et notre deuxième ligne sera à Monte-Negino. La ligne est bonne, et la seule qu'on puisse prendre pour le moment avec le nombre de troupes que nous avons.

Cadibone et le Baracon seront renforcés demain. »

Masséna à Meynier

Savone, 18 germinal (7 avril) [A. M.]

« J'apprends mon cher Meynier que les travaux de Saint-Jacques et Melogne sont d'une lenteur épouvantable. Que font-ils donc ces officiers de génie, pourquoi ne surveillent-ils pas les ouvriers ; je t'invite à y apporter la plus grande vigilance, ne perds pas de vue les positions de la ligne, elles sont essentielles, vois-les toutes avec toute ton activité ordinaire. »

Masséna à Bonaparte

Savone, 18 germinal (7 avril) [A. M.]

« Des avis venus de Gênes assurent que l'ennemi se prépare à nous attaquer à Saint-Jacques. Quoique je ne le crois pas absolument, je vous demande des troupes pour renforcer la 2ᵉ division, s'il entre dans vos opérations de laisser encore quelque temps les troupes à Voltri ; vous connaissez aussi bien que moi, citoyen général, l'importance du poste de Saint-Jacques pour qu'il se trouve convenablement renforcé à pouvoir résister à une force supérieure. »

Masséna (Ordre)

Savone, 18 germinal, 10 heures du soir (7 avril) [A. M.]

« En conséquence des ordres du général en chef, l'adjudant général Giacomoni se rendra, le présent ordre reçu, à son poste. »

Berthaud à Laharpe

18 germinal (7 avril) [A. M.]

« Nous sommes toujours, cher général, prêts à évacuer. Cette besogne va lentement faute de fonds et les moyens de pouvoir trouver des bateaux ; hier on devait charger un bateau de farine qui filera sur Finale, mais il est urgent qu'on nous envoie de l'argent uniquement affecté à cette besogne ; je ne sais pas si le représentant Saliceti est à Savone : s'il y est, je vous prie d'en parler ; je vais prendre des moyens pour que l'ouvrage ne cesse pas un moment ; je promettrai à perte de vue et tiendrai si on m'en donne les moyens. Je vous prie de me faire savoir si vous pensez que nous resterons ici longtemps. Cette sûreté guidera beaucoup la manière dont je dois me conduire envers les meuniers pour ravoir notre farine sans payer et envers les habitants du pays pour avoir des bateaux. Sans instruction précise, je puis aller trop vite, faire des imprudences; trop doucement, perdre une denrée précieuse. Je n'ai plus, que pour aujourd'hui 17, le 18 et 19, en viande salée, légumes et lard ; si la troupe reste davantage, je vous prie, ordonnez qu'on nous envoie une de ces trois denrées pour à peu près autant de jours que nous devons demeurer ; on m'a envoyé hier de Vado deux gros tonneaux d'huile qui pèsent au moins quinze ou vingt quintaux les deux ; je ne l'avais pas demandé ; que veut-on que nous en fassions, nous n'avons pas de légumes, par conséquent je n'en ferai pas distribuer à la troupe, et des tonneaux si gros sont difficiles à évacuer ; si c'est le garde magasin de Vado qui les a envoyés sans ordre, il faut le réprimander vigoureusement. Je vous envoie une lettre du citoyen Lachèze. Je vous prie de me dire à qui vous voulez que cet homme en question parle quand il viendra ici. Je voulais écrire au général Masséna, il faut que je cours ; je vous prie de lui communiquer cette lettre. »

Bertaud à Masséna

Voltri, 18 germinal (7 avril) [A. M.]

« Les quatre fours qui ont été construits ici ne pourront jamais être réparés de manière à valoir quelque chose ; trois peuvent contenir quatre cents rations par fournée, le quatrième n'en peut contenir que trois cents ; il faut le double de bois pour les chauffer, et ils ne peuvent faire que quatre fournées par vingt-quatre heures ; voilà les fours qui sont à Voltri. Je ne vous cache pas que, si l'on veut monter une manutention en règle, il faut faire construire des nouveaux fours ; il y a des emplacements superbes ; pour cela il faut de l'argent comptant ; je pense que chaque four doit coûter environ mille livres de Gênes.

Pour le moment, avec nos fours et ceux de la ville, on peut faire du pain pour huit mille hommes ; dans ce moment n'ayant pas d'argent, je suis en peine pour me procurer du bois.

Aujourd'hui on chargera environ quinze cents quintaux de blé. N'ayant ici, ni lard, légumes, ni viande fraîche recevable, le général Cervoni m'a requis de faire abattre des bestiaux pour demain, le service de la troupe est pénible ; nous n'avons ici que quelques bœufs. Je vous embrasse et suis à vos ordres. »

Renseignements

Novi, 18 germinal (7 avril) [A. M.]

« Vous saurez qu'il est passé par ici un corps d'Autrichiens d'environ sept mille hommes qui sont fortifiés sur la Bochetta, autres deux à trois mille défendent les petits chemins qui mènent à Voltri, à Rossiglione et Ovada. Le grand corps de l'armée se trouve entre Dego et Acqui, où est le quartier général depuis hier. Les troupes s'y portent de la Lombardie à marches forcées, et on croit que les actions commenceront dans peu. »

François Picconi à Masséna

18 germinal (7 avril) [A. M.]

« Dans le moment que j'arrive à Abissola, je rencontre le citoyen Damero qui vient de Sassello ; lequel me dit, que sûrement les Autrichiens sont au nombre de treize cents dans ce village, campés à droite et à gauche du village, et que pour sûr, il y a un camp à Saint-Lovengo à deux heures de Sassello d'environ deux mille. Ils en font des patrouilles pour venir loin : une heure à la Ferriera de Giovo, c'est-à-dire monte le Chiappe, à une demi-heure de vos troupes ; ils ont les postes avancés à Santa Giustina, c'est au pied de cette montagne de Chiappe. Les Autrichiens ne s'arrêtent pas longtemps à l'endroit ci-dessus où il avance ses patrouilles. J'expédie de suite des hommes et demain nous aurons d'autres renseignements. Bochotin est parti pour Dego en disant qu'il sera demain de retour.

Tu peux regarder ces détails sans exagération, car cet homme n'est pas bavard, et il est ami de François Spinole, tu pourras faire partir avec lui. »

Reille à Masséna

Varazze, 18 germinal (7 avril) (?) [A M.] (1).

« Je suis arrivé ici ce matin, général, de bien bonne heure; il n'y a rien de nouveau ici ni à Voltri ; les troupes ont passé la nuit sur la montagne, elles vont redescendre pour prendre un peu de repos.

Un paysan envoyé hier à Sassello par le chef de brigade Prompt rapporte, qu'il est arrivé avant-hier au soir beaucoup de monde, et qu'ils y sont rassemblés à quatre mille hommes bien qu'ils détachent des postes à Sainte Giustina, Monte Aljouvo.

Le poste de la Stella peut être tourné, s'il n'est pas dans une continuelle surveillance. Le chef de brigade Prompt a fait placer un poste à Rocca Gardiola, qui pourra le soutenir en cas de besoin, mais cependant très faiblement, y ayant une heure et demie d'un poste à l'autre.

Le paysan de retour hier, ne veut pas retourner ce matin. »

P.-S. — « Je retournerai après le dîner. »

Pico à Masséna

Savone, 18 germinal (7 avril) [A M.]

« Les Autrichiens sont augmentés à la Bochetta, car de cinq mille qui était le total tenu jusqu'à présent de ce côté-là, ils ont laissé à Novi où il y a le général Beaulieu, trois cents hulans, et les autres sont venus se placer à la Bochetta et ses environs. L'escadre anglaise va bientôt paraître dans le golfe de Gênes ; et il y a tout sujet de croire, que, sur l'invitation du gouvernement génois, elle entrera même en partie dans le port ; les coalisés tâchent par tous les moyens de nous déloger de Voltri et de nous couper la communication avec Gênes ; et l'on prétend qu'ils ont envie de nous attaquer du côté de Cairo et de Saint-Jacques pour nous obliger à rétrograder. »

P.-S. — « Dans ce moment, il m'arrive un homme de Sassello lequel m'apporte, qu'y sont arrivés dans ce village trois mille Autrichiens, et que l'on y attend encore deux mille autres, qui doivent arriver demain soir ou après-demain. »

Meynier à Masséna

Bourg Finale, 18 germinal (7 avril) [A M.]

« J'ai reçu ta lettre, mon camarade, ainsi que l'ordre du général en chef pour la contribution militaire dont la commune de Mallare vient d'être imposée. Ton copiste ne s'est-il pas trompé ? Est-ce bien deux cents sacs à blé, comme il a marqué, ou deux cents sacs de blé comme il est très possible de le croire, puisqu'il est marqué que cette commune sera imposée à vingt-cinq livres en numéraire pour chaque sac qu'elle n'aura pas fourni. Enfin le général Joubert à qui j'ai envoyé l'ordre, a demandé deux cents sacs de blé, et non à blé

Tu connais l'état de cette commune dont les habitants ne sont pas rentrés ; je verrai la réponse de Joubert, demain, sur cet objet.

Tous les avis s'accordent à dire que l'ennemi en veut à Saint Jacques et Settepani, me marques-tu. Je te dirai que ce serait un malheur pour nous s'ils y venaient en force. Non seulement j'ai fort peu de troupes, mais nos

(1) La date n'est pas sûre.

maudits travaux au-dessus de Saint-Jacques n'avancent pas. Nos soldats sont dégoûtés, tout leur manque.

Il y a au moins huit jours qu'il n'existe pas une goutte d'eau-de-vie dans les magasins de Finale. J'ai écrit au commissaire Deschamp pour approvisionner cette place ; ce liquide est un objet de première nécessité pour nos travailleurs, auxquels le commissaire Armanet refuse le supplément de pain. J'ai été fort mécontent hier en voyant combien peu sont avancés les travaux de Saint-Jacques.

Il nous faudrait près de quatre mille hommes pour garder ce poste, la redoute n'étant pas finie ; à la guerre, il faut être toujours sur ses gardes ; c'est un principe général, mais l'ennemi n'attaquera pas partiellement.

Crois, mon camarade, que je ne négligerai rien pour ne point être surpris. J'ai spécialement chargé le général Joubert de surveiller les ouvrages de Saint-Jacques.

Je voulais te parler des armes dont un grand nombre de soldats manquent ; mais l'ordre que je reçois ce soir fait différer ma demande. »

Colli à Bonaparte

7 avril [A G.]

« Je suppose que vous ignorez l'arrestation d'un de mes officiers parlementaires, appelé Moulin, retenu ces jours passés à Murseco contre les lois de la guerre, et qui n'a point été rendu, quoiqu'il ait été réclamé tout de suite par le général comte Vital.

La qualité d'émigré français n'a pas dû l'empêcher d'être considéré comme parlementaire, et je le réclame de nouveau à ce titre.

La courtoisie et la générosité que j'ai toujours éprouvées des généraux de votre nation, me font espérer que je ne fais pas cette demande en vain, et je vous laisse entrevoir à regret que le sort des armes ayant fait tomber dans nos mains le chef de brigade Barthélemy qui a ordonné l'injuste arrestation de mon parlementaire, cet officier sera traité en conséquence du traitement qu'éprouvera M. Moulin.

Je souhaite très sincèrement que rien n'altère les procédés nobles et humains dont les deux nations ont usé jusqu'ici l'une envers l'autre et... »

Dommartin à Meynier

18 germinal (7 avril) [A Dom.]

« La 55ᵉ demi-brigade que vous m'aviez dit, général, devoir faire retirer de Calico, Rialto et Vene pour faire place au bataillon de la 84ᵉ demi-brigade est encore dans les cantonnements, ce qui gêne extrêmement les troupes que j'ai envoyées.

Les troupes de la brigade qui sont aux avant-postes manquent absolument d'eau-de-vie, je leur ai dit que je vous en demanderai.

Je vous prie, général, de me donner définitivement vos ordres sur la manière dont vous voulez que soit occupé Settepani et sur Madone ; si vous croyez que je ne suis pas utile à Finale, je compte aller demain à Albenga et revenir ici le même jour. »

Berthier à Masséna

Albenga, 19 germinal (8 avril) [A M.]

« Le général en chef vous engage, mon cher général, à vous rendre demain à Albenga pour conférer avec lui sur des objets de service. Il vous autorisé à laisser provisoirement, et jusqu'à votre retour, au général Laharpe le commandement de l'avant-garde. »

P.-S. — Vous rejoindrez le général à Garessio où il se rend demain au soir. »

Masséna à Meynier
Savone, 19 germinal (8 avril) [A M.]

« J'ai reçu, mon cher Meynier, ta lettre en date d'hier ; je m'empresse de relever la petite erreur dans laquelle tu es tombé ; les deux cents sacs qui doivent être fournis par la commune de Mallare, d'après les ordres du général en chef, sont des sacs à blé vides et non des sacs de blé, comme tu l'es imaginé ; préviens-en le général Joubert et fais-les fournir le plus tôt possible, nous en avons un besoin pressant.

Il est fâcheux que les chemins qui doivent être réparés et que les travaux ordonnés sur les points dont la défense t'est confiée, ne soient point activés ; j'en ai cependant donné l'ordre depuis longtemps, il n'y a pas un moment à perdre, il faut user de tous les moyens, rien ne doit arrêter ; les travailleurs seront payés, il faut qu'ils prennent patience ; le commissaire Deschamps est à Albenga ; il connaît vos besoins sans doute, il viendra à votre secours.

L'ennemi a attaqué nos postes de Voltri ; l'attaque a duré jusqu'à midi : il s'est retiré, mais, suivant tous les rapports qui me sont faits, il paraît dans l'intention de recommencer ; il pourrait faire quelque mouvement de votre côté, il faut par conséquent se mettre en mesure de le bien recevoir. Donne des ordres et apporte partout la plus grande surveillance, que rien ne soit négligé et qu'enfin les travaux nécessaires soient poussés avec la plus grande activité.

Le général en chef me fait espérer que, sous peu de jours, le soldat ne manquera de rien : de la patience et du courage. »

Masséna à Laharpe
Savone, 19 germinal (8 avril), 4 heures du soir [A M.]

« J'ai reçu, mon cher Laharpe, votre lettre en date de ce jour par laquelle vous me dites que l'ennemi a attaqué tous les postes de Voltri. Votre présence me rassure, ne vous laissez pas réduire à la dernière extrémité pour faire votre retraite, prenez-vous y à temps pour ne pas être coupé ; je fais renforcer le poste de Stella, votre aide de camp Lahoz s'y porte avec cent cinquante hommes. J'ordonne au chef de brigade Rampon de faire demain matin avant le jour un mouvement du côté de la Madone pour tomber sur l'ennemi, si jamais il tentait de vous couper la retraite ; mon aide de camp est parti pour Vado avec ordre de presser le plus possible l'envoi des cartouches que vous demandez, je lui ordonne de vous en envoyer cent mille, moitié par terre et l'autre moitié par mer.

Je vous le répète encore, mon cher Laharpe, si vous croyez ne pas pouvoir tenir les positions que vos troupes occupent, retirez-vous et n'attendez pas à dernière extrémité. De vos nouvelles. »

Masséna à Bonaparte
Savone, 19 germinal (8 avril) 5 heures et demie du soir [A M.]

« Je vous fais passer, citoyen général, la lettre que je viens de recevoir du général Laharpe ; je lui mande en réponse, de ne pas se laisser réduire à la dernière extrémité pour faire sa retraite et d'abandonner les positions que ses troupes occupent s'il croit ne pouvoir les tenir sans danger. J'ai fait renforcer de suite le poste de Stella par cent cinquante hommes et j'ai donné l'ordre au commandant de la Madone de faire un mouvement sur Sassello par Montenotte pour faire diversion au rassemblement que les ennemis paraissent faire sur Sassello. Je ne connais pas quelles sont vos intentions, citoyen général, en laissant davantage les troupes à Voltri. Il ne faut pas vous dissimuler que notre ligne est trop étendue pour le garder avec aussi peu de monde, donnez-moi vos ordres, je vous prie, d'une manière positive. J'ai fait passer les cartouches que le général Laharpe demande par sa lettre. »

Masséna au commandant d'artillerie à Vado

Savone, 19 germinal (8 avril) [A M.]

« Le général Laharpe vous a demandé, mon cher commandant, cinquante mille cartouches, il présume n'en avoir pas assez ; veuillez bien lui en envoyer cent mille ; si le temps permet de les embarquer, prenez ce parti si vous croyez qu'ils puissent y parvenir plus tôt ; à défaut, je vous ordonne de vous servir des mulets d'artillerie qu'il y a dans ce moment.

Je vous engage, mon cher commandant, à ne mettre aucun retard à cet envoi, il est de la dernière urgence qu'il arrive le plus promptement possible à Voltri. »

Masséna à Rampon

Savone, 19 germinal (8 avril) 6 heures du soir [A M.]

« Demain matin avant le jour vous ferez, mon cher Rampon, une découverte avec six cents hommes dans la partie de Sassello, en vous dirigeant sur Stella, ce dernier poste est occupé par nos gens ; le mot de ralliement est « Amitié ».

Le bien du service exige que vous fassiez vous-même cette découverte. Les ennemis paraissent faire un rassemblement à Sassello, ils peuvent couper la retraite des troupes qui sont à Voltri. Il est donc instant que vous partiez demain de très bonne heure pour les prévenir si jamais ils y tentaient. Les troupes de Voltri se sont fusillées toute la journée. Il se pourrait bien faire qu'elles en fassent autant demain et qu'elles tentassent même de les couper par Stella. Je vous en dis assez, mon cher Rampon, pour vous faire sentir la nécessité de vous rendre, deux heures avant le jour au moins au rendez-vous, pour que vous y ayez pris poste à la petite pointe du jour. »

Serurier à Bonaparte

Orméa, 19 germinal (8 avril) [G. 1.]

« Le général de brigade Guieu, commandant l'avant-garde de la division qui m'est confiée, me mande que les ennemis paraissent avoir envie de s'emparer de la Sotta ; ce point est de la plus grande conséquence pour couvrir ma droite ; j'ai en conséquence, recommandé à ce général, de le protéger de tous ses moyens, sans cependant se compromettre. Je lui recommande de placer un poste à Casali dans une position avantageuse. Dans le partage des divisions, la Sotta a été destinée au général Augereau. Je n'ai pas une force assez supérieure pour hasarder de me prolonger vers la droite. Je pense que le projet des ennemis doit être de m'entamer pour me faire abandonner le voisinage de Prariondo qu'ils doivent désirer pour retarder ou arrêter nos opérations : aussi mon projet est-il de renforcer ma droite autant que je pourrai.

Le blé nous arrive lentement ; j'ai de la peine à approvisionner Garessio et il faut cependant que je fasse filer la majeure partie de mes troupes : il ne s'y trouve par la situation d'aujourd'hui que sept quintaux de farine ; cela m'inquiète ; il y a pour quelques jours de viande pour les hôpitaux ; c'est tout ; il n'y a aujourd'hui que huit quintaux de foin dans le magasin d'Orméa, de sorte que les chevaux comme les hommes sont réduits à la demi-ration. »

Laharpe à Masséna

Voltri, 19 germinal (8 avril) 10 heures du matin [A M.]

« Tous nos avant-postes ont été attaqués ce matin, à la pointe du jour et forcés, après avoir fait une vive résistance. Cependant à l'arrivée des renforts, nous avons repris nos postes, que l'ennemi a renforcés de nouveau par de fortes colonnes ; le feu est toujours vif : il dirige dans ce moment une colonne que l'on dit de trois mille hommes sur le poste des Capucins. Nous avons déjà trente à quarante blessés, nous ignorons encore le nombre des tués et prisonniers. La troupe est dégoûtée, la plupart sans souliers, les munitions manquent et le soldat est harassé de fatigue. Le commandant d'artillerie de Vado est bien coupable. Hier avant-midi, je lui ai donné ordre d'envoyer des cartouches, il ne l'a pas fait ; il sera responsable de l'événement malheureux, si nous faisons notre retraite faute de munitions ; hâtez-en l'envoi, je vous prie. Au reste soyez tranquille nous ferons tout pour le mieux.

Je n'instruis pas le général en chef, n'en ayant pas le temps. Il est extrêmement essentiel que vous surveilliez les chemins aboutissant à la gorge d'Albissola venant de Pontinvrea et de Stella, afin que vous ne soyez point attaqués pendant que nous nous battons. »

Laharpe à Masséna

Voltri, 18 germinal (8 avril) [A M.]

« L'ennemi est retiré, nous occupons toutes nos positions ; je ne puis encore vous rendre compte de notre perte, ce ne sera que demain, mais, je vous le réitère, nous sommes absolument sans cartouches ; si l'ennemi revient, nous ne pouvons résister.

J'ai fait donner une ration de biscuit de gratification à la troupe, vu sa fatigue ; il est instant qu'on prenne un parti pour cette troupe, car si l'ennemi continue à la harceler, elle ne pourra résister, à moins qu'on ne nous envoie du renfort.

J'ai fait arrêter tous les mulets pour porter vivres et cartouches, mais la ressource est faible. Le général Cervoni laissera deux bataillons au bivouac ce soir, pour être prêts demain à la pointe du jour.

Les malades et blessés viennent d'embarquer. Il y a quelque cause que j'ignore qui entrave l'évacuation des farines et blés : il y a probablement quelque spéculation sous jeu ; il y a encore ici beaucoup de blé et de farine, et il faudrait que l'on renvoyât sur-le-champ de Savone les bâtiments que l'on fait filer d'ici. Des cartouches, des cartouches, et encore des cartouches. »

Laharpe à Masséna

Voltri, 19 germinal (8 avril) [C I.]

« Le feu a cessé ; l'ennemi se retire ; la troupe est exténuée ; nous n'avons plus de cartouches. Si l'ennemi attaque ce soir ou demain à la pointe du jour, je serai forcé, s'il n'en arrive pas, de me retirer sans résistance. Au nom de la chose publique...

Votre lettre pour Giacomoni est partie par mer : Suchet en est porteur.

On ne peut plus se faire illusion : le soldat, mal nourri et sans chaussure, ne pourra résister à de nouvelles fatigues, s'il est attaqué. Tout est sous les armes ; tout y restera cette nuit. Dans cette circonstance, je ne retournerai pas à Savone, mais je vous recommande la gorge qui descend à Albissola : si elle n'était pas surveillée, nous pourrions tous être coupables. Je trouve la troupe qui est à Stella trop faible.

Dans ce moment, j'apprends que l'ennemi fait encore un mouvement ; il paraît se réunir pour attaquer de nouveau. Nous sommes à nos dernières cartouches : si l'attaque s'effectue, notre résistance ne pourra être longue. »

Prompt à Laharpe
19 germinal (8 avril) [A M.]

« Le vieillard m'a rapporté, général, que les mouvements de l'ennemi sont continuels; il est arrivé hier au matin de Sassello douze cents hommes qui viennent de Dego ; ils ont cent hommes à Pontinvrea, trois heures de chemin d'Albissola et fort belle route, quarante hommes à Cima Aljouvo, voisin de Saint-Giustina et de Saint-Martin de la Stella, à quatre heures de chemin d'ici, et trois heures d'Albissola et à peu près autant de Montenotte ; vous pouvez prévenir ces deux postes qu'il se fasse enseigner le mont de Roca Gardiola : ils y verront un signal que j'ai fait mettre hier, qui leur annoncera si nous sommes attaqués ; j'ai mis un autre poste à Colito, autre passage très intéressant ; mon vieillard a été fouillé et maltraité par les Allemands.

J'ai établi ces deux postes tout de suite, suivant toujours le mouvement de l'ennemi, crainte que l'espion ne leur eût dit qu'il n'y avait pas de poste dans ces endroits.

Si vous avez du monde à Albissola, je pense que le commandant devrait se faire enseigner la route qui va à Roca Gardiola pour prévenir toute surprise et porter du secours.

Je vous demande en grâce, général, de faire rejoindre les hommes de deux bataillons de la 99ᵉ demi-brigade qui sont à Savone pour arrêter les clameurs de ceux qui sont ici, j'en ai grandissime besoin ; j'ai fait aller une quatrième compagnie à Casanova, et encore ils ne font que monter et descendre. Le commissaire m'a mandé que je puis faire des réquisitions de bateaux pour le transport des malades à Savone, et pour aller chercher le pain à Voltri, je ne sais si j'en ai le droit ; dans tous les cas je vous préviens que j'en fais une pour aller à Voltri ; et j'attends vos ordres pour en avoir une seconde pour porter les malades.

L'on m'a assuré que, de Montenotte, on peut voir le mont Aljouvo ; si cela est, ils peuvent observer si l'ennemi est en force de ce côté, il m'est arrivé quatre hussards.

Le fils du vieillard est parti aujourd'hui, et ira finir de gagner le louis que vous m'avez envoyé.

Vous recevrez aujourd'hui une lettre qui devrait vous être parvenue hier. Les gens ne m'ont plus parlé de rien, il paraît que le noble juge génois cherche à pallier cette affaire, je la surveillerai comme le poste que vous m'avez confié en bon républicain français.

Par le rapport d'aujourd'hui, il m'est dit : qu'il est arrivé hier au soir beaucoup de monde, et on les porte rassemblés à quatre mille hommes à Sassello, détachant des postes en avant ; ils ont fait plus, le capitaine génois avait un logement fort vaste, peu en avant de Sassello ; il a été très complaisant puisqu'il l'a quitté pour le leur donner. Le vieillard a vu les gardes sur le mont de la Stella et a passé entre eux et monte Aljouvo (1) où il y a une forêt dont les chemins sont praticables.

L'ennemi occupe dans ce moment ici Saint-Giustina, une heure de chemin de

(1) Peut être Madona del Savo.

la Stella, poste qui peut être tourné, si on ne surveille pas continuellement. »

Renseignements
8 avril, 9 heures du soir [A M.]

« Le corps d'Allemands qui était entre Voltaggio et Carrosio s'est porté dans le fief de Lerma au devant de la Bochetta. Ils avaient déjà un poste à la croce di Fieschi. Il s'en est détaché de la Bochetta avec de la grosse artillerie pour se porter vers Campo Morone.

Un corps de cinq cents Croates s'est porté sur le mont de la Guardia et s'y est fortifié ; un autre détachement est campé sur la montagne de Saint-Cyprien. »

Voyage d'observation
8 avril (?) [Trad. A M.]

Le 5 avril, dans l'après-midi, j'ai rencontré au-dessus du village de Langasco dans le bois de M. Jacques Balbi, environ trois cents Autrichiens retranchés, avec cinq pièces de canon en bronze, peut-être de calibre du 12 ; plus loin un autre corps semblable qui garde une petite vallée avec trois pièces de même calibre ; plus en avant, sur une autre hauteur est un corps plus important d'environ quatre cents hommes ; ce corps construit des retranchements et une route qui, toujours par les hauteurs, communique avec les deux autres corps.

Les pièces d'artillerie, au nombre de six, qui doivent occuper ces retranchements, ne sont pas encore installées. Il y a deux autres piquets d'environ cent cinquante hommes chacun, avant d'arriver à la Bochetta où ils travaillent également sur les hauteurs, à la communication avec les autres corps.

A la Bochetta, il y a, avec le général Pittoni, un corps d'environ quatre cents hommes, avec six pièces de canon du plus grand calibre que celles dont on a parlé ; et parmi celles-ci deux pièces de 24 et deux obusiers, toutes ces pièces sont en bronze et neuves.

Il y a aussi quelques piquets disséminés de Pietra Lavezzarra à Voltaggio : ce sont des cavaliers ; cinquante environ à Baracche ; cent cinquante au-dessus de la Bochetta, cent à la Solara, il y a aussi quatre cents d'infanterie dans une église de Franciscains ; en tout trois mille hommes d'infanterie environ et deux cents de cavalerie.

Dans la matinée et la soirée du 6, à Carrosio, deux cents fantassins, cinquante cavaliers ; de plus aux environs, divers piquets de peu d'importance.

A Novi, environ cent cinquante cavaliers avec le colonel Pleton ; jusqu'à aujourd'hui toute cette troupe ne dépasse pas quatre mille fantassins et six cents cavaliers ; il n'y a pas de magasins de foin, de fourrages, de pain et de munitions de guerre ; les troupes sont pourvues journellement par Tortone et Alexandrie ; pour le moment il n'y a aucune disposition de stabilité.

A Pozzolo, il y a douze chevaux pour la garde des magasins ; ils sont relevés tous les matins par le corps qui stationne à Novi. Leur piquet d'une égale force d'infanterie, pour l'escorte des voitures qui viennent journellement d'Alexandrie et de Tortone.

Il y a en outre deux cents hommes et plus d'infanterie de ligne piémontaise.

Les magasins permanents de Pozzolo sont établis dans l'église de Notre-Dame de l'Assomption, qui est remplie de foin. On y a aussi déposé le pain qui tous les jours arrive de Tortone et d'Alexandrie.

L'église des Trinitaires est également remplie de foin ; l'église et le couvent des Franciscains, dit de la Paix, peu éloignés de Pozzolo sont remplis de foin, de paille et de bois.

Partout, la troupe piémontaise souffre d'être sous le commandement des Autrichiens.

7 avril, matin et soir. — La forteresse d'Alexandrie renferme soixante canons de divers calibres ; elle a pour garnison le régiment d'Aoste ; en ville il y a un bataillon de Montferrat avec sept magasins renfermant des vivres et des fourrages en abondance, qui sont continuellement renouvelés. Les provisions sont tirées des provinces voisines au compte du roi de Sardaigne et de l'Empereur ; elles viennent aussi de la Lombardie autrichienne par la voie du Pô.

Le magasin des munitions de guerre d'Alexandrie se trouve dans la citadelle vieille.

A Tortone il y a des magasins comme à Alexandrie ; il y a un seul régiment comme garnison.

A Cassine, il y a un grand magasin rempli de toutes sortes de vivres. A Acqui, le quartier général établi dans la soirée du 7 a été levé tout d'un coup de Silvano-Adorno, village peu distant de Novi, où il avait été transporté, pour donner le change, peu de jours avant, d'Alexandrie.

Pour faire cette mutation improvisée, on a expédié l'ordre par une estafette dans la soirée du 6 ; et toute la nuit du 6 au 7, il y a eu une marche forcée, de façon que les officiers n'ont pas eu le temps de se pourvoir de voitures. A Acqui, il y a onze magasins à vivres et de fourrages, dix fours et un magasin de munitions de guerre avec dix canons de campagne.

Dans ces derniers jours, il est passé beaucoup de troupes dans cette ville et aux environs : elles se sont dirigées vers les hauteurs qui dominent Voltri et les deux vallées de la Bormida et de l'Orba. Toute cette troupe se monte à dix-sept bataillons d'infanterie allemande, trois d'infanterie piémontaise, et deux de la marine que l'on a fait venir de Tortone dans la nuit du 6 ; un de Montferrat venu d'Alexandrie dans la même nuit.

Il y a aussi deux mille hommes de cavalerie napolitaine, deux cents Piémontais et trois cents Allemands environ.

Toutes ces forces sont pour agir aussitôt pour une action offensive ; cependant il est certain que les malades déciment cette force ; puisque neuf cents et plus et cinq cents autres environ sont dans les hôpitaux volants d'Alexandrie et d'Acqui, et plus de deux mille à l'hôpital permanent de Castel Novo.

Le 8. — Le matin, un régiment de troupes allemandes que l'on a fait venir de Pavie à marches forcées, est arrivé à Caprinta, près d'Acqui, pour renforcer les troupes déjà nommées.

Le soir, les troupes autrichiennes qui étaient sur les hauteurs de la Bochetta dans les journées des 5 et 6, sont descendues par fractions de deux cents hommes environ, jusque dans le voisinage de Gênes à Campo Morone et aux autres lieux ; ils ont établi des piquets entre les divers corps ; mais sans canons et avec des corps d'une centaine de hulans.

En plus de ce qui a été vu, il y a aussi divers corps de cavalerie cantonnés dans les provinces de Vigevano, Tortone, Casale et Alexandrie.

Il ne reste pas d'infanterie allemande dans les mêmes provinces ; elle a toute entière été envoyée du côté d'Acqui, la Bochetta et autres lieux déjà nommés. Entre l'infanterie, grosse et légère cavalerie, l'ennemi compte environ trente mille hommes. Le général Beaulieu jouit de la confiance de ses troupes, même des piémontaises.

Le Roi de Sardaigne a fait baisser l'effectif de toutes les troupes de milices qui étaient au nombre de dix régiments ; il a ordonné que, pour le 20 avril courant, on enlève de ces milices réduites deux cents hommes par régiment; ces hommes prendront la dénomination de chasseurs et seront répartis dans les troupes de ligne; il a ordonné aussi que ces chasseurs seraient en supplément.

Puget à Berthier

Marseille, 19 germinal (8 avril)

« J'écris une lettre au général en chef sur tous les événements qui se passent dans ce pays-ci. Je le presse de fixer d'une manière précise le disponible des troupes qui y est nécessaire et, en un mot, toutes les décisions urgentes. Je vous prie, mon cher général, d'accélérer sa décision.

Puisque le général Serviez et l'adjudant Grillon se trouvent décidément attachés à cet arrondissement et à cette place, j'ai besoin d'un adjudant général pour remplir les fonctions de chef de l'état-major. Demandez, je vous prie, au général en chef s'il ne pourrait pas me mettre en activité l'adjudant général Gilly qui a une excellente réputation et qui se trouve réformé, jouissant des deux tiers de ses appointements en attendant l'activité. S'il ne croit pas pouvoir m'envoyer des ordres pour cet officier, veuillez bien m'envoyer sur-le-champ un adjudant général qui soit en état de faire les états de situation, et la correspondance.

J'ai appris hier par le commissaire ordonnateur que le 20ᵉ des dragons arrivait ici le 2 floréal arrivant de l'Armée des Alpes. Je saurai par la réponse du général en chef s'il doit rester dans cette division.

Je suis charmé mon cher camarade des nouveaux rapports qui s'établissent entre nous. »

Puget à Bonaparte

Marseille, 19 germinal (8 avril)

« Je vous priais général, de fixer votre attention sur les observations que je vous présentais dans ma dernière lettre sur les positions des deux départements dont vous m'avez confié le commandement. En vous présentant les premiers mouvements d'agitation que les discours de Jourdan et d'Isnard que le départ des troupes avait occasionnés, je vous ai annoncé que j'en craignais encore d'autres effets; le département de Vaucluse vient d'être en proie à des excès, voilà le second courrier extraordinaire que je reçois dans ce moment, les autorités y ont été méconnues, des commissaires du Directoire exécutifs assassinés, plusieurs patriotes, ou volontaires porteurs d'ordonnances ont été également la victime de ces nouveaux excès. Quelque accoutumé que je sois à voir avec tranquillité les agitations de ce pays, celles-ci me paraissent pouvoir devenir très conséquentes si on n'y porte pas un prompt remède. Il est malheureux, général, que je n'aie pas pu entrer ici dans le travail que vous comptiez faire du mouvement des troupes, les précautions eussent été prises pour ne pas dégarnir subitement tous les points intéressants. Car vous serez étonné vous-même que, d'après les ordres que j'ai reçus du chef de l'état-major, le département de Vaucluse se serait trouvé tout d'un coup dégarni n'ayant que deux cents hommes d'infanterie. Il a fallu que, d'après toutes les circonstances, que je prenne sur moi de donner contre-ordre à la 13ᵉ demi-brigade qui devait se rendre à Toulon. Mes premières mesures pour cette partie ont donc été de donner ce contre-ordre et celui de faire armer tous les volontaires qui pouvaient être sans armes. Je sens ensuite la nécessité de m'y porter moi-même dès que toutes les opérations relatives au désarmement de cette ville et les attroupements extérieurs vont être terminés; mais, je vous le répéterai, les moyens de tous les genres me manquent et avec la meilleure volonté on ne peut pas les remplacer.

Voyez, général à me fixer des fonds pour la police de cette grande cité qui, depuis une quinzaine de jours, n'a plus son activité, et pour toutes les courses urgentes que je puis avoir à faire ou à faire faire. Quand j'aurai d'une manière fixe les troupes disponibles que je vous ai demandées, quand vous y aurez ajouté les susdits autres moyens, je pourrai me flatter, avec la confiance que les autorités et les patriotes me témoignent, de contribuer à l'établissement de la république dans ce pays, et par conséquent à l'ordre et à la tranquillité publique, mais lorsque vous allez vous en éloigner en volant à des victoires, il faut que vous me témoigniez une grande confiance et je voudrais par exemple que vous me laissiez la latitude, ainsi que l'avait fait le général Scherer au général Haquin, d'après les instructions que j'ai sous les yeux, de mettre en état de siège des communes qui ne pourront jamais être tranquilles, ni être soumises au joug républicain, sans cette mesure.

Veuillez bien, général, d'après ce nouveau fait, considérer si l'officier général que vous m'envoyez pour aller résider à Avignon y portera le caractère, la fermeté et l'intelligence dans un poste si difficile et si délicat: Rose, le commandant de la place y a été insulté, son épaulette arrachée et enfin il a eu un mandat d'amener d'un juge de paix. Je vous demande de le changer sur-le-champ et je vous propose à sa place le chef de brigade Macon, qui a commandé cette place avant lui avec fermeté et sagesse, il est actuellement à Bonelle, dans le haut Comtat.

J'ai écrit aux administrations centrales de ces deux départements pour qu'elles aient à s'occuper de la rentrée de toutes les armes de munition. J'en ferai faire un état exact, mais un très petit nombre sera susceptible de vous être envoyé par les réparations qu'elles nécessiteront ; il paraît même que la malveillance porte à les briser au moment où on les remet. Mandez-moi, général, si je les enverrai dans cet état à Nice, ou si je les ferai réparer à l'atelier d'Avignon.

Fidèle à ce que me prescrit la hiérarchie militaire, je vous préviens que je n'écris point du tout au ministre, à moins que vous même vous ne prescriviez de correspondre avec lui, mais je vous conjure de répondre sur-le-champ à tous les objets importants qui nécessitent un travail et une décision de votre part.

Je voudrais, mon cher général, avoir des fonds à mettre en avant pour tout ce qui peut intéresser la chose publique, mais je suis sans aucun moyen, le trésor m'avait promis quelques avances, il m'on a motivé l'impossibilité. Faites donc ce que vous pourrez, fixez-moi une somme par mois à distribuer aux employés les plus importants. Ayez confiance en moi, j'y répondrai, songez à toute l'importance pour vos succès et dans d'autres circonstances d'être assuré de ces pays. »

Gherardini à Beaulieu

Turin, 8 avril [II A V.]

« Après mon retour dans cette capitale, je me suis empressé de solliciter auprès de ce ministre et de l'envoyé d'Angleterre les mesures concernant les objets dont il a plu à Votre Excellence de m'entretenir de bouche. Quant au premier, elle aura remarqué dans la lettre que Sa Majesté lui a écrite qu'on se limite à présent au désir de faire passer deux des quatre bataillons piémontais qui étaient à Alexandrie dans la vallée d'Aoste pour soutenir le poste du mont qu'il a réussi aux Sardes d'occuper, prévenant l'ennemi.

Il n'est pas question de détacher d'autres corps pour les donner au duc d'Aoste dans la vallée de Suse, et je travaille de mon mieux à faire retarder cette mesure jusqu'à la fonte des neiges.

La lettre ci-jointe de M. Trevor instruira Votre Excellence du résultat de mes sollicitations sur les différents points en question et nous attendons avec impatience le retour d'un courrier qui a été expédié à Londres et qui doit porter des déterminations définitives.

J'ai même écrit à Parme pour avoir des relations exactes sur le chemin qui mène du Plaisantin à Sestri et j'aurai l'honneur de vous les envoyer. D'ailleurs le détachement de cavalerie qu'à ce qu'on assure vous poussez dans la Rivière du Levant vers cet endroit, est aussi bien capable d'en imposer à l'ennemi s'il tentait quelque débarquement partiel sur cette côte comme il pourrait en avoir le dessein. »

Augereau à Rusca

19 germinal (8 avril) [A G.]

« Le général en chef vient de m'écrire au sujet des positions que tu as prises ; il veut que tu n'occupes aucune position en avant que celles qui peuvent te rendre maître de la Sotta, lorsqu'il sera possible de l'occuper. »

Augereau à Bonaparte

19 germinal (8 avril) [A G.]

« Le chef de bataillon Chabran, ne se sentant plus les forces suffisantes pour continuer son service à la tête d'un bataillon, désire qu'on lui confie le commandement d'une place ; je vous observerai que ce chef n'a point les talents ni le caractère convenable pour occuper son grade. C'est ce même chef que j'ai fait juger quand son bataillon s'est insurgé : tâchez de l'employer ; je tâcherai de le remplacer par un bon chef de bataillon : ce bataillon en a grand besoin. »

Dommartin à Saint-Faust

19 germinal (8 avril) [A Dom.]

« Le général Meynier m'a promis, citoyen commandant, de faire partir demain la 55ᵉ de Rialto, Calice et Veue disant que cela nous mettra au large ; de cette manière notre troupe sera facilement cantonnée. Je vous engage de la réunir autant que faire se pourra.

Vous devez avoir actuellement les cartouches qui vous sont nécessaires ; quant à l'eau-de-vie, aussitôt qu'il y en aura en magasin, je vous en ferai passer. Les circonstances exigeant que Settepani soit occupé et le 2ᵉ bataillon fournissant déjà deux cents hommes à Melogno, le vôtre doit fournir à dater d'aujourd'hui midi la garde de Settepani composée de soixante-dix hommes complétant le nombre de deux cents que vous fournirez, voici la consigne pour ce poste.

Cinquante hommes au mamelon avancé où sont les grands retranchements et les vingt autres à la petite redoute qui est sur le sommet le plus près de Melogno : il devra éclairer principalement en avant de Settepani du côté de la vallée de Calissano et à la droite dans le vallon d'Osiglia comme devrait faire également le poste de la Madone de la Néva. Le poste de la redoute de Melogno devrait en cas d'attaque dépêcher de suite un homme pour nous avertir à Rialto et, aussitôt que la tête du détachement que vous enverrez au secours, approcherait la redoute, ce détachement devrait en sortir pour se porter à la Madone et, de là, où besoin serait, en attendant que, rassemblant votre troupe à la redoute, vous puissiez vous porter en force aux points attaqués. Si vous avez besoin de quelques tentes ou outils de campements pour les gardes que vous avez à fournir, vous pouvez en faire un bon que je viserai, si vous le jugez à propos. Pour moins fatiguer vos soldats vous pourriez faire relever vos gardes toutes les 48 heures. »

Dommartin à Garaud
19 germinal (8 avril) [A Dom.]

« Settepani sera occupé aujourd'hui par soixante-dix hommes que fournira le 1er bataillon de votre corps cantonné à Rialto. La consigne pour le poste de Melogno restera toujours la même et je vous recommande que le service se fasse avec la plus grande exactitude. »

Dommartin (Ordre à la compagnie auxiliaire de la 81e demi-brigade) (1)
19 germinal (8 avril) [A Dom.]

« D'en partir avec armes et bagages pour se rendre le même jour à la marine à Finale où elle recevra de nouveaux ordres. »

Masséna à Laharpe
Savone, 20 germinal (9 avril), 6 heures du matin [A. M.]

« J'ai reçu votre lettre, mon cher général, en date d'hier, 3 heures après-midi, vous devez avoir reçu des cartouches par terre et par mer; je vous en fais encore expédier cinquante mille, je les dirige sur Marmorassi vous pourrez leur donner des ordres ultérieurs.

Vous avez fort bien fait de mettre en réquisition les mulets à votre portée pour le transport des cartouches et vivres. Lorsque vous ne croirez plus votre présence nécessaire à Voltri, je vous engage de vous rendre ici, devant me porter à Albenga, y étant appelé par le général en chef. Malgré que ce ne soit que pour un jour ou deux; je ne voudrais partir qu'à votre arrivée. »

Faites-moi part, je vous prie, des mouvements que l'ennemi pourra avoir fait et faire. »

Masséna à Berthier
20 germinal (9 avril), 9 heures du matin [A M.]

« Je reçois à l'instant votre lettre, mon cher général, je ne crois pas devoir me mettre en route avant l'arrivée du général Laharpe ; je ne puis d'ailleurs me rendre à Garessio que dans deux jours de marche. Je pourrais donc ne pas y trouver le général en chef; dès l'instant que le général Laharpe sera rentré, je me mettrai en marche, mais je ne crois pas devoir le faire avant. Nous avons repris toutes nos positions, mais pas sans peine.

Le général Laharpe me mande qu'il ne sait pas encore précisément le nombre de morts et blessés, mais qu'il y avait hier à 3 heures après-midi, date de sa dernière lettre, trente à quarante blessés.

Je vous répète à vous, mon cher général, ce que j'ai dit hier au général en chef, s'il entre dans ses opérations de garder Voltri, il faut qu'il m'envoie du renfort, sans cela nos troupes sont très exposées, l'ennemi pourrait bien ensuite se jeter sur Saint-Jacques ou sur l'un des postes de la 1re division qu'il forcerait assurément n'ayant pas le nombre de troupes nécessaires pour y faire une fougue et vigoureuse résistance ; il faut aux deux divisions d'avant-garde cinq mille hommes de plus, voulant encore garder Voltri.

Le général en chef ne doit pas mettre le plus petit retard à m'envoyer le renfort que je lui demande sans s'exposer à le voir peut-être arriver trop tard. Toutes les troupes sont dans le plus grand besoin de souliers. »

(1) Actuellement à Noli.

Masséna à Bonaparte
Savone, 20 germinal (9 avril) 3 heures après-midi [A M.]

« J'avais fait partir dans la nuit mon aide de camp pour se porter à Varazze, pour s'assurer si l'ennemi faisait quelque mouvement sur nos postes, comme il y avait tout lieu de le croire. Je reçois de ses nouvelles ainsi que du général Laharpe, ils m'assurent que tout est fort tranquille, je m'empresse, citoyen général, de vous en rendre compte. Vous trouverez ci-joint quelques renseignements que l'on me donne sur les mouvements et la force de l'ennemi, je ne crois pas le tout, mais assurément il y a du vrai ; vous trouverez aussi copie de la lettre du général Laharpe. »

Laharpe à Masséna
Voltri, 9 avril, 6 heures du matin [A M.]

« Comme vous verrez, par les rapports que je vous envoie, la nuit a été tranquille : il ne paraît pas encore, ce qui me fait présumer qu'il n'en veut pas tâter aujourd'hui.

Le ministre m'a fait passer des avis cette nuit ; il m'annonce des souliers ce matin ; ce sera l'arrivée du Messie, la plupart des troupes absolument pieds nus, ne pouvant plus monter à la montagne. Tout y est cependant, à l'exception de six compagnies qui sont ici. La troupe murmure beaucoup, je leur ai fait entendre raison, j'espère que cela ira, quoique plusieurs se soient mal battus hier, disant qu'ils se battraient comme on les payait.

Soyez tranquille, s'il arrive quelque chose de nouveau, je vous en ferai part tout de suite. J'ai reçu soixante mille cartouches ; il n'y a pas de mal de compléter les cent mille.

Il y a quelque dessous de cartes pour cette évacuation, je vais la presser moi-même. »

Laharpe à Masséna
Voltri, 9 avril, 7 heures et demie du matin.

« Je vous envoie, général, les différents rapports que j'ai reçus, ils vous prouveront que l'ennemi est dans cette partie plus en force qu'on ne le croyait ; nous sommes en présence, mais il n'attaque pas encore. J'ai reçu heureusement des souliers de Gênes.

Je vous envoie moi-même la lettre de Prompt, il demande les hommes de son bataillon qui sont restés à Savone étant de garde.

Voyant de la lenteur dans l'évacuation des blés, il y a encore passé deux mille quintaux, l'on prend pour grand prétexte le défaut de bâtiments, et je viens d'écrire à Lachèze pour le prier de m'en envoyer. S'ils arrivent, je ferai charger toute la nuit, et, si je suis assez heureux pour tout évacuer, je serai plus tranquille, nous pourrons faire alors une belle résistance ; mais nous n'attendrons pas la dernière extrémité pour ne pas nous exposer à être coupés dans un pays comme celui-ci où cela est facile.

Le poste de la Stella est bien important, général, il doit être surveillé avec activité, il faut qu'on fasse attention au mont de Roca Gardiola ; vous saurez par le signal qu'il y a, si nous sommes attaqués sur toute la ligne, et si nous sommes dans le cas de faire retraite. Un feu sera le signal de l'attaque, deux feux le signal de la retraite. J'en préviens Prompt. »

P.-S. — « Il n'y a qu'un cri de la part de la troupe, c'est celui de l'argent. Faites-en passer pour nous éclairer ; Prompt, Cervoni et moi n'avons plus le sou, sans oublier Chamberlan qui crie comme un aveugle. »

La Hoz à Masséna
Stella, 20 germinal (9 avril) [A M.]

« D'après la reconnaissance que je fais, il m'a paru indispensable d'établir une ligne de postes sur les hauteurs qui couvrent le village de la Stella, autant pour être sûr de toute entreprise, que pour être à même de découvrir les mouvements que l'ennemi pourrait faire sur Varazze par la grande montagne dit l'Ermetta qui va aboutir presqu'à Voltri. J'ai en conséquence placé sur ma gauche au village de San Bernardo, un capitaine et quarante hommes et cela pour savoir, si du côté de Montenotte l'ennemi ne fait des mouvements pour nous couper la retraite ; sur le chemin de Sassello à la Capella de la Madona, un sergent et douze hommes sur la hauteur qui domine cette route, et tous les autres petits chemins et sentiers à l'entour de la montagne qu'on appelle Burdou, un officier et vingt-cinq hommes. Cet officier est placé de manière à pouvoir voir tous les mouvements qui pourraient se faire à la grande montagne l'Ermetta, y étant placé absolument à la descente ; plus, sur la même ligne, à la hauteur dite Pezzo Fondo, un caporal et quatre hommes avec un signal, étant un poste qui découvre les autres postes et reste à la vue du village.

Général, les positions que j'ai prises, je les crois de la plus grande importance, mais il faut absolument un bataillon pour les garder, que Montenotte soit occupé et que le commandant de Varazze établisse un poste intermédiaire pour avoir une communication sûre entre nous deux.

Je serai obligé à la première approche de l'ennemi de me borner à défendre le château et les hauteurs qui séparent les deux rives d'Albissola.

D'après les ordres du général Laharpe, le commandant de Varazze doit faire journellement une découverte à l'Ermetta pour voir si l'ennemi s'y est établi ; j'en ferai autant de ma part ; je vous prie, général, de l'informer. Si vos affaires vous permettent de faire une course par ici, je serai charmé ; car vous pouvez, d'après une de vos reconnaissances, donner des ordres positifs, et appuyer la communication jusqu'à Voltri.

J'aurais besoin de quelques pioches et pelles, pour faire quelques retranchements ; au moins douze de chaque espèce. Je vous prie de me faire passer le mot d'ordre toujours la veille, et me croire sincèrement attaché à la cause de la liberté et à son service. »

P.-S. — « L'ennemi ne fait aucun mouvement, mais il se renforce à Sassello ; la découverte de Montenotte n'est pas descendue. »

Lahoz à Masséna
Stella, 20 germinal (9 avril; [A M]

« Dans le moment, je viens d'apprendre, que le nombre des Autrichiens est aujourd'hui à six mille, et qu'ils attendent d'autres troupes.

Le général Rukhavina y est actuellement ; mon devoir est de vous avertir; cependant par le rapport de vos affidés, vous savez si cela est vrai ; je vous préviens qu'ils se retranchent à la Banditte ; ils craignent beaucoup des troupes qui se font voir du côté de Montenotte. Je ne désire que le moment de vous voir ici. »

P.-S. — « Je vous en prie, faites-moi passer des pelles et des pioches, car il y a un point qu'il faut absolument, qu'il soit retranché de manière à pouvoir y tenir en tout cas, jusqu'à l'arrivée du secours. »

Rampon à Masséna

La Madona, 20 germinal (9 avril) [A M.]

« Sitôt votre ordre reçu, général, j'ordonnai à trois cents hommes du 2e bataillon, y compris les grenadiers, et trois cents hommes de deux demi-brigades d'infanterie légère, y compris les carabiniers, de se rendre ce matin deux heures avant le jour à Lambevoye (?) situé sur le chemin de Cairo, près de Montenotte, et y attendre de nouveaux ordres. Je suis parti d'ici à minuit pour m'y rendre. En arrivant, j'ai trouvé tous les détachements rendus, et plus forts que je ne l'avais ordonné, car j'avais au moins huit cents hommes et bien décidés à se mesurer avec l'ennemi. Ne connaissant pas le terrain que je devais parcourir, j'ai cherché un guide que je suis parvenu à trouver, et je suis parti à 2 heures précises pour me porter sur la partie de Sassello, en cherchant de me diriger sur Stella. Je ne sais si le guide n'était pas bien sûr de son chemin, ou si le coquin craignait la fusillade, il nous a écartés de Sassello et nous a conduits droit à Stella, où nous y sommes arrivés à 7 heures du matin, après avoir parcouru des chemins impraticables et couverts de bois. Je n'ai laissé entrer personne dans Stella, et ma troupe a reposé une demi-heure à l'écart de ce village. Je me suis informé du monde qu'il pouvait y avoir à Sassello, on m'a assuré qu'il y avait aux environs de douze cents Croates. D'après ces renseignements, je suis reparti en prenant un chemin qui me rapprochait un peu plus de l'ennemi et néanmoins j'ai continué ma route jusqu'à Montenotte sans rien rencontrer : la journée a été très pénible et non heureuse ; nous aurions besoin d'avoir des guides connus et affidés.

J'ai fait distribuer l'eau-de-vie à la troupe qui a fait la reconnaissance. »

P.-S. — « On m'a dit que le général Laharpe était parti pour Voltri. Je vous prie de m'envoyer le mot d'ordre et de ralliement pour demain. Je ne l'ai eu que jusqu'au 20. Je vous fais passer aussi la situation du 2e bataillon de la 21e. Je n'ai pas reçu celles des chasseurs. »

Ménard à Masséna

Cadibone, 20 germinal (9 avril) [G I.]

« Je viens d'être informé, et vous pouvez croire comme très certain, que l'ennemi a fait filer, depuis trois jours, vers Sassello, environ dix mille hommes et mille deux cents pandours, qui partent aujourd'hui de Dego pour se réunir à ces dix mille hommes. Le général Bukhavina commande cette force armée. Son intention est de couper la retraite de nos troupes à Voltri, ou de les faire prisonnières.

Il y a eu une fusillade vers Melogno, mais je n'ai pu en connaître le résultat.

Les intentions de l'ennemi sont de couper la droite et la gauche de l'armée, et, du côté du col de Tende, les troupes du Piémont, avec les auxiliaires à sa solde, doivent faire un effort : ils comptent aussi forcer les deux postes importants de Melogno et de Saint-Jacques, et laisser la partie de Cairo avec peu de troupes, dans l'espoir de nous attirer dans cette vallée. »

Dommartin à Meynier

20 germinal (9 avril) [A Dom]

« Il paraît, général, nécessaire de faire réparer les retranchements de Settepani. Si vous pouvez y envoyer demain un officier de génie avec 100 sapeurs, le travail sera bientôt terminé et je me trouverais sur les lieux pour enseigner ce qu'il y aura à faire. Il est aussi essentiel de faire monter trois pièces de 3; comme vous devez en recevoir ce soir; je les ferai mettre également en batterie demain matin.

Les troupes devant bientôt occuper en force Settepani; il est urgent de faire établir un magasin de vivres à Gobra d'où on les leur portera. On me mande de Calice que la troupe y est au quart. Quand donc, général, les administrations de votre division seront-elles en règle; je donne ordre à la compagnie auxiliaire de la 81e de se rendre à Finale pour que les officiers qui la composent, puissent répartir dans leur bataillon. »

Augereau à Rusca

20 germinal (9 avril) [A G.]

« J'étais en route, général, pour me rendre à Bardinetto et Calissano, lorsque j'ai rencontré le général en chef qui allait à Savone, ce qui fait différer mon voyage.

J'ai à vous indiquer les points et positions que vous devez occuper. Vous placerez votre quartier général à Bardinetto, vos avant-postes à Villa del Bosco; vous placerez des forces raisonnables au château de Bardinetto, vous choisirez une position entre le château de Bardinetto et Mélogno et vous y placerez un demi-bataillon; ouvrant votre correspondance avec Mélogno, envoyant tous les jours des patrouilles au devant les unes des autres et vous occuperez Spinardo avec une grand'garde à la Sotta.

Je vous fais passer six pièces de 3 avec les caisses et attelages nécessaires, vous les placerez à Spinardo et au château de Bardinetto.

Je vous préviens que le général Meynier doit faire faire des patrouilles le long des mamelons de Settepani jusqu'à l'extrémité qui domine la Bormida et la vallée de Murialdo. L'intention du général en chef n'est pas que l'on occupe Saint-Jean ni Maramassa. Si l'ennemi même entreprenait de s'y établir, vous ne vous y opposeriez pas.

Je vous préviens encore que le général Serurier occupera Casali afin d'appuyer la gauche de la Sotta.

Vous vous conformerez exactement aux instructions ci-dessus, l'intention du général en chef étant que vous restiez dans la plus stricte défensive, sans rien entreprendre sur l'ennemi afin de ne pas lui donner l'éveil ni attirer son attention sur la partie de la ligne dont la défense vous est confiée.

Vous activerez, autant qu'il sera possible et par tous les moyens que vous pourrez employer, la confection des fours. »

Rusca à Augereau

Calissano, 20 germinal (9 avril) [C. L.]

« L'ennemi a fait un mouvement en se portant en force sur Saint-Jean où il a établi un camp très fort. Un rapport qui vient de m'être fait par une personne qui mérite toute confiance, porte que deux mille hommes occupent cette position. L'ennemi a pareillement établi un camp entre Castel Novo et Monte Senna (Montezemolo) fort de trois mille hommes.

Cinq compagnies occupent Bagnasco. Je ne connais pas la force des troupes de Battifollo. Les magasins de l'ennemi sont à Dogliani, et, jusqu'à présent, il n'a que des entrepôts dans ses camps.

Comme ma droite n'est point appuyé à la division de Finale, je ferai marcher ce soir deux cents hommes pour couvrir ma droite.

Je vais exécuter votre ordre que je reçois à l'instant, mais je vous préviens que la troupe de la Sotta est avancée. Je ne puis occuper Spinardo, cet endroit étant couvert de neige. Demain matin je ferai mon mouvement. »

Serurier à Bonaparte

Garessio, 20 germinal (9 avril) [C I.]

« J'ai reçu vos lettres des 16 et 18 de ce mois. Je ferai distribuer, mais avec économie, les objets dont parle la première.

Je suis venu hier soir ici, afin de m'assurer de ce dont il est question. Pour que je puisse porter secours au général Rusca à la Sotta, s'il y était attaqué, il faudrait que le ponte Priola, auquel on travaille depuis au moins six semaines, soit praticable : sans quoi, il y a un très grand détour. J'ai besoin d'un ingénieur instruit qui fasse travailler à ce pont, sans quoi il ne se finira pas. Le chef du génie dans cette division est un très bon sujet, mais un jeune homme qui sort de l'école, et de la plus grande timidité. Au reste, la position de la Sotta est bonne, et peut se défendre assez longtemps pour qu'on ait celui de lui porter des secours, de quelque manière que cela soit. J'y enverrai, si cela est nécessaire ; après la Sotta, je ne connais point de positions intéressantes que Spinardo qui est aisé à défendre, si on ne s'y laisse pas surprendre ; d'ailleurs je ne puis pas croire que l'ennemi s'engage ainsi : on l'en a laissé retirer une fois, je pense que la seconde ne serait pas de même. Je crois toujours qu'ils ont envie de nous enlever les positions en avant de Garessio ; elles leur sont nécessaires, s'ils veulent nous gêner de ce côté, mais je prendrai toutes les précautions qui seront à ma disposition, pour qu'ils ne réussissent point.

Nous sommes toujours avec beaucoup de monde sans armes. »

Serurier à Bonaparte

Garessio, 20 germinal (9 avril) [C I]

« Quoique je n'aie pas encore terminé le nouvel embrigadement, j'ai néanmoins placé tout les corps de manière que la dix-neuvième se trouve à Garessio, la quarante-sixième à Trappa, et la cinquante-sixième à Ormèa. »

Lallement à Bonaparte

Venise, 20 germinal (9 avril) [C I.]

« J'ai reçu hier, avec la lettre qu'il vous a plu m'écrire le 7 de ce mois, celle du ministre des relations extérieures, qui y était jointe. Veuillez être persuadé que je ne négligerai aucun des moyens qui seront en mon pouvoir, pour me procurer les renseignements que vous désirez, et qui doivent concourir au succès de vos opérations.

J'ai informé successivement le ministre de la république à Gênes, de tout ce qui s'est passé à ma portée. Le résultat est que, depuis la défaite du général de Wins, il est entré en Lombardie, par le territoire vénitien, dix-sept mille à dix-huit mille hommes, dont deux mille de cavalerie légère, et soixante pièces d'artillerie de différents calibres ; que, dans ce nombre, sont compris deux régiments d'émigrés à la solde de l'Angleterre, qui ont traversé les terres du Pape, pour aller s'embarquer à Civita-Vecchia, et qu'il vient d'arriver à Milan neuf cents hommes de cavalerie napolitaine, qui ont passé également par la Marche d'Ancône. Le rassemblement général est à Pavie. On assure qu'il y a entre Inspruck et Trente, dans le Tyrol, une réserve de vingt mille hommes, dont six mille de troupes réglées et quatorze mille de milices.

Les troupes autrichiennes, au dire des Milanais eux-mêmes, sont en mauvais état, excepté la cavalerie ; ce sont, pour la plupart, des gens âgés, des enfants de 15 à 16 ans, et des recrues polonaises, faites en Galicie, qui marchent par force, qui désertent par pelotons, lorsqu'ils le peuvent ; et ceux que j'ai vu arriver ici, m'ont assuré que tous leurs compatriotes tâcheront de faire de même lorsqu'ils seront commandés contre les Français. Ils m'ont même suggéré cette ruse, que j'ai également indiquée, de mettre en avant de nos colonnes quelques Polonais habillés à la polonaise, et qui puissent s'en faire reconnaître. Vous en avez quelques-uns à Savone, entre autres le major Stratzkowski, que vous pourriez y employer avec succès.

Quant à l'esprit des habitants, surtout des Milanais, ils sont las de leur archiduc, qu'ils méprisent ; ils désirent un changement de gouvernement, et ils l'attendent de l'arrivée des Français chez eux ; mais il n'est pas à croire qu'ils fassent le moindre mouvement en leur faveur jusqu'au moment où ils seront assurés que ceux-ci les pourront garantir pour toujours du retour de la domination autrichienne. Il faut donc, en entrant chez eux, leur inspirer de la confiance, par une discipline sévère, le respect des propriétés particulières, des ménagements scrupuleux sur leur religion et leurs usages. Ils nous craignent aujourd'hui, parce que les prêtres et nos ennemis les ont toujours trompés sur notre compte : ils finiront par nous estimer, et vous leur dicterez les lois que vous jugerez propres à assurer le triomphe et la gloire de la république. »

Kellerman au Directoire

Chambéry, 20 germinal (9 avril) [A G.]

« Je vous ai rendu compte par ma lettre du 18 de l'état déplorable de l'armée des Alpes sous le rapport des subsistances de tout genre à l'exception des vivres pain, assurés pour deux mois à peu près ; je dois vous déclarer que s'il ne nous arrive les secours les plus prompts et les plus efficaces pour remonter les services, ils s'écrouleront irréparablement. Une partie de cette faible armée occupe les points les plus pénibles tels que les Monts Saint-Bernard, Valaisan, Mont-Cenis et autres, les troupes y manquent de bois et de souliers ; ajoutez à cela que nous n'avons point d'effets de campement, toujours par la même cause, manque de fonds et de crédit, telle est notre situation au matériel.

La force de l'armée est de dix-huit mille hommes sous les armes dont cinq mille hommes à Lyon et pas un homme de troupes à cheval, les deux régiments que j'ai placés dans cette ville pour les refaire et les mettre à portée de les remonter sont nuls ; ils le seront probablement toute la campagne ; il leur faut plus de six cents recrues et de onze cents chevaux ; la force de l'armée actuelle se réduit donc à treize mille hommes pour tenir les Hautes-Alpes et le Mont Blanc, sans transport, sans magasin, sans chevaux d'artillerie et de peloton. Je demande au Directoire quelle diversion l'armée d'Italie doit attendre de celle des Alpes dans un tel état de faiblesse ; on ne peut se dissimuler que les prêtres et les émigrés pervertissent l'esprit du Chablais et du Faucigny ; il est indispensable d'y laisser quelques forces. Que restera-t-il pour agir sur la ligne ?

Il n'y a donc pas un instant à perdre pour envoyer quelques renforts soit en cavalerie ou en infanterie plus ; les réquisitionnaires n'arrivent plus ; il me reste au moins six bataillons incomplets en ligne et qui sont au plus à cinq cents hommes l'un dans l'autre.

D'après cet exposé, le Directoire décidera dans sa sagesse des mesures qu'il doit prendre pour mettre cette armée en état d'agir de concert avec celle d'Italie qui ne peut et ne doit être abandonnée à ses propres forces ; il déterminera le plan de campagne que devra exécuter celle-ci lorsqu'elle en aura les moyens.

Ci-joint un état de la formation de quatre bataillons de grenadiers autant de chasseurs et éclaireurs. Je ne tirerai rien de la brigade de Lyon que lorsque j'aurai reçu les ordres du Directoire. »

Le roi de Piémont à Beaulieu

Turin, 9 avril (A E T.)

« J'ai reçu hier la lettre que vous m'avez adressée d'Alexandrie le 3 de ce mois, et j'y ai remarqué avec beaucoup de satisfaction les sentiments que vous exprimez sur le désir que vous aviez de venir ici me voir si des circonstances urgentes ne vous en avaient empêché Ils me sont d'autant plus agréables, que je suis très empressé moi-même de faire votre connaissance et de pouvoir vous marquer combien la réputation dont vous jouissez par vos qualités distinguées m'a déjà inspiré d'estime et de confiance dans votre personne.

Vous venez sans doute de l'augmenter encore bien particulièrement par la vigoureuse détermination que vous avez prise si à propos, en venant à Alexandrie, de prévenir les Français dans l'occupation du poste important de la Bochetta.

La volonté et la sagesse de vos dispositions pour l'exécution ne peut à moins d'avoir déconcerté l'ennemi, et je tire la meilleure augure de ce début pour la suite de la campagne que nous allons commencer. Quoique j'aie peine à croire par les différents rapports parvenus ici, que les Français veuillent tenter de reprendre ce poste et de former quelque attaque contre notre position actuelle, je n'ai pas moins autorisé le général Colli de seconder vos désirs pour soutenir votre droite avec mes troupes qui en sont à portée, autant qu'il leur sera possible, eu égard à ces circonstances et à ses forces : mais j'espère au contraire que, si les ennemis tournent leurs forces contre la position de Ceva et de Mondovi, soit par la vallée de Bormida, soit par la vallée de Tanaro comme, suivant tous les avis et leurs manœuvres dans la rivière, il y en a la plus grande probabilité, vous voudrez bien, ainsi que vous me l'annoncez, prêter la main à ce même général par le plus prompt secours de troupes sous vos ordres, pour qu'on puisse s'opposer à toute entreprise de ce côté-là dont le moindre succès en faveur de l'ennemi, pourrait avoir des suites et les conséquences les plus funestes.

Cet objet me paraissant des plus importants dans ce moment, je ne saurai omettre de vous confier que, pour surveiller de plus près tout ce qui peut arriver dans cette partie, je suis dans l'intention de me transporter en personne sous peu de temps à Mondovi.

J'exécuterai un tel projet avec d'autant plus de plaisir que j'espérerai par là d'avoir l'occasion plus prochaine et le moyen de vous voir et de concerter directement avec vous ce qu'il y aura de mieux à faire entre nos deux armées pour passer la campagne avec plus de succès et au plus grand avantage de la cause commune.

En attendant, et pour prouver de plus en plus combien je désire que les deux armées s'aident mutuellement, autant que possible, pour aller d'accord vers ce but, je n'ai pas hésité d'approuver que les quatre bataillons de mes troupes tirés des garnisons d'Alexandrie et de Tortone soient mis à votre disposition pour marcher avec les vôtres suivant le besoin pressant que vous m'en indiquez. Je ne puis cependant à moins de vous prévenir que, comme après l'occupation de la Bochetta, où vous n'avez pas jugé nécessaire de vous en servir, j'avais disposé de deux de ces mêmes bataillons pour les envoyer dans la vallée d'Aoste, il me sera indispensable de les ravoir pour cette destination aussitôt que l'arrivée des troupes impériales qui doivent encore joindre votre armée ou par la cessation de l'urgence actuelle, vous pourrez me les renvoyer. L'occupation d'un poste essentiel pour la sûreté de cette vallée dont un détachement de mes troupes à travers les neiges est allé occuper pour prévenir l'ennemi qui s'y était établi l'année dernière et tentait déjà de s'y remonter, exige absolument que, sans beaucoup tarder, j'envoie quelques renforts pour le soutenir à tout prix. Je suis persuadé que, considérant cette circonstance, vous me mettrez à même d'y pourvoir dès le moment que les bataillons susdits ne vous seront plus nécessaires.

Espérant au reste comme vous que, moyennant ce parfait accord entre nous, tout sera bien, je suis charmé de saisir cette première occasion que j'ai de vous écrire pour vous assurer de ma bienveillance qui vous est acquise à juste titre et du cas particulier que je fais de votre mérite. »

Archiduc à l'Empereur

Milan, 9 avril [H A V.]

« Vingt-quatre heures après le départ de ma dernière lettre du 4 avril, j'ai reçu la lettre de Votre Majesté en date du 29 mars, qu'elle s'est daigné m'écrire à l'occasion d'un courrier qui était expédié pour Naples, et j'ai été bien sensible à toutes les marques de bonté qu'elle contenait et de son gracieux intéressement et souvenir touchant l'envoi du prince Albani à Munich, dont depuis elle aura reçu ma relation. Votre Majesté a parfaitement bien déterminé de remettre M. le général piémontais Latour à M. de Beaulieu, et il est à désirer que le roi de Sardaigne s'en remît aussi de son côté à ces deux généraux et aux concerts des officiers du métier sur les lieux. M. de Beaulieu est d'une activité incomparable, et à cette heure, qu'à l'exception de la cavalerie et de deux bataillons d'infanterie tout le reste de la troupe est auprès de lui, je ne doute qu'un de ces jours nous n'apprenions de quelque attaque. Quant aux vivres, je répète à Votre Majesté ce que je lui ai déjà eu l'honneur de lui marquer, que j'aurai soin que l'envoi de ceux de la Lombardie ne lui manque pas, mais j'apprends avec douleur que les « feldrequisiten » et particulièrement les tentes manquent à une grande partie de l'armée, de même que les capotes et chemises pas encore arrivées d'Allemagne. Un autre objet, selon moi très important, je crois devoir lui représenter, c'est que jusqu'à cette heure le lieutenant général Melas n'est pas encore arrivé et que, malgré la bonne santé de M. de Beaulieu, ses infatigables soins à son âge avancé peuvent faire craindre que tout à coup sa santé ne s'en ressente, dans quel cas il est très important qu'il y ait, quelqu'un qui puisse, en attendant, prendre le commandement de l'armée ; pourquoi je supplie Votre Majesté de faire presser l'arrivée du lieutenant-général Melas. Un quatrième régiment de cavalerie napolitain arrivera dans huit jours mais pour les dix mille hommes d'infanterie, hormis ce que Votre Majesté m'a fait l'honneur de me marquer, je n'en ai point entendu parler, quoiqu'il paraît que pour un corps aussi nombreux la cour de Naples devait avoir donné quelque disposition, d'avance pour les vivres et pour les transports. Si les opérations du général Beaulieu portent à se rendre de nouveau maître de la Rivière et de Vado, bientôt alors la cour de Naples pourra faire vivre facilement sa troupe envoyant ici tout de Naples en droiture par mer. Je rends grâce à Votre Majesté de l'ordre donné à M. le baron Thugut pour m'envoyer les lettres de change pour quinze mille livres sterling et, par cette poste, je les ai reçues effectivement de ce ministre. Comme antécédemment au reçu de la lettre de Votre Majesté, à l'occasion de l'entrée dans le territoire génois, j'ai écrit en même temps qu'à Votre Majesté au comte Kolowrat pour insister au moins pour la remise à compte de l'augmentation de quatre-vingt mille florins en lettres de change sur Venise pour payer par là des transports sur le Pô ; je le marque uniquement à Votre Majesté ne croyant devoir faire aucune mention avec le directoire des lettres de change que m'a envoyées le ministre des Affaires étrangères, hormis que Votre Majesté ordonne différemment. »

Dommartin au commandant Zelt (1)

21 germinal (10 avril) [A Dom.]

« Vous voudrez bien, citoyen, faire établir un dépôt de 60.000 cartouches à Gobra pour les troupes destinées à la défense de Settepani et Melogno, sous peu de jours. Le dépôt pourra être avancé jusqu'au logis de Melogno. »

Dommartin à Aymés (2)

21 germinal, 10 avril [A Dom.]

« La saison m'obligeant, citoyen commissaire, de faire occuper Settepani, et un assez bon nombre de troupes que je tiendrai à Melogno pour renforcer ce poste en cas de besoin étant trop éloigné de Finale pour y venir chercher leurs vivres, il serait nécessaire d'établir un magasin à Gobra ainsi qu'une boucherie, je ferai fournir à cet effet les emplacements nécessaires ; comme de là à Settepani il y a trois heures de marche, il serait nécessaire de tenir au logis de Melogno, neuf mulets à poste fixe qui seraient suffisants pour aller chercher des vivres à Gobra et les porter aux six cents hommes qui occuperont provisoirement Settepani. Je vous prie de me répondre au contenu de la présente parce que si des raisons quelconques ne vous permettent pas d'exécuter des mesures que je vous propose, je serai obligé de changer mes dispositions. »

Dommartin à Meynier

21 germinal (10 avril) [A Dom.]

« N'ayant point reçu, général, d'ordre de vous sur la manière dont vous voulez que je fasse occuper Settepani, quoique cependant je vous en ai demandé, vu l'importance du poste, je me détermine à y faire marcher pour demain matin deux compagnies par bataillon de ma brigade sous les ordres d'un chef de bataillon. Quand vous m'aurez donné les trois bouches à feu qui y sont nécessaires, je les y ferai monter. Également, il serait bon qu'au lieu de trois pièces de 3 on n'y en mit que deux et que l'on y substitue un obusier de 6 pouces à traineaux.

« Quand vous voudrez également donner des ordres à cent sapeurs pour y monter, ils relèveront les retranchements suffisamment pour le moment. »

Dommartin à Garaud

21 germinal (10 avril) [A Dom.]

« Mon intention étant de faire occuper Settepani, vous voudrez bien, citoyen commandant, y envoyer, de manière à y être rendu demain à la pointe du jour, deux compagnies de fusiliers de votre bataillon les premières à marcher ; elles seront sous les ordres du chef de bataillon Bribes qui ira s'y établir avec pareil nombre de compagnie des autres bataillons en passant au logis de Melogno. Les compagnies prendront chacune quatre haches, quatre serpes, quatre pelles, quatre pioches, dont la compagnie fera un reçu à celui de garde à Melogno.

Le chef de bataillon Bribes indiquera aux compagnies le lieu où elles devront se baraquer. J'attache de ce moment neuf mulets à chaque bataillon.

---

(1) Commandant l'artillerie à Finale.
(2) Commissaire des guerres à Finale.

Je donnerai un ordre pour leur emploi, mais le principal sera de porter les vivres aux compagnies, Settepani étant occupée, vous ne tiendrez que cent hommes de garde au logis de Melogno, fournissant les postes de la Tour, non compris votre poste intermédiaire à la Néva.

Je vous verrai demain en passant à Gobra allant à Settepani. Les grenadiers fourniront à Melogno à raison de leur force pour y faire le service des reconnaissances, découvertes des patrouilles. »

Dommartin à Saint-Faust et à Garaud
21 germinal (10 avril) [A Dom.]

« Settepani étant occupée vous ne tiendrez que quatre-vingts hommes de garde à la Madona de la Neva et toujours soixante-dix à la redoute de Tiven. Les grenadiers fourniront à la Madona à raison de leur force pour y faire le service des découvertes et patrouilles. »

Dommartin à Touret (1)
21 germinal (10 avril) [A Dom.]

« Je suis obligé, citoyen commandant, de faire partir deux compagnies du bataillon qui tient garnison dans cette place. Je vous prie donc d'arranger votre service en conséquence de manière que ce qui restera ne soit point fatigué.

Par les arrangements que je prends, il n'y aura bientôt plus de postes à fournir qu'aux munitions de toute espèce destinées pour ma brigade. Si le général Joubert prenait le même parti, cela allégerait beaucoup le service. »

Dommartin à Armanet
21 germinal (10 avril) [A Dom.]

« Citoyen commissaire, afin d'éviter des difficultés pour l'établissement de magasins intermédiaires à la Montagne, vous pourrez, pour produire le même effet, qui est d'éviter des fatigues aux soldats, attacher quarante mulets à ma brigade. Par ce moyen, vous ne serez plus obligé de lui fournir aucun transport. Je donnerai des ordres pour que des sous-officiers soient attachés fixement à ces mulets à l'effet d'en avoir le plus grand soin et d'en empêcher leur conducteur de déserter. »

Dommartin (Ordre)
21 germinal (10 avril) [A Dom.]

« Ordonne au citoyen Bribes, chef de bataillon de la 84ᵉ demi-brigade de partir de Finale pour se rendre à Settepani, y prendre le commandement des troupes qui occuperont ce poste. Il se conformera aux instructions que je lui donnerai pour la défense de ce poste dont il me rendra compte tous les jours. »

Augereau à Bonaparte
21 germinal (10 avril) [A G]

« Il n'y a rien de nouveau dans les positions que ma division occupe ; vous trouverez ci-inclus copie du rapport du général de brigade Rusca ; vous verrez le mouvement que l'ennemi a fait, vous jugerez s'il cadre avec ceux qu'ils ont fait sur Voltri et s'il projette une attaque. Donnez-moi connaissance des mouvements de l'ennemi de votre côté ; j'ai envoyé hier soixante sacs de farine à Bardinetto ; comptez sur mon zèle et mon activité et mon dévouement à la chose publique ; je vous renouvelle la pénurie de souliers de ma division. »

Augereau à Lequeux
21 germinal (10 avril) [A G.]

« Vous attendez le résultat de votre lettre du 17 courant, n° 810. Je vous ai répondu en vous envoyant l'adjudant général Quenin afin de se concerter avec vous au sujet de la levée des mulets commandés. Je suis fâché que peut-être votre santé ne vous ait point permis de sortir cette journée-là, mais il n'est point moins vrai que la troupe est restée commandée vingt-quatre heures pour être mise à votre disposition ; je vous envoie copie des dispositions que le susdit adjudant général Quenin avait prises avec vous. »

Augereau à Rusca
21 germinal (10 avril) [A G.]

« Les ordres que je vous ai donnés, général, étaient émanés du général en chef, je lui ai envoyé copie de votre lettre afin qu'il connaisse, comme moi votre position actuelle. Surveillez, en attendant la réponse du général en chef, mais mettez ses ordres à exécution de suite, il faut envoyer suivant moi des fréquentes patrouilles sur les points que vous croyez menacés de la part de l'ennemi. »

Augereau à Victor
21 germinal (10 avril) [A G.]

« Le citoyen Romano, garde-magasin, m'a écrit deux lettres que vous trouverez ci-inclus, n'ayant aucune connaissance de son arrestation, vous voudrez bien examiner l'affaire vous-même. »

Meynier à Masséna
Bourg l'Isnle, 21 germinal (10 avril) [A M.]

« Tout le monde me dit que les ennemis en veulent au poste de Saint-Jacques ; tu me marques toi-même, mon camarade, qu'ils ont des intentions hostiles, et cependant tu me laisses avec bien peu de troupes. Le général Joubert prétend ne pouvoir défendre Saint-Jacques avec sa brigade actuelle. Le général Dommartin n'est pas mieux en force pour les postes qu'il a à défendre. Je demande donc, pour nous, mettre à même de garantir les postes de cette ligne, au moins une demi-brigade de plus ; tu dois me l'envoyer, tu connais les conséquences qui pourraient résulter de la faiblesse des postes de ma division ; tu dois donc faire droit à ma demande sans perdre de temps ; le bien du service, l'intérêt de l'armée et de la République l'exigent. »

Commandant militaire de Varazze (Rapport)
21 germinal (10 avril) [A M.]

« L'officier de garde à la redoute en avant de Casanova, général, vient de me faire rendre compte qu'il a vu plusieurs feux auprès du couvent appelé le Désert entre ici et Arenzano. J'ai fait aller prendre position tout de suite aux troupes. J'attends du secours pour résister et par conséquent soutenir la retraite des gens de Voltri qui ont eu ce soir un assaut très vigoureux à coups de canon et ils occupent les hauteurs de Crevari, je crains bien qu'une demi-brigade soit prisonnière.

Cet endroit est à une heure et demie d'ici. »

Saliceti à Delacroix

Savone, 21 germinal (10 avril) [A E.]

« Puisque vous agréez les détails contenus dans mes précédentes dépêches, ce sera avec bien du plaisir que je continuerai à vous les transmettre.

Il ne faut du tout plus compter sur l'emprunt projeté à Gênes. Cacault a parlé, a agi; je l'ai secondé. Le ministre Faipoult à son arrivée a, on ne peut plus adroitement, tenté de reprendre les négociations : tout a été inutile. Le gouvernement génois dont la crainte seule aurait pu faire tirer quelque parti, rassuré par la présence des Autrichiens qui ont occupé la Bochetta dont j'aurai désiré que nous nous fussions emparé, a fini par se refuser à toute demande.

La réussite de cet emprunt nous eut sans doute été d'un grand secours; n'importe, il faut espérer que l'armée n'en ira pas moins bien et que par ses succès elle saisira bientôt d'autres moyens pour remplir les espérances du gouvernement ; sous peu nous serons à même d'agir.

Le ministre Faipoult s'est montré au gouvernement génois avec cette énergie qui convenait à son caractère. Ses principes et sa fermeté assureront à la France la considération dont elle doit jouir auprès d'une puissance étrangère.

Je vous demande, citoyen ministre, la continuation de votre amitié. »

Dommartin (Ordre)

22 germinal (11 avril) [A Dom.]

« La principale attention que doit avoir le chef de bataillon commandant à Settepani, est d'éclairer le prolongement de cette position jusque dans les mamelons qui dominent la Bormida afin d'empêcher l'ennemi de déboucher dans la vallée de Calissano où il pourrait inquiéter les troupes cantonnées dans ce village et par suite tenter de se porter à Bardinetto pour la défense particulière de son poste. La partie du vallon désignée est celle sur laquelle il doit y avoir le plus de surveillance ; ainsi il devrait faire éclairer ses vallons sans que jamais ses patrouilles puissent s'engager dans aucun village.

Si l'ennemi voulait arriver sur Calissano par le prolongement de Settepani, comme sans doute ce mouvement serait éclairé par des patrouilles il devrait m'en faire avertir de suite. Je prendrai dès lors mes précautions en conséquence. »

Dommartin (Ordre)

22 germinal (11 avril) [A Dom.]

« Ordonne au chef de brigade Venoux de faire rentrer de suite dans leur bataillon respectif les sous-officiers de la compagnie auxiliaire excédant le nombre fixé par la nouvelle organisation de l'armée. »

Dommartin à Venoux

22 germinal (11 avril) [A Dom.]

« Ordonne au chef de brigade Venoux de se tenir prêt à marcher avec la partie de la demi-brigade cantonnée à Finale. Il fera prendre de suite les vivres pour deux jours ainsi que de l'eau-de-vie pour ce temps et aura soin que chaque homme soit muni de quatre-vingts cartouches. Il donnera ordre de suite aux boulangers de la demi-brigade de se rendre à Saint-Jacques où ils recevront des ordres du directeur des vivres ; ces boulangers devront être au moins au nombre de dix, au plus de quinze (2).

(1) Adjudant général commandant la marine à Finale.
(2) Même ordre à Garaud et à Bribes.

Dommartin (Ordre)

22 germinal (11 avril) [A Dom.]

« Ordonne au 3ᵉ bataillon de la 84ᵉ actuellement à la Marine d'en partir au reçu du présent ordre pour se rendre à Saint-Jacques où je lui en donnerai de nouveaux. Il prendra le pain pour le 23 et le 24 ainsi que quatre-vingts cartouches pour chaque homme. »

Dommartin (Ordre)

22 germinal (11 avril) [A Dom.]

« Ordonne au 1ᵉʳ bataillon de la 84ᵉ demi-brigade actuellement à Rialto d'en partir avec armes et bagages à la réception du présent ordre pour se rendre de Vene à Saint-Jacques où il en recevra de nouveaux de ma part. Il prendra à Saint-Jacques le pain pour le 23 et le 24 et tous les hommes devront être munis de quatre-vingts cartouches.

Le commandant de ce bataillon fera avertir les postes et détachements de Settepani, la Madone auxquels il donnera l'ordre de se rendre de suite à Saint-Jacques pour se joindre au gros du bataillon. Il préviendra de ce mouvement le chef du bataillon Bribes, commandant à Settepani, auquel il fera passer également de suite la lettre ci-jointe. »

Dommartin (Ordre)

22 germinal (11 avril) [A Dom.]

« Ordonne au commandant Bribes, chef du bataillon cantonné à Settepani, d'en faire partir à la réception du présent ordre pour se rendre à Saint-Jacques les compagnies des 1ᵉʳ et 3ᵉ bataillons de la 84ᵉ demi-brigade ; il préviendra de son mouvement le chef de bataillon Garaud ; il restera de sa personne à Settepani, il lui gardera les outils tranchants, etc. »

Dommartin à Saint-Faust

22 germinal (11 avril) [A Dom.]

« Comme il n'est pas bien certain, citoyen, que le pain et l'eau-de-vie soient rendus à Saint-Jacques assez à temps pour que vous puissiez les y prendre, je préfère vous les faire toucher à Finale et en conséquence, envoyez de suite nos mulets de peloton à Finale pour prendre le pain qui serait nécessaire à votre bataillon pendant deux jours avec le bon d'eau-de-vie pour le même temps. Le tout vous sera porté par eux à Saint-Jacques avec les mêmes objets destinés pour le 3ᵉ bataillon qui s'y rend également. »

Dommartin à l'adjudant général

22 germinal (11 avril) [A Dom.]

« Actuellement trouvant qu'il est tard et que ma brigade ainsi que moi sommes au moment de partir, je vous prie, citoyen, de m'indiquer une manière d'avoir les fusils des sapeurs, d'autant que le bataillon ne faisant point partie de ma brigade, il n'y a que le général divisionnaire qui puisse lui ôter les armes pour me les livrer. »

Augereau à Bonaparte

22 germinal (11 avril) [A G.]

« Il est 9 heures, je viens de recevoir votre ordre de partir avec mes deux demi-brigades, je vais mettre vos ordres à exécution de suite et je tâcherai d'être rendu à Mallare à minuit, comme vos ordres me le prescrivent.

Il n'y a aucune paire de souliers en magasin, ma troupe est absolument nu pied ; il me manque plus de huit cents fusils pour armer les troupes qui partent pour faire l'expédition. Cependant, soyez tranquille, comptez sur mon zèle et mon activité. »

P.-S. — « Au moment que je cachète la lettre, l'on m'annonce trois mille cinq cents paires de souliers, ce qui retardera un peu ma marche. »

Augereau à Rusca

22 germinal (11 avril) [A G.]

« Je te préviens, général, que je pars ce soir avec la division pour me rendre demain matin à Cairo, d'après les ordres du général en chef que je viens de recevoir.

Tu te tiendras toujours sur la défensive en attendant de nouveaux ordres, mais à supposer que, par les entreprises que l'ennemi pourrait faire contre toi, tu eusses besoin de renfort, tu en demanderas au général Serurier, je préviens ce général pour qu'il ait à t'en faire passer.

S'il se passe quelque chose de nouveau, tu seras exact à m'en rendre compte et dans tous les cas par les rapports que tu m'enverras à Cairo.

Tu préviendras aussi le général Serurier des mouvements ou des tentatives que l'ennemi pourrait faire. »

Augereau à Lavergne

22 germinal (11 avril) [A G.]

« Je vous préviens, citoyen commissaire, que je pars de suite avec la 39e et la 69e demi-brigades pour me rendre à Cairo ; vous prendrez toutes les mesures nécessaires pour faire suivre le plus de vivres que vous pourrez à la suite des colonnes et vous les ferez escorter par une force armée jusqu'à Cairo où je serai avec mes troupes ; vous mettrez tous les mulets en réquisition afin d'en avoir toujours à votre disposition pour que les subsistances ne me manquent point ; vous vous concerterez avec les commandants des places de la division pour vous assurer ce service. »

P.-S. — « Malgré tous les mouvements, vous aurez les yeux sur le poste de Bardinetto. »

Augereau à Serurier

22 germinal (11 avril) [A G.]

« Je vous préviens, général, que je viens de recevoir du général en chef l'ordre de partir avec ma division pour me rendre à Cairo.

Le général en chef me donne ordre de vous prévenir de ce mouvement et en même temps des ordres que je ferai passer au général Rusca qui occupe Bardinetto, à qui, d'après la lettre du général en chef, vous devez faire passer des renforts dans le cas où il pourrait en avoir besoin et qu'il vous en demanderait.

J'ai prescrit au général Rusca de se tenir sur la défensive jusqu'à ce qu'il reçoive de nouveaux ordres de ma part ; à supposer que l'ennemi l'attaque et que des renforts lui soient nécessaires, je lui donne ordre de vous en demander, conformément à la lettre du général en chef.

Il a ordre aussi de vous rendre compte des dispositions d'attaque de la part de l'ennemi ou de son inactivité vers le point de la ligne qu'il est chargé de défendre. »

Augereau à Victor

22 germinal (11 avril) [A G.]

« Je vous prie, général, d'accélérer la distribution des troupes, il est minuit, je devrais déjà être à Saint-Jacques ; je sais bien que l'ordre est venu trop tard, mais je pourrais faire manquer l'expédition et alors je serais coupable, il faut que les officiers veillent à activer les distributions; marquez-moi où nous en sommes. »

Augereau à Bonaparte

22 germinal (11 avril) [A G.]

« Aussitôt que j'ai reçu vos ordres, général, je me suis empressé de les mettre à exécution, mais les distributions tant de vivres que de munitions m'ont retardé au delà de ce que j'espérais, je ne puis partir de la Piétra qu'à 4 heures du matin, ce qui est bien loin de l'heure que vous auriez désiré que je partisse, je vous en préviens afin que, si je dois agir de concert avec vous, vous retardiez à peu près le temps que j'ai de retard.

Je vous préviens en outre que j'ai au moins mille hommes dans ces deux demi-brigades sans armes et que la lenteur qu'on a mise à m'expédier les souliers d'Albenga, m'oblige de partir sans les distribuer, vu qu'ils ne sont pas encore arrivés; je laisse des ordres pour qu'on me les fasse parvenir aussitôt qu'ils seront arrivés. »

Rampon à Masséna

La redoute de Monte-Negino, 5 heures 30. 22 germinal (11 avril) [A G.]

« Faites-nous envoyer six barriques de cartouches, du pain et de l'eau-de-vie.

Vous nous avez promis deux pièces de 3. Si nous les avions eues, je crois que nous les aurions débusqués: faites-nous les monter ce soir et même une pièce de 4, s'il est possible. Il est d'urgence que mille à douze cents hommes viennent du côté du palais Doria, et alors nous pourrions faire une vigoureuse sortie.

Nous venons d'en faire une, plusieurs braves se sont distingués entre autres : les citoyens Moreau lieutenant et Ollivier carabinier de la 1re demi-brigade d'infanterie légère, les citoyens Bataille et Cabone(?), Houstan, sergent-major de la 21e demi-brigade. Le citoyen Fornesi a perdu son cheval en avant du retranchement.

Jusqu'à présent nous n'avons vu personne de l'état-major. La fusillade va toujours. »

P.-S. — « Le citoyen Belard, sergent de la 21e demi-brigade, est du nombre de ceux qui se sont distingués. »

Marmont à Bonaparte

Varazze, 22 germinal (11 avril) [C I.]

« Je suis arrivé hier au soir à Voltri ; mais mon séjour n'y a pas été long. L'ennemi fort de six mille hommes et de quatre bouches à feu, s'est présenté le long de notre front vers les 3 heures de l'après-midi. La majeure partie de ses troupes est arrivée par Campo Vado et leur artillerie avec deux cents cavaliers est venue par les bords de la mer; nos troupes se sont bien battues, mais disséminées dans beaucoup de points et gardant un pays vaste et facile, à cause de la multitude des gorges, elles ont été forcées sur plusieurs points et, à la nuit, l'ennemi s'est trouvé maître de toutes les hauteurs de Voltri. Très heureusement il avait attaqué tard car, s'il y eût eu encore quelques heures de jour, notre position devenait très fâcheuse. Le général Cervoni a donc pris sagement le parti de la retraite.

Tout a été évacué les magasins de toutes les espèces et nous n'avons fait aucune perte. Nous sommes à Varazze où il existe d'assez bonnes positions à prendre entre autres, celle de la montagne La Fourche. La gauche de la nouvelle ligne serait à Stella où nous avons un bataillon.

Je n'ai pas pu, comme vous le voyez, visiter les positions que vous m'avez désignées. Si vous ordonnez le mouvement de la retraite, je retourne à Savone sur-le-champ ; si vous ordonnez de prendre la nouvelle ligne, je la visiterai et ensuite je vous rejoindrai. »

Journal des opérations de campagne de la 1re division

6 floréal (25 avril) [A G.]

« A l'époque du 6 germinal, la 70e demi-brigade fut envoyée à Voltri sous les ordres du général de brigade Pijon pour y protéger les magasins que l'armée d'Italie avait dans cet endroit ; ce mouvement de notre part ayant éveillé l'armée austro-sarde, elle s'avança vers ce point avec des forces considérables et qui, augmentant journellement, faisaient craindre pour le corps français détaché à Voltri. Les hostilités que les Autrichiens commencèrent, firent présumer, que leurs intentions étaient de couper la communication à ce corps, mais la vigoureuse défense qu'elle fit dans les différentes attaques qu'il soutint, les mesures et précautions prudentes du général Laharpe qui couvrit les points d'Arenzano, Varazze et la Stella, enfin la retraite bien ordonnée que fit le général Cervoni conservèrent cette demi-brigade à la République. Ce fut à l'époque du 22 germinal que, d'après les ordres du général divisionnaire Laharpe, cette retraite s'effectua sur Savone, et en même temps l'ennemi qui, sûrement avant conçu un projet général d'attaque sur notre ligne, fit avancer sur les hauteurs de Montenotte Soprano un corps d'à peu près sept mille hommes dont le but était de s'emparer des redoutes de Monte Negino. Malgré les vigoureuses attaques qu'il dirigea sur ce point le 22, il fut obligé de s'en tenir à ses positions sans avoir obtenu le moindre succès ; cette belle défense fut dirigée et commandée par le chef de brigade Rampon qui déploya dans cette occasion les plus grands talents et qui, sans contredit, doit être regardé comme ayant sauvé l'armée de la République dans cette partie.

La position qu'occupa l'ennemi dans la nuit du 22 au 23 fit présumer que son intention était de tenter de nouveau l'attaque des points de Monte Negino, ce qui fit prendre le parti de changer la défensive en offensive ; en conséquence la 1re division se mit en marche pour renforcer le point attaqué et, vers la pointe du jour, les colonnes républicaines des généraux Masséna et Laharpe ayant attaqué l'ennemi, le premier à revers et le second de front, le succès le plus complet suivit cette opération et, après une assez vigoureuse résistance, l'ennemi fut jeté dans le plus grand désordre, on le poursuivit et lui fit à peu près dix-huit cents prisonniers ; le nombre de morts qu'il laissa sur le champ de bataille peut être évalué à trois cents ; il y eut dans cette affaire un drapeau de pris par la 70e demi-brigade ; notre perte fut de peu de conséquence, car à peine y eûmes-nous sept hommes hors de combat.

La 1re division bivouaqua dans la nuit du 23 au 24 sur les hauteurs de Montenotte Soprano où elle s'établit militairement la gauche appuyée aux limites de Gênes et la droite aux montagnes boisées de Montenotte ; la retraite précipitée de l'ennemi ne permit point à nos troupes d'avoir le même jour des renseignements positifs sur les positions où il se retirait.

Le 24, d'après les ordres du général en chef, la division se mit en marche et se porta par les hauteurs de Montenotte dans la plaine de Cairo où elle bivouaqua toute la nuit du 24 au 25.

Le 25 à la pointe du jour, la 1re division se mit derechef en marche pour se porter à l'attaque combinée de l'armée austro-sarde sur les hauteurs de

Dego, elle dirigea sa marche sur la Bochetta, puis vint prendre position sur les hauteurs en arrière de Dégo, la gauche à la Bormida et la droite appuyée à la division Masséna ; le signal de l'attaque donné, tous les corps se sont mis en marche pour attaquer l'ennemi qui, par la bravoure et l'héroïsme déployés par le soldat républicain fut chassé de toutes ses positions et forcé à une retraite qui se fit dans le plus grand désordre et il est impossible de citer la bravoure particulière ou quelque action d'éclat. Dans cette journée l'ennemi n'eut à faire qu'à des héros et tous ont bien mérité de la République. Le butin que l'on fit sur l'ennemi dans cette journée fut immense ; il nous abandonna dix-neuf pièces de canon, vingt-quatre caissons, huit drapeaux et plus de cinq mille prisonniers tombèrent au pouvoir du soldat victorieux.

Cette victoire qui coûta peu de sang républicain fut suivie d'un désordre et d'un pillage qui, donnant à l'ennemi le temps de revenir de sa terreur et renforcé par quatre mille hommes de troupes fraîches qui lui étaient venues de Sassello, nous chassa le 26 à la pointe du jour des positions que nous avions conquises la veille et lui rendit tout ce que la bravoure lui avait enlevé ; la nouvelle de ce désastre arma d'un nouveau courage les divisions et, à l'instant, la 1re qui bivouaquait sur les hauteurs de la Bochetta se reporta sur Degò où elle attaqua derechef l'ennemi qui, malgré l'opiniâtre et vigoureuse défense qu'il y fit, en fut pour une seconde fois chassé et mis dans la plus grande déroute.

Le soir la division remplaça celle du général Masséna sur les hauteurs de Dégo.

Le 27, d'après les ordres du général en chef, elle se dirigea en partie sur Sassello passant par Mioglia, mais n'ayant point trouvé d'ennemis dans ce lieu, elle revint le 28 sur ses pas pour réoccuper les positions de Dego qu'elle avait évacuées en partie la veille ; elle resta dans cette position militaire jusqu'au 2 où elle marcha sur Monbarcaro passant par Brovida et Monesiglio où elle passa la Bormida et se rendit sur les hauteurs de Monbarcaro.

La division tint les positions de Monbarcaro jusqu'au 5 floréal où elle se porta sur les hauteurs de la Niella qu'elle occupe dans ce moment. »

Landrieux à Lacuée

Aix, 22 germinal (11 avril) [A G.]

« Je partis pour me rendre au poste qui m'était désigné, peu de jours après vous avoir vu.

Je trouvai le régiment à Aix, si cependant on peut appeler ainsi un assemblage d'hommes vivant aux dépens de la République, sans discipline, sans lois, ne connaissant aucun principe de subordination, sans comptabilité, sans registres, connus seulement par leurs excès dans les villes et les campagnes dont ils étaient le fléau, et par leurs sentiments inciviques.

Fréron, le jour de mon arrivée, les expulsa d'Aix. On alla à Nîmes, d'où le général qui y commandait, se débarrassa du fardeau en nous envoyant à Montpellier ; je commençais à y débrouiller ce chaos, lorsque les patriotes de cette ville indignés contre les chanteurs du réveil du peuple, contre ces spadassins protecteurs des réquisitionnaires, se lèvent un jour, et chassèrent le tout hors de leurs murs ; il fallut se réfugier à Castres. Là, je fus un peu plus tranquille ; semblable à l'abeille, je reconstruisais ma ruche dérangée, la discipline reprenait le dessus ; dans une petite ville, il y a moins d'intrigants, moins de corruption que dans une grande : j'entrevoyais quel-

(1) Chef de brigade du 13e régiment de hussards.

ques lueurs d'espérance, je crois que j'eusse enfin organisé ce corps, lorsqu'un ordre de nous rendre à l'armée d'Italie est venu tout bouleverser une seconde fois.

Ce corps étant composé en partie de fuyards de Lyon, de massacreurs à gages de tous les partis, desquels je n'ai pas encore eu le temps, ni l'autorisation de le purger, j'ai dû m'attendre à bien des traverses en route, surtout dans les grandes villes du midi.

Patient à l'excès, j'ai opposé mon sang-froid et ma fermeté à tous les troubles à Pézenas, à Montpellier, à Nîmes, je m'en suis assez bien tiré. Mais à Aix, la commune y a été assiégée, moi-même, menacé par les brigands se disant officiers du 13e régiment que je commande.

Heureusement les hussards égarés par eux m'obéirent ; ils se retirèrent au moment où l'artillerie de la commune allait en faire justice.

La ville n'avait malheureusement pas de garnison, j'eusse fait arrêter tous les coupables. Il a fallu être prudent.

J'ai écrit trois fois au ministre de la guerre ; je ne sais ce que sont devenues mes lettres ; si elles ont été interceptées, je cours risque d'être assassiné. Le ministre Merlin m'a fait répondre.

Dans cette détresse, je me rappelle que vous me promîtes soutien. Le bien public exige impérieusement que le 13e régiment de hussards soit licencié ou incorporé ; il ne peut d'ailleurs être d'aucune utilité ; cette troupe à demi-nue, quoiqu'ayant reçu depuis un an qu'elle a d'existence, plus d'équipement qu'il n'en faut pour quatre corps, sait à peine marcher par deux. Jamais ils n'avaient eu de livrets. Les commandants de compagnies n'ont jamais eu de registres ; le quartier-maître, que j'ai chassé pour vol, n'a jamais pu rendre aucun compte ; point de registre de caisse. Le vin, le jeu, les femmes, voilà ce qu'on connaît au corps, depuis le 12 pluviôse an 3e, jour de sa création. Vous trouverez aux bureaux de la guerre, dans le carton qui concerne ce corps, les mêmes notes que celles que je vous donne. Elles sont de la main du général Walther qui l'organisa à regret.

Il n'y a que deux cents chevaux au corps, quoiqu'ils soient très maigres, ils feraient beaucoup de bien à qui aurait soin, et dont les officiers feraient leur devoir. Ici c'est impossible. L'officier supérieur, le subordonné vont se griser au cabaret ensemble : j'ai tout tenté, punitions, moyens particuliers, discours, encouragements, rien n'y a fait.

C'est à vous citoyen, représentant, que je m'adresse pour faire entendre qu'il faut absolument qu'on incorpore les hussards dans d'autres régiments. Ils sont nus et sans armes ; il vaut mieux les habiller après l'incorporation qu'avant, aussi ai-je cessé tout travail à cet égard.

Qu'on me mette à la suite dans un autre corps où mon travail puisse être utile ; voilà tout ce que je demande (1) ».

(1)   Directoire au Ministre

2 floréal (21 avril) [A G.]

« La conduite qu'a tenue jusqu'ici, citoyen ministre, le 13e hussards, ne permet plus d'espérer que ce corps puisse rendre des services utiles à la République. Le Directoire exécutif a reconnu la nécessité de le licencier et de distribuer les individus qui le composent dans d'autres régiments à cheval. Vous voudrez donc bien en conséquence donner des ordres au général en chef de l'armée d'Italie dont le 13e régiment fait partie pour que son licenciement soit exécuté sans délai. Il sera utile de faire constater préalablement l'état dans lequel se trouve ce corps actuellement et de prendre des renseignements sur les officiers et sous-officiers qui par leur immoralité et leur indiscipline, ne seraient pas susceptibles d'être conservés parmi les défenseurs de la République (1).

(1) Lettre de Petiet à Bonaparte du 25 avril [A G.].

Thugut à Beaulieu
Vienne, 11 avril [H A V.]

« J'ai reçu à son temps les deux lettres dont Votre Excellence m'a honoré le 17 du mois passé. Je m'empresse de lui faire mes compliments les plus sincères sur son installation dans les fonctions du commandement suprême de l'armée d'Italie qui, confiée à des mains aussi habiles et courageuses que celles de Votre Excellence, nous autorise à espérer désormais des événements favorables à la gloire des armées de Sa Majesté. Vous aurez vu, monsieur le baron, par les dépêches de Sa Majesté, que l'utilité du concours d'une flottille pour appuyer les opérations de l'armée de terre n'a pas été méconnue. Je souhaite beaucoup que Votre Excellence soit parvenue à réunir les avis des alliés sur la manière de se procurer cet avantage et sur les démarches à faire à Naples sans retard relativement à cet objet. Vous savez, monsieur, qu'outre le régiment de cavalerie de plus que la cour de Naples a déjà mis en marche pour joindre votre armée, l'on nous a flattés de nous envoyer, aussi cette année sept à huit mille hommes d'infanterie. Leur passage à travers la Toscane paraissant souffrir des difficultés, il semble qu'on serait disposé à Naples à s'entendre avec l'escadre anglaise pour leur transport par mer; peut-être serait-il bon d'examiner en ce cas-là si un débarquement effectué par ces troupes napolitaines dans la rivière de Gênes ne pourrait être combiné avec nos opérations du côté de terre, de manière à en faciliter le succès ; on suppose, comme il est à désirer, que l'expulsion des Français de la rivière devance l'époque où les préparatifs pour l'embarquement des Napolitains pourront être achevés; si alors ces mêmes troupes ne pouvaient être employées soit à une descente sur les côtes de Provence soit à des démonstrations et menaces de débarquement propres à partager l'attention de l'ennemi et à favoriser ainsi nos entreprises, c'est aux lumières et à l'expérience de Votre Excellence à juger du plus ou moins de convenance de ces idées, mais si l'on s'arrêtait à en tenter l'un ou l'autre, il serait essentiel de se concerter d'abord tant avec les Anglais qu'avec les Piémontais ; pourque le ministre de l'une et de l'autre cour sollicitent auprès de celle de Naples l'exécution des mesures relatives au plan qu'on aurait adopté. J'écris de mon côté aujourd'hui à M. le comte d'Esterhazy, ambassadeur de Sa Majesté à Naples, pour l'avertir d'intervenir par ses démarches toutes les fois que Votre Excellence, l'en requerrait aux arrangements que vous croiriez devoir proposer à la cour de Naples pour la coopération la plus utile et la plus efficace de ses forces de terre et de mer à la cause commune.

La promptitude avec laquelle l'empereur a déféré à vos désirs, concernant l'avancement du baron de Malcamp, vous fournit sans doute, monsieur, une nouvelle preuve de la bienveillance de Sa Majesté et du cas qu'elle fait du mérite de Votre Excellence. »

Beaulieu à l'Empereur
Voltri, 11 avril [H A V.]

« C'est à la hâte que j'ai l'honneur de donner part à Votre Majesté Impériale et Royale que j'ai fait attaquer l'ennemi à Voltri ; qu'il en a été chassé. Je ne saurais dire dans le moment le nombre de prisonniers, j'en ai déjà vu aujourd'hui plus de 150, nous sommes encore à la poursuite de l'ennemi, je fis attaquer hier le soir par deux colonnes ; l'une de la gauche commandée par le général Pittoni auquel j'avais envoyé mon adjudant Malcamp avec toutes les instructions, cet officier devait rester tout le temps près dudit général et descendit avec cinq bataillons de Campo Morone, arriva à Pietro d'Arena où l'ennemi voulut empêcher le passage de Polcevera ; il fut forcé ; la deuxième colonne consistait en quatre bataillons d'avant-garde commandés par le colonel Wukassovich soutenus par quatre autres bataillons, comme réserve, commandés par le lieutenant-général Schottendorf. La tête de cette colonne ou une partie de l'avant-garde était déjà à Masone qui eut les deux jours précédents des affaires avantageuses, le reste était arrivé par Ovada. Je me trouvais à cette colonne, elles attaquèrent parfaitement d'accord le 10 au soir ; la colonne de la droite tourna les hauteurs où l'ennemi avait, des postes et des piquets qui furent tous pris, l'ennemi se voyant forcé dans les montagnes et prêt à nous voir de grand matin le lendemain 11 l'envelopper, se retira de nuit ; nous trouvâmes quelques farines et on est encore à la recherche. Quatre bataillons marchèrent d'abord à Fajallo, et je laissai ici deux bataillons et tout le reste va marcher subitement vers ma droite et, pour y arriver, tout doit retourner vers Acqui, ce qui est bien embarrassant, mais on ne peut guère traverser ces montagnes en croisant les vallées. Les soldats de Votre Majesté, sans tentes, sans feu, sans marmites, fatigués à l'excès, obéissant, allant avec joie à l'ennemi, je les recommande aux tendres sentiments paternels de Votre Majesté ; ils passent dix fois à travers des torrents dans un jour ; à peine trouvent-ils un brin de bois pour se réchauffer dans les nuits froides. J'ai pris sur moi de donner à ceux qui étaient de cette affaire un peu de brandewein à chacun. Ce n'est pas le système, mais j'espère que Votre Majesté me permettra de donner de temps en temps au nom de Votre Majesté un peu de brandewein à ses soldats. Je dois à présent tourner toutes mes vues vers ma droite. Les généraux dont je suis en besoin, n'arrivent pas, ni tentes, ni marmites, ni mulets suffisants, ni charriots. Je suis entré en opération avec l'armée à la surprise des Français, mais j'ai bien senti que je devais faire cet effort dans l'espoir que Votre Majesté donnera les ordres les plus précis qu'on envoie ou qu'on presse les envois de ce qui manque à cette armée et les secours déjà demandés. Car ils sont indispensables. Son Altesse royale l'archiduc Ferdinand fait tout au monde pour m'assister, car il ne s'attendait pas que j'aurais entrepris de si tôt ; j'enverrai le plus tôt possible un rapport plus détaillé ainsi qu'au conseil aulique de guerre. Je vais à Acqui ; Acqui est mon quartier général pour les lettres à moi adressées et de là à Dego et de là à Cairo.

J'ai fait prier le commodore Nelson, commandant l'escadre anglaise dans le golfe de Gênes, de coopérer à l'attaque que j'allais faire à Voltri, ce qu'il a exécuté avec ponctualité, car il n'eut pas plus tôt reçu le billet écrit en mon nom par mon adjudant Malcamp qui était à Pietro d'Arena et qui était instruit de l'arrivée de ladite escadre. Le commodore mit d'abord à la voile la nuit du 10 et 11 et longea la côte bien avant devant Voltri, il a son vaisseau l'*Agamemnon*, deux frégates et un cutter qui vont aussi près des côtes que possible. »

Directoire à Saliceti

Paris, 23 germinal (12 avril) [A G.]

« Le Directoire a reçu vos trois lettres du 6 germinal, ses précédentes dépêches ont dû faire connaître son opinion sur les mouvements que vous aviez proposé d'opérer pour prévenir les ennemis et déterminer le consentement des Génois à l'emprunt demandé. Quoiqu'il eût appris avec plaisir que vous n'eussiez apporté aucun délai à l'exécution de cette entreprise, i approuve cependant la résolution que vous avez prise de l'ajourner jusqu'à l'arrivée du général Bonaparte, parce que ce général, instruit par vous et des circonstances critiques où se trouve l'armée et des dernières intentions du

Directoire, pourra adopter avec plus d'assurance le parti le plus convenable.

Le Directoire avait approuvé votre arrêté relatif à la prise anglaise qui se trouvait à Livourne, parce que le salut de l'armée paraissait le commander et que les circonstances légitimaient tout ce qu'il pouvait y avoir d'injuste dans cette démarche. Il apprend avec satisfaction que le citoyen Lacheze a terminé cette entreprise sans faire usage des moyens de rigueur ; il approuve l'emploi des sommes que vous vous êtes procurées, mais il sent comme vous qu'elles n'apportent qu'un léger palliatif aux besoins de l'armée. Continuez donc à agir avec la même activité ; employez tous les moyens possibles pour faire cesser cette détresse. La confiance dont vous êtes investi, vous est un sûr garant de l'approbation que donnera le Directoire aux mesures que vous croirez nécessaires.

Vous verrez par les instructions dont est porteur le général en chef que l'intention du Directoire est d'attaquer sans délai. Les renseignements que vous fournirez aujourd'hui sur la situation des ennemis le détermineront sans doute à hâter l'exécution des projets concertés avec le gouvernement.

La confiance que le général inspire au Directoire, celle que vous méritez tous les jours davantage par votre zèle et votre activité, la valeur de l'armée que vous surveillez ont fait penser au Directoire que les mouvements qu'il ordonne, seront couronnés par la victoire et qu'avant la fin de la campagne les Autrichiens vaincus et chassés pour jamais de l'Italie qu'ils tyrannisent, laisseront au roi de Sardaigne la liberté de conclure avec la France une paix et une alliance que commandent également les intérêts des deux peuples.

Les dilapidations sans nombre et sans exemple qui s'exerçaient depuis longtemps à l'armée d'Italie, nécessitaient les mesures que vient de prendre le commissaire ordonnateur en chef.

Les amis ou les complices de ces dilapidateurs feront sans doute auprès de vous quelques tentatives adroites pour annuler les effets de cette grande mesure. Des hommes, spéculant encore sur l'élargissement et l'impunité des coupables, chercheront peut-être à vous faire servir leurs intérêts en implorant votre humanité, mais le Directoire compte assez sur votre fermeté, sur votre patriotisme, sur votre sagacité surtout, pour être certain que vous empêcherez quelques fripons, plus adroits que les autres, de s'emparer de cet acte de justice; et il ne sera pas dit qu'une incarcération momentanée de quelques fripons éhontés deviendra un moyen certain de blanchir leur conduite et de les laver dans l'opinion publique. Vous saurez déjouer toutes les intrigues et, vous prémunissant contre toute espèce de suggestion, vous poursuivrez les dilapidateurs avec toute la sévérité des lois et vous vengerez avec éclat la République qu'ils outragent depuis si longtemps et ses défenseurs dont ils aggravent sans cesse la pénible situation. »

Berthier à Masséna

Carcare, 23 germinal (12 avril) [Orig. A M.]

« Je vous préviens, mon cher général, que le général Dommartin n'étant pas encore arrivé, le général en chef a cru devoir placer le général Banel et ses troupes sur la hauteur de Biestro où elles ont chassé quelques petits postes ennemis. Le général de brigade Joubert et la troupe à ses ordres ont pris une position sur la route de Cairo à Saint-Juliette et Lissola [Lidora?].

J'ai donné des ordres pour que le général Dommartin se porte en avant de la chapelle Sainte-Juliette aussitôt son arrivée, et où il attendra vos ordres.

Le général Augereau est arrivé et a pris une position entre Carcare et la chapelle Sainte-Juliette ; les quatre escadrons qui suivent sa colonne et l'artillerie, arrivent dans ce moment. Le général en chef vous fera passer ce soir, par l'un des officiers que vous avez envoyés, les dispositions pour les manœuvres de demain. »

Berthier à Masséna
Carcare, 23 germinal (12 avril) [Orig. A M.]

« Je vous préviens, général, que les troupes du général Dommartin n'étant pas encore arrivées, le général en chef a été obligé de porter les troupes du général Banel sur les hauteurs de Biestro. Le général Joubert est à la chapelle Sainte-Juliette et a ordre de pousser de fortes patrouilles sur Cairo pour correspondre avec vous. J'ai envoyé au devant du général Dommartin pour lui faire dire de se rendre de suite en avant de la chapelle Sainte-Juliette où vous lui adresserez des ordres sur les dispositions que vous jugerez nécessaires. »

Masséna à Bonaparte
Montenotte, 9 heures 30 du matin, 23 germinal (12 avril), [A M.]

« Nous venons, général, de chasser l'ennemi des positions de Montenotte, leur perte est très considérable, un officier prisonnier l'évalue de quatre cents hommes, la nôtre n'est pas considérable : une vingtaine de blessés et cinq à six tués. Je rallie mes troupes aux positions de Montenotte, j'ai envoyé un officier supérieur avec cent hommes pour reconnaître où en est Laharpe ; si son opération n'est pas encore finie, je monterai à son secours ; à notre jonction, nous marcherons de concert sur Carcare et Sassello comme vous me le prescrivez par votre lettre que m'a remise votre aide de camp. Ma troupe n'a point reçu de pain, je ne sais si on en aura pu trouver à Vado. Je dois les plus grands éloges en général aux braves soldats que je commande. »

Masséna à Bonaparte
Hauteur de Carcare, 8 heures du soir, 23 germinal (12 avril) [A M.]

« Je suis arrivé à 6 heures sur les hauteurs de droite entre Cairo et la Rochetta, mon avant-garde couvre ce village. Je n'ai pas encore eu de nouvelles du général Ménard qui a avec lui la 8e demi-brigade d'infanterie légère ; je crois qu'il occupe le pont et les hauteur de Carcare. L'ennemi occupe les hauteurs qui couvrent Cairo, en face de nous. On le dit fort de six bataillons de grenadiers et de douze cents Croates. A Dego, on dit qu'il y a les bataillons de Belgioso et de Caprara et deux bataillons piémontais, je vous préviens que toutes les forces que j'ai ici ne sont que de douze cents hommes. »

Laharpe à Bonaparte
Montenotte, 5 heures 30 du soir, 23 germinal (12 avril) [A. C.]

« Je viens de fournir la tournée de toute ma ligne, général. Je t'annonce avec la plus vive satisfaction que partout le succès a été brillant. L'ennemi a laissé dans cette partie au moins six cents hommes morts, le nombre des prisonniers est plus considérable, ils ont perdu beaucoup d'officiers tués et blessés pendant que notre perte ne s'élève qu'à quatre ou cinq tués et huit à dix blessés. La quantité d'armes éparses autour de nous est une preuve de la terreur qui s'est emparée de l'ennemi. Le général Rukhavina a été blessé hier dangereusement, le général Argenteau l'est légèrement aussi.

La 70e demi-brigade s'est emparée d'un drapeau ennemi. Cette brigade, général, dont les drapeaux ont déjà été pris aux Anglais par le régiment d'Aquitaine, demande l'honneur de conserver ce dernier pendant quelques jours, j'attends tes ordres à cet égard.

Parmi le nombre des braves gens qui ont concouru aux succès de cette journée, il est de mon devoir de te faire connaître le brave Lejeune, capitaine de la 1re compagnie de grenadiers de la 70e. Cet officier a continuellement harcelé l'ennemi, a soutenu le feu le plus vif et a fait cent prisonniers. Je le recommande, par ton canal, à la reconnaissance nationale. Je t'observe que cet officier est connu et estimé dans toute l'armée et qu'il a été blessé l'année dernière à l'affaire de Mologno.

Je t'envoie des cartouches de sable qui ont été distribuées aux troupes ce matin. Juge de là des chouans et des fripons.

Je te réitère, général, que je crois que l'on peut retirer le plus grand effet de cette journée en ne perdant pas de temps. Si les dispositions ne le permettent pas d'attaquer demain, je ferai faire une reconnaissance en force sur Sassello. Si tu l'approuves, je te prie de me répondre. »

Serurier à Bonaparte

23 germinal (12 avril) [C 1.]

« Je suis parti de Garessio aujourd'hui à 10 heures du matin, et quatre heures après j'ai appris que les ennemis étaient à la Sotta et qu'ils s'en étaient emparés. J'ai écrit sur-le-champ au général Guieu qu'il fît ses dispositions et attaquât ce poste de manière à le remettre en notre pouvoir. Je vous rendrai compte du résultat.

Le général Pelletier, de retour aujourd'hui, ira demain à Garessio. Je pousse dans cette partie autant de troupes que je puis et recommande à ce dernier général de faire occuper sans retards toutes les hauteurs. »

Saliceti à Faipoult

Carcare, 23 germinal (12 avril) [A G.]

« Le général Bonaparte, citoyen ministre, avait, dans l'intention d'attirer par là les Autrichiens dans les montagnes, laissé un petit corps de troupes à Voltri, il avait prévu que l'ennemi, ne voyant dans ce faible corps qu'une occasion d'avoir un succès certain, viendrait l'attaquer par les hauteurs et chercherait à le couper par Montenotte. Son projet était, si l'ennemi se prenait à son piège, de le tourner lui-même pendant qu'il porterait ses coups sur les troupes à Voltri.

Son plan a parfaitement réussi. Le général Beaulieu a porté sur Montenotte une force de dix à douze mille hommes commandés par les généraux d'Argenteau et Rukhavina. Il a fait ensuite attaquer comme vous savez la demi-brigade de Voltri, qui, quoique très inférieure en nombre, a fait une résistance honorable, sans se compromettre, autant qu'il était possible, et, après avoir ainsi tourné l'ennemi et exécuté ensuite, ainsi qu'elle en avait l'ordre sa retraite sur Savone, que le général a fait protéger par quinze cents hommes placés sur les hauteurs de Varazze et notamment aux avenues de Sassello.

Le général Bonaparte avait en même temps, par une suite de son plan, placé dans la redoute de Montenotte quinze cents hommes pour résister pendant quelque temps, dans le cas où ils seraient attaqués.

La retraite des troupes de Voltri opérée le 21 au soir avec ordre et de manière que l'ennemi n'a eu, malgré ses positions, malgré sa supériorité en nombre, d'autre avantage que l'abandon du pays, où il n'a trouvé aucun magasin, tout ayant été évacué. Le général Beaulieu qui ne s'attendait pas à cette retraite, a fait attaquer le 22 au matin Montenotte ; il croyait pouvoir forcer le poste, se porter ensuite sur Savone, couper les cinq mille hommes de l'avant-garde et nous enlever les moyens de faire la campagne.

Il s'est étrangement trompé ; la garnison de Montenotte s'est défendue avec toute la vigueur possible. Trois fois les Autrichiens se sont présentés pour la forcer et trois fois ils ont été repoussés, leurs efforts pendant toute la journée du 22 ne leur ont pas procuré le moindre avantage et leur ont coûté quatre cents hommes morts ou blessés ; parmi ces derniers s'est trouvé le général Rukhavina dont la blessure est très dangereuse, à ce qu'on assure. On s'attendait à ce que par de nouvelles troupes Beaulieu ferait sur cette redoute une nouvelle attaque, le 23 ; le général Bonaparte, voulant dès lors frapper le coup projeté, a donné en même temps l'ordre au général Laharpe de se porter vers cette hauteur, d'attaquer l'ennemi qui était en face de la redoute, et au général Masséna de marcher dans la nuit pour contourner l'ennemi lorsqu'il ne s'y attendrait pas.

Nous sommes partis tous de Savone à 2 heures après minuit pour Altare et à la petite pointe du jour l'attaque a recommencé à Montenotte, le général Laharpe, a mis les Autrichiens en fuite et, pendant qu'ils étaient ainsi repoussés, le général Masséna, les ayant pris par la gauche, les a véritablement écrasés, ils ont été entièrement battus et mis en déroute complète, et de telle manière que sur le champ de bataille ont été vus plus de six cents morts ; que le nombre des prisonniers est de quinze cents, et celui des blessés de mille, ce qui, avec les quatre cents hommes perdus la veille, fait pour eux une perte de trois mille quatre cents hommes, parmi lesquels le général Rukhavina, l'aide de camp de d'Argenteau, un colonel et plusieurs lieutenants colonels et beaucoup d'officiers. Quant à nous, il est presque difficile de croire que notre perte soit si minime, nous n'avons pas eu entre tués et blessés deux cents hommes.

Le général Bonaparte ne s'en est pas tenu là, il a fait pousser l'ennemi dans sa fuite, lui a fait abandonner toutes les hauteurs, et en ce moment nous voici à Carcare.

L'armée ne se bornera pas là : elle va tout de bon continuer la campagne ; et bientôt j'aurai à vous annoncer des succès même plus conséquents.

Je m'empresse de vous donner cette agréable nouvelle, pleinement convaincu de l'intérêt avec lequel vous l'apprendrez. »

P.-S. — « L'ennemi a fait dans le plus grand désordre sa retraite sur Acqui ; nous sommes à sa poursuite. Je vous écris très à la hâte et en désordre, mais les détails en sont exacts. »

Saliceti au Directoire

Carcare, 23 germinal (12 avril) [A. G.]

« L'armée d'Italie vient d'ouvrir la campagne et c'est par des succès qui sont bien capables d'en imposer aux puissances coalisées.

Vous aviez déjà été instruits qu'une division avait été avancée jusqu'à Voltri, à six lieues du poste de Gênes. Le général Bonaparte, à qui j'en donnai avis dès son arrivée, aperçut dans cette disposition de troupes, exécutée quelques jours auparavant, un moyen de diversion capable de faire prendre le change à l'ennemi, d'opérer la division de ses forces, en lui faisant imaginer qu'on voulait marcher sur Alexandrie par la Bochetta ; et favorable pour seconder les opérations qu'il avait conçues sur tout autre point.

Il crut utile, sous ce rapport, de laisser cette division à Voltri, pour attirer le général Beaulieu sur les hauteurs ; le contourner pendant qu'il s'avancerait pour marcher contre les troupes de Voltri ; c'est ce qui s'est bientôt vérifié.

Le général Beaulieu fit avancer sur les hauteurs de Montenotte un corps de quinze mille hommes, à la tête duquel il se mit lui-même, ayant sous ses ordres les généraux d'Argenteau et Rukhavina. Le 20 du courant, la division de la Bochetta poussa une reconnaissance vers Saint-Pierre d'Arena, et attaqua le 21 avec six mille hommes la brigade de Voltri qui, commandée par le général Cervoni, fit, quoique très inférieure en nombre, une résistance honorable, évacua complètement les magasins, et exécuta dans la nuit sur Savone et à l'insu de l'ennemi sa retraite avec ordre, protégée par quinze cents hommes, que le général Bonaparte avait fait placer dans cet objet, sur les hauteurs de Varazze et aux avenues de Sassello.

Dans l'intervalle quinze cents hommes avaient été placés dans la redoute de Montenotte pour résister à l'ennemi, s'il venait les y attaquer. Cette redoute fut effectivement attaquée le 22 par une force autrichienne commandée par le général Rukhavina qui, croyant pouvoir forcer ce poste, voulait ensuite s'avancer sur Savone, et couper ainsi la retraite aux cinq mille hommes de Voltri et de Varazze.

Trois fois l'ennemi attaqua cette redoute et trois fois il fut repoussé avec la plus grande vigueur ; il fut obligé de l'abandonner après avoir perdu quatre cents hommes morts ou blessés, parmi lesquels un colonel, deux lieutenants-colonels, un grand nombre d'officiers, et le général Rukhavina lui-même blessé, dont la blessure est mortelle, d'après tous les rapports.

Il n'y avait pas à douter que le 23 l'ennemi tenterait sur cette redoute une nouvelle attaque avec de nouvelles troupes. Le général Bonaparte se mit en mesure, donna ordre au général Laharpe de se porter vers cette hauteur, d'attaquer lui-même l'ennemi qui était en face de la redoute ; et au général Masséna de marcher en toute diligence pendant la nuit, pour lui gagner les derrières. Nous partîmes tous de Savone à 2 heures du matin pour Altare.

L'attaque a lieu dès la pointe du jour à Montenotte. Les Autrichiens ont été vigoureusement battus par la division du général Laharpe ; et pendant qu'ils étaient en fuite, le général Masséna les ayant pris par la gauche les a tellement mis en déroute qu'ils ont perdu trois mille cinq cents hommes, dont deux mille prisonniers, et, parmi ceux-ci, un colonel, l'aide de camp d'Argenteau et environ soixante officiers.

L'ennemi a été ensuite poursuivi de toutes parts, et nous voici arrivés à Carcare, maîtres des hauteurs environnantes et de Cairo, qu'il a été obligé de nous abandonner.

Tout est déjà disposé pour continuer à le poursuivre dès demain matin avec la même vigueur, et, il y a tout lieu d'espérer, que bientôt j'aurai à vous annoncer des nouveaux succès.

Le général Bonaparte vous fera connaître les détails sur les traits de bravoure qui ont signalé cette journée. Je me borne à vous dire que le plan du général en chef a été on ne peut plus savamment combiné, que tous : généraux, officiers et soldats ont montré un courage et une ardeur vraiment héroïque. »

Cassagne (1). Réponses aux questions du ministre de la Guerre

8 thermidor an XIII (26 juillet 1805) [A G.]

D. Le régiment n'était-il pas à Melogno sous les ordres du général Dommartin lors de l'arrivée de Bonaparte en Italie au commencement de germinal an IV ? — R. Le régiment était sous les ordres du général Dommartin, un bataillon était à Melogno, l'autre à Gobra et l'autre à Finale.

(1) Colonel du 25ᵉ de ligne.

D. Ne faisait-il point partie de la division de Masséna ? — R. Oui.

D. Le général Dommartin n'emmena-t-il pas le 2ᵉ bataillon du régiment ? — R. Il fit porter le 2ᵉ bataillon sur les hauteurs de Ceva.

D. Arriva-t-il à temps pour l'affaire de Montenotte ? — R. Non.

D. Où prit-il position les 23, 24 et 25 ? — R. Le 23 à Mougelai (?). Les 24 et 25 sur les hauteurs voisines du château de Cosseria où il eut plusieurs affaires avec les Autrichiens qui voulaient débloquer le château.

D. Le régiment était-il au combat de Dego ? — R. Le régiment arriva au moment où le combat finissait. Il reparut le lendemain matin et alla prendre position sur les hauteurs de Céva.

D. Quelle part y a-t-il prise ? de quelle division faisait-il partie ? — R. L'ennemi ayant repris sur le soir la redoute de Dego, une partie du régiment aida à la reprendre. Il faisait partie de la division de Masséna.

D. Après l'affaire de Dego, le régiment n'alla t-il pas prendre position à Monbarcaro sous les ordres du général Masséna au delà du camp de Ceva ? R. Après l'affaire de Dego, le régiment alla prendre position sur les hauteurs de Ceva où, sous les ordres du général Dommartin, il attaqua toute la journée la redoute du camp retranché, tandis que le général Augereau avec la division attaquait le centre. Pendant la nuit, l'ennemi ayant évacué sa position, le régiment se porta le lendemain sous les murs de Ceva.

D. Le 3ᵉ bataillon réuni ; le régiment ne passa-t-il pas sous les ordres du général Serurier pour l'attaque de Mondovi ? — R. Oui.

D. Quelle était à peu près la force du régiment ? — R. Deux mille six cents hommes.

D. A quelle heure l'action a-t-elle commencé ? — R. Sur 11 heures du matin.

D. Quand et sur quel point le régiment a-t-il passé la Corsaglia ? — R. A 8 heures du matin entre le Lesegno et la route qui conduit à Vico.

D. Après le passage, quelle route a-t-il suivie pour marcher sur Vico ? — R. La grande route.

D. N'était-il pas à la droite de la division du général Serurier dont il faisait alors momentanément partie ou était-il entre les brigades Guieu et Fiorella ? — R. Il formait la droite de la division Serurier.

D. Le général Dommartin n'avait-il pas avec lui quatre régiments de cavalerie qu'il devait trouver à Lesegno et ces régiments ont-ils suivi le mouvement de la colonne ? — R. Oui, et ces régiments formaient arrière-garde, ils chargèrent la cavalerie piémontaise sur les 5 heures du soir et en avant du Tanaro.

D. N'avait-il pas du canon avec la brigade ? — R. Il était sans artillerie.

D. Sur quel point a-t-il attaqué Vico ? — R. Sur la grande route qui partage le village et conduit à Mondovi.

D. Est-il entré dans le village ? — R. Oui.

D. Après la prise de Vico, s'est-il porté directement sur le Briquet par le grand chemin ou ne s'est-il pas jeté sur la droite et quelle a été sa direction ? — R. Oui, il prit sa direction par la droite et par le grand chemin.

D. Sur quel point a-t-il attaqué le Briquet, résistance qu'il a éprouvée, mouvement pour suivre l'ennemi dans sa retraite ? — R. Le 1ᵉʳ bataillon attaqua en face la grande route et l'autre plus à gauche. Le point était défendu par le régiment des gardes du roi de Sardaigne qui, après avoir fait une vigoureuse résistance, laissa cinq cents prisonniers. Le régiment poursuivit les fuyards jusque sous les murs de Mondovi.

D. Le général Dommartin n'avait-il d'infanterie que le 84ᵉ régiment ? — R. Oui, il n'avait que ce régiment.

D. Position après la bataille ? — R. Après la bataille, le régiment prit position à une lieue sur la droite de Mondovi en tirant vers Cherasco.

D. Pertes qu'a éprouvées le régiment ? — R. Environ cent hommes tués ou gravement blessés.

Réponses du maréchal Serurier aux questions posées par le ministre

30 germinal an XIII (19 avril 1805) [A G.]

D. La division commandée par le général Serurier en floréal, an IV, était-elle composée des 16e et 19e légères, des 20e et 100e de ligne, d'un bataillon de Mayenne et Loir ? — R. En germinal et floréal, an IV, j'ai eu dans ma division la 16e légère et la 19e qui, je crois, était de ligne, mais je n'en suis pas bien sûr n'ayant pas à ma disposition les papiers de mon état-major pour le vérifier.

Je ne me rappelle nullement de la 20e non plus que de la 100e ; il n'en est fait aucune mention ni dans les lettres que j'ai écrites ni dans celles que j'ai reçues.

J'ai eu un bataillon de Mayenne et Loir.

D. Quelle était la force de ces corps du 15 au 20 floréal ? — R. J'ignore absolument quelle était la force des corps de ma division à l'époque demandée mais si, comme je le crois, la 19e était de ligne, je puis dire alors qu'elle était de 3.400 ou 3.500 hommes.

D. Y avait-il d'autres corps à cette division, entre autres une 201e et quelle était leur force ? — R. Je répète toujours que, n'ayant pas les papiers de mon état-major, je ne puis répondre positivement à cette nouvelle question ; je puis seulement dire que j'ai eu, mais je ne sais pas à quelle époque, une 12e, 104e, 8e de Saône-et-Loire, 16e légère, 19e que je crois de ligne, 209e, 121e, 56e et Mayenne et Loir, plus les Basses-Alpes et deux régiments de chasseurs le 21e et 22e. Quant à la force de ces corps, voyez ce que j'ai dit dans la seconde demande.

D. Quel était l'ordre de bataille de la division et sous quels généraux de brigade et adjudants généraux ? — R. En entrant en campagne, j'avais pour généraux de brigade : Fiorella, Guieu, Miollis et Pelletier ; ces deux derniers sont restés en arrière depuis Garessio jusqu'à Ceva pour le maintien de la communication pendant les différents mouvements que j'ai faits et ne m'ont rejoint que longtemps après, c'est aussi à cause de la conservation de la communication que j'ai eu beaucoup de demi-brigades en mouvement, ce qui me laisse dans l'incertitude du lieu où chacune était placée.

Entre les généraux de brigade, j'ai eu trois généraux adjudants nommés : Couthaud, Argot, Lorcet.

D. Etait-elle en position le soir du 24 à Plaisance ? — R. Ma division est arrivée en position à Plaisance le 24.

Ministre à Serurier

21 ventôse an XIII (14 mars 1805) [A G.]

Dans l'ordre pour attaquer donné au général Serurier, il est fait mention de celui donné au général de division Meynier de la porter en même temps par le chemin de Saint-Michel sur les hauteurs de la Bicoque.

L'ordre de l'armée du soir de l'affaire parle du général Meynier comme ayant puissamment contribué au succès de la journée.

Un ordre du lendemain lui enjoint de se rendre au quartier général pour recevoir une destination, et les troupes qu'il a commandées la veille doivent rentrer sous les ordres du général Serurier.

Il paraîtrait, d'après ces différents ordres, que le général Meynier a commandé une division qui a agi dans cette affaire et que ses troupes avaient été précédemment sous les ordres du général Serurier.

Dans ce cas où le général Meynier était-il placé le 1er floréal ?
Où a-t-il passé la Corsaglia ?
N'était-il pas à la droite du général Serurier ?
Est-il entré dans Vico ?
S'est-il porté sur le Briquet ?
Le général Dommartin, en arrivant sur la Corsaglia, devait y trouver quatre régiments de cavalerie ?
Ces régiments n'étaient-ils pas commandés par le général Beaumont ?
Où ont-ils passé la Corsaglia ? Sur le pont ?
Ont-ils suivi le mouvement de la colonne du général Dommartin ?
Ont-ils agi seuls ? Sur quel point ?
Où le général Dommartin a-t-il passé la Corsaglia ? A la Torre ? Où a-t-il rejoint après la bataille de Mondovi.
Fiorella ? S'est-il porté directement dans Vico ?
Après la prise du village Lesegno ? ne s'est-il pas jeté sur la droite ?
Sur quel point a-t-il attaqué le Briquet ?
Quel corps s'est porté directement sur le Briquet par le grand chemin de Vico à Mondovi ?
Où s'est dirigée la brigade Fiorella, en sortant de Vico, pour attaquer le Briquet ?
S'est-elle alors réunie à la brigade Guieu à la butte Saint-Agnez et de là sur celle de Ligari ?
Les troupes avec lesquelles le général Stengel a passé le Tanaro étaient-elles tirées du corps qui devait être avec le général Dommartin ?

Serurier (Réponse)

3 germinal an XIII (23 mars 1805) [A. G.]

Les généraux Guieu et Fiorella étaient les seuls attachés à ma division.
Le jour de la bataille de Mondovi est venu me renforcer avec sa brigade. J'ignore le nom des troupes qui composaient ma division, cela est resté entre les mains du chef d'état-major (adjudant général Couthaud).
Le 30 germinal, après l'action de Saint Michel, je me suis retiré sur les hauteurs en face ayant en avant de moi la Corsaglia.
Le 1er floréal, je suis resté dans la même position. Je suis parti dans la nuit du 1er au 2 ; par un mouvement à gauche, suis passé par le pont de Torre, ai monté une montagne d'une assez longue étendue en face de Vico où les ennemis étaient placés ; je me suis mis en bataille sur cette montagne ayant à ma gauche et en arrière du village de la Molina.
J'ai divisé ma division en deux parties égales, ai donné la partie de gauche au général Guieu, lui ai ordonné de se porter sur la droite des ennemis, s'emparant chemin faisant d'un château ou couvent qui était sur sa direction et qui pouvait lui servir au besoin.
Avec la partie droite, j'ai marché directement sur Vico. J'avais pour second le général Fiorella.
Le général Dommartin étant arrivé a marché au centre, de manière que nous formions trois colonnes marchant à la hauteur l'une de l'autre.
J'ai trouvé une assez forte résistance à Vico, l'ennemi y a perdu du monde, il s'est retiré partie dans Mondovi et partie dans une position retranchée et garnie d'artillerie appelée le Briquet.

Ces trois colonnes sont arrivées sur le Briquet et l'ont attaqué en même temps.

La défense de l'ennemi a été opiniâtre. Il avait seize pièces de canon ou obusiers sur le Briquet et mon artillerie n'était pas arrivée, excepté trois petites pièces de montagne qui tiraient hors de portée.

Pendant l'action, j'ai envoyé un de mes aides de camp (Regnaud) parlementaire à Mondovi. Le général ennemi (Colli) l'a retenu prisonnier.

Les trois colonnes se sont disputées la gloire d'avoir forcé les premières le poste du Briquet, preuve que toutes y ont bien fait leur devoir.

Aucun mouvement particulier ne s'est fait dans les colonnes pendant l'action, le même ordre a toujours été maintenu, et chaque général ci-dessus nommé n'a pas cessé de commander sa colonne.

Le Briquet enlevé, j'ai fait diriger sur Mondovi quelques obusiers que l'ennemi nous avait laissés.

Les troupes sont restées en bataille jusque vers le soir que je suis rentré dans la ville où il y a eu deux bataillons piémontais faits prisonniers.

Le général Meynier n'a été employé dans ma division que quelque temps.

Questions posées au général Lasalcette
5 thermidor an XIII (23 juillet 1805) [A G.]

D. Quelle était la position des quartiers d'hiver de la division Masséna dans l'an IV au moment où Bonaparte prit le commandement de l'armée?

Affaire de Montenotte, 23 germinal. — D. Quels corps composaient la division et quelle en était à peu près la force?

D. L'affaire a-t-elle été entamée à Monte Negino par la division du général Laharpe et où en était-elle lorsque la division Masséna arriva sur le flanc de l'ennemi à Montenotte?

D. Quels obstacles la division a-t-elle rencontrés de la part de l'ennemi?

D. Où a-t-elle pris position après la bataille? Quelle était pendant l'affaire la position de l'ennemi?

24 germinal. — D. La division du général Masséna ne fit-elle pas le lendemain une reconnaissance sur Dego, et sur quel point s'est-elle portée? Où revint-elle passer la nuit?

Dego, 25. — D. Au combat de Dego, M. le général Lasalcette ne commandait-il pas la colonne de droite de la division?

Quelle route a-t-il suivie?

Ne dut-il pas porter sur le village de Costa Lupara?

Où a-t-il marché ensuite?

La colonne de gauche commandée par le général Masséna ne marcha-t-elle pas directement sur Dego?

Les deux colonnes s'étaient-elles réunies ensuite pour tourner la gauche de l'ennemi?

Est-ce sa division qui a pris la redoute de Monte-Magliani?

Quelle était pendant l'affaire la position de l'ennemi?

Reprise de Dego, 26. — D. Quelles furent les dispositions pour reprendre le village et chasser les Autrichiens?

D. Sur quels points l'ennemi opposa-t-il la plus forte résistance?

D. Quelle part la division Laharpe a-t-elle eue à cette reprise?

Lasalcette à Sanson
Grenoble, 18 thermidor an XIII (5 août 1805) [A G.]

J'ai reçu la lettre que vous m'avez fait l'honneur de m'écrire en date du 5 de ce mois, ainsi que les questions qui y sont jointes; je vais essayer de répondre à quelques-unes aussi bien que ma mémoire pourra me le fournir.

Je regrette, général, de ne pouvoir satisfaire vos désirs d'une manière plus complète, mais les notes que j'avais pu tenir et mon livre d'ordres du jour ont été perdus avec beaucoup de mes papiers lorsque j'ai été fait prisonnier de guerre, ou pendant les vicissitudes qui s'en sont suivies.

Je réponds :

Aux premières questions sur le 23 germinal an IV. — Je n'étais point encore à cette époque dans la division Masséna, n'ayant rejoint le quartier général que dans la nuit du 22 au 23 et je restai jusqu'au 24 employé près du général en chef.

Sans savoir bien précisément la position de la division Masséna en l'an IV, au moment où Bonaparte prit le commandement de l'armée, je dirai seulement que Masséna avait son quartier général à Finale et que sa division occupait Saint-Jacques, Feglino et les hauteurs principales entre Finale et Savone.

A cette époque, la force de cette division était de sept mille à huit mille hommes et les généraux de brigade Joubert et Dommartin y étaient employés

Dans la journée du 22, Masséna se porta sur Savone, les généraux Joubert et Dommartin avec leurs colonnes arrivèrent le 23 par Altare et Carcare.

L'ennemi fut battu à Monte Negino et Montenotte par la division Laharpe et une partie de la division Masséna ; je ne me rappelle pas les détails particuliers de cette affaire.

Après cette bataille, ces divisions restèrent en position sur les hauteurs d'où l'on avait chassé l'ennemi.

Arrivé de la veille à la droite de l'armée, je ne puis me rappeler que très vaguement la position de l'ennemi avant et pendant cette journée.

Aux deuxième et troisième questions sur le 24. — Le 24, la division Masséna qui avait été affaiblie par les détachements des généraux Joubert et Dommartin, se porta par le Cairo, et fit effectivement une reconnaissance sur Dego, le quartier général de la division Masséna revint passer la nuit au Cairo et sa division prit position en avant de ce lieu ; le général Joubert avec sa brigade fut occupé à l'attaque de Cosseria.

La division Laharpe fit également son mouvement en avant des points qu'elle occupa la veille, et une partie prit position à la droite de la division Masséna, pendant que l'autre partie marcha par sa droite aussi, et prit une position d'où elle observait l'ennemi qui occupait Sassello avec des forces qu'on avait dit assez considérables.

A la troisième question sur le 25. — Le 25, je fus placé dans la division Masséna et au moment du combat de Dego qui se livra de 4 à 5 heures du soir. A cet instant, cette division se trouvait réduite à quatre mille hommes environ.

Les corps qui la composaient sont, autant que je puis m'en rappeler : 1° la 1re d'infanterie légère commandée alors par le chef de brigade Fornesy, forte d'environ mille hommes ; 2° un bataillon de chasseurs à pied, commandé par le chef de bataillon Rondeau, fort d'environ quatre cents hommes ; 3° un dépôt ou bataillon de la 14e de ligne fort d'environ deux cents hommes, et enfin la 21e de ligne, commandée par les chefs de brigade Dupuy et Rampon, forte d'environ deux mille trois cents et deux mille quatre cents hommes.

Nota bene. — Tous ces corps ont ensuite changé de numéro ; par exemple cette 21e de ligne est devenue la fameuse 32e.

La cavalerie quitta ses cantonnements, mais quoiqu'en marche elle n'avait pas encore rejoint l'armée.

Dans cette journée, je commandai effectivement la colonne de droite de la division Masséna, et je reçus l'ordre de me diriger sur ma droite à travers des bois et des coteaux ; je quittai la direction du village de Costa Lupara pour arriver sur le flanc de l'ennemi ou tourner sa gauche.

La colonne de gauche de cette division commandée par Masséna lui-même, marcha directement par Dego, mais ensuite une partie de cette troupe se réunit aux miennes pour donner sur le flanc droit de l'ennemi.

Au même combat, une colonne de la division Laharpe commandée, je crois, par le général Ménard, se dirigea le long du vallon de la Bormida pour attaquer l'ennemi sur son flanc droit : une portion de cette colonne longea la Bormida et marcha ensuite par sa droite pour tourner l'ennemi ; ce dernier corps le rencontra dans sa retraite et lui fit beaucoup de prisonniers.

On disait généralement que la force de l'ennemi était de sept mille à huit mille hommes; il occupait toutes les hauteurs qui dominent Dego, et ses flancs étaient fortifiés de deux redoutes établies sur des mamelons assez escarpés : l'une de ces redoutes fut prise par la division Masséna et l'autre par la division Laharpe.

La déroute de l'ennemi parut complète et le combat ne se termina qu'avec le jour ; environ trois mille hommes furent laissés pour occuper pendant la nuit les positions dont on venait de s'emparer et tout le reste se replia sur le Cairo; la nuit ne permit pas de mettre beaucoup d'ordre dans ces bivouacs, les troupes étaient fatiguées et le défaut de régularité dans le service des vivres produisit beaucoup de maraudeurs qu'il fut impossible de contenir à la suite de ces premiers succès.

A la quatrième question sur le 26. — Le désordre qui suit un combat opiniâtre qui ne finit qu'à 8 heures du soir et une nuit obscure et pluvieuse, ne permirent pas de bien connaître la nouvelle position que l'on occupait, et cependant, dès le lendemain matin à une heure avant le jour, nos postes furent attaqués ; malgré la confiance que peut momentanément donner un succès complet, nos troupes d'avant-garde ne se laissèrent pas surprendre et firent une bonne défense; le chef de bataillon Rondeau y fut blessé et mourut à Acqui des suites de cette blessure ; mais attaquées par des forces considérables, elles se replièrent en bon ordre sur les hauteurs de Dego pour se réunir à la 21e de ligne qui, dans cette journée formait seule le corps de bataille de cette division. Là on se battit avec opiniâtreté jusqu'à 10 ou 11 heures du matin. L'ennemi défait la veille avait été renforcé par six bataillons de grenadiers hongrois venus de Sassello, il nous attaqua avec des forces tellement supérieures que deux de ses colonnes s'avançaient dans les ravins sur nos flancs, nous avions déjà eu beaucoup de blessés, le chef de brigade Dupuy fut de ce nombre ; enfin il fallut se replier sur le Cairo, je fis l'arrière-garde avec la 1re d'infanterie légère et nous nous ralliâmes dans la plaine à environ une lieue de Dego ; là nous fûmes joints par une partie de la division Laharpe qui arrivait à notre secours ; il fut aussitôt décidé de reprendre notre position, le général Masséna en donna l'ordre et fit sur-le-champ ses dispositions.

Nous reprîmes Dego aux mêmes heures et à peu près dans le même ordre de bataille que la veille; la division Laharpe suivit également la Bormida. C'est le général Causse qui commandait la colonne qui enleva les retranchements de droite de l'ennemi, il fut tué à cette attaque, mais le succès de ce combat fut aussi complet que celui du premier et l'ennemi éprouva une défaite totale. L'armée piémontaise resta seule et nous ne retrouvâmes les Autrichiens qu'au delà du Pô.

La mort du général Causse et les difficultés qu'endura sa colonne, firent juger que dans cette journée, l'ennemi opposa sa plus forte résistance sur sa droite.

Accueillez, général, ma satisfaction d'avoir eu cette occasion de correspondre avec vous; agréez mon parfait attachement et la haute considération avec laquelle, etc.

Ménard à Sanson

12 thermidor an XIII (30 juillet 1805) [A. G.]

« J'ai l'honneur de vous adresser les renseignements que ma mémoire a pu me fournir en réponse aux diverses questions jointes à votre lettre du 5 de ce mois ; ils ne sont peut-être pas aussi détaillés que paraîtrait l'exiger le travail intéressant dont vous êtes chargé, mais quand on a conservé à peine quelques papiers, que neuf ans et plus se sont écoulés depuis l'époque des diverses affaires qui ont donné lieu aux questions que vous m'avez transmises que, d'un autre côté, on n'a, eu égard aux circonstances urgentes, reçu le plus souvent dans les batailles que des ordres verbaux par l'intermédiaire des officiers d'état-major, il est difficile de se rappeler parfaitement tout ce qui s'est passé. Au surplus, monsieur le général, personne mieux que M. le maréchal Masséna n'est dans le cas de vous donner sur ce point les éclaircissements que vous pourriez désirer, puisque c'est presque toujours sous ses ordres que j'ai servi en qualité de général de brigade. »

Renseignements demandés au général Ménard

Affaire de Montenotte. — D. Quelle était la position du corps de M. le général Ménard pendant l'hiver de l'an IV à l'arrivée de Bonaparte en Italie ? — R. Quigliano ou Cugliano.

D. M. le général n'était-il pas sous les ordres du général Masséna lors de l'affaire de Montenotte ? — R. Oui.

D. Quels corps étaient sous ses ordres ? — R. Les 18e et 75e de ligne.

D. Quelle part a prise sa brigade et quels ont été ses mouvements dans cette journée ? — R. Elle a attaqué Montenotte par la gauche de l'armée et bivouaqué au-dessous de Cadibuona.

D. Ne se rendit-il pas à Biestro après l'affaire ? — R. Oui, et il en partit le lendemain pour l'affaire de Cosseria.

Cosseria, 24 germinal. — D. Ne passa-t-il pas le lendemain sous les ordres du général Augereau ? — R. Non.

D. Ne passa-t-il pas par Plodio pour se porter sur Millesimo ? Quels obstacles rencontra-t-il dans sa marche ? — R. Après l'affaire de Cosseria, il se porta sur Carretto sans rencontrer d'obstacle, et là il reçut dans la nuit ordre de se diriger sur Dego que l'ennemi avait repris et qui lui fut ensuite repris.

D. Ne commandait-il pas une des quatre colonnes qui donnèrent l'assaut au château de Cosseria ? — R. Non, lors de l'assaut de Cosseria, il fut envoyé avec sa brigade pour prendre par derrière l'ennemi qui se retira en apercevant la colonne du général Dommartin qui s'avançait pour l'attaquer en face.

D. Sur quel point sa colonne a-t-elle attaqué, n'était-ce point à la cime d'Alberi par Millesimo ? — R. Voyez la réponse précédente.

D. Sur quel point celle de l'adjudant général Quesnel ? N'était-ce pas à la droite de M. le général Ménard ? — R. Je l'ignore, n'étant pas à l'assaut de Cosseria.

Dego, 25 germinal. — D. Sur quel point s'est porté le général Ménard après la prise de Cosseria ? — R. Voyez la réponse numéro 7.

D. Quelle était sa position à l'affaire de Dego lorsqu'un corps autrichien essaya de percer le point sur lequel était M. le général ? — R. Il occupait la droite chargée d'attaquer la redoute de gauche de Dego ; c'est à cette redoute que fut tué le brave général Causse.

26 germinal. — D. La brigade de M. le général était-elle à la reprise de Dego ? — R. Oui.

D. Où a-t-elle pris position ? — R. Sur la droite.

D. De quelle division faisait-elle alors partie ? — R. De la division du général Laharpe.

Renseignements demandés au général Cervoni

5 thermidor an XIII (23 juillet 1805) [A G.]

Affaire de Voltri. — Quelle était à peu près la force des deux demi-brigades détachées à Voltri ? — R. De quatre mille cinq cents hommes environ.

D. Quelle était leur position ? Par quelle force furent-elles attaquées ? — R. En avant de Voltri, sur les hauteurs de Pégli ; Sur les hauteurs de Voltri, en avant de Campofreddo ; Une petite réserve à Arenzano. Tous ces postes furent attaqués par onze à douze mille hommes.

Monte Negino. — La colonne revenant de Voltri arriva-t-elle à temps pour prendre part à l'affaire de Monte Negino, et dans ce cas, sur quel point se porta-t-elle ? — R. L'arrivée à Savone de la brigade du général Cervoni détermina le général en chef à attaquer le lendemain à Monte Negino ; elle fut destinée à attaquer le front ; à cet effet elle prit le chemin de la maison Doria qui se trouve sur le revers de la montagne.

Montenotte. — Quels corps composaient la division du général Laharpe à l'affaire de Montenotte et quelle était à peu près la force de la division après la réunion de la brigade de M. le général Cervoni ? — R. Le général Cervoni ayant été détaché à Voltri, et beaucoup de mouvements s'étant faits dans l'armée pendant son absence, il ignore quelles étaient les troupes qui se trouvaient immédiatement sous les ordres du général Laharpe.

Et après l'affaire de Monte Negino ayant toujours agi séparément à l'avant-garde, il ignore aussi quelle était la force de la division de ce général à l'affaire de Montenotte.

D. Toute la division ne se porta-t-elle pas dans la nuit en arrière de la redoute de Monte Negino ? — R. Toute la division Laharpe se réunit à Savone d'où elle partit à 2 heures après minuit.

D. L'ennemi avait-il laissé pendant la nuit des troupes devant la redoute ? — R. Oui.

D. Occupait-il simultanément les positions de Monte Negino et de Montenotte ? — R. Oui.

D. L'affaire a-t-elle commencée à Monte Negino ? — R. Oui.

D. Quels ont été les mouvements de la division Laharpe ? — R. Je l'ignore.

D. Avait-elle repoussé l'ennemi de ce point quand le général Masséna s'est porté sur le flanc de l'ennemi à Montenotte ? — R. La véritable attaque a commencé sur toute la ligne au même moment.

D. Où la division a-t-elle pris position après l'affaire ? — R. Elle a marché toute la journée et a pris position sur les hauteurs de Cairo.

24 germinal. — D. N'y eut-il pas ce jour une reconnaissance sur Dego par les divisions Laharpe et Masséna ? — R. Ce fut le général Cervoni qui fit la reconnaissance sur Dego.

D. Sur quel point se porta la division Laharpe ? — R. Dans les plaines de Cairo en avant de Dego.

D. Où revint-elle la nuit ? — R. Elle y passa la nuit.

D. Etait-elle entièrement sur Cairo, à la gauche ou à la droite de la Bormida, ou sur les deux rives ? — R. Elle était sur la droite de la Bormida.

Dego, 25 germinal. — D. Si la division ou une partie était sur la droite de la Bormida, où l'a-t-elle passée ? — R. Toute la division était sur la droite de la Bormida, elle la passa sur trois colonnes au pied de la montagne de Dego.

D. Partagée en trois colonnes commandées par les généraux Cervoni et Causse et par l'adjudant général Boyer, quelle route a suivi chaque colonne ? — R. La colonne commandée par le général Causse était à la gauche et marcha sur le revers de la montagne. Celle de l'adjudant général Boyer sur le revers de droite, et celle du général Cervoni au centre.

D. Etaient-elles toutes les trois sur la gauche de la Bormida ? Dans ce cas, sur quel point chacune l'a-t-elle passée ? — R. Répondu.

D. Où M. le général Cervoni s'est-il réuni avec le général Causse ? — R. Ces mouvements chassèrent l'ennemi après un combat très vif, et les trois colonnes se réunirent sur les hauteurs de Dego à celle du général Masséna qui avait agi sur la droite.

D. Sur quel point se sont-ils portés pour attaquer et tourner l'ennemi ? — R. Répondu.

D. Quels obstacles ont-ils rencontrés ? — R. Répondu.

D. Quelle était la position de l'ennemi pendant l'affaire ? — R. Sur les hauteurs de Dego, où il s'était fortifié.

D. Où la division a-t-elle marché après la victoire ? — Après cette victoire, toute la division Laharpe rentra dans la position qu'elle occupait la veille dans la plaine de Cairo. Deux demi-brigades de la division Masséna furent laissées sur les hauteurs de Dego.

Reprise de Dego, 26 germinal. — D. Lorsque la division revint au secours de celle du général Masséna, n'était-elle pas en marche sur Ceva et ne passat-elle pas la Bormida à Cairo ? — R. La reprise de Dego eut lieu d'après les mêmes dispositions que celles de la première affaire, et la division Laharpe n'était pas en marche sur Ceva.

D. Quelles furent les dispositions de la division ? — R. Répondu.

D. Sur quels points attaqua-t-elle l'ennemi ? — R. Répondu.

D. La colonne du général Causse ne se porta-t-elle pas sur la gauche de la Bormida et par le même mouvement de la veille ne passa-t-elle pas cette rivière pour attaquer ? — R. Oui.

D. N'est ce pas à l'attaque de la redoute qu'il avait prise la veille avec M. le général Cervoni, que le général Causse fut blessé ? — R. Oui.

D. Où l'ennemi avait-il réuni ses forces ? — R. L'ennemi avait réuni ses forces dans les mêmes positions qu'il occupait à la première affaire.

D. Quels ont été les mouvements de la brigade de M. le général Cervoni ? — R. Elle resta à l'avant-garde de la division Laharpe, qui fut destinée à tenir en échec l'armée autrichienne, tandis que le général Bonaparte, avec le restant de l'armée se portait sur Mondovi.

Réponses de Rampon aux renseignements demandés sur les affaires de Montenegino et de Montenotte

23 thermidor an XII (10 août 1805) [A G.]

D. 1 et 2. Quels corps étaient sous les ordres de M. le général à l'affaire de Monte Negino ? Quelles positions tenaient les troupes du général Laharpe en avant de la redoute lorsqu'elles ont été attaquées ? — R 1 et 2. Les troupes aux ordres du général Cervoni ayant été battues à Voltri par le général en chef Beaulieu, le général Rampon, alors chef de brigade de la 21e demi-brigade, (actuellement 32e régiment de ligne) qui se trouvait à la Madone de Savone, eut ordre du général de division Laharpe de se porter sur les hauteurs de Montenotte avec sa troupe pour protéger la retraite de celles de Voltri. Cette troupe qui consistait dans environ neuf cents hommes, était composée du 2e bataillon de sa brigade et de trois compagnies de carabiniers de la 17e demi-brigade, alors 1re infanterie légère.

D. 3. M. le général Rampon ne s'est-il pas battu sur ces positions avant d'entrer dans la redoute ? — R. 3. Ayant exécuté cet ordre, Rampon trouva sur les hauteurs de Montenotte, le général Beaulieu qui venait pour l'attaquer avec quinze mille hommes.

Il lui tint tête pendant trois heures ; après quoi il se retira en bon ordre sur la redoute de Monte Negino qui n'était pas achevée et se trouvait encore sans artillerie (1). Cette redoute était située sur une crête par où l'ennemi devait passer.

D. 4 et 12. Le corps du général Cervoni, revenant de Voltri, est-il arrivé pendant l'attaque de la redoute et a-t-il pris part à l'affaire ? La division du général Augereau était-elle arrivée pendant le combat et y a-t-elle pris part ? — R. 4 et 12. Ni le général Cervoni, ni aucune troupe que celles sus-mentionnées ne prirent part à l'affaire.

D. 5, 6, 10 et 11. L'ennemi a-t-il passé la nuit devant la redoute ? Avait-il conservé cette position le lendemain matin ? La division Laharpe avait-elle repoussé l'ennemi de Monte Negino ? L'ennemi occupait-il, dès le matin, simultanément les positions de Montenotte et de Monte Negino, ou est-ce après avoir été repoussé de celle-ci qu'il s'est replié sur la première ? — R. 5, 6, 10 et 11. Repoussé de Monte Negino, l'ennemi profita de la nuit pour se retirer sur le mamelon de Montenotte vis-à-vis la redoute qu'il n'avait pu forcer laissant deux ou trois cents morts sur le champ de bataille. Rampon s'étant ainsi maintenu dans la redoute, le général en chef Bonaparte mit à profit cette défense et fit, pendant la nuit, son plan pour attaquer le lendemain à la pointe du jour (23 germinal) l'armée ennemie.

D. 7. Sur quel point le combat de Montenotte a-t-il commencé ? — R. 7. Le combat commença vers les 5 heures du matin sur le point où l'ennemi s'était replié (Montenotte).

D. 8. S'est-on battu ce jour-là à Monte Negino ou seulement sur Montenotte ? — R. 8. C'est là que Rampon fit prêter serment à ses troupes de vaincre ou de mourir, et c'est là aussi que les braves troupes arrêtèrent tout un jour les quinze mille Autrichiens. Trois fois Beaulieu tenta d'enlever la redoute, trois fois il fut vigoureusement repoussé. Si l'ennemi fut parvenu à forcer ce point, il entrait une heure après à Savone où étaient tous nos magasins et le quartier général.

D. 9. A quelle heure le général Masséna s'est-il trouvé sur le flanc de l'ennemi à Montenotte et quels étaient en ce moment la position et les progrès du général Laharpe et de l'ennemi sur Monte Negino ou Montenotte ? — R. 9. Le général Masséna se trouvait sur le flanc de l'ennemi dès le commencement de la bataille.

La 32e dont un bataillon venait de combattre si glorieusement à Monte Negino, cueillit sa part des lauriers et toujours commandée par Rampon soutint sa réputation pendant tout le cours de cette mémorable campagne d'Italie.

Sanson à Rusca

Le 5 thermidor an XIII (23 juillet 1805) [A. G.]

« D'après l'intention de l'Empereur et les ordres du ministre de la Guerre, je fais rédiger au dépôt de la guerre l'historique et les plans de la bataille de

---

(1) Rampon reçut dans la nuit deux pièces de 4 et un renfort de sept cents hommes, mais cela ne fut d'aucune utilité, l'affaire étant finie et le général Beaulieu ayant été lui-même attaqué le lendemain matin à Montenotte où il s'était replié.

l'armée d'Italie. Il manque sur les premières affaires de l'an IV des renseignements dont l'objet est indiqué dans les questions ci-jointes. Je vous aurai beaucoup d'obligations, monsieur le général, si vous aviez la complaisance de m'adresser ceux que votre mémoire ou vos papiers pourraient vous fournir pour m'aider à remplir les vues de Sa Majesté. »

Rusca à Sanson
Gênes, le 26 thermidor, an XIII (13 août 1805) [A G.]

« Vous pardonnerez mon cher général si j'ai tardé de répondre à votre dépêche du 5 du courant ; j'ai dû faire venir mes papiers de l'an IV que je n'avais pas à Gênes. Je pense d'avoir satisfait aux demandes dont vous m'avez honoré et si par cas vous aurez d'autres questions à me faire, je mettrai tout l'empressement pour satisfaire vos désirs. »

Réponses de Rusca
26 thermidor an XIII (13 août 1805) [A G.]

D. M. le général Rusca n'était-il pas sous les ordres du général Augereau pendant le quartier d'hiver de l'an IV ? — R. Le général Rusca commandait en l'an IV une brigade sous les ordres du général Augereau.

D. Quelle était à l'époque où Bonaparte vint prendre le commandement de l'armée la force et la position de la division en avant de Loano ? Quels corps la composaient ? — R. La brigade aux ordres du général Rusca, lorsque le général en chef Bonaparte vint prendre le commandement de l'armée, était composée comme il suit :

4º demi-brigade provisoire dite Allobroges, trois bataillons, sept cents soixante-onze hommes, à Bardinetto gardant Spinardo ;

18º demi-brigade légère, trois bataillons, sept cent quatre-vingt-dix hommes à Tarano et Bardinetto.

Le 14 germinal, la brigade du général Rusca occupa Calissano, Caragna, Vetria et les hauteurs de Rifreddo.

Le 19 même mois, la brigade du général Rusca reçut un renfort savoir :
6º demi-brigade légère, deux bataillons, sept cent quatre-vingt-huit hommes, Bardinetto.

La brigade poussait des patrouilles vers Casale dans la vallée du Tanaro pour communiquer avec les troupes de la division Serurier ; vers les Giovetti, pour connaître la position de l'ennemi sur la route de Ceva ; vers Rifreddo, pour veiller dans la vallée de Murialdo ; et vers Aquaviva pour communiquer avec les postes de Melogno.

Le général Rusca reçut le 20 germinal dix pièces de 3 qu'il fit placer à Spinardo et au château de Bardinetto.

A cette époque le général occupa La Sotta et l'ennemi se présenta à Maramas y occupant la redoute, et il vint attaquer les avant-postes sur le chemin de Giovetti et Caragna.

Le 22, l'ennemi attaqua le poste de La Sotta qu'il enleva et l'abandonna ensuite ; il fut de nouveau occupé par les troupes de la brigade.

Le général Rusca ne peut donner des renseignements précis sur la force de la division Augereau, ni désigner les corps qui la composaient ; il se rappelle cependant que la 39º demi-brigade de ligne, devenue 4º, en faisait partie, ainsi que celle commandée par le chef de brigade Lannes, qu'il croit être la 75º.

Les autres généraux de brigade de cette division étaient Banel et Beyrand et leurs troupes occupaient Albenga, Ceriale, Borghetto et Loano.

D. M. le général Rusca ne passa-t-il pas sous les ordres du général Serurier, lorsque le général Augereau marcha sur la droite ? — R. Le général chef de l'état-major général par sa dépêche du 22 germinal datée de Savone prévint le général Augereau que le général Rusca serait sous les ordres du général divisionnaire Serurier et qu'il devait tenir la Sotta et Spinardo et défendre vigoureusement Bardinetto et Melogno, mettant à ses ordres un bataillon de la 84e demi-brigade qui occupait ce dernier poste. Le départ du général Augereau avec le restant de sa division pour Mallare et Cairo fut suivi de ces mêmes dispositions.

D. Le général Meynier ne vint-il pas ensuite prendre le commandement de la brigade de M. le général Rusca et de celle qui était à Melogno ? — R. Le général en chef par sa dépêche du 24 germinal des hauteurs de Millesimo, en annonçant au général Rusca que le général Meynier était parti le matin pour prendre le commandement de sa brigade et de celle de Melogne, donna au général Rusca les mêmes instructions et ordres dont était porteur le général Meynier, doutant qu'il ne put arriver à temps à Bardinetto, et ordonna au général Rusca d'attaquer la redoute de Maramas et de Saint-Jean de Murialdo.

D. Par qui cette dernière était-elle commandée ? — R. Le général Rusca n'a connu d'autres forces à Melogno qu'un bataillon de la 84e demi-brigade et c'est avec le chef de ce corps qu'il correspondait. Le général Joubert était à cette époque à Biestro et était chargé d'envoyer des patrouilles dans la vallée de Murialdo.

D. Quels ont été les mouvements de M. le général Rusca lorsqu'il s'est emparé de la position de Saint-Jean dans la vallée de la Bormida ? — R. Le 25 germinal (14 avril) le général Rusca réunit sa brigade, et, flanqué à sa gauche par les détachements qui occupaient la Sotta, qu'il avait renforcée la veille, se porta sur Giovetti et, après avoir chassé les postes piémontais en avant des Maramas, il attaqua la redoute qu'il enleva sans grande résistance, n'ayant perdu que deux hommes, y ayant fait une soixantaine de prisonniers.

Le général Rusca continua sa marche sur la crête de la montagne pour aller attaquer Saint-Jean de Murialdo où les Piémontais étaient en forces et retranchés. Il fut obligé de combattre l'ennemi à chaque mamelon où l'ennemi présentait quelque résistance pour assurer sa retraite.

Thugut à Beaulieu

Vienne, 12 avril [H A V.]

« Ma lettre d'hier était déjà écrite lorsque j'ai reçu celle que Votre Excellence m'a fait l'honneur de m'adresser par estafette le 3 de ce mois ; je m'empresse, monsieur, de vous présenter mon compliment sur l'heureux début de vos opérations. Je ne puis qu'applaudir à la lettre écrite à la République de Gênes que Sa Majesté a trouvée conçue dans les termes convenables. Je me flatte que le gouvernement génois ne persistera pas dans ses difficultés absurdes sur le séjour de nos troupes dans la ville de Gavi ; difficultés auxquelles l'on devait d'autant moins s'attendre que d'un autre côté nos troupes, aussi bien que les Français, ont toujours occupé le bourg de Savone, quoique la citadelle ou la forteresse de Savone fut restée entre les mains des Génois. En général, ce sera sans doute une attention digne de la sagesse de Votre Excellence que de traiter les Génois avec douceur et équité sans les aigrir ni les provoquer gratuitement, mais dans le cas où les prétentions des Génois seraient absolument incompatibles avec le bien du service de Sa Majesté, rien ne peut empêcher de leur déclarer d'une manière aussi polie que ferme que les circonstances exigent impérieusement telle ou telle autre mesure et que Votre Excellence ne peut s'en dispenser. Il ne dépendra pas de ma représentation, de mon zèle pour qu'on n'achemine encore quelques bataillons vers l'Italie, mais Votre Excellence ne saurait s'imaginer la gêne que nous éprouvons dans nos finances et les entraves qui en résultent pour toutes nos opérations. Le conseil de guerre assure qu'il y a une provision suffisante de tentes, marmites et autres ustensiles dans le dépôt de Crémone, ce qui ne sera pas difficile à vérifier. Au total, je vous prie, monsieur, d'être persuadé que je m'emploierai avec ardeur à solliciter qu'il soit pourvu à tout ce dont votre armée aura besoin, et que je me flatte que l'on fera tout ce qui sera humainement possible.

Mes lettres partant à Mantoue par l'occasion d'un courrier napolitain, sa Majesté m'a ordonné de faire parvenir à Votre Excellence par la même voie le paquet ci-joint. Ne cessant de faire des vœux pour la gloire de Votre Excellence et les succès des armes de Sa Majesté. »

L'Empereur à Beaulieu

Vienne, 12 avril [H A V.]

« J'ai reçu vos deux rapports en date du 17 mars et du 2 de ce mois.

Pour ce qui concerne le premier, je n'ai pas hésité à vous donner un nouveau témoignage de ma bienveillance au moyen de mes égards pour vos recommandations en faveur du baron de Malcamp ; je ne veux plus douter d'après vos assurances qu'il ne justifie la confiance que vous placez en lui, et que je n'ai lieu en toute occasion de concevoir de la sagesse de sa conduite une opinion aussi favorable que j'ai de sa bonne volonté et de ses talents. L'intimation dans les formes ordinaires pour soumettre à votre commandement le corps auxiliaire de ma troupe à l'armée de Piémont à l'égal du reste de mon armée d'Italie ne sera plus retardée ; en conséquence de l'injonction que je viens d'en faire au conseil de guerre.

Par votre seconde dépêche datée du 2 de ce mois, j'ai appris votre entrée sur le territoire de Gênes ; l'occupation de la Bochetta d'où vos patrouilles poussaient jusque vers Campo Morone et Saint-Pierre d'Arena, les mesures adoptées par l'entretien des communications de votre droite par Ovada et Sassello ainsi que les arrangements pris avec le général Colli pour la défense du côté de Ceva.

Ma confiance dans votre expérience et vos talents éprouvés ne me laisse aucun doute que vous ne vous soyez déterminé à cette entreprise en conséquence de motifs de poids et mûrement réfléchis ; je ne vous cacherai pas qu'au premier coup d'œil j'aurais pu ressentir une sorte d'inquiétude à voir que la nature de votre expédition, vous obligeant à porter une grande partie de vos forces sur votre gauche, paraissait d'autant affaiblir votre centre, qu'il en résulterait que, manque d'un nombre suffisant de troupes, ne pouvant guère combiner avec vos efforts d'autre attaque vigoureuse de la part de Colli par la vallée de Tanaro et vers le comté de Nice l'expulsion de l'ennemi de la rivière de Gênes en deviendrait peut-être plus difficile, que le succès au moins en serait probablement plus lent, que si la fonte des neiges survenait avant que nous eussions pu atteindre notre but et raccourcir ainsi notre ligne d'opérations ou de défense, quelque tentative des Français soit du côté de la vallée d'Aoste soit par le mont Cenis ou par quelque autre point de la périphérie des Alpes pourrait nous jeter dans de grands embarras.

Mais comme je suis bien sûr que votre prudence aura prévu d'avance les inconvénients aussi bien que les moyens d'y parer, il ne s'agira plus désormais que de poursuivre et soutenir avec énergie les opérations une fois entamées.

Je ferai de mon mieux pour vous envoyer encore un renfort de quelques bataillons, mais outre que ce secours ne pourra pas vous joindre de si tôt, je ne puis vous dissimuler que l'épuisement de la monarchie en hommes et en argent est très considérable, de façon que, comme il n'est pas toujours en notre pouvoir d'augmenter nos moyens au gré de nos désirs, ce sera d'après les moyens dont nous pouvons disposer qu'il faudra calculer nos projets.

D'ailleurs je me flatte que le retour de la bonne saison et vos soins contribueront à diminuer les malades et à faire disparaître pour le moins en partie la différence frappante qui se manifeste entre vos calculs sur la force de l'armée et ceux du conseil aulique de guerre. Vous devez, en y comptant surtout les régiments napolitains, avoir sur l'ennemi une supériorité décidée en cavalerie qui sans doute dans la rivière de Gênes ne sera pas d'un grand avantage, mais dont vous tirerez infailliblement un parti considérable si la guerre se transportait dans un pays moins montagneux ; en même temps le conseil de guerre presse le départ des transports de recrues pur compléter les bataillons, particulièrement ceux de Hongrie et, d'un autre côté, plus de quinze cents de nos prisonniers échangés se sont également déjà mis en marche de Souabe en différentes divisions pour rejoindre leurs régiments en Italie.

La cour de Naples me fait aussi espérer un envoi prochain de sept à huit mille hommes d'infanterie dont le passage par la Toscane éprouvant quelque difficulté, l'on paraît disposé à les faire transporter par mer, en espérant de plus que leur débarquement sur quelqu'un des points de la côte de Gênes, pourrait se combiner d'une manière utile avec vos opérations. sur quoi il sera nécessaire de s'entendre tant avec les Anglais qui seront dans le cas de contribuer à faciliter le transport des troupes que particulièrement avec la cour de Naples à laquelle vous ferez part de vos idées par le canal de mon ambassadeur comte d'Esterhazy, que j'ai déjà fait prévenir sur les démarches à faire en conformité de votre recours à son intervention.

Le conseil de guerre assure d'avoir fait les dispositions relatives aux fournitures de tentes, d'armes, d'ustensiles et autres besoins de l'armée ; je renouvellerai mes ordres et je porterai attention à ce que, pour autant que la pénurie de nos finances le permet, l'on ne vous laisse manquer de rien de ce qui doit vous mettre en état d'obtenir des succès dans vos opérations dont j'attends de recevoir bientôt des nouvelles ultérieures. »

Archiduc Ferdinand à l'Empereur

Vienne, 12 avril [H. A. V.]

« Le commandant général baron Beaulieu, vient de m'envoyer la ci-jointe pour Votre Majesté et en même temps de me donner l'agréable nouvelle de s'être établi à Voltri après en avoir délogé les Français. Il doit avoir fait plus de deux cents hommes prisonniers et, à ce qu'il me marque, la perte de la troupe de Votre Majesté a été très peu considérable. Par là la communication immédiate avec la rivière et la mer est rétablie et la ligne de défense raccourcie. Quelques vaisseaux anglais ont paru aussi le long des côtes à seconder les opérations de la troupe de Votre Majesté. Dans peu de jours, vu l'activité et bravoure du général commandant, j'espère de donner d'ultérieures bonnes nouvelles à Votre Majesté et d'autres progrès de son armée. De mon côté, ce qui dépendra de moi, je ne manquerai avec l'empressement que Votre Majesté me connaît quand il s'agit de son service, de soigner l'envoi des vivres de la Lombardie et, comme le directeur nommé par le Conseil de guerre pour la direction des ultérieurs transports auprès de l'armée manque encore et n'est pas arrivé, j'ai pris le parti hier d'y envoyer en attendant auprès du général commandant celui qui avait été destiné ici à Milan pour la direction des vivres nommé Ruprecht, d'autant plus que M. de Beaulieu ne communiquant point ses plans d'opération d'avance, a besoin de personnes habiles dans cette partie auprès de lui pour donner sur-le-champ les dispositions pour les transports des vivres nécessaires à la troupe d'après les mouvements que dispose le général. Les Génois ont témoigné d'être bien contents de voir repousser les Français par la troupe de Votre Majesté et celle-ci a été reçue avec des marques de joie par tout le peuple et paysans génois. »

Relation du combat de Dego
[Trad. A B.]

« Dans la nuit du 10 au 11 avril 1796, les troupes autrichiennes se portèrent en trois colonnes de Sassello, Pareto et Dego sur Montenotte.

La colonne partie de Sassello se dirigea vers le mont de la Crocetta, en passant au-dessus de San Agostino et en franchissant les hauteurs de (Pontinvrea. Celle de Pareto, passant par Mioglia et Pontinvrea prit les hauteurs opposées, en longeant le torrent Erro, et se dirigea sur la Cascinassa.

Rukhavina partit de Dego avec sa colonne, se porta par les hauteurs du voisinage sur Garbazzo puis sur Castelazzo. On commença à rencontrer une certaine résistance près de Santa Giustina, mais elle fut surmontée en peu d'heures (1). Elle fut plus forte à la Crocetta, à la Cascinassa et à Castelazzo.

A la Crocetta, les Français avaient établi des retranchements et occupaient des souterrains et des retranchements absolument inconnus des habitants du pays, d'où ils faisaient un feu très vif. Toutefois, au bout de deux heures et demie environ, ils furent accablés par les Autrichiens supérieurs en nombre et obligés d'abandonner totalement ces trois positions. Ils furent ensuite chassés jusqu'à Monte Negino, toujours poursuivis vivement dans leur retraite par les Autrichiens, qui leur infligèrent des pertes notables en tués, blessés et prisonniers.

Cependant, les Français, arrivés à Monte Negino, s'y arrêtèrent et firent face à l'ennemi. Ils y avaient élevés trois redoutes ; la première fut lestement enlevée, mais il n'en fut pas de même des deux autres. On les attaqua par trois fois sans réussir à s'en emparer. Le site est tellement abrupt, rocailleux et désolé que quatre hommes de front en occupent entièrement l'accès.

Aussi les Autrichiens y perdirent-ils beaucoup de monde, parce qu'ils n'avaient pas amené de canons. Ils ne s'attendaient pas sans doute à y trouver autant de résistance, parce que leurs espions qui étaient génois, leur laissaient toujours entendre que les ennemis étaient en très petit nombre et que leurs troupes ne se composaient que d'enfants et de jeunes gens non exercés au maniement des armes.

(1) Les Français qui y étaient postés, étaient à peine quatre cents ; aussi certains blamèrent-ils la conduite d'Argenteau qui dirigeait cette colonne, parce qu'il employa toutes ses forces contre eux, alors qu'il pouvait en laisser seulement le nombre suffisant pour les combattre ou au moins les maîtriser et se porter avec le reste sur Montenotte pour s'y trouver à l'heure fixée d'accord avec Rukhavina. S'il eut ainsi agi et fait avancer en même temps et aussi rapidement la colonne du centre, les Français situés à la Cascinassa et à Castellazzo eussent tous été pris ou tués. Un pareil mouvement, fait en temps voulu et bien dirigé, pouvait leur couper complètement la retraite sur Gênes, lorsque l'attaque de Rukhavina les obligea à quitter leurs positions ; et le temps qu'il perdit à faire le coup de feu avec des forces importantes à Santa Giustina, où la colonne du centre resta stationnaire, leur permit de rejoindre sans danger leurs camarades à Ca di Ferro et aux environs.

A Monte Negino, il y eut parmi les tués un capitaine du régiment Pellegrini et, parmi les blessés, le lieutenant-colonel de ce régiment et Rukhavina lui-même, qui fut atteint vers le soir, alors qu'au milieu de la vive fusillade il excitait ses troupes, en faisant tous ses efforts pour se rendre maître des deux redoutes précitées. Les troupes les plus éprouvées furent celles du corps franc, qu'animait à cette occasion la présence de son brave et vénéré général, toujours stoïque aux endroits les plus périlleux.

Ces incidents malheureux obligèrent Rukhavina à se retirer à Dego, mais il laissa assiégées, pour ainsi dire, les deux redoutes, espérant à tort que les Français n'étaient pas en forces et qu'ils les abandonneraient dans la nuit ou, tout au moins, qu'ils en seraient chassés le lendemain grâce à l'appui des deux petites pièces de canon, qu'on devait envoyer de Paretto pendant la nuit à dos de mulet. En attendant, on donna l'ordre à un bataillon de Terzi, qui se trouvait à Squaneto, de venir dans la nuit occuper Garbazzo et Castellazzo, qu'on avait laissés sans défense, afin de tenir en respect les Français du côté de Monte Prato et de Monte Negino.

Les Français s'aperçurent bientôt de la faute commise par les Autrichiens et, mettant à profit la nuit et le brouillard, ils firent monter de nombreuses troupes de Savone et de Quigliano et en firent aussi descendre de San Giacomo, en passant par le col qui de Cadibone mène au Castelazzo et à Ferrania (?), ils attaquèrent à l'improviste l'armée ennemie de front, de flanc et à revers. Le bataillon de Terzi précité venait à peine d'arriver épuisé à sa destination, lorsqu'il fut attaqué à l'improviste par deux mille Français, qui avaient pris la route de Ferrania laissée libre, alors qu'on pouvait la barrer avec les troupes postées à Crocetta et en interdire l'accès à l'ennemi.

Le bataillon de Terzi fut vite mis en déroute, et d'autre part, les Français, forts de plus de vingt mille combattants, commencèrent à déboucher de tous côtés. Dans l'espace de trois heures, le 12 avril au matin, ils obligèrent les Autrichiens à abandonner complètement Montenotte et ses environs. La retraite se fit en bon ordre sur Pareto et Sassello, attendu que la route de Dego était fermée par la perte de Garbazzo et Castellazzo.

Les Autrichiens perdirent en cette affaire environ mille hommes, tués, blessés ou prisonniers, et les Français six cents environ, d'après les relations les moins suspectes.

Le brave Rukhavina fut vite averti à Dego de plusieurs côtés des premiers mouvements des Français, mais il avait une telle confiance dans les traitres qui lui servaient d'espions, qu'il ne voulut croire à aucun de ces bruits, il était persuadé que les Français étaient tellement faibles qu'ils étaient à peine en état de repousser une attaque et dans l'impossibilité de prendre l'offensive. Mais à midi, lorsqu'il fut informé par ses gens eux-mêmes de l'échec subi et de l'abandon total de Montenotte, il ne put plus douter de l'intrépidité ni des forces de l'ennemi. On ne tarda pas d'ailleurs à voir les Français dans les environs mêmes de Dego. Dans la soirée de ce même jour en effet ils se montrèrent sur la colline de Dego et sur les monts dominant la Rocchetta del Cairo. Sur la première de ces positions cependant ils se rencontrèrent avec deux compagnies de la Marine, détachées du camp de Magliani, qui les obligèrent à reculer, en laissant deux hommes tués et deux prisonniers dont un blessé ; un caporal piémontais y fut aussi grièvement blessé, il était 10 heures.

Le 11, la bataille s'engagea à Voltri entre les Français et les Autrichiens. Les premiers eurent le dessous et furent obligés à se replier en totalité sur Savone. Le nombre des tués fut très grand et celui des blessés et des prisonniers fut très important ; on en conduisit deux cents à Acqui, dont quatorze officiers, dans la matinée.

Dans l'après-midi du 12, les Français se portèrent également à l'attaque de Cosseria et de Montezemolo ; ils chassèrent de ce dernier point les Piémontais, qui se replièrent sur Ceva, mais ils furent repoussés à Cosseria avec des pertes sensibles. Le général Provera y commandait. Mais maîtres de Montezemolo et de toutes les localités environnantes, ils assiégèrent la garnison de Cosseria. Celle-ci tint bon pendant trois jours, manquant de tout jusqu'à de l'eau, qui s'y vendit un double louis le verre d'eau.

Les Piémontais se trouvèrent dans l'impossibilité de secourir en aucune façon ce brave et malheureux détachement, composé en partie du régiment Belgioso et de plusieurs compagnies de grenadiers piémontais. Après trois jours de fatigues indicibles et de souffrances de toutes sortes, épuisée de faim et de soif, la garnison dut se rendre. Dans les diverses attaques de cette localité, les Piémontais perdirent plusieurs de leurs braves officiers, dont le chevalier Carretto di Camerano, homme d'une valeur extraordinaire et très versé dans l'art de la guerre ; les Français, parmi les nombreux officiers et soldats qui y furent tués, eurent à regretter leur brave et valeureux général, qui fut transporté blessé à Cairo, où il mourut après avoir demandé et reçu les sacrements.

Ruhkavina restait à Dego pour soigner sa blessure. Le 12 au matin, il eut la consolation d'apprendre la capture de deux petits canons de bronze, avec leurs accessoires et les quatre mulets de bât qui les transportaient de Montenotte vers Dego, par une petite patrouille de quinze hommes du régiment de la Marine qui tuèrent cinq des conducteurs. Mais dans l'après-midi, voyant que les Français en forces s'apprêtaient à investir Dego, il prit le chemin d'Acqui. Il laissa pour diriger l'armée, son aide de camp, avec un lieutenant d'artillerie envoyé par Argenteau et le colonel de la Marine. Ces hommes s'entendaient fort bien entre eux, mais ils n'avaient peut-être pas beaucoup d'aptitudes pour bien diriger une affaire d'aussi grande importance.

En effet, ils laissèrent l'artillerie trop en arrière, à savoir sur le Mont de Magliani, à l'exception d'une petite pièce que l'on fit descendre bien tardivement le jour de la première attaque véritable dans le jardin situé au-dessous de la maison du signor Bertone. Si quelques pièces avaient été alors placées au-dessous des bâtiments du château et de la Cascinassa, elles auraient fait beaucoup de mal à l'ennemi et peut-être même l'auraient empêché de s'approcher du centre du camp des alliés.

A 2 heures du soir environ, les Français étaient tous rassemblés dans la plaine de la Rochetta, et leur armée se composait de deux divisions fortes de vingt-deux mille hommes environ avec cinq cents cavaliers.

La division qui se trouvait à la droite avait à sa tête le général Laharpe, suisse de naissance, avec deux généraux de brigade Ménard et Robert. Celle de gauche était commandée par le général Masséna, avec les généraux de brigade Monnier et Lasalcette. Tous ces personnages se montrèrent très compatissants et amis du bon ordre, mais spécialement Laharpe.

Les alliés occupaient la presqu'île formée par le château de Dego, Marco, Magliani, Materasso, et le terrain au-dessus le hameau de la Piana. Dans le château, il y avait cent hommes du corps franc Giulay.

Les ennemis se portèrent à la Rochetta sur Dego en trois colonnes. L'une suivit la Bormida et essaya de la franchir au passage qui conduit de Vermenano à Capezzo, mais elle en fut empêchée par le canon. Elle alla alors passer en amont au pont de la Rochetta, et de là se dirigea sur les collines de Sopravia. La seconde colonne se dirigea sur Costa Lupara et Santa Lucia, et la troisième sur les collines de Massaiupo. Le feu commença vite de part et d'autre, mais celui des Français n'était pas très nourri, tandis que celui des alliés était très vif, parce qu'ils croyaient être véritablement attaqués.

13

Cependant les mouvements des Français n'avaient d'autre but que de bien reconnaître la situation des nôtres, l'emplacement de leurs canons, et le point où il fallait frapper pour exécuter leur dessein le jour suivant. Quelques Français entrèrent dans les maisons de Bottino, sur le torrent Grillano et dans la région de Bormida. Après deux heures de feu environ, ils se retirèrent au delà du Colletto, laissant sur le terrain cinq hommes et un cheval tués. Les alliés ne perdirent que la poudre qu'ils avaient maladroitement dépensée à éclairer l'ennemi, c'est-à-dire à lui montrer où était la plus forte résistance.

Les nôtres passèrent toute la nuit suivante sous les armes, mais il n'y eut aucun mouvement jusqu'au lendemain vers 2 heures de l'après-midi. Alors les Français s'ébranlèrent dans le même ordre et avec les mêmes forces que la veille. Au bout d'une heure tous les postes précités du château et de Magliani furent investis de tous côtés, sauf du côté de la plaine, parce qu'une colonne descendue de Gerini, alla occuper la route de Spigno et empêcha deux bataillons de renfort, qui commençaient à se montrer, de s'approcher de Piano. Le feu dura plus de deux heures avant que les Français pussent ou voulussent s'avancer notablement de leurs positions. En attendant, ils firent porter du canon à Sopravia et dans la plaine du Polvero, tandis que les Autrichiens en conduisaient un de leurs plus petits dans le jardin du signor Bertone.

Les habitants du château étaient dans la plus pénible situation, parce qu'ils se trouvaient entre deux feux pendant que les projectiles des canons français atteignaient leurs demeures.

Finalement, une heure avant le coucher du soleil, les Français réussirent à chasser du château le corps franc et les quelques soldats de la Marine qui y étaient postés. Ils firent prisonniers le capitaine du premier et l'officier qui commandait les seconds, et s'emparèrent aussi du canon susmentionné. Les premiers entrés dans cette localité s'attardèrent à piller l'église et les habitants, dérobant dans celle-là les vases sacrés et les ornements, et en enlevant tout ce qu'ils purent en tirer, tandis que d'autres prenaient dans les maisons tout ce qui leur tombait sous la main en comestibles, vins, linge, effets et argent.

En peu de temps, la redoute et les retranchements furent enlevés et tous les canons pris. Au coucher du soleil, tous les Autrichiens et les Piémontais furent chassés de Magliani et de ses abords ; ceux-ci avaient quatre bataillons, dont deux de la Marine et un de Montferrat et nos alliés en avaient deux autres incomplets. Les pertes des Piémontais furent élevées, surtout en prisonniers ; plus de treize cents soldats et un grand nombre d'officiers tombèrent aux mains de l'ennemi dont l'aide de camp de Rukhavina, le lieutenant-colonel d'artillerie, deux majors et le colonel Avisse de la marine. Les Français eurent plus de deux cents tués et blessés. Les alliés perdirent quatre drapeaux.

Après la victoire, les Français pillèrent les maisons. Il est impossible de décrire les horreurs qu'ils commirent. Qu'on imagine ce que peuvent faire des troupes affamées, victorieuses et excitées au combat par l'espérance du butin, et, en outre, à peine soumises à leurs chefs, qu'elles considèrent comme leurs égaux après la bataille. Le sort des habitants du bourg fut partagé par tous ceux de la région voisine : Piano, Provida, Bormida, Rocchetta et village de Cairo. Outre les denrées et effets précités, les Français enlevèrent également tout le bétail que l'on n'eut pas le temps d'évacuer. Quelques perfides Gênois eurent l'audace de venir acheter à vil prix sous nos yeux nos dépouilles et une partie de notre bétail à nos ravisseurs, entre autres un prêtre et un médecin.

Au moment où les premiers volontaires venaient d'enfoncer la porte de l'Eglise, le curé de Dego se présenta à un officier qui se rendait à cheval à la redoute et qui était un commandant de brigade, et le supplia de faire respecter le sanctuaire. Mais il fut congédié avec des paroles brutales et dédaigneuses. Mais, vers le soir, arriva à Dego le général [illisible], plus compatissant, qui fit tout son possible pour faire cesser le pillage dans la localité. Il y réussit à peine en faisant placer des sentinelles devant les maisons ; ces féroces volontaires ne voulaient pas l'écouter. Un autre brave officier les obligea à rendre quelques ornements d'église qu'il remit au curé en lui conseillant de les cacher.

Le lendemain, trois bataillons autrichiens arrivèrent pour secourir le camp de Dego, dont ils ignoraient la prise. L'incrédulité d'Argenteau aux rapports qui lui signalaient l'attaque de cette localité, bien que, de Pareto où il se trouvait, il put entendre la canonnade et même la fusillade, fut cause de leur arrivée tardive. Mais ils ne se découragèrent pas. De bon matin, ils attaquèrent les Français déjà établis à Magliani et aux environs au nombre de cinq mille hommes.

Le ciel était pluvieux. Les Français avaient encore quelques pièces de canon sur cette montagne. Néanmoins au bout de deux heures et demie environ de fusillade, ils furent obligés d'abandonner ces hauteurs et de se retirer de Coletto. Les Autrichiens firent à cette occasion plus de trois cents prisonniers, et reprirent toute l'artillerie en position à Magliani et ailleurs. Cette affaire fut dirigée par le brave colonel Wukassowitsch et son lieutenant Lozoni. Le nombre des tués et des blessés fut proportionné à celui des prisonniers.

A 2 heures du soir environ, les Français se rassemblèrent de nouveau, plus nombreux que la veille en infanterie et en cavalerie, dans la plaine de la Rochetta, et ils en envoyèrent en outre une forte colonne par la vallée de Montenotte pour entourer complètement les Autrichiens et leur couper la retraite. L'attaque fut réglée et dirigée à peu près comme le jour précédent, sauf que la ligne de circonvallation fut un peu moins développée et par suite plus rapprochée des points d'attaque. Lorsque le signal de l'assaut fut donné, les Français s'élancèrent de toutes parts surtout en dessous du terrain Sosso du côté de Piano et de Costa. La mitraille en coucha un grand nombre à terre, et ils furent repoussés à trois reprises, mais finalement leur supériorité en nombre eut l'avantage sur les défenseurs. Ceux-ci se voyaient déjà presque entièrement cernés par les cavaliers qui avaient gravi la montagne et par l'infanterie, tandis que la colonne de Montenotte était maîtresse de la grande route de Spigno. Les Autrichiens abandonnèrent donc de nouveau la redoute et tous les petits postes de Magliani et se retirèrent tant bien que mal des collines du Cassinelle, Zanotti et Tosi sur Spigno, en laissant tous leurs canons à l'ennemi et après avoir perdu plus de mille hommes tués, blessés ou prisonniers.

Mais cette victoire coûta également cher aux Français, qui eurent plus de huit cents tués ou blessés, dont beaucoup d'officiers qui restèrent sur le champ de bataille. Parmi les morts, il y eut deux généraux et un brigadier ; le général Causse fut porté grièvement blessé à Rochetta près de Cairo, où il mourut en arrivant, et le chef de brigade Rondeau, blessé à la jambe et transporté à Savone, y mourut quelques mois plus tard des suites de sa blessure.

Cette défense fut appréciée avec éloges par les Français eux-mêmes, mais on ne saurait louer la négligence apportée à la soutenir. Si l'on avait envoyé un corps respectable sur les hauteurs de la Longa, près de Boil, sur la colline qui aboutit à Gerini et aux environs, les Français n'auraient probablement pas repris le Mont Magliani, ou du moins les malheureux combattants qui l'avaient réoccupé, auraient pu se retirer en bon ordre et se sauver pour la plus grande partie, en conservant un certain nombre de leurs canons. Dans ces deux affaires, ceux-ci perdirent toute leur artillerie, soit dix-neuf pièces et leurs munitions et la plupart de leurs chevaux. Ce fut également grâce à un pareil manque de précautions que les Français purent prendre à revers la veille les Piémontais et les Autrichiens, et leur couper presque totalement la retraite sur Spigno. En effet, le général Argenteau ne se préoccupa nullement de faire occuper la colline de Porri près de la route de Spigno, bien que les habitants l'eussent prévenu de l'importance de cette position.

Le résultat de la journée ne tint qu'à un retard de quelques minutes ; on envoya en effet mille hommes environ sur les hauteurs de Squaneto pour occuper cette position lorsqu'on vit les Français défiler de Gerini pour s'y installer ; mais ceux-ci y arrivèrent les premiers au nombre de cinq ou six seulement, qui furent bientôt renforcés ; malgré leur petit nombre, ils repoussèrent les Autrichiens au fur et à mesure de l'arrivée de ces derniers et leur tuèrent vingt-quatre hommes, on n'en perdant de leur côté que cinq ou six, qui s'étaient élancés impétueusement sur la colline au milieu de la fusillade. Les Français cependant ne devancèrent les Autrichiens que de peu d'instants sur la position (1).

(1) Mais pour mieux mettre le lecteur en situation de se faire une idée exacte de ces trois affaires, il ne sera pas hors de propos de donner ici une description du Mont de Magliani et de ses abords, qui en furent le théâtre. Je comprends sous cette appellation une longue et haute colline, qui, partant à l'ouest des rives de la Bormida, s'élève peu à peu vers l'est jusqu'à une altitude peu considérable. Il s'y trouve deux sommets principaux, entre lesquels sont les maisons de dix familles, qui forment le village connu sous le nom de Magliani. A partir du sommet le plus oriental, la colline s'abaisse vers le nord jusqu'à Monte Alto di Spigno, en formant un angle obtus. Cette dernière colline, second côté de l'angle précité, a trois bons milles de longueur, et est couronnée de nombreuses éminences, constituant autant de sommets, mais qu'emprunte cependant la route de Spigno, dont le tracé suit généralement le faîte de la colline. L'autre côté de l'angle a à peine un demi-mille de longueur ; au sommet de l'angle, vers le sud, il y a deux petites hauteurs, l'une appelée Pilotti, où se trouvent les maisons de quatre familles, et l'autre Marco, inhabitée. Tous les autres sommets précités ont des noms particuliers, tels que la croix de Sodana, etc., mais je passe, pour ne pas allonger.

De la colline de Marco, s'en détache de l'est vers l'ouest, une autre petite et moins élevée, qui va se terminer sur la Bormida par des escarpements assez abrupts ; c'est sur celle-ci que se trouve le vieux château de Dego, l'église et cinq maisons bourgeoises avec autant de familles, outre la maison communale. Entre cette colline et celle qui forme la première partie de l'angle précité, s'en élève une autre plus basse, qui, partant de la Bormida, va se terminer au-dessous de l'un des sommets de Magliani. Ce sommet était pourvu d'une redoute, construite par les Autrichiens en pierres sèches et susceptible de contenir trois cents combattants : plusieurs pièces de canon placées au-dessous la défendaient du côté du sud et de l'ouest. L'autre sommet était également défendu par des murs en pierres sèches, avec des canons en contre-bas qui avaient un excellent champ de tir vers le sud, mais étaient un peu masqués vers l'ouest par la redoute précitée. Deux autres sommets les plus rapprochés sur la route de Spigno étaient encore armés de canons et défendus par de petits ouvrages en pierres sèches.

Les Autrichiens et les Piémontais occupaient toutes les hauteurs précitées et celles qui s'en détachent, y compris le château, sauf du côté de Spigno et de Piano. Ils n'avaient pas à avoir d'inquiétudes par Piano, parce qu'il était impossible aux Français d'y pénétrer, à cause de la Bormida et de ses rochers presque infranchissables. La colline, qui va de Porri à la route de Spigno, se termine au sommet dit Sodano ; ils chercheront en vain à l'occuper peu de temps après que les Français y furent arrivés, comme je l'ai rapporté. Cette colline n'est pas à plus d'un demi-mille de distance du point où se réunissent les deux côtés de l'angle si souvent mentionné.

A l'intérieur de cet angle, se trouve un vallon bordé par la colline qui va

Après cette nouvelle victoire, le château et le village de Dego furent de nouveau mis au pillage, ainsi que presque tout le reste du pays environnant. Mais ces excès prirent fin dès l'arrivée du général Masséna et de son aide de camp général Monnier. Le premier logea avec de nombreux officiers dans la

du sommet de Sodano vers l'ouest ; dans ce vallon furent faits beaucoup de prisonniers, lors des deux affaires où les Français eurent l'avantage. Les vaincus cherchèrent en effet à se retirer à travers ce vallon, mais les Français leur barrèrent la retraite en descendant du Soldano et de la route de Spigno, et les prirent de revers après les avoir chassés de Magliani. Entre la colline qui se termine sur la Bormida et celle où est situé le vieux château, s'étend du nord au sud une plaine de quatre cents pas de longueur et de quinze cents environ de largeur, qui aboutit à la Bormida. Sur l'autre rive se trouve une plaine plus longue et moins large.

C'est dans la première de ces plaines que se jetèrent les Français le jour de la première véritable attaque, en descendant des collines de Sopravia et de Bormida, et, franchissant au lieu dit pré Marenco, la rivière qui était basse et guéable, ils y formèrent une colonne serrée de quarante hommes environ de front, face à la redoute de Magliani. Si dans ces conditions il y avait eu des canons de gros calibre à l'extrémité de la colline du château, là où elle aboutit à la Bormida, cette colonne aurait été dans l'impossibilité de se former ou au moins elle aurait été désorganisée par ces pièces, qui l'auraient prise en flanc presque normalement. Les alliés le reconnurent bien et ils y en envoyèrent une de huit livres ; mais lorsqu'elle arriva il était trop tard : les Français s'étaient déjà étalés par petits groupes de toutes parts et avaient enlevé le poste du château et la colline de Marco, aux environs de laquelle était à peine arrivé ledit canon.

L'extrémité de cette plaine est bordée au sud par la Bormida, qui baigne également les anfractuosités de la colline où est situé le château, ainsi qu'on l'a dit, jusqu'au grand pont de pierre à trois arches, au-dessus duquel se trouve la place de l'église à Saint-Jean. La route qui descend du château, forme un carrefour : une des branches, se dirigeant vers l'ouest, gagne Bormida par le pont ; une autre vers le nord, suivant le vallon de la Bormida, va par Piana et Spigno à Acqui, et la troisième, par la même vallée à Rochetta et Cairo.

En amont de ce pont et à l'est, à la distance de 25 trabucchi (?) environ, se jette dans la Bormida le torrent Grillano, sur lequel se trouve, près de son confluent, un pont également de pierre à une arche. Le lit de ce torrent est orienté, en remontant, vers l'est sur un demi-mille environ, puis s'incline vers le nord sur un parcours à peu près égal, en restant toujours à l'intérieur des collines du château, de Marco et de Pilotti, pour aboutir aux Cinq Vallons, où il prend sa source.

Les deux principaux de ces vallons sont appelés, l'un au nord le Scorticale et l'autre, à l'est, la Luscheja, les deux cours d'eau ont des bords à pentes abruptes et impraticables. Il est de même du torrent des Casinelle mentionné ci-dessus et de la Bormida.

Tous les points occupés par les Autrichiens et les Piémontais formaient une péninsule se terminant par la colline allongée, qui s'étend jusqu'à Squaneto et par Monte Alto jusqu'à Spigno. Le torrent de Casinelle aboutit au sud à un petit ruisseau, qui se jette dans la Bormida et baigne le pied des collines se rattachant au deuxième sommet de Magliani.

Ce fut sur ce sommet et sur celui où était situé la grande redoute, c'est-à-dire sur le premier, que les Français éprouvèrent la plus grande résistance et qu'ils perdirent le plus de monde dans les deux affaires où ils furent victorieux. Mais la défense, la plus digne d'être relatée, fut celle dont fut le théâtre le sommet dépourvu de redoute et garni seulement de faibles retranchements par les Croates, dirigés et soutenus par Wukassovitch dans la seconde affaire. On a déjà dit que ce jour-là les Français furent repoussés par trois fois de tous les points qu'ils avaient attaqués par petits groupes, suivant leur tactique actuelle. Voyant cela, leur cavalerie grimpa au-dessus de la redoute et pénétra dans la vallée des Casinelle ; lorsque les Autrichiens furent obligés d'abandonner la redoute pour les poursuivre. En même temps les Français avaient formé une colonne serrée de sept ou huit hommes de front pour assaillir et anéantir le corps qui défendait cette position avec ardeur. La tête de cette colonne avait pu s'approcher à moins de vingt pas du sommet où étaient les Autrichiens, sans que leur canon l'eût gênée, parce maison du signor Cazzuli et l'autre, avec deux officiers et quelques soldats à son service, dans le presbytère. Ce dernier se montra très contrarié des dégâts occasionnés à l'église et du préjudice causé aux habitants. Il fournit à ma famille de la viande et du pain, alors que je n'avais plus rien pour la nourrir. Tous les habitants se disputèrent la faveur d'avoir un officier chez eux, car ils étaient en majeure partie humains et compatissants, c'était un excellent moyen pour se mettre à l'abri des insultes des volontaires déréglés et mal intentionnés, et pour conserver les maigres denrées et les meubles sauvés du double pillage général. Parmi les autres soldats, il y en avait encore de bons et de généreux qui partagèrent leur pain avec les plus nécessiteux.

Dans la fureur de la bataille, les officiers faits prisonniers furent très mal traités ; beaucoup d'entre eux furent dépouillés de leurs vêtements et tous de leurs épaulettes d'argent, de leur chapeau, de leur argent et de tout ce qu'ils portaient de précieux. Quelques-uns furent aussi frappés sur la route, parce que leurs blessures ne leur permettaient pas de marcher aussi vite que le voulaient leurs conducteurs. Mais arrivés à Cairo, où se trouvait le général en chef Bonaparte, jeune homme de 28 ans, très expert dans l'art de la guerre et de mœurs douces, ces malheureux virent leur sort s'améliorer. Beaucoup d'entre eux étaient blessés ; il les renvoya sur leur promesse de ne plus servir dans cette guerre. Mais ce qui prouve le plus de munificence de ce général français, c'est sa conduite avec le capitaine Colli, frère du général en chef du roi de Sardaigne ; blessé et fait prisonnier à Cosseria, il fut conduit à Cairo. Lorsque le général Bonaparte en fut informé, il lui envoya une bourse pleine de louis d'or. Colli prit discrètement 30 louis et lui renvoya le reste avec mille remerciements. Les autres blessés y furent également traités humainement, et il en fut de même, après la bataille, partout où il s'en trouva, grâce au soin pris de les faire recueillir et assister par un chirurgien major français. Celui-ci parcourut jour et nuit tous les endroits où se trouvaient les blessés, cherchant des échelles, des tables, des civières et tout ce qui pouvait servir à leur enlèvement ; et par ses paroles douces et insinuantes, il incita les soldats et les habitants à les transporter à l'hôpital. »

Dommartin à Masséna [1]

Montefreddo, 23 germinal (12 avril) [A Dom.]

« En conséquence, général, de votre du 22 courant, je suis arrivé à Montefreddo avec le 3e bataillon de la 84e demi-brigade, le 1er va y arriver dans une heure, tous deux ont été retardés dans leurs marches par le manque de vivres qui ne leur sont parvenus que trop tard, mais le 1er l'a été plus que le 3e par la négligence du chef à exécuter mes ordres. Je vous porterai au premier moment de repos une plainte contre cet officier qui, sans aucune raison valable, a retardé de cinq heures son départ de Rialto où il était can-

qu'elle s'était formé sur le versant de la colline, au-dessus du petit village de la Costa.

On combattit dans cette situation plus d'une demi-heure avec une grande vigueur des deux côtés. La colonne française était prise de front et de flanc par un feu continu et très vif des Autrichiens, et elle tiraillait également de tous les côtés, ainsi que les groupes détachés çà et là. Les Français dont le nombre allait toujours en augmentant, finirent par entrer dans la redoute du premier sommet, baïonnette au canon. Alors, devant les forces croissantes des ennemis, on dut céder, abandonner la position et se retirer sans beaucoup d'ordre, en laissant de nombreux morts et pas mal de prisonniers.

tonné. Je serai à la pointe du jour sur les hauteurs de droite de Carcare ou je prendrai vos ordres ultérieurs, faites-moi savoir, s'il vous plaît, où la troupe devra prendre des vivres pour le 25. »

Truguet à Petiet

Paris, 23 germinal (12 avril) [A G.]

« Je viens de recevoir, citoyen collègue, une lettre du commandant des armes à Toulon par laquelle il m'informe que six bâtiments armés en guerre vont incessamment mettre à la voile pour se réunir à ceux qui sont déjà auprès de l'armée d'Italie et qu'ils doivent escorter des transports chargés de 150 millions de poudre, 50 pontons et autres attirails et munitions.

Au moyen de cette disposition, le nombre de ceux destinés à faire le service de cette arme, sera porté à vingt-quatre de toute grandeur qui resteront aux ordres du général Bonaparte, à qui la liste en a été remise. Le lieutenant de vaisseau Bourdé, officier de distinction, est chargé du commandement de cette flottille, et de remplir les différentes missions que le général croira devoir lui confier.

Je m'empresse de vous transmettre ces détails qui vous convaincront que la marine a employé tous les moyens qui étaient en son pouvoir pour remplir les vues du gouvernement et concourir au succès de vos opérations. »

Bonaparte à Masséna

Carcare, 13 avril [Orig. A M.]

« Laharpe va se porter sur les hauteurs de droite de Dégo. Vous, vous attaquerez par la Rochetta. J'ai donné ordre au général Dommartin de réunir ses deux bataillons de la 84e et de se tenir prêt à marcher ; faites-lui passer sur-le-champ, l'ordre de venir vous joindre par les hauteurs de gauche de Cairo ; il faut ce soir que nous couchions dans Dégo. Je serai dans une demi-heure à Cairo où nous nous concerterons avec Laharpe. »

Bonaparte à Masséna

Carcare, 24 germinal (13 avril) [Orig. A M.]

« Je ne vous ferai pas le détail de cette affaire d'aujourd'hui, mon cher général. Laharpe, à qui j'ai écrit, vous en fera part. Demain, j'espère, ils se rendront faute de munitions, car ils sont tellement serrés que je ne crois pas qu'ils puissent échapper.

Je vous prie d'avoir une grande surveillance du côté de la Chapelle. Recommandez au général Dommartin pour qu'il veille dans sa position. »

Masséna à Dommartin

24 germinal (13 avril) [A M.]

« Je reçois à l'instant votre lettre, mon cher camarade, et je m'empresse d'y répondre. A la réception de la présente, vous vous mettrez en marche pour me rejoindre à Dégo en passant par Carcare où vous prendrez des vivres pour vos troupes. Ne manquez pas de faire la plus grande diligence pour me rejoindre afin que notre jonction s'opère le plus promptement possible, j'ai besoin de vous, je compte sur votre amitié. »

Petiet à Chauvet

Paris, 25 germinal (13 avril) [A. G.]

« Vous trouverez ci-joint, citoyen, une note qui m'a été adressée par le Directoire exécutif et qui contient plusieurs dénonciations contre l'immoralité des employés dans les administrations militaires de l'armée d'Italie.

Le Directoire exécutif a été justement indigné de la conduite scandaleuse des agents de l'administration et vous verrez par la copie ci-jointe que son intention est de réprimer ces actes avec la plus grande sévérité.

Je vous invite, citoyen, à profiter des renseignements que je vous transmets et à prendre toutes les informations qui pourront aider à vous faire connaître ceux sur lesquels tombent les reproches que contient la note ci-jointe.

L'énergie que vous avez déjà montrée contre les préposés négligents ou infidèles, me prouve que vous poursuivrez avec le même courage ceux dont les mauvaises actions vous seront connues. Je vous prie de me rendre compte des mesures que vous aurez prises à cet égard. »

Petiet à Bonaparte

Paris, 24 germinal (13 avril) [A. G.]

« Vous trouverez ci-joint, citoyen général, copie d'un arrêté du Directoire exécutif en date du 10 de ce mois.

Je réunis à cet envoi un modèle de tableaux rédigé en conformité des articles 2, 4 et 5 de cet arrêté.

Je vous invite à donner des ordres pour qu'il soit exactement rempli et pour que les nouvelles intentions du gouvernement soient ponctuellement remplies.

Sans doute vous penserez comme moi que la meilleure manière de répartir par la voie du sort les numéros entre les demi-brigades de l'armée que vous commandez, c'est de faire venir au quartier général un officier de chacune de ces demi-brigades pour y tirer les nouveaux numéros ; infailliblement ce moyen empêcherait les corps de former aucune espèce de prétention.

Arrêté. — Le Directoire exécutif, considérant la nécessité de rectifier la série des numéros affectés aux demi-brigades qui, en vertu de son arrêté du 18 nivôse, doivent composer l'armée de l'infanterie et régler ce qui concerne leurs drapeaux,

Arrête ce qui suit :

Article premier. — Les 110 demi-brigades formant l'infanterie de terre combattant en ligne, y compris celle destinée aux colonies, auront un numéro qui sera pris depuis le numéro 1 jusqu'à 110 sans égard à celui qu'elles portaient avant l'incorporation.

Art. II. — La distribution des 110 numéros sera faite par armée ainsi qu'il est indiqué dans le tableau ci-joint coté n° 1.

Art. III. — Chaque général en chef fera répartir par la voix du sort entre les demi-brigades de l'armée qu'il commande le numéro dont l'état formé en conséquence de l'article précédent lui aura été adressé par le Ministre de la Guerre.

Art. IV. — Le nombre des demi-brigades affectées à chaque armée est définitivement arrêté par le tableau ci-joint numéro 2.

Art. V. — Il sera dressé dans chaque armée un tableau qui désignera le nombre et l'ancien numéro des demi-brigades qui seront entrées dans la composition de chacun des nouveaux corps.

Art. VI. — Les généraux en chef feront choisir par la voie du sort parmi les drapeaux des bataillons amalgamés ensemble ceux qui devront y être conservés. Les drapeaux non conservés par le sort à cause de leur vétusté, qui n'auront pas été admis à cette opération, seront envoyés au Ministre de la Guerre.

Art. VII. — Les dispositions du présent arrêté sont communes aux brigades d'infanterie légère en ce qui les concerne. »

Cassanyes, Quirot, Vitet et Poullain-Grandprey au Directoire exécutif

Paris, 24 germinal (13 avril) [A G.]

« Si, comme on l'annonce de toutes parts, le général Kellermann a donné sa démission de commandant en chef de l'armée des Alpes, et si le Directoire l'accepte, nous croyons devoir vous observer que personne ne convient mieux à cette place que le général de division Moulin. Aucune affection personnelle ne nous détermine à faire cette démarche; mais la connaissance que nous avons acquise de la conduite qu'a tenue cet officier général à l'armée des Alpes à Besançon et à Lyon, nous fait envisager comme extrêmement important, sous le rapport de l'intérêt général, de le rappeler à un poste où malgré les besoins de l'armée d'Italie et de Lyon qui ont dégarni son armée, elle a conservé une attitude imposante. Nous ajouterons, citoyens directeurs, à ces considérations celles qui peuvent être prises dans la parfaite connaissance que le général Moulin possède des localités, dans l'attachement et l'estime que n'a cessé de lui témoigner l'armée des Alpes, mais surtout dans l'utilité que présenterait son voisinage de Lyon, du Jura et des points où les émigrés trouvent des facilités de rentrer en France. »

Rapport

13 avril [A. B.]

« Envoyé de la redoute de la Crocetta au Dego, je partis à environ midi et demi, de la journée du 13 avril, et suivis le contrefort qui se trouve entre les deux Bormida et qui va à Sainte-Giulia. J'arrivai à peu près à 8 heures du soir. Pendant toute ma marche, j'entendis continuellement le canon de Dego et même, depuis les hauteurs de Sainte-Giulia, le feu de la mousqueterie, ce qui cessa entièrement avec l'arrivée de la nuit, et la quantité de feu, desquels l'on distinguait parfaitement les Autrichiens d'avec les Français, me firent juger que les troupes n'avaient cessé de combattre qu'à cause des ténèbres et qu'elles étaient restées à portée du fusil les unes des autres.

Je partis de Sainte-Giulia pour me rendre au Dego, mais les Français ayant poussé des grand'gardes et des patrouilles dans la plaine de Dego, sur la gauche de la Bormida, je fus obligé pour passer avec sûreté d'aller guéer la rivière au delà du village de Piano, d'où, montant le contrefort sur lequel est le Dego, j'arrivai à cette position par le grand chemin fait par M. de Wins et par crête mène d'Acqui à Carcare.

J'arrivai au Dego, à 3 heures après minuit et je trouvai toutes les troupes bivouaquant auprès de grands feux, que l'on avait faits aux postes qu'occupait chaque troupe.

Le général Rukhavina, qui avait été blessé à l'affaire de Monte Negino, commandait dans cette position, mais le 17 au matin, sentant que sa blessure lui faisait mal, il partit pour Acqui, laissant le commandement au chevalier Avagadro, colonel du régiment de la marine, qui n'était arrivé que la veille et qui, comme il me le dit lui-même, n'avait absolument aucune connaissance ni des environs, ni presque encore de la position qui lui était confiée.

Les troupes qu'il avait sous ses ordres consistaient dans deux bataillons du régiment de la marine, un bataillon de Stein, un de Wilhem Schroeder et un de Pellegrini, dix-huit pièces de canon, en tout environ trois mille hommes ; les bataillons autrichiens étaient fort faibles parce qu'ils étaient de ceux qui avaient souffert dans les premières attaques où le général Argenteau avait été battu.

En arrière du Dego, à peu près à moitié chemin de Spigno, il devait y avoir un bataillon de Montferrat, un de Deutschmeister et je crois un autre bataillon autrichien dont j'ai oublié le nom.

Le bataillon de Montferrat devait venir, à ce que l'on me dit, renforcer la position du Dego dans la matinée du 14 ; mais cependant j'en partis dans l'après-midi avancée, il n'était pas encore arrivé.

Le matin du 14, les troupes s'attendaient à être attaquées, cependant il ne se fit pas un seul coup de fusil, et l'on entendit seulement une forte fusillade sur les hauteurs de la gauche de la Bormida, en avant de Sainte-Juliette et qui était produite par l'attaque que fit le régiment de Belgioso pour tâcher de délivrer Cosseria qui à cette heure-là avait déjà capitulé.

La position du Dego s'élève sur la droite de la Bormida et est partout fort escarpée ; sur sa droite qui descend dans la plaine du Dego, en avant de la position, il y a un ravin au fond duquel coule un torrent dont j'ignore le nom.

Le village du Dego est divisé en trois parties, une est vis-à-vis de la hauteur du château du Dego dans la plaine au pied de la hauteur que l'ennemi occupait, une autre partie est située également dans la plaine au pied de la hauteur du château ; la troisième partie est ce que l'on appelle vulgairement le château ; à la gauche et un peu en avant de la hauteur du Dego est une hauteur appelée, je crois, ou Sainte-Julie ou Sainte-Lucie.

Ces hauteurs-là forment, comme qui dirait les ouvrages avancés de la position ; en arrière est une grande hauteur à laquelle l'on monte par une montée très rapide et sur laquelle l'on avait construit sur trois buttes principales, trois espèces de redoutes assez mal fabriquées, mais fort bien placées et fort aisées à défendre.

Des troupes étaient distribuées dans ces redoutes et, dans l'intervalle qui les séparait, l'artillerie garnissait tout ce front, excepté deux pièces qui étaient en bas sur la gauche de Sainte-Lucie.

Dans la partie du village qui est au pied des hauteurs du château sur les hauteurs de Sainte-Giulia et dans les bois qui en dépendent pour aller dans le petit torrent, dont j'ignore le nom, l'on avait placé des fortes gardes d'infanterie presque toutes composées de Piémontais, pour éclairer et fusiller avec l'ennemi.

Je ne puis point dire ni où ni de quelle manière était appuyée la gauche de la position n'ayant pas eu le temps d'y aller et de la visiter.

Sur les 9 ou 10 heures, l'on commença à tirer quelques coups de fusil en avant de la position, dans le fond du petit vallon qui séparait les deux armées ; à environ 11 heures, nous vîmes s'élever une très grosse colonne de fumée à un mille environ de la position, sur les hauteurs qui, je crois, sont au-dessus du Caire. Cette fumée fut répétée par une autre colonne de fumée qui s'éleva sur la droite de l'armée française ; aussitôt la fusillade devint beaucoup plus vive et de fortes patrouilles françaises descendirent dans la plaine : une de ces patrouilles était de cavalerie composée de trente-neuf chevaux ; vingt-cinq hussards d'Erdody s'avancèrent alors du village de Dego, mais la patrouille française n'avança pas davantage et l'on se contenta d'échanger quelques coups de pistolets et les patrouilles d'infanterie, de faire quelques coups de fusil derrière les arbres.

Pendant que cela se passait, l'on voyait très distinctement, une forte colonne française qui s'avançait sur le front et qui venait des hauteurs sur lesquelles nous avions vu la première colonne de fumée.

Quatre grosses colonnes paraissaient également dans le lointain sur la droite de l'ennemi et l'on voyait qu'elles s'avançaient pour tâcher de tourner la gauche des Autrichiens.

Je les fis remarquer au chevalier Avogadro qui me dit qu'il croyait que ces colonnes ne pouvaient pas venir à lui, parce qu'il croyait que M. d'Argenteau devait se trouver sur leur passage.

Cependant le feu continuait à devenir plus nourri, sur tout le front de la ligne et l'artillerie autrichienne ne cessait de tirer, mais je crois cependant sans faire grand effet, l'ennemi attaquant à la débandade et ne donnant aucun point fixe où l'on put lui tirer avec effet.

Sur les 3 heures, nous commençâmes à voir des éclaireurs et des patrouilles qui s'avançaient sur les hauteurs de la gauche du Tanaro ; quelques coups de fusil, tirés vers les hauteurs de Sainte-Giulia, nous donnèrent à connaître que l'ennemi s'avançait de ce côté, mais comme personne d'intelligent ne commandait dans ce poste, l'on regardait tout cela avec indifférence et l'on ne s'occupait que de l'attaque que l'ennemi faisait de front. A la fin cependant, voyant que l'ennemi s'avançait toujours sur la gauche de la Bormida, je me déterminai à partir, afin de ne pas me trouver entièrement coupé du chemin qui devait me ramener à Ceva et de ne pas être obligé d'aller passer à Acqui.

Je passai dans la plaine à la faveur des vingt-cinq hussards qui m'escortèrent jusque de l'autre côté de la plaine où, ayant voulu monter les hauteurs, je les trouvai déjà occupées par l'ennemi et fus obligé de redescendre, et venir par le grand chemin de la plaine, gagner beaucoup au delà de Piano, d'où je montai, si je ne me trompe, au col de Lodisio, où j'arrivai à l'entrée de la nuit et d'où j'entendais encore très distinctement le canon et la fusillade du Dego.

La journée du 14, les Français répondaient à la canonnade des Autrichiens avec trois pièces de canon ; la veille ils en avaient cinq placés vis-à-vis du château du Dego ; mais sur le soir, ayant voulu les changer de position et les porter plus sur leur droite, ils les chargèrent sur des mulets, ce que des soldats de la marine et de Montferrat ayant vus, ils se glissèrent au delà du vallon, allèrent les attaquer sur leur passage et s'emparèrent de deux pièces avec les quatre mulets qui les portaient.

Ces pièces n'ont pas été reprises par les Français ; je les ai vu partir pour Acqui. »

Berthier à Clarke

Carcare, 25 germinal (14 avril) (A G.)

« Depuis mon arrivée ici, mon cher général, j'ai passé les jours et les nuits. Nous avons eu un succès brillant à Montenotte. Nous marchons quoique nous manquions de presque tout ce qui est nécessaire; encore un jour ou deux et nous pourrons être certains d'avoir un avantage décisif pour la campagne : je vous ferai passer des détails ; le général Bonaparte écrit de Montenotte au Directoire ; je pars, nous allons attaquer à Dego. Croyez à notre zèle et que, si nous ne détruisons pas les coalisés en Italie, il n'y aura pas de notre faute. Je suis bien fatigué, je vous embrasse bien. »

Serrurier à Guieu

Garessio, 25 germinal (14 avril) [A G.]

« Je vous prie, général, d'envoyer ordre au 2ᵉ bataillon de la 209ᵉ qui doit occuper la Sotta d'envoyer, lorsqu'il y sera établi, une reconnaissance de cent cinquante hommes à Sainte-Juliette, laquelle ne s'en retirera que lorsqu'elle sera assurée qu'il n'y a pas d'ennemis et les chassera s'il y en a. »

Serrurier à Guieu

Bagnasco, 25 germinal (14 avril) [A G.]

« J'ai reçu général votre lettre de Batifollo, je vous fais compliment sur la manière dont vous avez mené les ennemis, je viens d'en rendre compte au général ; vous avez fait plus de prisonniers que vous ne croyez, j'en ai vu quarante et un ou deux et trois officiers.

Le commissaire s'occupe en ce moment pour vous faire arriver des vivres. »

Serrurier à Bonaparte

Bagnasco, 25 germinal, 6 heures du soir (14 avril) [A G.]

« J'arrive à l'instant, mon général, rien dans la vallée n'a retardé mon mouvement, mais au moment du départ des colonnes, l'ennemi a paru devoir nous attaquer en force au-dessus de Murseeco ; le général Guieu s'est porté sur lui d'une manière qui l'a étonné, il s'est retiré au nombre de mille hommes à la chapelle Saint-Jacques de Viola, ensuite à un ravin qui sépare le territoire de Batifollo qui, je crois, se nomme La Veja et enfin sur les hauteurs de Batiffollo qu'il a enlevées et où il a fait quarante-deux prisonniers et trois officiers. Ce général va passer la nuit sur son champ de bataille.

J'ai envoyé une colonne à Nucetto, j'ai recommandé de reconnaître la redoute de Terra Bianca qui est au-dessus, et de l'enlever, s'il était possible, aujourd'hui ; si cela n'est pas fait demain, je ferai en sorte de l'avoir ; je me porterai ensuite aussi près que possible de Ceva et de la plaine à moins d'ordre contraire. »

Rapport d'un déserteur piémontais déserté de la redoute

25 germinal (14 avril) [A G.]

Il y a dans la redoute de Cosseria six compagnies de grenadiers, dont deux du régiment de Montferrat, deux de la marine et deux de Jara [ou Sara] ? quatre cents hommes.

Il y a environ douze cents Croates ou Autrichiens de différents corps, douze cents hommes.

Ils n'ont ni pain, ni vivres d'aucune espèce, ni eau. Cette nuit ils voulaient aller en chercher, les avant-postes les ont repoussés.

Il y a très peu de munitions de guerre

Les grenadiers n'ont plus de munitions, ils ont jeté dans le feu celles qui leur restaient.

Les mulets entrés hier étaient chargés de cartouches.

Le colonel Caretti, commandant des grenadiers, a été tué hier sur les retranchements. »

Augereau à Bonaparte

Millesimo, 25 germinal (14 avril) [C J.]

« D'après vos ordres, j'ai fait partir ce matin la brigade du général Victor ; celle du général Joubert est à sa destination ; il ne me reste donc que la 39e demi-brigade, et avec elle je dois fournir la garnison de Cosseria et ce qui est nécessaire au service de Carcare, de manière que je n'ai de disponible que mille à onze cents hommes; vous conviendrez qu'avec cela il n'est guère possible d'occuper des positions et de former une attaque. Je vais cependant, pour opérer une diversion, harceler continuellement l'ennemi et me concerter pour le faire avec fruit avec le général Joubert qui vient de m'informer que les Piémontais se sont retirés sur Montezemolo. »

Augereau à Bonaparte

25 germinal (14 avril) [C I.]

« Je vous préviens que je me détermine à attaquer demain au matin Montezemolo. Je ferai à cet effet filer la brigade du général Bertrand sur les hauteurs de Roccavignano; celle du général Joubert partira de Biestro et viendra aboutir au même point, et enfin celle du général Rusca, maîtresse de Saint-Jean de Murialdo, tournera l'ennemi par sa gauche et lui coupera la retraite sur Ceva. Je vous rendrai compte du résultat de cette expédition.

Augereau à Bonaparte

Cosseria, 25 germinal (14 avril) [C I]

« Les troupes qui défendaient le château de Cosseria, ont enfin capitulé au moment où je me disposais à les canonner à la républicaine. L'adjudant-général Verdier vous remettra la capitulation.

Il serait à désirer que cette capitulation eut eu lieu hier avant l'attaque, nous n'aurions pas à regretter les braves généraux Banel et Quenin, et tant d'autres braves officiers et soldats qui ont péri sous les murs de ce château.

Je fais filer la division pour l'attaque que vous m'ordonnez. »

Dommartin à Bonaparte

Hauteurs du château de Cairo, 25 germinal (14 avril) [C I.]

« L'ennemi au nombre de quinze cents à deux mille hommes arrive dans le moment en face des positions que j'occupe. Je serai en état de le contenir et de l'attaquer, aussitôt que le bataillon que j'ai envoyé ce matin pour la seconde fois au général Augereau, sera revenu.

Je viens dans le moment de recevoir deux ordres du général Masséna pour me rendre à la Rochetta avec les deux bataillons de la 84e demi-brigade. Je lui fait connaître qu'ayant reçu de vous des ordres contraires et étant au moment d'avoir l'ennemi sur les bras, je ne puis abandonner ma position. »

Régiment de Belgioso à Colli (Rapport)

[A Br.]

« Hier matin, je me suis avancé de nouveau avec dix compagnies du régiment. Depuis Sainte-Julie, je trouvai en chemin la division de grenadiers et la division chef, que je menais avec moi à Moncercio, de même qu'une compagnie du corps franc de Giulay et je laissai les autres compagnies sous les ordres du capitaine Widanovich au poste de Sainte-Julie pour plus grande sûreté. Comme je m'avançais vers la Rochetta di Cengio, je laissai à Moncercio la division des grenadiers pour couvrir le chemin qui y vient de Carretto : plus loin je laissai la division première mayor sur le Bric Lavina pour nous couvrir jusqu'à la Rochetta di Cengio où je plaçai la compagnie du corps-franc sur ma droite.

L'ennemi était placé sur les trois buttes vis-à-vis de moi et y resta tranquillement une heure et demie, et comme je reçus dans cet endroit l'ordre de Votre Excellence avec l'espérance d'être secondé par six bataillons piémontais, je donnai ordre à ma troupe de se tenir prête à attaquer.

A 2 heures après-midi, quatre colonnes françaises s'avancèrent pour attaquer, dont une cherchait à me tourner par ma droite ; le combat alors devint général ; les Croates, que je fis soutenir par le capitaine Werclaise tinrent un moment, mais plièrent ensuite et se jetèrent dans le vallon, de sorte que l'ennemi s'empara sans peine de leur poste et put, par là, avec une force très supérieure, s'étendre sur mon flanc droit. Malgré cela cependant, le régiment tint ferme une demi-heure jusqu'à ce que l'autre colonne de Français s'avança du côté de Salicetto pour couper entièrement le régiment, ce qui me détermina à me retirer vers Moncercio.

La division Colonel qui était à l'aile gauche, par sa bonne contenance et par son feu bien ménagé, a fait jour aux autres compagnies et empêché l'ennemi de nous tourner par la gauche ; de sorte que c'est à sa conduite héroïque, que le régiment a été préservé du plus grand malheur. Je repris ensuite une autre position au Baracon : l'ennemi me poursuivant toujours jusqu'à Moncercio, où je reçus l'ordre du brigadier Portier de me retirer, ce que j'exécutai sur le soir, laissant les Croates à Sainte-Julie, le 1er bataillon à la Scaletta et le 2e bataillon et les grenadiers à Monesiglio pour y passer la nuit, le régiment n'ayant depuis plusieurs jours eu ni tentes, ni marmites, ni abris.

La perte du régiment dans cette affaire est de trois cents hommes entre tués, blessés ou prisonniers, parmi lesquels neuf officiers, et je fais avec peine part à Votre Excellence que son frère, après avoir reçu deux blessures dans la retraite, y resta au nombre des prisonniers. Je puis assurer Votre Excellence que dans cette affaire le régiment a parfaitement fait son devoir et qu'il s'est particulièrement distingué par sa patience, sa fermeté et sa bravoure. »

Buonarotti, Clentani (Note pour le ministre des relations extérieures)

25 germinal (14 avril) (A G.)

« Les patriotes italiens réunis à l'armée d'Italie s'occupent sans cesse des moyens les plus propres à favoriser l'entrée des troupes françaises en Piémont et en Lombardie, et à en rendre les suites favorables à la liberté italienne.

Mais tandis qu'ils travaillent à jeter les bases d'un gouvernement populaire provisoire dans leur patrie, qui puisse assurer à l'armée libératrice les secours, et les agréments auxquels elle a droit, lui ouvrir un champ vaste à des nouvelles victoires, et étendre peu à la fois l'incendie révolutionnaire jusqu'à l'extrémité de la Calabre, la conduite de quelques agents français leur fait craindre des obstacles qui peuvent devenir funestes à la cause qu'ils défendent, que la république veut protéger Par une disposition récente, le gouvernement civil provisoire de la vallée d'Oneille et autres pays conquis vient d'être remplacé par le gouvernement absolument militaire.

Si un pareil système est suivi dans les pays où nous allons entrer, les efforts des patriotes deviendront inutiles, et il leur sera impossible de faire aimer au peuple ses libérateurs, et de procurer à ceux-ci, sans vexer la masse, les subsistances, et les ressources qui leur sont dues.

C'est pourquoi les soussignés, au nom des patriotes susdits, invitent le gouvernement français à ordonner à ses généraux et agents près l'armée d'Italie de favoriser les réunions du peuple nécessaires pour son instruction, et pour l'établissement des autorités et d'un pouvoir central légitime, sauf les précautions convenables pour la sûreté du peuple et de l'armée. »

Lambert

Carcare, 25 germinal (14 avril) [A G.]

« Les commissaires de guerre Perignan et Vallée se rendront dans la nuit au camp, abandonné dans la journée du 25 germinal à la valeur des troupes françaises, pour y faire, assistés et en présence des officiers qui seront désignés par le général Masséna, la reconnaissance de toutes les voitures, caissons, chevaux, armes, munitions et ustensiles, caisses, denrées et effets généralement quelconques qui se trouveront sur le champ de bataille, soit dans les magasins en dépendant et dans les villages circonvoisins où ils seront tenus de se porter, et ensuite de dresser un inventaire détaillé et énumératif dans lesquels ils distingueront ceux desdits effets qui auront été appliqués par ordre du général en chef aux divers services ou entreprises de l'armée, pour être restitués en nature ou dont le prix devra être versé dans le trésor national. A cet effet ils se feront accompagner par un ou plusieurs préposés des vivres, de l'habillement, équipement et campement, par un officier de santé pris parmi les médecins, chirurgiens et pharmaciens de l'armée et ils appelleront tous autres experts qu'ils jugeront nécessaires ; ledit inventaire établi, ils aviseront à ce que tous lesdits effets reçoivent la destination qui leur sera donnée d'après les ordres du général en chef par les officiers dont ils seront assistés et sept expéditions me seront par eux adressées pour en être remises, trois au général en chef, deux au commissaire du gouvernement et deux autres à moi dont une sera adressée au Ministre de la Guerre. »

Saliceti au Directoire

Carcare, 26 germinal (15 avril) [A G.]

« Ma dépêche du 23 vous a instruit du succès important remporté le même jour sur les Autrichiens à la bataille de Montenotte.

Hier 25, nouvelle victoire plus importante encore. L'armée ennemie composée d'Autrichiens et de Piémontais a été complètement battue à Millesimo. Piémontais et Autrichiens, huit mille prisonniers ont été faits, parmi lesquels une quantité prodigieuse d'officiers et le lieutenant-général Provera lui-même qui commandait en chef les forces autrichiennes en Piémont. Je ne puis vous dire le nombre des ennemis tués ou blessés, il ne m'est point encore connu ; mais ce qui est certain, c'est que le colonel Carretti, aide de camp du roi de Sardaigne, a été tué ainsi que beaucoup d'autres officiers de marque. Quarante pièces de canon ont été enlevées avec les mulets et les chevaux d'artillerie. C'est un secours qui nous vient fort à propos. Nous sommes également emparés des magasins et des bagages, mais je ne les crois pas conséquents. On va s'occuper de l'inventaire, je vous en ferai connaître le résultat.

Nous n'avons pas eu dans ce brillant succès au delà de trois cents hommes de tués ou blessés. Le général de brigade Banel est malheuseument du nombre de ceux qui ont péri dans cette glorieuse journée. Sa bravoure mérite que l'on regrette sa mort. Je laisse au général en chef le soin de signaler les braves qui se sont montrés dignes de l'avancement, mais je ne puis m'empêcher de vous désigner moi-même le citoyen Rampon, chef de la 21e demi-brigade. Cet officier a fait preuve à la redoute de Montenotte d'un courage et d'une intelligence au-dessus de tout éloge. Le grade de général de brigade en remplacement du brave Banel serait une récompense justement accordée.

Je vais vous dire que le général en chef s'est acquis dans cette victoire par la sagesse de ses mesures, par son habileté à les diriger, par son activité à se porter pendant l'action sur les points où sa présence pouvait être nécessaire, la réputation d'un général digne sous tous les rapports de la confiance nationale.

L'armée a pris quelques drapeaux.

On va marcher encore en ce moment à l'ennemi. De nouveaux succès ne paraissent pas douteux. Si nous parvenons à les battre aujourd'hui ou demain, je pense que l'Italie est à nous. »

Laharpe à Faipoult

Sassello, 15 avril [A E T.]

« Vous aurez appris par le général en chef nos succès des 23, 24 et 25. Vous ignorez peut-être, ce que je vous apprends, que, hier 26, l'ennemi au nombre de six mille hommes de la meilleure troupe est venu en surprise nous attaquer en Dego dans la même position où dix mille hommes avaient été battus la veille; nos troupes fatiguées et dispersées ont été surprises ; toutes les positions ont été enlevées et les dix-neuf pièces d'artillerie de la veille reprises. Nous y sommes accourus le général Masséna et moi. Le général en chef est venu nous joindre. Le combat a été terrible et opiniâtre pendant quatre ou cinq heures, mais la victoire qui parait se décider pour la bonne cause ne nous a pas abandonnés; tout a été repris à la baïonnette; quinze cents prisonniers sont tombés en notre pouvoir, parmi lesquels beaucoup d'officiers ; cinq à six cents morts sont restés sur le champ de bataille, le reste a été tellement dispersé que je suis sûr qu'il n'est pas arrivé à Acqui dix hommes avec leurs fusils. Notre victoire nous a cependant coûté quelques braves bons généraux, entre autres le général de brigade Causse, qui a été tué aux pieds du retranchement. Les chefs de brigade Dupuis et Rondeau ont été blessés. Dans quinze jours nous avons fait prendre le chemin de la France à près de onze mille prisonniers, parmi lesquels plus de deux cent cinquante officiers ; ils ont eu au moins trois mille hommes tués et blessés. Le lieutenant général Provera est prisonnier, le général Rukhavina blessé ; nous avons pris dix drapeaux, dix pièces de canon et vingt-quatre caissons avec leurs chefs. Notre perte consiste en cinq cents prisonniers et cinq cents hommes mis hors de combat entre morts et blessés. Sur ma gauche, le général Rusca les a battus et a pris la redoute de Saint-Jean de Murialdo, fait cent cinquante prisonniers et pris deux canons.

Le général Augereau s'est emparé de la fameuse position de Montezemolo. Le général Serrurier a battu les Piémontais du côté de Ceva. Voilà notre position forte. Nous sommes à présent à même de marcher avec toute l'armée, soit en Piémont, soit en Lombardie. Notre artillerie et notre cavalerie arrivent à force. J'espère sous peu que nous aurons cette grande bataille qui nous ouvrira glorieusement la campagne. Nos troupes sont électrisées, elles ne doutent pas un seul instant que le succès ne couronne leurs efforts.

L'ennemi avait encore cinq mille hommes à Sassello. Je m'y suis porté avec une partie de ma division pour les attaquer, malheureusement ils se sont sauvés. J'ai fait une course en vain, il faudra que je m'en dédommage un autre jour. Nous sommes bien fatigués, mais nous ne crions pas moins : Vive la liberté ! Vive la République ! cela va et cela tiendra. Le général Bonaparte nous donne de grandes espérances de cette campagne ; quoique jeune, il joint au courage et au sang-froid le coup d'œil si précieux pour un général.

Salicetti à Carnot

Carcare, 26 germinal (15 avril) [A. G.]

« Le Directoire doit avoir reçu, mon cher ami, par le courrier que nous avons expédié la nouvelle de la victoire remportée par l'armée d'Italie sur les hauteurs de Montenotte, contre l'armée autrichienne commandée par le général Beaulieu ; celle qui vous parviendra par le courrier que nous dépêchons aujourd'hui est bien plus éclatante. Nous lui avons fait hier, soit à Dego soit à Millesimo, huit mille prisonniers tant Autrichiens que Piémontais, pris environ quarante pièces d'artillerie de campagne, leurs mulets et leurs chevaux qui sont arrivés fort à propos. J'ignore le nombre des morts et blessés qu'il y a eu, nous avons perdu très peu de monde; entre tués et blessés, le tout se réduit à trois cents.

Je charge mon ami Arrighi de te tourmenter pour la réintégration définitive de l'adjudant général Galléacini, destitué du temps d'Aubry. qui s'est conduit dans toutes ces affaires avec une bravoure et une intelligence au-dessus de tout degré J'espère que tu ne refuseras pas cette grâce.

Dans la journée ou demain nous allons tâter les Piémontais. S'ils sont battus, comme je l'espère, l'Italie est à nous. Je quitte la plume pour monter à cheval. »

Lambert à Petiet

Carcare, 26 germinal, 2 heures du matin (15 avril) [A. G.]

« Les succès de cette armée depuis le 21 ont été aussi rapides que sa marche, et la journée d'hier a été marquée par une nouvelle victoire complète à la suite de laquelle il a été fait cinq mille prisonniers, et tout ce qui s'est trouvé dans le camp ennemi est tombé au pouvoir de l'armée J'ai fait partir deux commissaires de guerre qui, dès le point du jour, procèderont à la reconnaissance de tout ce qui est devenu une propriété de la République, et j'ai tâché d'indiquer tous les objets dans l'ordre que j'ai donné aux commissaires de guerre. J'aurai l'honneur, citoyen ministre, de vous en adresser l'inventaire.

Un autre commissaire des guerres fera aujourd'hui à 2 heures du matin une revue nominative des prisonniers avec la désignation de leurs corps, et ils iront coucher à Finale d'où ils continueront leur route pour Nice.

La même opération a été faite ce matin pour les douze cents à treize cents prisonniers de la journée du 24.

Il y a plus de trente canons de pris : on se dispose à poursuivre la victoire.

Je n'entre pas dans le détail des efforts qu'il faut faire pour subvenir à tous les besoins et, si tout mon zèle et mon dévouement ne suppléent pas toujours à leur insuffisance, j'aurai au moins fait preuve d'une bonne volonté sans bornes. »

Tisson à Berthier

Tarascon, 26 germinal (15 avril) [A. G.]

« Votre lettre du 17 vient de me parvenir, général ; vous connaissez mal ce pays-ci, lorsque vous croyez que la garde nationale peut remplacer les troupes que vous vous proposez d'en tirer. Si vous prenez ce parti, vous pouvez compter d'être bien forcé de faire partir une colonne de vos troupes pour venir ramener l'ordre, et peut-être n'en viendrez-vous pas à bout sans beaucoup de peine, car je vous le répète encore, général, la guerre civile sera bientôt organisée entre deux partis qui ne sont déjà que trop acharnés l'un contre l'autre, et que l'on a toutes les peines du monde d'empêcher d'en venir aux mains.

Déjà, général, plusieurs fonctionnaires publics ont été assassinés dans le haut Comtat. J'arrive d'Avignon où je m'étais rendu de suite à cette nouvelle, et sur les dispositions d'un soulèvement général dans cette partie du département de Vaucluse, j'ai été forcé, par les réquisitions que cette administration m'a faites, de changer la destination du 2e bataillon de la 122e demi-brigade qui se rendait à Marseille d'après vos ordres, et de l'envoyer à Valreas, sous les ordres du chef de bataillon Arnouil, après avoir fait mettre cette ville en état de siège; j'en ai rendu compte au général de division Pagel, en lui envoyant copie des réquisitions qui m'avaient été faites. Vous sentez, général, qu'il a fallu des motifs bien puissants pour m'autoriser à changer les ordres que vous aviez donnés.

J'ai reçu, comme je l'ai marqué au général Gaultier, des ordres du ministre pour me rendre dans la 9e et 10e division, n'ayant pu obtenir d'aller à l'armée d'Italie, comme je l'avais demandé ; je suis empressé de me rendre au poste que le ministre m'a fixé, celui où je me trouve étant extrêmement désagréable, soit à cause des dépenses considérables que les déplacements continuels, que je suis obligé de faire, m'occasionnent, soit à cause des passions et des opinions différentes des citoyens dont l'homme en place est toujours la victime.

Si j'ai resté ici, général, d'après les ordres que j'ai reçus, c'est d'après mon amour bien prononcé pour le bien public, étant bien aise de vous prévenir que, si mon remplacement ne venait pas, je serai forcé de me rendre auprès du général Chauteauneuf-Randon qui me réclame, et ce pays, restant sans officier général, serait peu exposé à de grands malheurs. Je vous prie de hâter son arrivée. »

Dennuée à Petiet

Grenoble, 26 germinal (15 avril) [A. G.]

« Toutes mes lettres vous informent que les services de la viande, du bois et des fourrages à l'armée des Alpes sont dans la défection et que cette défection serait absolue sans mon recours et celui de tous les commissaires des guerres, mes collaborateurs, à la voie extrême de la réquisition dans tous les départements compris dans l'arrondissement de l'armée.

Quelques administrations centrales de département, mais c'est le plus petit nombre, ont l'intention réelle de secourir l'armée, et je dois citer à cet égard l'administration du département de l'Ain à qui j'ai été obligé d'ordonner plusieurs réquisitions et notamment une réquisition pour la fourniture presque immédiate de huit cents bestiaux nécessaires à la subsistance des troupes réparties dans le département du Mont-Blanc, dont les ressources locales sont épuisées. L'administration de l'Ain a obtempéré à mes diverses réquisitions, notamment à celle des huit cents bestiaux et j'en espère quelques succès. Je dis que j'espère quelques succès, parce que maintenant il reste à voir s'effectuer les dispositions de l'arrêté pris par les administrations de l'Ain le 18 germinal et pour l'exécution duquel cette administration demande qu'on lui envoie de la force armée ; cet arrêté vous a été adressé par l'administration elle-même, c'est pour cela et parce que je n'en ai qu'un exemplaire que je ne le joins pas à cette lettre ; mais si l'administration de l'Ain et le commissaire du gouvernement près cette administration s'empressent d'aider l'armée de tous leurs moyens, d'autres administrations, et c'est particulièrement de celles des Hautes-Alpes et des Basses-Alpes que je veux parler, ne veulent point reconnaître la faculté de réquisition donnée aux commissaires des guerres par la loi du 28 nivôse, 3ᵉ année. Elles font plus, elles s'immiscent dans les fonctions des commissaires des guerres, elles veulent leur imposer des obligations et se mêler d'administrer les troupes et les magasins militaires. En me référant aux différentes lettres que je vous ai écrites depuis un mois et plus sur cet objet essentiel (mes lettres étaient timbrées secrétariat général), je vous prie instamment, citoyen ministre, de renouveler généralement aux administrations civiles que les dispositions de la loi du 28 nivôse ne sont infirmées par aucune loi postérieure et que tout ce qui tient à l'administration militaire est exclusivement du ressort des commissaires des guerres : qu'il est recommandé à ceux-ci de se concerter selon les circonstances avec les autorités civiles, mais que les autorités civiles n'ont point d'ordres à intimer aux commissaires des guerres, revêtus eux-mêmes d'une autorité particulière, indépendante des administrations départementales ; que les commissaires des guerres n'ont de compte à rendre de leurs opérations dont au surplus ils sont responsables, qu'à leurs ordonnateurs respectifs et les commissaires ordonnateurs qu'au ministre de la guerre.

Je vous répète, citoyen ministre, qu'une circulaire bien ferme sur cet objet est infiniment pressante ; que si les administrations de département ne reçoivent pas très promptement de vous les observations que je viens de vous soumettre, celles de ces administrations qui sont récalcitrantes et qui donnent de la publication à leurs déterminations peu réfléchies et contraires à l'esprit des lois et règlements militaires, finiront par amener à leur opinion les autres administrations qui jusqu'à ce moment n'ont pas cessé d'observer ces lois et règlements, et vous sentez qu'alors il n'y a plus qu'à supprimer les commissaires des guerres comme inutiles. »

Bulletin de Gênes (1)

15 avril [A. G.]

« Nous avions un poste avancé à Voltri de trois mille hommes sans aucune artillerie : on avait répandu le bruit que l'armée française marchait sur la Bochetta, allait prendre Gavi, et mettrait en même temps Gênes à contribution. Voilà ce qui attira d'abord l'armée du général Beaulieu à la Bochetta, à Novi, et aux environs. Le projet des ennemis ainsi attirés vers les montagnes du côté de la mer, a été conçu par les agents des coalisés à Gênes, et concerté avec l'escadre anglaise pour prendre les trois mille Français qui étaient à Voltri ; il ne devait pas en échapper un seul.

La marine anglaise, dont deux vaisseaux et deux frégates sont venus à cet effet à Gênes, devait garder la côte ; trois colonnes autrichiennes environnant les trois mille Français devaient leur couper tout passage par terre.

Les grandes marionnettes ont joué le 22 germinal, il est descendu par le chemin de la Bochetta à Gênes, une colonne autrichienne de trois mille hommes avec dix-huit canons.

Il en descendit une autre semblable par un chemin de mulets qui conduit à Voltri, une troisième marchait d'un autre côté sur Sassello pour nous couper la retraite.

Le soir même, les deux colonnes autrichiennes du côté de Gênes ont attaqué nos trois mille braves, qui, sans se laisser entamer, se sont retirés dans la nuit à Savone sans autre perte que quelques prisonniers.

Les magasins avaient été évacués le jour précédent. Le général Beaulieu en personne est arrivé à Voltri le 22 de ce mois au matin : tout était fini, et les Français avaient disparu, il a eu un entretien avec le commodore anglais dont les vaisseaux étaient rapprochés de terre et avec les chaloupes placées

(1) Envoyé par Bacher.

avec beaucoup d'intelligence mais sans opérer le moindre effet. L'ordre a été donné à son armée de rebrousser chemin par les mêmes routes et environ dix mille Autrichiens ont repris leur poste sur les montagnes.

Le général Beaulieu se mit alors en voiture avec ses deux aides de camp pour retourner vers la Bochetta ; au tournant de Riverolle, la roue de sa voiture cassa, et voilà le général par terre ; il se ramassa et prit le parti de s'asseoir sur le bord du chemin, en attendant qu'on lui trouvât un autre carrosse. Le 22 à 2 heures après-midi, il était dans cette singulière situation loin des deux rôles de son armée dont la droite allait se trouver aux mains avec les Français.

Les gémissements d'une si étrange catastrophe ont été entendus de tout le monde, il déplorait son sort, et il lui est échappé de dire, je suis déshonoré s'il arrive quelque chose vers Acqui pendant que je suis loin de mes troupes. La relation du commissaire Saliceti vous apprendra la suite de nos opérations qui ne peuvent manquer d'être décisives.

L'escadre anglaise au nombre de dix-huit voiles arrive dans ce moment devant Gênes, elle vient du côté du Ponant. Il y a des gens qui prétendent que c'est l'escadre de Toulon, on ne peut encore distinguer le pavillon. »

Le roi à Beaulieu

15 avril [A E T.]

« La lettre que vous m'avez adressée de Voltri le 11 au matin, m'a causé beaucoup de satisfaction et j'y ai lu avec intérêt le rapport qu'elle contient de votre entreprise contre les postes ennemis dans cette partie-là et de son heureux succès. Recevez-en ici mon sincère compliment avec remerciement de votre empressement à m'en faire part, ce qui m'a été fort agréable. J'ai appris en même temps avec grand plaisir que vous aviez, après cela, pris la résolution de faire marcher tout de suite vers Cairo et Dego une bonne partie des troupes qui avaient été employées à cette expédition et que vous comptiez d'y aller vous-même aussi en laissant votre quartier général à Acqui ; en vous rapprochant par là de mon corps d'armée qui couvre la position de Ceva et les deux Bormida. Je me flatte qu'il en résultera l'avantage essentiel de vous trouver à portée de remédier aux suites fâcheuses de l'échec reçu par le général d'Argenteau à Montenotte. J'espère également que vous pourrez y faire appuyer en cas de besoin les troupes que le général Colli s'est trouvé obligé d'envoyer au secours du général Provera pour le danger du château de Cosseria où j'apprends dans l'instant qu'il se trouve bloqué après avoir repoussé vigoureusement un corps assez nombreux qui a tenté de l'y forcer.

J'attends avec impatience de savoir le résultat des mouvements qui ont lieu dans ce moment de ces côtés-là quoique je ne les regarde que comme des fausses attaques pour détourner l'attention et la force du général Colli des entreprises que le général français veut sûrement tenter vers Ceva et le Mondovi ainsi que tous nos avis ici, de Gênes et de la rivière tendent à m'en persuader ; quoi qu'il en soit, espérant que leurs projets n'auront pas l'issue qu'ils s'en promettent, je me confie de plus en plus dans votre zèle et vos talents militaires pour être assuré que nos armées bien combinées viendront à bout de les faire échouer. »

Berthier à Clarke

Carcare, 27 germinal (16 avril) [A G.]

« Je n'ai que le temps de vous embrasser et de vous envoyer, mon ami, le double de la relation du général en chef ; à cheval le jour, la nuit occupé à travailler, nous partons pour reconnaitre l'ennemi à Ceva. Vive la République, j'espère qu'on sera content de nous. Je vous embrasse, il m'est impossible de vous envoyer ni état de situation, ni plan, depuis huit jours nous sommes courant et toujours au succès.

Il est important que l'armée des Alpes exécute les opérations dont je vous ai parlé. Toutes ses forces doivent agir : dix mille hommes par la vallée de Sturo, sept mille hommes par le Saint-Bernard et la vallée d'Aoste. Que le gouvernement ne nous perde pas de vue, je crois que nous ferons une campagne brillante. J'ai, mon ami, dix drapeaux ennemis à côté de mon bureau et que nous vous enverrons à la première occasion ».

Serurier à Guieu

Bagnasco, 27 germinal (16 avril) [A G.]

« Je vous préviens, général, que l'on se bat, pas loin de Céva, et que le général Pelletier qui en est assez près, va agir ; voyez si vous pouvez vous avancer et si, sans compromettre votre position, vous pouvez entreprendre quelque chose, ou au moins donner de l'inquiétude aux ennemis.

Si l'ennemi était battu et qu'il tente de se retirer par la plaine, cherchez à l'en empêcher. »

Mouret à Berthier

Toulon, 27 germinal (16 avril) [A G.]

« J'ai reçu, citoyen général, les ordres du jour des 17, 18 et 20 du courant concernant différents objets que je ferai exécuter pour ce qui me concerne. L'affaire du 3e bataillon de la 209e demi-brigade s'instruit sans relâche et sera bientôt en état d'être jugée. Il y a maintenant ici, indépendamment du commandant, neuf individus en arrestation qui sont désignés comme les plus coupables. Le rapporteur de cette affaire vient de me demander que je vous écrive afin que vous vouliez bien faire mettre en arrestation à Nice les citoyens Soumet, capitaine, compagnie n° 5, resté à Nice, qui a été un des principaux moteurs de l'insurrection et qui a paru solliciter près de vous du service dans un autre corps ; Jourdan, compagnie n° 2, resté à l'hôpital sans billet de chirurgien-major, et le citoyen Husson, capitaine, compagnie n° 4, resté aussi à l'hôpital après l'affaire. Je ne négligerai rien pour découvrir les vrais coupables comme pour connaitre ceux qui n'y ont pris aucune part. »

Mouret à Bonaparte

Toulon, 27 germinal (16 avril) [A G.]

« J'attends toujours avec impatience les demi-brigades qui m'étaient annoncées par le général Berthier, elles serviront utilement d'après les différents avis qui me sont parvenus à faire renaitre la tranquillité que la malveillance cherche à troubler dans le département des Basses-Alpes, et elles seconderont les commissaires du Directoire exécutif dans l'arrestation des déserteurs et jeunes gens de réquisition dont ce département fourmille.

Le bataillon de Loir-et-Cher m'est arrivé hier, et demain je fais partir le 5e des Basses-Alpes. J'ai convenu avec le général Pujet de recevoir momentanément en échange de la 13e demi-brigade que des troubles majeurs retiennent à Avignon, les deux bataillons de la 143e demi-brigade qui lui étaient destinés. Les circonstances délicates du moment nécessitent cette mesure afin que vos ordres pour le départ des bataillons qui me sont désignés n'éprouvent aucun retard.

Un autre inconvénient vient encore s'offrir relativement aux fourrages dans cette place. Le dépôt du 25e régiment de chasseurs, que vous aviez fixé de quarante à cinquante chevaux, a été formé du double et indépendamment d'un détachement de cavalerie assez conséquent et aux besoins duquel nous avons pourvu à son passage. Il vient encore de m'arriver avant-hier et, je ne sais par quel ordre, un nouveau dépôt de quarante-cinq chevaux du 20° régiment de hussards, de manière que nos faibles ressources sont épuisées par cette consommation inattendue, et que je vais me trouver forcé de faire paître les chevaux ou de les voir mourir ; mes cantonnements voisins ont été aussi épuisés par les réquisitions et l'opération du général Guillaume, en sorte que je ne puis plus compter sur eux. Je presse le commissaire des guerres de faire tout son possible pour obtenir des fournisseurs quelques secours qui puissent nous faire atteindre à la nouvelle récolte ; il me propose de donner un peu de machemoure, mais je crains que cette mauvaise nourriture ne hâte la perte des chevaux, surtout n'étant accompagnée d'aucune autre espèce de fourrage.

Vous pouvez compter, citoyen général, que je vais tout employer pour parer à cet événement fâcheux, et que je ne laisserai les autorités constituées tranquilles que lorsqu'elles auront épuisé toutes leurs ressources à ce sujet.

Je joins ici des observations relatives à l'embrigadement que je vous prie de résoudre, attendu que je vais organiser la 83° demi-brigade dès que les troubles du Comtat me permettront de réunir autant que possible plusieurs bataillons devant la composer.

L'affaire relative à l'insurrection du 3° bataillon de la 209° demi-brigade s'instruit à force et sera bientôt en état d'être jugée. Plusieurs des plus coupables sont en arrestation. »

Bonaparte à Masséna

26 germinal (15 avril) [Orig. A M.]

« Je suis instruit que Beaulieu en personne doit venir nous attaquer demain matin avant le jour ; faites placer les pièces qui restent en position, arrangez vos troupes pour pouvoir faire une vigoureuse résistance, avancez vos tirailleurs afin de pouvoir être prévenu de la marche de l'ennemi. Le général Laharpe va placer son quartier général à la Bochetta ; le général Victor avec sa demi-brigade va se placer sur la hauteur boisée du prolongement de Montenotte inférieure. Au premier coup de fusil que tireraient vos avant-postes, vous ferez tirer trois coups de canon l'un sur l'autre qui serviront de signal au général Laharpe pour faire battre la générale, et au général Victor pour marcher en tournant l'ennemi et Laharpe pour vous soutenir.

Si, heureusement pour nous, Beaulieu vient, j'espère qu'il ira habiter la chambre *doura*.

Il y a plusieurs pièces qui sont descendues, faites descendre tous les caissons et laissez les munitions autour des pièces. »

Schérer au Directoire

Beaune, 27 germinal (16 avril) [A G.]

« Je ne doute pas que le général Bonaparte ne vous ai fait part de mon empressement à lui remettre tous les papiers et renseignements concernant le commandement en chef de l'armée d'Italie ; dans plusieurs conversations, je lui ai donné les détails les plus circonstanciés sur la position de notre armée et sur celle des ennemis, par rapport aux projets et desseins que je leur supposais ; il a enfin reçu de moi un aperçu de la situation de l'armée aussi détaillé que possible, tant sur le personnel que sur le matériel. J'ai rempli mon devoir à cet égard avec toute l'exactitude dont je suis capable.

Arrivé depuis quelques jours ici, j'ai fait usage de remèdes calmants qui me mettront bientôt, je l'espère, en état de pouvoir continuer à consacrer mes faibles talents au service de ma patrie, et à exécuter les ordres qu'il vous plaira me donner. »

Muzio (Piémontais réfugié) au Directoire

Paris, 27 germinal (16 avril) (A. G.)

« Un courrier arrivé ici ce matin en sept jours de Gênes, et à qui je viens de parler, a porté la fâcheuse nouvelle, que les Autrichiens s'étaient emparés du passage important de la Bocchetta. Il ajoute que deux jours avant son départ l'on avait découvert à Gênes une conspiration tendant à livrer aux Autrichiens le fort dit La Sperrone qui domine la ville et le port de Gênes.
Je m'empresse de vous en donner part, citoyens, non parce que je crois les agents de la République Française à Gênes inexacts à rendre compte au gouvernement de tout ce qui s'y passe d'important, mais parce que, vu la grande diligence et extraordinaire que ce courrier a faite en route, il se pourrait faire qu'il fût le premier à porter ici cette importante nouvelle. Je me souhaite pour le bien de la chose que cette notice soit controuvée, mais dans l'hypothèse de la vérité, je ne puis me dissimuler que de deux heures plus ou moins de temps dépend souvent l'issue heureuse d'une affaire.
Ce courrier porte aussi quelques autres notices du nombre des Autrichiens, et de l'esprit public génois.
Agréez, citoyens, je vous en prie, ce nouveau témoignage de mon patriotisme, et daignez donner un coup d'œil au mémoire que j'ai présenté au citoyen Carnot vers la moitié de ventôse dernier. Mon plan de campagne, j'ose l'avancer, n'est point tout à fait mauvais, et peut-être y trouverez-vous aussi quelque chose de bon ; au moins, y verriez-vous toujours un citoyen dévoué à la gloire de la République. »

P.-S. — « Etant demandé à une audience, je pourrais donner à cet égard de plus amples détails que ceux que j'ai donnés dans mon plan. »

Archiduc Ferdinand à l'Empereur

16 avril (II A V.)

« Après la satisfaction que j'ai éprouvée à l'envoi de la lettre pour Votre Majesté du général Beaulieu que j'ai expédiée le 12, par estafette, nous venons de passer deux jours deux et demi d'inquiétude terrible, de toutes parts venant les lettres particulières d'un échec souffert par l'armée avec des particularités plus ou moins alarmantes, sans que je n'ai reçu aucun avis du quartier général. Il n'y a qu'une heure que je viens de recevoir par estafette en date d'hier le rapport unique dont je joins copie à Votre Majesté. De toutes les lettres particulières de Gênes, il est fait mention, d'avoir été battu le 12, le général Argenteau pas loin de Montenotte avec perte de beaucoup de monde, et des lettres même assuraient avoir déjà vu passer plus de six cents prisonniers autrichiens dans la Rivière, mais si ces lettres donnent dans l'incertitude de cruelles inquiétudes, la relation ci-jointe n'en faisant aucune mention, me fait encore espérer que cela ne se vérifiera pas, ce que je désire ardemment pour cette belle et bonne troupe et pour la sûreté de ce beau pays et fidèles habitants Manquant d'autres nouvelles officielles, et Votre Majesté les ayant directement du commandant général, je ne saurais rien ajouter que de la conjurer de solliciter l'arrivée du général Melas en cas que la santé de M. de Beaulieu à son âge et peu accoutumée à des revers en souffrit et de même celle du colonel de l'état de quartier général dont il n'y a ici que les deux lieutenant-colonels Duvachen et Marquetti. »

Beaulieu à Thugut

16 avril [II A V.]

« Je viens d'écrire une longue lettre à Sa Majesté l'Empereur pour mettre devant ses yeux l'embarras que vient de me causer la double défaite du général d'Argenteau. Je n'aurais su à qui confier la droite de l'armée tandis que j'étais à la gauche, puisque je n'avais point de généraux ; ils sont encore absents ou malades, et il semble que quelques-uns de ces généraux aiment à venir aussi doucement que possible ; je ne sais à qui donner une division ou une brigade. Votre Excellence apprendra le tout par Sa Majesté ou le conseil de guerre ; ce qu'il y a de vrai, c'est que je ne pouvais être près de M. d'Argenteau lors de ses malheureux combats ; j'étais à Voltri et j'en revenais lorsque j'appris qu'il était battu la première fois ; mais m'ayant après cela écrit qu'il gardait néanmoins ses postes comme auparavant, je pris patience et je préparai mon attaque en attendant mes bataillons qui arrivaient à Acqui et je me décidais d'aller me joindre à lui le 16 avec autant de force que j'aurai pu et d'attaquer l'ennemi ; mais il fut complètement défait le 14 ; enfin ma très petite armée, mais nombre de bataillons, fut diminué ces jours-là de quatre mille à cinq mille hommes d'infanterie ; ce qui comble encore ce malheur, c'est que j'avais un colonel avec sept bataillons à Sassello qui, étant appelé par M. d'Argenteau à son secours, y courut avec cinq bataillons un jour trop tard, parce que le général Argenteau avait mal daté sa lettre et le colonel nommé Wukassovich, ne manquant point d'arriver selon la lettre, attaqua seul l'ennemi qu'il culbuta, reprit les canons que l'ennemi avait laissés la veille à Dego ; il fit plus de cinq cents prisonniers et dispersa entièrement l'ennemi. Mais bientôt après parurent trois colonnes ennemies venant de Montenotte qui l'attaquèrent ; il me fit demander du secours dans un trop grand éloignement, et si le général d'Argenteau et sa retraite de nuit n'eut pas renvoyé trois de mes bataillons qui marchaient en avant pour secourir ou l'un ou l'autre, ces bataillons auraient pu lui procurer la victoire ; ainsi plusieurs contretemps ont contribué à rendre l'ennemi victorieux. Le colonel a dû se retirer et a abandonné toutes ses prises. J'ai dit plus haut notre petite armée, mais nombre de bataillons. Je n'ai pas encore eu ensemble dans toute l'armée que je demande au delà de vingt mille hommes d'infanterie portant fusils. Je suis diminué depuis tous ces combats d'au moins quatre à cinq mille hommes et quand même je ne les mettrais qu'à quatre mille, reste donc pour toute mon armée seize mille hommes d'infanterie. Je crois qu'on sera assez juste de penser qu'avec cela je ne puis plus m'exposer, et si je puis seulement avoir le temps d'avoir des secours formidables soit dans le Rhin, soit des états héréditaires pour éviter de voir les ennemis dans la Lombardie, je crois que j'aurais été heureux ; voilà, Votre Excellence, le sujet de la longue lettre et j'y parle aussi des généraux. Je ne sais plus que faire de M. d'Argenteau ; sa troupe est dégoûtée de lui et peut-être de combattre et a perdu des colonels, deux ou trois bataillons entiers de Piémontais que le roi de Sardaigne m'avait fait donner et deux bataillons des nôtres et une quantité de divers bataillons ; je n'envoie pas au conseil une liste de toute cette perte, parce qu'il en revient encore et que les régiments n'ont pas encore pu la faire parce que les régiments ne l'ont pas encore donnée. Après ce coup fatal, je dois me retirer dans la plaine vers Alexandrie et Tortone ; d'abord que j'aurai pu faire sortir les magasins d'Acqui et je n'en sais même si je ne devrai pas abandonner, car c'est une dangereuse position pour une armée si faible. Les postes du général Colli ont été battus en plusieurs points ; notre général Provera a été pris. Je dis tout cela dans un écrit plus détaillé au conseil de guerre ; je désirerai que le lieutenant-colonel Marquetti fut envoyé à une autre armée et qu'on m'envoyât de l'armée du Rhin le colonel Zach, du corps des pionniers, pour être auprès de moi comme faisant fonctions à la place de M. Marquetti ; j'aurais désiré aussi d'avoir le général-major Hohenzollern, ci-devant colonel des cuirassiers de Kavenach. On sait combien de services ont rendu mes deux uniques adjudants le capitaine Malcamp, le capitaine comte Radeski. Je commande à la vérité une armée bien petite, mais ces deux officiers infatigables ont longtemps mérité d'être flugel adjudant avec le caractère de major, car je dois garder auprès de moi des gens qui aiment mon honneur et qui tient à celui de nos armes. Je tâche de tenir mon esprit ensemble pour remettre ma troupe en ordre ; quelque chagrin qui m'accable, j'espère de n'y pas succomber ; je dis à l'empereur que ma troupe toute faible n'est composé que de recrues et de malades sans chemise, sans tente, à peine des vivres, car il n'y a que du riz et cela les assiste, mais n'empêche pas les malades. M. le comte de Latour, général Piémontais était chez moi pendant l'affaire du général d'Argenteau jusqu'aujourd'hui ce matin. Il me parla de tâcher de m'emparer de Gavi ; je lui témoignais que je n'aimerais pas faire cela à moins que les Génois ne me fissent quelques mauvais procédés ; enfin je ne lui dis rien, quoiqu'il me fut très bien recommandé ; j'ai bien vu qu'il était très adroit ; je serai peut-être un peu embarrassé avec la cour de Sardaigne et j'écrirai incontinent à Votre Excellence sur ce sujet ; j'espère qu'on ne pourra me mettre sur mon compte du mal qui vient d'arriver et des suites ; on avait nommé d'Argenteau lieutenant-général à la suite d'une procédure à sa charge, je crus donc que ce que l'on m'avait dit de lui, partait de quelque tracasserie, ainsi je lui confiai la droite de l'armée, d'ailleurs je n'avais pas de généraux comme j'ai dit. Je me recommande dans la continuation de l'estime de Votre Excellence. »

P.-S. — « J'ai oublié de dire dans toutes mes lettres que l'armée française est forte en réalité d'environ cinquante mille hommes, qu'elle a été renforcée par des troupes de l'armée du Rhin, puisque nous avons parlé à des prisonniers qui nous l'ont avoué ; il ne manque rien à l'armée française comme on disait. »

Vital

Testa Nera, 16 avril, 8 heures 30 du soir [A Br.]

« Aujourd'hui les Français ont paru sur plusieurs colonnes, mais il n'y a que trois qui ont attaqué, dont deux à Pedaggera et une au Mondovi. Ils furent repoussés des deux côtés, mais nous avons perdu le major des grenadiers royaux, baron Moron tué sur le carreau, le chevalier de Corbeau, capitaine de Savoie ; blessés, le major du régiment de Strassoldo nommé Bouchers, un lieutenant du même régiment et M. Colla des grenadiers royaux avec plusieurs soldats.

On prétend qu'il y a également eu plusieurs blessés et tués du côté de l'ennemi sur lesquels nous avons fait cinq prisonniers de guerre.

Tous les corps ont envoyé leurs gros équipages en arrière et par conséquent se trouvent sans mulets ; le munitionnier du pain m'a représenté qu'il est dans l'impuissance de pétrir le pain nécessaire par défaut de mulets pour le transport de l'eau, et, quoique bien décidé de suivre les ordres de Votre Excellence, faisant la plus vigoureuse résistance, je prévois que ma communication avec la Pedaggera, qui a déjà été coupée aujourd'hui, pour quelques heures, le sera demain entièrement.

Je répète à Votre Excellence que, sans un ordre contraire, nous sommes tous disposés à la plus vigoureuse défense, mais si par malheur nous serons forcés de céder à un ennemi infiniment supérieur, la troupe pourra difficilement se retirer, et l'artillerie avec les munitions de guerre sera certainement perdue avec les chevaux du train qu'on tient ici. »

Brempt

Pedaggera, 16 avril (A. Br.)

« J'ai l'honneur d'informer Votre Excellence que l'ennemi nous a attaqués en forces considérables sur différents points ; la première attaque s'est faite sur la redoute Gonvon garnie par le régiment d'Acqui, laquelle a fait très bonne résistance, quoique sans canon ; la seconde attaque s'est faite sur le front de ces retranchements, savoir : la redoute Onetti, défendue par Royal allemand et les retranchements des maisons garnies par les grenadiers royaux ; la troisième s'est faite sur la redoute de la gauche et la crête en avant, garnies, savoir : la redoute par un bataillon de Génevois, et la crête par le second de ce corps et par un bataillon de chasseurs Colli ; toutes les troupes combattent avec la plus grande valeur et jusqu'ici avec avantage, ayant tué beaucoup de monde et fait un capitaine et plusieurs soldats prisonniers.

L'attaque a commencé à midi : les régiments de Verceil et Belgioso ont dû se replier sur ce poste puisqu'ils se voyaient tournés sur leur gauche, et qu'une colonne ennemie avançait vers le vallon du Belbo qui est précisément celle qui a attaqué notre gauche.

Les prisonniers de guerre nous disent que l'attaque de ce poste s'est faite par douze mille hommes et que cinq colonnes ont défilé derrière Monbarcoro ; cela étant, l'ennemi pouvait renouveler l'attaque dans la journée de demain et peut-être deux ou trois heures après minuit.

Comme nous avons déjà perdu considérablement du monde, soit de morts que de blessés, dont le nombre, entre tous les corps pourra monter environ à cent cinquante hommes, surtout de grenadiers royaux qui ont le plus souffert, comme il est probable que nous aurons encore quelques heures à combattre, et si l'ennemi venait à renouveler l'attaque dans la journée de demain, surtout s'il nous prenait par notre derrière, il nous faudrait nécessairement du secours.

Parmi les officiers blessés, il y a M. le chef et brigadier de Portier, au dos ; sa blessure ne doit pas être dangereuse. Le capitaine comte Bridi, des chasseurs Colli, et M. Bouch, lieutenant au régiment royal allemand, ont aussi été blessés légèrement.

Dans l'attente que Votre Excellence veuille m'honorer au plus tôt de ses ordres. »

Beaulieu à l'Empereur

Acqui, 16 avril (K. K. A.)

« J'espère que Votre Majesté, ne s'attachant qu'à la vérité, voudra l'entendre comme elle est et sans détour. Je dois dire le bien et le mal de ce qui arrive à l'armée qu'elle a bien voulu me confier ; elle verra par la copie du rapport du lieutenant général comte d'Argenteau n° 1 que je joins ici du 12 avril qu'il n'a pas été heureux. C'était la nuit même du jour que je revenais de Voltri à Acqui que je le reçus. Je fus obligé de m'arrêter à Acqui pour faire une quantité de dispositions pour établir un nouveau cordon de Voltri par Sassello, Dego, Acqui et donner des ordres pour l'arrivée des troupes de Votre Majesté où je voulais les assembler et marcher le 16, qui est aujourd'hui, avec tout ce que j'aurais pu prendre avec moi vers Dego, joindre le général d'Argenteau pour frapper un coup sur la masse et ainsi culbuter l'ennemi vers Savone et Finale. Comme le général d'Argenteau me laissa savoir qu'il avait néanmoins gardé sa position de Dego et qu'il m'envoya un billet n° 2, du 14 avril, je continuais d'espérer que je viendrais à bout d'avoir tout prêt et, en attendant, je lui envoyai trois bataillons encore à portée de le secourir dans la vallée de la Bormida par Ponti et ce fut là qu'il les rencontra à son retour de la même nuit du 14 et les renvoya ; il le fit pour ne pas laisser marcher inutilement cette troupe. Ce fut néanmoins un hasard malheureux, peut-être que si les trois bataillons étaient restés là, ils auraient servi à recueillir les troupes en désordre et auraient été le matin prêts à secourir le colonel Wukassovich de Carlstadt qui vint le matin même attaquer l'ennemi à Dego abusivement par une lettre mal datée du général Argenteau, ce qui aurait dû arriver la veille. Le colonel, après des succès, fut repoussé faute de secours et, le 15 au matin, le lieutenant-colonel Marquetti de l'état-major de l'armée fort attaché au général d'Argenteau qui avait été avec lui, me fit dire que ledit général venait d'être complètement défait dans les environs de Dego. Je demandai où étaient les douze bataillons autrichiens et les quatre piémontais que je lui avais assignés, je veux dire au général d'Argenteau. Il me répondit qu'il n'en savait rien ; qu'il croyait cependant que deux bataillons autrichiens et deux ou trois piémontais étaient faits prisonniers. Comme on avait beaucoup accusé ou parlé contre le général Argenteau l'hiver dernier encore pour une malheureuse retraite et que depuis il fut nommé au rang de lieutenant général, j'étais en droit de penser qu'on avait eu tort de tenir des propos contre lui, d'ailleurs je n'avais point de généraux ; aussi je lui confiai la droite de l'armée, tandis que j'étais moi-même occupé, à la gauche, à l'expédition de Voltri, le 10 et le 11 d'avril d'où je me rendis en poste ici où j'arrivai le 12. J'avais eu la lueur d'un beau jour et tout vient de s'obscurcir ; il faut tout dire. Je joins sous le n° 3 le rapport du général Colli par lequel Votre Majesté verra la fâcheuse situation où nous sommes ici et comme il semble aller se détacher de ma droite. Je ne puis donc rester dans ma position et il faudra que je me replie et prenne un camp entre Alexandrie et Tortone ou quelque part dans ces environs. Si je reste encore ici, c'est pour y manger les magasins, ou donner le temps au transport de mes hôpitaux. J'ai reçu en dernier lieu une lettre et un projet par la voie du comte Wilzeck. Je m'apercevais déjà de loin en loin de certains objets contenus dans la lettre et je tâche toujours d'entrer dans des vues convenables à ce que Votre Majesté veut bien me confier. Quant au projet, il semble qu'il ait été fait d'après des cartes ou des plans, les montagnes sont d'une difficulté extrême à pouvoir arriver subitement transversalement ; mais quand même tout y serait possible, on y parle constamment d'une armée autrichienne de quarante-cinq mille hommes d'infanterie. J'ai déjà eu l'honneur de dire à Sa Majesté que tout ce que je commandais à cette armée qui devrait être de trente-six bataillons, ne comptait il y a peu de temps qu'entre vingt mille et vingt et un mille hommes d'infanterie et dont le bataillon Wenzel Wallis qui n'est pas encore arrivé, a cependant été mis dans l'ausweis comme présent en sorte que jusqu'à présent je n'ai jamais encore eu au delà de vingt mille hommes d'infanterie en armes ou sous les armes, et aujourd'hui je suis persuadé que je ne commande pas à seize mille hommes d'infanterie. J'ai d'abord été entreprenant, mais Sa Majesté voit que je n'ai pas été secondé et que puis-je maintenant que le coup est rompu, espérer d'une défensive où je ne pourrai plus m'avancer ; outre, que les soldats et autres sont d'un dégoût extrême d'être commandés par d'Argenteau.

Je me suis plains que les généraux n'arrivent pas ; j'attendais avec impatience Sulis, Sokendorf, Melas et quelques autres ; ils restent absents. Les généraux arrivés sont Spottendorf et Nicoletti. Je ne sais quel est le dernier. Quand à Spottendorf, j'ai déjà vu que je ne pourrais pas le détacher seul ; c'est un bien brave et honnête homme ; je crois qu'il remplira bien sa place en ligne, mais cette guerre d'Italie est tout affaire de postes particuliers où il faut des généraux vifs, intelligents pour la partie de la guerre. Les deux généraux que je considère comme les meilleurs, ce sont Liptay qui a été couché jusqu'à présent, mais il va mieux, et l'autre c'est Rukhavina, et malheureusement il a été blessé, quoique légèrement, mais hors de combat et ce fut de cette époque que l'affaire d'Argenteau a tourné au mal. Le général Pittoni est malade et très faible de santé toujours, je n'ai point ici d'état-major sur aucun desquels je puis me reposer. Je désire même beaucoup qu'on rappelle le lieutenant-colonel Marquetti ailleurs ; il n'est pas rassurant assez. Je n'ai dans la réalité ici auprès de moi que mes deux aides de camp qui par leur activité me tirent bien souvent d'embarras. L'un est le capitaine de Malcamp et l'autre c'est un capitaine comte de Radetzki du régiment Archiduc François, cuirassiers, qui expédie tous mes ordres dans un moment qui ne me laisse rien oublier. J'ai un troisième jeune officier c'est le jeune comte Hardileg que je charge de cette course à Vienne et c'est l'un de ceux que j'emploie avec sûreté nuit et jour. J'avais demandé un homme encore de confiance pour être auprès de moi, c'était le colonel Zach des pionniers dans lequel j'ai découvert de grands talents et une bravoure et une honnêteté à toute épreuve ; je désirerai encore que Votre Majesté voulût m'envoyer le nouveau général major Hohenzollern, il est à l'armée du Rhin ainsi que le colonel Zach qui était colonel des cuirassiers de Cavenach ; il a manœuvré et gardé autrefois mes avant-postes ; il a de vrais talents militaires. Il n'est pas tant connu des autres que de moi ; j'ai besoin d'hommes actifs bien attachés et surtout dans lesquels je puis avoir confiance ; j'ai parlé des généraux et quelques officiers, je dois toucher encore un moment à la quantité et même à la qualité des troupes que Votre Majesté m'a confiées ; il manque tout à la troupe, je n'ai pas le tiers de tentes qu'il me faut et sans chemises, un quart sans souliers ; je n'ai pas un quart de vieux soldats ; les trois autres quarts sont ou recrues ou gens à moitié malades et de cela j'en ai à présent peut-être en tout seize mille hommes d'infanterie sous mon commandement. D'après quoi, je me persuade que Votre Majesté sent assez qu'il me faut de grands renforts et de bons bataillons le plus tôt possible, car tous les jours les soldats continuent d'aller à l'hôpital et d'y mourir et la plupart des officiers sont sombres et tristes sans doute du souvenir de la perte de leurs bagages de la campagne passée ; il m'est bien dur de devoir à dire tant de vérités et j'espère que Votre Majesté regardera ma franchise par son vrai point de vue. C'est mon attachement sincère pour les vrais intérêts de Votre Majesté.

J'apprends qu'il revient successivement beaucoup de soldats qu'on croyait prisonniers ; j'espère un peu de diminution dans la perte. »

Saliceti au Directoire

Millesimo, 28 germinal (17 avril) [A. G.]

« Le général en chef vous rend compte de tout ce qui s'est passé dans la journée du 26. Nos soldats, après le mémorable combat du 25, s'étaient abandonnés à cette sécurité qui a toujours fait le fond de leur caractère après la victoire. A la pointe du jour, une division autrichienne venant de Sassello, de six mille hommes d'élite au moins, les a surpris sur les hauteurs de Dego et s'est emparé des positions que nous avions prises la veille. Instruits au quartier général de cet événement, nous nous sommes portés sur les lieux en toute diligence. Le général en chef les a faits attaquer aussitôt et, après une résistance vigoureuse, ils ont été forcés et mis en déroute complète. Nous leur avons fait douze à quinze cents prisonniers et tué ou blessé plus de six cents hommes.

Cette journée nous a coûté environ deux cents hommes environ tant tués que blessés. Le général de brigade Causse, après avoir donné les preuves de la bravoure la plus déterminée, y a perdu la vie. Expirant au champ de la gloire, s'adressant au général en chef, il demanda si les positions étaient reprises. Lorsque le général en chef lui dit que les positions étaient reprises, il s'écria : « Vive la République, je meurs content ».

L'adjudant général Lanusse s'est distingué par la bravoure et le sang-froid avec lequel il a rallié une de nos colonnes qui avait été repoussée ; à la tête de ces troupes, il est entré un des premiers dans la redoute ennemie et a par cette honorable conduite contribué infiniment à la victoire.

Le chef de brigade Dupuy de la 21ᵉ demi-brigade, le chef de bataillon Rondeau de la 3ᵉ d'infanterie légère ont été blessés.

J'espère vous annoncer sous peu de nouveaux succès. »

Emplacement des troupes à l'époque du 17 avril 1796
[A Br.]

« La ligne piémontaise décrit un angle ouvert dont le flanc droit est couvert par la Corsaglia et le flanc gauche par le Tanaro, et dont le sommet est au confluent des deux rivières.

L'appui de cette ligne à droite est le Pic d'Ormea, nœud dominant la crête centrale des Alpes entre Ormea et Frabosa ; l'appui de la ligne à gauche est Cherasco.

Les corps qui forment le flanc droit de l'armée sont :

Deux bataillons du régiment de Turin sur la gauche de la Corsaglia depuis Frabosa jusqu'aux Molines ; trois bataillons de la légion légère au Bon-Jésus ; deux bataillons d'Asti à Mondovi et Vico ; deux bataillons grenadiers de Chiusa sur les hauteurs intermédiaires entre Vico et Saint-Michel ; deux bataillons Dichat à Saint-Michel ; un bataillon Savoie ; un bataillon grenadiers du Tour ; deux bataillons de Varax ; deux bataillons du régiment aux gardes, ces six derniers bataillons au camp de la Bicoque ; deux bataillons de Chablais au Casteinsso ; un bataillon garnison autrichien aux batteries du moulin de Lesegno.

Sur le flanc gauche de l'armée sont les corps suivants : deux bataillons d'Oneille ; deux bataillons pionniers ; trois bataillons Stettler ; un bataillon Savoie ; un bataillon grenadiers royaux (entre l'Ellero et la Corsaglia sur les crêtes qui dominent l'encaissement du Tanaro.

En avant de la Niella, sont campés : quatre escadrons de Chablais ; deux divisions Stabs dragons.

En avant de Mayan : quatre escadrons de la reine.

Au Mondovi et Vico : quatre escadrons du roi.

En réserve à Carru, sont les corps suivants non encore placés dans la ligne : deux bataillons Belgioso et ses grenadiers ; deux bataillons Royal allemand ; deux bataillons génevois ; un bataillon Acqui ; un bataillon Mondovi ; deux bataillons Verceil ; un bataillon grenadiers royaux ; deux bataillons chasseurs de Colli. »

Berthier à Clarke
Au camp retranché de Ceva, 28 germinal (17 avril), 10 heures du soir [A G.]

« Nous les avons chassés de ce fameux camp retranché et, dans la nuit, des batteries de notre artillerie de campagne seront établies à portée de fusil du fort qui sera bientôt en notre pouvoir. Nous occupons la ville de Ceva où l'on cuit le pain pour notre gauche et le centre de l'armée. L'ennemi est en position devant nous et demain il sera attaqué. Les Autrichiens battus les 23,

24, 25 et 26 paraissent se retirer au delà d'Acqui, ils ont replié tous leurs postes de Voltri et de la Bochetta ; nous les séparons des Piémontais en remportant des victoires alternativement sur les uns et sur les autres.

Demain, les Piémontais seront vigoureusement attaqués pendant que l'on canonnera le fort de Ceva et nous espérons être à Mondovi. Je pars pour reconnaître Alba où peut-être ferons-nous un mouvement de notre droite et du centre si nous battons demain les Piémontais.

Vous jugez aisément combien je suis occupé ; nous ne marchons pas, nous volons.

On assure (?) que quelques chouans doutent du compte que nous présentons des prisonniers faits par les républicains, répondez-leur par l'extrait ci-joint des contrôles que j'ai entre les mains et dressé d'après une revue exacte.

Le 23 germinal à Montenotte . . .	1.500	hommes
Le 24 germinal à Cosseria. . . .	34	»
Le 25 germinal à la prise du château de Cosseria	1.327	»
dont le lieutenant-général marquis de Provera et 36 officiers.		
Le 25 germinal à Saint-Jean . . .	250	»
Le 25 germinal à Dego. . . .	4.373	» dont 280 officiers
Le 26 germinal reprise à Dego . .	34	» officiers
Le 26 germinal reprise à Dego . .	1.200	»
Ouvrage avant de Ceva	221	»
Total. . .	8.939	hommes

Assurez donc ces messieurs qu'il y a 8.939 prisonniers du 23 au 26 et que, s'ils veulent payer et imprimer, je leur enverrai les contrôles pour leur donner la certitude par les noms de baptême, de famille, régiments, bataillon et compagnie ; nous avons environ sept cents blessés ennemis dans nos hôpitaux ajoutez à cela vingt-neuf pièces de canons, caissons.

Je ne parle pas des tués, on juge qu'ils doivent être nombreux. A demain, nous ajouterons à la liste et à nos victoires.

J'espère vous voir donner des ordres à l'armée des Alpes, adieu je vous embrasse. Si nous avons un jour de repos, je vous enverrais une carte de nos opérations. Vive la République. Votre ami. »

Saliceti à Carnot

Millesimo, 28 germinal (17 avril) (A. G.]

« Tu vois, mon cher ami, que je ne me trompais pas lorsque je te mandais que, si nous entrions vite en campagne, la victoire était à nous. Je n'ajouterai rien aux détails contenus dans ma lettre et dans celle du général en chef sur les avantages que nous avons remportés le 26. Je t'écris ces deux lignes pour t'apprendre que l'armée piémontaise a évacué le camp retranché de Ceva, ainsi que la ville. Nos troupes y sont maintenant. Ils ont seulement laissé cinq à six cents hommes dans le fort, qui ne fera pas longue résistance.

Ce sera bientôt instant que l'armée des Alpes se joigne à nous pour frapper le deuxième coup. Quoique je n'en ai pas le pouvoir, j'en ferai, s'il le faut, la réquisition au général Kellermann. »

P.-S. — « Cette lettre a été écrite après ma dépêche au Directoire et celle du général. »

Masséna à Bonaparte
Dego, 28 germinal (17 avril) [A. N.]

« Rien de nouveau, citoyen général, dans les postes que je commande. J'arrive de Squanetto où je me suis porté avec un corps de troupes pour y lever la contribution de trois mille francs conformément à votre ordre.

Squanetto est un très petit endroit où il n'y a pas de curé ; les habitants y sont dans la misère, il n'y a pas une seule maison qui n'ait d'ailleurs été dévastée, il n'y reste plus que cinq à six vieillards, on me les a amenés, je leur ai donné l'ordre de payer dans une heure par forme de contribution remboursable la somme demandée ; ils m'ont répondu qu'il ne leur restait ni bestiaux, ni argent, ni effets. Sur leur refus, j'ai menacé de faire mettre le feu au village, cette menace n'a pas eu plus d'effet que la demande ; enfin je suis entré dans le village et je me suis convaincu par moi-même qu'ils étaient dans l'impossibilité de me payer.

Conformément à votre ordre de ce jour, je vais partir avec les troupes nécessaires pour marcher sur Monbarcaro, mais je vous préviens, citoyen général, qu'il me sera impossible d'arriver pour 2 heures au point que vous m'indiquez ; les troupes, qui ont marché ce matin, ne sont point encore arrivées ; je ne pourrai par conséquent partir que quand elles y seront ; je vous préviens également que la distribution des souliers qu'elles n'ont point encore reçus, et que les fourriers sont été chercher à Cairo, va aussi me retarder. Enfin je vous observe qu'elles n'ont reçu aujourd'hui que le pain, et que demain il sera essentiel qu'on leur distribue pain, viande et eau-de-vie.

Je vais marcher seulement avec trois pièces de trois, les chemins étant impraticables pour celles de quatre. »

Masséna à Bonaparte
Salicetto, 28 germinal (17 avril) 8 heures du soir [A. M.]

« Je vous ai prévenu par ma dernière, citoyen général, de la rentrée des troupes qui ont marché ce matin sur Squanetto. Les distributions de pain et de souliers ont mis un tel retard qu'il ne m'a pas été possible de commencer mon mouvement avant 2 heures après-midi. Nous sommes arrivés ici à l'heure que je vous écris, la troupe est excédée de fatigue, les gardes que j'ai laissées aux postes de Dego qui ont dû être relevées par les troupes du général Laharpe ne sont point encore arrivées, le pays que nous traversons est infecté de barbets ; toutes ces considérations me forcent de faire reposer ma troupe ici au moins pendant deux heures pour y attendre la rentrée des gardes, donner un peu de repos au soldat afin de marcher en masse. Je vous promets que j'arriverai à Monbarcaro au jour. Point de nouvelles du général Dommartin. »

Bonaparte à Masséna
Millesimo, 18 avril [Orig. A. M.]

« J'ai reçu vos deux lettres, mon cher général. Les redoutes au-dessus du camp retranché de Cova ont été vivement attaquées par nos troupes dans la journée d'avant-hier ; et l'ennemi a évacué son camp retranché hier matin. Nous allons être, j'espère, bientôt, maîtres de la ville, et nous avons établi des batteries qui dans ce moment canonnent la forteresse.

Je désire que vos troupes se reposent aujourd'hui, en vous faisant seulement éclairer sur votre droite et votre gauche ; vous ferez en sorte que le soldat ne pille pas les villages où ils devront passer.

Je vous verrai dans la journée, sinon je vous enverrai ce soir des ordres positifs pour le mouvement combiné que nous devons faire. »

Kellermann au Directoire

Grenoble, 28 germinal (17 avril) [A G.]

« Si je viens aussi souvent remettre sous les yeux du Directoire exécutif le tableau affligeant des besoins de l'armée des Alpes, c'est que la sollicitude dont il est animé pour le bien-être et l'amélioration des armées de la République est sentie plus particulièrement par le général dont les regards sont frappés chaque jour par le spectacle du délabrement progressif de l'armée dont le commandement lui est confié. Je sais que le Directoire fait tous ses efforts pour mettre l'armée sur le pied le plus respectable, c'est aussi l'opinion de tous nos frères d'armes ; cette idée soutient notre constance et nous rendons justice à ses intentions bienfaisantes. Nous savons que nous ne devons attribuer qu'au malheur des circonstances les privations que nous éprouvons. Nous sommes parvenus à prolonger jusqu'aujourd'hui l'existence de l'armée par des moyens extraordinaires, que les circonstances seules peuvent justifier, et nous en sommes encore aux expédients. Je vous envoie ci-jointe copie d'une circulaire que j'écris aux départements de l'arrondissement de l'armée pour en obtenir des souliers, mais j'en attends peu d'effets ; ils sont épuisés par des réquisitions continuelles ; nous avons enlevé le peu de fonds qui se trouvaient dans leurs caisses ; nous sommes cependant dans l'impossibilité d'ouvrir la campagne et de faire le moindre mouvement parce que, je le répète, nous sommes sans magasins quelconques, sans fourrages, sans transports et surtout sans moyens de nous en procurer. Je prie le Directoire d'arrêter aussi ses regards sur la force effective de l'armée ; je l'ai instruit que cela n'est que de dix-huit à vingt mille hommes, dont six mille hommes sont retenus à Lyon et environs ; il serait important qu'il y fut envoyé un nombre à peu près égal de troupes pour pouvoir en tirer celles qui y sont et procurer à l'armée un renfort indispensable pour la mettre en état d'entreprendre quelque chose. Au reste, quelle que soit la détermination du Directoire, il peut être assuré que je négligerai aucuns moyens pour combattre tous les ennemis intérieurs et extérieurs et triompher de tous les obstacles de la pénurie. »

Kellermann à l'Administration centrale des départements du Mont-Blanc, de l'Isère, des Hautes-Alpes, de la Drôme, de l'Ain et du Rhône.

Chambéry, 25 germinal (14 avril) [A G.]

« L'empressement que vous ne cessez de montrer pour venir au secours de l'armée me fait espérer que vous accueillerez avec le même zèle la réquisition que j'ai recommandée au commissaire ordonnateur en chef de vous adresser relativement aux fournisseurs de souliers. Les troupes sous mes ordres en sont absolument dénués, et le manque de fonds ne nous permet pas d'en faire confectionner la matière première que nous avons. Cependant le moment approche et la campagne s'ouvrira, la fonte des neiges va bientôt laisser à découvert des postes qu'il est important d'occuper pour y devancer l'ennemi ; nous serons dans l'impossibilité de le faire si le manque de chaussures paralyse la bonne volonté et le courage des défenseurs de la patrie ; c'est en leur nom que je viens vous solliciter, citoyens administrateurs, de faire un nouvel effort de donner à l'armée le plus grand nombre de souliers qu'il vous sera possible de vous procurer ou de faire confectionner en les faisant verser sur les points que le commissaire général vous indiquera.

J'attends de votre patriotisme ce nouveau sacrifice que vous ne devez pas regretter puisqu'il est en faveur de ceux de vos frères, qui, tous les jours, exposent leur vie sur la frontière et se soumettent à toutes les fatigues de la guerre pour garantir vos propriétés de l'invasion de nos ennemis. »

Rousy à Gaultier

Nice, 28 germinal (17 avril) [A G.]

« Une fluxion considérable m'empêche d'aller conférer avec vous sur les objets qui ont fait la matière d'une longue conversation que je viens d'avoir avec le citoyen Baron, commandant d'armes de la marine, et moi.

D'après tous les rapports qui paraissent authentiques, il semble qu'il faut renoncer au parti de faire passer en masse les vingt bâtiments qui composent l'équipage de siège embarqué et leur escorte. Il est clair que les bâtiments ennemis qui croisent en force très supérieure entre Bordighera et Vado sont informés du projet d'envoyer cet équipage à la droite, et qu'ils ne peuvent avoir d'autre but que de l'intercepter en tout ou en partie ; il paraît certain que si nous l'envoyons en masse, il ne pourra manquer d'être aperçu de leurs éclaireurs, et qu'il deviendra leur proie, nos bâtiments d'escorte étant beaucoup trop faibles pour résister à leurs frégates ; il ne faut pas beaucoup compter sur la protection des batteries de la côte contre un nombre aussi conséquent de vaisseaux, vu qu'un ou deux pourraient se charger d'attirer leur attention pendant que les frégates enlèveraient le convoi.

D'un autre côté, le moyen que propose le citoyen Baron me semble le seul qui, en soustrayant le convoi à une perte presque certaine, remplit les intentions du général en chef, autant du moins que le permettent les circonstances, et fournit à notre brave armée les moyens de poursuivre ses conquêtes ; quatre ou cinq bâtiments qui voyagent ensemble sont aperçus de moins loin, peuvent échapper plus facilement à l'attention de l'escadre entière, peuvent se mettre plus facilement sous la protection des batteries, se cacher dans une anse. Sait-on que le premier convoi est en sûreté, on en fait partir un autre, ainsi de suite ; si par malheur, un, deux ou trois bâtiments sont pris, au moins est-il probable que le reste échappera et que les secours arriveront à cette droite assez à temps pour profiter de ses victoires.

Mais le citoyen Baron ne prendra ce moyen qu'autant qu'il y sera non seulement autorisé, mais même qu'il lui sera expressément ordonné ; or, qui peut donner de pareils ordres, en l'absence du général en chef, si ce n'est le général Gaultier, qui le représente ici. Si ce général croit que mon avis doit être donné, je ne me refuse pas de le mettre en avant. Je déclare donc ici que le moyen proposé par le citoyen Baron de faire partir ce convoi en cinq divisions de quatre bâtiments, et sous l'escorte chacun d'une chaloupe canonnière et d'un autre bâtiment de guerre léger, est le seul qui convienne dans les circonstances ; et j'invite le général Gaultier à lui donner des ordres en conséquence.

Plus on retarde cette mesure, plus elle risquera de devenir infructueuse ; dans trois ou quatre décades, le défaut de vent pourrait alors les rendre impraticables ; alors il ne resterait plus que le moyen seul et dispendieux d'embarquer cet équipage sur une centaine de petits bateaux rasant la côte et marchant à force rames et obligés de faire chacun trois ou quatre voyages semblables. Quelle lenteur et quel retard !

Quel avantage en résultera-t-il d'attendre la réponse du général en chef. N'étant pas sur les lieux, il ne pourra que voir par les yeux de ceux qui y sont ; pendant ce temps, les circonstances ne peuvent devenir plus favorables pour le passage, au contraire ; alors ce général ne voulant pas sacrifier son artillerie de siège, ni renoncer à une expédition d'où dépend peut-être la paix, prendra probablement le milieu qu'on lui propose, et cependant on aura perdu huit jours et incertitudes, et huit jours sont bien précieux.

Je ne parle pas des vivres nécessaires à un convoi aussi nombreux, lesquels ne sont déjà pas trop communs à Villefranche, qui va se trouver engorgé.

J'invite donc le général Gaultier à donner au citoyen Baron l'ordre qu'il sollicite et un ordre bien impératif. »

Kellermann au Ministre de la Guerre

28 germinal (17 avril) [A G.]

« Je viens encore de me rendre à Grenoble, citoyen ministre, pour aviser au moyen de soutenir l'armée et obtenir quelques secours du département de l'Isère. Je ne vous retracerai pas le tableau pénible de sa situation ; elle vous est connue et je suis persuadé que vous ne négligez aucun moyen d'améliorer le sort des braves défenseurs de la patrie et que ce n'est qu'aux malheurs des circonstances qu'il faut attribuer les privations qu'ils éprouvent.

Je vous envoie copie de la lettre que j'écris aux départements de l'armée pour en obtenir des souliers, mais j'en attends peu d'effet, parce qu'ils sont épuisés par des réquisitions continuelles que nous sommes obligés de faire pour soutenir l'existence de l'armée indépendamment de la situation sous les rapports administratifs ; elle doit attirer votre attention sous les rapports militaires. Je vous ai instruit que sa force n'est que de dix-huit à vingt mille hommes, dont près de six mille sont à Lyon et environs ; il est indispensable d'envoyer dans cette ville de nouvelles troupes, afin que je puisse en retirer celles qui y sont et, sans lesquelles, l'armée serait trop faible pour rien entreprendre. »

Rapport sur les mouvements du corps de Brempt

[A B.]

« Le 17 avril, ordre pour faire avancer le corps du brigadier Brempt séparé de la Pedaggera à Narzolle, sur une position propre à couvrir Alba, avec ordre de se replier sur Narzolle, en cas de besoin.

Le 17, mouvement de ce corps sur les hauteurs de Novel, avant-garde du marquis Coli à Monfort et à Monil, se liant par la Cortesa de Garavagni. La droite de l'armée appuie au village, la gauche vers la Volta.

Le corps de Brempt :
23e chasseurs Colli ;
Deux compagnies chasseurs-francs Laroque ;
Une compagnie de Croates ;
Grenadiers de Saint-Vassol (Strassaldo) ;
Deux bataillons de Belgioioso ;
Deux bataillons royal-allemand ;
Deux bataillons de Verceil ;
Un bataillon de Genevois ;
Un bataillon et demi d'Acqui et chasseurs d'Acqui : en tout faisant quatre mille hommes.

Le 18, ordre à ce corps d'occuper Cherasco, avec les deux bataillons de Belgioioso ; le baron Colli et les grenadiers de Strassoldo et la compagnie Laroque et Croates marchèrent à Vico. Le reste devait marcher sur les hauteurs de Briaglia, à portée de soutenir le Mondovi ou le camp de la Niella. Ce corps marcha jusqu'à Carru pour suivre ces ordres, où il trouva un ordre au brigadier Fresia : « Vous ordonnerez à Brempt d'avancer sur la gauche du Tanaro, vers Carru, pour éclairer la marche de l'ennemi. Les deux bataillons de royal-allemand restent, en attendant, à Cherasco.

Les chasseurs de Colli, s'ils n'ont pas marché à Vico, doivent venir à la Niella, filant le long du Tanaro ».

Le 19 avril, à midi, à la Niella ; ce corps fut porté entre Piosso et Carru pour défendre le passage du Tanaro depuis Monchiero à Clavesana.

La cavalerie qui se joignit à ce corps consistait au régiment de Chablaix, à Carru, et le régiment de la Reine, depuis Piozzo jusqu'à Narsolle.

Les grenadiers de Strassoldo, en avant vis-à-vis de la Bostia.

Le 21, ordre de tenir le corps bien alerte entre Carru et le confluent de l'Ellero ; marche de l'avant-garde de ce corps jusqu'à la chapelle de Saint-Quintin, dont la plaine était déjà battue par la cavalerie ennemie. Invitation faite au chevalier Fresia à Carru de s'unir avec les dragons pour se faire jour jusqu'au devant de Bra pour s'unir à l'armée Colli.

Réponse du chevalier Fresia : L'officier que j'ai envoyé au Mondovi, me rapporte que tout est pris, tout est perdu ; l'armée est en déroute et les corps qui tiennent ensemble sont déjà en pleine retraite soit vers la Madone de l'Olms ou vers Tassano et Cherasco ; il ne s'agit donc plus de tenir votre position, il faut marcher cette nuit sur Cherasco, faire couper les ponts et nous serons pour soutenir votre retraite sur la plaine. Je ferais aussi avancer les dragons de Piémont qui sont ici sous Mazan ; croyez que vous n'avez point de temps à perdre ; je fais monter à cheval, je vous prie de faire retirer notre avant-garde ; ayez la bonté d'envoyer M. Maulandi pour concerter lorsque vous aurez mis votre troupe en marche. »

Le 21 avril, de Carru :

« En suite de cet avis, on coula à fond le bac et port du Tanaro depuis la Bastia jusqu'à Sevillan ; on replia le pont de barques du Pesio ; on replia les magasins de Carru et l'on se mit en mouvement, après minuit, de Carru.

Le corps de Brempt arriva à Cherasco le 22, à 9 heures, d'où l'on fit un rapport de la situation de cette troupe, demandant des ordres au baron Colli et au bureau de la guerre dont on reçut la réponse suivante :

À Monsieur le baron Brempt, du marquis de Cravanzana.

« J'ai reçu votre lettre, monsieur, avec la copie du rapport annoncé et l'état des troupes qui sont sous vos ordres à Cherasco. J'en ai rendu compte au roi, et Sa Majesté a approuvé votre conduite ; elle m'ordonne en même temps de vous dire de surveiller avec le plus grand soin la colonne ennemie qu'on dit se porter vers Alba et de faire les plus grands efforts pour lui empêcher le passage du Tanaro. Si cependant vous ne pouvez absolument y mettre obstacle vous vous opposerez au progrès qu'elle pourrait faire vers cette capitale et surtout vous ne vous laisserez pas précéder.

Vous informerez de cet ordre le commandant de l'armée et vous ne discontinuerez pas de m'apprendre ce qui se passera autour de vous.

Cravanzana. »

Le 22 avril, réponse du baron Colli :

« J'ai reçu votre rapport ; votre corps est destiné à couvrir le bas Tanaro ; en conséquence vous devez soigneusement observer tous les mouvements des ennemis du côté d'Alba ; à cet objet, vous détacherez les deux compagnies de Strassoldo avec deux compagnies d'Acqui qui doivent être placées militairement sur la gauche du Tanaro, vers Alba.

Votre corps doit être prêt à marcher à tout moment pour devancer l'ennemi sur la colline qui va vers Moncaliero ; ne précipitez votre retraite que dans le moment le plus pressant ; il faut autant qu'on peut soutenir notre communication par les hauteurs sur la gauche du Tanaro ».

Le 23 avril, lettre du commandant d'Alba à Colli ; à M. le commandant de Cherasco, le 24 avril.

« Les nouvelles de la nuit passée sont que l'ennemi est arrivé hier au soir à Cortemiglia et y a fait afficher le manifeste et planter l'arbre de la liberté tranquillement. Les nouvelles du côté de Montfort sont que l'ennemi est arrivé aussi hier au soir à Dogliani de la force, dit-on, de deux à trois mille hommes ; ainsi dans le risque d'être surpris ou enveloppé dans la journée, je fais ma retraite avec la compagnie de réserve du régiment d'Acqui, me repliant vers Somma-Riva de Perno ».

Le soir du 23, plusieurs avis portaient que deux colonnes considérables se portaient sur Bra et Narzole ; on fit le rapport au général Colli en finissant la lettre par ces termes :

« Votre Excellence connaît ma force et mes moyens ; je les emploierai tous pour repousser l'ennemi autant qu'il m'attaquera de front, mais s'il manœuvrait sur mes flancs, de m'envelopper dans cette grande redoute, je tâcherai de le prévenir en me retirant sur mes derrières, opération qui ne pourra se faire sans inconvénient, si Votre Excellence ne pousse quelques escadrons et quelques bataillons par sa gauche pour me soutenir incessamment. »

Réponse du 24. — « L'objet essentiel du corps que vous commandez est, comme je vous ai écrit hier, d'éclairer le Tanaro et de prévenir l'ennemi sur les hauteurs qui mènent à Moncaliero, au cas qu'il tâcherait de passer le Tanaro ou la Stura. Vous aurez donc soin de faire éclairer l'ennemi du côté d'Alba. »

Le 24, une compagnie d'artillerie va pour brûler le pont de bateaux d'Alba. Les habitants armés l'en empêchent et la ville s'y opposant par un décret signé par son secrétaire, la présente population réunie dans la salle du palais communal déclare, tout en obéissant aux ordres donnés verbalement, que ce n'est pas nécessaire d'incendier le pont, d'autant plus qu'il n'y a pas d'autre moyen pour traverser le Tanaro.

Le 24, le général Colli fut, l'après-midi à Cherasco, pour visiter le pont et donner des instructions.

Dans la nuit les postes avancés furent inquiétés par l'avant-garde de l'armée ennemie, qui était à Nazole. Repliement de deux régiments de dragons derrière la Stura. La première ligne d'infanterie sur le glacis, la seconde, dans le chemin couvert.

Le matin du 25, des éclaireurs hussards ennemis s'avancent vers la chapelle de Saint-Jacques. Le commandant de la ville demande un renfort au baron Brempt n'ayant pour garnison que cent soixante hommes environ de garnison ; il lui répondit que, par les ordres qu'il tenait, il ne pouvait adhérer à sa demande ; sur quoi, le commandant assembla le Conseil de guerre composé de l'état-major de la place, du commandant de l'artillerie et du génie et des commandants des corps où il fut résolu unanimement qu'attendu la garnison insuffisante et le peu d'artilleurs au nombre de trente pour servir vingt-huit pièces, qu'il fallait évacuer la place avant qu'elle fut dans le cas d'être cernée. On notifia cette délibération au baron Brempt qui fit défiler son infanterie, laquelle fut suivie par la garnison qui évacua la place, vers les 9 heures du matin.

Le corps de ville porta ensuite les clefs à l'ennemi. »

Tournafort à Fiorella

Fort de Ceva, 18 avril.

« On respectera la ville de Ceva, et on n'inquiétera pas les troupes françaises qui sont dans la ville, pourvu que vous promettiez, monsieur, de ne rien tenter contre le fort du côté de la ville, ni de la dépasser ; pour ce qui est de remettre le fort, l'on ne propose à un vieux soldat et à une garnison bien disposée de remettre une place sans coup férir. »

Fiorella

Ceva, 29 germinal (18 avril) [A G.]

« Les troupes victorieuses de la république française, monsieur, sont dans cette place ; je vous somme en son nom de me remettre le fort que vous occupez, et je vous préviens en même temps que si vous ordonnez le moindre feu, la moindre hostilité sur les troupes françaises qui sont actuellement dans Ceva ou sur celles qui pourraient y entrer à l'avenir, vous n'aurez vous et votre garnison ni capitulation ni quartier à espérer, les instructions du général en chef de l'armée d'Italie que je suis chargé de vous transmettre étant formelles à cet égard.

Réponse sur-le-champ, vos propres intérêts le demandent. »

Despinoy à Bonaparte

Hauteurs de Voeta, 30 germinal (19 avril), 1 heure 30 après-midi.

« Les ennemis ont levé tous leurs camps ; nos troupes sont maîtresses du village et du château de Saint-Michel. Les Piémontais tiennent encore sur les hauteurs ; un mouvement par notre droite serait décisif, mais l'on ne sait rien encore des troupes du général Augereau. »

Serurier à Bonaparte

Ceva, 29 germinal (18 avril) [A G.]

« Je vous rends compte que la subdivision du général de brigade Fiorella est entré dans Ceva deux heures avant le jour ce jourd'hui 29, que le bon ordre y a été maintenu jusqu'à ce jour.

Le général Fiorella a envoyé une sommation au commandant du fort ; je vous envoie sa réponse que je n'ai acceptée que provisoirement.

En attendant vos ordres, ma division restera dans la position où elle se trouvait et chacun se tiendra prêt à marcher.

Les ennemis sont assez près d'ici ; le général Despinoy, qui vous remettra cette lettre, vous communiquera beaucoup de détails à cet égard ; ce général m'a remis dix pièces de 24 desquelles je lui ai donné reçu ; j'en ferai l'usage que vous désirez, je lui remettrai même le tout à la fois. »

P.-S. — « On m'a dit que le général Rusca était venu ici dans l'après-midi d'hier et qu'il y avait échangé des assignats pour de l'or ; on m'a assuré encore que le général avait levé une petite contribution en numéraire qu'il a levé à Priero (outre une en vivres qu'il a levée à Ceva).

Je me suis assuré de l'échange qu'avait fait le général Rusca, il est prouvé qu'il a été payé au cours du jour ni plus ni moins. »

Faypoult à Carnot

Gênes, 29 germinal (18 avril) [A G.]

« Je vais écrire à la fois au citoyen directeur, au philosophe et à l'ancien camarade d'armes que je chéris et que je révère pour tous ces titres, c'est surtout parce que je puis déjà vous parler, mon cher Carnot, de très brillants succès de notre armée d'Italie que je prends la plume avec empressement. Vous les connaîtrez sûrement dans tous leurs détails quand cette lettre-ci vous parviendra ; Bonaparte n'aura pas manqué de vous expédier un courrier. Pour moi, je n'ai pas de ses nouvelles officielles depuis le 23 au soir à cause de l'interposition de la gauche de Beaulieu entre Gênes et l'armée française. Beaulieu, forcé de diminuer la ligne par la perte de Dego, de Mondovi, de tous les postes autour de Ceva qui lui ont été pris successivement, et d'environ dix mille hommes tués, blessés ou faits prisonniers, vient d'évacuer Voltri ; toute la guerre va se porter sur les rives du Pô.

Ce début est magnifique, Ceva ne peut manquer d'être à nous sous peu de jours, une action heureuse nous donnera Acqui et peut achever d'anéantir l'armée autrichienne.

Sûrement, mon cher et respectable camarade, le Directoire ne perd pas de vue combien l'Italie mérite son attention. Il est malheureux que l'armée des Alpes ne puisse pas encore l'entamer par le nord et par l'ouest. Je ne vous cacherai pas que je voudrai voir à la tête quelqu'un plus entreprenant que Kellermann. Il ne m'appartient pas peut-être d'ouvrir une opinion sur cette matière, mais vous devez attendre de moi la plus grande franchise et d'ailleurs cette lettre n'est destinée que pour vous. Je sais qu'à Turin dernièrement on parlait beaucoup de ce général et de Villars comme de gens qu'on aimait, beaucoup mieux que d'autres, voir dans des places intéressantes. Certes je ne crois pas Villars capable d'avoir jamais trahi la France, mais, avec des intentions très honnêtes, il n'est pas de ces hommes que les ennemis de la France redouteront jamais ; il manquait d'action, et si Kellermann lui ressemble, si c'est à cause de cela qu'on l'aime assez à Turin, vous verriez l'armée des Alpes ne pas répondre aux rapides mesures de l'armée d'Italie. Cela suffirait pour arrêter le cours des belles destinées qui semblent s'ouvrir pour la France de ce côté-ci. Pardon, mon cher Carnot, je viens de déposer quelques alarmes dans le sein de votre amitié. Votre sagesse saura les apprécier pour ce qu'elles valent.

Favorisez un peu votre armée d'Italie en lui envoyant encore quelque temps le plus de fonds qu'il vous sera possible. Elle pourra dans peu, peut-être, se soutenir avec les ressources du pays même. J'espère tellement dans la valeur et dans l'activité de Bonaparte que, dans quelques mois, je vois tout le Piémont et toute la Lombardie au pouvoir des Français. Comme c'est porter un coup funeste à la coalition que de s'emparer de tout ce pays, comme il est possible de s'étendre jusqu'à Rome et jusqu'à Naples, après les grandes chaleurs, comme la conquête entière de l'Italie, beaucoup plus que probable si l'on s'y prend bien, étonnera l'Europe, ruinera la maison d'Autriche, ôtera Livourne à l'Angleterre et donnera à la France des moyens d'échange pour toutes les cessions qui lui conviendront à la paix, comme il faut s'attendre à perdre des hommes par les maladies et préparer des remèdes à cet affaiblissement, comme enfin il faudra du monde pour garder des conquêtes aussi intéressantes et ne pas s'exposer aux revers qui ont terminé presque toutes les entreprises des Français en Italie, j'invite le Directoire à faire passer de nouvelles troupes de ce côté. Veuillez prendre toute l'Italie, elle est à vous. Le pays ne peut vous faire par lui-même aucune résistance. Il sera toujours à celui qui osera s'en emparer, mais pour le tenir il faudra y tenir cent cinquante mille hommes. Vous avez le temps pour envoyer ici vos renforts parce que ce n'est qu'au mois de septembre ou bien autrement sur la fin de Fructidor qu'il faudra dépasser la marche d'Ancône.

Je tirerai le meilleur parti des patriotes du pays qu'il se pourra, mais il faut regarder leur assistance comme un moyen auxiliaire et non comme un moyen principal ; nous nous servirons d'eux, mais nous pouvons réussir même sans eux.

Pourvu que l'on conserve bien ferme la barrière du Rhin, la France peut dicter ses lois à l'Europe ; par l'invasion de l'Italie, elle en rendra ce qu'elle voudra pour conserver ce qui lui conviendra ailleurs. Je viens, mon cher Carnot, de parler à la fois guerre et diplomatie, parlons ensuite amitié. Daignez conserver la vôtre à votre ancien camarade. Il fera tout pour la mériter et répondre à la confiance du Directoire. Gênes a refusé l'emprunt, il sera bon de remettre sur le tapis dans un autre temps mais peut-être n'en aurons-nous pas besoin. Dans le fait, le pays ne paraît pas avoir beaucoup d'argent comptant mais il a du crédit et ce crédit nous sera utile quand nous-mêmes nous aurons prouvé puissance aux gens du pays. »

P.-S. — « Le Ministre des relations extérieures parlera, je pense, au Directoire de la demande que je lui fais du titre d'adjonction d'envoyé extraordinaire à celui de ministre plénipotentiaire. Sans cela, je ne jouirai pas ici du droit de franchise pour les entrées, droit accordé par la République de Gênes aux envoyés extraordinaires et non aux ministres plénipotentiaires. Ce droit se paye en argent à l'envoyé sept mille francs. Je ne vous cache pas qu'avec vingt mille francs de traitement dans une ville où tout est d'une cherté horrible, tandis qu'à Florence où tout est bon marché le ministre de la République a quarante mille livres, je suis réduit à vivre ici avec une mesquinerie qui convient peu à l'idée que l'on doit se faire de la grandeur des ministres de la République. Si le Directoire joint le titre d'envoyé extraordinaire à celui qu'il m'a donné, les sept mille lire de la ville de Gênes me tireront un peu de la détresse dont je suis menacé.

Au moment où je ferme ma lettre, Bonaparte m'envoie copie des lettres officielles qu'il a écrites au Directoire sur les victoires de Montenotte et de Millesimo, les 23 et 25 de ce même mois. Le 26, Saliceti m'apprend qu'il y a eu une nouvelle action, à la pointe du jour ; les Français furent surpris sur les hauteurs de Dego pris la veille, mais bientôt ils eurent leur revanche, culbutèrent les ennemis, lui tuèrent mille hommes et firent quinze cents prisonniers. « Vive la République ! »

Augereau à Bonaparte

1er floréal (20 avril) [A G.]

« Je vous fais passer copie de la lettre que je reçois dans ce moment du général Rusca. Vous verrez que l'ennemi fait des mouvements sur notre droite : il serait urgent que vous donniez ordre à douze cents hommes de la division du général Masséna d'aller renforcer notre droite, n'ayant que la 39e demi brigade d'infanterie dans ce moment pour garder mon front. »

Augereau à Joubert

1er floréal (20 avril) [A G.]

« L'instruction du général en chef me prescrit de vous ordonner d'être rendu à Lesegno avant 2 heures après minuit avec les troupes que vous commandez. Il me dit d'ailleurs que vous recevrez des ordres à cet égard ; comme cela laisse quelque louche et pourrait occasionner un mal entendu vous voudrez bien considérer la présente comme l'ordre positif de vous rendre à Lesegno ainsi qu'il est dit plus haut. »

Augereau à Rusca

1er floréal (20 avril) [A G.]

« Il est ordonné au général de brigade Rusca de partir sur-le-champ pour se rendre à Monbarcaro avec la troupe qu'il commande ; il fournira une garde suffisante au camp retranché de Ceva et, aussitôt que le général Laharpe sera arrivé sur la position de Monbarcaro, il descendra avec toute sa troupe dans le camp retranché ; avant de partir du point qu'il occupe, il fera alimenter les feux qui ont été alimentés par sa troupe afin de tromper l'ennemi sur son mouvement. »

Rusca à Augereau

Rocca di Ciglie, 1er floréal (20 avril) [A G.]

« Il est impossible, général, de guéer le Tanaro qui est à une hauteur énorme à cause de la fonte des neiges, et je vous l'assure d'après les renseignements pris. Vouloir le passer vis-à-vis le camp où il paraît pouvoir le faire ce serait sacrifier l'armée, puisque le bord de gauche est hérissé de canons et bordé d'un grand nombre de troupes.

Ce qui est important et produirait le meilleur effet, c'est de menacer l'ennemi de tomber sur Cherasco en faisant une marche vers Cherasco et montrant que des forces marchent aussi par Ciglie. Sans ce mouvement, je pense que l'ennemi pourrait entreprendre de nous prendre à revers, venant par Clavenzana et tâcher de s'emparer de nos hauteurs et alors notre retraite serait coupée et il ne nous resterait que le défilé dans le ravin très profond où nous avons passé hier pour nous rendre ici à Rocca qui est une position qui sur son devant peut être aisément gardée à cause des précipices qui l'environnent et, alors les forces que vous y enverrez, seraient gardées sur ces derrières par ma brigade qui les couvrirait, c'est le chemin qui de Rocca conduit à Cherasco. Vous même n'êtes pas couvert si l'ennemi entreprenait un pareil mouvement qui serait très possible et rien ne s'y opposerait. Hâtez-vous de prendre des mesures à ce sujet.

P.-S. — C'est précisément ce qui m'avait obligé de vous écrire à vous rendre ici. »

Murat à Bonaparte, à Ceva (1)

[A M.]

« La fusillade est des plus vive, général, sur ce village de Saint-Michel, j'y cours Il paraît que le général Augereau est à sa droite, vous pouvez venir par Mont Brogilio rau, leurs avant-postes sont repoussés ; la droite ne donne pas encore ; le canon tire à force, mais il paraît que l'ennemi rentre dans Mondovi.

Du moment que je verrai quelque chose de décidé, je viendrai à votre rencontre ; je dois parler avec Serurier avant pour avoir des renseignements. »

Verrieret

Du camp retranché sous Ceva [A G.]

Suite du journal des batteries du 30 germinal au 1er floreal (20 avril 1796). — Il a été établi dans la nuit du 30 au 1er, à la gauche de la ligne, deux batteries armées chacune de deux pièces de 4 pour battre, sur la capitale du demi-bastion de droite de l'ouvrage à corne, à démonter,

---

(1) Doit être du 20.

l'obusier y établi, le bastion à droite du cavalier et la communication au donjon.

Toutes les batteries ont exécuté leur feu avec beaucoup de justesse; il a paru que l'ennemi en a souffert, car son feu a été ralenti sur quelques points.

Dans la journée, l'ennemi a tiré des obus à toute volée, vraisemblablement pour inquiéter les mouvements des troupes; un obus étant tombé sur un chariot chargé de munitions de 4 l'a fait sauter, son explosion n'a blessé personne.

Sur le soir, un boulet de l'ennemi a cassé l'anse gauche de la pièce de 4 n° 1, sans que la pièce en ait souffert.

Du 1er au 2 floréal. — Dans la nuit, il a été enlevé des batteries deux obusiers et deux pièces de 4. Les mouvements occasionnés pour le départ de ces pièces ayant apparemment été entendu de l'ennemi, il a fait un feu très vif de plusieurs de ses batteries dirigé à toute volée; il n'en est résulté aucun dommage.

Des soldats, qui ont dit s'être égarés près du front attaqué du fort, ont rapporté que l'ennemi dans cette même nuit avait fait en avant de ses glacis nombre de patrouilles.

Dans la journée, le feu des batteries de la ligne du camp a été moins vif que dans les journées précédentes à raison de la diminution des munitions, l'ennemi a ralenti son feu.

Il a été reconnu que la pièce de 4 de la batterie n° 4 qui, le jour précédent, avait été frappée d'un boulet ennemi à la plate-bande du 2e renfort, se trouvait hors de service par un évasement de 5 à 6 lignes à la bouche, lequel a été occasionné par les battements des boulets sur le renflement intérieur du métal dans l'âme de la pièce.

Dans la journée, l'ennemi a démasqué à l'ouvrage inférieur de la droite du fort une batterie formée d'un obusier et un mortier, dont le feu a été dirigé tant sur les batteries que sur les troupes à la gauche de la ligne. »

Kellermann a Shée

Chambéry, 1er floréal (20 avril) [A. G.]

« Je réponds avec empressement, cher ami, à votre lettre du 19 dernier. Je connais mes torts, le cœur n'y est pour rien, je vous en assure, il n'y a pas de raisons pour justifier; mon silence est le seul reproche que j'ai à me faire, cependant si vous voulez calculer la fatigante campagne que j'ai faite et si vous saviez la misère extrême de cette armée depuis son entrée dans ses quartiers d'hiver que je fais subsister au jour le jour par la seule ressource du département, car depuis quatre mois, elle n'a pas reçu le sol; vous me plaindriez de l'embarras où je me trouve, des courses continuelles pour adoucir le sort du soldat, jour et nuit occupé à parer à la dissolution de l'armée, voilà ma position, tout manque, hors le pain, point de fourrage, point de transport, nos chevaux sont péris en grande partie, ce qui reste est hors d'état, point de souliers, ni d'effets de campement, je ne puis remuer un seul homme par toutes ces raisons; enfin j'ai été obligé de répondre personnellement de mille écus pour faire porter du bois au Saint-Bernard où il y avait un 8e de corde, il y a quinze jours. lorsque je m'y suis rendu. Les départements de mon arrondissement nous secourent de tous leurs pouvoirs, mais quelle faible ressource ! Depuis quatre mois, il n'est pas arrivé le sol pour les subsistances de tout quoique annoncé à chaque courrier. J'arrive de Grenoble où j'ai requis, de concert avec le département, le receveur de verser chez le payeur général les hommes qu'il a entre les mains, sinon il y sera contraint par la force ; quelles mesures extrêmes pour arracher quelques misérables écus et papiers ; il faut finir ce chapitre ; il y aurait mille choses encore de pénible à ajouter, le fait est, mon ami, et je le répète de tout mon cœur, que j'ai quelques torts d'avoir gardé si longtemps le silence avec vous, oubliez-les et embrassons-nous, je les réparerai.

Je vois par le contenu de votre lettre que notre ami, votre neveu, vous a communiqué la dernière que je lui ai écrite, et priez-le de la communiquer à Carnot, quoique j'ai quelque raison de croire que ce directeur n'est pas absolument porté pour moi ; mon cher Shée, quand l'homme honnête n'est pas à sa place, il doit le dire franchement, ainsi que je l'ai fait il y a tout à l'heure deux mois. Si le Comité de Salut public a été injuste en séparant les deux armées au moment d'en tirer le fruit, c'est à la justice du Directoire à le réparer, je lui ai mis les moyens entre les mains par différentes places qu'il pouvait me donner dans le cas qu'il n'ait rien voulu changer à ses dispositions du placement des généraux en chef ; cette soi-disant armée composée de six demi-brigades et de deux places à Lyon dont je ne puis disputer. Je vous demande si avec douze mille hommes disponibles je puis facilement couvrir les départements des Basses-Alpes et du Mont-Blanc, et à plus forte raison opérer une diversion favorable aux opérations de celle d'Italie sur laquelle tous les moyens sont versés au point que l'on ne m'a laissé aucun homme de troupes à cheval que deux régiments délabrés, renvoyés de cette armée, qui ne sont pas, entre les deux, en état de fournir cinquante chevaux ; voilà ce que c'est que l'armée des Alpes entre les mains du plus ancien général dont la chance est telle que si l'armée d'Italie éprouvait quelques revers, la malveillance jointe à l'intrigue ne manqueraient pas de rejeter la cause sur le général de cette armée à qui cependant on ôte tous les moyens, non seulement pour agir offensivement, mais même d'établir une défensive active qui puisse contenir des forces devant elle, ou résister à une offensive vigoureuse de l'ennemi qui dans deux cas peut et doit l'entreprendre. S'il avait de l'avantage sur celle d'Italie qu'il aurait poussé sur Nice et peut être au delà, ses forces dans ce cas se porteraient par le Mont-Blanc où ils n'ont que trop de partisans ; je vous demande ce que deviendrait cette partie-ci et, dans le deuxième cas, si l'armée d'Italie était contenue par l'armée autrichienne, celle des Piémontais agirait contre la mienne ; il serait bien long d'entrer dans de plus amples détails sur cette partie-ci et vous les sentez du reste. Revenons au Directoire à mon égard. S'il trouve que j'ai parlé de mes services rendus, il n'y a que son silence affecté et ses dispositions marquées à mon égard qui m'y a engagé ; la modestie est tellement hors de raison qu'il est par trop choquant de voir les généraux battus obtenir tous les éloges et triompher aux dépens de celui qui ne l'a jamais été, quoique toujours combattant avec des forces de deux tiers inférieures. Lorsque l'armée d'Italie a eu des forces a-t-il été question de celui qui les a préparées, par la campagne la plus glorieuse et la plus difficile ; non, pas un mot cependant la diversion que j'ai faite à la tête d'une poignée de soldats étant tellement efficace que l'ennemi n'a pas osé se dégarnir d'un seul homme pour secourir celle d'Italie, il me semble que le Directoire me devait au moins une réponse honnête pour m'engager à rester à ce poste, mais pas un mot ce qui m'est particulièrement sensible ; au surplus, je soutiendrai ma réputation partout ou j'y périrai ; mes ennemis ne parviendront jamais à y porter atteinte quelque puissant qu'ils puissent être.

J'ai demandé que mon fils soit adjudant général près de Berthier à l'armée d'Italie ; je vous prie d'en parler pour que son affaire s'expédie le plus tôt possible, je suis peiné de vous dire que j'en suis très mécontent sous tous les rapports, qu'il m'est ne plus possible de le garder près de moi. Berthier seul pourra en faire quelque chose puisqu'il à sa confiance. »

Petiet à Bonaparte

Paris, 1er floréal (20 avril) [A G.]

« Les troubles qui ont lieu, citoyen général, dans plusieurs départements de l'arrondissement de la 9e division militaire ont paru au Directoire devoir y nécessiter encore momentanément la présence des deux demi-brigades destinées pour l'armée d'Italie et qui sont restées provisoirement, à leur passage, dans cette division.

Le Directoire me charge de vous prévenir de l'utilité de ces deux demi-brigades. Il désire pouvoir révoquer incessamment sa décision à cet égard. J'aurai soin de vous informer dès l'instant où elles pourront se rendre à vos ordres.

En me communiquant cette décision, le Directoire attire mon attention sur le département de Vaucluse, qui demande une surveillance particulière. J'ai déjà chargé le général commandant la 8e division militaire d'y envoyer les troupes nécessaires au maintien de l'ordre public et pour prévenir tout mouvement séditieux. Je vous invite, citoyen général, à vous assurer si mes ordres à ce sujet ont reçu leur exécution. »

Augereau à Bonaparte

2 floréal (21 avril) [A G.]

« Je vous rends compte, général, que l'ennemi a évacué les positions qu'il tenait à sa gauche le long du Tanaro. Je n'aperçois aucun mouvement d'aucune part, je vous demanderai quels sont les mouvements et les positions que je dois faire ou occuper.

Toute la nuit de fortes patrouilles ont couru sans rien apercevoir ainsi que la découverte qui est partie de bonne heure et rentrée sans rencontrer ni voir personne. Dites-moi ce qu'il faut que je fasse. J'attends votre réponse. »

Archiduc Ferdinand à l'Empereur

Vienne, 21 avril [H A V.]

« D'abord au reçu de la triste nouvelle dont j'ai expédié à Votre Majesté copie par le courrier, j'ai prié le major comte Tortelloni, son chambellan, et qui avait été à la campagne de 1794 avec moi et connaissait le local, de se rendre sur-le-champ chez le général Beaulieu, avec la lettre dont j'envoie ici copie à Votre Majesté, pour l'intelligence de la réponse : et qu'elle voit par elle-même comme j'ai écrit au général ; et la réponse que le même comte Tortelloni m'a apportée à son retour. L'âge avancé du général, le chagrin de ce qui est arrivé, l'importunité de mille détails, surtout, n'ayant ni secrétaire, ni bureau de quartier-maître général établi pour les détails, faisant, à ce qu'on me dit, lui tout, tout seul avec ses deux adjudants, sont les motifs peut-être que sa lettre ne répond à mes diverses demandes. Comme pourtant depuis cette lettre qui est en date du 18 à aujourd'hui 21, je suis de nouveau, encore trois jours, sans aucune nouvelle de l'armée, ignorant même, jusqu'à la position actuelle, dans des circonstances aussi critiques que celle du moment, je viens de lui écrire une autre lettre, que je joins ici en copie pour l'entière connaissance de Votre Majesté. A ce que j'apprends de sous-main, je crains que la perte sera encore majeure, à ce qu'on avait annoncé. Les six bataillons des plus complets de l'armée, ceux du régiment Stein, Preiss, Pellegrini, Deutschmeister, Vilhelm Shroder et un de Terzy sont entièrement presque détruits et faits prisonniers; de même un bataillon Hongrois, de l'archiduc Antoine et un d'Alvinzy; et les Croates sont réduits, à ce qu'on dit, à un tiers, sans compter sept cents hommes du corps franc de Giulay fait prisonnier avec le général Provera. Je crois donc devoir expédier cette estafette à Votre Majesté pour la conjurer de nouveau de donner les ordres les plus pressants pour l'envoi de nouvelles troupes et renforts au plus tôt possible, de même pour l'artillerie, dont je juge que l'on doit en avoir beaucoup perdu, puisqu'on m'assure que le commandant général vient de donner l'ordre que toute la réserve, qui avait été en Lombardie, se mette en marche. Elle peut juger les cruelles inquiétudes dans lesquelles, jour et nuit je vis depuis l'arrivée de la nouvelle, d'autant plus que la manquance totale des relations ultérieures de la part du général commandant me tient dans des incertitudes affreuses. Aussi du côté de Turin, je n'ai plus aucune nouvelle depuis la dernière poste, et j'ignore parfaitement si les Français ont fait des progrès aussi de ce côté-là, si Cova est attaqué et peut-être pris, enfin quelles mesures la cour de Turin pourra prendre. Par le post-scriptum du général Beaulieu, j'ai appris que le ministre anglais (Dracke) et le général piémontais Latour sont avec M. de Beaulieu. Il ne me reste qu'à faire des vœux au ciel que les projets, les conseils et les insinuations de ces deux messieurs soient propres à conserver la propriété de la Lombardie autrichienne à Votre Majesté et à la Monarchie. Une autre inquiétude cruelle que je ne saurai taire à Votre Majesté dans mon cœur naît de l'expression du général dans sa lettre ; que pendant qu'il se plaint du petit nombre et faiblesse actuelle de la troupe avec tout le reste du tableau triste qu'il en fait, il mette encore en doute, s'il agira offensivement ou défensivement ; pendant qu'à la vérité, après les rudes épreuves essuyées et le peu de troupes qui reste pour la propre défense, si encore elle sera faisable, il me paraissait devoir être décidée la question à jamais, d'autant plus que jamais on atteindra que la marine anglaise (empêche) les transports par mer pour les Français. Il n'y a que trois jours que nous en avons un nouvel exemple, qu'en plein midi, vingt-sept bâtiments anglais, étant à la vue de Gônes et ayant été avertis d'avance, ont laissé sortir de Gônes par la rivière (sic) des bâtiments chargés d'avoine pour la cavalerie française et des souliers pour l'infanterie. Votre Majesté verra par les copies que je lui envoie ce que mon zèle m'a fait écrire dans le premier moment au général commandant ; il me m'a non plus répondu sur l'article du colonel Cerrini que des lettres particulières assurent avoir été fait prisonnier, en quel cas je supplie Votre Majesté et la conjure de penser au plus tôt et sans perdre de temps à celui qu'au lieu de Cerrini devrait diriger la défense de la place de Mantoue. Le château de Milan est aussi sans commandant dans ce moment. A part M. de Beaulieu accuse enfin M. de Wallis de n'avoir joint (y réserve) pensé les différents objets qui manquent à l'armée. La plupart des objets étaient envoyés par le conseil de guerre de Vienne et il fallait nécessairement en attendre l'arrivée. C'est le motif pour lequel M. de Wallis opina de retarder l'ouverture de la campagne jusqu'à ce que tous ces transports des différents objets de nécessité pour la troupe fussent arrivés et M. de Beaulieu ne pouvait l'ignorer, lorsque par d'autres motifs sans doute il a jugé nécessaire de donner l'ordre à la fin du mois passé aux régiments de marcher. Je supplie Votre Majesté de donner les ordres positifs au Directoire qu'il ne retarde point les paiements, qu'en conséquence de l'assurance donnée j'assigne chaque mois à compte des 300.000 florins par mois que Votre Majesté avait déjà destinés en premier lieu puisque cela nous jette dans des embarras terribles pour les mesures, surtout en ce moment que M. de Beaulieu refusant de dire d'avance ses projets; on ne peut plus le seconder avec les vivres qu'avec des frais extraordinaires de transports et bien plus forts. Je renouvelle à Votre Majesté à la fin de cette lettre mes vives instances pour de prompts secours de troupes et au ciel mes vœux ardents ; qu'ils puissent arriver à temps pour sauver la Lombardie et avec elle le ravage de tout le reste de l'Italie. Que ce malheur arrivé, je crains, donnera un nouveau poids et argument au parti de Paris qui est pour la continuation de la guerre. Je demande pardon à Votre Majesté que réellement ma santé se ressentant du continuel travail et inquiétudes en ces tristes jours, je ne lui ai écrit de propre main. Je dois pourtant le remercier très vivement de sa très gracieuse lettre, en date du 8 avril, que je viens de recevoir et dont les expressions et marques de satisfaction à mon zèle et travail m'ont bien été chers. Puissent mes soins sans relâche être couronnés d'une heureuse suite et fin, par une paix qui nous mette à l'abri d'éminents dangers. »

Berthier à Meynier

2 floréal matin (21 avril) [A G.]

« En conséquence des dispositions du général en chef, il est ordonné au général Meynier de se porter sur-le-champ avec les troupes à ses ordres sur la position de la Bicoque : il prolongera les corps détachés vers sa gauche pour se lier avec le général Serurier et soutenir l'attaque qu'il va faire sur Mondovi ; il manœuvrera au surplus suivant les circonstances de manière à faire le plus de mal possible à l'ennemi en le harcelant ; il doit néanmoins porter attention à sa droite. »

Serurier à Berthier

Mondovi, 3 floréal (22 avril)

« Le travail relatif aux prisonniers de guerre, c'est-à-dire, leur reddition d'armes, la levée du contrôle nominatif et leur rassemblement n'ont pu être terminés que très tard dans la nuit. Enfin on n'a pas pu trouver le bataillon que j'avais désigné pour les escortes, c'est ce qui est cause qu'ils ne sont pas encore partis en cet instant, mais ils ne tarderont pas.

Je suis fort inquiet de mon aide de camp Renaud ; on m'assure qu'il m'a été renvoyé, et il n'est pas revenu ; faites-moi le plaisir, je vous prie, d'en demander des nouvelles au général Colli.

D'après les différentes dispositions qui ont été nécessitées ces jours derniers, vous verrez par l'état ci-joint que ma division est extrêmement réduite. Dites-moi je vous prie si elle restera ici. »

Serurier à Berthier

Mondovi, 3 floréal (22 avril) [A G.]

« Je vous envoie, général, le reçu de l'emploi des deux cent quarante livres en numéraire que le général en chef m'a envoyées.

Je vous envoie l'état de recettes et dépenses de l'hospice des convalescents établi à la Pieva ; j'ai avancé tant que j'ai pu, je n'ai point le moyen d'aller au delà. Si vous voulez que cet hospice soit continué, je vous prie de m'en donner le moyen, sinon d'ordonner qu'il cesse, parce que l'officier qui en est chargé n'a plus le moyen que moi d'en faire les avances.

Je vous envoie l'état de situation de l'hospice des convalescents de la Pieva du 1er floréal. »

Augereau à Bonaparte

3 floréal (22 avril) [A G.]

« Je vous rends compte, général, que le général Laharpe est arrivé hier au soir à 9 heures au poste Monbarcaro ; rien de nouveau dans ma ligne. »

Augereau à Rusca

3 floréal (22 avril) [A G.]

« Je vous envoie, général, un officier d'état-major de la division afin qu'il vous demande des hommes pour se rendre à Ceva, où il leur fera remettre mille paires de souliers destinées pour la division et que je destine pour la brigade que vous commandez. Il vous fera aussi délivrer du pain pour votre troupe aussi à Ceva, où vous le prendrez habituellement. Si vous manquez de cartouches vous êtes à même d'en prendre du camp retranché, où vous trouverez le commandant de l'artillerie qui vous fera délivrer celles que vous avez besoin. »

Augereau au commissaire de résidence à Ceva

[A G.]

« Il existe, citoyen, mille paires de souliers dans les magasins de Ceva appartenant à la division que je commande. Je vous envoie un officier de mon état-major pour que vous les lui fassiez délivrer de suite aux hommes de corvée qu'il vous conduira puisqu'il n'y a pas de moyen de transport Je vous préviens aussi que j'ai donné ordre au général Rusca de prendre les subsistances pour la troupe qu'il commande à Ceva. Vous voudrez donc bien prendre des moyens pour assurer les subsistances de cette troupe qui est forte de deux mille deux cents hommes et occupe le camp retranché. »

Beaumont à Berthier

Dans la plaine sous Mondovi, le 3 floréal (22 avril) [A G.]

« Ce matin, à la pointe du jour, j'ai envoyé des patrouilles sur ma droite et en avant Mondovi appuyant ma gauche, pour avoir des nouvelles de l'ennemi ; elles se sont portées à trois quarts de lieue environ de la plaine où je suis, sans rien apercevoir ; les renseignements qu'elles ont recueillis sont que l'ennemi a à Cherasco, distant de sept milles, trois mille hommes d'infanterie et mille de cavalerie ; il paraît que l'infanterie est une portion de celle qui était ici hier ; à ma reconnaissance particulière, j'ai eu les mêmes renseignements. Le terrain en avant est bien coupé par des haies et fossés.

Je vous prie, mon général, de faire envoyer du pain et, s'il est possible, de la viande à mes hommes, leur nombre est d'environ mille hommes, il se trouve encore un peu de fourrage. Je vais faire débrider et manger les chevaux.

Le 5e régiment de dragons a trente-six hommes de moins et vingt-six chevaux, dont une partie sont prisonniers ; il y a apparence qu'il y en a quelques-uns rentrés à Mondovi et qui ne sont pas redescendus ; le 20e a perdu cinq à six hommes et autant de chevaux. »

Serurier à Guieu

Mondovi, 3 floréal (22 avril) [A G.]

« Il est ordonné au général de faire marcher *sur-le-champ* un bataillon pour la défense du pont qui est sur la rivière qui passe au bas de Mondovi. Ce bataillon protégera la cavalerie qui y est placée, soutiendra ses patrouilles par d'autres patrouilles et enfin défendra le passage du pont si l'ennemi se présentait. »

Augereau à Rusca

4 floréal (23 avril) [A G.]

« Si vous avez reçu, général, les ordres de vous joindre à la division, vous prendrez avec vous onze pièces de canon qui sont sur les hauteurs de Ceva et les escorterez avec votre brigade jusqu'à Dogliani, en passant par Bevedo. Vous prendrez des guides en partant de Ceva. Si vous n'avez point reçu des ordres de partir, vous fournirez une demi-brigade pour l'escorte des pièces qui doivent partir de suite pour Dogliani. »

Augereau à Bonaparte

Castellino, 4 floréal (23 avril) [A. G.]

« A 7 heures précises du matin, j'ai reçu votre ordre pour partir à la même heure, ce qui m'est impossible. Je vais cependant faire mes efforts pour mettre les colonnes en marche sans délai ; les troupes du général Reyraud se dirigeront sur Dogliani par Marsaglia. La colonne du général Rusca prendra la grande route et escortera l'artillerie ; je viens d'écrire au général Victor de partir de suite qu'il lui sera parvenu des ordres de l'état-major afin de me rejoindre à Dogliani ; aussitôt que je serai arrivé et que j'aurai pris des positions, je vous en rendrai compte. »

Augereau à Reyraud

4 floréal (23 avril) [A. G.]

« Il est ordonné au général de brigade Reyraud de partir de suite avec la demi-brigade qu'il commande pour se rendre à Dogliani où il débusquera l'ennemi, s'il le rencontre, et où il prendra poste et attendra de nouveaux ordres de ma part.

Il ne permettra que personne entre dans les villages, seulement il enverra une compagnie de grenadiers pour s'emparer de Dogliani et y maintenir le bon ordre et la police la plus stricte. »

Serurier à Guieu (Très pressé)

Mondovi, 4 floréal, 23 avril.

« Il est ordonné au général Guieu de prendre le commandement de l'avant-garde de la 4e division, de partir aujourd'hui sitôt que l'ordre lui en sera donné et de se rendre en droiture jusque sur la rivière de Pezzio, éclairant sa marche par tous les moyens possibles et évitant de passer dans aucun village, mettant seulement les gardes nécessaires pour empêcher les brigandages que quelques mauvais sujets pourraient vouloir commettre. Le général restera en bataille jusqu'à l'arrivée de la division dont il assurera la position par un nombre suffisant de patrouilles. Il aura à ses ordres la moitié du 22e régiment de chasseurs à cheval, la 16e demi-brigade d'infanterie légère ; j'y ajouterai pour aujourd'hui le 1er bataillon de Mayenne et Loire. »

Berthier à Clarke

Entre Mondovi et Cherasco, 4 floréal (23 avril) [A. G].

« Vive la République ! » mon cher général ; nous battons les Autrichiens à droite, les Piémontais à gauche. Jour et nuit nous sommes en mouvement et, cela manquant de tout. Nous voilà dans un bon pays. La prise de Mondovi nous offre des ressources, la plaine est devant nous. Il faut de la précaution et de la prudence ; on nous croit forts de soixante mille hommes et l'on n'en a pas plus de trente mille ; envoyez-nous du renfort ; faites agir l'armée des Alpes vigoureusement ; il ne faut pas calculer, il faut des opérations hardies au-dessus des calculs ordinaires.

Je vous envoie la relation de notre dernière victoire ; j'envoie au Ministre de la Guerre vingt et un drapeaux. Adieu, je vous embrasse, il faut partir pour marcher à l'ennemi ; point de repos quand la victoire est en permanence.

Croyez-vous, mon cher général, qu'au milieu de tant de succès je suis affligé ; nos lauriers sont ternis par un pillage affreux et d'autant plus difficile à réprimer que pendant plusieurs jours nous avons manqué de pain, mais on ne s'est pas borné à prendre des subsistances ; il s'est commis des horreurs, nous tâchons de les réprimer. J'espère que la prise de Mondovi et les ressources que nous y trouverons, nous donneront les moyens de rappeler nos braves à l'ordre nécessaire.

Je ne puis vous envoyer des relations bien détaillées, ni plan, pas un seul moment de repos ; nos équipages sont à deux jours de nous, toujours au bivouac, mais vous ne perdrez rien pour attendre. Nous marchons sur Cherasco pour tâcher de couper les lignes que l'on suppose déterminées entre les Autrichiens et les Piémontais.

Il est bien important, je le répète, que l'armée des Alpes soit prête à descendre dans la plaine vers Château-Dauphin et la vallée d'Aoste. »

Berthier à Petiet

Quartier général sur la rivière du Pescio entre Mondovi et Cherasco, 4 floréal (23 avril) [A G].

« Le général en chef me donne l'ordre de vous faire passer vingt et un drapeaux, trophées de l'armée d'Italie. Parmi ces drapeaux, dont onze pris sur les Impériaux et dix sur les Piémontais, il s'en trouve quatre des gardes du corps du roi de Sardaigne. La République verra dans les trophées l'historique des opérations militaires qui ont eu lieu pendant la première décade qui a ouvert la campagne. « Vive la République ! », la victoire est est permanente.

Je joins ici le relevé de la revue des prisonniers faits à l'ennemi montant à neuf mille sept cents.

Je joins également l'état de l'artillerie prise sur l'ennemi. »

Berthier à Petiet

Lesegno, 4 floréal (23 avril) [A G.]

État du nombre de prisonniers de guerre fait à l'ennemi depuis le 23 germinal an IV de la République, jour où la campagne de l'armée d'Italie a été ouverte jusqu'au 3 floréal. Savoir :

Le 23 germinal, à Montenotte sur les hauteurs de Savone, officiers, sous-officiers et soldats. . .	1.500 hommes
Le 24 germinal, près de Cosseria au-dessus de Millesimo, Autrichiens et Piémontais.	34
Le 25 germinal, dans le château de Cosseria, le lieutenant-général Provera et officiers . . .	37
» soldats autrichiens ou piémontais. . .	1.100
Le 25 germinal, à la redoute de Saint-Jean, officiers et soldats	150
Le 25 germinal, à Dego, officiers autrichiens et piémontais	108
» sous-officiers et soldats	3.473
Le 26 germinal, à Dego, deuxième attaque, officiers autrichiens	34
» soldats	1.200
Le 2 floréal à Mondovi :	
Stettler, 1er bataillon, officiers	10
» sous-officiers et soldats. . . .	117

Stettler, 2ᵉ bataillon,	officiers	12
»	sous-officiers et soldats.	155
Tortone,	officiers	12
»	sous-officiers et soldats.	108
Gardes du roi,	officiers	23
»	sous-officiers et soldats.	533
»	prisonniers des différents corps	277
	Total général.	8.884 hommes

Officiers généraux et supérieurs faits prisonniers à Mondovi

M. le marquis de Lera, lieutenant général.
M. le comte de Flayes, brigadier et colonel commandant des gardes.
M. Stettler, brigadier colonel du régiment de Stettler.
M. Ischeffely, colonel en second du régiment de Stettler.
M. d'Ernest, lieutenant-colonel du régiment de Stettler.
M. le baron de Saint-Sulpice, lieutenant-colonel de gardes.
M. le chevalier de la Motte, major avec rang de lieutenant-colonel.
M. le marquis de Cluze, major.
M. Cavezzini, major de Tortone.
M. de Velber, major de Stettler.

De l'autre part.	8.884 hommes
Blessés entrés dans nos hôpitaux	900
Officiers généraux supérieurs	10
Total.	9.794 hommes

État des pièces d'artillerie ou caissons pris sur l'ennemi depuis l'ouverture de la campagne.

Affaire de Dego le 25 germinal :
Seize pièces de 3 attelées de deux chevaux.
Vingt-quatre chariots de munitions attelés chacun de deux chevaux.
Treize pièces d'une livre.
Douze mulets portant les munitions.
Affaire de Mondovi :
Deux obusiers de 6 pouces.
.... pièces de 8.
Six pièces de 4.
Douze caissons à munitions.

Mouret à Petiet

Toulon, 4 floréal (23 avril) [A G.]

« Je viens de recevoir, citoyen ministre, votre lettre du 26 germinal relative aux assassinats qui se commettent dans le Midi, et notamment sur celui exercé dans la commune de Valreas envers la personne du commissaire du Directoire exécutif près de cette commune.

D'après de nouvelles dispositions du général en chef, la 8ᵉ division militaire vient d'être répartie en deux subdivisions comme trop étendue et pour en faciliter la surveillance. La première comprend depuis les Bouches-du-Rhône jusqu'à Bandols exclusivement sous la dénomination de 1ʳᵉ division de la côte et la seconde s'étend depuis Bandols jusqu'à la rivière d'Argens inclusivement sous la dénomination de 2ᵉ de la côte. La commune de Valreas est dans l'étendue confiée aux soins du général Barbantane, résidant à Marseille, qui n'a rien négligé pour arrêter les crimes dans leur naissance. Je me suis empressé de lui faire tenir votre lettre et dans le temps les renseignements relatifs à cette partie de son commandement; nous sommes convenus même depuis les troubles du département du Vaucluse que je lui laisserais les troupes qui s'y trouvent, quoique destinées en partie à passer dans ma division. Il ne faut pas moins que cette force armée pour comprimer les royalistes et agitateurs dont ce département est infesté et qui, depuis certains discours, se meuvent de toute part.

Le département des Basses-Alpes et celui du Var qui sont de ma division tentent aussi, mais vainement de se mouvoir depuis la même époque; des rassemblements s'y forment et ont été jusqu'ici dissipés à l'arrivée des troupes. Les jeunes gens de réquisition et déserteurs se joignent aux émigrés et aux réfractaires : ces derniers ont fait feu récemment sur les gendarmes qui les poursuivaient ; j'en ai deux détenus que je vais livrer au conseil militaire. Le général de brigade Peyron, chargé de faire exécuter la loi contre les déserteurs des Basses-Alpes, m'écrit de Digne que les autorités constituées autorisent les rebelles et leur facilitent les moyens de se soustraire aux poursuites. J'attends un régiment de troupes qui m'est annoncé afin de mettre ce général à même de remplir sa mission et de contraindre les lâches à rentrer dans leur devoir.

Il n'y a plus à douter, citoyen ministre, par le rapprochement des dates sur ces rassemblements illicites qu'il existe une nouvelle trame ourdie contre la liberté et qu'elle étend ses ramifications dans tout le Midi.

Je reçois des avis des différentes communes, et toutes se rapportent sur le même objet. Il m'arrive même, en ce moment, copie d'une lettre surprise par finesse à un de ces messieurs et qui prouve que la commune d'Anbagnac est un des foyers où tout s'organise. Je vous en fait passer copie certifiée afin de vous mettre à même de juger du nouveau titre qu'ils prennent et de l'espérance qu'ils conservent.

Au reste, citoyen, quel que soit leur criminel espoir et la faiblesse de mes moyens en troupes, vous pouvez être assuré qu'ils ne se montreront pas impunément et que je ferai tout pour me suffire à moi-même sans être obligé de distraire le brave Bonaparte du soin de poursuivre ses conquêtes et de nous assurer le bonheur et la paix.

Il me reste pourtant à vous offrir après ce déchirant tableau une consolation qui ne vous sera pas indifférente par sa conséquence : c'est qu'en dépit de la calomnie, Toulon est dans la plus parfaite sécurité : les habitants y sont tranquilles et y exécutent les lois sans murmurer. La bonne harmonie des autorités constituées et une police exacte et surveillante nous en promettent la continuité. L'apparition constante de l'escadre anglaise ne fait qu'exciter l'indignation et rappeler le souvenir déchirant des maux qu'elle a causés dans cette commune. »

P.-S. — « Je reçois à l'instant votre lettre du 22 germinal avec ma lettre de service du 18 du même mois. Rien ne peut ajouter à ma reconnaissance ni au zèle que je mettrai à mériter la confiance dont le gouvernement m'honore. »

Saliceti au Directoire

Lesegno, 4 floréal (23 avril) [A G.]

« Encore des victoires remportées par l'armée d'Italie. En voici le détail :

Après les succès, dont je vous ai précédemment rendu compte, le général en chef s'occupa des dispositions pour attaquer le camp retranché qui couvrait Ceva.

Il fit faire le 26 une forte reconnaissance, qui donna lieu à une action avec l'ennemi, où il y eut perte de part et d'autre, et dont le résultat fut de lui enlever quelques positions, qui rendaient l'attaque du camp retranché plus certaine.

Le 28, cette attaque devait avoir lieu : l'ennemi la prévint en évacuant dans la nuit et le camp retranché, et même la ville de Cova, dont nous sommes aussi les maîtres. Il laissa seulement dans le fort une garnison qu'on dit être d'environ sept cents à huit cents hommes, qui l'occupent encore, parce que notre artillerie de siège n'était pas encore arrivée : mais qui, dominé par les redoutes qui sont à nous, ne pourra tenir deux fois vingt-quatre heures, aussitôt que l'attaque, qui aura lieu sous peu de jours, pourra en être faite.

Le général en chef fit de là suivre sa marche à l'armée. Le général Colli, commandant en personne un corps de douze mille hommes, s'était retiré derrière la rivière de Corsaglia, étendant sa ligne, depuis le confluent du Tanaro jusque sur les hauteurs de Mondovi. Se voyant poursuivi, d'après les dispositions faites pour l'y attaquer, il prévint encore le 2 ce combat par sa retraite, mais il fut atteint sur les hauteurs en avant de Mondovi par le général Sérurier.

Là, s'est engagée une action assez vive. L'ennemi a fait une résistance très opiniâtre. Ses positions étaient très avantageuses ; mais, forcé par nos troupes, il a été mis en déroute, et nous a abandonné huit pièces de canon et deux obusiers, le tout de campagne. La ville de Mondovi a été, d'après cela, cernée, et la garnison s'est rendue à discrétion. L'armée a fait ce jour-là à l'ennemi plus de cinq cents prisonniers, parmi lesquels un général de division, un brigadier et presque tout le régiment des gardes du roi de Sardaigne : lui a pris dix drapeaux, et on peut porter au moins à quatre cents le nombre de ses tués ou blessés. De notre côté, les tués ou blessés ne vont pas à deux cent cinquante, parmi ceux-ci se trouve le général de division Stengel, commandant la cavalerie, qui, dans un choc violent avec la cavalerie ennemie, a été blessé très grièvement.

On travaille à l'inventaire des magasins laissés par l'ennemi. On y trouve principalement du blé et des fourrages, et on va s'occuper de lever dans la province de Mondovi, qui est presque toute à nous, une assez forte contribution pour pourvoir aux besoins de l'armée.

Tous les rapports faits assurent que le général Colli s'est retiré avec ses troupes derrière Alfonza du côté de Coni, Cherasco et Fossano.

Dans cette marche rapide, quelques désordres ont été commis ; les vivres manquant, le soldat a pillé dans quelques petits villages ; mais la ville de Mondovi nous fournissant des ressources en subsistances et en transport, le général en chef s'est occupé à réprimer tout excès par des mesures, qui seront à coup sûr efficaces. J'ai lieu de penser qu'il y parviendra, que bientôt il mènera l'armée à des nouveaux triomphes. Toujours même zèle de sa part : même prudence, même habileté dans ses opérations militaires.

Je ne saurais aussi trop vous faire l'éloge de la conduite du général Berthier, chef de l'état-major. Ses talents, son activité, son énergie lui méritent à juste titre la confiance du gouvernement. On assure que nos succès répandent la plus grande inquiétude dans le gouvernement de Turin. Beaucoup d'arrestations ont eu lieu. Il paraît qu'on y craint une fermentation, dont le germe n'a qu'à se développer. Nous saurons en profiter. »

P.-S. — « Je dois vous faire connaître encore le chef de brigade Murat, aide de camp du général Bonaparte. Toujours en marche contre l'ennemi, cet officier a constamment déployé dans toutes les actions qui ont eu lieu un courage et une audace militaire au-dessus de tout éloge. »

Archiduc Ferdinand à l'Empereur

Vienne, 23 avril [H A V.]

« Le comte Wilczek vient de recevoir du marquis de Gherardini l'important avis, qu'il communique selon le souhait de Gherardini par courrier exprès au baron Thugut, que le roi de Sardaigne a décidé dans son conseil d'envoyer M. le chevalier de Revel à Gênes pour demander et traiter la paix séparée, que celui-ci était déjà parti pour Gênes et que Gherardini se réservait de demander sur ce point, le lendemain, une réponse catégorique aux ministres. J'ai arrêté de quinze heures l'expédition pour voir si entre temps il m'arrivait, ou de M. de Beaulieu, ou de M. de Gherardini de plus sur le même sujet ; mais, à cette heure, je n'ose arrêter le courrier de plus et le charge de cette lettre.

Depuis le moment de la cruelle et inouïe déroute essuyée, Votre Majesté aura par mes lettres que j'ai prévu d'abord cette catastrophe conséquence et reste seulement à cette heure à savoir à quelle condition dure pour nous les Français mettront le prix de la paix à accorder au roi de Sardaigne. Cova est abandonnée déjà à soi-même et, les deux armées ne pouvant la secourir, la faible garnison devra se rendre un de ces jours. Colli dans divers combats a repoussé et tué beaucoup de monde aux Français, mais en a perdu aussi et a dû se replier sur Saint-Michel pour tâcher de couvrir Mondovi. Ce que je suis empressé d'apprendre, c'est la conduite que tiendra et le langage de M. de Trevor touchant cette paix séparée du roi de Sardaigne. Je n'ai caché à Votre Majesté, en tout temps, mes sentiments sur cette mesure politique d'assurer la réintégration du roi de Sardaigne, ou aux frais du sang et de l'argent autrichien si nos armées étaient victorieuses ou par une compensation prise sur le Milanais si la guerre tournait contre nous, à quoi s'ajoute une autre fatale réflexion, qui se présente toujours à mon esprit que le cabinet de Londres, qui a un intérêt propre si fort que les Pays-Bas ne restent pas à la France et retournent à un souverain qui ait la force de ne pas se laisser dominer ou influencer par la France, pour obtenir ce but, indifférent aux sacrifices que cela pourrait, coûte que coûte, ou partie de la Lombardie ce qui, à mon faible avis, n'est pas de même à tous égards pour l'intérêt de Votre Majesté ni pour les frais que coûtent à la monarchie les Pays-Bas pour les soutenir ou les défendre, ni pour l'influence politique sur toute l'Italie et toute la partie méridionale de l'Europe qu'elle perdrait entièrement par là. Votre Majesté, qui s'est daignée témoigner dans plusieurs occasions d'être persuadée de l'importance de conserver cette importante province de la Lombardie, j'espère, y emploiera en ce moment, les moyens ou en la suivant par l'accélération de la paix si désirée, ou en disposant au plus tôt des secours et forces propices à la défendre, en réparant les pertes faites. »

P.-S. — « Hier, est passé d'ici pour Sagano et la Suisse le frère de Louis XVI : de Vérone, il n'a fait que changer de chevaux et n'avait que sa seule voiture à quatre chevaux et n'a parlé à personne. Votre Majesté saura le ton d'autorité avec laquelle le Ministre de France à Venise a exigé que la République expulse de ses États ce malheureux prince. On me dit qu'il demande à cette heure que la République ne permette plus le passage aux troupes et transports de Votre Majesté pour ses États d'Italie ; quoique la République de Venise ne s'avisera pas de cela avec Votre Majesté, elle peut voir par cet échantillon le ton avec lequel la France dicterait la loi dans toute l'Italie si Votre Majesté perdait son influence avec ses possessions en Italie. »

Augereau au commandant de son artillerie
5 floréal (24 avril) [A G.]

« Le commandant de l'artillerie destiné pour la division que commande le général Augereau se rendra sur-le-champ avec ses pièces et ses munitions à Dogliani où il recevra de nouveaux ordres. »

Augereau à Verrières
5 floréal (24 avril) [A G.]

« Vous trouverez ci-joint une proclamation du général en chef que le général divisionnaire Augereau me charge de vous adresser et de vous ordonner de la lire à vos troupes assemblées en vous disant de sa part que tous les articles qui y sont contenus seront strictement suivis par lui et dans la plus grande sévérité. Il me charge aussi de vous transmettre l'ordre qu'il a donné ici : c'est que personne officiers, sous-officiers et volontaires ne peuvent entrer en ville sans une permission expresse et signée de lui ; il rend responsable du présent les chefs de corps. Vous voudrez bien vous y conformer en ce qui vous concerne. »

Augereau à Bonaparte
5 floréal (24 avril) [A G.]

« Il est 6 heures du matin et je n'ai aucune nouvelle des brigades des généraux Victor et Rusca, non plus que de l'artillerie qui doit être mise à ma disposition. Il faut que ces deux généraux n'aient point reçu vos ordres. Veuillez, je vous prie, vous faire informer de ce qui peut excuser ce retard qui pourrait me compromettre si l'ennemi venait à moi avec des forces supérieures ; envoyez-moi vite cette troupe, je pourrais en avoir besoin n'étant ici qu'avec une demi-brigade. J'apprends en ce moment que l'artillerie doit être arrivée à Murzano ; je lui expédie des ordres pour me joindre de suite.

Je pars de suite avec des troupes pour faire une reconnaissance sur Narzolo, Novella et lieux environnants. Je vous ferai connaître le résultat. »

Augereau à Bonaparte
5 floréal (24 avril) [A G.]

« Ma troupe a si bien été reçue par les habitants de cette commune que je crois devoir les tranquilliser sur les craintes que leur avaient inspirées nos ennemis.

Je vous fait passer une proclamation que j'ai faite à ce peuple soumis, mais craintif, et qui a fait le meilleur effet possible tant sur les habitants que sur nos soldats qui se sont comportés, je me glorifie de le dire, avec toute la retenue possible. J'ai appris par des habitants d'ici et sur lesquels on peut ajouter foi que le roi de Piémont a fait partir pour Gênes son ambassadeur et deux seigneurs de sa cour, dit-on, pour traiter de la paix avec notre ambassadeur à Gênes. J'apprends aussi que les habitants de Cherasco sont très portés à nous recevoir, quoique cette place ait été mise en état de défense par des fortifications passagères et que l'ennemi se soit retiré. Il semble vouloir faire quelque résistance. »

Augereau à Berthier
5 floréal (24 avril) [A G.]

« En réponse à l'ordre que je reçois à l'instant de me porter sur les positions de Novello, je dois vous observer que je ne puis me mettre en mouvement n'ayant avec moi que la 39e demi-brigade seulement. Je rends compte au général en chef que les brigades des généraux Victor et Rusca ne m'ont pas encore rejoint. Je ne sais si elles n'ont point reçu les ordres que vous devez sans doute leur avoir donnés ; il sera facile de trouver des positions qui battront Cherasco, de même que des endroits à jeter des ponts sur le Tanaro, mais pour des passages à gué, il ne faut pas y penser n'y ayant point en cet endroit où il y avait moins de 5 à 6 pieds. Faites-moi joindre les troupes qui me sont destinées, et alors j'exécuterai ce que l'on m'ordonne. Dans ce moment, j'ai pris position avec un bataillon sur Noella et un bataillon intermédiaire. Voilà la position où je me trouve attendant des hommes et des ordres. »

Augereau à Bonaparte

5 floréal (24 avril) [A G.]

« Je vous fais passer ci-joint, général, le résultat de la reconnaissance que j'ai faite sur Novella et La Mora ; c'est tout ce que j'ai pu remarquer d'essentiel et d'important.

L'artillerie est arrivée : je l'ai fait arrêter ici pour rafraîchir ; il ne me manque actuellement que les brigades des généraux Victor et Rusca, qui ne sont point encore arrivées et dont je vous ai rendu compte hier soir et aujourd'hui ; sans doute qu'on a oublié de leur donner des ordres. Veuillez, je vous prie, leur en faire donner pour que toutes ces troupes m'arrivent le plus tôt possible si je dois les avoir avec moi. »

Augereau à Bonaparte

5 floréal (24 avril) [A G.]

« J'ai marché par la grande route jusqu'à sur la hauteur de Monforte ; à la gauche de ce village, j'ai trouvé une petite barque susceptible de passer trente hommes à la fois ; le câble a été coupé hier par la cavalerie ; il peut néanmoins être promptement rétabli. A Narzolo, il existe une semblable barque, et elle est sans doute dans le même état. Je me suis ensuite porté sur le village de Novella et de La Mora, d'où j'ai parfaitement découvert Cherasco. A la droite de laquelle ville, on aperçoit deux petits camps. J'ai également remarqué qu'il n'y a pas de position à droite du Tanaro sur laquelle on puisse placer de l'artillerie assez près de la place pour la commander et la battre. Les habitants de divers villages m'ont assuré que toutes les barques depuis Narzolo jusqu'à Alba ont été détruites, et que le Tanaro dans toute cette étendue a trois pieds dans les lieux les moins profonds. J'ai établi des gardes suffisantes aux barques de Narzolo et de Monchiero. »

Faypoult au Directoire

Gênes, 5 floréal (24 avril) [A G.]

« Vous savez tout ce que fait l'armée d'Italie. Mondovi est au pouvoir des républicains. L'armée piémontaise vient d'y être battue. Elle fuit vers Turin, où le désordre et la terreur sont au comble. Le roi a voulu demander la paix à tout prix, dit-on. Le Ministre des relations extérieures vous rendra compte de l'arrivée à Gênes de M. d'Ulloa, ministre d'Espagne à Turin, accompagné de deux plénipotentiaires du roi de Sardaigne. M. d'Ulloa seul est venu me voir. En le recevant comme l'agent d'une puissance amie, et en conséquence avec tous les égards qui convenaient à ce caractère, je lui ai témoigné l'impuissance absolue où j'étais de recevoir aucune proposition de paix de la cour de Turin, puisque votre arrêté du 16 ventôse ordonnait qu'il ne pourrait être entamé aucune négociation avec elle sans l'ordre exprès du

Directoire. Les trois voyageurs retournent au lieu d'où ils sont venus, et d'où il paraît que le roi sarde ne tardera pas à s'enfuir.

Les plus belles destinées s'ouvrent pour la République dans cette campagne. Que le Directoire veuille, et toute l'Italie lui sera soumise. Comme ses moments sont précieux, je ne lui répéterai pas ce que j'ai eu l'honneur d'adresser dernièrement au directeur Carnot, chargé spécialement des opérations militaires. Plus que jamais, je crois à la possibilité de porter en sept ou huit mois l'étendard tricolore jusqu'à Messine. Il ne faut pour cela qu'envoyer en Italie un renfort de cinquante mille hommes, qui ne coûteront rien à entretenir à la république ainsi que ceux qui y sont déjà.

Le Directoire ne peut pas ignorer un instant de quelle utilité la disponibilité entière de l'Italie lui serait pour conclure la paix avec toutes les puissances belligérantes. Sa conquête appelle donc toute son attention; elle est certaine. Il ne faut que prendre des mesures pour éviter des revers. Le Ministre des relations extérieures lui présentera certainement un résumé de la situation du pays. Je lui ai envoyé, ainsi que le citoyen Cacault, tout ce qu'il lui importe d'en connaître. »

Clarke à Berthier

Paris, 5 floréal (24 avril) [A G.]

« Vous êtes bien aimable, mon cher général, d'avoir pensé à moi après vos succès à Montenotte et à la bataille de Millesimo et au moment où vous étiez entouré des trophées pris sur les ennemis. Je vous félicite, mon cher général, de vos succès et d'avoir vu vos efforts accueillis par la victoire. J'aurais désiré que le général en chef n'eut pas oublié involontairement les services que vous avez rendus, et alors le Directoire se serait empressé de vous écrire une lettre de satisfaction, mais ce qui est différé n'est sans doute pas perdu. Félicitez, je vous prie, le général Bonaparte de ma part, et croyez que nous ne vous oublions pas ici et que nous faisons tout ce que nous pouvons pour que l'armée des Alpes vous seconde fortement. Elle est malheureusement dans un état affreux et manque de tout mais l'argent, l'argent... Que n'avez-vous pris la caisse de l'Empereur, c'eut été une bien bonne affaire.

Je vous salue de tout mon cœur et termine là ma dépêche que le temps m'empêche de rendre plus longue. Adieu. »

Serurier à Guieu

Breolonge, 5 floréal (24 avril) [A. G.]

« En conséquence des dispositions du général en chef, il est ordonné au général Guieu de rassembler son avant-garde sitôt le présent ordre reçu, pour se porter avec le 22ᵉ régiment de chasseurs à cheval, jusqu'à la Trinita, où l'on dit que les ennemis ont une grand'garde.

Ce général conviendra avec moi d'un signal afin que je puisse marcher à son secours au besoin.

Si l'ennemi n'a que des avant-postes à la Trinita, il s'en emparera et se portera jusqu'à une lieue de ce côté de Fossano, toutefois après s'être assuré que le général Masséna est arrivé à Bêne, ce que les chasseurs seront chargés de reconnaître.

Il faudra absolument chercher à avoir connaissance de l'avant-garde du général Masséna. »

Lambert à Berthier

Carru, 5 floréal (24 avril) [A G.]

« L'état des divisions et de l'emplacement des troupes de l'armée que vous m'avez fait passer, général, m'a mis en état d'asseoir l'organisation des services dans chacune d'elles, et sous très peu de jours il y aura dans chacune un commissaire des guerres, un employé principal, et des employés de diverses administrations. Déjà les agents en chef y en ont fait passer, mais je sens qu'ils doivent indispensablement être dirigés par les commissaires des guerres. Les divisions de Laharpe et Masséna en sont pourvus ; c'est Peignon pour Masséna, et Vallé pour celle de Laharpe. Je vais attacher le commissaire Bertrand aux troupes du général Augereau, et les autres divisions en auront sous deux jours au plus, ayant mandé depuis longtemps près de moi les commissaires Aubernon, Le Play, Courtès, Lequenlu, Lavergne, Armand, Alexandre Levrat, Guyon, Chauveau, Gosselin et Sucy.

Le commissaire Deschamps a momentanément la police de la place de Ceva, et Mazade, celle de Mondovi, aidé par le commissaire Levrat.

Lorsque tous ces commissaires seront arrivés, je désignerai ceux des divisions, et le service près de moi à la suite de l'état-major général sera organisé et suivi de la manière que vous l'avez vu annoncer dans l'ordre du ... germinal. »

Kellermann à Petlet

5 floréal (24 avril) [A G.]

« Je vous fais passer, citoyen ministre, une lettre du général de division Pellepra qui m'informe des excès commis par une bande de déserteurs d'environ cent cinquante hommes contre la garnison de la commune de Bargeac ; cela vous prouvera l'extrême nécessité d'envoyer un renfort de troupes à l'armée des Alpes, afin que je sois à même de réprimer les désordres de cette nature. Je vous ai déjà fait différentes fois la même demande et je vous la réitère encore une fois, vu le besoin urgent. »

Pellepra à Kellermann

Montélimar, 1er floréal [A G.]

« Je vous préviens, général, qu'une bande de déserteurs d'environ cent cinquante hommes s'est portée sur la commune de Bargeac, département de l'Ardèche, où ils ont assassiné une partie de la garnison. Les autorités constituées du Pont Saint-Esprit, département du Gard, en faisant part de ce fait à l'administration de Bollene, leur disent que ce rassemblement était venu du département de la Drôme et avait passé le Rhône au-dessous de la Palice. Je présume que ceux qui étaient dans les bois d'Aiguebelle font partie de ce rassemblement, et qu'ils soupçonnent le mouvement que j'exécutais et dont je vous ai fait part par ma lettre du 29 courant, sur la réquisition que je fus obligé de faire des gardes nationales des communes environnantes soit pour donner main-forte soit pour renseigner la troupe de ligne, ce qui est la preuve de l'inutilité des gardes nationales dans ces sortes de réquisition qui ne peuvent jamais être assez secrètes. »

Kellermann au Directoire

Chambéry, 5 floréal (24 avril) [A G.]

« J'ai reçu la lettre du Directoire exécutif en date du 29 du mois dernier. Je m'empresse de lui rendre compte que je viens d'écrire une circulaire aux départements de l'arrondissement de l'armée des Alpes pour les requérir de donner des ordres aux administrations municipales de surveiller avec plus d'exactitude le passage des déserteurs et de les rendre responsable de l'inexécution des lois qui leur sont relatives, si elle provient de leur négligence. J'ai ordonné en même temps à la gendarmerie de l'armée et à celle de résidence de redoubler de vigilance pour le même objet ; je leur rappelle la loi qui les rend responsables de l'évasion des déserteurs ; non seulement j'ai fait connaître à l'armée ces dispositions, mais encore j'ai recommandé aux officiers de tous grades d'exercer la plus grande surveillance sur leurs troupes, de découvrir les complots tendant à la désertion qui pourraient s'y former. Enfin, j'ai prescrit que dans les bataillons où l'on aurait lieu de soupçonner de pareils projets, il sera formé tous les jours un piquet toujours prêt à marcher pour poursuivre les déserteurs de concert avec la gendarmerie. Du reste, la discipline commence à se rétablir au moyen de quelques exemples sévères ; j'y donne tous mes soins, mais je dois vous instruire que le manque de vêtement, particulièrement de chapeaux et de souliers faute de fonds d'une part et de transports de l'autre, occasionne quelquefois des plaintes, mais c'est à quoi cela se borne.

À l'égard des bataillons de grenadiers et de chasseurs éclaireurs, je vous observerai, citoyen président, que dans la guerre de montagnes les bataillons de chasseurs composés de jeunes gens les plus lestes et les plus forts sont faits pour tenir les positions les plus difficiles, pour harceler continuellement l'ennemi, faire les attaques décisives appuyées par les bataillons de grenadiers. L'esprit d'émulation qui les anime rend ces corps infiniment précieux. Les bataillons d'infanterie n'en sont point énervés ; le fond est composé de vieux soldats fermes au feu. Je pense donc que, vu la nature de cette guerre, il est très important de former de pareils corps. Les officiers et sous-officiers surnuméraires y sont employés de préférence lorsqu'ils ont la tournure et le nerf nécessaire.

J'ai reçu le mémoire sur la guerre des Alpes que vous m'avez envoyé ; j'en ai entendu parler, je vais l'examiner et vous rendrai incessamment compte de ce que j'en pense. »

Faypoult à Carnot

Gênes, 6 floréal (25 avril) [A. G.]

« Le Directoire, mon cher et ancien camarade, va avoir à prononcer sur la paix avec la cour de Turin ; elle paraît déterminée à tout faire pour l'obtenir. Vous saurez que je n'ai pas vu les envoyés qu'elle a dépêchés à Gênes, parce que l'arrêté du Directoire en date du 16 ventôse m'en interdisait le pouvoir.

Cette cour est aux abois, un grand conseil s'est tenu à Turin. D'abord, le roi voulait abdiquer sa couronne en faveur du prince de Piémont, parce que l'on croyait que celui-ci serait plus agréable à la nation française. Ensuite on s'est réduit à convenir qu'il fallait obtenir la paix de la Frnce à quelque prix que ce fut.

Le mécontentement est général dans tout le Piémont. Nos succès font que le papier n'y a plus de change réglé. Ainsi les troupes piémontaises vont se trouver sans solde. Une assez grande multitude d'individus appellent en secret les Français. Un peu de persévérance, et nous pouvons détrôner Amédée, au lieu de nous en faire un allié suspect ; je crois qu'un des partis vaudrait bien l'autre.

D'ailleurs que trouverons-nous dans cet allié ? Une puissance épuisée qui ne pourra pas payer ses troupes, et quelles troupes ? Pouvons-nous combattre sur la même ligne avec elles, et compter sur leur courage comme sur leur bonne volonté ?

Je vous ai écrit dernièrement, citoyen directeur, sur la situation de l'Italie. Si le Directoire peut y envoyer d'ici à trois mois cinquante mille hommes pour renforcer les deux armées qui déjà sont destinées à y guerroyer, il peut être sûr que, sans qu'il en coûte un sol à la république, il sera le maître de tout le pays depuis Suze jusqu'à Reggio avant le 1er janvier.

Alors quel grand exemple pour toute l'Europe ? La paix continentale sera facile. Vous garderez aisément tout le pays jusqu'au Rhin, en restituant ce que vous voudrez en Italie. Vous pourrez intéresser l'Espagne a prendre une part active contre l'Angleterre, en lui donnant la Sardaigne ou la Sicile. Vous aurez enlevé Livourne à l'Angleterre. Celle-ci à la fin sera peut-être intimidée et réduite à la paix.

Voilà, citoyen directeur, des considérations que je vous mets sous les yeux au moment où vous allez délibérer sur le sort de la cour de Turin. J'ai envoyé de longs renseignements sur la situation de l'Italie au Ministre des relations extérieures. Ils lui serviront dans le rapport qu'il fera au Directoire, et le Directoire est trop pénétré de l'idée de sa puissance pour ne pas tirer des événements et de la nature des choses tous les avantages qui peuvent en résulter pour la gloire de la République française. »

Saliceti au Directoire

Carru, 6 floréal (25 avril) [A. G.]

« Je m'empresse de vous instruire que le général Colli, se voyant battu successivement dans les divers points de la retraite, a envoyé hier au général en chef un parlementaire pour lui demander une suspension d'armes illimitée ou à terme fixe, prétextant que deux ministres plénipotentiaires avaient été envoyés par le roi de Sardaigne à Gênes pour y traiter de la paix.

J'ai dépêché aussitôt un courrier extraordinaire au ministre Faipoult, pour avoir connaissance de ces propositions qu'il ne peut d'ailleurs écouter, d'après votre arrêté du 16 ventôse et les ordres du Ministre des relations extérieures ; j'attends ses renseignements là-dessus.

La réponse du général en chef à Colli a été qu'il n'appartenait qu'au Directoire exécutif de décider sur l'armistice demandé : néanmoins que si, sur les trois places de Coni, Alexandrie, Tortone, la cour de Turin voulait nous en céder deux pour gage, il prendrait sur lui de consentir à la suspension d'armes demandée, jusqu'à la réponse du Directoire exécutif.

Cette réponse a été faite par le général en chef, d'après conférence entre lui et moi. Je pense que, si cette proposition eût été acceptée, l'avantage qui serait résulté pour la France de la possession de ces deux places nous aurait obtenu votre approbation.

Dans les circonstances heureuses, amenées par les triomphes de l'armée, il est à présumer que le roi de Sardaigne doit proposer les conditions les plus avantageuses. L'occasion fait souvent tout, en fait de traité ; les négociations à trop de distance peuvent la faire échapper.

Vous pèserez dans votre sagesse, citoyens directeurs, s'il ne serait pas utile, que vous renouveliez les pouvoirs de négocier. »

Milet Mureau (Note)

Vers le 6 floréal (25 avril) [A. G.]

« Le général Bonaparte avait demandé le départ de la compagnie d'artillerie qui était à Versailles.

D'après un rapport (n° 1), le Ministre n'avait pas approuvé cette mesure ; les motifs sont indiqués au rapport, ainsi que les moyens de remplacement.

Il existe une compagnie d'artillerie légère à l'armée d'Italie (la 4e du 1er régiment) ; le général Bonaparte a pris note lui-même de la 4e et de la 5e du 5e régiment, qui sont à Tarascon dans son commandement, et s'est chargé de leur donner ordre selon le besoin de se rendre à l'armée d'Italie. Quoique ce nombre puisse paraître suffisant, le général Bonaparte a été prévenu que la 2e et la 3e du 1er régiment étaient à Valence à ses ordres. Le Directoire a eu connaissance des motifs puissants du Ministre sur la compagnie de Versailles (qui, comme on le voit, était inutile dans le midi) par un rapport *ad hoc* que lui a présenté le Ministre le 29 ventôse.

Sur la demande du général Bonaparte, on a donné ordre aux citoyens Sugny, directeur, Songis, sous-directeur, la Tournenée, chef de brigade, et Muiron, chef de bataillon, de se rendre à l'armée d'Italie. Ce dernier, par l'état de sa santé et sur la demande du général commandant l'artillerie de l'armée de l'intérieur, a été autorisé de rester à Paris où il avait une comptabilité à mettre en règle. On a cru aller au delà des précautions en écrivant au général Bonaparte la lettre dont il se plaint.

L'animosité du général en chef provient clairement de son amour propre blessé, par le contre-ordre qu'à reçu une compagnie, à laquelle, le Ministre et le Directoire ont reconnu qu'il n'avait pas le droit d'ordonner et contre l'intention du Ministre qu'il ne pouvait ignorer.

Il est affreux qu'il pousse la vengeance d'un fait aussi naturel sur quelqu'un qui a cherché à lui procurer amplement tout ce qui pouvait contribuer à ses succès et qu'il abuse de la circonstance brillante où il se trouve pour soupçonner les intentions de quelqu'un qui sacrifie tout à son devoir.

On remettra demain les états du matériel et du personnel de l'artillerie et du génie qu'on a envoyé à l'armée d'Italie, depuis que les intentions du Directoire sont connues.

La correspondance peut justifier de la célérité, du zèle et du soin qu'on a apporté aux ordres du Directoire.

Ordres qui vont être proposés au Ministre : Envoyer les deux compagnies d'artillerie légère qui sont à Valence.

Ordonner aux citoyens Sorbier, Ribes et Martin Campredon, anciens officiers du génie, et les plus à portée dont on puisse disposer de se rendre sur le-champ.

Ordonner de nouveau au citoyen Muiron de se rendre à l'armée d'Italie.

Encore quelques officiers supérieurs d'artillerie.

Il faut être aussi sûrement persuadé de la justice du Directoire, être aussi jaloux de mériter son estime et sa confiance pour n'être pas dégoûté par une attaque aussi injuste.

Nota. — S'il n'y a pas de la mauvaise foi dans la demande des deux compagnies d'artillerie légère qu'on a cru être à Perpignan et qui n'ont jamais été enrégimentées, il est du moins bien extraordinaire que le général ait appelé deux compagnies qu'on ne lui a pas indiquées et qu'il n'ait pas voulu de celles de Toulouse et de Valence qu'on lui avait indiquées »

Vitet, représentant du peuple, à Carnot

25 avril [A. G.]

« Le département du Rhône a fait afficher à Lyon le 2 floréal une proclamation du général Kellermann, où il demande des souliers aux Lyonnais pour la troupe qui se trouve par là, dit-il, dans l'impossibilité d'aller à l'ennemi et de le combattre. Comment se peut-il que Kellermann ignore jusqu'à ce point la hiérarchie des pouvoirs ? c'était au ministre de la Guerre qu'il devait s'adresser et non au département, qui aurait dû envoyer sa lettre au ministre pour la faire afficher. D'ailleurs devait-il s'en rapporter aux plaintes de Kellermann et à l'espèce d'excuse qu'il veut peut-être trouver de ne pas attaquer l'ennemi ? Au moins les présomptions sont-elles contre lui. Si le général Bonaparte avait tenu le même langage et en conséquence agi, où en serait réduite la République française ; je veux dire la gloire de ses armes ? »

Milet Mureau à Bonaparte
Paris, 6 floréal (25 avril) [A G.]

« J'ai reçu, citoyen général, votre lettre du 19 du mois écoulé, relative à l'augmentation des fusils pour l'armement des sous-officiers de la brave armée d'Italie ; les huit mille dont je vous ai annoncé les dispositions pour Nice, étant insuffisants à cet armement, le ministre en conséquence, vient de donner de nouveaux ordres pour qu'il soit dirigé, encore, sur Nice huit autres mille fusils, qui seront pris à Perpignan et dans les places de cette direction. Tout a été recommandé pour en activer le transport. J'en donne avis au citoyen Faultrier, directeur des parcs d'artillerie de l'armée d'Italie à Nice. »

Berthier à Clarke
Cherasco, 7 floréal (26 avril) [A G.]

« La victoire fait notre avant-garde ; la terreur fuit devant nous. Après l'affaire importante de la prise de Mondovi, nous avons marché sur Carru et Bene ; de là, une colonne s'est portée sur Fossano, quartier général du général Colli, que nous avons canonné et dont nous nous sommes emparés. Une seconde colonne s'est emparée de Cherasco, ville fortifiée en terre, fraisée et palissadée avec un bon fort. Nous y avons trouvé vingt-huit pièces de canon, deux mortiers, huit cents fusils et des magasins considérables en munitions et en subsistances. Une troisième colonne est entrée dans Alba ; ce qui nous rend maîtres du passage de la Stura et du Tanaro. Enfin une quatrième colonne est à Niella pour observer l'armée autrichienne commandée par le général Beaulieu, dont le mouvement n'est pas encore décidé. Nous voilà à dix lieues de Turin, et les ennemis paraissent réunir toutes leurs forces pour couvrir cette place. Le roi demande la paix ; je crois qu'il est avantageux de la lui donner et de porter la guerre sans pitié dans le cœur des états de l'empereur en Italie.

Nous devons faire demain notre jonction avec les troupes de Tende ; le Directoire a-t-il ordonné à l'armée des Alpes d'agir? rien n'est plus pressant. Nous pouvons faire notre jonction dans peu de jours ; mais nous ne connaissons pas quelles sont les instructions données par le gouvernement ; les circonstances ont justifié les idées que je vous ai présentées dans ma lettre d'Antibes.

Je ne pourrais dans le moment que vous parler des mêmes dispositions dont nous avons suivi le plan dont je vous ai parlé, et l'armée des Alpes doit déboucher par le Château-Dauphin et la vallée d'Oulx ; elle doit souffrir trois à quatre jours ainsi que nous et ensuite vivre avec abondance dans la plaine. Nous pouvons pousser une colonne à Saluce dans deux jours ; mais Kellermann est-il à même de faire passer le général Vaubois avec six mille hommes ? il faut marcher malgré toutes les difficultés.

Nous avons bien des combinaisons à faire dans les points où nous sommes. Les Autrichiens ralliés peuvent marcher sur nos derrières. Nous avons l'œil partout, et j'espère que nos victoires se succéderont.

Je n'ai pu vous envoyer aucun plan, ni détail, tout ce qui tient à l'état-major est harassé ; jour et nuit on travaille, on se bat et l'on marche.

Adieu, mon cher général. Secondez-nous ; portez des soins à cette armée. Nous sommes faibles pour le nombre, et la paix générale est ici.

Le pillage est toujours affligeant. Cependant j'ai lieu d'être assuré que l'ordre sera rétabli sous peu de jours. »

Saliceti au Directoire exécutif

Cherasco, 7 floréal (26 avril) [A G.]

« Je me hâte de vous apprendre que l'armée ayant continué sa marche contre l'ennemi, dont une forte division s'était retirée à Cherasco au confluent de la Stura et du Tanaro où il s'était retranché, ayant pour défense des palissades, vingt-huit pièces de canon et pays assez fortifié pour qu'il pût y opposer résistance ; nos troupes y étant arrivées à la nuit le 5, et l'attaque devant avoir lieu dès le lendemain à la pointe du jour, l'ennemi l'a évacué dans la nuit même si précipitamment qu'il a abandonné des magasins assez considérables, tous ses canons, ayant coupé dans sa retraite les ponts pour nous empêcher le passage de la Stura.

La division du général Augereau s'est en même temps emparée d'Alba, et en ce moment celle du général Serurier doit avoir occupé Fossano.

La retraite de l'ennemi ne peut s'expliquer que par la certitude de sa déroute. Toute l'armée piémontaise se replie sur Turin.

Les ponts sur la Stura vont être rétablis, et l'armée continuera sa poursuite sans perte de temps et aussitôt que les circonstances le permettront. Nous aurons probablement une bataille sous les murs de Turin.

L'empressement que je crois devoir mettre à vous instruire de ces nouveaux avantages ne me permet pas de vous en donner en ce moment tous les détails. Je vous les manderai incessamment.

Nous venons d'imposer, sur la province de Mondovi, une contribution de huit cent mille livres, payable moitié en monnaie métallique et moitié en nature de denrées et bestiaux ; et puisqu'il paraît que l'ennemi nous abandonne tout le Piémont, nous en lèverons également sur les autres pays.

Plusieurs lettres interceptées au bureau de la poste de Cherasco annoncent, ainsi que je vous l'ai écrit hier, qu'il a été envoyé par le roi de Sardaigne, à Gênes, un ministre plénipotentiaire accompagné du ministre d'Espagne pour y entamer des négociations avec le ministre de France, après avoir vu néanmoins en passant le général Beaulieu à Alexandrie.

Il paraît qu'on ne doit pas trop compter sur une révolution en Piémont. Le peuple est trop mou ; il est entièrement et servilement prosterné devant son roi, ses nobles et ses prêtres. Levons sur lui de fortes contributions ; que la paix soit ensuite traitée avec son roi et que le Piémont abandonné à son sort, puisqu'il ne veut pas s'en affranchir lui-même. Tombons de là sur l'Autrichien et écrasons-le en Italie. »

P.-S. — « La communication par le col de Tende avec le centre va s'effectuer. »

Serurier à Bonaparte

Fossano, 7 floréal (26 avril) [A G.]

« Les ennemis ont totalement évacué Fossano et nous travaillons en ce moment d'accord avec les habitants de ce lieu afin d'y construire un pont pour y entrer ; sitôt que nous pourrons passer, j'y mettrai un petit bataillon dedans.

Plusieurs bataillons de ma division manquent de pain depuis trois jours ; malgré votre ordre, qui défend d'établir aucune contribution, je vais imposer cette ville à une certaine quantité de pain pour empêcher les murmures.

Le commandant d'artillerie se plaint de ce qu'il n'a pas eu pour ses pièces suffisamment de munition ; il n'avait que soixante coups par pièce ; quand la ville s'est rendue il n'y en avait plus tout ; il n'a aucun ouvrier pour réparer les accidents, ni conducteur d'artillerie pour faire faire le service.

Je vous envoie la lettre de la ville de Fossano qu'elle m'a écrit au moment de se rendre.

Les soldats ont beaucoup souffert du mauvais temps. »

Pellepra au Ministre

Montélimar, 8 floréal (27 avril) [A G.]

« Les troupes qui sont à mes ordres dans le département n'ont cessé de faire des courses pour arrêter les déserteurs qui y affluaient. Une grande partie cependant n'a jamais satisfait à la loi du 4 frimaire et surtout dans la partie qui avoisine celui de Vaucluse, où ils s'étaient retirés dans les bois et sur les montagnes, dont il aurait fallu une grande quantité de troupes pour les débusquer d'autant mieux qu'ils y étaient soutenus et favorisés des habitants ; là, ils commettaient tous les actes du brigandage le plus caractérisé ; enfin, les assassinats s'étant multipliés et plusieurs soldats d'ordonnance ont été tués, je fis exécuter une descente par toutes les troupes sur les lieux où j'avais été renseigné qu'ils se tenaient, et je m'y portai moi-même, mais cette expédition à laquelle j'avais été obligé de joindre des gardes nationales par le défaut de nombre de troupes de ligne ne servit qu'à les éloigner du département et les faire passer dans celui de l'Ardèche. Le général qui commande dans cette partie vous aura instruit, citoyen ministre, des excès auxquels s'est porté ce rassemblement de séditieux ; je me bornerai à vous faire connaître qu'il n'est presque composé que de déserteurs des communes du département de Vaucluse et celle du département de la Drôme dans la partie qui avoisine celui de Vaucluse; que cette bande, qui est soldée à six sols par jour en numéraire pour chaque homme, avait le projet de s'emparer de la citadelle de Saint-Esprit et d'étendre ainsi leur conquête sur Valréas, Dieulefit, Saint-Paul, Montélimar, etc., ce qui donne fortement à présumer qu'ils y ont des relations, d'autant mieux qu'ils sont presque tous de ces communes ou au moins une grande partie et qu'ils étaient favorisés des habitants et de ceux de la campagne lorsqu'ils couraient les champs dans leurs environs et que, s'ils n'y ont pas formé un rassemblement comme en Ardèche, c'est que les troupes leur en ont imposé et les débusquent des lieux où ils se rassemblaient ; cette troupe de rebelles s'entretenait souvent de l'Estang qu'elle se proposait d'enlever et de mettre ensuite à leur tête. D'après ces considérations, je pense que ces contrées doivent attirer toute la sollicitude du gouvernement et que les troupes ne peuvent en être retirées sans compromettre non seulement la tranquillité publique mais même la sûreté de l'Etat.

Celles qui y sont furent envoyées en frimaire dernier par le général en chef de l'armée des Alpes, sur ma demande ; il serait bien nécessaire qu'elles y fussent remplacées si les besoins de l'armée des Alpes obligeaient le général en chef de les retirer, n'ayant pas des ordres pour les y laisser. Sur l'avis qui me fut donné au rassemblement de l'Ardèche, je m'y serais porté moi-même si j'avais eu des troupes disponibles, mais celles que j'ai étant insuffisantes pour cette partie je n'ai pu exécuter ce premier mouvement. J'en ai fait part au Directoire exécutif et au général en chef, qui m'a autorisé à correspondre directement avec vous pour les objets essentiels relatifs à la mission que j'ai reçue du gouvernement par l'organe d'un de ses commissaires du 10 pluviôse dernier par son arrêté. »

Masséna à Joubert

Cherasco, 8 floréal (27 avril). 2 heures du matin [A M.]

« Le général Joubert se mettra au reçu de la présente en marche pour passer avec toute sa troupe la Stura, et aller prendre des positions militaires sur les hauteurs de Bra ; il aura la plus grande attention à ce que les troupes ne se répandent pas dans la ville pour la piller, il doit en conséquence en défendre l'entrée, il attendra de nouveaux ordres dans les nouvelles positions. »

Masséna à Dommartin

Cherasco, 8 floréal (27 avril), 2 heures du matin [A M.]

« Le général Dommartin se mettra en marche à la réception de la présente pour passer la Stura ; il se mettra en bataille dans la plaine qui se trouve entre Bra et la rivière ; il trouvera sur le terrain un de mes aides de camp qui lui indiquera sa place de bataille. Le général Dommartin aura la plus grande attention à ce que les troupes marchent en ordre, en ordonnant aux chefs de corps de ne point permettre que sous aucun prétexte on quitte son rang. »

Masséna à Lasalcette

Cherasco, 8 floréal (27 avril) 2 heures du matin [A M.]

« Le général de brigade Lasalcette se mettra en marche à la réception de la présente pour passer la Stura ; il avancera à cet effet jusqu'à Cherasco passant dans la ville ; sortant par la porte de Turin, il passera le pont et ira se mettre en bataille dans la plaine qui se trouve entre Bra et la rivière. Le général Lasalcette donnera des ordres les plus sévères pour que les troupes marchent dans le plus grand ordre et que sous aucun prétexte personne ne quitte son rang. »

Masséna à Joubert

Bra, 8 floréal (27 avril) [A M.]

« Je viens d'être prévenu que l'ennemi a cinq cents hommes de cavalerie en avant du village où nous avons été en reconnaissance avec le général en chef ; il y a de plus à leur gauche et derrière le prolongement des montagnes qui sont à votre droite deux mille hommes d'infanterie. Je vous invite, mon cher Joubert, à faire faire des patrouilles ; sur votre droite d'infanterie et à votre gauche par la cavalerie, n'oubliez pas le grand chemin, enfin mettez-vous en mesure de n'être point surpris de la part de l'ennemi en y apportant votre surveillance ordinaire.

Les chasseurs se répandent en foule dans la ville et dans les maisons de campagne environnantes.

Rendez responsables les chefs de corps des désordres que les troupes peuvent commettre ; ce ne sera que par cette sévérité que nous pourrons arrêter le désordre qui nous déshonore ; faites convoquer demain un conseil militaire pour juger le sergent accusé de viol de la 3e demi-brigade d'infanterie légère. »

Masséna à Lasalcette

Bra, 8 floréal (27 avril) [A M.]

« La majeure partie des soldats des deux brigades abandonne le camp pour venir se loger en ville ; ils pillent toutes les maisons. Veuillez bien, mon camarade, rendre responsables les chefs de corps de l'ordre que vous donnerez pour que sous aucun prétexte on ne quitte le camp ; vous sentez la nécessité d'en surveiller l'exécution. »

Masséna à Bonaparte

Bra, 8 floréal (27 avril) [A M.]

« Je vous fait passer, citoyen général, copie de la réquisition qui a été faite à Bra pour deux cents bœufs. »

Boyer à Berthier

Niella, 8 floréal (27 avril) [A G.]

« Je vous envoie, citoyen général, le journal historique des opérations militaires de la 1re division de l'armée. Je joindrais volontiers les états des tués, mais la difficulté qu'il y a à les obtenir des demi-brigades dans ces moments-ci surtout où le mauvais temps empêche toute réunion des corps sont cause que je me trouve dans l'impossibilité de vous les faire passer ; je vous les promets cependant pour le 9 au matin.

Je vous prie de remettre au citoyen Nicolas, mon adjoint, quelques imprimés d'état de situation de quinzaine. Je m'empresserai aussitôt de vous les faire passer remplis. »

Verdier (Journal de ce qui s'est passé dans la division que commande le général divisionnaire Augereau depuis le 24 germinal an 4 jusqu'à ce jour).

La Mora, 7 floréal (26 avril) [A G.]

« Le 23 germinal, la division composée de la 39e et 69e demi-brigade, sous les ordres des généraux Beyrand et Victor, est partie des cantonnements pour se rendre le même jour à Carcare, où elle a été coucher sans trouver l'ennemi.

Le 24, elle a reçu ordre de se porter devant le château de Cosseria pour y attaquer l'ennemi et le débusquer de cette position de concert avec la brigade du général Joubert. Rendu devant cette position, le général Augereau ordonna qu'elle fût investie et donna ordre : au général Beyrand de passer sur le chemin qui conduit de Carcare à Millesimo, et de se porter derrière cette position sur les hauteurs de Millesimo, au général Victor de marcher devant lui jusqu'à la rencontre de cette position et de se placer à portée de fusil sur des petites hauteurs en face de cette position, et au général Joubert de se porter par la droite, aller occuper le prolongement de la hauteur de Cosseria. La place investie, le général Augereau fit sommer le général ennemi de se rendre, lui et toute sa troupe, ce qu'il refusa et décida l'attaque du poste, ce qui fût vigoureusement exécuté vers les 2 heures après-midi ; ce poste fermé résista et obligea de rentrer dans les premières positions du blocus où la troupe bivouaqua cette nuit.

Le 25, l'ennemi a capitulé sous les conditions d'être prisonniers de guerre et que les officiers s'en retourneraient dans leur pays avec promesse de ne point servir jusqu'à leur échange, ce qui fut accepté ; on a trouvé dans cette position environ onze cents hommes, dont un lieutenant général avec son état-major.

De suite, après la reddition de ce poste, le général Victor avec la 69e demi-brigade reçut ordre de se porter vers Cairo. Et le général Augereau fila sur Millesimo avec la 39e demi-brigade ; il poussa de suite une reconnaissance sur Montezemolo, ce qui occasionna quelques tiraillements de la part de l'ennemi qui occupait cette position ; la nuit survenue, le feu cessa et la troupe bivouaqua en face de cette position.

Le 26, instruit que l'ennemi venait d'abandonner les positions de Montezemolo pendant la nuit, le général Augereau ordonna au général Beyrand de s'y porter avec la 39e demi-brigade. Maître de ces positions, on poussa des reconnaissances très en avant sur le chemin de Ceva ; ne rencontrant point d'ennemi, on bivouaqua sur les positions en avant de Montezemolo.

Le 27, le général Augereau ordonna une reconnaissance sur les hauteurs de Ceva, de Mondovi et de Monbarcaro que l'ennemi occupait, y étant fort bien retranché ; vers midi, le général Augereau ordonna une attaque simulée pour pousser l'ennemi et reconnaître de près les positions et la force de l'ennemi ; le feu s'engagea et dura jusqu'à la nuit quand le général ordonna la retraite et se retira pour bivouaquer ses troupes sur les mêmes positions qu'il avait occupées la veille en avant de Montezemolo, où le général Rusca descendant de Calissano et de Bardinetto vint avec sa brigade faire sa jonction.

Le 28, le général Augereau ordonna une seconde reconnaissance des hauteurs de Ceva, de Mondovi et de Monbarcaro que l'ennemi venait d'abandonner pour se porter sur Saint-Michel et derrière le Tanaro, en face de Castellino. Aussitôt qu'il fut instruit de la retraite de l'ennemi, il fit prendre par sa division les positions du camp retranché et cerna en partie cette place avec la brigade de Rusca, Dommartin et Beyrand.

Le 29, il resta dans ces positions sans rien faire que de placer l'artillerie autour de la place de Ceva.

Le 30, la division se porta sur Castellino pour faire diversion en tentant le passage de Tassaro et facilita l'attaque de Saint-Michel que faisait le général Serurier.

Les 1er, 2 et 3 floréal, la division séjourna à Castellino sans rien faire.

Le 4, la division s'est portée sur Dogliani en passant par Belveder avec onze pièces de campagne, où elle n'a point trouvé d'ennemi et où elle est restée la journée du 5.

Le 6, la division s'est portée sur la Mora avec ordre d'attaquer l'ennemi à Cherasco à la pointe du jour : l'ennemi ayant évacué Cherasco, la division a passé la nuit sur les hauteurs de la Mora. »

Boyer (Journal de la 1re division)

9 floréal (28 avril) [A G.]

« Le 8 floréal, d'après les dispositions du général divisionnaire Laharpe, la première division quitta en partie la position de Niella ; la 70e demi-brigade se mit la première en marche et se porta la nuit du 8 au 9 sur les hauteurs de Clavanzana, d'où elle fut relevée par les 69e et 99e demi-brigades, qui partirent de leurs bivouacs de Niella.

La marche de ces troupes se fit dans le plus grand ordre passant par Fossolio.

Le 9, le général divisionnaire se porta en avant de Clavanzana, la 70e demi-brigade aux ordres du général de brigade Robert, mouvement nécessité pour couvrir sa position de Clavanzana et pour tenir en respect un petit corps de troupes ennemies posté à Saint-Etienne et à Canelli. Le même jour, un bataillon de la 69e fut détaché à Cortemiglia pour y protéger la rentrée des contributions imposées sur les pays, occuper le pont de la Bormida et couvrir le flanc des troupes postés à Clavanzana. »

Berthier à Clarke

9 floréal (28 avril) [A G.]

« La victoire est complète, mon cher général ; maîtres de Coni dans lequel sont nos troupes, d'Alexandrie et de la plus grande partie du Piémont, le roi de Sardaigne est réduit à recevoir les lois que lui impose la République. Je joins ici le double des conditions de la suspension. Maîtres du Piémont, nous portons nos phalanges dans le Milanais et poursuivant l'armée du général Beaulieu que nous ne quitterons qu'après l'avoir anéanti. Quand vous lirez cette lettre, de nouveaux triomphes couvriront les républicains. Voilà trois semaines que je n'ai pas dormi.

Je vois mes principes réalisés ; quand on est assez heureux pour battre l'ennemi, il ne faut pas lui laisser un instant pour se ralier. Est-on content de nous ? notre première quinzaine n'a-t-elle pas été bien employée ? Nous nous battrons comme des lions et nous ne voulons de repos que lorsque l'insolence autrichienne sera chassée de l'Italie, et cela ne sera pas long. Le Vatican tremble, il est bien juste que les amis du roi de Vérone payeront un peu les frais de la guerre ; ensuite, nous pourrons faire notre jonction avec le général Jourdan par la Lombardie.

Il nous faut au moins douze mille hommes de l'armée des Alpes, qui se trouve n'avoir plus rien à faire.

A mon premier repos, mon ami, je penserai au cabinet topographique.

Je suis très content du général Bonaparte ; il a des talents, il me porte une grande confiance et je le mérite pour mon zèle et le désir que j'ai de concourir à tout ce qui peut nous conduire à la victoire et à l'anéantissement des ennemis de la République. »

P.-S. — « J'arrive de Carmagnola où l'ennemi nous a laissé des provisions. »

Petiet à Bonaparte

Paris, 9 floréal (28 avril) [A G.]

« Conformément à la demande que vous avez faite, citoyen général, d'une augmentation d'officiers du génie, pour le service de l'armée dont le commandement vous est confié, je me suis trouvé forcé d'apporter quelques changements dans la composition des brigades de cette arme, formées suivant l'état qui vous a été adressé le 13 ventôse dernier. Pour vous faire connaître ces changements, je vous adresse un nouvel état, contenant la répartition actuelle des trois brigades du génie qui doivent être attachées définitivement à l'armée d'Italie. »

Mouret à Berthier

Toulon, 9 floréal (28 avril) [A G.]

« J'ai reçu, citoyen général, vos deux lettres du 29 germinal et l'ordre de même date.

Je ne négligerai rien pour accélérer le départ des deux bataillons qui me restent parmi les cinq que vous m'aviez indiqués et qui sont, celui du 4e de Vaucluse et le 11e de l'Ain. J'attends néanmoins pour opérer ce dernier changement l'arrivée de la 113e demi-brigade, qui m'est annoncée sous peu par le général Puget.

Je vous adresse ci-joint, ensuite de l'ordre du 29, mon état de service et ceux de mes aides de camp.

J'adresse aussi au général Bonaparte copie des nouvelles lettres de service que vient de m'envoyer le ministre.

Je lui envoie également copie du procès et du jugement des prévenus dans l'affaire de la 209e ; elle vient d'être jugée hier 7 courant.

Il n'y a pas à douter que le fort de Ceva est maintenant occupé par nos braves et que nous n'ayons bientôt de nouveaux succès. »

Monnier à Dommartin

Alba, 10 floréal (29 avril) [A G.]

« Je vous prie, général, de faire prévenir les troupes sous vos ordres que demain 11 floréal, à la pointe du jour, il sera distribué par la municipalité d'Alba une demi-pinte de vin par homme, et que la viande sera également distribuée à la même heure dans cette ville. Les quartiers-maîtres doivent s'y présenter avec les hommes de corvée. »

Saliceti à Carnot

Cherasco, 10 floréal (29 avril) [A G.]

« Depuis quinze jours, je n'ai fait qu'annoncer des victoires au Directoire exécutif; je lui annonce aujourd'hui l'occupation des places de Coni, Alexandrie ou Tortone, Ceva, l'abandon qu'en a fait le roi de Sardaigne ainsi que des villes qui dépendent de ces forteresses, des pays conquis en deçà de la Stura jusqu'à l'embouchure du Pô, de l'artillerie des magasins et le libre passage par le Pô sous Valence.

Un armistice demandé par le roi de Sardaigne a été consenti à ces conditions ; tu en sentiras facilement, mon cher Carnot, tout l'avantage. Nous voilà débarrassés de la guerre avec le Piémont. Les positions et les pays que nous occupons en rendent les maîtres. Le roi de Sardaigne veut et ne peut vouloir que la paix, et le gouvernement français peut en tirer tel parti qu'il croira le plus avantageux. L'Autrichien nous reste seul à combattre. Les moyens de force, de passage pour marcher contre lui nous sont fournis, et, après l'avoir affaibli et mis en fuite à Montenotte, à Dego, nous le chasserons bientôt de ses riches possessions en Italie. Il faut seulement que l'armée des Alpes vienne nous seconder. Je l'écris au Directoire, je lui rends même compte que, provisoirement et attendu la nécessité, j'ai adressé au général Kellermann une réquisition pour faire filer dix mille hommes vers Coni. Je lui observe que l'état actuel des choses nécessite que les deux armées n'en fassent qu'une sous le même commandement du général en chef de l'armée d'Italie. Fais que le Directoire prenne bientôt là-dessus une mesure définitive.

Déjà le roi de Sardaigne, dont les ministres plénipotentiaires envoyés à Gênes n'ont pu obtenir aucun accueil auprès de Faipoult pour des ouvertures paix, d'après l'arrêté du Directoire qui les prohibait, a dû s'adresser au gouvernement pour cet objet. Que la paix soit arrêtée, conclue avec lui, mais qu'il ne soit pas épargné dans les conditions. Qu'il soit soumis à des indemnités, qu'il perde pour toujours le comté de Nice, la Savoie, l'île de Sardaigne, qu'on lui rende tout au plus ses possessions d'Oneille et de Loano dans la rivière de Gênes ; ces deux points nous importent peu ; d'ailleurs, il sera peut-être même très politique de balancer par là l'aristocratie bien prononcée du gouvernement génois, qui, par sa conduite envers la France, par son dévouement à nos ennemis ne mérite certainement pas que son sort s'améliore par une extension de son territoire. Mais que le roi de Piémont nous fournisse des vivres, des chevaux, des munitions, non pas des troupes, elles ne feraient que nous embarrasser. Leur éloignement pour la guerre, leur désir prononcé pour la paix les rendent au moins inutiles ; nous n'en avons pas besoin. Que dans un traité de paix des forteresses telles que Coni, Exilles, Demont, Ceva même soient détruites, qu'il lui soit prohibé de les rétablir, afin qu'en tout temps s'il voulait encore nous nuire le pays nous soit ouvert. Ces conditions sont dures, mais elles sont justes, puisqu'il nous a appris à ne pas négliger nos intérêts, et les circonstances où il se trouve ne lui permettent pas de les refuser. Que le Directoire exécutif, en un mot, profite de l'avantage des victoires, et que cette puissance, pressurée comme elle a si bien mérité de l'être, soit véritablement réduite à la nullité dans tout projet hostile, si elle voulait encore en concevoir contre notre République.

Bientôt toutes les puissances d'Italie vont demander également la paix. L'alarme est chez elles, elles ne peuvent différer plus longtemps ; que le

Directoire exécutif en agisse de même envers toutes; qu'elles paient bien cher le mal qu'elles nous ont fait. Que le Directoire exécutif tienne compte à Gênes de la mauvaise conduite de son gouvernement; que ce pays paie chèrement les frégates, qu'il eût, sous le voile de sa perfide neutralité, la lâcheté de livrer aux Anglais dans ses ports. L'intérêt de la République m'engage à le présenter ces observations, ton amitié voudra bien me les permettre.

Adieu, mon cher Carnot, continue-moi ton affection et ta confiance. Mon désir est de les mériter. »

Saliceti au Directoire exécutif

Cherasco, 10 floréal (29 avril) [A G.]

« Je vous ai rendu compte par ma lettre du 6 floréal de la demande d'une suspension d'armes, faite par le roi de Sardaigne, ainsi que de la réponse du général en chef; que si sur les trois places de Coni, Alexandrie et Tortone, le roi de Sardaigne voulait provisoirement en céder deux à la France il prendrait sur lui de consentir à l'armistice.

Ces propositions, dont l'avantage était si évident pour la France, et qui lui assuraient le Piémont, ont été acceptées. Le roi de Sardaigne a envoyé, à cet effet à Cherasco auprès du général en chef le général Latour, commandant en chef ses troupes; et le général Bonaparte, après avoir mis préalablement en discussion avec moi et des officiers supérieurs les avantages qui pouvaient résulter pour la France d'amoindrir la coalition par l'abandon du roi de Sardaigne; de mettre cette puissance sous une véritable dépendance de la France par l'occupation de ses places fortes, dont on ne peut se dissimuler que la conquête eût été, en l'état de nos moyens actuels, impossible, et de pouvoir marcher tout de suite dans le Milanais, a conclu l'armistice. Non seulement il a obtenu à la France les forts de Coni, Tortone ou Alexandrie, mais encore Ceva, les villes de ces différentes places, l'artillerie, les munitions de guerre et de bouche qui s'y trouvent, la possession de tous les pays conquis, et même de tout ce qui se trouve en deçà de la Stura, la rive droite du Tanaro jusqu'à l'embouchure du Pô, le passage des troupes par le Pô sous Valence.

Le général en chef vous fait passer copie des conditions de cette suspension d'armes.

En ce moment déjà, Coni est occupé par nos troupes : demain Ceva, Alexandrie ou Tortone le seront pareillement.

Tant d'avantages obtenus par un simple armistice, font espérer, citoyens directeurs, votre approbation.

Quel était le but de la campagne? celui de résister à deux puissances, qui nous forçaient à entretenir une armée dans la rivière de Gênes, où elle coûtait infiniment plus en dépenses et en hommes, de les combattre et les vaincre.

L'armistice assure le succès. Il détruit les deux armées ennemies qui se combinaient contre nous; les objets cédés enlèvent aux Piémontais tout moyen de résistance. Ils nous assurent dans ces pays les ressources que nos premières victoires nous avaient données. Le roi de Piémont est mis à la discrétion de la France, réduit dans l'impossibilité de nous inquiéter, et à souscrire à toutes les conditions auxquelles il vous plaira de lui accorder la paix.

Le temps et les forces nécessaires pour obtenir par les armes les positions nécessaires en Piémont nous enlevaient les moyens de marcher contre l'Autrichien. Il pouvait par sa jonction aux Piémontais nous affaiblir, se fortifier dans ses possessions en Italie. A présent rien ne nous arrête; nous marchons droit à lui, il est livré à lui seul, nous lui sommes supérieurs en moyens et en forces, les passages nous sont ouverts ou seront forcés. Le Milanais ne peut nous échapper, et nous voilà à même d'écraser, de chasser de l'Italie cette insolente maison d'Autriche; la ruine de la coalition paraît certaine, la paix générale devient infaillible, et vous devenez les maîtres d'en dicter les conditions.

Si le peuple de Piémont veut véritablement faire une révolution et conquérir sa liberté, il en a à présent bien les moyens; qu'il se prononce, qu'il s'insurge: son gouvernement, affaibli par la position où nous l'avons réduit, ne peut lui résister, mais je vous l'ai déjà dit dans mes précédentes dépêches, ce peuple est mou, il est entièrement livré aux nobles et aux prêtres surtout; il paraît qu'il n'a pas ce sentiment d'indépendance, cette mâle vigueur, qui peut renverser une monarchie; il paraît même qu'il ne désire que le repos, car au lieu de profiter de notre entrée en Piémont, au lieu d'insurger pour se rendre libre, comme il le pouvait aisément, notre marche hardie appelant au dehors de la capitale la force presque totale de son gouvernement, il paraît que c'est le peuple lui-même à Turin, qui a forcé la main au roi pour demander la paix; aucun mouvement de sa part pour sa liberté, malgré nos victoires. En aurait-il agi ainsi, s'il eut voulu fortement, comme il le fallait, la révolution chez lui?

Qu'il la fasse, c'est son avantage, ce doit être sa tâche. La France doit désirer que tous les peuples deviennent libres, mais son but principal doit être d'affermir la révolution, de battre ses ennemis, de terminer avantageusement et honorablement la guerre. Devait-elle négliger un intérêt aussi majeur, pour se charger elle-même de révolutionner un pays, où l'indifférence des habitants ne permet pas de douter que la révolution ne durerait qu'autant qu'une armée française y seroit, et qu'elle cesserait dès l'instant où l'armée se serait retirée?

Le roi de Sardaigne demande la paix. Si vous pensez devoir la lui accorder, je pense qu'en l'état de nos succès, vous pouvez le soumettre aux conditions qui vous paraîtraient les plus avantageuses. Vous pouvez lui enlever tous les moyens de nous nuire. On peut le forcer à se joindre à nous contre l'Empereur, et surtout à nous fournir des secours en vivres, en munitions, en chevaux pour la campagne dans le Milanais.

L'armée d'Italie a besoin de se grossir, elle a beaucoup de terrain à garder, des nouveaux succès à remporter contre l'ennemi qui lui reste. Je pense que le temps est venu où il serait important que l'armée des Alpes agît et vînt la renforcer. Je pense aussi qu'il serait essentiel que cette armée fut réunie et que, devenant une division, elle fut sous les ordres du même général en chef, celui de l'armée d'Italie. Les opérations n'en seraient, selon moi, que plus promptes et plus certaines. La confiance qu'a dû vous inspirer la conduite du général Bonaparte, garantit l'utilité de cette mesure, que je vous propose.

Vous pèserez, citoyens directeurs, dans votre sagesse cette observation. Les circonstances sont favorables, elles demandent que sans délai l'Autrichien soit frappé. Sa première déroute à Montenotte et à Dego l'a affaibli, puisqu'elle l'a forcé à se replier. Il est instant que nous allions à lui; le général en chef Bonaparte le pense ainsi: tel est également mon avis. Cette conviction où nous sommes l'un et l'autre de la nécessité d'agir, avant qu'on puisse avoir votre réponse et vos ordres, m'a engagé à adresser au général Kellermann une réquisition de faire filer vers Coni une division de dix mille hommes. Je vous en envoie copie. Si, comme j'aime à le penser, il veut concourir à la destruction de l'ennemi, il s'empressera d'y adhérer.

J'ai dû prendre cette détermination pour ne pas retarder une marche dont tout présage le succès. J'espère que vous verrez dans cette mesure, que l'éloignement et les circonstances m'ont présentée comme indispensable, le zèle qui l'a dictée, et que l'approuvant par ce motif, et par celui de son utilité, vous la confirmerez par des ordres que vous adresserez vous-mêmes au général Kellermann.

L'armée, citoyens directeurs, redouble tous les jours de courage. Le général en chef sait diriger son ardeur. L'alarme est générale chez nos ennemis. Nous avons les moyens de pousser la guerre, marchons ; et bientôt toutes les puissances d'Italie, forcées d'avouer la supériorité de nos armes, demanderont elles-mêmes à recevoir la loi que vous voudrez leur faire subir. »

Le commissaire du Directoire exécutif près l'armée d'Italie
(Réquisition)

Cherasco, 10 floréal (29 avril) [A G.]

« Prenant en considération la position actuelle de l'armée d'Italie, la ligne étendue qu'elle occupe du pays conquis depuis l'ouverture de la campagne, les forces qu'elle est obligée de laisser sur ses derrières pour garder les places fortes mises au pouvoir de la République, et, pour protéger notre communication, la nécessité de se présenter avec des forces imposantes devant l'armée autrichienne tant pour lui livrer des batailles terribles et décisives que pour être à portée d'investir au besoin ses places fortes ;

Considérant que la suspension d'armes convenue avec le roi de Sardaigne ne nous oblige plus à tenir des forces considérables sur notre ligne et qu'elle est un préliminaire de la paix qui va être conclue avec cette puissance, et qu'il est de l'intérêt de la République française d'écraser à jamais les forces de l'Empereur et de délivrer le Milanais :

Requiert le général en chef de l'armée des Alpes de faire filer sur l'armée d'Italie, à la disposition du général en chef de cette armée, une division de dix mille hommes présents, pour servir à renforcer ladite armée, et, en cas de refus de la part du général en chef des Alpes d'adhérer à la présente réquisition, tous les événements résultant de son refus sont mis sur sa responsabilité. »

Beaumont à Berthier

Alba, 11 floréal (30 avril) [A G.]

« J'ai l'honneur de vous rendre compte, général, que je suis arrivé avec la cavalerie à Alba et que d'après votre ordre je serai demain 12 à Nizza de la Paglia ; je n'ai pas cru pouvoir emmener le 22e chasseurs, parce que vous l'avez mis aux ordres du général Serurier.

Le général Masséna, qui a avec lui le 7e hussards et le 55e dragons, a encore pris soixante hommes du 1er hussards ; je vous prie d'ordonner qu'ils attendent leurs corps.

Le 13e hussards m'a rejoint aujourd'hui ; ainsi tout est arrivé, excepté les deux escadrons du 20e qui sont en arrière.

Je vous enverrai demain, si je puis, un état de situation de toute la cavalerie. »

DU MÊME AUTEUR

Campagne de Russie (1812). — Paris, 5 vol. in-8, par le capitaine Fabry, du 101e régiment d'infanterie.

    Tome I. *Opérations militaires.* 24 juin-19 juillet. 1 vol. gr. in-8 . . . . **12 fr.**

    Tome II. *Vitebsk*, 20-31 juillet. 1 vol. gr. in-8 . . . **10 fr.**

Section historique de l'État-Major de l'Armée. — Tome III : *Smolensk*, 1er août-10 août. 1 vol. gr. in-8 . . . . **18 fr.**

Section historique de l'État-Major de l'Armée. — Tome IV : *Smolensk*, 11 août-19 août. 1 vol. gr. in-8 . . . . **25 fr.**

Section historique de l'État-Major de l'Armée. — Tome V : Supplément, 24 juin-10 août . . . . **20 fr.**

Campagne de 1812. Documents relatifs à l'aile gauche de la grande armée. 20 août-4 décembre, (IIe, VIe, IXe corps), publiés par Fabry, capitaine au 101e régiment d'infanterie. . . . . **8 fr.**

Campagne de 1812. Mémoires relatifs à l'aile droite de la grande armée, publiés par Fabry, capitaine au 101e régiment d'infanterie. . . . . **5 fr.**

Campagne de 1812. Documents relatifs à l'aile droite de la grande armée. 20 août-4 décembre, VIIe corps, corps autrichien. Prix. . . . . **8 fr.**

Correspondance inédite de l'Empereur Alexandre et de Bernadotte pendant l'année 1812. Publiée par X... . . . **2 fr. 50**

Section historique de l'État-Major de l'Armée. — **Rapports historiques des régiments de l'armée d'Italie pendant la campagne de 1796-1797.** Publiés par le capitaine Fabry, du 101e régiment d'infanterie . . . . **12 fr.**

Section historique de l'État-Major de l'Armée. — **Mémoires sur la campagne de 1796 en Italie.** Publiés par le capitaine Fabry, du 101e régiment d'infanterie. . . . . **10 fr.**

Campagne d'Italie (1796-1797). — Tomes I et II. Paris, 2 vol. in-8, par le capitaine Fabry, du 101e régiment d'infanterie *(épuisé)* . **15 fr.**

SECTION HISTORIQUE DE L'ÉTAT-MAJOR DE L'ARMÉE : **Campagne de l'armée d'Italie (1796-1797)**. TOME III. Paris, 1901, 1 fort vol. in-8. **15 fr.**

Campagne de l'armée d'Italie (1796-1797). Tome IV. Paris, 1914, 1 fort vol. in-8 . . . . **12 fr.**

SECTION HISTORIQUE DE L'ÉTAT-MAJOR DE L'ARMÉE. — **Histoire de la campagne de 1794 en Italie**, par le capitaine Fabry, du 101e régiment d'infanterie. 1re partie, texte ; 2e partie, documents ; Supplément des documents . . . . **35 fr.**

SECTION HISTORIQUE DE L'ÉTAT-MAJOR DE L'ARMÉE. — **Mémoires sur la campagne de 1794 en Italie.** Publiés par le capitaine Fabry, du 101e régiment d'infanterie . . . . **5 fr.**

SECTION HISTORIQUE DE L'ÉTAT-MAJOR DE L'ARMÉE. — **Journal des opérations du IIIe et du Ve corps en 1813.** Publié par le capitaine Fabry du 101e régiment d'infanterie . . . . **4 fr.**

SOCIÉTÉ D'HISTOIRE CONTEMPORAINE. — **Mémoires de Langeron (1812-1814).** Publiés par L. G. F. *(épuisé)* . . . . **8 fr.**

Journal des campagnes du Prince de Wurtemberg (1812-1814), avec une introduction, des notes et des pièces justificatives, par C. G. F. 1 vol. in-8 raisin . . . . **15 fr.**

Lettres de l'Empereur Napoléon. Du 1er août au 18 octobre 1813, non insérées dans la correspondance. Publiées par X... . **12 fr.**

Registre d'ordres du maréchal Berthier pendant la campagne de 1813, publié par X... 2 volumes. . . . . **20 fr.**

Rapports du maréchal Berthier pendant la campagne de 1813, publiés par X..., 2 volumes. . . . . **20 fr.**

Étude sur les opérations du maréchal Macdonald. Du 22 août au 4 septembre 1813 (la Katzbach), par X... . . . . **10 fr.**

Étude sur les opérations du maréchal Oudinot. Du 15 août au 4 septembre 1813 (Gross-Beeren), par X... . . . **8 fr.**

Étude sur les opérations de l'Empereur. 28 août-4 septembre, publiée par G. Fabry, capitaine au 101e régiment d'infanterie. **4 fr.**

Étude sur les opérations de l'Empereur. 5 septembre-21 septembre, publiée par G. Fabry, capitaine au 101e régiment d'infanterie. **18 fr.**

Étude sur les opérations de l'Empereur. 22 septembre-3 octobre, publiée par G. Fabry, capitaine au 101e régiment d'infanterie. **15 fr.**

www.ingramcontent.com/pod-product-compliance
Lightning Source LLC
Chambersburg PA
CBHW051133230426
43670CB00007B/793